Sp 862.64 Len v. 1
Leñero, Vicente
Teatro completo /

34028082742009
CYF ocn427493536
04/23/13

LETRAS MEXICANAS

Teatro completo
I

VICENTE LEÑERO

Teatro completo
I

FONDO DE CULTURA ECONÓMICA

Primera edición, 2008

Leñero, Vicente
    Teatro completo I. / Vicente Leñero — México : FCE, 2008.
    670 p. ; 23 × 17 cm — (Colec. Letras Mexicanas. Ser. Mayor)
    ISBN 978-968-16-7994-1 (obra completa)
    ISBN 978-968-16-7995-8 (empastada)
    ISBN 978-968-16-7996-5 (rústica)

    1. Teatro 2. Literatura mexicana — Siglo XX. I. Ser. II. t.

LC PQ7297. L37 A19   Dewey M862 L563t

Distribución mundial

Comentarios y sugerencias:
editorial@fondodeculturaeconomica.com
www.fondodeculturaeconomica.com
Tel. (55)5227-4672   Fax (55)5227-4694

Empresa certificada ISO 9001:2000

Diseño de portada: Teresa Guzmán Romero

D. R. © 2008, Fondo de Cultura Económica
Carretera Picacho-Ajusco, 227; 14738 México, D. F.

Se prohíbe la reproducción total o parcial de esta obra
—incluido el diseño tipográfico y de portada—,
sea cual fuere el medio, electrónico o mecánico,
sin el consentimiento por escrito del editor.

ISBN 978-968-16-7994-1 (obra completa)
ISBN 978-968-16-7995-8 (empastada)
ISBN 978-968-16-7996-5 (rústica)

Impreso en México • *Printed in Mexico*

ÍNDICE

Pueblo rechazado • 9

Los albañiles • 49

Compañero • 107

La carpa • 151

El juicio (El jurado de León Toral y la madre Conchita) • 217

Los hijos de Sánchez • 273

La mudanza • 343

Alicia, tal vez • 401

Las noches blancas • 467

La visita del ángel • 503

Martirio de Morelos • 543

¡Pelearán diez rounds! • 621

PUEBLO RECHAZADO

PIEZA EN DOS ACTOS
(1968)

*A Enrique Lizalde
e Ignacio Retes*

PERSONAJES

>   Prior
>   Analista
>   Obispo
>   Sacerdote
>   Coro de monjes
>   Coro de católicos
>   Coro de periodistas
>   Coro de psicoanalistas
>   Cardenal 1
>   Cardenal 2
>   Cardenal 3

ACTO PRIMERO

Una luz vertical incide sobre una sobria mesa de madera que hace las veces de escritorio y altar, y que ocupa, durante toda la obra, el centro del escenario.
    Fuera de escena, el coro de monjes entona, en gregoriano:

Coro de monjes: Gloria a ti Padre por tu Hijo, en el Espíritu Santo. Ahora y para siempre y en los siglos de los siglos. Amén.

Después de un largo silencio, entran sigilosamente en el escenario —ahora en penumbra— los miembros del coro de católicos. A la manera de un guía, un sacerdote los conduce.

SACERDOTE: Shhh. Despacio. En silencio. Entramos en el sagrado monasterio de la colina.
CORO DE CATÓLICOS: Shhh.
SACERDOTE: Ésta es la casa de un selecto grupo de hombres que para ser fieles a Dios, para mejor servirle y alabarle, han renunciado a todos los placeres del mundo. La más perfecta vida espiritual se vive aquí... Aquí se han gestado grandes iniciativas teológicas y grandes renovaciones litúrgicas. Aquí el arte religioso ha alcanzado expresiones sublimes. Miren los cuadros, observen las imágenes, la capilla, el altar. Han suprimido todo lo superfluo para dejar únicamente la sustancia... Y aquel cristiano que sediento de una vida más auténtica se llega al monasterio en busca de orientación, no regresa al mundo defraudado; aquí recibe la respuesta que disipa sus dudas, el consejo que impulsa su fe, el ejemplo que fortalece su esperanza... No imaginen hombres débiles; los monjes son almas templadas en la fragua del ascetismo. No viven de limosnas, ellos mismos se ganan el pan trabajando la tierra, cultivando los huertos, fabricando imágenes. La oración y el trabajo son sus leyes, y la piedad y la sabiduría sus virtudes. Varones santos elegidos por Dios para eliminar nuestro mundo de tinieblas... Demos gracias por este monasterio. Mientras exista, podemos estar seguros de que el Señor vive entre nosotros.

Mientras el sacerdote hablaba, los miembros del coro de católicos se han dispersado por el escenario observándolo y examinándolo todo con admiración y respeto. Interrumpen sus cuchicheos cuando al fondo, semiocultos en la penumbra, se perfilan el prior y el coro de monjes. Entre ellos mismos, los miembros del coro de católicos se ordenan silencio y vuelven a reunirse en grupo. En melodía gregoriana, el coro de monjes entona el salmo:

SOLISTA DEL CORO: Obras todas del Señor,
CORO DE MONJES: Bendecid al Señor. Alabadle y ensalzadle sobre todas las cosas, por todos los siglos.
SOLISTA: Ángeles del Señor,
CORO DE MONJES: Bendecid al Señor.
SOLISTA: Cielos,
CORO DE MONJES: Bendecid al Señor.
SOLISTA: Aguas todas que estáis sobre los cielos,
CORO DE MONJES: Bendecid al Señor.

Solista: Sol y Luna,
Coro de monjes: Bendecid al Señor.
Solista: Estrellas del cielo,
Coro de monjes: Bendecid al Señor.

Los monjes permanecen al fondo, en la penumbra, mientras el prior camina hacia el coro de católicos.

Coro de católicos (*avanzando hacia él, efusivos*): Dios lo bendiga, padre. Dios lo premie. Ha realizado usted una obra maravillosa. Su monasterio es una escuela de fe. Una fuente de espiritualidad. De sabiduría. De gracia. Dios lo bendiga, padre.

El prior trata de evadir, de frenar de algún modo el entusiasmo del coro de católicos. Cuando va a retirarse, un joven se desprende del grupo y le cierra el paso.

Joven: Dígame qué debo hacer para ingresar en el monasterio. Quiero ser monje.
Prior: No es tan fácil como supones…
Joven: ¡Quiero ser monje!

Algo va a añadir el prior, cuando fuera de escena comienza a escucharse una risa burlona que rápidamente sube de tono hasta irrumpir en violentas carcajadas. El prior y el coro de católicos vuelven la mirada hacia el sitio de donde parece provenir la risa. Ésta prosigue, incontenible, mientras desconcertados, temerosos, los miembros del coro de católicos, incluyendo al joven, huyen lentamente. Al cesar las risotadas, el prior se vuelve hacia el sitio donde se hallaba el joven, pero ya no lo encuentra. Cabizbajo regresa al fondo del escenario. También el coro de monjes ha desaparecido.

Ahora son visibles, en penumbra, una serie de celdas y otras breves áreas del monasterio. El prior se dirige a ellas. Entra en la primera área donde un monje lee atentamente un grueso libro. El prior se aproxima, pero el monje no se da por enterado. Entra luego en un taller donde varios monjes trabajan en la elaboración de imágenes religiosas. El prior examina un cuadro.

Monje: Son los nuevos diseños del hermano. ¿Qué le parecen, padre?
Prior: Muy bien.

Monje: Formidables, ¿no? Se van a vender mejor que las medallas. Mire éste.
Prior: Sí, formidables.

Al entrar en una celda, el prior descubre a un monje ovillado en el suelo en posición fetal. El monje solloza débilmente.

Prior: ¿Qué ocurre…? ¿Qué te pasa?

No obstante que el prior repite sus preguntas y trata incluso de levantar o hacer reaccionar al monje, éste no responde. Mantiene su posición y prosigue con sollozos. El prior abandona la celda, pero se detiene meditabundo a poca distancia. Con un cesto bajo el brazo y silbando alguna tonada popular, otro monje cruza frente al prior.

Monje: ¿Ya vio qué aguacates se están dando este año, padre? Ahora sí parece que la providencia va a tratarnos muy bien. La huerta está cuajada, cuajada.

El prior responde con un vago ademán de aprobación mientras el monje se retira silbando. Los sollozos del monje de la celda se acentúan.
    El prior se detiene frente a un área donde un monje conversa con su madre.

Madre: ¿Duermes bien, hijito? ¿Te dan bien de comer?
Monje: No te preocupes por mí. Aquí he descubierto mi verdadera vocación.
Madre: ¿No has estado enfermo? ¿Te trata bien el padre?
Monje: Es un santo.
Madre: Cuídate mucho, hijito; te veo más pálido y más ojeroso. No exageres las penitencias, y acuérdate: si algún día quieres irte, dímelo sin miedo, yo vendré por ti.

Tendido en el catre de una celda, un monje dormido se convulsiona como si fuera víctima de terribles pesadillas. El prior se aproxima hasta el catre y trata de despertarlo.

Monje: No, no, por favor. No.
Prior: Despierta.
Monje: No. No. No.
Prior: ¡Despierta!

El monje se despierta al fin, pero al descubrir la presencia del prior su alteración se reaviva.

MONJE: Era usted. Lo vi. Traía una antorcha en la mano y prendía fuego a mi cama. Lo vi. Era usted. Quise detenerlo, pero no pude. Me arrojó la antorcha. Las llamas encendieron la celda... Salían por la ventana. Lo quemaban todo, todo. Y usted continuaba en medio del fuego, ardiéndose... Era horrible porque reía, reía, y yo gritaba, y usted reía, reía, reía...
PRIOR: Olvídalo. Sólo fueron pesadillas.

El prior trata de serenar al monje con un ademán paternal, pero éste lo esquiva rápida, automáticamente.

MONJE: ¡No me toque! *(Reaccionando, arrepentido.)* Perdón, padre. Perdóneme.
PRIOR: Sólo fueron pesadillas.

Cuando el prior cruza por el centro de un área correspondiente a la biblioteca del monasterio, dos monjes leen, en voz alta y con acentos gregorianos, los textos de sendos libros.

MONJE 1: Así como hay un celo de amargura malo, que separa de Dios y conduce al infierno, así también hay un celo bueno que aparta de los vicios y conduce a Dios y a la vida eterna.
MONJE 2: Quien quiera, pues, que te apresures por llegar a la patria celestial, practica con la ayuda de Cristo esta mínima regla de iniciación, y entonces finalmente llegarás con la protección de Dios a las cumbres más elevadas de doctrina y virtudes.

Al entrar en la última celda, el prior descubre en la penumbra a dos monjes sospechosamente abrazados. Uno de ellos se vuelve, y al ver al prior sale corriendo. El otro permanece inmóvil durante unos segundos. Luego cae súbitamente de rodillas, y con el puño cerrado se golpea el pecho repetidas veces.

MONJE: Señor, pequé, ten misericordia de mí. Señor, pequé, ten misericordia de mí. Señor, pequé, ten misericordia de mí.
PRIOR: Basta.
MONJE: Señor, pequé, ten misericordia de mí.
PRIOR: ¡Basta he dicho! *(El monje se arroja a los pies del prior.)*

Al llegar al centro del escenario, el prior se apoya en el escritorio-altar y hiende la cabeza, atribulado. No repara en el monje que segundos después llega hasta el lugar, y en un minúsculo florero —único objeto que se encuentra sobre el escritorio-altar— introduce una rosa y se retira.

A coro, desde sus respectivas celdas, totalmente a oscuras, los monjes entonan en gregoriano:

SOLISTA: Ten misericordia de mí, oh Dios.
CORO DE MONJES: Ten misericordia de mí,
    porque a ti he confiado mi alma.
    Me ampararé a la sombra de tus alas
    mientras pasa la angustia.
    Invocaré al Dios altísimo,
    al Dios que siempre me favorece.
    Y él enviará desde los cielos quien me socorra
    y confunda al enemigo que me acosa.
    Enviará Dios su misericordia y su bondad.

Relámpagos luminosos invaden el escenario. Círculos y figuras cromáticas danzan en torno al prior, quien encandilado trata de seguirlas moviéndose en todas direcciones. La sorpresa, el pánico y la alegría se reflejan alternativamente en su actitud. Finalmente parece entrar en un arrebato místico.

PRIOR *(gritando)*: ¡Dios mío, Dios mío, por qué no me hablas ahora!

Mientras prosigue el juego de luces, se escucha, violenta, la risa burlona de la primera escena.

PRIOR: Habla, Señor, tu siervo escucha.

Entre el fenómeno luminoso, se perfila borrosamente la figura del analista. El prior creerá ver en él —aterrado— un ser sobrenatural, diabólico.

ANALISTA: No es Dios, imbécil, es su ojo enfermo el que lo turba.
CORO DE MONJES: No lo oigas. No le hables. No lo recibas en tu casa.
PRIOR: ¿Quién me llama?

Analista: Nadie lo llama, ¡despierte!

Prior: Es él. Es su voz. Es su acento.

Coro de monjes: No lo oigas. No le hables. No lo recibas en tu casa.

Prior: Nuevamente tú. Me has encontrado al fin. De nade me ha servido cruzar el mar, atravesar fronteras, esconderme en el último rincón de la noche. ¿Qué quieres de mí?

Coro de monjes: Huye. Retírate. Escóndete.

Prior: Qué quieres de mí. Por qué no me dejas tranquilo en mi monasterio, con mis hermanos, con mis oraciones, con mi trabajo. Qué quieres. Qué deseas. Habla. Te lo exijo. ¡Te lo exijo!

Analista: Si en realidad quiere enfrentarse al diablo, búsquelo en el fondo de usted mismo y lo encontrará. En el fondo de usted mismo. En el fondo del prójimo. En el fondo de las cosas. En el fondo de todo.

Coro de monjes: Huye. Retírate. Escóndete.

Analista: Responda: ¿las tinieblas están en el fondo de la luz?

Coro de monjes: Huye…

Analista: ¿El frío en el fondo del calor?

Coro de monjes: Retírate…

Analista: ¿El silencio en el fondo del ruido?

Coro de monjes: Escóndete.

Analista: ¿Lo insípido en el fondo del sabor? ¿El enemigo en el fondo del amigo? ¿La ignorancia está en el fondo de su conocimiento? ¿El odio está en el fondo de su amor? ¿La muerte está en el fondo de toda vida?

Prior: Qué debo hacer para vencerte.

Coro de monjes: Huye, huye, huye, huye, huye, huye.

Analista: Escrito está: si tu ojo te escandaliza, ¡arráncalo!

En medio aún de los fenómenos cromáticos, el prior regresa al escritorio-altar. Se lleva una mano al ojo derecho y encaja en él sus uñas. Emite un grito desgarrador. Cesan los artificios cromáticos. Una luz de día ilumina todo el escenario. Mientras el prior permanece frente al altar, de pie, plegado sobre sí mismo, el analista —ahora perfectamente visible— recorre las áreas del monasterio. Los monjes que vimos durante la visita del prior no han variado sensiblemente de postura. Todos observan atemorizados al analista, quien efectúa un rápido recorrido moviendo negativamente la cabeza. Regresa hacia el escritorio-altar.

Analista: A pesar de sus eslogans publicitarios y de los que dicen por ahí sus amigos católicos, esto no parece tener nada que ver con la casa de Dios, padre... Confío en que ahora ya pueda distinguir con claridad, libre de ese ojo enfermo, lo que es realmente su monasterio. Una cueva de leprosos; un refugio de histéricos, de fanáticos, de homosexuales...

Prior (*irguiéndose violento*): ¡Y de hombres que buscamos a Dios!

Analista: Que se lo inventan para huir de sus problemas. Rebaño de eunucos, en el peor sentido de la palabra.

Prior: Hay eunucos, dice Mateo, que nacieron así del vientre de su madre, y hay eunucos que fueron hechos por los hombres; pero hay también eunucos que a sí mismos se han hecho tales por amor al reino de los cielos.

Analista: Dudo mucho que alguno de éstos lo sea por amor al reino de los cielos... Perdone si lo ofendo, pero quería conocer mi opinión, y éste es mi diagnóstico. Usted es libre de seguir engañándose y engañándolos.

Prior: Son treinta años de lucha. Treinta años. Toda mi vida buscando, buscando, buscando... Desde muy pequeño emprendí el camino. Dejé padres, familia, hogar. Soñaba con ser misionero y morir como mártir, en tierra de paganos, pero muy temprano aprendí que el verdadero martirio se alcanza todos los días, viviendo. En ningún lugar encontraba mi sitio, en ninguna fuente saciaba mi sed. Busqué aquí, busqué allá, siempre rebelde a las respuestas fáciles; quería saber, penetrar la verdad, desgajarla. Necesitaba construir de nuevo la torre de Babel y cavar a gritos el cielo... Fue largo y penoso el camino hasta la colina. Pero llegué. Llegué al fin, y con estas manos consagradas que habían arañado el misterio, que se habían crispado frente al enemigo, que bendecían el pan de todos los días, construí la torre de Babel. Yo solo, terco, infatigable y soberbio, levanté la casa del Señor. Esta casa.

Analista: Muy conmovedor, padre.

Prior: Y ahora oigo decir que es simplemente una cueva de leprosos, un manicomio.

Analista: Ésa es mi opinión.

Prior: Ésa es la verdad. En eso está a punto de terminar la obra de mi vida... Leprosario. Manicomio. ¿De qué me vale negarlo? La nave se hunde, mi búsqueda naufraga... ¿Por qué? ¿Qué fue lo que hice mal? ¿En dónde estuvo el error? ¿Fue mi necedad? ¿Fue mi orgullo? ¿Fue mi pecado de soberbia?

ANALISTA: Fue su ceguera.
PRIOR: Pero ya no estoy ciego. Ya no lo estoy. He arrancado el ojo que me escandalizaba.

Hacia el final del diálogo anterior, los monjes que ocupaban las distintas áreas del monasterio salen lentamente de ellas y se congregan próximos al escritorio-altar. Sobre los últimos parlamentos, al principio en voz muy baja y luego en tono ascendente, entonan en gregoriano su lamento.

CORO DE MONJES: Señor, ten piedad. Cristo, ten piedad. Señor, ten piedad. Cristo, ten piedad. Señor, ten piedad…
PRIOR: ¡Ya no estoy ciego, hermanos! ¡He arrancado el ojo que me cegaba! ¡Ya no estoy ciego!

Los monjes prosiguen con sus lamentos.

ANALISTA: Solicitan su auxilio.
PRIOR: Yo soy el primero que lo necesita.
ANALISTA: ¿El de su Dios no le basta?
PRIOR: Necesito el de usted. Para llegar a Dios necesitamos ahora el auxilio de usted. Por eso lo he llamado. *(El prior se dirige a sus monjes. Cesan los lamentos.)* Para penetrar en Dios, tenemos antes que penetrar en nosotros mismos, hermanos. Para dialogar con el Padre tenemos que seguir el camino del Hijo, que se encarnó en nuestra piel. Tomar su cruz y renunciar a todo. Renunciar al tesoro de nuestro miedo. Renunciar al consuelo de nuestro masoquismo. Renunciar al refugio de nuestra humildad. Renunciar al escudo de nuestra pureza, de nuestra obediencia, de nuestra mansedumbre. Renunciar incluso, si fuere preciso, a nuestra amada renuncia al mundo, hermanos.
CORO DE MONJES: Ayúdenos. Ayúdenos. Ayúdenos. Ayúdenos.
PRIOR: Lo necesitamos.
ANALISTA: Tal vez me necesita su vanidad.
PRIOR: Ayúdenos a renunciar a nuestra vanidad.
ANALISTA: No es fácil. No sería nada fácil para ustedes… Se equivoca si cree ver en mí quien lo sustituya en su papel de padre de estos huérfanos. Yo no vendría a trabajar por su causa. No creo en su Dios ni creo en su magia.

Vendría a dejarlos más huérfanos aún... ¿Comprende cuál es el riesgo?

Prior: Acepto el riesgo.

Analista: No, no comprende... Mis hermanitas, el espejo que yo pondría frente a ustedes es capaz de ahuyentar todo lo que puebla esta casa. En menos tiempo del que supone, podría quedarse sin un solo monje, padre.

Prior: De qué vale ser eunucos si no lo somos por amor al reino de los cielos.

Analista: Confía demasiado en su fe.

Prior: Mi fe es una búsqueda que no puede frenarse, que no tolera miedos, que no acepta derrotas. Necesito saber, bajar al fondo de mi propio infierno y enfrentar la verdad, cualquiera que ésta sea.

Analista: Magnífico. Usted lo ha querido así. ¡Destruyamos el templo!

El analista sale. Permanecen en escena el prior —frente al escritorio-altar— y un grupo del coro de monjes. Cantan en gregoriano.

Solista: Purifica mi corazón y mis labios, oh Dios, para que pueda anunciar dignamente tu santo evangelio.

Coro de monjes: Danos, Señor, tu bendición.

Solista: El Señor sea con ustedes.

Coro de monjes: Y con tu espíritu.

Solista: Continuación del santo evangelio, según san Lucas.

Coro de monjes: Gloria a ti, Señor.

Solista (*en tono hablado*): Y entrando Jesús atravesó Jericó. Había allí un hombre llamado Zaqueo, jefe de publicanos, y rico. Hacía por ver a Jesús, pero a causa de la muchedumbre no podía, porque era de baja estatura. Corriendo adelante se subió a un sicomoro para verle, pues había de pasar por allí. Cuando llegó a aquel sitio, levantó los ojos Jesús y le dijo: Zaqueo, baja pronto porque hoy me hospedaré en tu casa. Él bajó a toda prisa y lo recibió con alegría. Viéndolo, todos murmuraban de que hubiera entrado a alojarse en casa de un hombre pecador. Zaqueo, en pie, dijo al Señor: Señor, doy la mitad de mis bienes a los pobres, y si a alguien he defraudado en algo, le devuelvo el cuádruplo. Díjole Jesús: Hoy ha venido la salud a esta casa, por cuanto éste es también hijo de Abraham; pues el hijo del hombre ha venido a salvar lo que estaba perdido.

En el centro del escenario en penumbra, el prior realiza en voz alta su meditación.

PRIOR: Jesús, siempre he sentido simpatía por Zaqueo. No porque yo fuera pequeño, sino por su testarudo deseo de verte. Se dice que soy terco. Sin duda es verdad, y eso me ha causado muchos disgustos. Pero espero que mi terquedad, y muy especialmente mi obstinación en verte, en encontrarte, tendrá también buenos resultados. Jesús, yo estaba en medio de la muchedumbre: la muchedumbre de mis hermanos, la muchedumbre de mis amigos y conocidos, la muchedumbre de todos los que me rodeaban. Estaba en medio de la muchedumbre y sentía que ésta me impedía verte. No porque fuera pequeño, sino porque me creía pequeño. No sé si en tu tiempo se fijaban en eso, pero en nuestros días eso se llama complejo de inferioridad. Tal vez tú lo llamarías humildad. Me creía pequeño, y sin embargo quería verte, quería encontrarte. Como Zaqueo, quise hacerme grande. Él subió a un sicomoro. Yo, aunque hubiera subido a cualquier otro árbol, nada habría conseguido. ¡Tenía necesidad de una altura que no se mide en metros, tenía necesidad de una altura que se mide en confianza. Por eso dejé la muchedumbre; la muchedumbre de mi familia, la muchedumbre de mis amigos, y me fui a un alto lugar, a una montaña. Jesús, yo te buscaba en aquella montaña; Jesús, yo te he buscado en este monasterio, en esta montaña. Treinta años viviendo arriba del sicomoro. Y creía haberte encontrado. Creía que tú también vivías aquí y que yo vivía en tu compañía. Lo creía porque estaba subido en lo más alto posible, porque era terco. Ahora me ven sentado encima de la muchedumbre, encima de mis nuevos hermanos, encima de las multitudes que me rodean. Ahora ya no me siento pequeño, me siento grande. Eso se llama un sentimiento de superioridad. Tal vez tú lo llamarías orgullo, no sé si es lo mismo. Pero importa poco. Estoy en mi monasterio, estoy trepado en mi sicomoro para verte... y tú no estás conmigo. ¿En dónde estás, Jesús? Responde. Tu silencio me inquieta. Treinta años en el monasterio, treinta años sobre el sicomoro es largo tiempo. Me parecía corto porque te creía cerca de mí, pero ahora no te veo. ¿Era una ilusión?, ¿era un espejismo? Jesús, tu silencio me da vértigo. Voy a caer. Responde. Dime que estás cerca. Dime que no en vano, durante treinta años, he permanecido en equilibrio sobre el sicomoro.

Oscuro total. Cuando las luces vuelven a encenderse, el analista se encuentra reunido con los monjes en sesión de psicoanálisis. Los monjes y el analista hablan indistintamente, ges-

ticulan, se mueven, pero no escuchamos sus palabras. Algunos monjes se turban y huyen, atemorizados, cuando el analista trata de hablar con ellos individualmente. Mientras ocurre la escena, un grupo del coro de monjes entona el salmo en gregoriano:

Coro de monjes: El Señor me apacienta, nada me falta,
en verdes prados me hace recostar.
Me conduce a las aguas donde descanso;
restaura mi alma.
Me guía por senderos rectos
por amor a su nombre.
Aunque camine en valle tenebroso
no temeré mal alguno porque tú estás conmigo.

Entran el coro de periodistas y el coro de católicos. Los primeros, corriendo y dispersándose con curiosidad febril. Integran el coro de periodistas un grupo de reporteros y fotógrafos que durante toda la escena desarrollan gran actividad. Los fotógrafos van de uno a otro sitio disparando sus cámaras sobre los monjes, sobre el analista, sobre algunas celdas, sobre el coro de católicos. Libreta en mano, los reporteros registran y examinan el sitio. El corre y corre de unos y otros mantiene un ritmo aceleradísimo.

Coro de periodistas *(desde su aparición)*: ¡Noticia, noticia! ¡El psicoanálisis ha entrado en el monasterio! ¡Insólito! ¡Increíble! ¡Extraordinario! ¡Noticia, noticia! ¡Ahora un psiquiatra confiesa a los monjes! ¡Indaga su vocación! ¡Explora sus sentimientos! ¡Noticia! ¡Noticia!

Ante la actividad desarrollada por el coro de periodistas, los miembros del coro de católicos se observan entre sí, desconcertados. Cuchichean, como poniéndose de acuerdo.

Coro de periodistas *(hacia el coro de católicos)*: Qué opina la Iglesia. Queremos saber qué opina la Iglesia. Necesitamos orientar a nuestros lectores, es nuestro deber. Qué opina la Iglesia.
Coro de católicos: Shhh.
Reportero: ¿Consideran peligrosa la experiencia?
Coro de católicos: Shhhhhh.
Reportero: ¿Saludable?
Coro de católicos: Shhhhhhhh.

Reportero: ¿Prohíbe la Iglesia el psicoanálisis?
Coro de católicos: Shhhhhhhh.
Reportero: ¿Van a contratar psiquiatras para todo el clero?
Coro de católicos: Shhhhhhhh.
Reportero: ¿Es cierto que el Vaticano no ha otorgado su autorización?
Coro de católicos: Shhhhhhhh.

Del coro de católicos se desprende el sacerdote.

Sacerdote: Es inevitable. Llegó el momento de romper el silencio.
Coro de católicos: Sí, llegó el momento de romper el silencio.
Coro de periodistas: Van a hablar. Van a hablar. Van a hablar.

Todos los reporteros y fotógrafos se concentran frente al coro de católicos.

Sacerdote: Dios quiera iluminar nuevamente con su gracia el alma de los monjes, para que retomen la senda perdida.
Coro de católicos: Dios tenga misericordia del prior.
Coro de periodistas: Van a hablar. Van a hablar. Van a hablar. Noticia. Noticia.
Sacerdote *(después de imponer silencio, doctoral):* Los criterios infalibles de la Iglesia no admiten discusión. En un valioso diccionario de teología moral se afirma, de manera tajante: Difícilmente podemos excusar de pecado mortal a quien libre y conscientemente adopta y se somete al psicoanálisis.
Coro de periodistas: ¡Oooooh!
Coro de católicos: Pecado mortal. ¡Pecado mortal! ¡Condenación eterna!
Coro de periodistas *(reaccionando):* Pero es sólo una opinión. Han transcurrido diez años. La Iglesia ha rectificado.
Sacerdote: ¡La Iglesia nunca rectifica! El dieciséis de julio de 1961, el Santo Oficio dictó un mónitum que sabia y enérgicamente, con claridad meridiana, condena las experiencias del monasterio. *(Leyendo:)* Hay que reprobar, dice el mónitum, la opinión de aquellos que pretenden que una formación psicoanalítica preceda a la recepción de las órdenes sagradas.
Coro de periodistas: ¡Oooooh!
Sacerdote: O que los candidatos al sacerdocio o a la profesión religiosa deban someterse a exámenes e investigaciones psicoanalíticas propiamente dichas.

Coro de periodistas: ¡Oooooh!
Sacerdote: Lo que vale también si se trata de asegurarse de la aptitud requerida para el sacerdocio o la profesión religiosa.
Coro de periodistas: ¡Oooooh!
Sacerdote: Asimismo, los sacerdotes, los religiosos y las religiosas no pueden consultar psicoanalistas sin el permiso del ordinario y por una causa grave.
Coro de periodistas: ¡Oooooh!
Sacerdote (*dejando de leer*): Por este motivo, porque el prior no ha acatado las disposiciones del Santo Oficio, y por otros graves cargos que pesan contra él desde la fundación del monasterio, el Santo Oficio ha incoado un proceso en su contra. ¡El juicio de la Iglesia será el juicio de Dios!
Coro de periodistas: ¡Noticia! ¡Noticia!
Coro de católicos: Dios tenga misericordia del prior. El Espíritu Santo le infunda la gracia del arrepentimiento.
Coro de periodistas: ¡Noticia! ¡Noticia! ¡Noticia!

El prior irrumpe en el escenario. Violento, colérico, se arroja contra el coro de periodistas y el coro de católicos. Los dos grupos se dispersan. Éstos huyen. Aquéllos tratan de entrevistarlo, de tomarle fotografías. El corre y corre es general.

Prior (*arremetiendo*): ¡Raza de víboras! ¡Necios! ¡Hipócritas! ¡Sepulcros blanqueados!
Reportero: ¿Qué opina del mónitum?
Prior (*colérico siempre*): ¡No he desobedecido! En este monasterio yo soy la autoridad... ¡Fuera de mi casa!
Reportero: ¿Piensa salir absuelto del proceso?
Otro reportero: Según el mónitum, sólo por una razón grave se puede recurrir al psicoanálisis.
Prior: ¡El equilibrio psíquico siempre es razón grave, estúpido!
Reportero: Pero no está permitido imponerlo como condición.
Otro reportero: Usted obliga a sus monjes a psicoanalizarse.
Prior: Yo no obligo a nadie. Ni ustedes ni el Santo Oficio saben una palabra de psicoanálisis... ¡Largo de aquí! ¡Fuera de mi casa, cobardes, ignorantes, fariseos, hipócritas, borregos, raza de víboras! ¡Nada podrán contra mí! ¡Algún día vendrán a suplicarme consejo! ¡Y me llamarán

reformador! ¡Invocarán mi nombre entre los grandes innovadores de la Iglesia! Yo abriré nuevos caminos a la fe. La teología y la ciencia bendecirán mi nombre... ¡Fuera, serpientes, fuera! ¡Soy un aventurero de Dios! ¡Mi obispo está conmigo!

Todos los miembros del coro de periodistas y del coro de católicos terminan fuera de escena, huyendo. También salen los monjes y el analista. El prior se encamina hasta el escritorio-altar. A su cólera sucede el abatimiento. Se hunde en reflexiones y tarda en descubrir la presencia del obispo.

PRIOR *(antes de advertir al obispo)*: Mi obispo está conmigo...
OBISPO: Y lo estoy en Cristo, padre... aunque personalmente me sea difícil entender y medir los alcances de su experiencia, aunque aún no pueda advertir los frutos, aunque considere peligroso su camino. Estoy con usted porque pienso que debemos abrirnos a toda inquietud, a toda búsqueda, a toda nueva aportación científica, a todo diálogo, a toda opinión. Porque aquel que se esfuerza en penetrar los secretos de las cosas y de los seres es llevado por la mano de Dios, aun cuando no tenga conciencia de ello. *(Bondadosamente irónico:)* Confío en su aventura, aventurero de Dios.
PRIOR: La humildad nunca ha sido mi virtud predilecta.
OBISPO: Lo han sido la esperanza y la fe.
PRIOR *(exaltándose poco a poco)*: La nave se hundía, monseñor. Yo les di un techo y un rumbo a los que llegaron a mí y no podía abandonarlos en el desastre. Necesitaba encontrar un remedio y lo encontré. El análisis ha sido el más feliz de los descubrimientos. El milagro de Jericó, ¿recuerda?.. Jesús, hijo de David, ten compasión de mí, gritaba aquel ciego. Jesús le preguntó: ¿Qué quieres que haga? Señor, que se abran mis ojos... Ningún retiro, ningún examen de conciencia había logrado abrirme los ojos a tal punto. Yo era un intelectual frío, voluntarioso, autoritario. El análisis me modificó radicalmente. Ya no busco hacerme temer, sino hacerme amar... Y mis hermanos. Mire usted a mis hermanos. Mire usted a los monjes. El análisis ha purificado su fe; la ha despojado de engaños y mentiras para dejar solamente lo auténtico. La obediencia conventual ha dejado de ser pasiva, formalista, temerosa, para volverse confiada, inventiva, alegre. Los que buscaban sólo un refugio

se han marchado convencidos de que no existe refugio alguno que nos defienda de nosotros mismos. Han regresado al mundo a luchar... Y los que permanecen, los auténticos eunucos por amor al reino de los cielos, son cada día más sanos, más productivos, más felices, más religiosos, más cristianos... Éstos son los frutos, y Roma no quiere verlos. No entiende mis razones.

Obispo: Las entenderemos todos tarde o temprano. Ahora soplan nuevos vientos sobre la Iglesia.

Prior: Pueden ser vientos de tempestad.

Obispo: Son de caridad y de comprensión. Tenga paciencia. No todos podemos correr al ritmo de su búsqueda... Usted nos lleva diez años de ventaja.

Prior: Hace veinticinco que murió Freud.

Obispo: Y qué son veinticinco años para la Iglesia. La Iglesia es prudente.

Prior: ¡Yo también soy la Iglesia!

Obispo *(rectificando):* La jerarquía de la Iglesia es prudente.

Prior: No. Es cobarde, es tímida, es perezosa. Se ufana de poseer la verdad y actúa como si nada poseyera, como si cualquier viento nuevo fuera a derribar sus paredes. Cristo las hizo de piedra y ellos las consideran de paja... No tienen fe en su fe. Tiemblan al oír hablar de ciencia y el nombre de Freud los pone histéricos. El Freud que habla del sexo, que les echa en cara su pánico ancestral ante lo que es el germen de la vida, los paraliza... No, monseñor, Roma no es prudente, Roma es cobarde. *(Abatiéndose:)* Cobarde como yo lo soy ahora... Discúlpeme, es el miedo el que dicta mis palabras. Tengo miedo de mis jueces, del proceso, de mi futuro.

Obispo: Cristo lo tuvo ante el calvario.

Prior: Y lo crucificaron.

Obispo: Pero resucitó. No lo olvide, padre, Cristo resucitó.

Sale el obispo. El coro de monjes aparece al fondo.

Solista del coro de monjes *(en gregoriano):* Hermanos, os doy la buena noticia: Cristo murió por nuestros pecados, según las escrituras, y fue sepultado y resucitó al tercer día. Y si Cristo no ha resucitado, vana es nuestra fe. Lo que tú siembras no llegará a tener vida si no muere, y al sembrar no es el cuerpo venidero lo que siembras, sino un grano desnudo. Así también es la resurrección de los muertos; se siembra en deshonor, y resucita en gloria; se siembra en debilidad, y resucita en fuerza; se siembra un cuerpo natural, y resucita un cuerpo espiritual... . Palabras de Pablo.

Entra el analista. Va hacia el prior.

ANALISTA (*advirtiendo el abatimiento del prior*): ¿Es en verdad tan decisivo para usted ese proceso?
PRIOR: De su veredicto dependen mi paz y mi futuro.
ANALISTA: Mentira, su paz y su futuro dependen únicamente de usted. A menos que durante todo este tiempo, desde el principio, lo que haya estado buscando sea el aplauso de su Iglesia.
PRIOR: No.
ANALISTA: El título de innovador, el nombre de iluminado.
PRIOR: No.
ANALISTA: O de mártir, que con mucha frecuencia resulta más atractivo... El Galileo del psicoanálisis, el gran visionario incomprendido por su tiempo.
PRIOR: Jamás he buscado glorias ni martirios. Buscaba una solución, un remedio, un camino limpio para mis monjes.
ANALISTA: ¿Está seguro de que solamente eso buscaba?
PRIOR: Usted menos que nadie puede ponerlo en duda.
ANALISTA: Yo acostumbro ponerlo todo en duda, padre, empezando por su fe, por su Cristo, por su Iglesia, y también por su magia.
PRIOR: Contra esa magia nada puede. Yo mismo nada podría aunque intentara destruirla... Ahora sé que mientras más busco, más encuentro; cuanto más indago, más descubro; mientras más paredes derribo, más sólida es la casa que levanto. La verdadera magia se halla escondida en el fondo de la magia.
ANALISTA: Eso es muy discutible.
PRIOR: No para quien busca a Cristo.
ANALISTA: Todo el que busca corre el riesgo de encontrar nada al final del camino.
PRIOR: Cuando lo que se busca existe por sí mismo, independientemente de quien busca, no hay ningún riesgo. Ésa es mi fe.

Analista: Posiblemente una fe errónea.
Prior: Ninguna fe es errónea.
Analista: Algunos la pierden.
Prior: Al que nada tiene, nada se le puede quitar. Usted lo sabe.
Analista (*señalando a los monjes*): ¿Ellos también lo saben? No parecen muy convencidos de sus malabarismos, padre... Mírelos.

El analista sale. El prior se vuelve hacia el coro de monjes, que se ha ido aproximando. Lo examina atentamente con la mirada. Después de un largo silencio, un monje se desprende titubeante del coro.

Prior: Si quieren decir algo, si tienen algún problema que plantear hablen, los escucho. Para eso estoy aquí. (*Al monje que avanza:*) Sí, habla. No tengas miedo.
Monje (*titubeante*): He perdido la fe, padre.
Prior (*sonriendo paternal*): Tonterías, la fe no se pierde como se pierde un pañuelo.
Monje (*alzando cada vez más la voz*): He perdido la fe.
Prior: Cálmate. Atraviesas por una etapa que todos debemos sufrir y que sufrimos en algún momento. Una etapa muy importante de purificación.
Monje (*gritando*): ¡Le digo que he perdido la fe!
Prior: Lo que has perdido es una cáscara que la estorbaba.
Monje: ¡He perdido la fe, he perdido la fe! Tal vez fuera una cáscara, pero era mía, mi fe. Ridícula, ingenua, estúpida, como quiera llamarla, pero era la fe de mis padres, la de mis hermanos, la de mi familia, la que me trajo aquí para buscar a Dios, y a quien encontré fue a usted que me arrancó la fe. Yo creía en Dios, en su Iglesia, en sus santos, y sólo necesitaba un lugar donde seguir creyendo en compañía de otros como yo que me ayudaran a creer, a confiar, a vivir. Y usted me obligó a dudar, a desconfiar, a morir. Ahora no tengo nada porque ya no tengo mi fe ...¡Dios lo maldiga!

El monje va a salir, pero el prior lo detiene fuertemente de un brazo.

Prior: Escúchame, no te vayas.
Monje: ¡Suélteme!
Prior: Escucha.

MONJE *(forcejeando):* ¡Suélteme!

Otro monje se desprende del grupo y corre en apoyo de su compañero.

OTRO MONJE: ¡Suéltelo!

El segundo monje empella violentamente al prior. El primer monje huye. El segundo reacciona: retrocede, atemorizado.

OTRO MONJE: Perdón, padre. Perdón.

Todo el coro de monjes comienza a retroceder buscando la salida del escenario. El prior avanza hacia ellos mientras habla en tono que trata de ser convincente.

PRIOR: Lo que sembramos no llegará a tener vida si no muere, y al sembrar no es el cuerpo venidero lo que se siembra, sino un grano desnudo. Así también es la resurrección de los muertos; se siembra en deshonor, y se resucita en gloria; se siembra en debilidad, y se resucita en fuerza; se siembra un cuerpo natural y resucita un cuerpo espiritual… Palabras de Pablo a los corintios.

A pesar del intento verbal del prior, todo el coro de monjes ha salido de escena. El prior regresa solo, abatido, al escritorio-altar.

PRIOR: Treinta años en el monasterio, treinta años sobre el sicomoro es largo tiempo. Me parecía corto porque te creía cerca de mí, pero ahora no te veo, Jesús. Tu silencio me inquieta. Respóndeme. ¿Voy a caer?
VOCES *(fuera de escena):* Zaqueo, Zaqueo, Zaqueo… Zaqueo, baja pronto.
PRIOR: Sí, te escucho, te escucho… *(Animándose por la respuesta:)* Bajo rápidamente porque me llamas, porque has llegado, porque me dices que vas a quedarte en mi casa. Tú no tienes casa, me dices; las raposas tienen su guarida, pero el hijo del hombre no tiene donde reposar su cabeza… Pero Jesús, y este monasterio, y esta Iglesia, ¿no son tu casa? ¿Acaso no es lo que me ha sostenido durante toda la vida?, la fe de que vivía en tu casa. Y ahora me dices que baje, que tú no tienes casa y quieres quedarte en la mía… En mi casa, ¡pero si es una buena noticia! Conmigo,

¡pero si eso me llena de alegría! ¿Conmigo, en mi casa, tal como es?, ¿en medio de la multitud, en medio de mis amigos, en medio de mis hermanos y hermanas? ¿En mi casa donde se trabaja y se juega, en mi casa donde uno pasea y va al cine, en mi casa donde se come buen pan, donde se bebe buen vino? ¿En mi casa donde la gente se ama y tiene hijos? En mi casa, ¿es ahí donde te quedas?, ¿es ahí donde te veré?... Sí, espera un momento: ahora mismo bajo y te recibo.

Coro de católicos (*fuera de escena. Como un murmullo, sin que alcancen a distinguirse las palabras*): Soberbio. Blasfemo. Rebelde. Necio. Hereje... Soberbio. Blasfemo. Rebelde. Necio. Hereje.

Prior: Escucho ruido. ¿Serán los gritos de bienvenida de la multitud?, ¿de mis amigos, de mis hermanos y hermanas?

Coro de católicos (*más fuerte con mayor claridad*): Soberbio. Blasfemo. Rebelde. Necio. Hereje... Soberbio. Blasfemo. Rebelde. Necio. Hereje.

Prior: No, es un ruido de voces irritadas. La multitud murmura. Contra quién. ¿Será contra ti porque vas a hospedarte conmigo, con un pecador? ¿Es pecador el monje que baja de su montaña, que se mezcla de nuevo con la muchedumbre? ¿Será contra mí? ¿Qué he hecho? Te buscaba, oí tu voz y bajé, es verdad; pero estoy dispuesto a dar la mitad de mis bienes a los pobres. A todos estos fariseos que murmuran estoy dispuesto a darles la mitad de lo que soy, estoy dispuesto a amarlos.

Durante el parlamento, las voces del coro de católicos han repetido el estribillo en tono ascendente. El coro entra en escena, en actitud agresiva.

Coro de católicos: ¡Ha vendido el monasterio al enemigo! ¡Le ha abierto las puertas de su casa! ¡Le ha convidado de su pan! ¡Ha compartido su lecho! ¡Ha escandalizado a su pueblo! ¡Ha desobedecido a su Iglesia!

Prior: Mentira, no he desobedecido. ¡Puedo demostrado!

Coro de católicos: Su negro expediente se halla en Roma.

Prior: Tengo derecho a defenderme.

Coro de católicos: Graves son los cargos. Fraude. Perversión. Herejía. Blasfemia. Engaño. Escándalo.

Prior: ¡Tengo derecho a defenderme!

Coro de católicos (*tronante*): Que empiece el proceso. Que empiece el proceso. Que empiece el proceso. Que empiece el proceso.

PRIOR *(gritando, para hacer oír su voz entre el clamor ininterrumpido del coro)*:
¡Tengo derecho a defenderme! ¡Tengo derecho a buscar! ¡Tengo derecho a equivocarme!

OSCURO

ACTO SEGUNDO

Al fondo del escenario se desarrolla una asamblea del Concilio Vaticano II. De los asambleístas sólo son visibles tres cardenales: los tres jueces del prior. En la zona del monasterio se encuentra presente el coro de católicos mirando hacia los cardenales y el obispo. Éste habla ante la asamblea. Su voz comienza a escucharse antes de que se ilumine el escenario.

OBISPO: Es inexacto hablar del ateísmo como de una actitud del mundo moderno. Sería más exacto hablar de un modo nuevo de presentar el problema de Dios. De donde sería preciso preguntarse primero ¿qué es el hombre? y la respuesta debería ser buscada en una interpretación personalista. *(La luz invade la plataforma donde se desarrolla la asamblea.)* Por no formular sistemáticamente esta pregunta, el texto conciliar ha silenciado el problema propio del hombre moderno que atañe profundamente al psicoanálisis.

CORO DE CATÓLICOS *(murmuran la palabra como si fuera prohibida)*: El psicoanálisis, el psicoanálisis, el psicoanálisis.

OBISPO: Es preciso considerar el descubrimiento genial de Freud a la altura de los descubrimientos de Galileo y Darwin. El inconsciente ha tomado su lugar en la vida del hombre moderno y es preciso tenerlo en cuenta.

CORO DE CATÓLICOS *(murmurantes)*: Ha llamado genial a Freud. Ha llamado genial a Darwin. Freud es ateo. Freud es el sexo.

OBISPO: No me explico el silencio del concilio ante el psicoanálisis. El psicoanálisis se presenta ante nosotros como una auténtica ciencia, con su objeto, su método y su propia teoría. Esta ciencia no está aún completamente madura, y no está desprovista de peligros —lo cual es preciso tener en cuenta—, pero no podemos por esta sola razón ignorar la revolución psicoanalítica, que no es menos importante que la revolución técnica… El discurso analítico forma parte de la cultura humana, impone una renovación del concepto del hombre y suscita problemas que antes ni siquiera se sospechaban. La Iglesia, a causa del dogmatismo anticristiano de determinados analistas, ha tomado una posición que recuerda el caso de Galileo; pero no existe ni un solo campo de la tarea pastoral en el que no haya que tener en cuenta al psicoanálisis... Las intervenciones de la Iglesia, demasiado impregnadas de desconfianza, no han ejercido hasta hoy la más mínima influencia sobre aquellos que se ocupan de esta ciencia. *(Pausa.)* No faltan católicos que se entregan a la ilusión de un psicoanálisis cristiano o católico, cuando a la verdadera ciencia no se le puede pegar ninguna etiqueta, sea cristiana o no cristiana... Por consiguiente, si la Iglesia desea entablar un diálogo sincero y leal con el hombre actual, no debe ignorar a los analistas auténticos, a quienes ha de acudir directamente y no a través de la moral o la teología. De ello se derivaría un gran bien, porque esta ciencia posee una virtud capaz de ayudar considerablemente a los hombres cuya fe está mezclada con desviaciones psicológicas que la pervierten o la inhiben.

CORO DE CATÓLICOS *(que durante el parlamento no ha dejado de murmurar protestas inaudibles; exaltándose ahora)*: Falso. Mentira. Alerta. No sabe lo que dice. Miente. Delira. Es víctima del prior. ¡Habla para defenderlo! ¡Sólo para defenderlo! ¡Alerta! ¡Cuidado! ¡Peligra la fe!

CARDENAL 1: ¿Habla así porque está convencido de lo que dice, o porque se lo han dicho otros?

CARDENAL 2: ¿Porque se lo ha dicho el prior del monasterio?

CARDENAL 3: ¿Le ha dictado él este discurso?

OBISPO: Si no estuviera vivamente convencido de la importancia que empieza a adquirir el psicoanálisis, no hablaría de él.

CARDENAL 1: Que empieza a adquirir, usted lo ha dicho.

OBISPO: El psicoanálisis existe. Es una realidad. La Iglesia debe abordarlo.

CARDENAL 2: También la alquimia existía en la Edad Media.

CARDENAL 3: La Iglesia no puede avalar lo que aún no pasa de ser una experiencia.

OBISPO: La Iglesia debe impulsar las experiencias, fomentarlas, y comprender con alegría las aventuras que emprenden sus hijos para descubrir la verdad.

CARDENAL 1: ¿La aventura de ese prior, por ejemplo?

CARDENAL 2: Su gran amigo.

Obispo: Sí, la aventura de ese prior, mi gran amigo.

Cardenal 3: Amicus Plato, sed magis amica veritas.

Cardenal 3: O para usted, que no le gusta el latín: Platón es mi amigo, pero más amiga es la verdad.

Obispo: Él busca la verdad.

Cardenal 1: La Iglesia posee la verdad.

Obispo: No toda la verdad. Ni siquiera conoce toda la verdad revelada.

Cardenal 3: El Espíritu Santo asiste y sopla continuamente sobre el trono de san Pedro.

Obispo: ¡El Espíritu sopla donde se le antoja!

Cardenal 2: Tenga cuidado, monseñor. Tenga mucho cuidado. No permita que una amistad ciega lo impulse a desvirtuar los fines del concilio... Si monseñor lo permite, quisiéramos expresar nuestra opinión sobre su discurso.

Cardenal 3: El prior se ha valido de usted para defender una causa personal que muy poco tiene que ver con las constituciones conciliares, con el *aggiornamento* de la Iglesia.

Cardenal 1: Al prior sólo le importa su proceso.

Cardenal 2: La maniobra es evidente. Si a través de usted, aprovechando la simpatía y el celo pastoral que monseñor le ha dispensado siempre, el prior lograba infiltrar sus ideas sobre el psicoanálisis en la asamblea conciliar y obtener una reacción favorable, su proceso quedaría automáticamente resuelto.

Cardenal 3: El tribunal ya no podría condenarlo.

Cardenal 2: Se aprobaría su experiencia.

Cardenal 1: Se impulsarían experiencias similares en el seno de otras congregaciones religiosas.

Cardenal 3: El pensamiento de Freud entraría a formar parte del pensamiento moral de la Iglesia.

Obispo *(exaltándose)*: ¡Y eso es lo que ustedes no pueden tolerar; eso es lo que tanto les repugna!... Ni siquiera lo discuten o examinan a fondo, niegan *a priori* la validez del psicoanálisis porque temen que encienda la luz de su castillo de fantasmas. Ante todo y sobre todo el prior debe ser condenado. No hay más... Admitamos, si así les parece, que él se valió de mí, que de un modo u otro él me dictó ese discurso. ¿Invalida eso su contenido? ¿Niega la importancia del psicoanálisis? *(Pausa.)* Tomen por un momento el lugar del prior y traten, cristianamente, de comprender su lucha. Él siente que su monasterio se derrumba. Que la vida monacal se ha contaminado de perturbaciones psicológicas, y que más que buscar a Dios sus hermanos huyen de él, ocultan la cabeza para no enfrentar su realidad religiosa. Aquello no es más un monasterio, es una casa de salud. El prior no se cruza de brazos, no huye ni cierra los ojos. Busca una solución y la encuentra en el psicoanálisis. La Iglesia lo mira con desconfianza ateniéndose a infundados y anacrónicos temores, y trata de frenar la experiencia. Pero el prior no puede detenerse; ha sembrado un grano, y frenar de golpe su crecimiento, abortar el fruto, equivaldría para él a cometer un crimen. Recurre entonces a todas las estrategias legales a que tiene derecho. Solicita mi confianza y yo se la entrego libre y voluntariamente porque reconozco su derecho y porque creo en él. Y me sería muy difícil dejar de creer en un hombre que lucha por continuar su búsqueda dentro de la Iglesia, compréndanlo: siempre dentro de la Iglesia.

CARDENAL 1: Él aprendió desde pequeño que fuera de la Iglesia no hay salvación.
CARDENAL 2: Según lo que monseñor ha dicho, se podría pensar que es el prior quien hace un favor a la Iglesia al ofrecerle el psicoanálisis.
OBISPO: Piénselo así. No me ha entendido mal del todo.
CARDENAL 3: Pero se podría pensar también —insisto— que en realidad no interesa a monseñor defender al psicoanálisis, sino defender al prior.
OBISPO: Salvando a un hombre se salvan sus ideas.
CARDENAL 1: Y se condenan, condenándolo.
CARDENAL 2: Difícilmente se salvará el prior. Ha incurrido nuevamente en desobediencia. Se le prohibió regresar al monasterio, y ha regresado.

El cardenal 2 señala hacia un extremo del escenario por donde aparece el prior. Viste con ornamentos de celebrante y se encamina hacia el escritorio-altar en el que todo está dispuesto para la misa. Un grupo de monjes se congrega en torno. Mientras la oscuridad borra a los cardenales y al obispo, el coro de católicos permanece en escena; murmura alertado:

CORO DE CATÓLICOS: Regresa, regresa. El prior regresa al monasterio. Ha desobedecido nuevamente a Roma. Ha huido de sus jueces. Sorprendió al obispo, pero no sorprendió al concilio. Menos a su tribunal. El proceso se retarda. El escándalo cunde ... Recemos por él.
PRIOR *(frente al altar)*: Gloria a ti, Padre, por tu hijo, en el Espíritu Santo.
CORO DE MONJES: Ahora y para siempre, y en los siglos de los siglos. Amén.

Prior: Subiré al altar de Dios.
Coro de monjes: Del Dios que es la alegría de mi juventud.
Prior: Júzgame tú, oh Dios, y defiende mi causa de la gente malvada. Líbrame del hombre inicuo y engañador.
Coro de monjes: Pues tú eres, oh Dios, mi fortaleza; ¿por qué me has desechado, y por qué he de andar triste mientras me aflige el enemigo?
Prior: Envíame tu luz y tu verdad. Ellas me han conducido a tu monte santo y a tus tabernáculos.
Coro de monjes: Y me acercaré al altar de Dios. Del Dios que es la alegría de mi juventud.

Mientras el prior inicia, de cara a los espectadores, la celebración de la misa (celebración que no se interrumpe durante toda la siguiente secuencia, y que se lleva a efecto de acuerdo con la liturgia que se practicaba a fines del Concilio Vaticano II) el coro de periodistas entra en escena. Entra también el analista.

Coro de periodistas: Ha regresado. Ha regresado. Ha regresado el prior. Queremos saber. Queremos informar. Que hable el analista. Que hable. Que diga. Que opine. Que declare.

Corren hasta el analista. Lo cercan, casi lo apresan.

Analista: Nada tengo que opinar. Las decisiones de Roma no me atañen. Estoy al margen de sus leyes.
Reportero: Pero los monjes no.
Otro reportero: ¿Es verdad que es ateo?
Analista: Soy psicoanalista.
Reportero: No es católico.
Analista: Soy psicoanalista.
Reportero: ¿Puede un no católico entender problemas de monjes?
Analista: Los problemas de los monjes son problemas humanos.
Reportero: Problemas de fe.
Analista: Problemas humanos con expresión religiosa. Problemas de amor y de odio. *(Señalando a los distintos reporteros:)* Como los suyos, como los suyos, como los suyos...
Reportero: ¿Por qué prohíbe Roma el psicoanálisis?

Analista: No me interesan las prohibiciones de Roma.
Reportero: ¿Por qué destruye la vocación?
Otro reportero: ¿Por qué libera el sexo?
Otro reportero: ¿Es cierto que usted está vaciando el monasterio?
Otro reportero: ¿Es cierto que tolera el homosexualismo?
Otro reportero: ¿Es cierto que envía a los monjes al prostíbulo?
Otro reportero: ¿Es cierto que combate su fe?
Analista: Les hago abrir los ojos. Los enfrento a ellos mismos.
Reportero: Les impone una visión materialista.
Otro reportero: Ha remplazado su fe en Dios por una fe romántica en el hombre.
Analista: El que no tiene fe en el hombre no puede tener fe en ningún Dios.
Reportero: Usted no tiene Dios.
Analista: Me basta con el hombre. Con el hombre que rebasa infinitamente al hombre cuando logra sacudirse los fantasmas y liberarse de sus demonios. Yo no creo en la divinidad de Cristo, pero soy más cristiano que usted y que aquéllos.

El analista señala hacia el coro de católicos. Los periodistas corren hacia ellos disparando cámaras.

Coro de católicos: No lo interroguen. Es un demonio. Es un marxista. Acabará con ustedes como acabó con el prior. Destruyó a los monjes. Sopló sobre ellos la vieja tentación de la Biblia: seréis como dioses, seréis como dioses. Les dio a probar la fruta del árbol prohibido. La ciencia del mal. Exaltó su orgullo. Despertó sus bajos instintos. Shhhhh. Silencio, silencio. Es tema prohibido.
Coro de periodistas: ¡Queremos saber!
Coro de católicos: Ya se sabe demasiado.
Coro de periodistas: Nada se sabe aún sobre la decisión de Roma.
Coro de católicos: Jamás publicará Roma toda la verdad. La mantiene en secreto. La guarda bajo llave.
Coro de periodistas: Todos saben que ha prohibido el psicoanálisis.
Coro de católicos: No es sólo el psicoanálisis. También lo que hay detrás del psicoanálisis. Y aún más, y aún más. Shhhh, silencio. No publiquen nada. No escandalicen al pueblo. No interroguen al diablo.

Por el extremo opuesto al coro de católicos entra el coro de psicoanalistas. Algunos reporteros y fotógrafos corren hacia él. El prior continúa con su misa.

Coro de psicoanalistas: No es el diablo, señores. Es un charlatán que ha confundido los términos científicos y se ha lanzado a una experiencia absurda. Un inepto. Un incapaz superlativo.
Analista: ¿Qué murmuran a mis espaldas?
Coro de psicoanalistas: ¡De frente te acusamos!
Analista: De nada tienen que acusarme. He trabajado para la ciencia.
Coro de psicoanalistas: Has trabajado para tu propia vanidad.
Coro de católicos: Ha trabajado para el diablo.
Coro de psicoanalistas: Has vendido tu profesión por un plato de hostias.
Coro de católicos: Es un emisario del demonio.
Coro de psicoanalistas: Es un ingenuo.
Analista: Soy un profesional. La envidia los irrita. He empleado las técnicas más sólidas y cumplido la teoría más ortodoxa. Examinen a fondo mi trabajo. Nada hallarán de censurable.
Coro de psicoanalistas: El punto de partida es, por sí mismo, censurable. En el principio está el error. ¡Analizar a una comunidad de monjes!
Analista: Soy un innovador. Descubrí un nuevo campo de experiencia que abre caminos infinitos. Nadie se había atrevido. Soy el primero en explorar la psique de toda una congregación de religiosos; el precursor en el estudio científico de la fe.
Coro de psicoanalistas: Eres un desertor.
Analista: Mentira. Jamás he pretendido separarme del grupo. Estoy con ustedes.
Coro de psicoanalistas: No te queremos con nosotros. Lárgate. Vete con tus monjes, convéncelos a ellos. Nos estorbas. Nos denigras. Nos obstruyes el trabajo. ¡Lárgate!... ¡Lárgate!

Expulsado por el coro de psicoanalistas, y por primera vez asustado, el analista retrocede. Llega sin advertirlo hasta el coro de católicos.

Coro de católicos: ¡Fuera!... Fuera de aquí, emisario de las tinieblas, enemigo de Dios, heraldo del demonio.

Los gritos de ¡fuera! y ¡largo! provenientes de uno y otro coro parecen arrojar al analista hasta el altar donde el prior continúa abstraído en su misa. El prior no presta la menor atención al analista.

Analista *(angustiado)*: ¿Ha oído, padre? Me rechazan, me insultan, se niegan a escucharme. Dígales que están equivocados. Explíqueles que he obrado con todo el rigor científico sin hacer ningún género de concesiones... Padre, atiéndame, esto es muy importante. ¡Atiéndame! Usted me debe mucho a mí, yo salvé su comunidad, recuerde. Recuerde lo que era antes: una cueva de leprosos... Es muy importante que nuestra experiencia sea reconocida por ellos. Padre, padre...

Derrotado, el analista abandona el altar. Trata de ir hacia el coro de psicoanalistas, pero se detiene a medio camino. Se repliega.

Coro de psicoanalistas *(señalando al analista)*: He ahí la víctima del prior.
Coro de católicos *(señalando al prior)*: He ahí a la víctima del científico.

Del coro de psicoanalistas se desprende uno de sus miembros. Impone silencio, orden.

Psicoanalista *(en tono oratorio)*: Serenidad señores, no nos dejemos llevar por nuestros impulsos agresivos y analicemos el caso con el rigor que merece. *(Pausa.)* Estamos ante dos mentes paranoicas trabadas en una fatídica simbiosis... Nuestro colega, un analista de limitados alcances, pero ambicioso cual ninguno, anhela inscribir su nombre en la historia de la ciencia con alguna proeza capital. De manera semejante, el prior del monasterio sueña en convertirse en un revolucionario del pensamiento religioso, en un nuevo gigante de la Iglesia. El azar permite que ambos prototipos de la vanidad exaltada, del narcisismo superlativo, se encuentren y se comuniquen —siempre al nivel de lo inconsciente— sus mutuos y desordenados sentimientos de genialidad. Estalla así la simbiosis, y de inmediato la gloria de uno se hace dependiente de la gloria del otro. Pero no sólo el frenesí de gloria, también, y sobre todo, la propia seguridad, el propio equilibrio psíquico. A uno le importa brillar y sustentarse en el campo de la religión, al otro en el del psicoanálisis. Y los dos campos se convierten entonces en los platillos de una balanza que exige equilibrio perfecto...

Uno tolera y se vale del psicoanálisis para exaltar su delirio religioso. El otro tolera y se aprovecha de la religión para exaltar su delirio científico. Entiéndase bien: no lo hacen por la ciencia ni por la religión; lo hacen por su propia gloria, por su propia enfermiza vanidad... Muchas gracias.

El coro de psicoanalistas y algunos miembros del coro de católicos aplauden. Entretanto, durante el parlamento del psicoanalista del coro, el analista ha estado comentando en voz baja con algunos de los monjes que asisten a la misa. Tres de ellos terminan avanzando hacia el coro de católicos.

Coro de católicos: Así es, así es. Y las únicas víctimas son los monjes. Los corderos del sacrificio. Han perdido la salud del cuerpo y la salud del alma. Han perdido la fe y la cordura.
Sacerdote del coro: El que pierde la fe lo pierde todo.
Coro de católicos: El que pierde la fe lo pierde todo.
Monje 1: No hemos perdido la fe. Si usted piensa que un medio humano como el psicoanálisis hace perder la fe, es que usted considera que la fe es puramente humana. Es que usted no tiene fe.
Monje 2: Someterse al análisis es mostrar que se cree en la fe. Es un desafío por amor a la verdad, pero también el mejor homenaje que un hombre puede rendir a Dios, que es la fuente de la fe.
Monje 3: Cuando escojo la vida religiosa para servir a Dios y al prójimo con amor verdadero, lo hago con sinceridad. Pero ¿cuál es la calidad de ese amor verdadero? ¿Qué motivaciones más o menos impuras vienen a mezclarse con esa purísima intención? Se puede haber escogido el celibato por amor a Dios, pero también por miedo a la mujer, por huir de las responsabilidades familiares, o por un deseo de permanecer fiel al amor de la madre. Se puede desear la obediencia porque evita tomar decisiones personales. Se puede soñar con la pobreza evangélica por odio a los ricos, o por masoquismo. Quiero ser verdaderamente sincero. Quiero poner toda la verdad posible en mi vida. Si el análisis me ofrece un medio para conseguirlo, sería desleal conmigo mismo y con Dios rechazarlo, a pesar de todas las dificultades y de todos los sacrificios que el análisis suponga.
Coro de católicos: Son las víctimas. Los corderos inmolados. Hablan con frases ajenas. Repiten una lección aprendida de memoria. Son esclavos de una idea. Son las víctimas del prior y del científico.

Coro de psicoanalistas: Repulsión pública al analista.
Coro de católicos: Excomunión al prior.
Coro de psicoanalistas: Repulsión. Repulsión. Repulsión.
Coro de católicos: Excomunión. Excomunión. Excomunión.
Sacerdote del coro: No, shhhh, silencio. No debemos anticiparnos a la decisión de Roma. El tribunal lo juzgará. Aguardemos confiados la voluntad de Dios y recemos por su alma.
Coro de católicos: Recemos por su alma.
Analista *(regresando hacia el prior)*: Respóndales, no se quede callado. Respóndales. Ninguno de ellos puede hacerle daño. Somos más fuertes. Tenemos la razón, tenemos la verdad de nuestra parte.

En la celebración de la misa, el prior ha llegado al final del canon. Su voz irrumpe al fin, sonora.

Prior *(elevando cáliz y hostia)*: Por él mismo, y con él mismo, y en él mismo, a ti Dios padre todopoderoso, en unidad del Espíritu, te sea dada toda honra y gloria, por los siglos de los siglos.
Coro de monjes: Amén.
Prior: Amonestados con preceptos saludables, e informados por la enseñanza divina nos atrevemos a decir: Padre nuestro que estás en el cielo. Santificado sea tu nombre. Venga a nosotros tu reino. Hágase tu voluntad en la tierra como en el cielo. Danos hoy nuestro pan de cada día, y perdónanos... *(Pausa. Eleva la voz.)* Perdónanos como nosotros te perdonamos a ti... Padre, yo te perdono de que tus estrellas se apaguen. Padre, yo te perdono de que tu tierra no esté en paz, y tiemble, y pierda la cordura. Padre, yo te perdono por tu rosa que se marchita. Padre, yo te perdono por tu ruiseñor que se fatiga. Padre, yo te perdono por la ausencia de mis padres, que no están más aquí; a ellos también los perdono... Padre, yo te perdono por haberme engendrado con violencia, sin haberme podido rehusar, y porque ahora que acepto la vida que me das, me la arrebatas. Padre, yo te perdono todo el mal que me haces, y de ahora en adelante, cuando rece mi padrenuestro, te diré con todo mi amor: perdona mis ofensas como yo perdono las tuyas.
Coro de católicos: ¡Ha blasfemado!
Coro de psicoanalistas: ¡Está loco!

Coro de católicos: ¡Ha blasfemado!

Oscuro total. Pocos segundos después, se ilumina la plataforma posterior del escenario donde se encuentran los tres cardenales. Vestido nuevamente con el hábito, el prior entra y comparece ante ellos.

Cardenal 1: Hoy, en la fiesta de san Venancio mártir, obispo de Dalmacia que padeció en tiempo de Decio hacia el año 250 de nuestra era cristiana, la comisión cardenalicia nombrada por nuestro Santo Padre para juzgar el caso del prior del monasterio, emite su veredicto.
Cardenal 2: Justicia y caridad para el hermano.
Cardenal 3: Bajo pena de suspensión a divinis ipso facto, el prior no deberá sostener, en público ni en privado, la teoría y la práctica psicoanalítica que él mismo reconoce como psicoanálisis propiamente dicho, en sentido estricto.
Cardenal 1: El prior no deberá exigir, ni siquiera sugerir a los candidatos a la vida monástica, una formación psicoanalítica.
Cardenal 2: El prior deberá utilizar el sentido propio de los términos y mostrar la mayor prudencia en el enunciado de los principios morales y teológicos.
Cardenal 3: Por haber regresado al monasterio a pesar de la prohibición de la congregación de los religiosos, el prior deberá purgar una pena simbólica de ocho días de suspensión a divinis ipso facto, con ejercicios espirituales, en la abadía de San Jerónimo.
Cardenal 2: Justicia y caridad para el hermano.
Cardenal 3: Vete, hijo mío, y no peques más.

Los cardenales se retiran. El prior permanece en el estrado, convertido en la abadía. Ahí realiza su meditación.

Prior: Comprendo ya, Jesús. Tú no tienes casa aquí, sobre la tierra. Sólo tienes las casas de los hombres. Poco te interesa cómo es mi casa: que sea la de abajo o la de arriba, en medio de la muchedumbre o lejos de la multitud, allá donde se canta o donde se calla, allá donde hay niños o ahí donde sólo hay un padre. Poco te importa todo eso. Sólo una cosa te importa, Jesús, que sea mi casa: la casa donde yo pueda crecer, la casa donde pueda florecer, la casa donde pueda ser más yo mismo, la casa donde pueda vivir. Debo escoger bien mi casa porque también será la tuya. Porque tú eres el hijo del hombre y tienes tu casa en todas las casas de los hijos del hombre... Pero si canto en todos los tonos, en los ocho tonos gregorianos, de la mañana a la noche, desde vigilias hasta completas: ¡ésta es la casa del Señor!; ¡ésta es la casa del Señor!, y yo no estoy ahí, si mi espíritu se halla en otra parte, si pasea por la casa de mi prójimo envidiando su lecho y su mujer, su pan y su vino, su trabajo y su descanso, entonces me equivoco, no estoy en la casa del Señor, estoy en una cueva de ladrones. Si en la casa en que habito me atrevo a escribir: casa de Dios, monasterio, y me imagino que automáticamente entras en ella y te quedas conmigo, me equivoco, Jesús: los demonios también escribieron sobre su casa: casa de Dios, y tú nunca te engañas... Sí, bajaré pronto del sicomoro porque hoy vas a quedarte conmigo. Bajaré de las nubes a donde me lleva la imaginación, bajaré del cielo en donde pretendo volar, bajaré de la nada donde me refugio para no tener que vivir mi vida. Bajo ya, Jesús. Tú no eres un loco, tú no vuelas como los pájaros ni anidas en los sicomoros; tú eres todo, y ese todo no deja lugar donde puedas refugiarte para no vivir tu vida. Tienes los dos pies sobre la tierra, Jesús. Y yo pondré mis huellas en tus huellas y me dejaré conducir a tu casa. Ya la conozco, es la mía, es mi propia casa.

El prior desciende de la plataforma y regresa a la parte baja del escenario. Recorre las áreas y celdas del monasterio donde no encuentra a nadie. Entra el analista. Mientras éste habla, el prior no suspende su recorrido.

ANALISTA: Nuestro *show* ha terminado, padre. Llegó el momento de levantar la carpa y salir de aquí... Ellos terminaron venciendo. Lo llegué a presentir, pero aún tenía la esperanza de que ocurriera algo inesperado, un hecho providencial de ésos en los que usted cree. Pero no, lógico, nada ocurrió. Han cortado de tajo nuestra hermosa experiencia. ¡Éste es el fracaso total!
PRIOR *(se detiene, va hacia el analista)*: Desde muy joven solía decir que en los hombres, en las almas, el fracaso es como el invierno sobre los campos: prepara siempre una nueva primavera.
ANALISTA: No veo qué primavera pueda suceder a esta sentencia. ¿La primavera es la suspensión a divinis ipso facto?

Prior: ¡Latinajos! Nadie puede renunciar a sus principios ni a sus convicciones porque traicionaría a la verdad. Y es mi verdad la que me obliga a seguir adelante.

Analista: Entonces ¡suspensión automática de todos sus derechos como clérigo! Excomunión quizá… No, no creo que eso pudiera soportarlo usted. Aún sigue prendido al cordón umbilical de su madre Iglesia. Para romperlo…

Prior *(interrumpiendo):* ¡No se trata de romper! ¡La herejía no cabe en un hombre como yo! Se trata de superar ciertas fórmulas accidentales de nuestro tiempo, y encontrar nuevas fórmulas que nos permitan actuar conforme al Espíritu. Obedecer la médula del mandato, no su cáscara. Ser fieles al llamado ecuménico del papa bueno.

Analista: Quien no está conmigo está contra mí, dijo Cristo.

Prior: Para seguir con él, con él y con su Iglesia, debo sostenerme firme en mis principios… Ahora todo está claro para mí, completamente claro. No se llega a la solución de una nueva fórmula aplicando sistemas antiguos… Se nos ha dicho: cristianos, dialoguen con todos los hombres, de todos los pueblos, de todas las razas, de todos los credos. Ahora yo digo: hermanos, amigos, monjes, no dialoguemos simplemente con palabras: vivamos en diálogo con todos los hombres, de todos los pueblos, de todos los credos… *(Se vuelve hacia las celdas, actúa conforme a lo que dice:)* Ésa será la vida de mi casa. ¡Fuera hábitos! ¡Fuera imágenes! ¡Fuera cánticos! ¡Fuera costumbres!… Mi casa no tendrá título alguno, no será más un monasterio. Cristo vendrá a hospedarse en ella, y Cristo no necesita de cristos. Abramos las puertas a los hijos de todos los hombres, porque el hijo de todos los hombres ha llamado a nuestra casa. *(Va de un lado a otro del escenario, buscando a los monjes:)* ¡Hermanos!… ¡Hermanos, hermanos, he regresado ya! Les traigo una buena noticia. Cristo resucitado viene para hospedarse aquí… ¡Hermanos!

Analista: Tal vez se han ido todos. Probablemente adivinaron o conocían ya sus intenciones, y les faltó valor para dar con usted un salto tan grande.

Prior: No es posible. *(Llamando:)* ¡Hermanos… hermanos, hijos!

Analista: Eso lo echaría todo a perder, ¿no es verdad? Sin ellos, usted y yo haríamos un papel estúpido. Usted, sobre todo. Yo me regreso a mi mundo y tarde o temprano terminaré olvidando la aventura. Lo que pierdo es, después de todo, menos de lo que pierde usted… Son ellos quienes le dan la fuerza.

Prior: ¡Ellos la reciben de mí! *(Pausa.)* No necesito de nadie. Yo solo construí esta casa, y yo solo puedo volver a levantarla desde sus cimientos.

Al fondo del escenario, se anuncia el coro de monjes. Permanece atrás.

Prior: ¡Ahí están! *(Avanza hacia ellos.)* Hermanos... *(Se detiene en seco, a medio camino.)*
Analista: ¿Por qué vacila? ¿Teme ahora que no estén de acuerdo con una decisión que usted tomó sin consultarla con ellos?
Prior *(al analista)*: A nadie le exigiré nada... *(Avanza decidido hacia el coro de monjes. También los monjes avanzan a su encuentro, pero indecisos.)* Hermanos, hermanos, hijos míos... *(Se detiene, los mira largamente.)* A nadie le exigiré que me siga. A nadie le exigiré que renuncie a sus votos. Son libres para actuar como mejor les dicte su conciencia. Yo les he dado la libertad.
Analista *(aproximándose al prior)*: Recuerde que aún le llaman padre.
Prior: Muchos otros también me llamaban padre, y se fueron.
Analista: Probablemente a éstos les ha faltado valor.
Prior: Para seguirme es para lo que se necesita valor.
Analista: No cuando la voluntad se ha puesto en manos ajenas. En las de usted o en las mías, es lo mismo.
Prior: ¡Miente, son libres! El análisis los ha hecho libres.
Analista: Olvide el orgullo y acepte su propia responsabilidad. Acepte la obligación de decidir por ellos. Es lo que ellos están aguardando de usted.
Prior: De nada habrían servido entonces estos años.
Analista: Porque han servido es por lo que usted debe tomar la decisión. *(Pausa.)* No se aflija. En realidad ya lo hizo.
Prior *(va hacia los monjes, emocionado)*: Hermanos... les traigo una buena noticia...

Entra a escena uno de los monjes vestido ya sin el hábito.

Analista: Están con usted. Van a seguirlo.

Tres de los monjes que integran el coro se apartan del grupo y salen rápidamente del escenario.

Prior: No todos.

Analista: Es mejor así. De ese modo puede aceptar con mayor humildad la soberbia.

El analista sale. El prior tiende sus brazos hacia los monjes como si los abrazara. Se reúne con ellos en torno al escritorio-altar. Ahí hablan en voz baja, cordiales, ajenos durante toda la siguiente escena al coro de católicos y al coro de periodistas que entran violentamente.

Coro de periodistas: El monasterio rompe con el Vaticano. El prior funda una nueva orden. Los monjes renuncian a sus hábitos. Escándalo. ¡Escándalo! El prior se convierte en un laico. *(Con burla:)* Desobedece para seguir obedeciendo. Cambia la Iglesia por el psicoanálisis. *(Nuevamente con violencia:)* ¡Noticia, noticia! ¡Escándalo! ¡Escándalo!

Coro de católicos: El prior no es Galileo. El prior no es un iluminado. El prior es un rebelde. El prior es un hereje. El prior es un apóstata, blasfemo, miserable. ¡Hace doscientos años lo hubiéramos quemado! ¡Que se diga toda la verdad!

Coro de periodistas: ¡Yo la sé, yo la sé!

Coro de católicos: Que hable el periodismo.

Coro de periodistas: El monasterio es un centro de depravación. Una cueva de enfermos sexuales.

Coro de católicos: Enfermos, herejes, traidores.

Coro de periodistas: El prior iniciaba a sus monjes en prácticas aberrantes y expulsaba a los indóciles.

Coro de católicos: Blasfemos, invertidos, apóstatas.

Coro de periodistas: Los obliga a lecturas pornográficas. Los embriaga, los droga, los estafa.

Coro de católicos: Renegados, drogadictos, miserables.

Coro de periodistas: Todo está corrompido en la colina. No merecen sus lágrimas ni sus rezos. La Iglesia no ha perdido a un apóstol, católicos: la Iglesia se ha librado de un loco.

Coro de católicos: Excomunión. Excomunión. Excomunión. Excomunión.

El grito del coro de católicos, al que se une el coro de periodistas gritando también ¡excomunión!, resuena largamente como una artillería. Callan todos de golpe cuando entra el obispo. Católicos y periodistas se miran entre sí, cuchichean con referencia al obispo, a quien señalan acusatoriamente, pero ante quien finalmente retroceden atemorizados. *Salen. También los monjes salen.*

Obispo: Pudo haber evitado este escándalo, padre.

Prior: Yo no traje el escándalo.

Obispo: Llamó a los buitres para que se arrojaran contra usted. Han llenado de lodo su casa.

Prior: Sólo di testimonio público de mi fe y de mi búsqueda.

Obispo: Se vanaglorió de su rebeldía.

Prior: No me he rebelado contra Cristo, sigo con él por el nuevo camino al que me lanzó Roma. Algún día estaré sumamente agradecido con mis jueces y con mi tiempo por haberme cerrado una puerta. Sólo en esa forma descubrí que junto a una puerta que se cierra siempre hay otra que se puede abrir, sin necesidad de hacer explotar la casa.

Obispo: Pensé que al menos lo consultaría conmigo, como antes, como cuando luchamos juntos en el concilio… ¿Acaso tenía miedo de que le recomendara obediencia, sumisión?

Prior: ¿Eso me habría exigido?

Obispo: Exigir, no. Sugerir, tal vez. Dialogar es la palabra…. Yo no tengo derecho a juzgarlo.

Prior: Me juzga ya en su corazón, y me condena.

Obispo: Comprenda, padre, ya no soy un hombre joven ni puedo cambiar fácilmente mis hábitos, mi estilo y mi manera toda de ser. Faltaría a mi conciencia si tratara de romper los esquemas mentales que me inculcaron desde pequeño y que me impiden abrirme por entero a conceptos tan nuevos como los que usted sostiene ahora… Emprendo un nuevo camino, dice usted, un nuevo camino que está dentro y fuera de la Iglesia al mismo tiempo, paradójicamente… No sé. No lo entiendo. No puede fácilmente comprenderlo un cura como yo. Pero eso no significa que niegue valor a sus teorías, que las deseche sólo porque me son ajenas, desconocidas, extrañas. Trato de ser justo. Trato de respetar su libertad y de buscar en sus intenciones al Espíritu que nos habla. Porque el Espíritu sopla donde lo tiene a bien. Y yo quisiera pensar que ha soplado sobre la colina.

Prior: Me basta con que piense y se convenza de que actúo con absoluta sinceridad… Y dé por cierto que ninguna charla previa entre nosotros habría hecho variar mi decisión. *(Pausa.)* No, no me olvidé en ningún momento de mi amigo el obispo. Es únicamente que esta aventura debo emprenderla solo, con mis hermanos.

Obispo: Y con el analista.

Prior: El analista significa la soledad.

Obispo: Podría significar el error.

Prior: También el triunfo.

Obispo: Temo por usted, padre; oigo chillar a esos buitres y me aterro. Temo que la incomprensión de nuestros hermanos hacia esta experiencia nacida de buena fe, fruto de una búsqueda legítima, engendre en ustedes una confianza desmedida en algo que podría convertirse en un sustituto de la religión. Si así llegara a ocurrir, el mismo psicoanálisis, dentro de cualquier esfera religiosa, resultaría perjudicado. Lo está resultando ya, tal vez.

Prior: No lo creo. No comparto su opinión. Pienso todo lo contrario. Este encuentro entre la fe y el psicoanálisis fortalecerá a ambos, despejará muchas incógnitas, vencerá a los demonios que todos llevamos dentro y que nos impiden heredar el reino.

Obispo: No olvide las palabras de Cristo, padre. El pasaje de Lucas… Cuando un espíritu impuro sale de un hombre, recorre los lugares áridos buscando reposo, y no hallándolo se dice: volveré a la casa de donde salí. Entonces va y toma otros siete espíritus peores que él, y entrando habitan allí, y vienen a ser las postrimerías de aquel hombre, peores que sus principios. *(Pausa.)* No quisiera que ese espíritu impuro que el psicoanálisis ha arrojado de usted regresara con otros siete.

Prior: ¡Lo arrojaríamos también! Volveríamos a luchar y a comenzar desde el principio, siempre.

Obispo: Tenga cuidado.

Prior: Tengo coraje y fe. No necesito más para el camino.

El coro de monjes ha entrado nuevamente, pero ahora todos visten sin el hábito. El obispo sale lentamente. El prior y los monjes quedan en el escenario, mirándolo irse.

OSCURO FINAL

LOS ALBAÑILES

PIEZA EN DOS ACTOS
(1969)

A quien no conoció pecado, lo hizo pecado entre nosotros para que fuésemos justicia de Dios en él.

PABLO, 2 *Cor.* 5.2.1.

PERSONAJES

> Don Jesús
> Chapo Álvarez
> Jacinto
> Sergio García
> Isidro
> Patotas
> Ingeniero Zamora
> Federico Zamora
> Josefina
> Celerina
> Munguía
> Pérez Gómez
> Dávila
> Albañiles

ESCENARIO

La acción se desarrolla, simultáneamente, en un edificio en proceso de construcción y en un supuesto recinto destinado a la investigación policial. El edificio en construcción ocupa casi la totalidad del foro, mientras que el recinto de investigación policial (que en el texto se denomina simplemente *área policial*) ocupa el proscenio, quizá sólo una parte del proscenio.

La obra de ingeniería donde se desarrollan los acontecimientos pertenece a un edificio de departamentos de varios pisos. La escenografía deberá establecer dos niveles por lo menos, en la etapa en que se empiezan a levantar algunos muros. Columnas de concreto descimbradas o sin descimbrar, andamios, muros y losas inconclusos integran lo que aún es un esqueleto.

Hay zonas, sin embargo, donde ya se configuran algunas habitaciones. En la planta inferior se define perfectamente la bodega, que para la historia es uno de los principales ejes narrativos. Está erigida dentro de lo que ya es el cuerpo del edificio aprovechando algunos muros definitivos o improvisando otros con láminas, tablas y piezas de cartón. Es el único sitio habitable de la obra, amplio pero insuficiente para el espacio que exigen los materiales e instrumentos que allí se guardan, además del catre del velador, de los cajones, de las cajas de refrescos y de los improvisados percheros donde los albañiles cuelgan sus ropas.

Ambientan la escenografía, en diferentes zonas de la construcción, pequeños cerros de cemento y grava, tabiques acomodados en compactas hiladas, cerretillas, artesas, una revolvedora, botes para mezcla, varillas, cajones, etcétera. En el más alto sitio visible de la obra pende, adornada con tiras ya deshilachadas de papel de china y flores marchitas, la clásica cruz del tres de mayo.

El sector del proscenio destinado al área policial se encuentra perfectamente delimitado en relación con el edificio para precisar que se trata de un sitio totalmente ajeno y distante de la obra. Lo amueblan una pequeña mesa de madera y tres o cuatro banquillos individuales.

A excepción de las primeras escenas del primer acto, relativas al encuentro del cadáver del velador, todo lo que ocurre en la zona del edificio está en relación de tiempo pretérito respecto a las escenas que transcurren en el área policial.

Las violaciones de tiempo y de espacio que cometen los personajes al cruzar el área policial a la zona del edificio, o viceversa, deben entenderse como eso: como violaciones cronológicas y espaciales, como súbitos rompimientos que sólo justifica la unidad psicológica que rige los acontecimientos de la historia.

ACTO PRIMERO

Son poco más de las seis de la mañana. Al parecer, el edificio se encuentra totalmente deshabitado. La iluminación que asciende de manera muy lenta descubre, en uno de los niveles superiores de la construcción, el cuerpo de un hombre tendido, muerto. Es evidente que ha sido asesinado: la sangre aún fresca mancha su cabeza y sus ropas y las zonas próximas a donde yace. Entre los andamios, a poca distancia del muerto, un débil jadeo delata a Isidro. Es un muchacho de quince o dieciséis años: peón de la obra. Isidro puede tener allí una hora o escasos minutos: está, literalmente, paralizado por el miedo, con los ojos fijos en el cadáver. No cambia de posición ni traza ademán alguno hasta que no se escuchan el silbar alegre, los pasos y los murmullos de los albañiles que empiezan a llegar a su trabajo. Cuando los primeros entran en escena y avanzan tranquilos, ya en dirección de la bodega, para cambiarse de ropa, ya rumbo al sitio donde se encuentra algún instrumento de trabajo, Isidro inicia su retirada. Lo hace muy lentamente, tratando de no dar las espaldas al cadáver. Aterrado, ahogando un grito que aún no ha podido prorrumpir, desciende por los andamios. A medio camino se encuentra con un albañil a quien difícilmente logra decir, con voz apagada: "Mataron a don Jesús". Apenas lo ha hecho, emprende la estampida. Tropieza con otro albañil. Repite la frase. La repite a un tercero (cada vez en voz más alta) y tal vez frente a un cuarto, antes de ir a estrellarse contra el Chapo Álvarez, que en ese instante viene llegando a la construcción. El Chapo es un hombre robusto que por sus ropas de mejor calidad (usa sombrero de fieltro, chamarra de cuero) y por su actitud altanera se diferencia inmediatamente de los albañiles: es el maestro de obras. La reacción de los albañiles ante las palabras de Isidro es muy semejante en todos: a la incredulidad sucede la sorpresa, el desconcierto. Algunos murmuran "No es cierto", "Estás loco", pero de inmediato suben por los andamios en dirección a donde Isidro ha señalado. Cuando los primeros localizan el cadáver, pronuncian en diferentes tonos la frase de Isidro. De ese modo, el "Mataron a don Jesús" se propaga hasta llegar a convertirse, segundos después, en un murmullo unánime que invade el edificio. Al oír la frase en boca de Isidro, el Chapo sujeta fuertemente al muchacho para impedir su huida.

Isidro: Ustedes no le creían y era cierto. Vinieron los endemoniados y mataron a don Jesús.

El Chapo no puede sujetar por más tiempo a Isidro, que se revuelve frenéticamente. Lo deja al fin en libertad e Isidro va a refugiarse en un rincón de la obra, próximo al área policial. Desde allí observa, gimoteando, lo que ocurre en el edificio. Cuando el Chapo llega frente al cadáver, ya han entrado en escena todos los albañiles que integran el reparto. El Chapo trata de despejar el sitio. Impide que los albañiles toquen el cadáver.

Chapo: Háganse a un lado. Atrás todos. No lo toquen. Atrás.

Algunos albañiles se retiran. Otros permanecen próximos al sitio. Forman pequeños grupos. Se escuchan sus comentarios.

Albañiles *(que se encuentran próximos al cadáver):*
—Está bien muerto.
—¿Cómo estuvo?
—¡Sepa!
—Jijo, mira nada más qué fregadazo.
—Pobre viejo.
—¿A qué horas lo encontraron?
—No sé, yo acabo de llegar.
—Eso es lo malo de ser velador.
—Lo hicieron caca.
—Pobrecito.
—¿No sería su vieja?

Albañiles *(que se encuentran distantes):*
—¿Qué pasó?
—Mataron a don Jesús.
—Nhombre, no es cierto. ¿De veras? ¿Dónde está?
—Allá arriba.
—Le partieron la cabeza a tubazos.
—¿De veras?
—Lo acaban de encontrar.
—En la madre. Ora sí va a haber pedo.
—Pobre hombre.
—Está horrible.

El Chapo continúa tratando de alejar a los mirones. Sólo permite que un albañil cubra el cadáver con una manta.

Chapo: Dije que pa' fuera. ¿Qué no han visto nunca un muerto?

El Chapo llama al Patotas: un albañil de aspecto paupérrimo, tal vez el más miserable y primitivo de la obra. El Chapo le habla en voz baja y acto seguido Patotas sale de escena como quien va a cumplir una orden. Isidro abandona el rincón donde ha permanecido gimoteando.

ISIDRO *(agresivo):* ¡Ustedes lo mataron!

Todos los albañiles se vuelven para mirar a Isidro, ásperamente. El muchacho retrocede y entra en el área policial que se ilumina por primera vez. Pérez Gómez y Dávila, dos investigadores de aspecto criminal, cercan a Isidro como a un animal que ha caído en una trampa. El edificio entra en penumbra.

DÁVILA: ¡Ahora vas a ver, maldito escuincle!
PÉREZ GÓMEZ: No salgas con cuentos porque te va peor.
DÁVILA: ¿Quién fue?
PÉREZ GÓMEZ: Quieto, cabrón, quieto.
DÁVILA: Contesta cuando te hable. *(Lo cachetea.)* ¡Quién fue!
PÉREZ GÓMEZ: ¿No tienes lengua?
DÁVILA *(lo cachetea de nuevo):* ¿Quién fue?
PÉREZ GÓMEZ: Más te vale abrir el pico, muchacho. Esto no es un juego.
DÁVILA: Habla si no quieres que te tumbe los dientes.
PÉREZ GÓMEZ: Tú estabas ahí. Lo viste todo.
DÁVILA: Me estás cansando la paciencia.
ISIDRO: Yo no sé nada.
DÁVILA: ¿Nada?

Dávila flexiona en una llave de lucha libre el brazo de Isidro, mientras con la otra mano da un violento tirón a sus cabellos. Entra Munguía. Es un investigador de aspecto más civilizado que sus compañeros.

MUNGUÍA: ¡Déjenlo! Les dije que no lo tocaran. *(A Dávila, quien no parece dispuesto a soltar a Isidro:)* ¡Suéltalo, Dávila!
DÁVILA: Este buey nos quiere ver la cara.
PÉREZ GÓMEZ: Hace horas que nos tiene aquí.
MUNGUÍA: Déjenlo, yo me encargo.

Isidro se libera de Dávila, pero éste vuelve a prenderlo.

Munguía: Te dije que lo soltaras.

Dávila obedece de mala gana y sale de escena.

Pérez Gómez: Todo lo que averiguamos es cierto. Este mocoso sabe, pero hay que apretarle para que desembuche.
Munguía: Luego hablo contigo.
Pérez Gómez: ¿Quieres que te ayude?
Munguía: No.
Pérez Gómez: ¿Voy viendo a los otros?
Munguía: ¡Déjame en paz!

Pérez Gómez sale. Munguía se aproxima a Isidro.

Munguía: No te va a pasar nada, no tengas miedo... Límpiate esos mocos. *(Lo ayuda a levantarse.)* ¿Sabes por qué estás aquí? No porque seas sospechoso. Nada más porque encontraste el cadáver. Y eso no es malo, al contrario. *(Pausa.)* ¿Cuántos años tienes? *(Largo silencio.)* Si no hablas te va ir de la trompada, te lo advierto. Cuando yo me enojo soy peor que esos dos... ¿De qué tienes miedo? Ah, ya sé, tienes miedo porque llegaste a la obra antes, mucho antes de que lo mataran. Lo viste todo... ¿Quién fue? ¡Quiénes fueron!
Isidro *(atemorizado):* Fueron... fueron los endemoniados. Don Jesús me lo dijo. Lo venían persiguiendo desde hace mucho.
Munguía: A ver, a ver, ¿cómo está eso de los endemoniados? ¿Quiénes son los endemoniados?
Isidro *(señalando hacia la obra):* Son ellos. ¡Ellos mataron a don Jesús!

Se oscurece el área policial y se ilumina el edificio. Pérez Gómez y Dávila examinan el lugar de los hechos e interrogan, en forma inaudible, a algunos albañiles. Varios curiosos ajenos a la construcción se han incorporado a la escena, murmurantes. Entran el ingeniero Zamora y su hijo Federico, un muchacho de veinticuatro o veinticinco años, tímido, inseguro. El Chapo sale a su encuentro.

Chapo: Está arriba, ingeniero, ¿quiere verlo? Ya no debe tardar la ambulancia.
Ingeniero Zamora: Es inconcebible, Álvarez. ¿Cómo pudo pasar esto?

CHAPO: Eso es lo que yo me pregunto, ingeniero. Imagínese: llegué a la obra y me encontré con la novedad. De no creerse. Sobre todo por la saña del asesino. De menos le dio veinte tubazos en la cabeza. Lo dejó hecho una porquería.

INGENIERO ZAMORA: ¡Tenía que ser!

CHAPO: Y luego que todo está muy raro, ingeniero.

INGENIERO ZAMORA: Nada de raro. Yo sabía muy bien que ese viejo mariguano acabaría metiéndonos en problemas. Se lo dije. *(Se vuelve hacia Federico:)* También a ti te lo dije, Federico. ¿Ves por qué no me gusta trabajar con gente así? Ustedes tienen la culpa.

CHAPO: Yo nomás recibo órdenes, ingeniero.

INGENIERO ZAMORA: Un viejo loco, mariguano y depravado por fuerza...

CHAPO *(interrumpiendo, en el momento en que Dávila y Pérez Gómez se aproximan):* Esos tipos querían hablar con usted.

DÁVILA: ¿El ingeniero Zamora?... ¿Nos permite un momento? *(Encaminándolo hacia otra parte. Confidencial:)* El asunto es grave, ingeniero Zamora. No quisiéramos causarle molestias, pero va a ser necesario que interroguemos a su gente y que...

Se alejan. Federico permanece junto al Chapo.

CHAPO: ¿Usted no quiere ver cómo dejaron al pobre viejo? Tiene los sesos de fuera y se le ven como un mazacote de pura mierda. Los ojos se le botaron. Parecen dos pelotas así de grandes. Toda la quijada descuadrada y llena de sangre... Vaya a verlo antes de que se lo lleven, ingeniero.

INGENIERO ZAMORA *(a punto de salir de escena, llamando):* Federico.

CHAPO *(cortando el viaje de Federico):* Ah, ingeniero, se me olvidaba. ¿Son suyas estas llaves? *(Le tiende un llavero.)* Estaban allá arriba, junto al muertito.

Federico recoge de un manotazo el llavero, se reúne con su padre y los investigadores, y junto con ellos sale de escena. Patotas se aproxima al Chapo.

PATOTAS *(socarrón):* Oye, Chapo, ¿y de un casual no encontraste también la dichosa cartera? El viejo la tenía.

CHAPO *(retador):* ¿La encontraste tú?

PATOTAS: Yo no. Yo por qué.

Los albañiles

Mientras el Chapo vuelve al sitio del cadáver, se hacen audibles los comentarios de diversos grupos de albañiles.

Albañiles 1:
   —Se me hace que hoy no chambeamos.
   —¿Tú crees?
   —Pa' como están las cosas yo digo que no.
   —Pregúntale al Chapo.
   —Pregúntale tú.
Albañiles 2:
   —Cuánto vas que el que se escabechó al viejo es alguno de la obra.
   —Nhombre, nadie tenía nada contra él.
   —Era inofensivo.
   —¿Inofensivo? Era un viejo cabrón.
Albañiles 3:
   —¿Ya le avisarían a su mujer?
   —Pobrecita.
   —¡'Tas loco!, si eso era lo que estaba esperando.
   —¿Que mataran a su viejo?
   —Claro, si es reputa. Nomás pregúntale al Chapo.
   —¿De veras?

Sergio García, el plomero de la obra, un muchacho que usa gruesos lentes y que delata pronto su condición de ex seminarista, escucha estos últimos comentarios. Los reprueba con un gesto. Jacinto (el albañil más importante después del Chapo) advierte la molestia de Sergio. Se dirige a él, sarcástico.

Jacinto: Léperos, todos son unos léperos; ni la muerte perdonan... Ora es cuando debías ponerte a rezar, Cura, pa' que veas.
Sergio: Usted también, Jacinto.
Jacinto: ¿Yo? Yo soy comunista. (*Ríe sin convicción.*) El Patotas dice que te vio anoche por aquí.
Sergio: Y qué andaba haciendo el Patotas en la obra.
Jacinto: Sabrá Dios. A lo mejor andaba buscando a tu hermana. ¿No andaba tu hermana con el viejo?
Sergio: ¡Cállese, infeliz!

JACINTO (*remedando, grotesco*): Ay, sí, sí... infeliz.
CHAPO (*llegando hasta ellos*): Quietos. No me empiecen a armar relajo. (*A Jacinto:*) Ve llamando a tu gente que ya es hora de chambear.
JACINTO: Qué chamba ni qué nada, Chapo.
SERGIO (*explosivo*): ¡Por fin les llegó su hora, cobardes!
CHAPO: Aquí al que le llegó su hora fue al viejo, y sanseacabó. Jálenle que no quiero escándalos. (*A un grupo de albañiles:*) Ya estuvo suave de comadreo. A chambear, órale. (*A los curiosos:*) Vámonos de aquí, que esto no es cine. (*A un policía uniformado:*) Saca de aquí a esta gente, cuate, para eso te pagan.

Conducidos por Pérez Gómez, entran dos camilleros a recoger el cadáver. Los albañiles observan la acción silenciosos. Llorando escandalosamente entra Josefina, una mujer madura, con cierto aire de prostituta.

JOSEFINA: Dónde está mi marido, mi Chucho. Dónde está. Quiero verlo.
ALBAÑILES:
—Ésa es la vieja de don Jesús.
—A poco no está rebuena.
—No le hagas, hombre, pobrecita.
—Es puro cuento.

El Chapo sale al encuentro de Josefina. Ella se arroja en sus brazos.

JOSEFINA: Dios mío, Chapo, Dios mío. Qué le hicieron a mi Chucho. Dónde está. Quiero verlo, quiero verlo.
CHAPO: Ahorita no se puede.
JOSEFINA: Déjame.
CHAPO: No, mujer.
JOSEFINA (*después de un periodo de llanto*): ¿Quién lo mató? ¿Por qué?... Es horrible, Chapo. Yo tuve la culpa. Dios me castigó. Yo tuve la culpa.
CHAPO: No digas babosadas.
JOSEFINA: Lo dejé solo y ya estaba muy viejo. No era malo, Chapo; ¿verdad que no era malo? Todavía la última vez...
CHAPO: ¡Ya cállate!

JOSEFINA (*después de otro largo periodo de llanto*): Estaba mejor en el manicomio. Allá lo cuidaban... Yo tuve la culpa.
CHAPO: Tú no tienes la culpa de nada.
JOSEFINA: Déjame verlo por última vez. (*Advierte a los camilleros que se alejan con el cadáver. Intenta seguirlos. El Chapo la detiene.*) Ahí está, ahí está... Déjame, quiero verlo. Déjame.
CHAPO: Ya se lo llevan.
JOSEFINA (*forcejeando*): Déjame.

El Chapo la suelta, fastidiado. Josefina sale de escena, tras los camilleros.

PATOTAS (*desde un punto lejano de la obra*): ¡Ora sí ya se le hizo con la viuda!

El Chapo reacciona furioso. Localiza a Jacinto.

CHAPO: Cuando quieras decir algo, atrévete a decirlo en mi cara, buey. ¡A ti te hablo, Jacinto!
JACINTO: ¡Qué traes conmigo!
CHAPO: Repítelo en mis narices si eres tan macho.
JACINTO: Yo no abrí el pico.
CHAPO (*repartiendo su mirada entre los albañiles, retador*): ¡Pues el que haya sido!

Se oscurece el edificio. Se ilumina el área policial.

ISIDRO (*obsesivo*): Fueron ellos, fueron ellos...
MUNGUÍA: ¿Qué estabas haciendo en la obra? ¿A qué fuiste al edificio? ¿Qué le hiciste al viejo? Contesta, ¿qué le hiciste?
ISIDRO: Nada.
MUNGUÍA: Lo sé todo, muchacho.
ISIDRO: Yo no le hice nada. Éramos amigos. Él estaba muy viejo, muy pobre, muy jodido, muy solo.
MUNGUÍA: Tú también estabas solo.
ISIDRO: No...
MUNGUÍA: En tu casa nadie te quería. Eras un estorbo. Una boca más a la que darle de tragar y un petate menos donde dormir... En las noches, tu

madre te mandaba a casa de Pachita. Te largaba a la calle para poder acostarse con los borrachos del rumbo.
Isidro: No...
Munguía: Pero tú no te ibas a la casa de Pachita. Te ibas a la bodega, a hacerle compañía al viejo que también estaba solo como tú.

Una tímida luz se enciende en la bodega. Allí se ve a don Jesús, envuelto en un sarape y sentado frente a un improvisado comal donde se calienta un jarro. Es un viejo de edad indefinida.

Munguía: Hasta la madrugada te la pasabas oyéndolo hablar de sus recuerdos, de sus mentiras. Te contaba historias de aparecidos, ¿no es cierto? La del ciego que se casó con la misma muerte, la del hijo de Satanás, la del sacristán endemoniado que se robaba a las vírgenes del pueblo. *(Don Jesús ríe queda, pícaramente.)* Lo querías mucho, ¿verdad? Hasta esa noche. ¿Qué pasó aquella noche? ¿Estaba muy borracho? ¿Le entraron las fiebres?... Empezó a decir tonterías. Se burló de ti. Te amenazó con un alambre. Tú nada más querías defenderte. No ibas a dejar que te lastimara. Agarraste un tubo.
Isidro: ¡No es cierto! ¡No es cierto!

Isidro huye del área policial y entra en el edificio. Llega sin querer a la bodega. La imagen del viejo lo aterra y escapa en sentido contrario. Termina agazapado en uno de los límites del área policial con el edificio. Allí permanece durante toda la siguiente escena.

Una luz de tarde ilumina el edificio. Los albañiles realizan las últimas tareas de una de sus diarias jornadas. Algunos se preparan ya para retirarse.

Albañil: Ése don Jesús es un lépero. ¿Sabes qué me contó? Que el otro día estaba Jacinto haciendo de las aguas...
Patotas *(interrumpiendo)*: ¡Me importan un carajo los chismes de ese viejo ojete!
Albañil: ¡Úpale tú!
Patotas: Voy que te pidió prestado.
Albañil: Cinco pesos pa' sus medicinas.
Patotas: ¡Pa' sus medicinas! Viejo méndigo; tiene más lana que tú y que todos nosotros juntos... ¿Y le prestaste?
Albañil: Sí, pues.

Patotas se aleja meneando la cabeza. Va hasta donde Sergio arma una tubería.

SERGIO: Ya voy a acabar, pero mientras puede ir resanando esos boquetes.
PATOTAS: No, ahi será mañana. Ya son las seis. (*Advierte los libros que están junto a la caja de herramientas de Sergio.*) Usted siempre con libros, ¿verdad? Pues qué tanto estudia... (*Hojea un libro.*) ¿Eso qué es?
SERGIO: Lecciones de inglés.
PATOTAS: ¿Qué se va a ir de bracero?
SERGIO: No, no nada más para eso sirven los idiomas.
PATOTAS: Entonces, pa' qué.
SERGIO: Bueno... para saber más, para ser más instruido.
PATOTAS: ¿Pa' ganar más lana?
SERGIO: El dinero es lo de menos.
PATOTAS: ¡Qué va a ser lo de menos! Dígamelo a mí... Además los libros no sirven para hacer lana. Ahi tiene al Chapo. No me diga que es leido... Y a don Jesús. Bien listo que es para engatusar tarugos y sacarles centavos, por la buena o por la mala... No, si aquí el que no es ladrón es ratero. ¿No le robaron a usted su tarraja? Para que vea.
SERGIO: Todo se paga tarde o temprano.
PATOTAS: Eso sí quién sabe.
SERGIO: En esta vida o en la otra.
PATOTAS: Pos si nos esperamos a la otra estamos jodidos. O como decía mi compadre: pobre del pobre que al cielo no va, se friega aquí y se friega allá... Bueno, pero cada quién... Ahi nos vemos mañana.

Se encamina a la bodega intercambiando varios "Hasta mañana" con los albañiles. Entra para recoger rápidamente su chamarra.

DON JESÚS: ¿No te quedas a tomar un cafecito? (*Patotas responde con un gesto de indiferencia, de desprecio, se retira.*) Hasta mañana, Patotas. (*A otros albañiles que entran en la bodega:*) ¿No se quedan a tomar un cafecito?
ALBAÑIL 1: No, don Jesús, gracias.
ALBAÑIL 2: A lo mejor tiene toloache.
DON JESÚS: Quédense a averiguarlo.

Los albañiles desaparecen. En otro ángulo del edificio, el Chapo se aproxima a Jacinto.

Chapo: Quiero hablar contigo.

Jacinto (*disculpándose*)*:* Ya no acabé los estribos. Chapo, son un friego.

Chapo: No, no es para eso. (*Cordial:*) Te tengo buenas noticias. Quedó arreglado el asunto.

Jacinto: ¿Cuál asunto?

Chapo: Cuál ha de ser, hombre. Hablé con Perico, el del camión materialista, y está en lo dicho. El jueves empezamos la acarreada. Primero el cemento, luego el tabique... Poco a poquito, con mucho disimulo.

Jacinto: Se va a dar cuenta el ingeniero.

Chapo: ¡Qué se va a dar cuenta!

Jacinto: Si te agarran te friegan.

Chapo: Si nos agarran, querrás decir. Tú vas metido en el negocio. La tercera parte es tuya, no se te olvide.

Jacinto: Bueno pues, digo: si nos agarran nos friegan. Se acabaron las chambas con el ingeniero Zamora.

Chapo: Lo que sobran son ingenieros y chambas, no faltaba más. Y eso si nos pescan, que está por verse.

Jacinto: ¿Y el velador?

Chapo: También ya está arreglado. Don Jesús hace lo que yo diga.

Jacinto: ¿No iba a traer otra gente el ingeniero, de su confianza?

Chapo: Tú no te apures. Eso déjalo de mi cuenta.

Jacinto: Está bueno... Ora que sí te digo una cosa, Chapo, yo no le tengo mucha fe a ese viejo.

Chapo: Uh qué caray, ¿no te digo? Tú a todo le pones peros. Pa' ti todo es difícil. Te voy a regalar como quien dice el material pa' que levantes tu casita, y estás ahi quejándote en lugar de estar contento.

Jacinto: No, si estoy contento.

Chapo: Se dice gracias, de perdida.

Jacinto: Gracias, Chapo.

Chapo: Estaría bueno celebrarlo, ¿no? Qué tal si vamos con la Güera.

Jacinto: No traigo lana.

Chapo: Yo te presto. O te adelanto unos centavos.

Jacinto: Ando muy desbalanceado, Chapo; ya te debo más de dos rayas.

Chapo: Bueno, yo te pago las güilas, ¿quihubo?

Jacinto: No, Chapo, gracias, hoy no. Otro día.

Chapo: Mmmm que la chin. Estás más aguado que la fregada.

El Chapo sale de escena. Se han retirado ya todos los albañiles. Jacinto entra en la bodega para recoger alguna prenda.

Don Jesús: ¿Tú sí te quedas a tomar un cafecito conmigo? He andado muy malo, Jacinto, ya me volvieron los ataques. Y sin lana, figúrate; no tengo ni pa' mis medicinas.
Jacinto: Ya sabe que de mí nunca va a conseguir un centavo, don Jesús.
Don Jesús: Si no te estoy pidiendo dinero, nomás un poco de compañía. Se siente tan feo quedarse solo toda la noche, con los ruidos, con los recuerdos, con la canija soledad.
Jacinto: De cuando acá tiene usted miedo.
Don Jesús: Serán los años, Jacinto; será la ingratitud de los amigos.
Jacinto: Pues dígale a su mujer que venga a acompañarlo.
Don Jesús: No te burles de mí, no seas canijo... Debías tratarme bien, Jacinto, aunque nomás fuera por tu conveniencia. Si yo no quisiera no salía de esta bodega ni un pinche clavo, ni uno.

Jacinto se turba. Sale de la bodega. Va a retirarse del edificio cuando encuentra a Isidro, agazapado en el sitio donde concluyó su última intervención.

Jacinto: ¿Qué haces aquí? ¿Todavía no te has ido?... ¿Qué esperas?
Isidro: Nada.
Jacinto: Vamos por ahi, te disparo el camión... O mira, mejor vamos al cine, ¿juega?; dan una a todo dar en el Ermita. ¿No quieres ir? *(Isidro deniega.)* ¿Te vas a quedar otra vez con el viejo?... ¿Te vas a quedar?
Isidro: Me voy al rato.
Jacinto: ¿No quieres ir al cine?

Isidro deniega nuevamente. Jacinto sale de escena, vencido, mientras se oscurece el edificio: sólo queda encendida débilmente la bodega, perfilando a don Jesús. Desde el área policial, Munguía habla a Isidro.

Munguía: Y no ibas al cine. Sacrificabas tus diversiones para quedarte con el viejo. Era como un padre para ti. Como tu padre, al que nunca le viste la cara. Un fantasma llamándote desde el infierno.
Don Jesús: Isidro...

Munguía: Le tenías miedo, pero ibas.

Isidro comienza a avanzar lentamente hacia la bodega.

Don Jesús: Ven, Isidro...
Munguía: Ibas. Porque te llamaban sus ojos, su voz, su aliento, su lumbre.
Don Jesús: Ven... (*Isidro llega hasta la bodega. Se detiene en la entrada.*) Quihubo... Acércate, no tengas miedo. (*Isidro entra.*) Siéntate ahi. No, mejor acá. Acá estás más cómodo... ¿Quieres un cafecito? Fuchi, no; la verdad es que está saliendo muy malo. Te voy a dar otra cosa mejor, o verás. La estaba guardando especialmente para ti. (*Se levanta y busca en diferentes sitios.*) ¿Dónde la puse? (*Encuentra al fin una botella. La acaricia. La besa.*) Para que te hagas hombre. ¿Has probado alguna vez? (*Isidro deniega.*) Échate un trago. Con esto se te quita el frío... Ándale. (*Isidro rechaza definitivamente la botella.*) ¿No? Bueno, si dices no, pues no, ni hablar; eres tú el que se lo pierde. (*La destapa y bebe un trago largo.*) ¡Ah! La medicina nacional. ¿De veras no quieres? (*Isidro deniega. Pausa. Don Jesús prepara un cigarro de hoja.*) De éstos sí no te ofrezco porque son bien canijos. (*Lo enciende. Fuma largamente.*) Hoy te veo medio tristón, Isidro, ¿qué te pasa? ¿Te da mucha lata Jacinto? ¿Cosa de chamacas? ¿Mal de amores? ¿La Celerina? (*Ríe.*) Ya es hora de que oigas mis consejos, Isidro. Yo te quiero como a un hijo; como al hijo que nunca tuve, o que si tuve no sé. ¿Qué te parece? Es cierto. (*Ríe.*) Hay tantas viejas en el mundo que ya no volví a ver, que adivinar los hijos de uno que andan pisando la tierra... ¡Ay, Isidro, las hembras!, tan canijas y tan necesarias, tan chulas que son. Y a todas hay que entrarles, no tiene remedio. Cuestión de ponerse listo desde chamaco. Nada de esperar ni de pedir permiso. La mano siempre suelta, livianita livianita, y como quien no quiere la cosa, en el camión, en la calle, cuando están desprevenidas, su rozoncito por delante o por detrás, su acariciadita muy sabrosona, poniendo todo el ánimo en lo que se hace, sin miedo, porque es bien sabido que digan lo que digan a las viejas les gusta tanto como a uno. ¿A poco no? Aprovéchate ahora que estás tiernito, Isidro; ya luego te pondrás viejo y te llegarán los ataques y las fiebres como las mías. Bueno, como las mías no. Mis fiebres no son cosa de enfermedad. No, no son de enfermedad. Son cosa del diablo, de los endemoniados que me persiguen. (*Pausa.*

Transición.) ¿Nunca te he contado que estuve en el manicomio? Pues estuve, Isidro. Allá me mandó mi mujer; Josefina, la de ahora. No por ocurrencia suya, sino mal aconsejada por los endemoniados ésos. Un día me dieron los ataques, y ya cuando me desperté estaba allí, en el mero pabellón de agitados. Los desgraciados locos se me echaron encima y me recibieron a patadas, a arañazos, a mordidas. ¿Ves esta cicatriz? Y mira, este cacho de la-io que ee alta, un chiflado me lo arrancó de una mordida el día que llegué. Pero pasó ese día, bendito sea Dios, y luego las cosas cambiaron porque yo no fui nada tarugo, qué te crees. Me hice el mensito; empecé a estudiar bien el asunto. Y al poco tiempo me di cuenta de que a uno de los locos, el turulato Peña se llamaba, le gustaban los locos. *(Ríe.)* Y empecé a hacerle de conseguidor, de alcahuete, tú sabes. *(Ríe.)* El asunto me salió muy bien porque yo no estaba loco. Con decirte que a las tres semanas yo era allí el amo: el proveedor de hierba, el conseguidor. Sacaba más centavos que los que gano aquí, cómo la ves. *(Ríe.)* No, ahi sí no. En el manicomio los endemoniados no pudieron conmigo. *(Transición.)* Está calando el frío. Deja ir por la cobija.

Cuando don Jesús se levanta, Isidro cobra valor para hablar.

Isidro: El maistro Jacinto dice que usted es puro cuento.
Don Jesús *(muy extrañado)*: ¿Que qué? ¿Qué dice Jacinto?
Isidro: Que todo lo que usted platica son habladas.
Don Jesús: ¿Eso dice ese infeliz? ¿Eso dice? *(Encolerizándose poco a poco:)* Y tú le crees. Tú le crees, ¿verdad?... Pues lárgate entonces. Anda, a ver, por qué no te largas.
Isidro: Los endemoniados no existen.
Don Jesús: ¿Quién dice que no existen?
Isidro: Pos no existen.
Don Jesús: Muy bien, no existen. Ni tampoco el mal de ojo existe para ti.
Isidro: Es puro cuento.
Don Jesús: ¿Y si te digo que yo he visto aparecidos? Si te juro que... *(Se interrumpe. La cólera le impide hablar de momento.)* Venga para acá, escuincle pendejo. Acérquese, ándele, no me tenga miedo.
Isidro: Ya me voy.
Don Jesús: No, no, acérquese, ándele. *(Transición. Muy tierno:)* Ándale, Isidro,

acércate. ¿Tú crees que este pobre anciano es capaz de contarte mentiras? ¿De veras me crees un viejo hablador? A ver, dime, qué gano yo con hacerte buey. *(Pausa.)* Isidro... Te llamas como el san Isidro labrador, quita el agua y pon el sol. Muchachito que estás. *(Larga pausa.)* Allá en Salvatierra, hace muchos, muchos años, yo tenía una novia. Encarnación se llamaba. Todas las tardes iba a esperarla a la orilla del Lerma y ella llegaba corriendo, con sus cabellos largos como los hilos del río, con su vestido hecho de nubes, oliendo a flores, y a cielo, y a tierra húmeda. Todas las tardes llegaba a decirme con palabras y miradas que me tenía voluntad, y con palabras yo también la llenaba de cariño... Pero una tarde no llegó. Me dijeron que se había ido a la feria de Uriangato, y allá voy hasta Uriangato a buscarla. ¿Sabes cómo me la encontré, Isidro? Estaba risa y risa abrazada con otro hombre. ¡Abrazada! Todavía yo quise hablar como la gente, pedirle explicaciones, tratar el asunto pues; pero ella se echó a reír en mis narices. No se me ha olvidado su risa en tantos años, Isidro... Yo traía un cuchillo, o lo agarré de no sé dónde, ya tú sabes lo que es la sangre cuando se calienta, y allí mismo se lo encajé a aquel cristiano. *(Pausa.)* Fue entonces cuando ella me echó la maldición, cuando mandó a los endemoniados a fregarme la existencia. Yo me hui llorando hasta Salvatierra y llorando me pasé todo un día en la tumba de mi padre. Todavía me acuerdo. Cuando descargué allí toda mi pena, alcé la cara y vi delante una mujer vestida de blanco que me alargaba sus manos como de hielo. Por primera vez alguien me veía y me hablaba como ella me habló. Palabras de consuelo que yo nunca había oído. Caricias que me cerraban los párpados a medida que el ánima hablaba de flores, de jardines, de huertas, del mar azul... Desperté. Estábamos tendidos sobre la tumba de mi padre. La mujer me seguía acariciando. Yo me hice a un lado y ella se despertó. Quiso detenerse la túnica, pero el viento se la arrancaba ya y en lo que es un parpadeo, Isidro, yo alcancé a ver su vientre agusanado. ¡La querida de Satanás! Recontrafregada vieja: me engañó toda la noche y a la hora que se vio descubierta se alejó gritándome que lo supiera yo de una vez por todas: estaba condenado. Culebras le salían de la boca. Gusanos y sapos se quedaron regados por el suelo. Una carcajada hizo temblar la tierra, las tumbas se resquebrajaron y se soltó un ventarrón y un aguacero del que todavía tienen memoria las gentes del lugar. ¡Ahi se acabaron todas mis esperanzas! Cómo echarle la culpa al paludismo si me acosté con la mismísima querida del demonio, ánima maldita salida del infierno, enviada por los diablos infelices, que mientras se achicharraban el alma tuvieron todavía ánimos para soliviantar a la puta de Satanás. *(Largo silencio. Se aproxima a Isidro.)* Y ahora qué me dices. *(Ríe ladino. Abriga a Isidro con su misma cobija.)* Bien que se está aquí, ¿verdad? Calientito. Y bien blanda que tienes la carne, Isidro. Blandita, blandita...

Impresionado aún por la narración, Isidro tarda en reaccionar. El manoseo de don Jesús termina por obligarlo a levantarse como un resorte.

Isidro: ¡Estése quieto! *(Don Jesús ríe, ladino.)* ¡Cállese!

Al salir precipitadamente de la bodega se enciende de golpe el edificio. Es mediodía. En plena labor, los albañiles disparan sus órdenes a Isidro, quien de momento, atolondrado, no sabe a dónde ir ni a quién obedecer primero.

Albañiles:
—Órale con la mezcla, Isidro.
—Qué pasó con esos tabiques.
—Traime un refresco de tamarindo.
— A mí uno de lo que sea.
—Apúrese, escuincle pendejo.
—Apúrate con esa manguera, Isidro.
—Apúrese.

Isidro corre de un lado a otro. Tropieza con Jacinto, quien lo observaba desde hacía un momento.

Jacinto: Dónde vas. ¿Dónde vas? Hace media hora que te estoy pidiendo la carretilla.
Isidro *(desconcertado, inmóvil):* Sí, maestro.
Jacinto: ¡La carretilla!

Isidro llega hasta la bodega por la carretilla. Encuentra a don Jesús, quien continúa riendo, ladino.

Don Jesús: Bien blandita que tienes la carne, Isidro.

Isidro regresa a Jacinto, con la carretilla.

Jacinto: ¿Te quedaste otra vez con don Jesús? ¡Mira qué ojerotas traes! *(Paternal:)* Cuántas veces te he dicho que ese viejo no es de fiar. Óyeme una cosa: tú trabajas para mí, tú eres mi peón, y por eso yo tengo la obligación de cuidarte... como si fueras un hijo mío, Isidro.

Don Jesús sale de la bodega. Patotas lo advierte y suspende su trabajo para entrar en ella, sigilosamente. Se dedica a hurgar los cajones y el catre del viejo. Don Jesús regresa a la bodega y sorprende a Patotas.

Don Jesús *(lastimero)*: Qué vas a encontrar ahí, Patotas. ¿No tienes ojos? Mírame. No hay nadie más pobre y más fregado que yo. Qué le puedes robar a este viejo infeliz, de no ser el alma.

Cabizbajo, se diría que arrepentido, Patotas sale de la bodega. Cruza sin quererlo el área policial donde Dávila lo recibe con un rodillazo a los bajos. Patotas emite un grito de dolor y cae. Gime ininterrumpidamente mientras Dávila lo golpea durante toda la escena.

Dávila: Tú fuiste, desgraciado, querías robarlo.
Patotas: Yo no fui.
Dávila: No mientas, que te conozco muy bien. Los conozco a todos ustedes, ratas de caño. Por cinco pesos son capaces de matar a su madre. Quéjate, sí, quéjate ahora... ¡Levántate! ¿Me vas a decir la verdad? ¿Vas a decirla?
Patotas: Sí, todo lo que usted quiera.

Entra Munguía.

Dávila: Tu caso está resuelto. Aquí está lo que buscas.
Munguía: No es eso lo que buscó, Dávila.
Dávila: Va a declarar.
Munguía: ¿Qué pasó con el ingeniero Zamora?
Dávila: Apúrate, antes de que se nos prive.
Munguía: Yo sé lo que tengo que hacer... Te pregunté qué pasó con el ingeniero Zamora.
Dávila: Pérez Gómez fue a hablar con él a su despacho.

Munguía: ¿A su despacho? ¿Qué está haciendo ese imbécil donde no debe? Quiero hablar con Zamora, con el hijo del ingeniero Zamora aquí, hoy mismo.
Dávila (con sorna): Lo que usted ordene, jefe. (Sale.)
Munguía (a Patotas): Dime todo lo que sepas. No quiero mentiras. ¡La verdad! (Patotas jadea únicamente. Suavizándose:) No te voy a pegar ni nadie te va a volver a pegar. Habla, te hace bien. No podrás vivir con eso atorado en el cogote. (Suplicante:) Dime que eres inocente.

Por otro ángulo del área policial entran Dávila, Pérez Gómez y Federico. Éste muy nervioso; los otros falsamente atentos.

Pérez Gómez: Es una simple cuestión de rutina, ingeniero. (*Le ofrece un cigarrillo que él mismo le enciende luego:*) ¿Con filtro?
Federico (aceptando): Gracias.
Pérez Gómez: Su padre es un persona finísima. No quisiéramos causarle más molestias.
Dávila: Es muy interesante lo que estaba usted diciendo, ingeniero. Sobre esta cosa del albañil. ¿Cómo la llamó?... La mentalidad del albañil.
Federico: Ah, sí sí.
Dávila: Muy interesante. (*A Pérez Gómez:*) ¿No te parece?
Pérez Gómez (hipócrita): Pone en claro muchas cosas.
Dávila: Está bien visto. Son tipos desadaptados que ya no son gente del campo pero que tampoco logran integrarse a la ciudad. Viven como entre dos aguas.
Pérez Gómez: Y eso los vuelve muy resentidos.
Dávila: Y por lo tanto muy peligrosos.
Federico (dudando): Bueno, eso es lo que yo pienso.
Dávila: Muy bien pensado, ingeniero.
Federico (atreviéndose): Peligrosos porque además son ignorantes, primitivos; se desprecian a sí mismos. Un albañil ve reflejada en otro albañil su propia miseria, y por eso lo odia, hasta llegar a veces al crimen.
Dávila: Es cierto.
Pérez Gómez: Entre esta gente, el índice de criminalidad es altísimo.
Federico (*más seguro ya*): Para uno es muy difícil convivir con ellos. Envidian terriblemente la inteligencia, los conocimientos, la autoridad del ingeniero. A eso se debe que saboteen las obras y que...

Munguía *(cruzando hasta ellos para interrumpir a Federico):* ¡Cállese ya! ¿A quién cree que va a tomarle el pelo? ¿A estos idiotas?, ¿a mí?
Dávila: Munguía, por favor...
Pérez Gómez *(confidencial):* Ya estuve hablando con su padre.
Munguía: ¡Quítate! *(A Federico:)* A mí me tiene muy sin cuidado usted, su padre y el dinero de su padre. ¡Qué andaba haciendo en la obra la noche del crimen!
Federico *(turbado):* No...
Munguía: ¡Conteste!
Federico: Yo no estaba ahí.
Munguía: ¿Qué andaba haciendo?
Federico: Yo no estaba ahí, se lo juro.
Munguía: Conque no, ¿eh? *(Transición. Irónico:)* ¡La mentalidad del albañil! Tipos ignorantes que envidian la inteligencia del ingeniero. *(Sonríe burlón:)* ¿La inteligencia de usted?, ¿del Nene? *(A Pérez Gómez y a Dávila:)* ¿Sabían eso? Los albañiles lo apodaban el Nene. *(A Patotas:)* Así le pusieron, verdad? El Nene. El Ne-ne.

Federico retrocede. Al hacerlo entra en el edificio y se encuentra sorpresivamente con su padre. El área policial se oscurece.

Ingeniero Zamora: Cuántos compañeros tuyos deben envidiar tu suerte, Federico. Este edificio no estaba en los planes de la compañía, tú lo sabes. Yo lo hice entrar pensando en ti, para abrirte un camino. Entiéndelo. Tú eres el único responsable de la obra.
Federico: Eso dices, pero a la hora de la hora les haces más caso a los albañiles.
Ingeniero Zamora: No es cierto.
Federico: Todo el mundo se da cuenta, papá.
Ingeniero Zamora: No es cierto. Lo que pasa es que no has sabido ganarte su confianza y así no se puede trabajar con ellos.

El Chapo llega.

Chapo *(al ingeniero Zamora):* Buenos días, ingeniero. *(A Federico, con intención:)* Qué milagro, ingeniero.
Federico: Aquí estuve ayer.

CHAPO: Pero ya no regresó en la tarde, y no nos trajeron el confitillo.
FEDERICO: Hoy lo traen. *(Al ingeniero Zamora:)* Ya hablé con ellos.
CHAPO: Pues ojalá porque tengo a la gente rascándose el ombligo. *(Al ingeniero Zamora:)* De aquel otro asunto, ingeniero, quería preguntarle...
INGENIERO ZAMORA *(interrumpiendo):* Véalo todo con Federico, para eso está aquí. *(Va a irse. Se detiene, reflexivo:)* ¿Cuál asunto, Álvarez?
CHAPO: La cuestión del velador, ingeniero.
INGENIERO ZAMORA: Ya puede darle las gracias a don Jesús. Que se vaya. Mañana le mando a una gente de confianza. No quiero problemas con ese viejo.
CHAPO: Pues ésa es la cuestión, ingeniero. Resulta que... Bueno, es que estuve ayer en el sindicato, y como aquí el ingeniero me dijo que don Jesús se quedaba definitivamente, pues yo arreglé todo para...
INGENIERO ZAMORA *(a Federico):* ¿Eso dijiste tú?
FEDERICO: Sí.
INGENIERO ZAMORA: ¿Que don Jesús se quedaba definitivamente?
FEDERICO: El maestro Álvarez me insistió.
CHAPO: No, yo no insistí nada, yo nomás cumplo órdenes. A mí me da lo mismo que esté don Jesús o cualquiera. Ora que usted dice la última palabra, ingeniero.
INGENIERO ZAMORA: Siempre que ese viejo ha estado con nosotros hemos tenido problemas. ¿No es cierto, Álvarez?
CHAPO: Bueno, tanto como problemas no.
INGENIERO ZAMORA: Está enfermo, le dan ataques.
CHAPO: De eso ya se alivió.
INGENIERO ZAMORA: ¡Qué se va a aliviar! *(A Federico:)* Pero en fin, si tú lo prefieres, yo no digo nada, es asunto tuyo. ¿Te aguantas con el viejo?
FEDERICO: Ya dije que sí.

El ingeniero Zamora sale de la obra. Apenas lo hace, los albañiles prorrumpen en comentarios, desde sus respectivos sitios.

ALBAÑILES *(entre risas):*
—Ya llegó el Nene, muchachos.
—A trabajar, que ya llegó el Nene.
—Ñe ñe, el Nene.
JACINTO *(sin abandonar el sitio donde trabaja):* Pregúntale de las varillas, Chapo.

CHAPO: Oiga, ingeniero, cuántas varillas van a llevar las columnas del muro sur. En el plano no dice nada.
FEDERICO: Cuáles columnas.
CHAPO: Las de allá. Espéreme, ahorita le traigo el plano.
FEDERICO (*deteniéndolo momentáneamente*): La idea de que se quedara don Jesús fue de usted, maestro.
CHAPO: Es buen velador.
FEDERICO: Quería ponerme en ridículo.
CHAPO: No diga eso, ingeniero... Voy por el plano.

Camino de la bodega, el Chapo encuentra al viejo y, sonriendo, le hace un brevísimo comentario en voz baja. Don Jesús avanza hacia Federico en el momento en que entra en el edificio Celerina, hermana de Sergio: una chica muy linda, como de quince años. Su entrada provoca un gran alboroto entre los albañiles. Evadiendo sus piropos, Celerina sube hasta el sitio donde se encuentra Sergio para llevarle la portaviandas con el almuerzo. Don Jesús llega hasta Federico.

DON JESÚS: Con su perdón, ingeniero, buenos días. El Chapo me acaba de decir y yo quería darle las gracias. Usted no sabe el enorme favor que me hace. Ya estoy viejo, ya no me quieren en ningún lado, ya nomás sirvo de velador. O verá que no va a tener nada que sentir de mí. Gracias, ingeniero, Dios lo bendiga. (*Trata de besarle la mano. Federico la retira rápidamente:*) Dios lo bendiga.

Don Jesús regresa a la bodega. Con el plano en las manos, Chapo llega hasta Federico acompañado por Jacinto.

CHAPO (*por don Jesús*): Pobre viejo, ¿no vio?, hasta las lágrimas se le botan del puro agradecimiento. (*Extiende el plano. A Jacinto:*) ¿Éstas son las columnas, tú?
JACINTO: Esas meras.
CHAPO: No dice nada de las varillas, mire. (*Federico examina el plano, confuso:*) ¿Cuántas le ponemos?... ¿Quiere que mejor hable al despacho pa' preguntar?
FEDERICO: No, no, espérese. (*Saca su regla de cálculo. Realiza operaciones inútiles:*) Pónganles cuatro.

Los albañiles

Jacinto (*sorprendido*): ¿Cuatro varillas?

Chapo (*irónico*): ¿De tres cuartos o de media?

Federico (*duda por los comentarios y vuelve a accionar la regla del cálculo*): Mejor seis... No, no, pongan cuatro. Sí, para que no estén sobradas. Cuatro varillas de tres cuartos con estribos a cada cincuenta. (*Duda:*) ¿Está bien así?

Chapo: Lo que usted diga, ingeniero.

Después de que Sergio ha almorzado, Celerina se encamina hacia fuera del edificio. Isidro le sale al encuentro.

Isidro: ¿Ya te vas?

Celerina: Ya me voy.

Isidro: Pérate, ¿no?

Celerina: Aquí no me hables. Nos está viendo mi hermano.

Isidro: Y qué que nos vea.

Celerina: Luego se enoja.

Isidro: Pues que se enoje.

Celerina: Sí, tú, como yo soy la que la pago. Anda orita reenojado. No le gusta que me chiflen ni que me griten cosas... Fíjate, dice que yo tengo la culpa, que yo les hago ojitos.

Isidro: ¿Y les haces? O Nomás a mí.

Celerina: Oh, tú.

Isidro: Es reapretado ese canijo Cura.

Celerina: No le digas Cura.

Isidro: Así le dicen todos.

Celerina: Es muy buena gente.

Isidro: ¿No dices que no?

Celerina: Es estricto, pero muy buena gente. Dejó de estudiar con los padrecitos para mantenernos a mí y a la Concha. (*Isidro empieza a acariciarla:*) Él hubiera querido seguir en el seminario, pero para que no nos muriéramos de hambre. (*Transición:*) Tate quieto, no me tentalíés.

Isidro: ¿Vamos a la matiné el domingo?

Celerina: No puedo, no me dejan. Tengo que ir a misa con Sergio y luego a una visita.

Isidro: Vamos a la matiné.

CELERINA: No me tentaliés.
ISIDRO: Ándale.
CELERINA: Ya me voy.
ISIDRO: Pérate. (*Celerina lo hace a un lado, para salir:*) No te vayas, Cele. (*Celerina sale:*) Cele... Oye, Cele.

Un grupo de albañiles ha estado observando la escena a distancia. Ríen y hacen comentarios en relación a Isidro y Sergio. Este último ha lanzado a Isidro una mirada amenazadora.

ALBAÑILES:
—¡Se va a poner celoso don Jesús, Isidro!
—Convídanos del almuerzo que te trae tu hermana, Cura.
—No seas apretado.
—Danos una probadita.
—Del almuerzo o de tu hermana, como quieras.
—El que ya probó fue Isidro.
PATOTAS (*interviniendo*): ¿Qué se traen con el Cura?
ALBAÑIL 1: Uy, Patotas, desde cuándo.
ALBAÑIL 2: Mira nomás.
PATOTAS: Él no se mete con ustedes.
ALBAÑIL 1: ¿Contigo sí?
PATOTAS (*lanzándose hacia albañil 1*): ¡Órale, cabrón!
ALBAÑIL 1 (*rectificando, conciliador*): Es guasa, es guasa.

Patotas se dirige a Sergio, amigable, pero éste lo rehuye.

ALBAÑIL 1: ¿Ya ves cómo es bien apretado?
ALBAÑIL 2: No aguanta nada.

Sergio entra en el área policial, que se ilumina, y se encuentra con Munguía. El edificio se oscurece.

MUNGUÍA: ¿Cuánto tiempo lleva de trabajar de plomero?
SERGIO: Como cinco años.
MUNGUÍA: ¿No ha trabajado en otra cosa?

SERGIO: En una imprenta. Unos meses nada más.
MUNGUÍA: ¿Y antes?
SERGIO: Estudiaba.
MUNGUÍA: ¿Qué estudiaba?
SERGIO: Estaba en el seminario.
MUNGUÍA: ¿Iba para cura?
SERGIO: Sí, señor.
MUNGUÍA: ¿Por qué no siguió estudiando?
SERGIO: No pude seguir.
MUNGUÍA: ¿Por qué?
SERGIO: Porque no. ¿Tengo que contestar a fuerza?
MUNGUÍA: Es importante.
SERGIO: Yo no creo que sea importante.
MUNGUÍA: Usted conteste. ¿Por qué se salió del seminario?
SERGIO: Me sentía mal de la vista.
MUNGUÍA: ¿Nada más por eso?
SERGIO: Sí.
MUNGUÍA: ¿Está seguro?
SERGIO: Y porque tenía que mantener a mi familia.
MUNGUÍA: A sus dos hermanas.
SERGIO: Sí, señor.
MUNGUÍA: Celerina y Concha.
SERGIO: Sí, señor.
MUNGUÍA: Concha es la casada, ¿verdad?
SERGIO: Sí, señor.
MUNGUÍA: Y su marido no puede mantenerla o qué. ¿Trabaja?
SERGIO: Es chofer, pero ahorita anda sin chamba.
MUNGUÍA: Y usted lo mantiene.
SERGIO: Viven en mi casa.
MUNGUÍA: ¿Qué edad tiene su hermana Celerina?
SERGIO: Catorce años.
MUNGUÍA: Muy bien. Quedamos entonces en que usted se salió del seminario porque tenía que mantener a sus hermanas y al cuñado ese.
SERGIO: Tienen tres hijos.
MUNGUÍA: ¿No hay más familia a la que tenga que mantener? Padres, tíos...
SERGIO: No tenemos padres.

Munguía: ¿Murieron?

Sergio: Hace diez años.

Munguía: ¿Los dos al mismo tiempo?

Sergio: Primero mi papá y al año siguiente mi mamá.

Munguía: Correcto, amigo García. Dígame una cosa: de no haber tenido necesidad de mantener a sus hermanas, usted seguiría en el seminario.

Sergio: Le digo que también fue porque estaba enfermo de la vista.

Munguía: No veía bien o qué.

Sergio: No, no veía bien.

Munguía: ¿Y ésa es razón para que uno no pueda ser cura? Me parece que con esos lentes, asunto arreglado, ¿no?

Sergio: Es que me afectaba la cabeza. No podía estudiar.

Munguía: ¿Lo vio algún médico?

Sergio: El doctor que atendía a los seminaristas.

Munguía: ¿Qué le dijo?

Sergio: Que no debía estudiar mucho. Que no hiciera esfuerzo mental.

Munguía: Y por eso se salió del seminario, más que por la obligación de atender a sus hermanas.

Sergio: Fueron las dos cosas juntas. *(Transición.)* ¡No sé qué tiene que ver esto con la muerte de don Jesús!

Munguía: Realmente nada, amigo García. Se lo pregunto por pura curiosidad... Dígame una cosa, ya para dejarlo ir: ¿hubo algún cura que se empeñó en correrlo?

Sergio: ¡Nadie me corrió! Lo decidí yo mismo.

Munguía: Claro, pero después de escuchar un consejo. Los seminaristas tienen un cura que los aconseja, ¿no es cierto?; que les dice que no hagan esto, que no hagan aquello, que no se anden toqueteando; esas cosas.

Sergio: Hay un confesor.

Munguía: Eso, un confesor. ¿Quién era su confesor?

Sergio: El padre Jiménez.

Munguía: Y qué opinaba de usted el padre Jiménez. ¿Quería que siguiera en el seminario o no?

Sergio: Él no me entendía muy bien.

Munguía: ¿Por qué no lo entendía?

Sergio: Bueno, no creía en mi vocación. Me ponía a hacer otras cosas. Sabía que yo era bueno para la plomería y me mandaba a arreglar los excusados, a cambiar las llaves, a instalar un tinaco.

MUNGUÍA: Y usted lo aborrecía, lo odiaba. (*Estallando:*) Lo odiaba porque no le permitió consagrarse a Dios. Como odiaba a sus hermanas, como odiaba a los albañiles, como odiaba a don Jesús.

SERGIO: No es cierto. Yo no odiaba a don Jesús.

MUNGUÍA: Le tenía asco.

SERGIO: No.

MUNGUÍA: Miedo.

SERGIO: No... Le tenía lástima. Era un anciano y estaba enfermo.

MUNGUÍA: Pero eso no le quitaba lo ratero ni lo lépero. ¿Es cierto que era un lépero?

SERGIO: Sí, señor.

MUNGUÍA: ¿Lépero en qué sentido? ¿Decía malas palabras?... ¿Usted nunca ha dicho malas palabras, amigo García? ¿Nunca ha mandado a nadie a la chingada, así, con todas sus letras?... No se ponga colorado. Está bien, nunca ha dicho malas palabras. ¿Por qué?

SERGIO: Es rebajarse.

MUNGUÍA: Y cómo juzga a los que las dicen.

SERGIO: No los juzgo.

MUNGUÍA: ¿Y a don Jesús?

SERGIO: Es muy arriesgado juzgar a los demás.

MUNGUÍA (*irónico*): Ah, sí; eso es pecado, ¿verdad? Y usted, un hombre que había decidido consagrarse a Dios, no puede cometer pecados. Está en el mundo para redimir a los demás... Para redimir a don Jesús. ¿Nunca trato de hacerlo?

SERGIO: No.

MUNGUÍA: ¿Por qué? Era su obligación.

SERGIO: ¡No era mi obligación! ¡Ya no estoy en el seminario! ¡Soy un hombre común y corriente!

MUNGUÍA: Por eso dejó que don Jesús pervirtiera a Isidro. Claro, ya no estaba en el seminario, ya no era su misión salvar a los demás.

SERGIO: Yo no podía hacer nada.

MUNGUÍA: No quería hacer nada.

SERGIO: ¡Era inútil!

MUNGUÍA: Era un crimen.

Sergio (*rabioso, a punto de llorar*): ¡Era inútil, inútil, inútil…!

Se oscurece el área policial. Se enciende el edificio. Los albañiles almuerzan formando distintos grupos.

Albañil 1: Vente a tomar unos tacos, Patotas.
Albañil 2: Sin pena, éntrale.

Patotas se integra al grupo. En la bodega terminan de almorzar Chapo, Jacinto y don Jesús. El viejo acaba de contarles un chiste.

Chapo (*riendo estruendosamente*): Usted siempre tan lépero, don Jesús.
Jacinto (*serio*): No le veo el chiste.
Chapo: Bueno, pero qué te pasa, Jacinto. Vamos hablando claro. Qué mosco te ha picado contra don Jesús.
Don Jesús: No me quiere, Chapo, es como todos, me ve pobre y jodido y me desprecia.
Chapo: ¿Es cierto eso?
Don Jesús: Ni te apures, ya estoy acostumbrado a la ingratitud.
Chapo: Antes la llevabas bien con él. Acuérdate que él es nuestro socio.
Jacinto: ¿Otra vuelta con eso? Si me vas a estar cobrando los favores…
Chapo: No la estoy cobrando nada, hombre, no te enchiles. Yo nomás digo.
Jacinto (*saliendo de la bodega*): Claro, tú tienes que defenderlo. A ti te llena de favores, si hasta su vieja te presta.
Chapo (*que ha ido tras él*): Épale, Jacinto. Hasta ahí te aguanto. (*Jacinto traza un ademán ofensivo y regresa a sus tareas. Chapo vuelve con don Jesús.*) Quién sabe que le ha entrado a este buey. Está bien loco.
Don Jesús: No, Chapo, no está tan loco. Ya me llegaron los rumores.
Chapo: Rumores de qué.
Don Jesús: De eso, Chapo.

El Chapo sale de la bodega, desarmado, mientras Federico se aproxima al grupo de albañiles donde almuerza Patotas.

Patotas: ¿No se echa un taco, inge? Están ricos. Son de frijolitos con chilito… Sin pena.

Albañil *(confidencial, socarrón):* Al Nene no le gusta el chile.
Patotas: Pruébelos.

Federico se decide, toma el taco que le alarga Patotas y lo prueba. Muy pronto el picante hace su efecto. Mientras los albañiles ríen, Federico escupe el bocado y gesticula por el ardor que sufre. Llega hasta donde trabaja Sergio.

Federico *(descargando su enojo):* ¡Hasta cuándo va a terminar con esa tubería!
Sergio: Ya falta poco.
Federico: Lleva más de una semana aquí.
Sergio: Es que me pasó una contrariedad. Me robaron mi tarraja.
Federico: ¡Pretextos!
Sergio: No, no son pretextos ingeniero. Quería decírselo desde la otra vez, pero todavía tenía esperanzas de encontrarla. Don Jesús dice que no sabe, pero yo la dejé en la bodega... Para mí que Jacinto es el de todo. Ya un día fueron las pinzas y la sierra, y me quedé callado. Pero la tarraja son palabras mayores.
Federico: Si usted no cuida su herramienta, quién se la va a cuidar.
Sergio: Le digo que la dejé en la bodega, ingeniero. Además no es sólo mi herramienta. Aquí están pasando cosas muy chuecas que usted debe saber. Se están robando material de la obra: cemento, tabique, calhidra, ¿no se ha dado cuenta? Están acarreando con todo.
Federico: No me venga con chismes.
Sergio: Yo le aviso para que sepa. Ahora que sin la tarraja no puedo hacer nada.
Federico: Cómprese otra.
Sergio: De dónde, son más de quinientos pesos.
Federico: Pues entonces váyase. Yo no puedo tenerlo aquí si no cumple con su trabajo. Lo que sobran son plomeros.
Sergio: Está bien, ingeniero, olvídelo.

Sale Federico. Jacinto llega hasta Sergio.

Jacinto: Ya te oí chismeando, cura cuatrojos; tenías que ser tú.
Sergio: Si no me devuelven mi tarraja la van a pagar muy caro.
Jacinto: Quién.

SERGIO: Usted, Jacinto.

JACINTO: ¿Me vas a mandar al infierno?

SERGIO: Cuídese.

JACINTO: ¿Me vas a pegar? No te tengo miedo, buey. *(Con un ademán le tira los lentes. Sergio se inclina a recogerlos, pero él los bota lejos con un puntapié. Sergio se levanta, temblando de cólera.)* Desde hace mucho que te traigo ganas, cabrón. Éntrale y nos rompemos la madre.

Los albañiles se aproximan, con curiosidad, con interés por el pleito. Patotas llega rápidamente.

PATOTAS: ¿Qué pasó?

JACINTO *(a Patotas)*: Tú no te metas que el pleito no es contigo.

PATOTAS *(a Sergio)*: No le tengas miedo, Cura, es puro hablador. Suénatelo.

Mientras los albañiles hacen rueda, Sergio parece decidido a intercambiar golpes. En ese momento, desde la bodega, se escucha el largo aullido que preludia un ataque, probablemente epiléptico, de don Jesús.

ALBAÑILES:
—¡Es el viejo!
—¡Ya le dio el ataque!

Don Jesús cae al suelo. Se contorsiona como una víbora. Seguido por Sergio, Jacinto corre hacia la bodega.

CHAPO *(desde un andamio)*: Apúrate Jacinto, antes de que se tronche la lengua.

Sergio y Jacinto sujetan al viejo. Jacinto le introduce en la boca un trozo de madera. Don Jesús se va calmando poco a poco. Jadea. Todos los albañiles observan atemorizados la escena.

ISIDRO: Los endemoniados…

OSCURO

ACTO SEGUNDO

Es de noche en el edificio. Dos albañiles irreconocibles acarrean bultos de cemento hacia afuera del escenario, supervisados por don Jesús.

Don Jesús: Rápido. No se pueden estar aquí toda la noche. (*Se dirige a la bodega a contar los bultos. Confirma su cálculo y detiene a uno de los macheteros que llegan por más.*) Ya estuvo bien. El Chapo dijo que ocho y ya fueron ocho. Ora hasta el jueves.

Se oscurece el edificio. Se enciende el área policial donde el Chapo comparece ante Munguía. Pérez Gómez y Dávila observan la escena.

Munguía: ¿También va a negar eso?
Chapo: Negar qué, señor.
Munguía: El robo del material. El cemento, el tabique, las varillas que usted mandaba sacar de la obra, todas las noches.
Chapo: ¿Yo? ¿Todas las noches?
Munguía: Estoy enterado de sus trinquetes, amigo. Usted tiene un negocio de materiales de construcción. El local está situado en la avenida Patriotismo número...
Chapo (*interrumpiendo*): ¿Eso es un delito?
Munguía: El material que vende es robado.
Chapo: ¿Tiene testigos?
Munguía: Tengo testigos.
Chapo (*irónico*): Si usted lo dice...
Munguía: Su situación es muy comprometida, amigo Álvarez. Don Jesús era su cómplice. Usted lo llevó a la obra sabiendo sus antecedentes.
Chapo: El viejo no tenía antecedentes penales. Le di trabajo porque lo necesitaba.
Munguía: Lo necesitaba usted, para sus robos... Don Jesús lo servía como un esclavo, hasta que se cansó. Un día —seguramente había estado fumando hierba o andaba borracho— lo amenazó con denunciarlo al ingeniero.
Chapo: ¿Amenazarme a mí? (*Sonríe ruidosamente.*)
Munguía: Sí. Fue el único que se atrevió a amenazar al maestro Álvarez.

CHAPO (*sonriendo aún*): De veras que no entiende nada de nada. (*Pausa.*) Yo le di trabajo a don Jesús, es cierto. Como le digo, andaba muy necesitado, y era un buen hombre. Con sus vicios, claro, nadie es perfecto, pero era honrado. De otro modo no se la doy de velador. Además, se llevaba muy bien con toda la gente, al menos hasta donde yo sé, en la obra. Ya si por fuera tuvo sus dificultades con el plomero, es otro cantar. Yo soy maestro, no niñera.
MUNGUÍA: Dice usted que tuvo dificultades con el plomero.
CHAPO: Parece que sí. El plomero no es gente mía; trabaja por su cuenta.
MUNGUÍA: Sospecha de él.
CHAPO: Sospecho de qué.
MUNGUÍA: Del crimen.
CHAPO: Yo no sospecho de nadie. Pero no metería las manos al fuego por un tipo como el plomero.
MUNGUÍA: ¿Las metería por los demás?
CHAPO: Por los demás quién sabe. Por el Cura, desde luego que no.
MUNGUÍA: Tampoco yo las metería por usted, Álvarez. Mucho menos estando enterado de sus relaciones con la mujer de don Jesús. (*Pausa.*) ¿Qué me dice de ella?
CHAPO (*impávido*): ¿Qué quiere que le diga?
MUNGUÍA: Usted sabrá. No en balde era su querida.
CHAPO (*empezando a reír en tono ascendente*): Sigue sin entender nada. (*Ríe más fuerte. Sale.*)
PÉREZ GÓMEZ: ¿Lo vas a dejar ir? ¿Vas a permitir que se ría en tus narices? Qué clase de interrogatorios son éstos, Munguía.
MUNGUÍA (*ajeno*): ¿Dónde está el informe del laboratorio?
PÉREZ GÓMEZ: Sólo complicas las cosas y ya no se puede perder más tiempo.
MUNGUÍA: Dónde está ese informe.
PÉREZ GÓMEZ: ¡Para qué diablos te sirve!... Está bien, voy por él... Nada más dime esto, Munguía: qué es lo que buscas.
MUNGUÍA: La verdad.
PÉREZ GÓMEZ: Sí, ya sé, pero...
MUNGUÍA: Busco la verdad.

Se oscurece el área policial. Se enciende el edificio. El ingeniero Zamora está frente al Chapo. Los albañiles observan.

Ingeniero Zamora (*violento*): ¡Son un par de inútiles! Qué piensan que están levantando, ¿una casa de muñecas?

Chapo: Nosotros cumplimos órdenes, ingeniero.

Ingeniero Zamora: No me vengas con cuentos, Álvarez, no te conozco de ayer.

Chapo: ¿Por qué íbamos a hacerlo por nuestras pistolas?

Ingeniero Zamora: Por imbéciles. Ni siquiera para una babosada tienen sentido común.

Chapo: Su hijo dio la orden, ingeniero. A mí me extrañó y hasta le volví a preguntar.

Jacinto: No hay por qué cargarnos el muertito.

Chapo (*a Jacinto*): Tú espérate. (*Al ingeniero Zamora:*) Le pregunté dos veces si eso decían los planos y él dijo que sí.

Entra Federico. Se mantiene a distancia.

Jacinto: Fue una orden del joven.

Ingeniero Zamora: Qué tienen en la cabeza, Álvarez, ¿piedras?

Jacinto (*señalando a Federico*): Pregúntele, pues; ahí está.

Ingeniero Zamora: Ahora mismo me descimbran esas columnas. Y no se hagan ilusiones para el sábado.

Jacinto: Primero pregúntele a su hijo, ingeniero.

Ingeniero Zamora (*a Federico*): ¿Ya viste lo que hicieron estos imbéciles? Armaron las columnas con cuatro varillas. ¡Las columnas del centro, imagínate!

Jacinto: ¿No es cierto que usted dijo así, joven?

Ingeniero Zamora: Si hubieras estado aquí no habría pasado esto.

Jacinto: Pero si aquí estuvo hasta que acabamos de cimbrar.

Federico: No sé de qué hablan.

Ingeniero Zamora: ¡Cómo que no sabes!… Se llevaron todo el día armando las columnas como se les ocurrió.

Jacinto: Explíquele a su papá. Usted dijo que iban de a cuatro.

Federico: ¿Que yo dije qué?

Ingeniero Zamora (*tratando de apartar a Jacinto*): Quítese de aquí.

Jacinto: Que iban de a cuatro de tres cuartos.

Ingeniero Zamora (*empellando a Jacinto*): ¿No me oyó?

El Chapo interviene para retirar a Jacinto. Éste se resiste.

Jacinto: No lo niegue, joven.

Federico: Yo no dije eso, no estoy loco.

Jacinto: Aquí está el Chapo y estoy yo, y están todos los demás que también lo oyeron.

Chapo *(a Jacinto):* Ya párate, tú.

Jacinto *(al ingeniero Zamora):* Que los otros lo digan, ingeniero.

Ingeniero Zamora: Saque a este imbécil de aquí, Álvarez. Sáquelo.

Casi por la fuerza el Chapo retira a Jacinto. Se dirige a los albañiles:

Chapo: Me descimbran todas esas columnas. Rapidito, Patotas, muévanse.

Seguido por Federico, el ingeniero Zamora camina hacia otro punto de la obra.

Federico *(aparentando serenidad):* Ya trajeron todo el confitillo. Mañana empezamos con los muros de atrás, y apenas termine el plomero le damos duro a los resanes.

Ingeniero Zamora: Esto no puede ser, Federico. Te he dicho mil veces que no des una orden hasta no estar seguro. Y antes de darla piensa un poquito. ¿Qué aprendiste entonces en la escuela? ¿Para eso he gastado tanto dinero en tu educación?

Federico: ¿De veras crees que yo cometí esa tarugada?

Ingeniero Zamora: No voy a discutirlo más. Lo único cierto es que sigues sin hacerme caso.

Federico: Les das la razón. Les tienes más confianza a los albañiles que a mí... ¡Ah, no! Ahorita mismo voy a obligar al maestro Álvarez...

Ingeniero Zamora *(interrumpiendo):* Deja las cosas como están.

Federico: Eso sí que no. Lo voy a obligar a que admita su error.

Ingeniero Zamora: Resultaría peor. *(Pausa.)* No quiero que pase esta semana sin que yo vea, en la oficina, las relaciones completas de material. El ingeniero Rosas dice que se está gastando muchísimo. ¿Tienes tus relaciones al día?

Federico: Claro que sí.

Ingeniero Zamora: Pues quiero verlas antes de que termine la semana. *(Va a salir.)*

FEDERICO (*deteniéndolo*): Vamos a aclarar bien el asunto de las columnas, papá. Yo no dije...

INGENIERO ZAMORA: Olvídalo ya, Federico; qué ganas con mentir.

FEDERICO: Eso soy para ti, ¿verdad?, un mentiroso. Piensas que no sé dirigir una obra.

INGENIERO ZAMORA: No pienso nada.

FEDERICO: Pues yo sí. Estoy cansado de que a cada rato me lo eches en cara; de que para todo me digas lo mucho que piensas en mi carrera. ¡Mentira! Nunca has pensado en mi carrera. Yo sé muy bien por qué se proyectó este edificio.

INGENIERO ZAMORA: Ya, Federico.

FEDERICO: No fue para encauzar a tu hijo en la profesión. Convenciste a la compañía de que se metiera en esto para poder acostarte con la puta que les vendió el terreno. (*El ingeniero Zamora sale de escena. Federico se encamina a la bodega, colérico.*) ¡Quiero ver las relaciones de material! Los recibos, las salidas, las remisiones...

DON JESÚS: Cómo no, ingeniero.

FEDERICO: ¡Pronto!

DON JESÚS: Ahorita mismo, ingeniero. (*Va por una libreta. Se la entrega.*)

FEDERICO: ¿Dónde están?

DON JESÚS (*abriendo la libreta*): Aquí están. Todo muy en orden y al día, como siempre. (*Federico se pone a revisar las cuentas y a ordenar los innumerables papeles que hay en la libreta.*) Hay días en que el mal anda como ganado suelto, ingeniero, ¿no le parece? Buscando por dónde metérsenos al alma. No descansa hasta que no encuentra el modo, y cuando lo encuentra ya nos fregó. Hay días en que amanecemos así, con el demonio metido en las entrañas. Todo lo que pensamos y todo lo que hacemos y todo lo que hablamos es malo. El mal nos brota del alma como ponzoña de víbora... Pero también hay días buenos y en esos días buenos todo lo que hacemos y todo lo que nos rodea es bueno: la gente es buena, las cosas son buenas, hasta las mismas penas resultan livianitas de llevar. Todos tenemos nuestros días malos y nuestros días buenos. Y así vamos tirando por la vida.

FEDERICO (*ajeno al parlamento; en lo suyo*): Faltan muchas remisiones. No están completas.

DON JESÚS: Usted debe tener más, ingeniero.

Federico se busca en los bolsillos. Extrae numerosos papeles y probablemente su cartera. Reúne sus notas con las que estaban en la libreta y establece comparaciones, trata de ordenarlas.

FEDERICO: Es increíble lo que se ha gastado de material.

DON JESÚS: La obra necesita comer para ir formando su cuerpo, ingeniero, como la gente. Se come el tabique, se come el cemento y las varillas y la arena. Mire qué grandote se ve ya nuestro edificio, hasta parece un gigante… Me gusta ir viendo crecer las obras; desde que son un mugroso terreno lleno de basura y de miados de perro. Luego se limpia y se arregla, como se arregla a una novia para que le hagamos un hijo. Y se lo hacemos, cómo de que no. Los edificios son como los hijos. Por eso me gusta trabajar en esto de la construcción. Y más me gustaría si las obras nunca se acabaran. Mientras un edificio está así, creciendo, es de usted y mío y de todos; se le ve nuestro sudor, nuestro trabajo, hasta nuestra sangre. Ya terminado ya qué. Es de otra gente que no vio crecer a su hijo y que no puede quererlo como nosotros, que le fuimos dando la vida pedazo a pedazo.

FEDERICO *(en lo suyo)*: Esto no está bien. ¿Y sabe qué pienso? Que se están robando el material.

DON JESÚS: No puede ser, ingeniero, para eso estoy aquí. No se abre un bulto de cemento ni se agarra un tabique sin que yo dé la salida. Pregúntele al Chapo.

FEDERICO: El Chapo y usted son lo mismo. ¡Rateros!

DON JESÚS: No, ingeniero; somos humildes, pero muy honrados.

FEDERICO: ¿En qué se ha gastado tanto material?

DON JESÚS: En la obra, ¿no le digo? Ahi están las cuentas. Y si no me cree, póngase a contar tabique por tabique y bultito por bultito; lo que ha entrado y lo que queda. Es muy fácil sólo que muy tardado. Pero si quiere yo le ayudo. Se viene una nochecita, pa' que no se vayan a reír de nosotros los albañiles viéndonos cuente y cuente, y nos ponemos a medir y a sacar números. *(Sonriendo, ladino, mientras Federico sale de la bodega y seguidamente de la obra:)* Lo espero una nochecita, ingeniero. *(Se pone a arreglar meticulosamente la bodega. Entra Sergio para buscar niples, codos, tuercas, en su caja de herramientas. Permanece ajeno a don Jesús.)* ¿Encontraste siempre tu tarraja?

SERGIO: Usted sabe que no.

DON JESÚS: No sabes cómo lo siento, Sergio.

Sergio (*calmado, convincente*): ¿Por qué goza en hacer el mal, don Jesús?
Don Jesús: Yo no hago mal a nadie.
Sergio: Muy pronto va a tener que rendir cuentas a Dios. Le quedan pocos años.
Don Jesús: La vida siempre es corta para todos.
Sergio: Justamente por eso.
Don Jesús: Nunca le he tenido miedo a la muerte, estoy preparado; tengo mi conciencia tranquila.
Sergio: Con usted no se puede hablar.
Don Jesús: Estamos hablando, Cura... A ver, dime qué quieres que haga. Dímelo y yo te digo.
Sergio: Para qué.
Don Jesús: Dímelo sin miedo.
Sergio: Usted no es de los que atienden razones.
Don Jesús: Según. Hay que oírlas.
Sergio: Luego se va a burlar de mí.
Don Jesús: Yo no me burlo de nadie. Burlarme en serio, de nadie.
Sergio (*mofándose*): No, ¡es un santo!
Don Jesús: Eso no me toca juzgarlo a mí; ni a ti, Cura.
Sergio (*más animado*): Don Jesús... Usted sabe que Dios nos lleva cuentas de todo lo que hacemos: de lo bueno y de lo malo. Él conoce perfectamente nuestros pecados, y de ellos nos va a juzgar el día de nuestra muerte. Lo único que importa es la otra vida. Los sufrimientos de ésta no son nada en comparación con los que tendremos en el infierno o en el purgatorio si no nos arrepentimos.
Don Jesús: Es cierto.
Sergio: Dios acabará castigándolo horriblemente si usted no se enmienda, don Jesús.
Don Jesús (*sonríe*): Dios y yo nos hablamos de tú, muchacho. Somos algo así como compadres.
Sergio: No blasfeme.
Don Jesús: No es blasfemia, no seas tonto.
Sergio: Ya ve cómo no se puede hablar con usted.
Don Jesús: Seguimos hablando. Lo que pasa es que a fuerzas quieres ver en mí a un cabrón. ¿Y sabes por qué me ves así? Porque tus ojos miran nomás lo que tú tienes dentro: mugre, pura mugre. Pero no le hace.

Para eso estoy aquí: para cargar con tu mugre y con la de todos los demás.

Federico entra en escena intempestivamente, muy apurado. Llega hasta la bodega.

FEDERICO (*mirando hacia todas partes*): Dónde está. Mi cartera, dónde está. Aquí la dejé. La puse aquí.
DON JESÚS: ¿Qué perdió, ingeniero?
FEDERICO: Mi cartera.
DON JESÚS: Ah, caray.
FEDERICO (*buscando febrilmente*): Cuando saqué las notas la puse aquí. (*Muestra un papel.*) Estoy seguro. Esta nota la traía en la cartera. Usted la vio.
DON JESÚS: Yo no vi nada.
FEDERICO: Aquí la puse.
DON JESÚS (*a Sergio*): ¿Tú viste algo?
SERGIO: Cuándo llegué, no.
DON JESÚS: Ahí estaría. (*Animando a Federico:*) Búsquela, búsquela con confianza, ingeniero, pero aquí no está. A lo mejor se le cayó allá afuera.
FEDERICO: No, no.

Mientras Federico sale a buscar la cartera fuera de la bodega, Sergio mira en forma recriminatoria a don Jesús.

DON JESÚS: Yo no la vi. (*Sale. A Federico:*) Pregúntele al Chapo, a los albañiles; a lo mejor alguno la vio.
PATOTAS (*aproximándose*): ¿Qué pasó?
SERGIO: El ingeniero. Parece que perdió la cartera.
PATOTAS: ¿Aquí?
SERGIO: Dice que en la bodega.
FEDERICO: Traía más de tres mil pesos. Tiene que aparecer.
PATOTAS: ¡Ah, jijo!
SERGIO (*a los albañiles*): ¿Nadie vio la cartera del ingeniero?
PATOTAS: Traía tres mil bolas.
ALBAÑILES:
—Ya le robaron la cartera al Nene.
—No se hagan moscas, no se hagan moscas.

—Ahi te hablan, Jacinto.

—¡Ojos que te vieron ir, cuándo te verán volver!

CHAPO (*aproximándose*): ¿Qué perdió, ingeniero?

FEDERICO: Mi cartera. La dejé en la bodega, estoy seguro.

CHAPO: ¿Ya la buscó?

Federico regresa a la bodega. Sigue buscando, con desánimo ya.

CHAPO: A lo mejor la dejó en la oficina, o en su casa, o la tiró por ahi.

FEDERICO: No. La dejé aquí, y aquí me la robaron. (*A don Jesús:*) Me la robó usted.

DON JESÚS: No es cierto.

FEDERICO: Usted, viejo ratero.

CHAPO: Primero búsquela en su casa. Si don Jesús dice que no la ha visto es que no la ha visto.

FEDERICO: ¡Tiene que aparecer!

CHAPO: Eso sí quién sabe.

Federico sale. Todos los albañiles miran acusatoria, silenciosamente a don Jesús. Él se refugia en la bodega. Patotas lo sigue.

PATOTAS: Ahora sí que se fue a lo grande... ¡Tres mil bolas! ¿No se le hace mucha lana pa' usted solito?

DON JESÚS: Tú nomás piensas en dinero.

PATOTAS: Tres mil bolas...

DON JESÚS: El dinero acabará siendo tu perdición.

PATOTAS: O la de usted, viejo jijo.

Se oscurece el edificio. Se ilumina el área policial.

PÉREZ GÓMEZ (*a Munguía*): ¿Te sirvieron de algo los informes del laboratorio?

DÁVILA: ¡Qué le van a servir! ¿Cuándo han servido?

PÉREZ GÓMEZ: Yo se lo dije.

DÁVILA: Está loco. (*A Munguía:*) Vamos haciendo un trato, Munguía. Dame tres horas, sólo tres horas, y te tengo una confesión con pelos y señales, inobjetable, de ese al que le dicen el Patotas.

MUNGUÍA: ¿Y por qué no de Isidro?

DÁVILA: Bueno, también, por qué no. Es más difícil pero se puede.

MUNGUÍA: O de Jacinto, o de Álvarez, o del plomero.

DÁVILA: No seas sangrón.

MUNGUÍA: O del Nene, ándale. Tráeme una confesión del Nene.

PÉREZ GÓMEZ: Te estás metiendo en honduras con los de allá arriba, te lo advierto... Ya en serio, Munguía, ¿por qué no le buscas por el lado del Patotas?

MUNGUÍA: No es tan fácil.

Se oscurece el área policial. Se ilumina el edificio. Mientras trabajan, Patotas se dirige a Jacinto.

PATOTAS: Tres mil muéganos es mucha lana. Tú qué harías con tres mil... Yo, primero que nada, me ponía un pedo bien puesto con los amigos. Luego me compraba dos o tres tacuches, zapatos, dos camisas de gente. *(Pausa.)* A ti ni te hace, ¿verdad? Tú estás en el negocio.

JACINTO: Cuál negocio.

PATOTAS: El que tú y el Chapo se traen con el viejo. Qué se me hace que hasta se van a repartir los tres milagros de la pelleja.

JACINTO: Ya estuvo suave de jorobar, ¿no? ¿Andas buscando bronca? Desde que te juntas con el Cura.

PATOTAS: Tú te vendiste al Chapo, Jacinto.

JACINTO: Yo no me he vendido a nadie, buey. Siempre he sido amigo del Chapo. Él me hizo albañil.

PATOTAS: Pero una cosa es la amistad y otra la lambisconeada... El Chapo no tiene madre, Jacinto, ni que no lo supieras. Se chupa nuestra raya. Él recibe del ingeniero lo que es de ley pagarle a cada albañil, y nos da la mitad. Yo soy bruto, pero no pendejo. Y si me aguanto es por hambre.

JACINTO: Estás ardido porque no te la dio de media cuchara.

PATOTAS: Lo único que me duele es la pura injusticia.

JACINTO: Pues ve al sindicato.

PATOTAS *(despectivo)*: ¡El sindicato...!

JACINTO: Ve a rajar, órale.

PATOTAS: ¿Pa' que me quede sin chamba?... Cada día te estás pareciendo más al Chapo, Jacinto. Prefiero al Cura: maricón y todo, pero derecho. Me cai que si yo tuviera un poco de lana, me largaba de aquí pa' no tener que verles la cara a tipos como tú.

En otro ángulo de la obra, Isidro conduce a Celerina hasta un sitio escondido.

Isidro: Aquí no nos ve nadie. *(Trata de besarla. Ella se resiste.)* Uno nada más.
Celerina: No, aquí no.
Isidro: Me lo prometiste.
Celerina: No...
Isidro: ¿Así eres de rajona?
Celerina: Nos pueden ver.
Isidro: No nos ve nadie.
Celerina: Pero quién te dice que en un de repente llegan y...
Isidro *(molesto)*: Está bueno, ahi muere.
Celerina: Isidro...
Isidro: Qué.
Celerina: No te enojes.
Isidro: Eres resangrona. Contigo no se puede. Siempre es igual. Que si estamos en la calle: aquí no, porque nos ven. Que si vamos al cine: ay no, porque no me dejan. Siempre es igual. Yo no sé ni por qué ando de rogón.
Celerina: Bueno, ándale, pero nomás uno.
Isidro: ¿De veras?
Celerina: Nomás uno.

Isidro se acerca lentamente. Se miran a los ojos y al fin, luego de larga pausa, Isidro la besa en la boca. Es un beso largo, tierno.

Isidro: Te quiero mucho, Cele.
Celerina: Yo también.
Jacinto *(muy lejos, desde su andamio)*: ¡Más mezcla, Isidro! *(Isidro y Celerina continúan mirándose, ajenos.)* ¡Mezcla, Isidro!
Celerina: Te hablan.

Isidro vuelve a besarla suavemente antes de salir corriendo a cumplir las órdenes de Jacinto. Celerina se dirige hacia donde Sergio debe encontrarse, pero éste le sale al encuentro antes de lo que ella supone.

SERGIO: Desde mañana no me traes el almuerzo. Voy a ir a la fonda.
CELERINA: Tuve que hacerle un mandado a Concha.
SERGIO: Pues así te queda mejor. (*Empieza a comer de los recipientes de la portaviandas. Largo silencio.*)
CELERINA: ¿Estás enojado conmigo?
SERGIO: ¿Por qué?
CELERINA: ¡Sabe!, tienes cara.
SERGIO: ¿Hay razón para que esté enojado? ¿Hiciste algo malo?
CELERINA: No.
SERGIO: ¿Entonces?
CELERINA: Nomás.
SERGIO (*después de un largo silencio*): No se te olvide que hoy en la tarde te vas a confesar.
CELERINA: ¡Oh, qué lata contigo!
SERGIO: Aunque te enojes, chiquita.
CELERINA: No tengo pecados.
SERGIO: No digas babosadas.
CELERINA: Pues no tengo pecados, bah, tú qué sabes.
SERGIO: Yo sé.
CELERINA: ¿Y si no quiero ir?
SERGIO: Aunque no quieras.
CELERINA: ¿Y si me voy a otra parte?
SERGIO: Yo mismo te voy a llevar.
CELERINA: Tienes clase de inglés.
SERGIO: Mi clase puede esperar. Eso es más importante. (*Celerina pronuncia una palabra, ininteligible, posiblemente una grosería.*) ¿Qué dijiste?
CELERINA: Nada.
SERGIO: Te estás volviendo muy retobada, Cele, y no te lo voy a permitir. Tú y Concha no entienden. Trabajo y me esfuerzo por ustedes y ni siquiera saben agradecer.
CELERINA: Pa' qué te esfuerzas.
SERGIO: Es mi obligación.
CELERINA: Nadie te obliga a cuidarnos.
SERGIO: Si no te cuidara, ahorita quién sabe qué sería de ti... Por cierto que no me has hecho caso. Te dije que no quería verte con ese escuincle, y sigues en lo mismo.

CELERINA: Con quién.
SERGIO: Ya sabes de quién hablo.
CELERINA: Eso a ti no te importa.
SERGIO: Más de lo que quisieras, chiquita. Ésta es la última vez que te lo repito: te vuelvo a ver con él y te doy una cueriza que no se te olvidará nunca. (*Por la portaviandas.*) Llévatela, ya no quiero más... ¿Entendiste?
CELERINA (*dolida*): Cómo eres, Sergio.

Celerina se encamina hacia afuera del edificio. Isidro corre a darle alcance.

ISIDRO: Te veo en la tarde. Voy a la tienda.
CELERINA: No puedo. (*Sale.*)

Los albañiles continúan su trabajo, pero van desapareciendo poco a poco. Por momentos sólo se advierte a Jacinto, quien comienza a beber de una botella. Entra Josefina, rumbo a la bodega. Jacinto la mira con expresión de deseo.

DON JESÚS: Qué milagro, vieja.
JOSEFINA: Vine en una carrerita a dejarte estos trapos. (*Don Jesús recoge el bulto.*) No pude venir antes.
DON JESÚS: Gracias... ¿Quieres un cafecito?
JOSEFINA: Ya me voy... ¿Cómo has estado?
DON JESÚS: Bien.
JOSEFINA: ¿Que el otro día te dio el ataque?
DON JESÚS: Ya estoy bien. ¿Y tú?
JOSEFINA: Ahi como siempre.
DON JESÚS: ¿Ese vestido es nuevo?
JOSEFINA: ¡Es más viejo que tú!
DON JESÚS: Está bonito.
JOSEFINA: De dónde voy a sacar pa' comprarme un vestido. Apenas si tengo pa' tragar.
DON JESÚS: ¿No andas bien de centavos?
JOSEFINA (*en burla*): ¡Uh, sí, ando requetebién! Me saqué la lotería... Tú sí que eres chistoso.
DON JESÚS: Pérate, pérate. (*Busca debajo del catre y coge un billete. Se lo alarga.*) Un cincuentón. No es mucho, pero de algo te ha de servir.

JOSEFINA: No quiero dinero tuyo.
DON JESÚS: Ah, Dios, ni que fuera dinero del diablo. Agárralo. Sea lo que sea todavía soy tu marido... Pa' que te compres un vestido nuevo; uno negro muy elegante.
JOSEFINA *(toma el billete):* Otro día vengo.
DON JESÚS: Aquí te espero.

Al salir de la bodega, Josefina encuentra al Chapo.

CHAPO *(confidencial):* Hoy sí tienes tiempo, ¿verdad? Qué tal si nos vemos a las ocho.
JOSEFINA *(nerviosa):* No puedo, Chapo; otro día.
CHAPO: ¿Vas a seguir con la misma canción?
JOSEFINA: Otro día.
CHAPO: Y otro día me vas a decir lo mismo. ¡Ya me estás cansando la paciencia! *(Transición. Amable:)* ¿A qué horas paso por ti?
JOSEFINA: No.
CHAPO: No me hagas enojar, prieta. A mí no me vas a ver la cara de payaso. Yo no soy tu viejo.
JOSEFINA: Es que no puedo, Chapo. Luego te explico.
CHAPO: A poco me vas a decir que tienes miedo de que el viejo se entere. Con el Tiburcio no te importaba. Ni con Lorenzo... Piensa que ya no estás tan pollita, prieta; ya no te cueces al primer hervor. Yo diría que hasta es un favor el que te hago.
JOSEFINA *(con ademán de pegarle):* ¡Grosero!
CHAPO *(sujetándola):* Así me gustas: brava.
JOSEFINA *(suplicante):* Déjame, Chapo.
CHAPO: Paso por ti a las ocho.
JOSEFINA: No. Hoy no puedo. *(Quejosa:)* He sido muy mula con él.
CHAPO: No hagas tragedias.
JOSEFINA: Tú eres su amigo.
CHAPO: ¡Yo no soy amigo de nadie!... Don Jesús está aquí por lo nuestro, de otro modo...
JOSEFINA: Él no tiene la culpa.
CHAPO: Paso por ti a las ocho.
JOSEFINA *(definitiva):* No, Chapo. Contigo ya no. Nunca más. *(Sale de escena. Jacinto, ebrio, se acerca al Chapo.)*

JACINTO (*muy ebrio*): ¡Qué suerte tienes con las viejas, Chapo! ¡Cómo te admiro! Palabra que no hay otro tipo como tú en todo este pinche mundo.
CHAPO: Empezaste temprano, Jacinto. ¿No invitas?
JACINTO: Seguro que invito. A ti te invito lo que quieras y cuando quieras. ¡Te debo la vida, Chapo! Todo lo que soy te lo debo a ti. A ver, quién otro iba a ayudarme como tú me has ayudado. Quién otro iba a sacarme de mi pueblo. Nadie. Quién iba a darme chamba. Nadie. Quién iba a hacerme socio en sus movidas. Nadie más que tú, canijo Chapo… Y qué bien está saliendo la acarreada, ¿no?; ni quien se las huela. ¡A listo no hay quien te gane!… ¿Para cuándo calculas que pueda empezar mi casita?
CHAPO: Todavía falta.
JACINTO: ¿Pero poco más o menos?… ¿Dos meses?, ¿tres?
CHAPO: Ya veremos.
JACINTO: No le hace, el tiempo que sea. (*Deteniendo al Chapo cuando va a irse:*) Chapo, Chapo. No te me vayas… Quiero pedirte un favor, ya hablando de otra cosa. Un favor que yo te pido, aquí entre cuates; entre tú y yo. Así nomás.
CHAPO: ¿Necesitas dinero?
JACINTO: No es dinero. El dinero: ¡puf!… Déjame decirte. Orita que la estaba viendo. Orita que llegó y que la vi, jíjole, qué bruto, qué buena está la vieja de don Jesús. De eso quería pedirte el favor, Chapo.
CHAPO (*apartándolo*): Estás muy trole.
JACINTO: Yo le traigo ganas desde hace mucho. No te lo había dicho porque no sabía cómo, pero ahora que estoy trole te lo digo… Préstamela un día, Chapo.
CHAPO: No sabes lo que dices.
JACINTO: Un día nomás.
CHAPO (*empellándolo*): ¡Hazte!
JACINTO (*suplicante*): Préstamela.

Con un nuevo empellón, el Chapo arroja a Jacinto hasta el área policial, frente a Munguía. Ambos permanecen allí inmóviles, en la oscuridad, mientras el Chapo llega a la bodega a cambiarse de ropa.

DON JESÚS (*lastimero*): Con mi vieja no, Chapo. El Tiburcio, Lorenzo, cualquiera; pero tú no.

Chapo: ¿También usted anda borracho como Jacinto?

Don Jesús: Hasta hoy te he servido en todo como un perro. No me gusta robar, pero te he ayudado en todo porque soy derecho contigo.

Chapo: Déjese de cuentos, viejo lángara. Bien que se robó la cartera del Nene.

Don Jesús: Todo te lo aguanto menos lo de mi vieja...

Chapo: Cállese, ojete.

Don Jesús: No me maltrates más, Chapo.

Chapo: Pues cállese entonces.

Don Jesús (*envalentonándose poco a poco*): Así no me voy a callar nunca... Piénsalo: yo te puedo fregar más que ninguno.

Chapo: ¿Son amenazas?

Don Jesús: Tómalas como quieras. Estoy viejo, pero todavía tengo lo que hay que tener para matar a un cristiano... Con mi vieja no te metas.

Chapo: Yo me meto con quien se me da la gana.

Don Jesús: Con mi vieja no, Chapo; con mi vieja no...

El Chapo sale de la bodega. Se oscurece el edificio. Se enciende el área policial en el ángulo a donde Jacinto llegó con Munguía.

Jacinto (*completamente ebrio*): Cómo no voy a estarle agradecido si me tendió la mano y me dio trabajo cuando llegué a México... Para qué me quedaba en mi pueblo: allá nomás había malos recuerdos. (*Pausa.*) Yo tenía un hijo, ¿sabe usted? El único del que estaba seguro que era mío. Los demás quién sabe, se hablaba tanto de la Rosa. Pero de él sí estaba seguro porque cuando se lo hice andábamos lejos de Ixtlán y la Rosa no pudo ver más hombre que yo durante meses y meses. ¡Era el chamaco más vivo del mundo! Se parecía a mí; no era chillón, ni remilgoso, ni pegado a su madre. Se le miraba ya el entendimiento avispado y por eso yo me lo llevaba a explicarle cómo es la gente y cómo es que el sol se deja ver por un lado y se mete por el otro... Una noche me quedé con él en el cerro nomás para cumplirle la curiosidad que el chamaco tenía de ver las estrellas y sentir el frío del monte y oír al coyote. ¡Y cuando le enseñé a cazar víboras! ¡Y cuando lo llevé a romperle todito el hocico al chamaco grandulón de Juan José! Le partió la boca. Era de asombrarse ver cómo tiraba golpes y cómo el escuincle grandulón no veía la suya; por-

Los albañiles

que mi hijo era de los escurridizos: sabía meter la trompada, y salir, y volver a meterla. Y era chiquión con su padre, además. El único chiquión. Si no me quise ir a Guadalajara fue porque ni modo de llevármelo, pero ni modo tampoco de dejarlo allí: cómo me iba a pasar tanto tiempo sin verlo. Me atoraba en el pueblo, y hacía mis planes para después: para cuando mi hijo estuviera grande. Entonces sí: a dejar las tarugadas de andar cargando tránsitos y estadales y metiendo estacas por una paga miserable. Me llevaría a mi chamaco a trabajar en lo que fuera y en donde fuera. Tenía mis planes; pero un día, cuando llegué del trabajo con los ingenieros, cuando entré en la casa... me voy enterando de la desgracia. Mi hijo, mi muchachito, el condenado escuincle que solito, solito se traía asoleados a los mocosos del pueblo, el prieto vaciado, listo como su padre y salidor como su padre, mi hijo... ¡me lleva la chingada!, se estaba muriendo allá adentro. Dicen que andaba jugando y que un mocoso, sin querer, lo descontó de una pedrada. Él y otro grandulón, el de Juan José, jugando, jugando descalabraron a mi hijo y eran unos chorros de sangre que no se le querían quitar ni por todos los santos del cielo. Ya cuando llegué estaba muerto el pobrecito. ¿Por qué tenía que ser mi hijo? ¿Qué fregados le hice yo a la Virgen del Sagrario para que se lo llevara? *(Pausa.)* Ora tendría la edad de Isidro; sus mismos ojos, su mismo pelo, su misma cara de hijo mío. Sería igualito a Isidro... Por eso dejé mi pueblo y me vine para México. Aquí conocí al Chapo, y él me ayudó y me dio trabajo y me quitó los recuerdos. *(Abandona el área policial, que se oscurece, y entra en el edificio, que se enciende y en el que sólo se advierte al Chapo. Avanza hacia él, totalmente ebrio:)* ¿Verdad que tú me ayudaste? ¿Verdad que tú me diste trabajo y me quitaste los recuerdos? *(Transición. Violento:)* Pues no porque sea tu amigo te voy a lamer las patas, desgraciado. Ya me sé de memoria tus modos: dizque me ayudas y ya con eso piensas: a este pendejo me lo eché a la bolsa, de hoy en adelante me voy a chupar de su raya todo lo que quiera. Y vas y le dices al ingeniero que necesitas pagarme más, y el ingeniero te suelta más lana, que tú te clavas seguro de que ni yo ni nadie va a protestar porque te debemos favores y porque nos faltan güevos. Nos compras como si fuéramos putas. Chapo. Pero todo tiene un límite. Te lo digo yo. Óyelo bien. Te lo dice Jacinto Martínez. ¿Sabes quién es Jacinto Martínez? No, Chapo, no sabes. Para ti Jacinto Martínez es un pobre buey que se vino a la capital porque andaba muerto de hambre. Allá en Ixtlán tenía mi casa, mi mujer, mis hijos, mis animales. Tenía chamba, buena chamba, no estas porquerías de trabajo. Y además hacía otras cosas, para que lo sepas. La gente me respetaba. De decir, cuando no sabían algo o cuando tenían dudas de hacer esto o aquello, agarrar un trabajo o no agarrarlo, escribir una carta, arreglar un asunto legal; de decir: hay que pedirle consejo a Jacinto Martínez. Y me iban a ver. A veces hasta hacían cola porque yo no me daba abasto para aconsejar a tanta gente. Uno iba a verme porque se quería ir de bracero. Y yo le planteaba la cuestión. Otro porque su tierra ya no daba ni huizaches. Y yo le decía que la tierra es como una hembra, que dejara descansar a su tierra una temporada. Otro tenía problemas por haberse escabechado a un fulano. Y yo le decía dónde esconderse. Así como te cuento y todavía más. Me respetaban, te digo. Era Jacinto Martínez, no cualquier indio desarrapado... No me vine a la capital por falta de dinero, ni por muerto de hambre, ni por nada de lo que tú crees, Chapo. Me vine porque se me dio mi regalada gana. Ya es tiempo de que cambies de parecer. Qué bueno que aquí se rompa la amistad porque ahora vas a saber quién soy yo y de qué tamaño me las gasto. Me debes muchas humillaciones y me las voy a cobrar todas juntas. Hasta no verte en la cárcel voy a sentirme contento, Chapo. (*Regresa con Munguía al área policial, que se enciende. Se oscurece el edificio.*)

MUNGUÍA: Eso quisiera, verlo en la cárcel.
JACINTO (*sobrio*): No.
MUNGUÍA: Para vengarse.
JACINTO: No es cierto.
MUNGUÍA: Para quedar libre.
JACINTO: No.
MUNGUÍA: Lo odiaba. Lo odió siempre.
JACINTO: No es cierto, era mi amigo. Todo lo que le debo son favores. Cómo no voy a estarle agradecido si me tendió la mano y me dio trabajo cuando llegué a México.

Se oscurece el área policial. Se enciende el edificio; es de noche. Isidro llega corriendo a la bodega.

Los albañiles 99

Isidro: Ya se me hizo con la Celerina, don Jesús. El domingo la voy a llevar a Chapultepec. (*Advierte a don Jesús con el rostro oculto entre las manos.*) ¿Qué le pasa?

Don Jesús: Vete.

Isidro: ¿Está llorando? No me diga que está llorando.

Don Jesús: Sí, estoy llorando. Y ahora cógelo a burla. Ve a contárselo a todo mundo. Don Jesús estaba chillando como una vieja.

Isidro: ¿Que le pasa?

Don Jesús: Así mismo: como una vieja. (*Pausa.*) Todo se acaba: se acaba el valor, se acaba la hombría. Llega la vejez y las tripas se ponen aguadas, se nos apachurra el corazón. Corazón zangoloteado por las decepciones y por la soledad. Pero nadie más que yo tiene la culpa. Creí encontrar en los últimos días de mi vida un poco de consuelo, y me traicionaste, Isidro.

Isidro: Pero yo qué le he hecho.

Don Jesús: Aquí se acaba todo entre nosotros.

Isidro: No le he hecho nada, don Jesús.

Don Jesús: Una chamaquita se llevó a mi Isidro para siempre.

Isidro: ¿Celerina?

Don Jesús: Y no es que tenga nada contra ella, al contrario: tú sabes el gusto que me da. Pero esperaba que ya de perdida la trajeras por aquí una nochecita, a presentármela. (*Animándose:*) Ella necesita consejos como los que yo te di. (*Pícaro, confidencial:*) Una nochecita me la traes. Me dejas hablarle a solas un ratito y yo te la devuelvo bien aleccionada. Le quito los miedos y le enseño las cosas de su cuerpecito y para tu felicidad. Yo siempre pienso en tu felicidad, Isidro.

Isidro: Ora sí que no le entiendo.

Don Jesús: Bien que me entiendes. (*Brusca transición.*) Shhh, espérate. ¿No oyes?... ¡El edificio!

Isidro: ¿Está temblando?

Don Jesús: No, no, es cosa de sentir. (*Pausa.*) Las cosas sienten, ¿sabías eso? Cuando serruchas una tabla es igual que cuando le arrancas una rama a un árbol, igual que si le quebraras una pata a un perro, como si a ti te troncharan un dedo. Las cosas tienen vida. Lo sé desde cuando era como tú. Me acuerdo que tenía un cuchillo, y en un cuchillo todavía es más eso que te digo: lo agarras fuerte, fuerte, y hasta se le sienten las pulsaciones.

Isidro: Voy, ¿por qué?

Don Jesús: Porque así es. Nomás ponte a pensar y verás. (*Conduce a Isidro fuera de la bodega.*) A poco no le tienes cariño al edificio, Isidro. De eso que te le quedas mirando y lo quieres.

Isidro: ¿Por qué?

Don Jesús: Por muchas cosas… Yo hasta me pongo a hablar con él. Y vieras, Isidro, me oye el cabrón. Hasta me contesta. No con palabras así como las de nosotros, sino con ruidos y rechinidos y una bola de modos que él tiene para platicar. Ahi están los olores. Cuando huelo mucho a yeso es que me está diciendo: hace frío. Y voy y me echo la cobija encima… Ahorita que todo está en silencio nos está hablando… Shhh, ¿no oyes nada?

Isidro: ¿Qué?

Don Jesús: Ese ruido.

Isidro: ¿Dónde?

Don Jesús: Oilo.

Isidro: Es el aire.

Don Jesús: Claro que es el aire, pero oilo cómo zumba. Oilo. Algo me quiere decir.

Isidro: Voy, qué cosa.

Don Jesús: Todavía no sé. Es cuestión de ponerse a averiguar… Si por eso te digo que lo quiero, porque me avisa. Y tú también quiérelo, Isidro. Sí, sí, quiérelo, no te rías. Porque si no es por este edificio, cuándo me vas a conocer a mí, cuándo vas a conocer a la Celerina. (*Regresan a la bodega. Se sientan en el catre. Pícaro:*) ¿Entonces en qué quedamos? ¿Vas a traerme una nochecita a la Celerina para que te la aconseje? (*Transición. Tierno, mientras empieza a acariciarlo:*) Isidro… mi muchachito.

Se oscurece el edificio. Se enciende el área policial donde Jacinto continúa frente a Munguía.

Jacinto: Era un viejo maldito, pero a mí qué. A mí no me importaban sus sinvergüenzadas. Si de veras se robó la cartera del Nene, como dicen, me da igual… Pero no tenía derecho a meterse con Isidro. (*Sale del área policial, que se oscurece, y entra en el edificio suavemente iluminado. Encuentra a Isidro saliendo de la bodega.*) ¿Por qué Isidro?… Yo quería que te hicieras hombre hecho y derecho y aprendieras a ganarte la vida tú solito, sin necesidad de mendigar nunca trabajo ni de pedir prestado a todo el mundo. Para que te hicieras hombre te gritaba; para que te hicieras hombre te mandaba de un lado para otro. Me gustaba traerte a raya y exigirte como a ningún peón le exigí nunca. Quería verte reventar; oírte decir me largo y no quiero volverte a ver en toda mi vida. Pero ahí estabas desde muy temprano, puntual, corriendo, corriendo como una rata para cumplir con todos los mandados, hasta con los más idiotas. Nada se te hacía trabajoso, a todo decías que sí; y se te escurría la baba o te ponías como un jitomate cuando yo te regañaba por dejar tirada la manguera, siendo que a mí la manguera me importaba una fregada... ¿Por qué te quedabas con el viejo, Isidro? ¿Qué no te diste cuenta o qué? ¿Te gustaba el viejo, Isidro? ¡Y qué pues con la Celerina! ¿No te gustaba más la Celerina?... No debiste hacer amistad con él; debiste hacerla conmigo porque yo nunca te iba a tocar tu pellejo de hombre, que es muy tuyo y que sólo a una vieja se le ofrece, ¿oíste? El pellejo de un hombre es nomás para el pellejo de una hembra que también tenga lo suyo y a la que puedas dejar cuando se te dé la gana para largarte conmigo por ahi, a averiguar qué tan lejos llevan las veredas y qué tan largos son los caminos. Nunca nos quedaremos más de dos meses en un pueblo porque es como el hombre, se echa a perder. Trabajaremos por nuestra cuenta, sin depender más que de los ingenieros. Yo maestro de obras y tú mi oficial. Nos la sabemos todas de todas. Ustedes nomás digan lo que quieran y nosotros a darle. Vamos a ganar nuestra lana para hacernos una casita en cada lugar bonito; o no hacer nada, mejor viajar como te digo de un lado a otro, entrándole a las obras grandes cuando las haya, o agarrando chambas de lo que sea cuando llegue la de malas y téngamos que dormir en el cerro porque ni siquiera hay dinero para la fonda. ¡A cazar víboras! Dos pesos por cada víbora muerta. Uno cincuenta, ni nosotros ni usted. ¿Ya te fijaste cómo se le hace, Isidro? Apenas oigas el zumbido, ponte abusado, que no se te escape ni una. ¿Oíste el coyote? Ese mero es. No tengas miedo, estás conmigo. Mira la luna, cuenta las estrellas. A ver, quién tiene más que nosotros que tenemos de techo todo el canijo cielo.

ISIDRO *(tembloroso)*: Don Jesús...

JACINTO: Ya no pienses más en don Jesús. Está muerto. Lo mataron los endemoniados.

Se oscurece el edificio. Se enciende el área policial. Sergio está frente a Munguía en la misma situación de la escena entre ambos, en el primer acto.

MUNGUÍA: Por eso dejó que don Jesús pervirtiera a Isidro. Ya no estaba en el seminario, ya no era su misión salvar a los demás.
SERGIO: Yo no podía hacer nada.
MUNGUÍA: No quería hacer nada.
SERGIO: ¡Era inútil!
MUNGUÍA: Era un crimen.
SERGIO: Era inútil, inútil.
MUNGUÍA: Pero si hubiera hecho algo, tal vez don Jesús no hubiera abusado de su hermana.
SERGIO: Eso no es cierto.
MUNGUÍA: Usted sabe que sí.
SERGIO: Son mentiras. Inventaron esa historia para achacarme el crimen.
MUNGUÍA: Nadie ha inventado nada. (*Pausa. Se ilumina lentamente el edificio.*) Aquella noche, ¿recuerda?, su hermana Celerina salió de su casa, a escondidas, pensando que usted estaba dormido. Isidro la esperaba en una esquina y con él se fue hasta la obra. (*Isidro y Celerina entran al escenario. La acción de ellos y de don Jesús ilustra, en silencio, la narración de Munguía.*) Ya era muy noche, no había nadie, solamente don Jesús. Entraron despacio, muy despacio, con miedo. Isidro le había dicho que el viejo quería platicar con ella un ratito para conocerla mejor. Entraron en la bodega; estaba haciendo frío. Don Jesús se alegró mucho de verlos y poco a poco, con su plática, con sus modos, empezó a ganarse la confianza de Celerina... Luego de un rato Isidro se levantó diciendo que iba a la farmacia por unas medicinas para el viejo. Cosa nomás de dos segundos, dijo, y se fue. Celerina quedó a solas con don Jesús, frente a aquellos dos ojos de lumbre que la miraban y la miraban, y frente a aquella voz que empezaba a decirle de su vestido, de su pelo, de sus ojos, de sus manos, de su piel suavecita. Cele no pudo gritar, era tan débil, tan frágil: una palomita presa en las garras del diablo.
SERGIO (*gritando*): ¡No es cierto, no es cierto! (*Sale.*)

Se oscurece el edificio. Munguía va a ir tras Sergio, pero lo detiene la entrada de Dávila y Pérez Gómez en el área policial.

Dávila: Déjalo, Munguía, ya no tiene caso.
Munguía *(violento)*: ¿Quién los llamó?

Dávila le tiende una hoja de papel.

Pérez Gómez: Te hablan allá arriba. *(Munguía toma el papel y lo lee rápidamente.)* No lo hagas esperar, que está furioso.
Dávila: Te lo advertimos.
Munguía: Ésta es una soberana idiotez. Sólo necesitaba un poco de tiempo.
Dávila *(burlón)*: ¿Cuánto tiempo? ¿Quince días, un mes, un...?

Munguía arruga el papel y sale.

Pérez Gómez: Pobre Munguía.
Dávila: Él se lo buscó.
Pérez Gómez: Ahora tú te vas a encargar del caso, ¿no? ¿Quién te gusta para asesino?
Dávila: Cualquiera.

Se oscurece el edificio. Se enciende el área policial. Abatida, llorosa, Celerina sale de la bodega en el momento en que Isidro regresa corriendo al edificio. Al verla, Isidro comprende de inmediato la situación.

Isidro *(consternado)*: Cele... Cele...
Sergio *(llamando, fuera de escena)*: ¡Celerinaaa!

Celerina sale corriendo. Isidro va tras ella, pero antes de salir se detiene y queda inmóvil en un ángulo de la obra. En otros puntos del edificio empiezan a perfilarse el Chapo, Sergio, Jacinto, el Patotas y Federico. Todos permanecen inmóviles, como fantasmas, durante el parlamento de Munguía.

Munguía *(afiebrado, dirigiéndose a ellos)*: ¡Asesinos! *(Señala a Patotas:)* Fue usted. No pensaba hacerlo, pero el viejo se puso necio y lo amenazó. Usted había ido a la bodega sólo por la cartera del Nene, porque necesitaba esos tres mil mugrosos pesos. *(Señala a Federico:)* Porque necesitaba entregar las relaciones a su padre y porque sólo yendo a contar tabique por tabique, bulto por bulto, mosaico por mosaico, podía rectificar sus cálculos. No quería matarlo. Fue la risa del viejo: ingenierito estúpido, ingenierito estúpido, ingenierito estúpido. *(Señala al Chapo:)* Fueron sus fanfarronadas, sus amenazas, el miedo a que denunciara sus robos. Usted era el amo y tenía que darle una lección a él y a su mujer, a la mujer que lo había despreciado. *(Señala a Jacinto:)* De no haber estado tan borracho, no se hubiera atrevido. El alcohol le alborotaba los recuerdos y lo hacía pensar en su hijo, igualito a Isidro, que se quedaba todas las noches con el viejo. Su propio hijo en manos de un infeliz degenerado. *(Señala a Isidro:)* Eso era y tú no querías darte cuenta. Las cosquillas y las travesuras no eran caricias; eran una porquería y tú fuiste un puerco: le llevaste a tu novia para que el velador, antes que tú, le rompiera las enaguas. *(Señala a Sergio:)* De nada sirvieron regaños, sermones y rezos para ahuyentar al demonio. El demonio contaminó el cuerpo de su hermana y lo convirtió a usted en otro demonio siete veces peor. Usted ya no era de Dios sino del demonio. El demonio estaba en usted, y usted fue a la bodega, descendió a los infiernos, para matar a don Jesús. *(Sale de escena.)*

Se enciende la bodega. Don Jesús empieza a jadear y a defenderse de un enemigo invisible. Con ademanes trata primero de serenarlo, de hacerlo entrar en razón. Gesticula y sonríe varias veces. Luego se asusta. Su desazón crece paulatinamente. Camina de espaldas poniendo las manos por delante. Sale de la bodega. Sube por los andamios como si lo persiguiera el invisible atacante y tropieza con cada uno de los personajes fantasmales, siempre inmóviles. Ante cada uno se asusta y retrocede. Después de tropezar y de evadir a los seis, huye hacia el sitio donde se le encontró muerto. Allí se defiende inútilmente del ser invisible que parece descargar golpes contra don Jesús. Éste manotea, gime, se cubre la cabeza con las manos y al fin cae herido de muerte por los golpes invisibles. El edificio se oscurece durante segundos. Cuando la luz vuelve —una suave luz de madrugada—, los fantasmas y don Jesús muerto han desaparecido. Munguía entra en el edificio. Lo observa con atención. Sube por los andamios. De pronto se detiene en seco. Frente a él, de espaldas al público, se encuentra un hombre abrigado con la cobija del viejo. Tiene su sombrero. Es quizás el mismo don Jesús pero no es posible afirmarlo categóricamente. Munguía se aproxima.

EL HOMBRE: ¿Buscaba a alguien?

Munguía avanza hacia él.

MUNGUÍA: ¿Es usted el velador de este edificio?
EL HOMBRE: ¿Qué se le ofrece?
MUNGUÍA: Nada. *(Llega hasta él. Con gesto cordial le pone una mano sobre el hombro.)* Nada, amigo.

OSCURO FINAL

COMPAÑERO

PIEZA EN DOS ACTOS
(1970)

PERSONAJES

    Comandante 1
    Comandante 2
    Político
    Francés
    Guerrillero-jefe
    Maestra
    Capitán
    Coronel
    Soldado
    Civil 1
    Civil 2
    Guerrilleros

ACTO PRIMERO

El escenario se encuentra dividido en zonas. Se distinguen, significativamente, dos. La primera de ellas, en el centro y hacia el fondo, está integrada por varios niveles: es el campo de batalla. La segunda se encuentra a la izquierda, en el proscenio, y es relativamente pequeña: constituye una cabaña habilitada como escuela: su diseño será quizá el más realista de todo el decorado. Las otras zonas se localizan indistintamente en diversos sitios del escenario conforme la acción lo pide. Mientras se levanta el telón se escuchan a intervalos, provenientes de algún punto fuera del escenario (quizá desde el fondo del teatro), cerradas descargas de metralletas. Emboscado, un grupo de guerrilleros permanece oculto en la zona del campo de batalla.

Voces (*fuera de escena*):
—¡Los tenemos!
—Avancen con cuidado. Cierren el cerco.

Algunos guerrilleros se hacen presentes al disparar tiros aislados hacia el público. Provocan de inmediato nuevas descargas de metralletas.

—Ahí están.
—Que no escapen.
—¡Allí!
—Fuego… ¡Fuego!

Uno de los guerrilleros asoma de su refugio más tiempo del conveniente y cae acribillado. Lo mismo sucede con otros que intentan cambiar posiciones. El ruido de las metralletas no se interrumpe hasta que el grupo de guerrilleros termina tendido sobre las plataformas del campo de batalla. Se produce un largo silencio. Del fondo del escenario, el capitán avanza rumbo a la cabaña, que se ilumina pálidamente. Detrás de él viene el comandante 1, herido en una pierna, con el uniforme destrozado. Para caminar —y lo hace trabajosamente— se apoya en un soldado que carga la mochila del comandante 1.

Capitán (*apresurándolos*): ¡Rápido! (*Entra en la cabaña pateando varios bancos para abrirse paso. La examina sin gran atención e indica al soldado el sitio donde dejar al comandante 1. Éste se desploma en un banco. El soldado deja junto al herido la mochila. El capitán, al soldado, en referencia a los demás prisioneros:*) Que los lleven a las cabañas. Y quiero una guardia aquí.

El soldado saluda, con ademán de obediencia, y sale de la cabaña. Al salir encuentra al grupo de prisioneros que, guiados por un par de soldados, camina hacia la cabaña. El soldado pronuncia frases inaudibles a uno de sus compañeros, y el grupo de guerrilleros y los soldados salen del escenario por otro rumbo. Inmóvil, con un gesto de sorna, el capitán observa larga y atentamente al comandante 1.

Capitán: ¡Qué demonios tenían que hacer en este país!
Comandante 1 (*lento, con ironía*): Parece ser que nada, ¿verdad?
Capitán: Idiotas.

Advierte la mochila. Va a tomarla, pero el comandante 1 la sujeta rápidamente: sólo por un momento, porque el capitán se la arranca de un solo impulso. Cuando comienza a examinarla, entra el soldado.

SOLDADO *(cuadrándose)*: Orden cumplida, capitán.
CAPITÁN: ¿La guardia?
SOLDADO: Un pelotón de cinco hombres.
CAPITÁN: Quiero diez... ¿Llegó el coronel?
SOLDADO: Viene para acá.

Al salir de la cabaña, se cruza con el coronel, que avanza a grandes zancadas. Entra.

CAPITÁN: Aquí lo tiene, coronel. *(El coronel observa al comandante 1. Repara en su herida.)* Es un rasguño sin importancia.

El coronel continúa examinando, desde diferentes puntos, al comandante 1.

CORONEL *(reflexivo)*: Sí, es él. *(Al capitán:)* ¿Lo niega?
CAPITÁN: Al contrario, pero podría ser un fanático.
CORONEL: Es él, no cabe duda. *(Pausa. Al capitán:)* Buen combate, capitán.
CAPITÁN: Todavía quedan algunos en la quebrada, pero caerán antes del amanecer. Los tenemos cercados.
CORONEL: Con él es suficiente. *(Señala la cabeza del comandante 1:)* Dicen que vale cinco mil dólares.
CAPITÁN: Demasiado para un bandolero. *(Avanza amenazador hacia el comandante 1.)* Será muy interesante oír sus historias.

El coronel detiene al capitán. Busca con él un aparte.

CORONEL: Primero hay que enviar el mensaje. Hasta que no recibamos órdenes, no podemos...
CAPITÁN: ¿Nada? *(El coronel deniega con la cabeza.)* ¿Y los otros?
CORONEL: Ésos sí. Que hablen hasta que revienten. *(Como si le ordenara salir.)* Ahora mismo. *(El capitán sale. Se lleva la mochila.)* Tú también hablarás... a su tiempo. *(Avanza hacia él.)*
COMANDANTE 1: No me toque.

CORONEL: Te creías invencible, y ya ves. *(Le arranca un pelo de la barba. Sonríe.)*
COMANDANTE 1: ¡Vaya primero a recibir órdenes, lacayo!
CORONEL: No seas imbécil.
COMANDANTE 1: No me toque. Recuerde que soy un militar.

El coronel lo prende de la camisa y lo levanta.

CORONEL: Eres un bandolero.

El comandante 1 lo empella violentamente, arrancándole las manos de su camisa.

COMANDANTE 1: Dispare de una vez. Asesíneme.
CORONEL: Pronto llegará tu hora.

Sale. Largo silencio. El comandante 1 se duele de su herida en la pierna. Rasga su camisa para improvisarse una venda o se arregla la que ya tiene. Interrumpen su tarea ayes de dolor, quejidos, fuera de escena: provienen de las cabañas vecinas donde los soldados torturan a los prisioneros. Tal vez se proyectan en el fondo del escenario, borrosamente o en silueta, escenas de la tortura. Una descarga, como de fusilamiento en masa, apaga por completo los ayes. Con gestos de dolor, de amargura, el comandante 1 reacciona a las escenas de tortura.

COMANDANTE 1: Miserables. *(Largo silencio. Se abisma, sentado en el banco. De pronto parece ser víctima de una alucinación. Cree escuchar, en la zona del campo de batalla, tiros y descargas de metralleta. Se levanta afiebrado, y se encamina al pie del campo de batalla donde aún se observa a los guerrilleros muertos. Él los imagina en plena acción y a ellos se dirige, como si impartiera órdenes. Alucinado.)* A la montaña por el atajo. La retaguardia está libre. Pronto, ¡vamos!, toda la selva es nuestra... Un combate se pierde o se gana y éste ha sido sólo un combate. *(Febril, hacia uno de los guerrilleros muertos:)* Ahora tú eres el jefe. Tienes que reorganizar el grupo... No, no nos han vencido todavía. Que no decaiga el ánimo, compañeros... Si uno de nosotros muere, si yo muero, qué se pierde: absolutamente nada. *(El espectáculo de los guerrilleros muertos termina imponiéndose sobre su entusiasmo. Reacciona. Vuelve a la realidad. Mira por última vez el campo de batalla y regresa a la cabaña. Allí encuentra a una joven maestra, que ha entrado a escena sin ser advertida. Está de pie, inmóvil, mirándo-*

lo atentamente, quizá con miedo. Después de mirarla también, largamente:) ¿Quién eres? (La presencia de la maestra hace advertir al comandante 1, por vez primera, la clase de sitio en que se encuentra. Descubre que es una escuela y la examina. En el sitio sobresale, de entre los improvisados bancos escolares, un pizarrón donde se halla escrita, con letra de niño, la frase: "Ya sé leer". Comprendiendo, respondiéndose a sí mismo.) Ah, la maestra. *(Pausa.)* Allá de donde vengo, las escuelas más humildes son mucho mejores que esto. Parece un calabozo.

MAESTRA: Somos un país pobre.
COMANDANTE 1: Ningún país es pobre. Lo hacen pobre... ¿No lo crees?, ¿no lo sabes? Es la primera lección que necesitan aprender tus alumnos.
MAESTRA: Yo solamente los enseño a leer.
COMANDANTE 1: Enséñales a leer la historia.

Comprende que habla de más. Va hacia el banco y se sienta, fatigado. Larga pausa. La maestra lo observa, compasiva.

MAESTRA *(con referencia a la herida)*: ¿Le duele?
COMANDANTE 1: Qué más da. *(La maestra se aproxima. Se inclina para examinar la herida.)* Deja.

La maestra se levanta y se dirige hacia un punto de la cabaña. Toma una vasija con agua y regresa para lavarle la herida. El comandante 1 va a levantarse, rehuyéndole, pero ella lo detiene.

MAESTRA: Espere, no se mueva.
COMANDANTE 1: Es inútil.

El dolor lo frena. La maestra le quita la venda y lava la herida. El comandante 1 se deja hacer.

MAESTRA *(mientras lo cura, con suave reproche)*: Para qué vinieron aquí.
COMANDANTE 1 *(sonriendo, amargo)*: Eso mismo acaban de reprocharme.
MAESTRA: Vinieron a matar a nuestros soldados.
COMANDANTE 1: Vinimos a pelear al lado de ustedes.
MAESTRA: Nadie los llamó.

Comandante 1: Tú me llamaste, Julia. (*La maestra reacciona al oír el nombre. Suspende su tarea; cambia de sitio.*) Ése es tu nombre, ¿verdad?
Maestra: No.
Comandante 1: Julia.
Maestra: No es mi nombre.
Comandante 1: Te llamas Julia.
Maestra: ¡No!

Larga pausa. La maestra recoge el recipiente y lo vacía en algún sitio.

Comandante 1: Ningún país es pobre, piensa en eso. Aunque sea pequeño y esté encerrado, lejos del mar; aunque le pongan cadenas. ¿Conoces el mar, Julia?
Maestra: ¡Ése no es mi nombre! (*El comandante 1 se levanta. En transición:*) No se mueva, se puede lastimar.
Comandante 1: De esto no se muere nadie. (*Va hacia el pizarrón. Pausa.*) ¿Qué tal tus alumnos, adelantan? Al menos éste ya sabe leer... Ah, pero aquí sobra un acento. (*Borra el acento del "sé".*)
Maestra: Está bien así.
Comandante 1: No está bien. Es un monosílabo.
Maestra. Pero es del verbo saber. Para distinguirlo del verbo ser.
Comandante 1. ¿Estás segura?
Maestra: Eso dice la gramática.
Comandante 1: Tu gramática también necesita su revolución, Julia. (*Pausa. El comandante 1 descubre algunos útiles escolares. Los examina con aire de nostalgia.*) Dicen que al final se regresa siempre al punto de partida. (*Pausa.*) Cuando niño tuve una maestra que se llamaba igual que tú, aunque era una verdadera bruja: nos castigaba a nalgadas... Un día me tocó mi turno, pero no me sorprendió. Poco antes del castigo me puse un ladrillo debajo del pantalón, y a la hora de darme... (*Acciona, riendo.*) Se produjo un escándalo fenomenal. Mandaron llamar a mi madre y me expulsaron de la escuela por rebelde. Eso soy desde entonces: un rebelde. Nunca me han gustado los golpes, ni en las nalgas, ni en la conciencia.
Maestra: Usted vino a dar golpes.
Comandante 1: Vine a traer un ladrillo, para romperles las garras.
Maestra: Vino a matar.

Comandante 1: Es la única forma de ganar una guerra.
Maestra: Nosotros no queremos la guerra.
Comandante 1: Para salir de una cárcel hay que romper las rejas, ¿de qué otra forma escapas? ¿Esperando una llave? Quién te la va a dar, ¿tu carcelero?... ¿No te das cuenta de que estás prisionera, Julia? Tú lo acabas de decir. Somos un país pobre, dijiste. Éste no es un país pobre; está pobre, que es muy diferente: está hambriento, está desnudo, está enfermo. ¿Pero sabes cuál es la peor de sus desgracias? Cruzarse de brazos.
Maestra: No todos nos cruzamos de brazos.
Comandante 1: ¿Qué haces tú? ¿Enseñar a leer a un puñado de niños esqueléticos que van a morir de hambre antes de abrir los ojos?
Maestra: No todos mueren de hambre.
Comandante 1: ¿Pero cuántos de los que se salvan son capaces de distinguir el yugo que les uncen desde pequeños?
Maestra: Usted no conoce a los niños ni a los hombres de mi país.
Comandante 1: Soy como ellos. Todos los hombres somos iguales.
Maestra: Usted es extranjero.
Comandante 1: Hablo tu mismo idioma.
Maestra: No. Usted habla de muerte.
Comandante 1: Hablo de libertad, Julia, entiéndelo.
Maestra *(retrocediendo, ofuscada):* No, yo no me llamo así, yo no me llamo Julia; yo no soy una bruja, yo no les pego a los niños. Mis niños no morirán de hambre; saldrán de la escuela y se harán hombres.
Comandante 1: ¡Se harán esclavos!
Maestra: No.
Comandante 1 *(enardecido):* ¡Esclavos como tú! *(Va hacia ella, amenazador.)* ¡Como tú!
Maestra: No.

Retrocede como si temiera ser golpeada. El comandante 1 se detiene, nuevamente lastimado por la herida. Se produce un largo silencio. La maestra avanza hacia la puerta de la cabaña.

Comandante 1: ¿Prefieres irte?
Maestra: Voy a avisar.
Comandante 1: ¿Avisar qué?

MAESTRA: Ha perdido mucha sangre.
COMANDANTE 1 (*sonríe afectuoso*): No seas tonta, aún perderé más.

Pausa. La maestra lo mira. Intenta débilmente decir algo.

MAESTRA: Usted... (*Se interrumpe a sí misma. Va a salir.*)
COMANDANTE 1: Quédate, no quiero estar solo. Ayúdame a esperar.
MAESTRA: Sus amigos no vendrán a salvarlo. Están muertos.
COMANDANTE 1: No es cierto.
MAESTRA: Están muertos en la quebrada.
COMANDANTE 1: Eso mismo dijeron muchas veces y no era verdad.
MAESTRA: Ahora lo es.
COMANDANTE 1: Tú no sabes, Julia... No, no comprendes. (*Pausa.*) Nuestra lucha no comenzó ayer; ni comenzó aquí, en tus montañas... Comenzó hace diez años en las montañas de una isla. Si nos hubieras visto cuando estábamos allá, no pensarías como piensas... Allá nacimos, y allá nos hicimos inmortales.

Durante esta última parte del parlamento, asciende la iluminación en el campo de batalla. Los guerrilleros tendidos se levantan y forman un grupo en torno a uno de ellos, que toca una guitarra y entona una vibrante canción guerrillera. Los guerrilleros responden a coro. Cuando la canción termina se escuchan comentarios.

GUERRILLEROS:
　—Ahora la del batallón.
　—La que cantaste ayer, ¿cómo iba?
　—La del guajiro, hombre.
　—Cualquiera, venga.
　—Ráscale.

Cuando el guerrillero de la guitarra introduce las primeras notas, se aproxima al grupo, haciéndose visible por primera vez, el comandante 2. Es un personaje gemelo del comandante 1: simbólicamente el mismo. Su arreglo personal es idéntico al del comandante 1, aunque su uniforme de guerrillero se encuentra, notoriamente, en mucho mejor estado. Su aparición impone silencio y respeto en el grupo de guerrilleros. Sólo el de la guitarra continúa tocando durante breves momentos la introducción de la pieza. Un par de guerrilleros se pone en pie.

COMANDANTE 2: ¿Engrasaron sus armas?
GUERRILLERO 1: Todas.
GUERRILLERO 2: ¿Vamos a salir?
COMANDANTE 2: Al amanecer.
GUERRILLERO 4 *(al otro, bajo)*: Hay tiempo de echar una pestañeada.
GUERRILLERO 3 *(al guerrillero 4)*: Güevón.
COMANDANTE 2: Quiero hablar con ustedes.
GUERRILLERO 1: ¿Llamo a los demás?

El comandante 2 asiente. El guerrillero 1 se aleja unos pasos, silba y hace ademanes llamando. Los guerrilleros que se encontraban retirados o fuera de escena se incorporan. Mientras se integra el grupo, el comandante 2 se dirige a un par de guerrilleros.

COMANDANTE 2 *(al guerrillero 2)*: ¿Cómo va esa herida?
GUERRILLERO 2: Mejor. Estoy listo para la próxima.
COMANDANTE 2 *(al guerrillero 3)*: ¿Y esas tripas?
GUERRILLERO 3: Comienzan a calmarse.
GUERRILLERO 4: Eso cree, pero se ha estado disparando unas trompetillas que no hay quien lo aguante. Apestan a chivato.
GUERRILLERO 3 *(señalándose el vientre)*: La mula todavía respinga.
GUERRILLERO 2: Deberías mandarlo con el pelotón suicida. Una bomba de las suyas liquida a un regimiento.

Sonrisas generales.

GUERRILLERO 5 *(incorporándose al grupo; en voz baja al guerrillero 1)*: ¿Va a haber círculo de estudio?
COMANDANTE 2: No, no te asustes… ¿Falta alguien?
GUERRILLERO 1: Los que están de vigilancia, ¿los llamo?

El comandante 2 deniega. Aguarda un poco a que se haga silencio.

COMANDANTE 2: Acabamos de recibir un parte de la comandancia general. Calculan más de quinientos hombres, bien pertrechados, en dirección hacia el oriente. Deberemos enfrentarlos en las primeras horas del amanecer.

Guerrillero 1: ¿El plan sigue lo mismo?

Comandante 2: Como lo trazamos ayer... Sólo quiero recordarles que la operación del ejército puede dividir en dos nuestra avanzada y hacernos perder posiciones.

Guerrillero 1: No pasarán.

Guerrillero 2: Aunque sean el doble.

Guerrillero 4: Los vamos a agarrar cagando.

Comandante 2: Para eso necesitamos pelear, hoy más que nunca, con plena conciencia de lo que significa nuestra lucha. Plena conciencia... Nunca me cansaré de repetirlo: esta lucha no consiste únicamente en disparar un fusil y en vencer al enemigo. De nada sirve triunfar si no entendemos el sentido del triunfo.

Guerrillero 1: Claro que sí.

Guerrillero 3: Lo entendemos.

Comandante 2: ¿Lo entiendes de veras? *(Incisivo.)* ¿Sabes lo qué es un guerrillero?

Guerrillero 3: ¿Yo?

Comandante 2: Sí, tú. Contesta. *(El guerrillero 3 se turba. No sabe qué responder. El guerrillero 2 murmura algo a otro compañero. El comandante 2 al guerrillero 2:)* Dilo en voz alta. ¿Qué es realmente un guerrillero?

Guerrillero 2: Bueno... mal que bien es un soldado.

Guerrillero 5 *(confidencial, a otro)*: Ya empezó el círculo de estudio.

Guerrillero 1: Es un revolucionario.

Comandante 2 *(por el guerrillero 5)*: Sí, ya empezó. *(Transición.)* El guerrillero es el combatiente de la libertad; la vanguardia del pueblo en su lucha de liberación... *(Hacia el guerrillero 1:)* El guerrillero es un revolucionario, sí, y un revolucionario es el escalón más alto de la especie humana.

Comandante 1 *(desde la cabaña)*: El escalón más alto de la especie humana.

Comandante 2 *(ante los guerrilleros)*: El guerrillero...

Se interrumpe bruscamente, al tiempo que se oscurece la zona de combate.

Comandante 1 *(casi simultáneamente al comandante 2, como en eco)*: El guerrillero... *(Se interrumpe bruscamente también. El comandante 2 va hacia la cabaña.)* Frases.

Comandante 2: Frases.

Comandante 1: Solamente frases...

Comandante 2: Solamente frases...

Comandante 1 *(impulsando el desdoblamiento anímico):* Ellos no las necesitaban ni las entendían.

Comandante 2: Las entendieron.

Comandante 1: ¿Las entendieron de veras?

Comandante 2: Vencimos.

Comandante 1: Vencimos... *(Transición.)* Vencimos es un verbo en tiempo pasado. ¿No es cierto, Julia?

Comandante 2: Allá en la sierra era un verbo en tiempo futuro. Recuérdalo.

Comandante 1: Recuerdo eso y mucho más... Desde el principio.

Comandante 2: El principio fue la sierra.

Comandante 1: Fue una infancia privilegiada en la ciudad... Recuerdo al primogénito mimado por una madre posesiva. Recuerdo a un estudiante con un porvenir asegurado. Recuerdo a un médico que abandonó su patria para no tener que seguir enfrentando su propia imagen de estudiante burgués.

Comandante 2: Era un médico burgués con inquietudes de médico revolucionario.

Comandante 1: Pero como para ser médico revolucionario lo primero que se necesita es tener una revolución, no era prácticamente nada.

Comandante 2: Salí a buscar la revolución.

Comandante 1: Te tropezaste con ella en el camino, casualmente.

Comandante 2: En el camino, tú lo has dicho. El que no sale a recorrerlo no se tropieza con nada... Iba en su búsqueda, me salió al paso, me uní a ella.

Comandante 1: Pero a la primera zancadilla saliste huyendo.

Comandante 2 *(ambiguo):* Huyendo.

Comandante 1: Huyendo, reconócelo. *(A la maestra:)* Así empecé mi carrera revolucionaria, con una estampida.

Comandante 2: No es cierto.

Comandante 1: ¡Ojalá no fuera cierto! *(A la maestra:)* Por un mero accidente había llegado a Centroamérica después de recorrer todo el sur...

Comandante 2: ¡Centroamérica!

Comandante 1: ¿No fue ése el verdadero principio de todo? ¿Lo habías olvidado ya?... Claro, te conviene olvidarlo. Ahora te sientes un héroe, y los héroes no cometen errores, ni en el presente ni en el pasado.

Comandante 2: Aquéllos no fueron errores míos.
Comandante 1 : Discúlpate.
Comandante 2: Yo era un recién llegado.
Comandante 1: Defiéndete.
Comandante 2: Un simple espectador de una experiencia que parecía sumamente prometedora.
Comandante 1: También los cuentos de hadas son muy lindos. *(A la maestra:)* Había una vez un gobierno centroamericano que decidió dar un susto al gigante del norte. Se disfrazó con un traje socialista muy llamativo, y de pronto, ¡zas!, mientras el gigante dormía, le expropió unos cuantos acres de tierra. El gigante se despertó furioso —"¡comunistas!, ¡comunistas!"—, mostró los dientes, levantó el puño... y eso bastó para que el gobierno aquel pusiera pies en polvorosa.
Comandante 2: Fue un final triste, sí, pero aleccionador. No lo olvidé nunca... Cuando el gigante nos arrojó su ejército de mercenarios, traté de organizar un grupo de jóvenes. Hacían falta batallones de obreros y empleados para repeler la invasión... Era necesario pelear, y casi nadie peleó. Era necesario resistir, y casi nadie quiso hacerlo.
Comandante 1: Colorín, colorado: todos terminaron huyendo.
Comandante 2: Retirarse cuando uno está vencido no es forzosamente una cobardía ni un error. Mayor error y mayor cobardía es arrojarse en la trampa del enemigo.

Herido por las palabras, el comandante 1 se yergue, violento. Algo va a responder, pero la oscuridad borra al comandante 2. Tras un silencio, el comandante 1 regresa pensativo a su banco, en la cabaña.

Maestra: Usted pudo escapar.
Comandante 1 *(extrañado)*: ¿Ahora?
Maestra: Cuando estaban en la selva. *(El comandante 1 la mira con fijeza, compasivamente:)* ¿Por qué no?
Comandante 1: Nadie escapa de sí mismo, Julia.

En algún ángulo del escenario, fuera del campo de batalla, una luz ilumina al grupo de guerrilleros en lo que puede ser una habitación, un sótano. El ambiente es el de una típica confabulación. La escena se inicia con un gran murmullo de los guerrilleros, a quienes encabe-

za el guerrillero-jefe. El comandante 2 se encuentra presente, pero retirado del grupo; únicamente escuchando. Mientras se plantea la escena y se escuchan los primeros murmullos, la maestra habla al comandante 1.

Maestra: Fue después de Centroamérica cuando usted decidió... *(Se interrumpe cuando el comandante 1 la mira.)*
Comandante 1: Ah, empiezas ya a interesarte en la historia.
Maestra *(turbada)*: No, yo solamente...
Comandante 1: Después de Centroamérica oí muchas veces hablar de liberación, de lucha, de insurgencia, pero siempre eran palabras desligadas de la acción... Hasta que conocí a aquel hombre.

En diálogo montado, los guerrilleros parlotean.

Guerrilleros:
—Nos vamos a pasar la vida soñando y haciendo planes. Y aquéllos se hacen cada vez más fuertes.
—Ahora es el momento. La dictadura está en capilla.
—Lo ha estado mil veces.
—Pero no como ahora.
—Ahora es más difícil que antes.
—Toda la isla es un polvorín.
—Ya hablan de nosotros.
—Igual que nosotros hablamos de ellos, y aquí estamos.
—Espérate, hay que tener paciencia.
—¿Todavía más?
Guerrillero-jefe *(tronante)*: No, ya no hay que tener paciencia. Se acabaron las palabras.
Guerrilleros:
—¿Oíste?
—Eso queríamos que dijeras.
—Así se habla.
Guerrillero-jefe: Vamos a realizar la invasión.
Guerrilleros:
—Te lo dije. Ya lo tiene todo planeado.
—¿Pero cuándo?

GUERRILLERO-JEFE: ¡Ahora mismo!
GUERRILLEROS:
—Nos van a dar en la madre.
—No, no, yo estoy de acuerdo, hay que hacerlo ahora mismo.

Se acrecientan los murmullos, pero el diálogo se centra en el guerrillero-jefe y en el comandante 2.

COMANDANTE 2: Es fácil decir ahora mismo. Pero para una invasión hace falta un ejército.
GUERRILLEROS:
—Hacen falta ganas.
—Con puras ganas nos dan en la madre.
—Eso depende.
—A mí me parece que estamos en el momento justo. Tenemos el apoyo de la población.
—No hay que estar muy seguros.
—Eso es muy cierto.
—No, si nos esperamos a tener un ejército, nunca haremos nada.
GUERRILLERO-JEFE: Tengo ochenta hombres.
COMANDANTE 2: Ochenta hombres no forman un ejército.
GUERRILLERO-JEFE: Lo formará todo mi pueblo.
COMANDANTE 2: Con qué armas.
GUERRILLERO-JEFE: Yo las conseguiré.
COMANDANTE 2: ¿Y cómo llegarás hasta allá?
GUERRILLERO-JEFE: Conseguiré también un barco.
COMANDANTE 2: Necesitarás dinero. *(Irónico.)* ¿Vas a pedir limosna?
GUERRILLERO 1: Seguro que sí. Y todo lo que haga falta.
GUERRILLERO-JEFE: Cuando de veras se busca, el dinero se encuentra fácilmente. Es más difícil encontrar hombres.
COMANDANTE 2 *(después de un silencio)*: Dices que son ochenta.
GUERRILLERO-JEFE: Ochenta aventureros, si así quieres llamarnos.
COMANDANTE 2: Podrían ser ochenta y uno. *(Todos le miran. Se produce un largo silencio.)* Van a combatir. Les hará falta un médico... Al menos, alguien que cargue la mochila de aspirinas.

Levanta la mochila a la que se refiere. Hace ademán de atársela a la espalda. La oscuridad borra al grupo. Luz sobre la cabaña.

Comandante 1: No lograba todavía comprenderlos, pero me uní a ellos, Julia. Con ellos crucé el mar en una lata de sardinas que un temporal maldito cacheteó impunemente durante cinco días. Al fin nos escupió contra la costa bajo una lluvia de balas. Vencidos y atarantados comenzamos la aventura.

Sobre las plataformas del campo de batalla evoluciona el grupo de guerrilleros conforme la acción lo pide. Se escuchan los motores y la artillería de los aviones, diezmando a los guerrilleros. La escena transcurre en penumbra.

Guerrilleros (*desde diferentes puntos y a distintos intervalos*):
—¡Los aviones, los aviones!
—Ya nos vieron.
—En la madre.
—Es el fin.
—Estamos perdidos.
—A correr.
—¡A tierra!
—¡Ahí vienen!
—¡Nos jodieron!

Se escuchan ayes, exclamaciones, quejas, palabrotas, mientras la aviación continúa disparando.

Guerrillero 5: ¡Hay que rendirse, es inútil!
Guerrillero-jefe: ¡Aquí no se rinde nadie, con un carajo! ¡A las montañas!... Hemos llegado y venceremos. ¡Los días de la dictadura están contados!

Se renueva el ruido de la artillería aérea y las quejas. Varios guerrilleros quedan tendidos. En un primer plano de la zona de combate se observa al guerrillero 5 tratando de alejarse rápidamente, a gatas. Deja tras de sí una caja de balas que llevaba. A sus espaldas se aproxima el comandante 2, evolucionando.

GUERRILLERO 5 *(en referencia al guerrillero-jefe)*: ¡Está loco! ¡Es inútil! ¡Nos van a matar a todos!
COMANDANTE 2: ¡Eh, tú, la caja de balas, no la dejes ahí!
GUERRILLERO 5: ¡A la mierda la caja de balas! *(Desaparece en la oscuridad de las plataformas.)*
COMANDANTE 2 *(hacia el guerrillero 5, llamando)*: ¡Eeeeh! *(Llega en pie hasta la caja de balas. Soporta sobre sus espaldas la mochila de medicinas. Trata de cargar con la caja de balas, pero el peso resulta excesivo. Tras un momento de incertidumbre, de elección entre la mochila o la caja de balas, se desprende de aquélla, levanta la caja de balas y con ella asciende, hasta perderse en lo más alto de las plataformas.)*
GUERRILLERO-JEFE *(lejano)*: ¡Adelante! ¡A las montañas! ¡Libertad o muerte! ¡Venceremos!

Se oscurecen totalmente las plataformas.

COMANDANTE 1 *(a la maestra, en la cabaña)*: Y vencimos, Julia. Vencimos.

Permanece inmóvil en la cabaña, de pie, evocando. Fuera de escena se escucha una gran algarabía. Canciones.

MAESTRA: ¿Cuántos murieron en su guerra?
COMANDANTE 1 *(saliendo de su ensimismamiento)*: ¿Qué?
MAESTRA: Miles de hombres, ¿verdad?
COMANDANTE 1: Miles, claro está. ¿Qué querías? No se puede hacer una revolución pacífica, ya te lo dije.
MAESTRA: ¿Por qué no?
COMANDANTE 1: ¿La hizo Bolívar cuando redimió a tu patria? ¿Cuántos murieron en tu guerra de independencia?
MAESTRA: Las guerras de ayer no justifican las guerras de hoy. En este tiempo, nada hay que justifique la muerte de un hombre.
COMANDANTE 1: Quién te dijo esa tontería.

Mientras ocurre el anterior parlamento, en las plataformas del fondo se perfilan borrosamente, en penumbra, grupos de guerrilleros y civiles durante los juicios populares. El comandante 2 está con ellos. Se escuchan murmullos ininteligibles y alguno que otro grito de "pare-

dón, paredón". *Sin apartarse más que unos pasos del grupo, el comandante 2 se dirige a la acción en la cabaña.*

COMANDANTE 2: ¡Qué ganas con discutir con los sordos: no oyen! Pocas mujeres sirven para hacer la revolución, y de este país ninguna, tenlo por seguro. *(A la maestra:)* ¿Qué haces tú aquí? ¿Por qué no te largas a limpiar las armas de sus soldados o a calentarles la cama?
COMANDANTE 1: Déjala.
COMANDANTE 2: Cientos de cobardes como ella retardaron nuestra victoria. De este gente salen los traidores. Hablan de paz porque tienen miedo, no porque les importe o porque ignoren que la paz se gana —óyelo bien—, se gana siempre con sangre. Les importa su vientre, su bolsillo, sus placeres. *(Señala hacia el punto donde se dispone un fusilamiento.)* Ahora suplican compasión, pero no puede haber compasión para los culpables.

Se forma un pelotón de fusilamiento.

GUERRILLERO 1: Preparen. Apunten.
COMANDANTE 2 *(de espaldas a la acción, sin apartar la mirada de la maestra)*: ¡Fuego!

Otro condenado es llevado hasta el pelotón.

GUERRILLERO 1: Preparen. Apunten.
COMANDANTE 2 *(va a reunirse de nuevo con su grupo de guerrilleros).*
MAESTRA *(al comandante 1)*: ¿A cuántos fusilaron?
COMANDANTE 2 *(regresando de inmediato, violento)*: A menos de los que merecían la muerte. ¡Hicimos justicia! *(Pausa.)* Y no siempre es fácil. No fue fácil para mí. Se necesita valor para tomar decisiones dolorosas sin que se contraiga un músculo. Pero hay que tomarlas aunque se nos arrugue el pellejo... Quien no acepta cargar sobre sus espaldas la responsabilidad de dar muerte, en justicia, a un semejante, no puede llamarse revolucionario.
COMANDANTE 1 *(a la maestra)*: Solamente limpiando al país podíamos levantar de nuevo sus cimientos.
COMANDANTE 2: Pierdes tu tiempo tratando de convencerla. Está sorda. Hay tareas más urgentes. Allá. *(Señala hacia un punto del escenario.)*

COMANDANTE 1: No para mí. (*En el sitio a donde ha señalado el comandante 2, guerrilleros y civiles se disponen al trabajo. Algunos guerrilleros cambian su traje por overoles y todos empuñan diversas herramientas. Se ilustra un ambiente de trabajo colectivo. A la maestra:*) Estoy seguro de que lo comprendes, Julia.
MAESTRA (*áspera*): Ni siquiera sabe usted mi nombre.

El comandante 2 se ha incorporado al trabajo colectivo que anima las plataformas. Advierte un grupo de civiles que murmura entre ellos, en voz baja, ajeno a la tarea de los demás.

COMANDANTE 2 (*avanzando hacia ellos*): ¿Qué pasa con ustedes?
CIVIL 2 (*turbado*): Nada...
CIVIL 1: Algunos de nosotros estamos preocupados. Quisiéramos ciertas explicaciones.
COMANDANTE 2: Explicaciones de qué.
CIVIL 1: Del rumbo hacia el que usted pretende orientar nuestra revolución.
COMANDANTE 2: ¿Yo? Yo no soy el jefe. Si quieren explicaciones pídanlas a él. (*Señala hacia el guerrillero-jefe.*)
CIVIL 2: Es lo mismo pedirlas a usted. Lo ha nombrado su economista.
CIVIL 1: Su embajador. Su ideólogo.
CIVIL 2: Su ministro.
CIVIL 1: Su mano derecha.
COMANDANTE 2: Preferiría ser la izquierda. (*Transición.*) Vamos, hay mucho trabajo por delante. (*Hace ademán de retirarse.*)
CIVIL 1 (*atajándolo*): ¿Teme a las aclaraciones?
COMANDANTE 2: ¡No temo a nada! ¿Qué aclaraciones quieren?
CIVIL 1 (*titubeante*): Bueno, queremos saber... Se habla mucho de reforma agraria, de nacionalizar la energía eléctrica, los teléfonos...
COMANDANTE 2: Desde luego. ¡Denlo ya por un hecho!
CIVIL 2: ¿No es eso comunismo?
COMANDANTE 2: ¿Le asusta la palabra, compañero?
CIVIL 2: Me sorprende, como ya empieza a sorprender a nuestros amigos.
CIVIL 1: Han empezado a correr rumores alarmantes.
CIVIL 2: Necesitamos de ellos.
COMANDANTE 2: ¿Para que nos sigan explotando?

Civil 1: No es esa la palabra correcta.

Comandante 2: ¡No conozco otra!

Civil 2: Quiere decir...

Comandante 2: ¡Quiero decir que la explotación ha terminado!

Civil 1: Con quién vamos a comerciar entonces.

Comandante 2: Hay muchos otros países en el mundo.

Civil 1: ¿Con los países socialistas?

Civil 2: ¿Ellos van a ser nuestros nuevos amigos?

Comandante 2: Ya lo son.

Civil 1 (al grupo de civiles): Vámonos, es más que suficiente.

Comandante 2 (deteniéndolo de un brazo, con vehemencia): Un momento. ¿Lamería usted la mano de quien le quiere pegar y escupiría a quien lo quiere defender?

Civil 1: Vender al país por treinta rublos es peor que hipotecarlo por treinta dólares.

Comandante 2: ¡No vamos a vender a nadie nuestra revolución!

Civil 2 (irónico): ¿Nuestra revolución? No olvide que usted es extranjero. Ésta no es su patria.

Herido por la frase, el comandante 2 reacciona en silencio mientras el grupo inicia mutis. El guerrillero 1, quien junto con otros guerrilleros ha presenciado el diálogo, se aproxima a él.

Guerrillero 1: Se van...

Comandante 2: ¡Qué importa!

Guerrillero 1: Regresarán con armas.

Comandante 2: Peor para ellos.

Se aleja. El grupo de guerrilleros cambia impresiones en voz baja. Va hacia él.

Guerrillero 1: Entre nosotros, tú nunca serás extranjero.

Guerrillero 2: Los que luchamos contigo queremos organizarte un homenaje.

Comandante 2 (violento): ¡Ya basta! ¡Aquí no hacen falta homenajes, sino trabajo! ¡Los homenajes me joden!... Métanse esta idea en la cabeza: la revolución no se hizo para satisfacer los intereses personales de ninguno... ¡Vamos!

Próxima a la zona de combate se ilumina una elevada plataforma. Hasta allí ha llegado el grupo desertor. Hablan frente a un funcionario extranjero.

Guerrillero 1 *(al advertirlo, llama la atención del comandante 2):* Mira, allá. ¡Gusanos!

El funcionario entrega armas a los miembros del grupo desertor. Con ellas saltan hacia las plataformas donde ya los aguardan —armados también— los miembros del grupo revolucionario. Ambas fuerzas se enfrentan. El grupo revolucionario termina haciendo huir al grupo desertor. Se oscurece la zona de combate. Se ilumina la cabaña.

Maestra: Otra vez guerra. Otra vez muerte. Otra vez odio.
Comandante 1: Pero siempre, y por encima de todo, trabajo. Cinco años de trabajo para convertir al país en una isla de corcho.
Maestra: ¿Por qué entonces no se quedó en ella trabajando, pacíficamente?

El comandante 2 se hace visible en escena.

Comandante 1 *(ambiguo, reflexivo):* Por qué no me quedé trabajando, pacíficamente... *(Al comandante 2:)* ¿Por qué?
Comandante 2: Cada día tiene sus propias exigencias, y cada revolución, distintas etapas.
Comandante 1: Debes sentirte muy satisfecho. En muy pocos años te has convertido en el gran dirigente. Un líder para los países socialistas. Un fascinante monstruo para Norteamérica. Tus viajes al extranjero y tus discursos son acontecimientos mundiales.
Comandante 2: ¡Son un deber!
Comandante 1: Son un deber, pero no el tuyo. A menos que hayas cambiado tus ideales por un título de ministro.
Comandante 2: ¿Tiene algo de reprochable ser ministro?
Comandante 1: No, nada en ti es reprochable. Eres una línea recta y aguda como un bisturí.
Comandante 2: Digo lo que pienso. El título de ministro no me ha sellado la boca ni me ha arrancado el valor.
Comandante 1: Valor para señalar los crímenes del imperialismo...
Comandante 2: ...pero también para denunciar, cuando es necesario hacerlo,

las desviaciones de nuestros correligionarios. No tengo miedo ni a unos ni a otros. No tengo miedo a la verdad.

COMANDANTE 1: ¿Sabes cuál es la verdad?

COMANDANTE 2: Mi obligación es encontrarla, y gritarla después: lo mismo a nuestros enemigos que a nuestros compañeros. Si las grandes potencias socialistas olvidan sus obligaciones para con los países jóvenes, es preciso reclamarles... Es preciso sepultar al hombre lobo, producto del capitalismo, y dar a luz a un hombre nuevo que finque su conciencia en un amor sin límites a la humanidad.

COMANDANTE 1: Tú no naciste para pronunciar discursos.

COMANDANTE 2: Repiten lo que pienso y lo que hago.

COMANDANTE 1: Tu trinchera no es una cátedra, ni un cómodo escritorio, ni una tribuna de orador, ni el sillón de una asamblea.

COMANDANTE 2: Mi trinchera es mi patria. Hago lo que ella me pide.

COMANDANTE 1: Pero ésta no es tu patria. Es solamente un barco.

COMANDANTE 2: Es una luz.

COMANDANTE 1: Y de qué sirve una luz para todo un continente hundido en tinieblas... Tu patria es América.

COMANDANTE 2: Para ella trabajo.

COMANDANTE 1: Lo que América necesita ahora, de ti, no son discursos, tú lo sabes... ¿Titubeas?

COMANDANTE 2: Nunca he titubeado.

COMANDANTE 1: Necesita de tu valor.

COMANDANTE 2: No solamente con valor se hacen las revoluciones.

COMANDANTE 1: Se hacen con fusiles... La única forma de hacer que este barco navegue es abriéndole todos los mares del continente. Y el único camino para conseguirlo —según lo has dicho en tus discursos— es el camino de las balas.

COMANDANTE 2: Yo ya lo anduve. El turno es de otros.

COMANDANTE 1: Solamente tú tienes la experiencia y el prestigio para encabezarlos... Han comenzado a disparar, pero necesitan un jefe. Míralos. (*En las plataformas del campo de batalla aparecen poco a poco, armados, los miembros del grupo de guerrilleros. Todos miran hacia el comandante 2.*) Vienen por ti. Están esperándote.

COMANDANTE 2: ¿Por qué yo?

Desde el campo de batalla, el guerrillero 1 arroja hacia el comandante 2 un fusil. Éste lo atrapa al vuelo. Mira al comandante 1 y luego sube a reunirse con los guerrilleros.

OSCURO

ACTO SEGUNDO

Una luz muy débil ilumina la cabaña. El comandante 2 se encuentra en el sitio que anteriormente ocupaba el comandante 1. Está sentado, con el rostro entre las manos, herido en la pierna, frente a la maestra. En la zona de combate, en penumbra, el grupo guerrillero engrasa sus armas y prepara un transmisor de radio. En un sitio de la zona de combate más próximo a la cabaña se advierte al comandante 1 acompañado por el guerrillero 1. El comandante 1 habla al guerrillero 1, pero sin dirigirse directamente a él; habla más bien para sí mismo.

COMANDANTE 1 *(al guerrillero 1):* También yo, como don Quijote, volví a sentir bajo mis talones el costillar de Rocinante. También yo regresé al camino, con mi adarga al brazo, convencido de que ésta es la única forma de ganar la libertad... Muchos me dirán aventurero...
COMANDANTE 2 *(a la maestra, retomando el estado de ánimo del comandante 1):* Y lo soy. Pero de los que ponen el pellejo para demostrar verdades.
COMANDANTE 1: Ahora sí puedes estar satisfecho de mí, compañero.

La oscuridad en la zona de combate borra al comandante 1 y al grupo de guerrilleros.

MAESTRA: ¿Tiene usted miedo?
COMANDANTE 2 *(reaccionando):* ¿Otra vez? Yo mismo escogí este camino, ya lo oíste... ¿Es todo lo que se te ocurre preguntar?
MAESTRA: Es lo único que me importa saber.
COMANDANTE 2: ¿Para qué? *(Ante el silencio de la maestra.)* Ni siquiera eso tienes claro en la cabeza.
MAESTRA: Tal vez para comprender mejor lo que usted dice.
COMANDANTE 2: El que yo sienta miedo o no te serviría muy poco. *(Pausa.)* Mientras la victoria no se realice a escala mundial, el revolucionario no tiene más fin que la muerte... ¿Comprendes eso?

Maestra *(ajena)*: Cuando mi abuela nos enseñaba el catecismo a mi hermano y a mí —éramos muy chiquillos—, decía que sólo se da la vida por lo que se ama. Y decía que Jesús dio su vida para demostrarnos su amor... A usted puede darle risa, pero entonces, con aquello, se me hacía fácil entender muchas cosas.

Comandante 2: ¿Como qué?

Maestra: Como la fe de mi abuela en Jesús... en que Jesús era Dios.

Comandante 2: ¿Tú crees en Dios?

Maestra: Creo en la fe de mi abuela. *(Pausa. Transición.)* Mi hermano era un muchacho terrible: malo, ladrón; muy seguido lo sorprendían haciendo calamidad y media. Un día mi abuela, muy enojada, lo llevó hasta el fogón y le dijo: "Mira, la próxima vez que sepa yo que has robado, te voy a traer aquí, y con el atizador bien caliente, al rojo vivo, yo misma te voy a atravesar la mano..." Mi hermano se asustó porque la abuela siempre cumplía sus amenazas. Pero parece ser que el susto le duró muy poco, y una tarde lo trajo no sé quién acusándolo de un robo. Entonces la abuela cogió a mi hermano y le dijo que iba a cumplir su promesa. Lo llevó hasta el fogón, calentó el atizador hasta que se puso al rojo vivo, y antes de que mi hermano y yo nos diéramos cuenta de lo que estaba pasando, ella misma, con el atizador ardiendo, se atravesó su propia mano. *(Pausa.)* ¿Comprende usted eso? Yo tardé mucho, pero un día lo vi todo claro... *(Transición. Turbada.)* Bueno, esto no viene al caso; no sé por qué se lo he contado.

Comandante 2: Has hecho bien, Julia.

Maestra: Tal vez yo no he entendido todavía que usted vino aquí, como mi abuela, como Jesús, con un atizador ardiendo.

Comandante 2 *(violento)*: ¡No! Yo vine con un fusil. Estoy aquí porque me agarraron, porque se me trabó el gatillo... No vine a regalar mi vida ni la he regalado aún. ¡Estoy vivo, Julia, mírame!

Maestra: Van a matarlo.

Comandante 2: No me han matado todavía.

Se iluminan las plataformas de la zona de combate. Un grupo de guerrilleros se encuentra frente al transmisor de radio.

Comandante 1: ¿Ya está listo ese radio?

Guerrillero 1 *(desganado)*: Sí, ya está listo, pero...

Comandante 1: ¿Pero qué?

Guerrillero 1: No, nada, puedes transmitir cuando quieras...

Comandante 1 *(los mira a todos)*: ¿Qué pasa con ustedes? ¿A qué vienen esas caras?

Guerrillero 1 *(buscando ser confidencial):* Los compañeros están un poco desanimados. Piensan que es inútil. No viene nadie. Los campesinos... Es como gritar en el desierto.

Comandante 1: Esto no es un desierto, idiota, es la montaña. *(Retira de un empellón al guerrillero 1 y va hasta el radio. Durante su transmisión, los guerrilleros lo miran con escepticismo... Febril, ante el micrófono del radio:)* Aquí, desde la montaña. Les habla el movimiento de liberación... Están abiertas las hostilidades. Hacemos un llamado a obreros, campesinos, intelectuales: a todos los que sientan que ha llegado la hora de responder con violencia a la violencia, de rescatar un país vendido en tajadas a los monopolios extranjeros, y de elevar el nivel de vida de nuestro pueblo, cada vez más hambreado... Nuestras tierras no nos pertenecen, nuestras riquezas naturales han servido y sirven para enriquecer a extraños; nuestras condiciones de vida son miserables... Vivimos en condición de esclavos, con nuestros derechos y conquistas negados y pisoteados a la fuerza... Pero el nuestro es un pueblo que lucha y que no se ha dejado doblegar jamás. Las guerrillas los esperan con los brazos abiertos. Aquí reconstruiremos...

Guerrillero 3 *(que funge como operador; interrumpiendo):* Se cebó... ya no transmite.

Comandante 1: ¿Qué pasa?

Guerrillero 3: No sé. Un falso contacto... Déjeme ver.

Comandante 1: ¡A la mierda con este radio!

Mientras el comandante 1 transmitía, el político se hizo presente en las plataformas. Algunos guerrilleros lo reciben con efusión. Él se mantiene a distancia, observando la transmisión. Ajeno a él, el comandante 1 se ha retirado del radio y camina, maldiciendo en voz baja, en dirección contraria a donde se encuentra el político. El guerrillero 1 se encamina hacia el comandante 1.

Guerrillero 1: Ahí está. Acaba de llegar. *(El comandante 1 advierte la presencia del político.)* Él nos ayudará a que cambien las cosas.

Comandante 1: Desconfía siempre de los políticos de carrera.

El político *se aproxima hasta el comandante 1.*

POLÍTICO (*señalando el radio*): No es fácil entusiasmar a la gente de este país, ¿verdad? Son duros, como nuestras montañas. (*El comandante 1 lo mira fijamente.*) Bienvenido a estas tierras, compañero. Un hombre de sus tamaños terminará despertando a nuestro pueblo.
COMANDANTE 1: Solamente soy un guerrillero.
POLÍTICO: Modesto por definición.
COMANDANTE 1: ¡La modestia me importa un carajo! (*Transición.*) Discúlpeme, pero no vine a recibir besuqueos.
POLÍTICO: No, no, descuide. Lo entiendo. La vida en nuestras selvas debe ser sumamente cruel. Ya lo decían Sucre y Bolívar... (*Pausa.*) Veo que tiene un buen grupo. A muchos de ellos los conozco; gracias a mis gestiones —a mí tampoco me importa la modestia— están aquí.
COMANDANTE 1: También están aquí gracias a la dictadura.
POLÍTICO (*sonríe*): Es cierto.
COMANDANTE 1: Vamos al grano. Tengo poco tiempo y necesito desalojar esta zona... ¿Cuáles son los planes de su partido?
POLÍTICO: Ante todo le diré, como se acostumbra decir siempre, que la situación es compleja, compañero. Usted no ignora que la izquierda de nuestro país está por desgracia muy dividida.
COMANDANTE 1: ¿Van a colaborar o no?
POLÍTICO: De ese asunto he venido a hablar, pero antes es necesario que puntualicemos ciertas cuestiones.
COMANDANTE 1: No veo qué haya que puntualizar. No hay más que dos manos: la derecha y la izquierda.
POLÍTICO: Pero cada mano tiene cinco dedos, compañero. (*Pausa. Transición.*) Permítame exponerle la situación.
COMANDANTE 1: Sin discursos.
POLÍTICO: Sin discursos. (*Pausa.*) Como le digo, la división de nuestros partidos, mejor dicho: su versatilidad, sus diferentes criterios respecto a las tácticas revolucionarias más convenientes en nuestro país —más convenientes por más efectivas, ¿me explico?—, hacen difícil el que pueda lograrse, por el momento, un apoyo total y absoluto a las guerrillas.
COMANDANTE 1: No quieren comprometerse.

Político: No es una cuestión simplemente volitiva o sentimental, es una cuestión política que rebasa incluso nuestras fronteras. ¿Me explico?
Comandante 1: La revolución armada de cada país, de este país, debe empezar planteándose como un problema local, inmediato, urgente... al margen de disputas partidarias nacionales o internacionales.
Político: No en este momento.
Comandante 1: ¿En cuál entonces? *(Transición.)* ¿Ha subido a las montañas sólo para decirme que no van a apoyar a las guerrillas?
Político: Desde luego que no. No lo hubiera hecho... He subido para ofrecer mi contribución, decidida y entusiasta, al movimiento.
Comandante 1: ¿Bajo qué condiciones?
Político: Primero necesito plantearle mis puntos de vista. Conozco este país. Es el mío. Conozco a mi gente, he trabajado arduamente con ella y sé, con bastante aproximación, cuándo y cómo reacciona o no reacciona. Ustedes, hasta ahora, han enfocado su tarea de convencimiento en los sectores campesinos; pero en este país los sectores campesinos son prácticamente estériles. Es en el sector proletario, entre los mineros, en donde hay que volcar todo el impulso. Son los únicos politizados.
Comandante 1: ¿Y es su partido el que puede ofrecerme el apoyo del sector obrero? ¿Están realmente los mineros con su grupo?
Político: Insisto en que la situación es compleja.
Comandante 1: ¡Más compleja de lo que usted mismo supone...! Yo ya tengo mis propias ideas sobre todo esto.
Político: Pueden ser erróneas, compañero.
Comandante 1: Vuelvo a preguntarle: ¿bajo qué condiciones está dispuesto a colaborar?
Político: Les ofrezco primeramente renunciar a la dirección del partido para evitar que el movimiento guerrillero se vea envuelto en disputas partidistas que frenarían su acción. Desde luego, el partido dará todo su apoyo moral a las guerrillas, propiciará la formación de cuadros de lucha, y una vez que el movimiento...
Comandante 1: Una posición muy cómoda.
Político: Una posición que las circunstancias exigen. No podemos ignorar las circunstancias políticas de un país. Hay que partir de ellas, examinar a fondo la realidad, y obrar en consecuencia. Por eso considero muy

importante que el jefe de nuestro movimiento de liberación sea un hombre de este país. (*Silencio. Lo mira atentamente.*)
COMANDANTE 1: Siga usted, compañero, lo escucho.
POLÍTICO: Tal vez de momento le sorprenda, pero si lo piensa un poco verá que es sumamente razonable. El jefe debe salir del pueblo mismo, para que el pueblo se identifique con él y tome la revolución como propia. Además, sólo un hombre de este país puede entender su alma.
COMANDANTE 1: Bolívar nació en Venezuela.
POLÍTICO: Estoy hablando de hoy, de la realidad y de las circunstancias del día de hoy.
COMANDANTE 1: En una palabra: usted se propone como jefe del movimiento.
POLÍTICO: No por mis méritos, sino por mi nacionalidad, por mi posición y mi experiencia, considero que la dirección político-militar de la lucha me corresponde a mí.
COMANDANTE 1 (*sonríe, despectivo*): Aquí el único jefe soy yo, y no acepto ambigüedades en esto. (*Transición.*) Hemos estado perdiendo el tiempo lastimosamente. (*Pausa.*) Necesitamos desalojar la zona. (*Se vuelve hacia los guerrilleros.*) ¡Eh, preparen todo, nos vamos!
POLÍTICO (*avanzando hacia él*): Piénselo.
COMANDANTE 1: Soy hombre de acción, no de masturbaciones mentales. (*Pausa.*) Le deseo un buen regreso, compañero.

El comandante 2, quien desde el límite de la cabaña ha escuchado ansiosamente la conversación, reacciona impulsivo al observar que el político emprende la retirada y el comandante 1 le vuelve la espalda. Va hacia uno y hacia otro, alternativamente, tratando de detenerlos.

COMANDANTE 2 (*al político*): ¡Espere! (*Al comandante 1:*) ¡Espera! No dejes que se vaya de ese modo. No puedes quedarte aislado.
COMANDANTE 1: ¡Déjame en paz!
COMANDANTE 2 (*al político*): ¡Aguarde!

El político se detiene. Mira hacia el comandante 1, que avanza hacia él.

COMANDANTE 1 (*al político*): Dije que le deseaba un buen regreso, compañero.

Mantiene fija su mirada sobre el político hasta que éste sale definitivamente de escena.

Comandante 2: Imbécil.

Comandante 1: ¿Qué querías? ¿Que entregara la revolución a una pandilla de rateros?

Comandante 2: No se trataba de eso.

Comandante 1: Tú oíste lo que dijo.

Comandante 2: Oí muchas sandeces de ambas partes.

Comandante 1: Entonces no escuchaste bien, o te has quedado sordo... o quizá tu experiencia te ha convertido en una piltrafa como ellos: revolucionarios de escritorio, burócratas de una izquierda anquilosada, dispuesta a todos los malabarismos con tal de subsistir. Hablan de revolución mientras la revolución es teoría, pero cuando se encarna en un fusil son los primeros que la temen: amenaza su escritorio, sus viajes al extranjero, sus espléndidos subsidios...

Comandante 2: Con exabruptos no se resuelve nada.

Comandante 1: Cuando uno ha venido a jugarse el pellejo, los exabruptos son jaculatorias.

Comandante 2: Pensé que habías venido a triunfar, no sólo a jugarte el pellejo... Para colgarse de un árbol nadie se ata al cuello la bandera de la revolución.

Comandante 1 *(después de una pausa, amargo):* Has olvidado muchas cosas de aquel tiempo, en la sierra.

Comandante 2: He aprendido muchas otras, pero no he olvidado ninguna. Porque no las he olvidado pienso que debiste sopesar tus respuestas... Allá en la sierra, hace diez años, él pactó con todos cuando era preciso formar un frente común. No entregó a nadie la revolución. Reunió en un solo grito todo el odio...

Comandante 1 *(interrumpiendo):* Pero él lanzó el grito. No permitió que nadie le regateara el mando.

Comandante 2 *(con ironía):* Como tú, ahora.

Comandante 1: Yo soy el jefe. Tengo que serlo necesariamente.

Comandante 2: ¿Y por qué necesariamente?

Comandante 1 *(lo mira con desconcierto; después de pausa):* Te has aliado con ellos.

Comandante 2: ¡Estúpido!

Comandante 1: ¡Yo soy el jefe!

Comandante 2: El jefe de un grupo raquítico.

Comandante 1: En la sierra éramos doce. No hacen falta más hombres para encender al pueblo.
Comandante 2: ¿El pueblo son esos campesinos castrados?
Comandante 1: ¡Yo los despertaré de su modorra! Pondré en cada mano un fusil y demostraré a los políticos cobardes que la revolución no puede detenerse. (*A los guerrilleros:*) ¡En marcha, vamos! ¡Los días de la dictadura están contados! ¡Hasta la victoria siempre!

Los guerrilleros lo siguen por las plataformas, hasta desaparecer. El político ha vuelto a entrar en escena, y desde un ángulo observa el movimiento del grupo. El comandante 2 regresa taciturno a la cabaña.

Comandante 2 (*dolorido*): Hasta la victoria siempre, Julia... Van a triunfar, tienen que triunfar. Nada puede detener la marcha de la revolución. (*Se vuelve. Mira al político y avanza hacia él, colérico. El político se mantiene inmóvil como una estatua, mientras el comandante 2 descarga sobre él su parlamento.*) No lo van a impedir ustedes, ¡miserables! ¡Revolucionarios de escritorio! ¡Burócratas de una izquierda paralítica! ¡Nada puede detener la marcha de la revolución! (*Regresa hasta la cabaña. Abatido, ante la maestra.*) Nada puede detenerla, Julia.

Se deja caer en el banco y hunde su cabeza entre las manos. Largo silencio. Conserva esa posición, mientras se escuchan lejanos tiros y descargas de metralleta.

Maestra: Están peleando, allá... (*Al comandante 2, con insistencia, con cierto entusiasmo:*) Están peleando.

El comandante 2 no reacciona. La maestra sale de la cabaña como si quisiera escuchar mejor, como si quisiera presenciar el combate. Permanece en el centro del escenario, con la vista hacia el campo de batalla, hasta que al fin cesan los disparos. Desde su ángulo, el político dirige su mirada en la misma dirección. La maestra va a regresar a la cabaña, pero advierte al político. Él y ella se miran. El político avanza hacia la maestra.

Político (*a la maestra*): Nos acusan de traidores, pero no lo somos. Es únicamente que tenemos un punto de vista distinto sobre los caminos de la revolución. Consideramos que la guerrilla ha surgido en forma prematura y...

El político se interrumpe porque la maestra le vuelve las espaldas y regresa a la cabaña. El político parece buscar a alguien a quien continuar hablando, pero no lo encuentra y está a punto de salir en dirección contraria. No ha advertido al francés —un joven dinámico, sumamente nervioso—, quien durante las últimas frases se ha hecho presente al fondo del escenario, en la zona más elevada.

FRANCÉS (*desde lejos, al político*): ¡Oiga, espere, no se vaya!... (*El político se detiene. Saltando ágilmente por las rampas, el francés llega hasta él.*) ¿Qué decía de las guerrillas?... Necesito encontrarlo. Vengo de Europa.

POLÍTICO (*siguiendo el hilo de su idea*): El que las guerrillas hayan tenido éxito en otro país, en otra época, no significa que sean una fórmula infalible. Ni tampoco el único camino.

FRANCÉS: ¡Dígame dónde está!

POLÍTICO (*reaccionando*): Yo no sé nada.

FRANCÉS: ¿No es usted del partido?

POLÍTICO: Y eso qué.

FRANCÉS: Usted debe ser su principal contacto en... (*Transición.*) No desconfíe. Traigo todo lo necesario para probar mi identidad. (*Se busca los papeles.*)

POLÍTICO: Ya nada tengo que ver con el movimiento guerrillero.

FRANCÉS (*se detiene, comprende por primera vez*): Entiendo...

POLÍTICO: Así lo ha querido él.

FRANCÉS: He oído hablar de ustedes.

POLÍTICO: No con imparcialidad.

FRANCÉS (*retoma su actitud febril*): Ahora eso no importa. Lo único que le pido es que me lleve a las montañas. (*El político le vuelve las espaldas antes de que el francés termine su frase. Sale de escena. El francés permanece desconcertado. Hacia el político, escupiendo la palabra:*) ¡Cobardes! (*Mira hacia todos sitios. Localiza la cabaña y entra en ella, corriendo. Llega hasta el comandante 2. Le muestra los papeles mientras habla febrilmente.*) Usted sabe dónde está. Necesito verlo... No desconfíe. Soy un intelectual. He escrito sobre la revolución y he desenmascarado a las falsas izquierdas.

COMANDANTE 2: La revolución no necesita ahora de intelectuales.

FRANCÉS: Todo el viejo continente está mirando hacia estas montañas. Él se ha convertido en una bandera. Su solo nombre hace explotar las universidades. Los estudiantes devoran sus artículos y repiten sus consignas. Es un líder mundial.

Comandante 2: ¿Lo quieres ver para pedirle su autógrafo?

Francés (*desconcertado, grave*): Soy un intelectual. Lucho contra el imperialismo.

Comandante 2: Ya te dije que él no necesita ahora de intelectuales. Necesita guerrilleros.

Francés: Si él me lo pide, cambiaré mi pluma por un fusil.

Comandante 2: Él no va a pedirte nada.

Francés: Dígame dónde encontrarlo.

Comandante 2 (*después de mirarlo largamente*): Ve a la montaña.

Francés: La montaña es muy grande.

Maestra: Si de veras quiere encontrarlo, siga los rastros de sangre. (*El francés se vuelve para mirar a la maestra, como si hasta ese momento distinguiera su presencia. La mira fijamente, mira luego al comandante 2 y sale corriendo hacia las plataformas del campo de batalla, donde desaparece. Largo silencio en la cabaña. Fuera de escena se vuelven a escuchar disparos.*) Están peleando otra vez.

Comandante 2 (*después de prolongado silencio*): Qué larga es la espera, Julia.

Se ilumina la zona de combate. Del fondo del escenario avanza el grupo de guerrilleros —el comandante 1 no está entre ellos—. Vienen cansados, exhaustos; se dejan caer en diferentes puntos. Algunos profieren lamentos.

Guerrillero 2: Nos tienen tomada la medida.

Guerrillero 3: Es un cerco.

Guerrillero 2: Si no salimos de aquí, olvídate.

Guerrillero 4: ¡Qué batalla!

Guerrillero 2: ¿A eso le llamas batalla?

Guerrillero 5 (*tendido, lejos del grupo*): No aguanto más, no aguanto más, no aguanto más…

Guerrillero 4: ¡Cállate!

Guerrillero 2: ¡Métele un balazo y ya!

Guerrillero 4: ¿Qué saben de la provisión?

Guerrillero 3: En dos días más estamos jodidos.

Guerrillero 4: ¿Y los mentados contactos?

Guerrillero 3: Nada.

Guerrillero 4: ¡Joder!

Guerrillero 5: No aguanto más, quiero volver…

GUERRILLERO 1: ¡Dejen de renegar, maricas! Aprendan primero a pelear y luego lloren... Así no vamos a ir a ninguna parte, definitivamente.

GUERRILLERO 4: ¿A quién le hablas?

GUERRILLERO 1: ¡A todos, bola de viejas! ¡Mientras no se obedezcan las órdenes, no se puede hacer nada!... Empiezan primero por disparar antes de tiempo...

GUERRILLERO 3: Nos agarraron desviados.

GUERRILLERO 4: ¿Quién disparó antes de tiempo?

GUERRILLERO 1: ¡Tú, pendejo!

GUERRILLERO 4: ¿Yo? ¿Estás loco?

GUERRILLERO 1: Estoy loco, pero no ciego, idiota... Nos echaste a la vanguardia. Y luego todo es un corredero y un desperdicio de parque como si hubieran salido a cazar marranos.

GUERRILLERO 3: Te digo que nos agarraron desviados. No estaba previsto.

GUERRILLERO 1: En una batalla nunca está previsto nada... Cuándo van a aprender que la guerrilla tiene su fuerza en la movilidad y en la precisión.

GUERRILLERO 4: ¡Déjate de teorías!

GUERRILLERO 1: No son teorías.

GUERRILLERO 4: Yo también vi cómo saliste corriendo; parecías una mula espantada.

GUERRILLERO 1: Cuidado con lo que dices.

GUERRILLERO 4: Cuidado con lo que dices tú. No eres nadie para dar órdenes. Te faltan huevos para macho.

GUERRILLERO 1: Vas a tragarte esas palabras, traidor.

GUERRILLERO 4: Trágatelas tú. Aquí todos somos iguales... Tu experiencia, mira, me la paso por donde ya sabes.

GUERRILLERO 1: Eres un traidor miserable.

GUERRILLERO 4: Lárgate otra vez a tu isla... Ésta es nuestra lucha, nuestra.

GUERRILLERO 1: ¿Y es así como entiendes una lucha? ¿Traicionando a tus compañeros?... Es un traidor, mírenlo, es un traidor.

GUERRILLERO 4: Cállate, hijo de puta.

GUERRILLERO 1: Pensabas que yo no me había dado cuenta, ¿verdad? Tienes una semana robándote la provisión. No dije nada porque pensé...

GUERRILLERO 2: ¿Es cierto eso?

GUERRILLERO 3: Ah, cabrón, donde sea cierto, lo castro.

GUERRILLERO 4: Mentira.

Guerrillero 1: Ahora sí te pones pálido.
Guerrillero 4: Mentira, no le crean, es un hijo de puta.
Guerrillero 2: Yo ya me sospechaba algo.
Guerrillero 1: Sabes lo que te espera. Un juicio. Un consejo de guerra.
Guerrillero 4: No es cierto.

El comandante 1, quien ha presenciado, sin que los demás lo adviertan, la última parte de la escena, irrumpe avanzando hasta los querellosos. Detrás de él está el francés. Permanece inmóvil.

Comandante 1: ¡Basta! ¡Quietos!
Guerrillero 1: Es verdad lo que digo, comandante. Lo sorprendí robando la provisión.
Guerrillero 4: Yo le juro, compañero, que...
Comandante 1: ¡No quiero saber nada! ¡Lárgate de aquí!
Guerrillero 4: ¡Tiene que escucharme! He sido fiel al grupo... Usted me conoce.
Comandante 1: No creo conocer a ninguno. (*Se produce un absoluto silencio. El comandante 1 los mira con fijeza.*) Esta noche hablaré con todos, seriamente.

El grupo se repliega hacia el fondo de la zona de combate. Seguido por el francés, el comandante 1 avanza hacia un primer plano. Se sienta, caviloso. El guerrillero 1 duda en retirarse. Va hacia el comandante 1.

Comandante 1 (*indeciso*): Quisiera darte una explicación. (*Enérgico:*) ¿No oíste lo que dije?
Guerrillero 1: Sí, comandante.

El guerrillero 1 se retira.

Comandante 1 (*al francés*): Esto es un grupo guerrillero, no las fantasías que cuentan por ahí.
Francés: Ya he estado otras veces en las montañas.
Comandante 1: Pero no en este sitio ni en estas condiciones... Falta mucho, mucho todavía, para hacer de esto una fuerza combatiente. Hay madera,

hay conciencia, incluso la moral suele ser alta, pero ya lo has visto: un choque desafortunado nos saca de quicio. Además que no ha habido una sola incorporación hace semanas y que los campesinos continúan sordos.

FRANCÉS: Deme un fusil... Déjeme combatir con el grupo.

COMANDANTE 1: No has venido a eso. Allá puedes sernos más útil... Cuando estábamos en la sierra, la entrevista de prensa de aquel gringo significó para la revolución lo que toda una columna de guerrilleros... Ve y haz tú lo mismo, francés.

FRANCÉS: Lo haré. *(Pausa. Camina hacia otro punto. Reflexivo.)* Desde el día en que lo conocí, se me grabaron en las vísceras sus palabras.

COMANDANTE 1: Las palabras de quién.

FRANCÉS: De usted, allá en la isla, los primeros años del triunfo... Yo era un universitario ansioso por colaborar con la revolución. Viajé a América para conocerlos de cerca. Un día me tocó estar frente a usted.

COMANDANTE 1: No te recuerdo de entonces.

FRANCÉS: Claro que no. Era uno entre toda una multitud que le hacía preguntas... Logré acercarme y le pedí que me aconsejara en qué forma podía contribuir yo a la revolución mundial. Usted me preguntó: "¿A qué te dedicas?" "Soy escritor", le dije. Entonces usted me respondió, sonriendo: "También yo era médico". *(Pausa.)* ¿Lo recuerda?

COMANDANTE 1: No, pero así debió ser.

FRANCÉS: Como puede darse cuenta, no seguí al pie de la letra su consejo. Seguí escribiendo.

COMANDANTE 1: Hasta convertirte en intelectual.

FRANCÉS: Desprecia esa palabra, ¿verdad?

COMANDANTE 1: Yo también lo soy, a pesar mío... Al menos en parte.

FRANCÉS *(después de un largo silencio):* ¿Terminó mi libro?

COMANDANTE 1: Antes de que te vayas comenzaré un cursillo sobre él. Si es que hay tiempo.

FRANCÉS: ¿Cuándo piensa que podré regresar? ¿Mañana?

COMANDANTE 1 *(sonríe):* ¿Tan de pronto te ha nacido la prisa?

FRANCÉS: Soy de los que no pueden estar con los brazos cruzados.

COMANDANTE 1: ¿No será cansancio... o miedo?

FRANCÉS: Quiero sentirme útil.

COMANDANTE 1: Lo eres aquí, en este momento.

FRANCÉS: Usted acaba de decir que no.

Comandante 1: ¿Lo dije?

Francés: Se niega a darme un fusil.

Comandante 1: Aunque te lo diera, de muy poco nos servirías... Te he visto caminar: te fatigas pronto. ¡Mira cómo tienes los pies!... No contagias valor, sino lástima. La montaña no se hizo para los débiles que al primer tropezón se rompen los tobillos. Luego hay que cargar con ellos y cantarles canciones de cuna. Ya me ha tocado más de un caso, y yo no puedo ser niñera de nadie, ¿entiendes? Diez intelectuales de ciudad valen menos para mí, como guerrilleros, que un solo campesino de la región. (*Transición.*) Es lo que pienso sobre tus facultades. Seguramente como organizador de una red de apoyo en tu país resultarás más eficiente. Así lo espero.

Francés (*amargo*): ¿Puedo irme ya?

Comandante 1: Sí, puedes irte.

Francés (*después de una pausa*): Gracias, comandante. Le demostraré que puedo ser útil... Volveremos a vernos.

Comandante 1: El día del triunfo.

Francés: Sí... el día del triunfo.

Cuando el francés va a retirarse, la voz del comandante 1 lo detiene.

Comandante 1: ¿No olvidas algo?

Francés (*tarda en darse cuenta*): Los mensajes.

Comandante 1: La prisa es mala consejera. (*Le entrega los mensajes. Transición. Enfático, con vivo interés:*) No te dejes atrapar, francés. Que no te agarren.

De varios saltos, el francés llega a la parte baja del escenario. Va rumbo a la cabaña, y ya muy próximo a ella advierte a uno de los soldados. Cambia de dirección, pero encuentra a otro.

Capitán: Ahí. Agárrenlo. (*Los soldados lo cercan. Él evade a algunos, ágilmente, pero al fin terminan atrapándolo. Se resiste en vano. Dando órdenes, mientras sitian al francés:*) Por allá. Que no escape. Agárrenlo. (*Al francés, cuando ya lo sostienen dos soldados:*) Extranjero, ¿eh? (*Le arranca los papeles. Entra el coronel.*)

Francés: Soy periodista francés.

Capitán (*al coronel*): Viene de la montaña, coronel. (*Le tiende los papeles, que el coronel examina.*) Dice que es periodista.

CORONEL: ¿Periodista?

FRANCÉS: Fui a entrevistarlo. Las guerrillas son de interés periodístico mundial... Mi pasaporte está en regla.

CAPITÁN: ¿Qué piensa, coronel?

CORONEL *(en aparte):* Parece un asunto delicado.

CAPITÁN: ¿Quiere que lo consulte?

CORONEL: Pronto. *(El capitán sale de escena. El coronel se acerca al francés. Lo examina detenidamente.)* Sólo esto nos faltaba... Esos papeles, ¿se los dio él?

FRANCÉS: ¡No me acusan de nada!

CORONEL: Lo pueden acusar de todo... Su situación es muy peligrosa. Lo pone en un callejón sin salida. Intromisión extranjera, ¿entiende? Un guerrillero francés en América.

FRANCÉS: ¡No he sido guerrillero!

CORONEL: Eso no va a decidirlo usted. *(Entra rápidamente el capitán. Habla en voz baja con el coronel. Éste al francés, sonriendo:)* Lo dicho: un guerrillero francés en América. Jefe intelectual de los rebeldes.

FRANCÉS: ¡Mentira! Nunca podrán demostrarlo, porque no es cierto.

CORONEL: Usted mismo lo confesará, ante todo el mundo.

FRANCÉS: ¡Nunca!

CORONEL: Lo veremos.

El capitán reúne al grupo de soldados que forman un semicírculo en torno al francés.

FRANCÉS *(temeroso):* ¿Qué van a hacer?... Nunca he sido un guerrillero. Lo vi, sí, estuve con él y creo en su causa, pero... *(Transición.)* ¿Van a torturarme?

El capitán avanza hacia el francés. Le habla confidencialmente.

CAPITÁN: Yo puedo salvarlo de este apuro. Si coopera con nosotros, le ofrezco protección y silencio a nombre de mi gobierno. Todo lo que necesita hacer es firmar una declaración renunciando a sus ideas, denunciando al comunismo internacional y pidiendo perdón. ¿Qué me dice? *(Silencio.)* Volverá tranquilo a su país... ¿No? *(Al coronel:)* No acepta, coronel.

CORONEL *(con sorna):* Es una lástima.

A una señal del coronel, el cerco de soldados se estrecha en torno al francés.

Francés: ¿Van a torturarme? ¿Van a disparar?
Capitán: Sólo vamos a divertirnos contigo.

Una nueva señal del coronel e inician el juego que consiste en arrojarse unos a otros al francés, empellándolo como a un muñeco. Sin poder evitarlo, el francés rebota de aquí para allá, mientras el coronel lanza sus acusaciones públicas en tono solemne. Con negativas y frases cortadas —que los empellones le impiden formular—, el francés intenta rechazar los cargos.

Coronel (*solemne*): Nuestros tribunales declaran a este hombre culpable de espionaje en nuestro país.
Francés: ¡No...!
Coronel: Culpable de haber entregado mapas de nuestro territorio al jefe del movimiento rebelde.
Francés: Mentira. Nunca lo hice.
Coronel: Culpable de haberle conseguido fuertes sumas de dinero para armar a su ejército. Culpable de haber formado parte del grupo director de las guerrillas.
Francés: Ni siquiera me permitió disparar un fusil.
Coronel: Culpable de haber planificado las operaciones militares y de haber impartido cursos de adoctrinamiento a los guerrilleros.
Francés: No lo hice... no lo hice...
Coronel: Culpable de haber sido comisario político, autor intelectual de la subversión y combatiente emboscado. Él es el cerebro del movimiento rebelde.

Cesan momentáneamente los empellones.

Francés: Mentira, todo eso es mentira. Qué más hubiera deseado yo. Para mi desgracia soy inocente de esos cargos. Para mi desgracia no fui combatiente emboscado, ni comisario político, ni entregué mapas, ni planifiqué operaciones militares... ni siquiera tuve el honor de disparar un fusil... No me condenen por lo que no hice. (*Vuelven a empellarlo. Entre empellones:*) Si han de condenarme, ¡condénenme por revolucionario! (*Cae a tierra. Desde el suelo:*) ¡Condénenme por sentirme y proclamarme responsable de todos los delitos cometidos por todos los revolucionarios de todas partes del mundo: desde la impresión clandestina de un volante hasta el asalto a un banco para recuperar fondos; desde la reunión ilegal hasta la ejecución de un torturador. Condénenme por creer en la victoria final de nuestro líder guerrillero. Condénenme por querer cumplir con el compromiso de serle fiel, y de seguir su ejemplo hasta lo último!... No me condenen por lo que no pude hacer.

El francés queda tendido en el suelo. Dos soldados lo levantan y lo llevan, casi a rastras, fuera de escena. Se oscurece todo el escenario. Sólo dos luces: una iluminando al comandante 1, de pie en la zona de combate, mirando hacia el sitio donde han "torturado" al francés; otra en la cabaña sobre el comandante 2 frente a la maestra.

COMANDANTE 2: Miserables... Para vencerlos, necesitamos aprender a odiarlos.
MAESTRA: Es la única palabra que usted conoce.
COMANDANTE 2: El odio es un factor de lucha, Julia; el odio intransigente al enemigo. Un pueblo sin odio no puede vencer a un enemigo brutal... Hay que llevar la guerra hasta donde el enemigo la lleve: a su casa, a sus lugares de diversión: hacerla total.
MAESTRA: Usted no quiere eso.
COMANDANTE 2: Hay que impedirle tener un minuto de tranquilidad y de sosiego.
MAESTRA: Usted no quiere eso.
COMANDANTE 2 (*sin escucharla, enfebrecido*): Atacarlo dondequiera que se encuentre. Hacerlo sentir una fiera acosada por cada lugar que transite. ¡Odiarlo sin compasión y sin tregua!
MAESTRA (*gritando y señalando al comandante 1*): ¡No! ¡Usted no es él! (*El comandante 2 reacciona. Frena violentamente su ímpetu. Sopesa en silencio las palabras de la maestra. Por primera vez parece sentirse ante sí mismo como un extraño. Mira hacia el comandante 1. Suavemente:*) Su odio y su sacrificio son inútiles. Acabarán matándolos a todos.
COMANDANTE 1 (*en reto al comandante 2*): En cualquier lugar que nos sorprenda la muerte, bienvenida sea si otra mano se tiende para empuñar nuestras armas...
COMANDANTE 2 (*interrumpiendo, explosivo*): ¡Palabras! (*Se ilumina la zona de combate. Con el capitán al frente, el grupo de soldados sube por las plataformas cautelosamente. Señalando al comandante 1 la acción de los soldados:*) No tiene sentido seguir peleando una batalla perdida... Míralos, allá van como perros de caza. Todavía es tiempo. Reconoce que te has equivoca-

do. Reconoce que escogiste la montaña como un refugio, no como un baluarte.

Comandante 1: No es verdad.

Comandante 2: ¿Te venció la política? Regresa a combatirla en su propia trinchera. Lucha, si es preciso, detrás de un escritorio.

Comandante 1: ¡Eso es mentira!

Comandante 2: Te venció entonces tu vanidad, tus utopías. Luchas por derribar moldes viciados y has terminado convirtiendo a la guerrilla en otro molde, en un dogma… Regresa.

Comandante 1: Tengo que llegar hasta el fin.

Comandante 2: Muerto nada podrás. No podrás rectificar tus errores ni crear la nueva estrategia que exige la revolución.

Comandante 1: Sólo muerto puedo gritar mi fe.

Comandante 2: Tú no eres Dios.

Comandante 1: Todo hombre que muere por sus ideas es Dios.

Los soldados han desaparecido por las plataformas de la zona de combate. Se escuchan lejanos disparos. El comandante 1 permanece inmóvil, ajeno al invisible combate, hasta que cesan las descargas. La oscuridad borra al comandante 1 poco después. El comandante 2 regresa a la cabaña.

Comandante 2: Quizá tengas razón, Julia. No lo sé. *(Largo silencio.)*

Maestra: Debo irme.

Comandante 2: Me hiciste una pregunta y aún no te he contestado.

Maestra: Ya lo hizo.

Comandante 2: No… Querías saber si tenía miedo. *(Pausa.)* Tengo mucho miedo, Julia.

La maestra se encamina hacia la puerta. Al llegar a ella encuentra al coronel y al capitán, que vienen entrando.

Coronel: ¿Quién es esta mujer? ¿De dónde ha salido?

Capitán: Es la profesora Marta, coronel.

Coronel: ¡Fuera!

Maestra *(se detiene. Mira fijamente al capitán):* Mi nombre es Julia.

La maestra sale de la cabaña y de escena. El coronel y el capitán avanzan sin volverse para mirar al comandante 2, quien permanece sentado en el banco. Ambos militares hablan en voz baja.

CAPITÁN: ¿Llamo a un pelotón?... ¿Cuántos hombres?
CORONEL: Va a hacerlo usted mismo, capitán.
CAPITÁN (*desconcertado*): ¿Yo?
CORONEL: En este momento.
CAPITÁN (*sumamente nervioso*): Coronel... (*El coronel camina hacia afuera de la cabaña. El capitán le da alcance:*) ¡Coronel!... Usted... ¿no va a estar presente?
CORONEL: Vaya a verme cuando haya terminado.

Sale. Con la metralleta en la mano, el capitán avanza por la cabaña, dudando. No se atreve a mirar al comandante 2. Al fin avanza hacia él. El comandante 2 se pone en pie.

CAPITÁN: Siéntese.
COMANDANTE 2: Para qué, si ha venido a matarme.
CAPITÁN: No, no, siéntese. (*Pausa. Nervioso.*) Quiero hablar con usted, comandante.
COMANDANTE 2: Ahora no me llama bandolero.
CAPITÁN: No, nunca lo he visto como un bandolero. Después de todo, usted y yo somos... somos militares. Peleamos en distintos frentes, pero somos militares. Y a un soldado se le puede hablar... de cara a cara.
COMANDANTE 2: Termine de una vez. No busque el valor donde no va a encontrarlo.
CAPITÁN: Comandante...
COMANDANTE 2: Vamos, dispare.
CAPITÁN: Yo solamente cumplo órdenes.
COMANDANTE 2: ¡Dispare! Ahora va a saber cómo muere un hombre.

El capitán empuña la metralleta; la levanta, pero le falta decisión. Desde las plataformas de la zona de combate se advierte la presencia del comandante 1. Sólo el comandante 2 parece verlo y escucharlo.

COMANDANTE 1: No podrá hacerlo. (*Mientras el capitán continúa dudando, el comandante 1 desciende de las plataformas y llega hasta la cabaña. Habla a*

espaldas del capitán.) Ni usted ni nadie podrán hacerlo nunca. *(El comandante 1 arranca la metralleta al capitán y apunta hacia el comandante 2. El capitán permanece ajeno, ausente. Por primera vez, el comandante 2 reacciona con vivo temor. Retrocede.)*
COMANDANTE 2 *(temeroso)*: No... no... Tú no.

Sobre las últimas negaciones, el comandante 1 dispara contra el comandante 2, quien tarda en caer, en morir. Cuando al fin ha muerto, el comandante 1 sale de la cabaña y sube a las plataformas de la zona de combate. Allí, en el centro, clama de espaldas al público.

COMANDANTE 1: Que el imperialismo y sus lacayos no canten victoria, porque la guerra no ha terminado: recién empieza. ¡Volveremos a las montañas! Otra vez estremecerá a la selva nuestro grito de batalla: ¡Victoria o muerte!

O S C U R O F I N A L

LA CARPA

PIEZA EN DOS ACTOS
(1971)

PERSONAJES

    Álex
    Silvia
    Director
    Feder
    Gladys
    Toño
    María Luisa
    Floor-manager
    Técnicos y tramoyistas

ESCENARIO

El decorado ilustra un estudio de televisión montado, como escenografía, en el foro del teatro donde se desarrolla la obra. En un nivel superior sobresale la cabina del estudio (de la que no es visible su interior) y un pasillo volado que va de extremo a extremo del escenario y que comunica con la planta por medio de una escalera de lámina. La puerta de la cabina comunica, a su vez, con el pasillo aéreo. Ocupan el estudio toda suerte de elementos propios del trabajo televisivo y teatral: dos o tres cámaras de televisión (quizá una de ellas montada sobre una grúa), la plataforma del boom, reflectores de pie, informes estructuras de madera y paneles, mesas y sillas de lámina, cables de luz, objetos de utilería, etcétera. Dentro del estudio se advierte, como elemento principalísimo, la presencia de un "set" decorado en forma evidentemente realista: representa una pequeña sala amueblada con un sofá, un par de sillones a juego, dos o tres mesitas, alguna lámpara de pie y varios objetos de ornato. Cuando la iluminación del escenario lo delimita, el "set" adquiere el aspecto de una estancia real.

Durante la mayor parte de la obra resulta notoria la actividad que desarrollan sobre el escenario técnicos y tramoyistas. Continuamente se les oye cuchichear, hacer comentarios en voz baja, ir de un lado hacia otro, bajar o subir las escaleras rumbo a la cabina, transitar por el pasillo aéreo...; sin embargo, su actividad está condicionada siempre por las escenas que se desarrollan en el escenario de manera que concuerden con las exigencias propias de una grabación televisiva o una puesta en escena reales. A excepción de los diálogos que expresamente se indican en el texto de la obra para técnicos y tramoyistas, su actividad dentro del foro y sus posibles comentarios *ad libitum* quedan al criterio exclusivo del director.

ACTO PRIMERO

Cuando el telón se abre, muy lentamente, tramoyistas y técnicos se encuentran trabajando activa y ruidosamente. Se les ve clavetear, acomodar reflectores, poner en su sitio los sillones del set, revisar cámaras... De entre todas las actividades llama la atención la que realiza un grupo de tramoyistas en el set que ilustra la estancia: instalan los paneles que dan forma a un muro posterior, donde se abre una falsa ventana.

Tramoyistas:
—Entíbiale, muchacho.
—Mete allí la cuña.
—Súbele más. Viene.
—Tú me dices.
—Viene, viene...
—Espérate, aquí no da; está atorado el travesaño.
—Deténle tú, Jorge.
—¡Faltan las bisagras!
—¡Cuidado! ¡Se va a caer!
—Ayúdame, no te quedes parado.
—Viene, viene...

Técnicos (*simultáneamente al parlamento de los tramoyistas*):
>—Está fallando el zoom.
>—¿Se tronó el engrane?
>—Está trabado.
>—A ver, déjame ver.
>—La dos ya está jalando.
>—No te fíes, porque luego se calienta; como ayer.
>—¡Quiten de ahí ese boom!
>—Vete por unos tacos, Panchito.
>—¿Fuiste al fut?
>—Un asco de partido. Si he sabido, no voy.
>—Me debes veinte pesos.

Mientras se desarrollan las distintas acciones, el director sale de la cabina del estudio. Habla a los tramoyistas mientras desciende por la escalera.

Director: ¡Qué diablos están haciendo; esos paneles no van! ¡Párenle! (*Llega hasta ellos.*) ¿Están sordos? (*Los tramoyistas interrumpen la tarea.*) ¿De dónde sacaron esas porquerías?
Tramoyista 1: ¿Cuáles porquerías, señor?
Director: ¡Los paneles!
Tramoyista 1: El señor Del Valle me los marcó en el croquis.
Director: ¡Tenía que ser ese imbécil! (*Transición. Llamando:*) ¡Toño! ¡Tooñooo!
Tramoyistas y técnicos (*desde diferentes puntos*):
>—¡Toño, te hablan!
>—¡Toño!
>—Busquen por ahí a Toño.
>—Que baje.

Voz de la cabina: Ya va.
Director (*a los tramoyistas*): Además de que están horribles, estorban... Pero si se lo dije mil veces: quiero el set limpio.
Tramoyista 1: Él no me avisó.
Tramoyista 2: Ya hubiéramos acabado desde cuándo.
Director: Desármenlos. Y pronto, que no quiero perder más tiempo... ¡Tooñooo!
Técnico: Ahí viene.

Proveniente de la cabina, Toño baja corriendo hacia el director.

TRAMOYISTA 1 *(a sus compañeros)*: Van para afuera los paneles.
TRAMOYISTA 3: ¿Todos?
TRAMOYISTA 1: ¡Órale!

Los tramoyistas comienzan a desarmar los paneles.

TOÑO *(llegando hasta el director)*: ¿Me llamaba?
DIRECTOR: Qué pasó contigo, Toño.
TOÑO: ¿Qué pasó de qué, señor?
DIRECTOR: ¿Cómo de qué? ¿Qué hacen aquí estos paneles? ¿No había quedado claro?
TOÑO: Sí, señor.
DIRECTOR: ¿Entonces?
TOÑO: No sé. Yo le dije al señor Del Valle...
DIRECTOR: Tú y Del Valle me están viendo la cara, Toño, no puede ser. Cuando yo doy una orden exijo que se cumpla.
TOÑO: Yo le dije al señor Del Valle...
DIRECTOR: Pero tu deber es estar aquí... ¿Cómo voy a creer que armen los paneles, los traigan al foro y nadie se dé cuenta? ¿Dónde diablos andas metido?
TOÑO: Es que bajé a la bodega. Faltaban muchas cosas de utilería.
DIRECTOR: Siempre tienen un pretexto.
TOÑO: No es un pretexto, señor.
DIRECTOR: Me estás cansando la paciencia, Toño.
TOÑO: Le prometo que no volverá a suceder.
DIRECTOR: Por supuesto que no. *(Transición.)* ¿Llegó Gladys?
TOÑO: Está en la cabina hablando por teléfono. ¿Quiere que la llame? *(El director deniega y toma los libretos que Toño le tiende. Los hojea.)* ¿Se le ofrece algo más? Voy a la taquilla, ya dieron tercera.
DIRECTOR: ¿Llevaste los programas?
TOÑO: A eso voy.
DIRECTOR: ¿Y qué esperas?
TOÑO: Nada, señor. Con permiso.

Mutis de Toño. El director se encamina hacia los técnicos.

Director: ¿Están listos?

Floor-manager: Cuando usted diga.

Director: ¿También en la cabina?

Floor-manager: Parece que ya están grabando. Déjeme checar. *(Habla por su pequeño micrófono:)* ¿Ya están grabando? *(Transición.)* Dame sonido, Pepe. *(Transición.)* ¿Ya están grabando? *(Al director:)* Sí, está corriendo el video-tape.

Director: Mucho cuidado con las cámaras. No me crucen de un lado a otro ni me distraigan al público. Todo tiene que ser muy discreto, sin exageraciones. La mecánica de ustedes es sólo para establecer el ambiente del estudio. Me explico, ¿verdad? Cuando necesiten cruzar, crucen por las laterales.

Floor-manager: Pierda cuidado, señor.

Director: Y procuren hablar en voz baja. Que se oiga únicamente un murmullo piano, pianísimo. Ahora es cuando deben aprovechar todo lo que saben de mímica.

Tramoyistas *(mientras desarman los paneles):*
—No le sueltes.
—Espérame.
—No le sueltes.

Director: ¡Silencio!

Floor-manager: ¡Silencio, se está grabando: está abierto el telón!

Director: ¡Silencioooo!

Sin que llegue a ser absoluto, se produce un silencio en el momento en que entra Feder. Alguna cámara lo enfoca, siguiéndolo, aunque es imposible determinar si se trata de una verdadera toma o de una simple acción de los técnicos que prueban las cámaras. El director distribuye su atención entre la actividad de técnicos y tramoyistas, y en observar, como si dirigiera la escena, las breves acciones de Feder.

Feder *(a los tramoyistas, ajenos al director):* Hola, muchachos. Buenas noches. Buenas noches a todos.

Tramoyistas *(indistintamente):*
—Buenas noches.
—Buenas.
—Buenas noches, señor Feder.

La carpa 157

FEDER (*observa con atención la escenografía; busca varios ángulos*): Ah, caray. Ambiciosa producción, ¿eh? (*Se aproxima hacia unos técnicos.*) Buenos días. ¿Qué tal esas cámaras, fallando como siempre?

TÉCNICOS:
—Ahora están bien.
—Usted qué cuenta.

FEDER: Mucho cuidado con mis encuadres. Sólo quiero close-up, grandes close-up. No me traicionen. (*Sonríe. Avanza hacia el director.*) A sus órdenes, señor.

DIRECTOR (*distraído*): Hola. (*Se vuelve hacia la cabina del teatro.*) Dame la cuatro, Ramiro, sobre el set... ¡Ramiro!

VOZ DEL ILUMINADOR: Sí, señor.

DIRECTOR: Dame la cuatro.

FEDER: ¿Terminó de poner luces?

DIRECTOR: Prácticamente.

FEDER: Preciosa escenografía, ¿eh? Tiene atmósfera. No cabe duda que Del Valle sabe su negocio. (*Advierte que se llevan los paneles.*) ¿Los va a cambiar?

DIRECTOR: Los voy a quitar todos.

FEDER (*extrañado*): ¿Todos? ¿Va a quitar todos los paneles?

DIRECTOR: No quiero trampas.

FEDER: Pero son fundamentales. Le dan carácter.

DIRECTOR (*interrumpiendo; hacia la cabina del teatro*): ¡Estoy esperando la luz, Ramiro!

VOZ DEL ILUMINADOR: Ahí va.

Lentamente, de acuerdo con la orden del director, cambia la luz del escenario: se ilumina el set y se oscurece el resto del foro.

FEDER: Estupendo. Qué maravilla.

DIRECTOR: Ciérrate más, Ramiro; sólo quiero el set.

El haz de luz se cierra sobre el set.

VOZ DEL ILUMINADOR: ¿Ahí?

DIRECTOR: Un poquito más.

Se estrecha el haz de luz.

DIRECTOR: ¡Ahí! Ya no te muevas.
FEDER: Es perfecto, perfecto.
DIRECTOR: ¿Puedes oscurecer más el foro, Ramiro?
VOZ DEL ILUMINADOR: ¿Cómo dice?
DIRECTOR: Que si puedes oscurecer más el foro. Sólo necesito el set.
VOZ DEL ILUMINADOR: Es todo, señor.
FEDER: Para mí es perfecto.
DIRECTOR: Okey, anótala. Ésa es la cuatro: para la escena de Álex y Silvia. Después regresamos con la tres, pero sin dímer: la cambias directa.
VOZ DEL ILUMINADOR: ¿Quiere verla?
DIRECTOR: A ver, viene. *(A técnicos y tramoyistas:)* ¡Silenciooo! ¡Necesito absoluto silencio, señores, por favor!... Viene, Ramiro. *(La iluminación cambia de golpe. El escenario vuelve a quedar iluminado como se encontraba anteriormente.)* Okey, Ramiro, ahí déjala. *(Se vuelve hacia los tramoyistas.)* ¿Terminaron?
TRAMOYISTAS: Sí, señor.
DIRECTOR: Afuera entonces. Todos a sus puestos, y no se olviden de la mecánica. Por las laterales, siempre por las laterales y el murmullo muy piano. *(Hacia el floor-manager:)* ¿Están grabando? *(Con los dedos de una mano, el floor-manager hace un signo de OK.)* Dile a Armando que esté prevenido con la música, para la entrada de Silvia.
FLOOR-MANAGER *(a través de su micrófono)*: Prevenido música. Entrada de Silvia.
DIRECTOR *(a técnicos)*: Esas cámaras más discretas, jóvenes, ¡tápense! *(A un tramoyista que cruza corriendo, por el centro:)* ¡Que no me crucen por aquí, carajo!, ¿qué no entienden? No puedo estar cuidándolos a todos. ¡Silencio allá adentro!

Siempre en gran actividad, el director se dirige al set y reacomoda algunos muebles. Feder lo sigue.

FEDER: ¿Podemos ver lo de mi contrato, señor?
DIRECTOR *(en lo suyo)*: ¡Este Toño es un desastre, mira nada más! *(Hacia la cabina del estudio.)* ¡Toñooo! ¿Dónde está Toño?

TRAMOYISTAS:
—Fue a dejar los programas.
—Está en la taquilla.
DIRECTOR: No trajo el teléfono. Es el colmo. *(A un tramoyista:)* Ve a decirle que lo traiga. ¡Corriendo! *(Mientras el tramoyista sale, a Feder:)* Por lo menos hay que darle cien veces cada orden. *(Pausa. Transición.)* ¿Me preguntaba algo?
FEDER: Respecto a mi contrato, señor...
DIRECTOR: Ya firmaste.
FEDER: Sí, pero yo quería ver si había alguna forma...
DIRECTOR *(interrumpiendo):* Si el papel no te gusta, déjalo. Eres libre de hacer lo que quieras.
FEDER: No, no, si el papel me gusta muchísimo; creo que tiene grandes posibilidades. Y más que mi papel, la obra. Es muy original.
DIRECTOR: ¿Te lo parece?
FEDER: Nunca he visto nada parecido.
DIRECTOR: ¿Entonces?
FEDER: Bueno, yo solamente quería... *(Se interrumpe, intimidado.)*
DIRECTOR *(sonríe):* No seas envidioso, Feder. Ya te llegará tu oportunidad.
FEDER: ¿Envidioso yo?

Entra Silvia. La música se retarda unos segundos.

SILVIA *(agitada):* Buenas noches a todos. *(Transición.)* Uf, qué apuro. *(Transición.)* Buenos días.
TRAMOYISTAS Y TÉCNICOS *(muy discretos en los distintos saludos):*
—Buenas noches.
—Buenos días.
DIRECTOR *(hacia la cabina del estudio):* ¡Se atrasó esa música, Armando!
FLOOR-MANAGER: Fue el sonido.
DIRECTOR: ¡Están papando moscas!
SILVIA *(a Feder):* Hola, ¿ya empezaron?
FEDER: Vienes hecha una preciosidad.
SILVIA: Se me hizo tarde... ¿Cómo va la grabación? *(Cuando el director se vuelve hacia ella.)* Perdón por la tardanza, pero es que había un tránsito espantoso.
FEDER: Tú nunca llegas tarde a ningún sitio.

Director: ¿Y ese vestido?
Silvia: ¿Le gusta?
Feder: Es hermoso.
Director: Habíamos dicho azul.
Silvia: ¿Azul?
Director *(la mira fijamente)*: ¿No?
Silvia: ¡Ay, sí!, de veras, azul, azul, qué tonta soy. ¿Dónde tengo la cabeza?
Feder: Es lo mismo.
Silvia: Perdóneme, ¡qué barbaridad! Es que estoy nerviosísima.
Director: Ésa no es una razón.
Silvia: No, no, ya lo sé. Ay, perdóneme, por favor, perdóneme. ¿En qué estaría pensando? *(Transición.)* ¿Y ahora qué hago?
Feder: Olvídelo.
Silvia: Tal vez podría… A lo mejor me da tiempo de ir a cambiarme. Si lo peor es que lo tengo. Tengo exactamente el vestido azul que usted me pidió.
Director: Ya no hay tiempo.
Silvia: Qué barbaridad.
Feder: Así te ves preciosa. *(Al director:)* ¿No le parece? Mírela.
Director: Para ustedes cualquier cosa es lo mismo.
Silvia: No diga eso.
Director: Es la verdad. Son tan irresponsables como todos los actores.
Silvia: Puedo hablar por teléfono para que me lo traigan. En menos de media hora…
Director *(interrumpiendo)*: Así nos vamos.
Silvia: Créame que me da mucha pena.
Director *(en transición, dirigiendo)*: Ahora mutis los dos. *(A Silvia:)* Tú te vas a cajas. *(A Feder:)* Y tú a la cabina. Rápido. *(Pausa.)* Prevenida para entrar en el set, Silvia.
Silvia: Sí, señor.
Director *(a Feder, cuando éste intenta decir algo)*: ¡Rápido!

Feder y Silvia salen por los sitios marcados. El silencio es casi total en el foro. El director observa detenidamente el decorado y la actividad de técnicos y tramoyistas. Toño entra con un teléfono en las manos, que luego coloca en la mesita del set. Siente sobre sí la mirada censora del director.

Toño: Ahora sí fue un olvido imperdonable de mi parte. Discúlpeme.
Director: Un olvido más y te despides del trabajo.
Toño: Sí, señor.
Director: Estás advertido.
Toño: Sí, señor. *(Desaparece rumbo a la cabina.)*
Director *(al floor-manager)*: Diles que fuera música.
Floor-manager *(por su micrófono)*: Atención, cabina, fuera música.

Cesa la música.

Director *(hacia la cabina del teatro)*: La dos, Ramiro.

Cambia la iluminación del escenario. Se enfatiza la zona que ocupa el director. Éste recoge los libretos que había dejado en alguna parte y los hojea. Entra Álex. Va hacia el director, sin detenerse a mirar el escenario. El director tarda en prestarle atención.

Director: Te estaba esperando.
Álex: ¿Le dio mi recado Toño? *(El director asiente.)* Confío en que lo comprenda, esta vez y contra toda mi voluntad, me es totalmente imposible.
Director: Cuando realmente se desea algo, no hay imposibles.
Álex: Ahora sí.
Director: ¿Por qué estás tan seguro? *(Pausa.)* ¿Ya tienen los pasajes? *(Álex asiente.)* Se pueden cancelar.
Álex: Ése no es el problema. *(Pausa.)* Entiéndame, necesito un descanso. He trabajado todo el año: cine, teatro, televisión. Tengo derecho a tomar unas vacaciones.
Director: Por supuesto.
Álex: Tal vez cuando regrese, si continúa interesado en que trabajemos juntos... Ya sabe que con usted, yo estoy dispuesto a cualquier cosa.
Director: Esto no es cualquier cosa. Al menos para ti.
Álex: ¿Me la escribieron especialmente?
Director: En cierta forma.
Álex: ¿Quién?
Director: Es lo de menos.
Álex: No, no es lo de menos. Estoy harto de melodramas estúpidos. Si he de hacer algo, quiero que tenga un mínimo de calidad.

DIRECTOR: ¿No acabas de decir que conmigo harías cualquier cosa?
ÁLEX: Porque le tengo confianza. Supongo que no me llama para una idiotez.
DIRECTOR: Empecemos entonces.
ÁLEX: No puedo. De veras no puedo.
DIRECTOR: Qué lástima.
ÁLEX: Mi mujer tiene todo preparado, hasta las maletas.
DIRECTOR: ¿Y de cuándo acá es tu mujer quien dirige tu vida?
ÁLEX: No se trata de mi mujer... Soy yo el que necesita unas vacaciones.

Sonriendo irónicamente, el director mira a Álex. Después le tiende el libreto.

DIRECTOR: Échale un vistazo.
ÁLEX: Es inútil.
DIRECTOR: Lee cualquier cosa. Donde caiga. Página diez... En voz alta.
ÁLEX: ¿Para qué?
DIRECTOR: Lee, hombre.
ÁLEX (*leyendo*): Álex: No se trata de mi mujer. (*Transición.*) ¿El personaje se llama Álex?, ¿como yo?
DIRECTOR: Sigue leyendo.
ÁLEX (*leyendo*): No se trata de mi mujer... Soy yo el que necesita unas vacaciones. (*Transición.*) ¿Qué es esto?
DIRECTOR: Continúa.
ÁLEX (*leyendo*): Sonriendo irónicamente, el director mira a Álex. Después le tiende el libreto. (*Se desconcierta. Vuelve una página hacia atrás. Lee:*) Estoy harto de melodramas estúpidos. Si he de hacer algo, quiero que tenga un mínimo de calidad... (*Se salta una líneas.*) Mi mujer tiene todo preparado, hasta las maletas... (*Transición. Deja de leer.*) ¿Quién lo escribió?
DIRECTOR: Digamos que Gladys.
ÁLEX: ¿Quién es Gladys?
DIRECTOR: ¿No la conoces?... Es importante que hables con ella. (*Hace ademán de retirarse.*) Voy a llamarla.
ÁLEX: Primero dígame de qué se trata esto... (*Se interrumpe.*)
DIRECTOR: ¿Este juego? Es precisamente eso: un juego.
ÁLEX: ¿Qué clase de juego?
DIRECTOR: Un juego de televisión, un juego teatral; como quieras llamarlo.

Álex (*reflexivo*): El personaje se llama Álex, y todo lo que dice...
Director (*interrumpiendo*): Página once.
Álex (*leyendo en el libreto*): El personaje se llama Álex y todo lo que dice... (*Deja de leer. Transición.*) Se está burlando de mí.
Director: Sólo te estoy ofreciendo el papel de una obra, y quiero saber si aceptas.

Álex duda en responder. Mira el libreto y lee en voz alta, titubeante.

Álex (*leyendo*): Álex duda en responder. Mira el libreto y lee en voz alta, titubeante. Álex: ¿Qué debo hacer? Director: Vivir, solamente vivir.
Director (*simultáneamente*): Vivir, solamente vivir.

Mientras Álex permanece desconcertado, el director le palmea la espalda, sonríe, y se dirige hacia la cabina del estudio. El cambio de luces ilumina el set y deja en completa oscuridad el resto del foro. Álex entra en el set, meditabundo. Toma asiento en el sillón. Hojea el libreto. Poco tiempo después, Silvia entra en el set.

Silvia: ¿Estabas aquí? No te oí llegar. (*Advierte el libreto que Álex hojea.*) ¿Fuiste a verlo?
Álex: De allá vengo.
Silvia: ¿Para qué te quería?
Álex (*tarda en responder*): Nada... Lo de siempre.
Silvia: ¿Televisión?
Álex: Anda muy preocupado. Ya se dio cuenta de que no estoy dispuesto a seguir trabajando en melodramas baratos y, claro, no me quiere perder. El pobre mandó escribir no sé cuántas historias especialmente para mí. Ha invertido una fortuna.
Silvia: ¿Le dijiste que nos íbamos a Europa?
Álex: Lo sabía.
Silvia: Tiene tiempo para encontrarte algo bueno... O lo conseguimos nosotros, ¿por qué no? Una obra que te guste, en Nueva York, en París, en Londres; compramos los derechos y ya está, asunto resuelto.
Álex: Preferiría algo más... más cercano. Ya he hecho mucho teatro extranjero.
Silvia: Pero nunca lo has elegido tú. Aceptas lo que te ofrecen. (*Advierte el libreto. Lo toma con cierto temor.*)

Álex: Según él, eso es lo que yo necesito. Dice que es sensacional.

Silvia: Para cuando regresemos…

Álex: No. Ya tiene el estudio, el teatro, la escenografía; todo listo para empezar.

Silvia: Tendrá que ofrecérselo a otro.

Álex: Yo soy el único que puede hacerlo.

Silvia: ¿Por qué?

Álex: La escribieron especialmente para mí.

Silvia: Y eso qué importa. Cuántas otras veces… *(Se interrumpe de golpe. Preocupada.)* No me digas que aceptaste. No me digas que vamos a cancelar el viaje.

Álex: Te juro que yo no quería.

Silvia: ¡Álex!

Álex: Traté de explicárselo. Le hablé de mi exceso de trabajo, de lo mucho que necesitaba estas vacaciones.

Silvia: Aceptaste. *(Retrocede.)* Aceptaste.

Álex: Sólo será cuestión de unos meses. Iremos el año próximo. Incluso con más dinero para hacer un viaje más largo.

Silvia: Cállate. *(Se produce un silencio. Trata de contener el llanto.)*

Álex: Lo siento.

Silvia *(reaccionando)*: No, no lo sientes. Eres incapaz de sentir lo que a mí me lastima. En lo único que piensas es en ti mismo. Tú, siempre tú y únicamente tú. Fantoche.

Álex: Silvia.

Silvia: Eres un fantoche.

Álex: Ni siquiera me has dejado que te explique.

Silvia: ¿Qué es lo que vas a explicarme? ¿Qué se trata de una obra diferente? ¿La obra que has estado esperando toda tu vida? Me sé de memoria ese parlamento.

Álex: Se trata de mi carrera.

Silvia: ¡Tu carrera!

Álex: Soy un actor. Me debo a mi trabajo. Lo necesito como un alimento.

Silvia: No digas tonterías.

Álex: No son tonterías.

Silvia: Pues a mí no me conmueven, las he escuchado, durante mucho tiempo… Son seis años, Álex, seis años de vivir pisoteada por ti, humillada, convertida en un objeto de utilería. *(Transición. Irónica.)* ¿Que no te habías dado cuenta? ¡Claro!, cómo iba a darse cuenta el rey del universo… Has hecho muy bien, Álex, muy bien en aceptar esa obra. El público se muere por verte y tienes que darle gusto… Yo iré a aplaudir y a gritar bravos el día del estreno. En lugar de subir a la torre Eiffel, vendré a sentarme todas las tardes frente al televisor, orgullosa de tener como marido al mejor actor del mundo… ¿De veras es usted la esposa de Álex? No me diga. ¡Qué marido tiene, Silvia! Es un actor increíble. El mejor.

ÁLEX: Ya basta.

Larga pausa.

SILVIA: Sí, ya basta.

ÁLEX: No pensé que lo fueras a tomar así. Estaba seguro de que comprenderías.

SILVIA: He tratado de comprender durante seis años, y ha sido inútil. Ahora ya no puedo ni quiero hacerlo.

ÁLEX: Eres tú la que parece estar actuando en una comedia, Silvia. De una pequeñez has hecho un drama.

SILVIA: Seguramente.

ÁLEX: En ningún momento he hablado de cancelar el viaje; sólo de aplazarlo por unos meses. Qué son seis o siete meses cuando tenemos por delante toda la vida para recorrer el mundo… Entiendo que te moleste y que te duela, como a mí también me molesta, aunque no lo creas; pero de ahí a considerar que no me importa o a pensar que te he tenido esclavizada, hay un abismo. No es cierto. *(Pausa.)* Nos queremos, Silvia; en el ambiente hay pocos matrimonios como el nuestro.

SILVIA: El nuestro no es un verdadero matrimonio.

ÁLEX: ¿Insistes en hacer un drama?

SILVIA: Simplemente estoy cansada de vivir contigo, Álex. Cansada de ti… Es cierto, lo del viaje es un detalle insignificante, pero me hace comprender lo que verdaderamente siento. *(Pausa.)* Mírate en un espejo. No vales nada ni como hombre ni como actor. Te lo han dicho mil veces, pero nunca te das por aludido. Estás lleno de trucos, de mañas, de trampas; has triunfado porque en este ambiente mediocre triunfa cualquiera que tenga un poco de suerte… Para mí eso sería lo de menos, pero lo triste es que tampoco vales nada como marido. De qué te sirve el aplauso de unos cuantos, si cuando te arrancas la máscara continúas siendo un pobre diablo.

Álex: ¿Desde cuándo me odias, Silvia?

Silvia: Te tengo lástima. Es difícil odiar a un monigote.

Álex: ¿Eso soy para ti?

Silvia: Es lo único que me has demostrado, en seis años... Tal vez con tus amantes seas diferente, pero lo dudo mucho. Habría que preguntarles. Me gustaría saber si también con ellas, en la cama, eres tan mediocre.

Larga pausa. Silvia se abate.

Álex: ¿Terminaste ya? ¿Por qué no continúas? *(Silvia va a salir. La detiene.)* No te vayas.

Silvia *(después de pausa)*: ¿Qué quieres?

Álex: Lo que has dicho es absolutamente cierto.

Silvia: Mandaré cancelar tu pasaje.

Álex: Continúa. Quiero saber todo lo que piensas de mí.

Silvia: Eso es todo.

Álex: No, no lo es. Continúa. Si has tenido valor para empezar, tienes que llegar hasta el fin.

Silvia: Éste es el fin, Álex. Debió ser de otro modo, pero ya no es posible. Hubiera preferido que nos separáramos tranquilamente, como lo hacen todos.

Álex: Ahora menos que nunca podemos separarnos... ¿No comprendes? Éste puede ser nuestro verdadero principio. Has abierto las ventanas de golpe. Me has hecho entender que estamos viviendo en una mentira. Yo soy una gran mentira.

De pronto, sorpresivamente, se encienden todas las luces del escenario. Sobre el parlamento del director se pone en acción todo el estudio: técnicos y tramoyistas delatan su presencia cruzando en diferentes direcciones, hablando en voz alta. Álex es el único desconcertado. Mira hacia todos lados sorprendido de encontrarse en un escenario, rodeado de cámaras.

Director *(saliendo de la cabina, hacia el estudio)*: ¡No, no, corte! ¡Corte videotape!

FLOOR-MANAGER: Corte videotape.

DIRECTOR: ¿Dónde está Gladys?... ¡Toño! Llámate a Gladys, Toño. ¡Que venga inmediatamente! ¡No puede hacerme esto! ¡Es increíble!

TÉCNICOS (*simultáneamente a las primeras frases del director*):

—Yo no tuve la culpa; me avisaron tarde.

—Está fallando la dos.

—Tenía que ser ese boom.

—¿Qué traen conmigo?

—Enciendan el aire acondicionado, por favor.

—¿Van a grabar de nuevo?

—¿Por qué cortaron?

—Hacía falta el panel, te lo dije.

TRAMOYISTAS:

—Cambia ese reflector.

—Tráete las pinzas, muchacho.

—Córrele por los tacos.

—¿Llegó el señor Del Valle?

—No lo he visto.

—Ahí buscan al Cacarizo.

—¿Se repite la escena?

—Espérate a que él diga.

DIRECTOR (*al floor-manager*): ¿Qué pasó con ustedes? ¿Estaban dormidos?

FLOOR-MANAGER: ¿Por qué, señor?

DIRECTOR: ¿No oyeron mis órdenes? ¡Les estoy diciendo que se queden quietos y era un bailadero de tomas inaguantable!

FLOOR-MANAGER: Nadie se movió.

DIRECTOR: ¡Nadie se movió!... Si estoy viendo los monitores, no me diga que nadie se movió. (*Hacia otro sitio.*) Y ese boom, cuándo van a componerlo. Si no sirve, tírenlo.

FLOOR-MANAGER: ¿Se repite la escena?

DIRECTOR: ¡Aquí no se repite nada! (*Transición. Hacia los tramoyistas:*) Ustedes, vengan acá.

TRAMOYISTA: ¿Me habla?

DIRECTOR: Vengan acá.

El director habla con los tramoyistas en un punto alejado. Durante toda la acción, desde que se encendieron las luces, Álex ha dado muestras de un gran desconcierto que le impide pronunciar palabra. Quisiera encontrar una explicación en Silvia. Regresa ella.

SILVIA *(a Álex)*: Qué horror. No estaba oyendo nada. *(Muestra el receptor de su apuntador electrónico.)* Cuando me vine para acá, se me bajó todo el volumen. ¿A usted no? *(Álex hace un gesto de incomprensión.)* ¿Que no tiene apuntador? *(Sorprendida.)* No me diga que se sabe toda la obra de memoria.
DIRECTOR *(llegando a ellos)*: ¡Es lamentable! No se puede trabajar así… Quién va a creer que dos personas hablen en esa forma.
SILVIA: ¿Salió mal?
DIRECTOR: ¡Espantoso! *(A Silvia:)* Tú no puedes de buenas a primeras soltar un discurso tan convencional, sin ningún fundamento, sin ningún motivo, sin ninguna lógica. *(A Álex:)* Más que un hombre de mundo, parecías un chamaco castigado.
ÁLEX: ¿Qué fue lo que dije?
SILVIA: Yo solamente seguí la línea.
DIRECTOR: Ya sé. La culpa no es de ustedes. Es de Gladys. *(Se vuelve.)* Gladys… *(Gladys, quien estaba aguardando el momento de acercarse, lo hace, al fin, tímidamente.)* Cómo puede escribir esos diálogos. Gladys, por favor.
ÁLEX *(a Silvia)*: ¿Ella los escribió?
SILVIA: ¿No conoce a Gladys?
GLADYS: Yo no tuve la culpa.
DIRECTOR *(a Silvia)*: Ve a que te arreglen ese maquillaje. Se te ve una cara de momia…
SILVIA *(sorprendida)*: ¿De veras?
DIRECTOR: Pero no te tardes. Vamos a continuar enseguida. *(Álex detiene a Silvia.)* Rapidito, Silvia.
ÁLEX: ¿Usted se llama Silvia?
DIRECTOR *(detiene a Álex)*: Ven acá. Necesito hablar contigo.

Mutis de Silvia sin que Álex pueda evitarlo.

ÁLEX: También yo necesito hablar con usted.
DIRECTOR: En un segundo. Solamente déjame arreglar esto. *(A Gladys:)* A ver, Gladys, explíqueme qué ocurrió. Esos parlamentos no eran así.

GLADYS: Claro que no eran así. Lo que ocurrió fue que la señora Silvia se saltó dos páginas.
ÁLEX: Yo no entiendo cómo...
DIRECTOR *(atajando a Álex)*: Espérame. *(Transición.)* ¿Cómo que dos páginas?
GLADYS: Sí, señor. Dos páginas y media. *(Le muestra el libreto.)*
ÁLEX: ¿Todo lo que dijimos estaba escrito allí?
DIRECTOR *(a Álex, enérgico)*: ¿No puedes esperar un momento? *(A Gladys:)* De cualquier modo no es lógico, Gladys. Él no es un hombre blandengue ni sentimentaloide. Ante todo es un actor engreído, vanidoso, fatuo.
ÁLEX: ¡Óigame!
GLADYS: Eso se dice.
DIRECTOR: Pero en una forma totalmente gratuita. Y él no puede aceptarlo. ¿No lo está viendo?... Mucho menos inclinar la cabeza y responder como un corderito. *(Remedando.)* Me has hecho entender que estábamos viviendo en una mentira. Yo soy una gran mentira. *(Transición.)* Suena espantosamente cursi. *(A Álex:)* ¿No te parece?
ÁLEX: ¿Cursi?
GLADYS: Ésa ya no es mi culpa.
DIRECTOR: Claro que es su culpa. Usted necesita cuidar todos los detalles... La toma de conciencia debe producirse en forma paulatina. Hay que darle tiempo a que asimile los reproches de Silvia. De otro modo corremos el peligro de falsear su psicología.
ÁLEX *(exaltándose)*: ¡Pero esto es absurdo!
DIRECTOR: Totalmente absurdo. ¿Se da cuenta, Gladys?
GLADYS: Sí, señor.
ÁLEX: Un momento. ¿Quieren explicarme de una vez por todas?...

Toño llega hasta el director.

DIRECTOR: ¿Qué pasa, Toño?
TOÑO: Le hablan por teléfono. El licenciado Galindo, de Gobernación.
DIRECTOR: Espérenme un momento, ahora vuelvo... No se vaya a ir, Gladys, tenemos mucho que hablar. *(A Álex:)* Tú no te preocupes, estás muy bien. Si acaso un poco confundido, diría yo; más bien blando. Necesitas proyectar más tu temperamento; eres cínico, impulsivo por naturaleza; tu mujer no te importa ni te ha importado nunca. Su desahogo es la

reacción de una mujer histérica e insatisfecha; frustrada. Pero no te afecta en lo más mínimo. Que se largue, es mejor para ti. Piénsale por ese lado y después hablamos... Ahora vuelvo. *(Se va junto con Toño. Aumenta la confusión de Álex.)*

GLADYS: Quién lo entiende. Primero dice una cosa y enseguida otra... Y a todo esto, no nos presentó. *(Sonríe.)* Yo soy Gladys Monroy, a sus órdenes. Desde hace mucho tiempo tenía unas ganas enormes de conocerlo, pero nunca imaginé que sería en estas circunstancias. De cualquier forma, estoy encantada.

ÁLEX: Usted es la autora de... todo esto.

GLADYS: Hasta donde cabe. La idea original no es mía. Yo estoy acostumbrada a otra clase de historias más...

ÁLEX *(interrumpiendo)*: ¿De quién es la idea?

GLADYS *(sonríe)*: No sea modesto, Álex.

ÁLEX: Modesto por qué.

GLADYS *(sonriendo)*: Ay, Álex, por favor. Ya me habían dicho que era muy bromista, pero...

ÁLEX: Usted escribió los diálogos.

GLADYS: Bueno...

ÁLEX: ¡Usted los escribió!

GLADYS: Él me dio unas grabaciones...

ÁLEX: ¿Qué clase de grabaciones?

GLADYS: Grabaciones, grabaciones. De cinta.

ÁLEX: ¿Pero de quién?

GLADYS: ¿Cómo de quién? De él, yo supongo, y de usted. ¿No son de usted las cintas?

ÁLEX: No sé de qué cintas me habla. ¡No sé absolutamente nada de lo que ocurre aquí!

GLADYS *(cursi)*: Ay, Álex, por favor.

ÁLEX *(furioso)*: ¡Déjese de payasadas y conteste! ¿De dónde sacó esos diálogos?

GLADYS: ¿Por qué se enoja?

ÁLEX: ¡Responda!

GLADYS: ¿Yo qué le he hecho?

ÁLEX: ¿En qué se basó para inventar esa serie de tonterías?

GLADYS: Yo no he inventado nada. Sería incapaz, admirándolo como lo admiro.

Proveniente de la cabina, Feder llega hasta ellos.

FEDER: Fenómeno, Álex. Estuviste en uno de tus grandes momentos. Deberías ver el videotape, es realmente magnífico.
ÁLEX: ¿Cuál videotape?
FEDER: El de tu escena con Silvia. Deberías verlo... Dile a Germán que te lo pase.

Álex mira hacia la cabina. Parece comprender y se dirige rumbo a la escalera. Sube.

GLADYS *(a Feder)*: ¿Le gustó?
FEDER: ¿Qué cosa?
GLADYS: La escena; la actuación de Álex.
FEDER: ¡Qué va! Está en plena decadencia... Lástima de diálogos, porque eso sí, los diálogos están muy bien escritos, lo que sea de cada quien.
GLADYS: Muchas gracias.
FEDER: Lo digo en serio. De no ser por alguna que otra cosa, su libreto me parece muy bueno.
GLADYS: ¿Qué cosa?
FEDER: No tiene importancia...
GLADYS: No, no, dígame. A mí me gusta oír las críticas constructivas.
FEDER: Es un punto de vista muy personal.
GLADYS: Mejor que mejor.
FEDER: Bueno... según yo, la obra tiene un peligro serio: se está enfocando demasiado sobre dos personajes y eso puede hacerla terriblemente monótona. Máxime que se desperdician otros papeles importantísimos. El mío, por ejemplo, es un personaje fundamental. Podría darle más importancia.
GLADYS: Él no quiere.
FEDER: Pues es un error. Imagínese el provecho que podría sacarme como confidente de Silvia... incluso como amante.
GLADYS: ¿Como amante?
FEDER: ¿No lo había pensado?
GLADYS: Francamente, no.
FEDER: Ahí tiene. Lo que ocurre es que usted no conoce bien el mundo, Gladys. El mundo está regido por el sexo.

Feder se interrumpe cuando escucha un gran alboroto dentro de la cabina. Se oyen frases ininteligibles, entre las que sobresalen, con cierta claridad, las de Álex.

Voz de Álex *(dentro de la cabina y entre otras voces):* ¡No lo estoy pidiendo!, ¡lo estoy exigiendo!... ¡Ustedes tienen la obligación!... ¡Estoy en mi derecho!... Pero, ¿por qué razón?... ¡Quiero saber por qué razón!
Feder *(mirando hacia la cabina):* Ya se armó el sanquintín.

Se ve salir a Álex y al director de la cabina. Permanecen en el pasillo.

Gladys: Pobre Álex.
Álex: Es una arbitrariedad...
Director: Tranquilo, Álex, tranquilo.
Álex: Esos tipos no tienen ningún derecho a darme órdenes.
Director: Yo fui quien lo prohibió.
Álex: ¿Por qué razón?
Director: Tu lugar no está en la cabina, está en el foro, siempre en el foro, frente al público. ¡Míralo! ¡Quiere verte! Tú eres el espectáculo... *(Álex desciende y llega hasta el foro. El director permanece en el pasillo aéreo. A técnicos y tramoyistas:)* ¡Prevenidos todos! ¡Se graba! ¡Cámara sobre Álex! ¡Moviéndose! ¡Luz, Ramiro, directa, vamos! Corre videotape. Música. Acción. ¡Acción! Acción allá. Ambiente de estudio. ¡Vamos, muévanse niños, muévase, muévanse! ¡Acción, acción, música! ¡Así!

Todo el estudio en acción. Álex desconcertado.

Álex *(a media voz):* Basta.
Director: ¡Más fuerte, Álex!
Álex *(alzando la voz):* ¡Basta!
Director: Que se oiga en todo el teatro. Hasta la última fila.
Álex *(gritando):* ¡Basta!
Director: ¡Así, muy bien!
Álex: ¡Basta! ¡No voy a permitirlo! *(Arremete contra técnicos y tramoyistas.)* ¡Fuera de aquí! ¡Fuera!
Director: No se muevan. Conserven sus posiciones. ¡Cuidado con esa cámara!

Álex: ¡Títeres! ¡Títeres!
Director: Ahora sí. Corriendo... Fuera gente.

Los tramoyistas y la mayoría de los técnicos salen huyendo. El director ríe estentóreamente desde el pasillo volado. Álex vuelve las espaldas a los técnicos. Se abate, Feder va hacia él.

Álex *(para sí mismo):* Títeres.
Feder: No lo tomes tan en serio. Sólo es un ensayo.
Álex: Quiere volverme loco.
Feder *(sonríe):* Él es el que está loco. *(Pausa.)* ¿Qué pasó en la cabina? ¿Te prohibieron ver el videotape?... Me lo suponía. *(Transición.)* Te invito un trago.
Álex: ¿Dónde?

Feder señala hacia una mesa de utilería. Van hacia ella y toman asiento.

Feder *(llamando):* ¡Toñooo! *(Transición.)* ¿Qué tomas?, ¿brandy?
Álex: ¿Tú también estás en esto?
Feder: ¿En qué?
Álex: En esto.
Feder: En algo hay que trabajar. Tenía una película, pero se ha ido retrasando semanas y semanas. *(A Toño, que se acerca:)* ¿Nos puedes traer dos brandys?
Toño: ¿Por qué no le dice a Panchito? Yo estoy en la cabina y todavía tengo que pasar las nóminas.
Feder: Dos brandys, Toñín, ¿qué te cuesta? En una carrerita.

De mala gana, Toño hace un gesto de asentimiento y sale.

Feder *(a Álex):* Este muchacho sí desquita el sueldo. El día que yo empiece a producir por mi cuenta, me lo llevo.
Álex *(en lo suyo):* Todavía me cuesta trabajo entenderlo.
Feder: ¿Entender qué?
Álex: Diría que es una pesadilla.
Feder: Y lo es, de eso no te quepa la menor duda. Mientras trabajemos a este ritmo y con esta improvisación...

ÁLEX: Podría jurar que yo no estaba en un set. Ahora mismo podría decir que... (*Mira hacia todos lados.*)
FEDER: Estás muy nervioso. Exceso de trabajo, seguramente... Deberías tomar unas vacaciones.
ÁLEX: Iba a tomar unas vacaciones.
FEDER: ¿Quién te lo impide? (*Transición.*) Ah, todavía sigues pensando en la escena. Buena escena. Un poquito convencional, pero en fin... Yo la hubiera armado de otro modo.

Toño llega con los brandys.

FEDER: Gracias, Toñín. ¿Ya ves, qué trabajo te costó? (*Le alarga un billete.*)
TOÑO (*rechazando*): De ninguna manera.
FEDER: Ándale, no te hagas el manicorto.
TOÑO: No, yo no puedo...
FEDER: Cógelo.
TOÑO: Gracias. Muchas gracias. (*Sale.*)
FEDER: Salud. (*Bebe un sorbo. Álex no.*)
ÁLEX: ¿Qué me decías que te pareció convencional?
FEDER: ¿De la escena?... El diálogo. En eso tiene razón: Silvia jamás reaccionaría en esa forma.
ÁLEX: ¿Cómo lo sabes?
FEDER: Es obvio... Y tú menos. Ningún hombre, por débil que sea, toleraría que su mujer lo llamara impotente. En pocas palabras eso fue lo que te dijo, ¿no es cierto?... Estuvo bien que cortara.
ÁLEX: Cortó porque eso no era lo planeado. (*Truena los dedos, como si descubriera repentinamente la clave.*) ¡Ya está! Eso fue lo que sucedió. Lo había planeado de otro modo, y al ver que nosotros hablábamos por nuestra cuenta...
FEDER: No seas ingenuo.
ÁLEX (*en lo suyo, pensativo*): Tuvo miedo... Tuvo miedo de que sus personajes... (*Bebe al fin de la copa y hace un gesto de sorpresa.*) Es agua pintada.
FEDER (*sonríe*): ¿Qué querías?

Álex se vuelve y localiza una cámara, que lo enfoca.

ÁLEX *(a Feder)*: ¿También esto es parte de la historia?

El director llega hasta ellos.

DIRECTOR: Okey, Álex ésa es la reacción. Aunque hubiera sido mejor, al darte la vuelta, ganar por aquí. *(Señala el movimiento.)* Para que quedaras protegido y no dieras la espalda al público.
FEDER: El que estaba desprotegido era yo.
DIRECTOR: No, no, tú estabas bien.
FEDER: Pero si casi no tenía ángulo.
DIRECTOR: El suficiente.
FEDER: Fuera de cámaras... Prácticamente estaba fuera de cámaras.
DIRECTOR: No es cierto.
FEDER: Yo me di cuenta. Todas las tomas eran sobre Álex. Y para mí es una escena fundamental; de hecho mi presentación... Además, Toño se retrasó con los brandys y me sacó de ritmo.
DIRECTOR: Olvídalo.
FEDER: Pero cómo voy a olvidarlo si es mi escena. Pocas que tengo y me las sabotean.
DIRECTOR: Nadie te sabotea.
FEDER: Lo estoy viendo.
DIRECTOR: Ya, Feder. Basta.
FEDER: Es una injusticia, señor. Usted tiene que darse cuenta.
DIRECTOR: Dije basta.
FEDER *(después de pausa)*: La han tomado contra mí.
DIRECTOR: ¿Vas a seguir?
FEDER: Está bien, señor... ¿Puedo retirarme?
DIRECTOR: Debes retirarte. *(Feder se aleja. En el fondo del escenario, murmura con algunos técnicos. A Álex, con referencia a Feder:)* Además de mediocre es insoportable. Prefiero a Toño. *(Transición.)* ¿Cómo te sientes?
ÁLEX: Usted debe saberlo mejor que yo.
DIRECTOR: ¿Todavía molesto?
ÁLEX *(se encoge de hombros)*: Cualquier cosa es inútil.
DIRECTOR: Nada es inútil.
ÁLEX: Todo lo que... *(Se interrumpe bruscamente.)*

Director: ¿Qué ibas a decir? Habla, sin miedo, es importante. Cuando se tiene a un actor como tú, el público quiere oírlo.

Álex: Todo lo que yo diga, usted lo aprovecha para hacerme daño.

Director: El único que puede hacerte daño eres tú mismo, Álex. Yo solamente ordeno que se destapen las cámaras o que se abra el telón... El telón está abierto.

Álex: Estamos actuando.

Director: Es una forma de vivir. *(Rápida transición. Se dirige a técnicos y tramoyistas.)* Prevenidos todos, se graba, continuamos. Listos cámaras. A escena tramoyistas, muévanse. ¡Silencio! ¡Ya, Feder, déjate de murmuraciones! ¡A sus lugares!

Álex *(adelantando hacia el director)*: ¿Puedo pedirle algo?

Director: Lo que sea.

Álex: Quiero hablar con Silvia.

Director: Por supuesto.

Álex: Sin cámaras.

Director *(sonríe)*: Sin cámaras. *(Transición.)* No, no, Gladys, usted quédese allí; nada tiene que andar haciendo a medio escenario. *(La lleva hasta una mesita en un extremo del foro.)* Se me queda sentadita, muy tranquila, escribiendo. ¿Cómo escribe?, ¿a mano?

Gladys: A máquina.

Director: A ver una máquina, Toño, ¡pronto! *(A Gladys:)* ¿Es lo mismo cualquier marca, cualquier tipo?

Gladys: Sí, cualquiera.

Director: ¡Toñooo!

Toño *(entrando con la máquina)*: Ya voy.

Director: Más rápido, Toño, más rápido. Ligerito. No me cuelgues las escenas.

Toño *(mientras coloca la máquina en la mesita)*: Es que está muy pesada.

Director: No importa, rápido, como si hubieras comido. *(A Gladys:)* Ahí la tiene ya. Entonces, mientras corre la acción, usted, muy concentrada, se pone a escribir. Quiero oír las teclas. ¿Entendido?

Gladys: Sí, señor.

Director *(hacia la cabina del teatro y luego hacia la del estudio)*: ¡Luces, Ramiro! La siete. *(Cambia la luz.)* Okey... ¡Música de fondo! Muy suave, mándala... Baja el volumen, ¡baja el volumen! Ahí. ¡Córrela ya!

Gladys: Oiga, ¿y qué es lo que escribo?

DIRECTOR (*se vuelve sorprendido*): ¿Qué?
GLADYS (*advierte que se ha equivocado*): Ay, ay. Perdón, perdón. Fue sin querer. Se me escapó. Perdón, muchachos.
DIRECTOR: Nunca me haga eso, Gladys. ¡Corte videotape! Le dije calladita, ¿qué no entiende?
GLADYS: Se me escapó. No vuelve a ocurrir, se lo prometo.
DIRECTOR: Más le vale. ¡Viene de nuevo, muchachos! Dónde estábamos.
ÁLEX (*a un tramoyista, con cierta sorpresa*): ¿También Gladys es actriz?
TRAMOYISTA: Eso quisiera.
DIRECTOR: ¡Silenciooo! ¡A tu lugar, Álex! Prevenidos. Córrela. (*Retorna la situación anterior: cuando Toño entra con la máquina.*) Más rápido, Toño, más rápido. Ligerito. No me cuelgues las escenas.
TOÑO (*al colocar la máquina*): Es que está muy pesada.
DIRECTOR: No importa, rápido, como si hubieras comido. (*A Gladys:*) Ahí la tiene ya. Entonces, mientras corre la acción, usted, muy concentrada, se pone a escribir. Quiero oír las teclas. ¿Entendido?
GLADYS: Sí, señor. (*Empieza a escribir.*)
DIRECTOR (*llamando*): A escena, Silvia… ¡Feder!

Feder y Silvia se aproximan.

FEDER: Sí, señor.
SILVIA: A sus órdenes.
DIRECTOR (*colocando a Silvia en el set*): Tú aquí. (*A Feder:*) Y tú aquí. (*Hacia la cabina del estudio.*) Abran el micrófono. Quiero oír apuntador. Baja la música, pero no la cortes. ¡Acción!… Ruido de máquina, Gladys.

Silvia y Feder actúan observados muy de cerca por el director. Álex presencia, a distancia.

VOZ (*fuera de escena, por el micrófono*): ¿Por qué no me lo dices todo? ¿Ya no me tienes confianza?
FEDER: ¿Por qué no me lo dices todo? ¿Ya no me tienes confianza?
VOZ: No es eso.
SILVIA: No es eso.
VOZ: ¿Qué es entonces?
FEDER: ¿Qué es entonces?

DIRECTOR (*a Silvia, ilustrando la acción*): Avanza y te sientas aquí, tranquilamente... Eso es. Mirando allá, pensativa. Más pensativa. Así, okey. Adelante.

FEDER: ¿Qué es entonces, Silvia?

VOZ: Me es muy difícil tomar una decisión.

SILVIA: Me es muy difícil tomar una decisión.

VOZ: No eres la primera mujer que se divorcia.

FEDER: No eres la primera mujer que se divorcia.

VOZ: Tengo miedo.

SILVIA: Tengo miedo.

VOZ: ¿De él? (*Pausa. En transición.*) Feder... (*Transición.*) ¿De él?

FEDER: ¿De él?

VOZ: De mí misma. Durante seis años sólo he vivido para Álex.

SILVIA (*transición*): De mí misma. Durante seis años sólo he vivido para Álex.

VOZ: Todos mis pensamientos, todas mis actividades, incluso todos mis sueños...

SILVIA: Todos mis pensamientos, todas mis actividades, todos mis sueños...

VOZ (*rectificando*): Incluso todos mis sueños...

SILVIA: Perdón. (*Transición.*) Incluso todos mis sueños...

VOZ: ...han sido en relación con él.

SILVIA: ...han sido en relación con él.

VOZ: No sé vivir en otra forma.

SILVIA: No sé vivir en otra forma.

DIRECTOR (*interviniendo, hacia Silvia*): Ahí te levantas y te vuelves de espaldas... Un poco más acá... (*Transición.*) Estás deprimida. Te significa un gran esfuerzo decir lo que dices, ¿comprendes? No tanto porque se lo dices a Feder, sino porque es la primera vez que te lo dices a ti misma, en voz alta. ¿Me explico?

SILVIA: Sí, señor.

DIRECTOR: Espérame un segundo. Déjame ver cómo tengo las cámaras... No se muevan. (*Retrocede para observar mejor la composición de la escena. Rectifica con los técnicos e imparte indicaciones en voz baja.*)

ÁLEX (*a Toño; incisivo, un poco ajeno*): Cualquiera diría que esto es pura ficción...

TOÑO: ¿Me hablaba?

ÁLEX: ...que es realmente una telenovela o una obra de teatro. Pero no lo es.

TOÑO: ¿No es qué?

Álex: No lo es del todo.

Director: Silencio, Álex, por favor. No me distraigan. *(Transición.)* Continuamos. *(A técnicos:)* Cuidado con el zoom. Dolly, zoom in, y luego corte al two shot. ¿Okey? *(A Silvia:)* Adelante, Silvia... ¡Apuntador! Dame la línea.

Silvia *(retomando):* No sé vivir en otra forma.

Voz: Lo sigo queriendo, Feder.

Silvia: Lo sigo queriendo, Feder.

Voz: ¿Estás segura de que eso es amor? *(Transición.)* Tú, Feder: ¿Estás segura de que eso es amor?

Feder: ¿Estás segura de que eso es amor?

Voz: Yo lo llamaría debilidad.

Feder: Yo lo llamaría debilidad.

Voz: ¿Por qué?

Silvia: ¿Por qué? *(Transición. Se vuelve. Al director:)* ¿Puedo darme la vuelta?

Director *(asiente):* Adelante.

Silvia: ¿Por qué?

Voz: Porque no te atreves a ser una mujer adulta.

Feder: Porque no te atreves a ser una mujer adulta.

Voz: Al fin has advertido que Álex es un fatuo...

Feder: Al fin has advertido que Álex es un fatuo...

Director: Ahí sí, con mucho énfasis, Feder, con toda mala fe... Levántate, si quieres. Ve tras ella.

Feder *(aumentando el tono):* Al fin has advertido que Álex es un fatuo, un paranoico...

Voz: Incapaz de amar a nadie que no sea él mismo...

Feder: Incapaz de amar a nadie que no sea él mismo...

Voz: ...y aún dudas en tomar tu decisión.

Feder: ...y aún dudas en tomar tu decisión.

Voz: Si realmente quieres ser libre, tienes que abandonarlo.

Feder: Si realmente quieres ser libre, tienes que abandonarlo.

Voz *(indicando):* Silvia: Lo sé, pero siento miedo.

Silvia: Lo sé, pero siento miedo.

Voz: No lo pienses, hazlo ahora mismo.

Feder: No lo pienses, hazlo ahora mismo.

Voz: Y toma en cuenta que no te quedarás sola.

FEDER: Y toma en cuenta que no te quedarás sola. *(Llega hasta Silvia, la toma de los hombros.)* Me tienes a mí.

Sorpresivamente, después de haber observado cada vez con mayor ansiedad la escena, Álex irrumpe en el set, violento.

ÁLEX: ¡Imbécil! ¡Cómo te atreves en mis narices!... *(Arremete contra Feder.)* Te voy a romper la cara...
SILVIA: Álex...
FEDER: ¿Eehhh?

Feder trata de esquivar a Álex. Silvia interviene; también Toño y algún tramoyista. Todos hablan y accionan simultáneamente.

TOÑO: ¡Oiga!
TRAMOYISTAS:
    —Agárrenlo.
    —Lo va a matar.
    —¡Ése sí se lo creyó!
SILVIA: Álex, por favor...
FEDER: ¿Qué te pasa? ¿Qué tienes? Espérate.
ÁLEX: ¿Quién te mandó meterte en lo que no te importa?
SILVIA: ¡Deténganlo!
FEDER: Esto no está en el guión; no está.
ÁLEX: Infame, estúpido... ¡Suéltenme!
TOÑO: Señor Álex.
SILVIA: ¡Deténganlo!
DIRECTOR *(interviniendo, al fin calmadamente):* Ya. Hasta aquí. Ya estuvo bien.
ÁLEX: Esto sí no voy a permitirlo.
FEDER: Está totalmente loco.
TRAMOYISTAS:
    —Un poco más, y lo mata.
    —Qué bárbaro.
    —Iba en serio.
ÁLEX: ¡No voy a permitirlo! *(A Toño y al tramoyista:)* ¡Quítense!
DIRECTOR *(a Toño):* Deja.

ÁLEX (*a un tramoyista*): ¡A ti también te voy a romper la cara, imbécil!

DIRECTOR: Es demasiado, Álex, ya cálmate.

ÁLEX: Y no le parece demasiado...

DIRECTOR: ¡Cálmate, dije! Una cosa es que te enojes y otra que trates de acabar con la compañía.

ÁLEX (*señalando a Feder*): Este cretino...

DIRECTOR: Las riñas y los golpes no van con tu carácter. Tú eres un hombre pacífico.

ÁLEX: Nadie me va a ver la cara de imbécil.

DIRECTOR: No te sobreactúes.

ÁLEX: Si las cosas tienen que ocurrir así porque a usted... porque a usted se le antoja, al menos tengo derecho a reaccionar como me plazca.

DIRECTOR: Pero tú eres un hombre inteligente, Álex, no lo olvides. La escena te sorprende, estoy de acuerdo, pero no demasiado. Presentías ya la decisión de Silvia. Incluso te sientes responsable de su actitud. ¿No es así, Glaldys?

GLADYS (*desde su sitio*): Es la toma de conciencia.

ÁLEX: ¡Y qué sabe ella de tomas de conciencia!

GLADYS: No me diga eso, Álex, por favor.

ÁLEX: ¡Absolutamente nada!

DIRECTOR: Pero yo sí. Y más de lo que supones...

ÁLEX: Usted... ¿usted? (*Pausa. Lo mira. Sonríe irónico. El estudio entra en calma poco a poco. Los miembros del "staff" regresan a su sitio.*)

DIRECTOR: ¿De qué te ríes?

ÁLEX: De nada.

DIRECTOR: Dilo.

ÁLEX (*después de pausa*): Ésta es una lucha a muerte entre usted y yo, ¿verdad?

DIRECTOR: Exageras. Es un juego.

ÁLEX: Un juego entre fuerzas desiguales.

DIRECTOR: ¿Por qué desiguales? Tú eres libre como cualquier otra persona.

ÁLEX: Pero no conozco las reglas.

DIRECTOR (*sonríe; abre los brazos mostrando el estudio*): Son éstas.

ÁLEX (*se desconcierta; no sabe qué decir*): ¿Dónde está Silvia? (*No la encuentra.*) Usted me prometió...

Las luces del escenario comienzan a vacilar; se van debilitando, como si la corriente fallara.

DIRECTOR (*realmente extrañado por el fenómeno*): ¿Eh? ¿Y ahora?... ¿Qué ocurre? (*Hacia la cabina del teatro:*) ¡Ramiro, qué pasa con la luz!... ¡Ramiro! ¡Toñoooo!

Se oscurece totalmente el escenario.

DIRECTOR: ¡Ramiro, la luz!
TÉCNICOS Y TRAMOYISTAS:
—Ahora sí se acabó la función.
—No estén jugando.
—¡Quién bajó el switch!
—Es un corto.
—La planta.
—¡Toño, el control!
—¡Enciendan la planta!
—Estaba encendida.
—Ya se echó a perder todo.
—Tan bien que íbamos.
—(*Riendo:*) ¡Cuidado con los maricones!
—(*Gracioso:*) Ay, tú, cómo eres.
DIRECTOR: ¡Qué pasó, Ramiro!, ¡te estoy esperando! ¿No hay nadie en la cabina? ¡Ramiroooo!... Toño, busca a Ramiro.
VOZ DEL ILUMINADOR: No fue aquí, señor.
DIRECTOR: ¿Qué estabas haciendo, Ramiro?
VOZ DEL ILUMINADOR: ¡Aquí no fue el corto!
DIRECTOR: ¿Dónde fue?
VOZ DEL ILUMINADOR: No sé, tal vez en el estudio.
DIRECTOR: ¡Cuál estudio! ¡No seas imbécil!
VOZ DEL ILUMINADOR: Allá con ustedes, en el control.
DIRECTOR: Es imposible... ¡Toño! ¡Toñoooo!
TRAMOYISTAS:
—Te hablan, Toño.
—Toño se fue con Gladys.
GLADYS: ¡No sean majaderos!
DIRECTOR: ¡Silencio todo mundo! ¡Toño!
TOÑO: Aquí estoy, señor.

Director: ¿Dónde?
Toño: En la cabina.
Técnicos y tramoyistas:
    —Ya apareció Toñito.
    —Trae aunque sea velas.
    —La seguimos con velas.
Director: ¡Silenciooo! ¡Qué diablos están haciendo en la cabina, Toño!
Toño: Vine a investigar. El apagón es en todas partes. Arriba y abajo.
Director: ¡Que enciendan la planta!
Toño: Eso fueron a ver, pero parece que hay problemas.
Director: ¿Qué problemas?
Toño: No sé... Parece que no sirve. ¿Damos un intermedio?
Director: ¡Qué intermedio ni que nada!... ¿Dónde está García?
Toño: Aquí en la cabina.
Director: Dile que no se vaya, voy para allá... ¡Es el colmo! ¡Silencio todo mundo!

Se escucha al director alejarse. Después de los siguientes comentarios y otros ad libitum, *las voces se van apagando hasta que todo queda en absoluto silencio.*

Técnicos y tramoyistas:
    —Al menos consigan unas velas, para jugar un dominó.
    —Estáte quieto, hombre.
    —Se va a aburrir el público.
    —Que devuelvan las entradas.
    —Díganle a Toño.

En la oscuridad, Silvia ha ido a sentarse ante una mesita del proscenio. Un tramoyista coloca frente a ella una vela.

Silvia: Gracias. (*Permanece pensativa. El silencio es total. Después de un largo lapso, Álex llega, por sus espaldas. Silvia se sorprende.*)
Álex: ¿Te asusté?
Silvia (*reaccionando*): No, no, sólo que... (*Larga pausa.*) Qué contrariedad... ¿Qué sería, un corto?
Álex: Posiblemente.

Silvia: ¿Algún fusible?

Álex: Sé muy poco de esto.

Silvia: Ojalá no tarden en arreglarlo. (*Pausa.*) Es ridículo, pero siempre me ha dado mucho miedo la oscuridad. Desde que era niña. Sentía escalofríos por todo el cuerpo y me ponía a llorar desconsoladamente. No había poder humano que me tranquilizara. Ni mis padres, ni mis hermanos. No sé. Es una sensación muy especial. Como si el mundo se terminara de pronto... Incluso cuando fui mayor, ya casada... (*Se interrumpe de golpe, se turba.*)

Álex (*muy lentamente*): Casada... ¿conmigo?

Silvia (*nerviosa, en transición*): Deberían tener una planta eléctrica de emergencia. Es indispensable.

Álex: No siempre.

Silvia: ¿No siempre?

Álex: No siempre es indispensable... la planta eléctrica. Ahora, por ejemplo. Gracias a esta interrupción podemos hablar. Desde luego también podemos hablar en casa... cuando estamos solos. (*Dudando.*) Lo hacemos, ¿verdad? Tú y yo charlamos con frecuencia, como cualquier matrimonio.

Silvia: ¿Usted y yo?

Álex: Tú y yo, Silvia.

Silvia (*nerviosa*): No sé qué quiere decir.

Álex: ¿De veras no lo sabes?

Silvia: Es la primera vez que trabajamos juntos.

Álex: ¿Trabajamos?

Silvia (*rehuyendo*): ¡Oh!, cuándo volverá esa luz. Me estoy poniendo nerviosa. Siento escalofríos como si...

Álex le toma la mano. Aumenta la alteración de Silvia.

Álex: No trates de fingir.

Silvia: No estoy fingiendo. (*En relación con la mano de Álex, que la acaricia:*) Por favor, Álex...

Álex: ¿Qué pasa?

Silvia: Por favor. (*Mira hacia la cabina.*)

Álex: Olvídate de él. Ahora está ocupado tratando de arreglar el desperfecto. Podemos hablar libremente.

Silvia (*se suelta*): No.

ÁLEX: ¿Tanto miedo le tienes?
SILVIA: Tengo miedo de la oscuridad.
ÁLEX: Nadie nos mira.
SILVIA: Él nos mira siempre, desde la cabina... Él está aquí. *(Transición.)* Oh, ya no sé lo que digo. Es absurdo.
ÁLEX: Continúa. *(Insistente.)* Continúa, te lo ruego. Sabes perfectamente lo que estás diciendo, lo que quieres decir. Tú y yo...
Silvia *(enfática):* Usted y yo nos acabamos de conocer.
ÁLEX: Mentira.
SILVIA: Hace unos minutos, cuando empezó la función.
ÁLEX: ¡Mentira! Tú y yo nos conocemos hace diez, ocho, seis años... No importa. Nos conocemos de siempre.

Un levísimo resplandor ilumina el set.

SILVIA: La luz...
ÁLEX: No hay luz.
SILVIA: Volvió la luz. *(Señalando:)* En el set... Todo está planeado por él.
ÁLEX: No todo.
SILVIA: Mira la luz.

Sorpresivamente, Álex toma a Silvia de la mano y la conduce hasta el set, casi corriendo.

ÁLEX: No todo.

Se escucha un suave fondo musical.

SILVIA: La música.
ÁLEX: Qué importa la luz y qué importa la música. Él no puede conocer nuestros pensamientos.
SILVIA: Los conoce.

Álex trata de acomodar algunos cojines y objetos, como si corrigiera los leves cambios que pudieran haberse operado en la decoración del set.

ÁLEX: Voy a demostrarte que no.

SILVIA: ¿Qué hace?

ÁLEX: Voy a demostrártelo.

SILVIA: No sea ingenuo, Álex.

ÁLEX (*con referencia a la decoración, revisando*): Así estaba en nuestra escena.

SILVIA: Acepte la situación.

ÁLEX: Tú no la aceptas.

SILVIA: Es inútil luchar contra ella.

ÁLEX: El que digas que es inútil confirma que no la aceptas.

SILVIA: No. Lo digo porque eso es lo que debo decir... Somos actores, somos personajes.

ÁLEX: Algo más que eso. Somos marido y mujer; ahora, es decir, siempre.

SILVIA (*sonríe compasiva*): Álex...

ÁLEX: Vamos a continuar.

SILVIA: A continuar qué.

ÁLEX: Nuestra escena. La que él interrumpió.

SILVIA: Así estaba proyectado.

ÁLEX: Vamos a continuarla.

SILVIA: Así está proyectado también.

ÁLEX: Pero nadie puede proyectar nuestros sentimientos. (*Accionando rápidamente, coloca a Silvia.*) Tú estabas aquí cuando dijiste: Mandaré cancelar tu pasaje... Repítelo.

SILVIA: No.

ÁLEX: ¡Repítelo!

SILVIA (*sin convicción*): Mandaré cancelar tu pasaje.

ÁLEX: Entonces yo respondí: Continúa. (*Esforzándose por entrar en situación.*) Quiero saber todo lo que piensas de mí.

SILVIA (*fuera de situación*): Es un diálogo absurdo.

ÁLEX: Para mí no es absurdo. Responde. (*Pausa.*) Vamos, responde... Tú dijiste: Eso es todo... Repítelo.

SILVIA: Eso es todo.

ÁLEX: Y yo dije (*en situación*): No, no lo es. Si has tenido valor para empezar, tienes que llegar hasta el fin.

SILVIA (*entrando poco a poco en situación*): Éste es el fin, Álex. Debió ser de otro modo, pero ya no es posible. Hubiera preferido que nos separáramos tranquilamente, como lo hacen todos. (*Transición. Fuera de situación.*) Estamos haciendo el ridículo.

ÁLEX (interrumpiendo): Ahora menos que nunca podemos separarnos... ¿No comprendes? (Silvia quiere marcharse, pero él la detiene.) Éste puede ser nuestro verdadero principio. Has abierto las ventanas de golpe.

SILVIA (fuera de situación): Ahí fue donde él cortó.

ÁLEX: ...Me has hecho entender que estábamos viviendo en una mentira...

SILVIA (idem): Le pareció cursi.

ÁLEX: Yo soy una gran mentira. (Pausa.) Continúa, Silvia.

SILVIA: Nada hay que continuar. Allí termina el parlamento. Él salió de la cabina.

ÁLEX: Pero ahora no saldrá. Podemos seguir. Es la gran oportunidad de nuestra vida. Tú me has quitado una venda de los ojos y me has enfrentado a la realidad... He sido un monigote y he vivido sin darme cuenta de que estabas a mi lado.

SILVIA: Eso es cursi también.

ÁLEX: Escúchame, Silvia.

SILVIA: Gladys es incapaz...

ÁLEX (interrumpe): Solamente puedo hablar con las frases cursis de Gladys, pero no son las palabras lo que importa... Lo que importa es que te quiero. Sin palabras, sin conceptos, sin libretos; más allá de los libretos.

SILVIA: Todo está escrito de antemano.

ÁLEX: No está escrito que yo deba amarte de veras.

SILVIA: Acabas de conocerme.

ÁLEX: El amor no se mide en tiempo.

SILVIA: Estás actuando.

ÁLEX: Te amo, Silvia.

SILVIA (angustiándose): Yo también estoy actuando.

ÁLEX: Te amo.

SILVIA: Es mentira, mentira. (Sale del set.) Luces, Ramiro... ¡Luces!

ÁLEX: Nadie va a encenderlas. No podrán hacerlo si tú piensas como yo.

SILVIA: Enciendan las luces, por favor... ¡Ramiro! ¡Toño! ¡Feder!

Álex la detiene.

SILVIA: Suéltame. (No logra desasirse.) ¡Gladys!... ¿Dónde están las cámaras?

ÁLEX: Es nuestra única oportunidad.

SILVIA: ¿Dónde está él?

ÁLEX: No lo llames.

SILVIA: Quiero que él me diga que esto es una comedia.
ÁLEX: Es nuestra única oportunidad, Silvia, entiende... Tú también me amas.
SILVIA: ¡No!
ÁLEX: Se lo dijiste a Feder. Lo sigo queriendo, dijiste.
SILVIA: Sólo repetí las tonterías de Gladys... Me lo estaban dictando.
ÁLEX: Te dictaban únicamente las palabras. Repítelas ahora, para mí, para ti misma... en silencio. Antes de que sea tarde.

Se aproxima. Va a besarla. Silvia parece acceder, pero se retira en el último instante.

SILVIA: No puedo. (*Pausa. Tierna.*) Perdóname.

Todas las luces del escenario se encienden de golpe. Se advierte a los técnicos y al director, que miran hacia el set desde el pasillo aéreo.

DIRECTOR: Perfecto, Silvia. ¡Ésa era tu reacción! Justo lo que yo quería!... Ahora sí estuviste magnífica. (*Álex traza un gesto y un ademán de desengaño.*) Y ahí, sobre Álex desilusionado, muy desilusionado, viene el fade y termina el primer acto.

OSCURO

ACTO SEGUNDO

El escenario se encuentra en gran actividad. Los tramoyistas realizan notables cambios en el set. No sólo cambian muebles, sino introducen varios paneles que terminan por transformar la pequeña estancia en un estudio donde se advierten libreros, algunos sillones y, en forma sobresaliente, un diván. También los técnicos varían la posición de reflectores, cables, plataformas, cámaras. Esta transformación se lleva a cabo durante las primeras escenas, hasta que concluye el diálogo entre Álex y Toño, y quizá un poco después.

Al iniciarse el acto, Álex se encuentra sentado ante la mesa del proscenio donde inició su último parlamento con Silvia. Se le ve pensativo, ajeno a la actividad general.

TÉCNICOS *(entre muchas otras frases* ad libitum*)*:
VOZ EN EL MICRÓFONO: Probando, probando... Uno, dos, tres, cuatro... Probando. ¿Me oyen bien?
—Sube el volumen.
FLOOR-MANAGER *(llamando)*: Oye, Toñín.
VOZ EN EL MICRÓFONO: Uno, dos, tres... uno, dos, tres... probando.
—Ahí está bien.
—Enciéndeme la dos.
VOZ EN EL MICRÓFONO: Probando, probando...
—¡Bájame un cincuenta!
VOZ EN EL MICRÓFONO: Tercera llamada, tercera llamada. Continuamos. Tercera llamada. *(Toño cruza llevando algunos objetos de utilería.)*
TRAMOYISTA: ¿Estás seguro de los paneles?
TOÑO: Claro que sí.
TRAMOYISTA: Luego viene y nos regaña a todos, como en el primer acto.
TOÑO: No te preocupes.
TRAMOYISTA: ¿Bajo tu responsabilidad?
TOÑO: Bajo mi responsabilidad.
TRAMOYISTA: Okey.

Toño se aproxima.

TOÑO: ¿Ya están listos?
FLOOR-MANAGER: ¿A qué horas baja el patrón?
TOÑO: Al rato. ¿Para qué lo quieres?
FLOOR-MANAGER: Está fallando la dos.
TOÑO: ¿La revisó Gaby?
FLOOR-MANAGER: Pero sigue fallando. El enchufe se bota.
TOÑO: Y qué quieres que haga.
FLOOR-MANAGER: Que le avisen al patrón.
TOÑO: Él va a tardar un rato... Llama a Gaby para que la revise de nuevo.
FLOOR-MANAGER: No está en la cabina.
TOÑO: Debe estar en Mantenimiento.
FLOOR-MANAGER: Tampoco.
TOÑO: Ahora te lo busco.
FLOOR-MANAGER: ¿De veras?... Gracias, Toñín.

Cuando Toño va a salir, advierte a Álex. Se aproxima.

TOÑO: ¿Muy cansado, señor Álex? *(Álex se encoge de hombros.)* ¿Quiere que le traiga un café, una copa? ¿Quiere una copa de brandy?

ÁLEX *(con desdén)*: Agua pintada.

TOÑO: Algo es algo. Al menos se hace las ilusiones. *(Álex deniega.)* O mire, ¿sabe qué? Allá en la cabina, los muchachos tienen una botellita de ron... Ahora que no está él se la puedo bajar. ¿Qué dice?

ÁLEX: No, Toño, gracias.

TOÑO *(pausa, suspira)*: Ah, cómo es la vida. Definitivamente yo no entiendo a los actores famosos como usted. Lo tienen todo: aplausos, fama, mujeres, dinero... Y ya lo estamos viendo: el menor contratiempo los hace polvo. En cambio uno sí que está fastidiado. Encima de trabajar desde que amanece, lo tratan a uno con la punta del pie... Yo no sé, pero al señor este nunca se le da gusto. Nada le parece bien. Que si pide una mesita cuadrada y se le trae la mesita cuadrada, ah, no, ésa no, ahora la quiere redonda. Que si voy a llevar las nóminas con el delegado, porque él me lo ordenó, ¡Por qué no estás en el estudio, Toño, esto no puede ser!" Y no hay explicaciones que valgan. Él siempre tiene la razón, aunque no la tenga... No hay derecho, señor Álex. Porque además, usted lo ha visto, yo me parto el alma tratando de que todo salga bien. La hago de cualquier cosa: de tramoyista, de utilero, de ayudante de dirección, de comparsa, hasta de alcahuete. ¿Y sabe lo que gano? ¿Tiene idea de lo que me pagan? Es ridículo. No me alcanza ni para cigarros... Pero en fin, no tiene remedio, mientras no salga otro trabajo mejor, aquí seguimos.

ÁLEX: ¿Has buscado otro trabajo?

TOÑO: ¡Vaya que si he buscado!

ÁLEX: Con todo lo que sabes de este negocio...

TOÑO: De nada me sirve, señor Álex; en todas partes es lo mismo. Además, no es esto lo que a mí me gusta realmente. ¿Sabe lo que yo quisiera ser, por encima de todo? ¿Lo que de veras me entusiasma?... Se va a reír. *(Pausa.)* Yo quisiera ser actor, señor Álex.

ÁLEX: Ya lo eres.

TOÑO: ¡Qué va! Soy un simple comparsa... No, no, actor como usted. Protagonista. Que me dieran un papel como el de esta obra, muy dramático. El de un hombre angustiado que lucha, que sufre, que sueña, pero claro, que también tiene alguna escena de amor, ¡de alto voltaje!, con una mujer así como María Luisa. Qué mujer, señor Álex, ¡es impresionante! Cómo lo envidio. Va a resultar una escena de antología.

Álex: ¿Cuál escena?

Toño: La de usted con María Luisa, ¿cuál ha de ser? ¿Ya la ensayaron? *(La mirada de Álex lo hace reaccionar súbitamente. Transición.)* Ah, ya estoy hablando de más. Se me fue la lengua. *(Se levanta. Va hacia el foro, de salida.)*

Álex: ¿Cuál escena, Toño?

Toño *(nervioso)*: Discúlpeme, voy a buscar a Gaby a Mantenimiento.

Álex va a su alcance en el momento en que Gladys, quien observaba gran parte de la escena, adelanta.

Gladys: ¡Todavía no es tu mutis, Toño, no te vayas! *(A Álex:)* Lo echó todo a perder. *(A Toño:)* ¡Eres un traidor! Nada de lo que dijiste está aquí.

Toño: A mí no me importa el libreto.

Gladys: ¡Tiene que importarte!

Toño: Yo no soy protagonista.

Gladys: Ésa no es razón para que cambies los diálogos. ¡Es mi obra!

Toño: Su obra me importa un cacahuate.

Gladys: ¡Majadero!... ¿Lo oyó, Álex? ¿Oyó lo que dijo? *(Deteniendo a Álex.)* Espere, por favor, esto es gravísimo. *(A Toño:)* Ven acá, Toño. *(Mostrando el libreto a Álex:)* Mire usted si hay derecho. Mire. Aquí empezaba el diálogo: ¿Quiere que le traiga un café, una copa? ¿Quiere una copa de brandy?

Toño: Eso dije.

Gladys: Pero luego te pusiste a inventar. Y no le diste el mensaje de Silvia.

Álex: ¿Un mensaje de Silvia, para mí?

Gladys: ¡Claro, era todo el motivo de la escena!

Toño: ¡Deje de hacer escándalo!

Gladys: No me grites, Toño.

Álex *(tratando de quedarse con el libreto)*: Permítame.

Gladys *(sin soltar el libreto)*: Al principio pensé que habían marcado una variante...

Álex *(idem)*: Permítame, por favor.

Gladys *(idem)*: ...pero luego haces mutis tranquilamente.

Álex: ¿Cuál era ese mensaje de Silvia?

Toño: No tenía la menor importancia.

Gladys: ¡Tú qué sabes!

Álex: ¿Me permite un segundo el libreto?

Gladys: Espere. Quiero que sea testigo de este atropello.

Toño: No sea ridícula.

Gladys: Cállate.

Toño: No me callo.

Gladys: ¡Cállate!

Toño: ¡Yo no soy su monigote, Gladys!

Gladys: ¡Eres un personaje de mi obra!

Toño *(alejándose):* ¡Su abuela!

Gladys: Ven acá, Toño. ¡Toño! *(A Álex:)* Dígale que venga.

Técnicos *(burlones):*
—Cuidado, Toño.
—Córrele, que te alcanza.
—La vas a hacer llorar, pobrecita.
—Regresa, Toño.
—Ingrato.

Gladys *(a Álex):* Ahora todos me van a faltar al respeto por culpa de ese irresponsable. ¡Canalla! *(Transición.)* Disculpe esta escena, Álex. Usted no tiene la culpa.

Álex *(procurando el libreto):* ¿Me permite ya?

Gladys *(sin soltar el libreto):* ¿Para qué?

Álex: Quiero ver ese mensaje de Silvia.

Gladys: Ya lo conoce, ¿qué no? *(Álex deniega; ella sonríe, coqueta.)* Ay, Álex, no se burle de mí.

Álex: Préstemelo un segundo. Ahora se lo devuelvo.

Gladys: Mejor le leo el mensaje yo misma. Así tenemos oportunidad de conversar a solas un momento. *(Sonríe.)* Allá estaremos más cómodos. *(Lo lleva hasta el set. Con referencia al set:)* ¿Qué le parece? Es su estudio. Yo misma hice el diseño… Mire qué diván tan lindo, tan romántico. Tome asiento, Alex… Aquí, más cerca. Más, no tenga miedo. Para que quedemos bien protegidos por las cámaras. *(Sonríe.)* Es emocionante trabajar al lado de un actor tan famoso… tan guapo.

Álex *(con desdén):* ¡Otra vez la comedia!

Gladys: No lo diga con tanto desprecio, por favor.

ÁLEX: ¿Qué es lo que debo hacer? (*Siempre en burla.*) ¿En qué momento baja nuestro querido director?

GLADYS: Él no vendrá ahora.

ÁLEX: ¿Y quién va a montar la escena?

GLADYS (*ridículamente seductora*): Estamos solos; usted y yo. Tenga confianza. Recuerde que soy la escritora. No hace falta nadie más.

ÁLEX (*a los técnicos*): ¡Adelante, muchachos, qué esperan! Cámaras. Música. Corre videotape.

GLADYS: No se exalte, Álex, no es el momento. Estamos en su estudio, a solas. Usted me ha citado aquí para discutir algunos puntos referentes a Silvia. Quiere saber lo que Silvia piensa después de ese final del primer acto. En alguna forma trata de halagarme porque sabe que yo… Bueno, como soy la escritora, yo puedo cambiar algunas situaciones, para darle gusto.

ÁLEX: ¿Puede cambiarlas de veras?

GLADYS: Desde luego.

ÁLEX: ¿Puede escribir los parlamentos que yo quiera?

GLADYS: Mjm.

ÁLEX: ¿Y él?

GLADYS: ¿Quién?

ÁLEX: Él.

GLADYS: ¿El director?… Ah, pierda cuidado. En una u otra forma tendrá que sujetarse a lo que yo escriba.

ÁLEX: Lo dudo mucho.

GLADYS: ¿Por qué? Él depende completamente de mí. Sin libreto no hay obra.

ÁLEX: La ha habido hasta este momento.

GLADYS: ¡Eso se imagina usted! Lo que ocurre es que yo he sido su cómplice. Si yo hubiera querido, el primer acto habría terminado como usted pretendía. ¿No me cree? (*Álex deniega.*) ¡Escéptico! (*Transición. Seductora.*) Vamos, Álex, trata de chantajearme, yo soy muy fácil de convencer. Basta con que haga un esfuerzo, un pequeño esfuerzo. (*Pausa.*) ¿Tan repugnante le parezco? No soy una beldad, pero a pesar de todo soy mujer… Si lo prefiere, podemos pedir a Ramiro que apague las luces. (*Pausa.*) Trate de entenderme: he vivido tan sola, sexualmente tan sola. Mi único desahogo ha sido esto: escribir, imaginar historias; los grandes romances que no he vivido, las escenas de amor en las que he soñado siempre. Me acusan de cursi, pero no me importa. Las palabras que pongo en los labios de hombres como usted son las caricias que he deseado toda mi vida, inútilmente. *(Pausa.)* A nadie le he hablado así, Álex. Compréndame. Y yo le prometo que escribiré lo que usted quiera. *(Álex se levanta. Gladys va tras él.)* ¿Es mucho lo que pido?

Álex: Todo es mentira.

Gladys: Le juro que no.

Álex: Lárguese. *(Toma el libreto y lo arroja violentamente contra un mueble. Las hojas se desparraman por el suelo.)* ¡Lárguese con su basura!

Gladys recoge las hojas.

Gladys *(herida)*: Nunca debió hacerlo. ¡Le pesará!

Álex *(remeda música; mofándose)*: ¡Música estrujante! ¡Gran final de capítulo!... ¿Qué ocurrirá mañana? Gladys mira a Álex con odio infinito. En sus ojos brilla la venganza.

Gladys: Le pesará.

Álex: Le pesará, repite. Y sale del estudio con los ojos inyectados por la cólera... ¡Música, Armando! ¡Sube música! ¡Zoom in! ¡Fade out! ¡Corte videotape!

Efectivamente sube la música.

Floor-manager: ¡Corte videotape! Queda.

La iluminación crece en el foro.

Álex *(irónico)*: ¿Todo bien, muchachos?

Técnicos: Todo bien.

Álex: ¿Bien las cámaras? ¿Bien la imagen?

Técnicos:
—Un resbaloncito a la mitad, pero sin consecuencias.
—Quedó perfecto.

Álex: ¿No hay necesidad de repetirlo?

Técnicos:
—¡Qué va!
—Así nos seguimos.

Álex: En la función de mañana trataremos de que salga limpio. ¿De acuerdo?

TÉCNICOS: De acuerdo.
ÁLEX: ¿De acuerdo todos?
TÉCNICOS: De acuerdo.
ÁLEX (*reaccionando, violento*): ¡Imbéciles!

Lo miran con sorpresa. Murmurando entre sí.

TÉCNICOS:
—Otra vez se está poniendo histérico.
—¿Qué le pasa?
—¿Está enfermo?
—Está loco.

FLOOR-MANAGER: Silencio. Prevenidos con los aplausos. A sus puestos todos. ¡Silencio!

Álex ha vuelto las espaldas a los técnicos y regresa al set. Levanta algunas hojas que no recogió Gladys y empieza a leer una de ellas. Lo hace al principio en voz muy baja.

ÁLEX (*leyendo*): Morir, dormir, tal vez soñar. (*Toma otra hoja. Lee con escasa convicción:*) Sueña el pobre que padece su miseria y su pobreza, sueña el que a medrar empieza, sueña el que afana y pretende, sueña el que agravia y ofende, y en el mundo, en conclusión, todos sueñan lo que son, aunque ninguno lo entiende. (*Deja de leer. Declama en tono ascendente:*) Yo sueño que estoy aquí, de estas prisiones cargado, y soñé que en otro estado más lisonjero me vi. (*Se detiene.*)

FLOOR-MANAGER: Venga.

Todos los técnicos aplauden cerradamente. Álex los ignora. Toma otra hoja.

ÁLEX (*leyendo*): Me asombra su incredulidad. (*Mira hacia los técnicos.*) ¿No están ustedes acostumbrados a ver agitarse aquí, sobre el tablado, los personajes creados por un autor? (*Pausa. Sigue leyendo:*) El que tiene la fortuna de nacer personaje puede reírse hasta de la muerte, porque no morirá jamás.

Gran silencio. Silvia se ha ido acercando y llega hasta Álex.

SILVIA: Pirandello. Seis personajes en busca de un autor.
ÁLEX (*larga pausa, sonríe ligeramente, recordando*): Sí, es cierto.
SILVIA: Ha pasado mucho tiempo.
ÁLEX: Diez años... Tal vez más.
SILVIA: Diez años por lo menos.
ÁLEX: Fue un principio interesante.
SILVIA: Teníamos otra forma de mirar la vida. Éramos más generosos, más idealistas. Trabajábamos con verdadero entusiasmo. Ni siquiera necesitábamos un teatro. Cualquier lugar era bueno.
ÁLEX: La bodega de los Fernández. ¿Te acuerdas de la bodega de los Fernández?
SILVIA (*sonríe*): ¡Qué aventura!
ÁLEX: ¿Te acuerdas?
SILVIA: Me acuerdo de las ratas...
ÁLEX (*sonríe*): Sí... iban más ratas que público.
SILVIA: Qué horror.
ÁLEX: Qué maravilla.
SILVIA: Después vino el concurso; pusimos Pirandello, justamente.
ÁLEX: No, no, el concurso fue antes.
SILVIA: Fue después... Todavía no estaba con nosotros Abelardo.
ÁLEX: Es verdad. ¿Quiénes estaban?
SILVIA: ¿Al principio?
ÁLEX: Cuando la bodega.
SILVIA: Estaban Montesinos, Luz María, Rodríguez Martell, Pepe Alcántara...
ÁLEX: Sí, Pepe Alcántara; era buenísimo.
SILVIA: Él hacía el padre en seis personajes.
ÁLEX: ¿El padre? Ya casi no me acuerdo. ¿Cómo iba?
SILVIA: ¿La obra?
ÁLEX: Al final alguien moría, me parece.
SILVIA: El hijo.
ÁLEX: Sí, el hijo...
SILVIA: Se suicidaba.
ÁLEX: Cierto. Lo hacía el hermano de Abelardo: Joaquín. (*Pausa.*) ¿Qué fue de Joaquín?
SILVIA: Se suicidó.
ÁLEX: En la obra.
SILVIA: No, después.

ÁLEX *(se sorprende):* ¿Cuándo?

SILVIA: Mucho después.

ÁLEX: No es posible.

SILVIA: Estábamos en Monterrey cuando nos avisaron. Acuérdate. Fue terrible. Nunca se supieron las razones. Incluso tú acompañaste a Abelardo cuando fue con sus padres. Vivían en el estado de Guerrero, me parece.

ÁLEX: Qué extraño, no recuerdo nada. Pobre Joaquín. *(Se levanta. Larga pausa. Vuelve a situarse, como si despertara de un sueño.)* Espero que a Gladys no se le ocurra suicidarme. *(Sonríe.)* Con el odio que me tiene ahora.

SILVIA: No eres tú el único que puede suicidarse. *(Larga pausa. Transición.)* Esto es muy diferente, es un melodrama.

ÁLEX: Pero somos sus personajes.

SILVIA: Tú y yo somos marido y mujer. *(Pausa.)* Ahora, es decir, siempre.

ÁLEX: Ya es tarde, Silvia.

SILVIA: ¿No era eso lo que querías que dijera?

ÁLEX: Pero ya es tarde.

SILVIA: La función no ha terminado.

ÁLEX: Es tarde para mí.

SILVIA: Nunca lo es.

ÁLEX *(reaccionando):* ¿Por qué hasta ahora, Silvia? ¿Por qué hasta ahora?

SILVIA: Me era muy difícil comprenderte; estaba confundida, me faltaba valor.

ÁLEX: Mientes. Estás fingiendo. *(Desconcertado, nervioso.)* ¿Quién te escribió ese parlamento? ¿Gladys?... No, no fue Gladys. Fue él. ¡Fue él en la cabina! Allí se esconde ahora. Nos está espiando. Se ríe de nosotros. ¿Por qué no sale? ¡Por qué no baja de una vez! Regrese ya. *(Hacia la cabina:)* ¡Regrese!

SILVIA: No lo llames.

ÁLEX *(enfebrecido):* Él te ordenó que vinieras. Te escribió todo el diálogo. La bodega de los Fernández, nuestros recuerdos... Nuestros recuerdos son invención suya. Él los escribió.

SILVIA: Nadie me escribió nada.

ÁLEX: Mientes. Estás actuando para las cámaras, para el público.

SILVIA: Ni las cámaras ni el público saben lo que pienso ahora. Tampoco él.

ÁLEX: Sigues actuando.

SILVIA: Son palabras tuyas, en el primer acto.

ÁLEX: De nada sirven.

Silvia: Tienen que servir. (*Transición.*) Escúchame, Álex. Quiero luchar contigo, contra él. Te quiero.
Álex: Eso es cursi.
Silvia: Te quiero, Álex.
Álex: Basta de melodramas.
Silvia: Dime lo que debo hacer.
Álex: No. Es una trampa. Es una nueva trampa que me tiende. ¡Está muy claro! Trata de que yo me conmueva con tus palabras. Pero cuando lo haga, cuando acepte ir hacia ti, tú me rechazarás. Es su juego. Nunca podremos coincidir.
Silvia: Inténtalo ahora. No te rechazaré.
Álex: No puedo.
Silvia: Inténtalo.

El director sale de la cabina. Permanece en el pasillo aéreo.

Álex (*mirando hacia el pasillo*): Allí está. ¡Allí está, míralo! Aguardando el menor gesto de rebeldía para ordenar el corte. ¡Míralo! Es un monstruo. Se ríe de nosotros. Nos tiene presos en sus garras. (*Hacia la cabina:*) ¡Enciende la luz, Ramiro! ¡Vamos, qué esperas! Corte videotape. ¡Corte!
Silvia: Inténtalo, Álex.

El director baja la escalera y se encamina hacia el escenario. Todas las luces se encienden.

Álex: ¡Al fin! ¡Ahí viene!
Director (*llegando*): Ve a cambiarte de ropa, Silvia. Pronto.
Silvia (*confidente, a Álex*): Aguardaré todo lo que sea necesario. Confío en ti.
Director: Y que te quiten ese maquillaje. Quiero un rostro muy pálido. Sin sombras ni pintura en los labios. Nada.
Silvia: Sí, señor.

Mutis de Silvia. Se produce un gran silencio en el escenario mientras el director examina detenidamente el foro y el nuevo set.

Director (*hacia los técnicos*): ¿Cómo ha marchado todo?
Floor-manager: Perfectamente, señor.

Director: ¿No han tenido problemas?

Floor-manager: Ninguno.

Tramoyista: ¿Qué le parece el set? Toño dijo que iban los paneles, bajo su responsabilidad.

Director: Está bien.

Gladys, quien ha seguido al director desde la cabina, se aproxima.

Gladys: ¿Va a hablar con Álex y con Toño?

Director *(llamando a un tramoyista)*: Dile a Toño que venga.

Gladys: ¡Inmediatamente! *(Transición.)* Ahí está Álex. *(Álex se aproxima, indiferente.)* Como le decía, trató de chantajearme. ¡No trate de negarlo, Álex!

Álex *(sarcástico)*: ¿De qué me acusa esta mujer?

Gladys *(a Álex)*: ¡Ya se lo dije todo, canalla!

Álex *(al director, sarcástico)*: ¿Va a dejar esa palabra... canalla? Se oye mal. No va con la obra.

Gladys: Se está burlando. Y yo no estoy dispuesta a soportar más insultos.

Director: ¡Silencio! *(Avanza hacia Álex.)* Necesitas tomar un descanso, Álex. Aún te falta un largo trecho; el más difícil.

Gladys: ¿No le va a llamar la atención? Trató de chantajearme. Todos los muchachos son testigos.

Director: Con un demonio, Gladys, ¿no puede dejar de molestar?

Gladys: Estoy denunciando una traición.

Director: Cállese.

Gladys: Un descarado acto de sabotaje contra la obra.

Director: ¡Cállese ya, me tiene harto, no la soporto más! ¡Vieja impertinente!, ¡lárguese!

Gladys *(extrañadísima, no puede creerlo)*: Vieja impertinente... me ha dicho vieja impertinente. *(Empieza a hacer pucheros.)* Yo sólo he querido defender la obra *(gimotea)* y me llama vieja impertinente, cuando toda la culpa ha sido de Álex.

Director: ¡Váyase a llorar a otra parte, donde no la vea el público!

Gladys *(gimoteando)*: ¿Por qué me insulta?

Director *(a un tramoyista)*: Llévatela por favor. Enciérrala en la cabina y que no aparezca más.

Gladys: No.

Director: No quiero verla en todo lo que resta de la obra.

Gladys (*resistiéndose*): No... eso no... eso no puede hacerlo. (*Se arroja de rodillas ante el director.*) Perdóneme. Si he dicho algo que lo haya ofendido, perdóneme. Pero no me haga eso. No me expulse de la obra.

Director (*al tramoyista*): Qué esperas, hombre.

Gladys: No me expulse de la obra, se lo ruego. Me retracto. (*Se la llevan casi a rastras.*) Me retracto, yo fui la culpable... Yo traté de chantajear a Álex. Él es inocente. Yo fui la culpable. Lo hice por amor... quería un poco de amor. No me expulse de la obra. No me expulse.

Las últimas frases de Gladys se pierden en el pasillo aéreo. Desaparece en la cabina.

Álex: ¿Va a quedarse sin escritora?

Director: No la necesito. Ni a ella ni a nadie. Me basto solo. ¿Tú qué piensas?

Álex: Nada.

Director: ¿Todavía tienes esperanzas de ganarme la partida?

Álex: Ya ganó usted.

Director: ¿Lo piensas de veras?

Álex: Es un hecho.

Director (*ríe abiertamente*): Si no te conociera como te conozco, diría que hablas en serio. Sobre todo por ese gesto de resignación que pones. Eres buen actor, Álex, muy convincente. (*Transición.*) Anda, ve a descansar un poco. Enseguida te llamo.

Álex: Lo que usted ordene.

Se retira hacia el fondo del escenario. Toño llega hasta el director.

Toño: ¿Me mandó llamar, señor?

Director: Era para Gladys, pero ya me libré de ella. Y en un momento más me deshago de ese otro imbécil de Feder.

Toño: Por cierto que está furioso.

Director: Furioso por qué.

Toño: Dice que usted le está jugando sucio. Que lo contrató para un coestelar y lo tiene relegado.

Director: De todos modos cobra, ¿no?

Toño: Sí, pero está furioso. Y ahora hasta conmigo.

Director (*divertido*): ¿No me digas? ¿De veras?
Toño: Según él, yo he ido adquiriendo cada vez más importancia.
Director: En eso tiene razón.
Toño: Pero cuál importancia.
Director: Más de la que mereces.
Toño: Si usted lo dice...
Director: Más de la que mereces, Toño. Voy a tener que empezar a eliminarte.
Toño: No habla en serio, ¿verdad?
Director: Absolutamente.
Toño: Todavía me falta una escena con el señor Álex.
Director: Olvídate de ella.
Toño: Usted me prometió una oportunidad.
Director: Yo nunca prometo nada. (*Transición.*) Mutis, Toño. Y aprovecha el viaje para llamar a María Luisa. Estamos muy atrasados.
Toño: Sí, señor.

Mutis de Toño, molesto. El director entra en el set y reacomoda algunos objetos.

Director (*se vuelve*): Pero qué sucede con María Luisa. ¡No la vamos a estar esperando toda la noche! ¡Que entre ya!
Floor-manager: Ya entró, señor.
Director: ¿Dónde está?
Floor-manager: Allá en el fondo.
Director: ¡Pero no era por ahí!

Efectivamente, María Luisa ha entrado al escenario por la parte posterior. Su figura atrae las miradas y los comentarios en voz baja de técnicos y tramoyistas. María Luisa se dirige a alguno de ellos.

Director (*hacia la cabina del teatro*): Luz sobre María Luisa, Ramiro. ¡Protégela! (*Transición. En voz baja:*) Esta niña es un plomo. (*Transición.*) ¡Ramiro!

Se enciende la luz solicitada.

María Luisa (*a un técnico*): ¿Dónde puedo encontrar al señor Álex?
Tramoyista: Anda por ahí.

María Luisa: ¿Está ocupado?

Tramoyista: Me parece que no. (*Transición.*) Ahí está, mire. ¡Te buscan, Álex!

María Luisa va a su encuentro.

María Luisa: ¿Usted es el señor Álex? (*Rápida transición.*) Ay, perdón, qué pregunta; claro que es Álex, quién no lo conoce… Lo que pasa es que nunca había tenido la suerte de verlo en persona y… (*Se interrumpe. Transición.*) ¿Puedo robarle un minuto de su tiempo?

Álex: ¿Qué se le ofrece?

María Luisa: ¿Sabe?, soy periodista. Empiezo a trabajar apenas. Más bien estudio. Es decir, estoy empezando a colaborar en algunos periódicos, y me mandaron a entrevistarlo. Yo encantada, claro, lo admiro mucho; pienso que usted es el actor del momento. (*Pausa. Transición.*) ¿Puede concederme una entrevista?

Álex (*evadiendo*): Sí… hábleme cualquier día.

María Luisa: Pero la necesito ahora… ahora mismo. Le prometo no quitarle mucho tiempo. Sólo unos…

Álex (*interrumpiendo*): Ahora no puedo.

María Luisa: Sólo unos minutos, Álex. No sea malo. Hágame ese favor.

Álex: No puedo.

María Luisa: Unas cuantas preguntitas y ya, en lo que empieza a grabar… Diga que sí. Usted no me puede hacer quedar mal. Es mi primera colaboración… ¿Sí?

Álex: Otro día. Ahora no estoy para entrevistas.

María Luisa: Un minuto nada más.

Álex: Lo siento. (*Se aleja.*)

Director: ¡No te vayas, Álex! (*El director avanza hasta ellos.*) Quédate donde estabas. Tienes que aceptar. (*Álex mira largamente al director.*) Tienes que aceptar.

Álex: De ninguna manera.

Director: ¿Y por qué no? Es una entrevista, como tantas otras que te hacen a diario. Además, la chica es guapa, inteligente…

Álex: ¿Inteligente? (*Sonríe con desprecio.*)

Director (*se vuelve hacia María Luisa*): En eso tú tienes la culpa, María Luisa.

La carpa

Estás demasiado sosa, ¿cómo te diré?, demasiado simple; y para que él acceda es necesario que proyectes cierto aire intelectual. ¿Me explico?
MARÍA LUISA: Usted sólo me dijo que debía ser muy sexy.
DIRECTOR: Pero lo sexy no está reñido con lo intelectual.
MARÍA LUISA: No, claro que no...
DIRECTOR: ¿Entonces?
MARÍA LUISA: Bueno... necesitaría unos anteojos.
DIRECTOR (*alzando la voz*): Unos anteojos, Toño, ¡pronto!

Toño entra corriendo.

TOÑO: ¿Señor?
DIRECTOR: Unos anteojos para María Luisa. (*Toño le entrega de inmediato los anteojos. A Toño, tronando los dedos:*) Y mutis.
TOÑO: ¿Yo?

El director reafirma su orden con un gesto, y Toño sale. María Luisa se pone los lentes.

MARÍA LUISA: ¿Qué tal me veo?

El director mueve de un lado a otro la cabeza, sin gran convencimiento.

MARÍA LUISA: ¿Me permite pedir un espejo?
DIRECTOR: Nada de espejos.
MARÍA LUISA: ¿No me veo muy snob?
DIRECTOR: Da lo mismo, vengan. (*Conduce a Álex y a María Luisa hasta el set.*) Ya estamos aquí. Han seguido hablando, que sí, que no, que otro día, que no, bla bla bla. Y te la traes a tu casa. Llegan.
ÁLEX: ¿A mi casa?... ¿Cómo voy a traer a mi casa a esta mujer?
DIRECTOR: ¿Y por qué no?
ÁLEX: Es absurdo.
MARÍA LUISA: ¡Ay, qué emoción!
ÁLEX: Ni siquiera a Gladys se le hubiera ocurrido.
DIRECTOR: Pues se le ocurrió a Gladys, justamente. Sólo que ella trató de apropiarse la escena.
ÁLEX (*molesto*): Es absurdo, no lo acepto, no lo acepto de ningún modo. Cómo voy a admitir que...

Director (*interrumpiendo*): Aquí nada es absurdo, Álex.
Álex: Pero quiere decirme…
Director (*interrumpiendo de nuevo*): Adelante.
María Luisa: Sí, sí, vamos.

Avanzan hacia el set. Álex lo hace muy contrariado.

Director (*a Álex*): Tú sabes que Silvia no está en casa, por eso la traes.
Álex: Totalmente ilógico.
Director: Lo has hecho muchas veces, con cualquier pretexto. (*Transición.*) Lo siento, Álex. (*Va hacia María Luisa.*) Sentada aquí. (*María Luisa toma asiento y él se retira para observar a distancia la posición.*) Ponte más cómoda, menos rígida. Suelta el cuerpo.
María Luisa: ¿No estoy nerviosa?
Director: Más bien inquieta; emocionada, diría yo. Cruza la pierna.

María Luisa lo hace y encoge lo más que puede la falda.

Director: Eso es. Eso es, muy bien… Levanta el pecho; hacia afuera, muy provocativa siempre.
Álex (*murmurando*): Idiota.
Director: ¡Silencio! (*Transición. Por María Luisa:*) Okey, perfecto. Viene la primera pregunta.

De pronto María Luisa comienza a moverse, inquieta, como si buscara algo.

Director: Viene. ¿Qué pasa?
María Luisa (*preocupada*): Se me olvidó la libreta… Perdón.
Director: ¡Pero cómo es posible! ¡Con un demonio!

Toño entra corriendo con una libreta.

Toño (*le entrega la libreta*): Aquí está.
María Luisa: Gracias, Toño. Muy amable.
Toño (*le muestra un lápiz y una pluma*): ¿Lápiz o pluma?
María Luisa (*toma el lápiz*): Gracias.
Toño: ¿Se le ofrece otra cosa? ¿Cigarros?

María Luisa deniega.

Director: ¡Ya, Toño, fuera!

Toño *(caricaturizando):* Mutis, señor, como de rayo.

Director: No, no, Toño, nada de payasadas. Ven acá. *(Va hacia él.)* Otra bufonada y mañana no trabajas. De principio a fin tú te mueves como un autómata, ofuscado por tanta responsabilidad... No eres un cómico, eres un esclavo.

Toño: Sí, señor.

Director: Mutis. *(Toño sale.)* Continuamos, María Luisa. Con mucho ángel, con mucha picardía. Que desde tu primera frase se advierta hasta dónde quieres llegar... Viene.

María Luisa: Ésta es la primera pregunta, Álex. ¿Listo? *(Álex no reacciona, se encuentra de espaldas.)* ¿Podría decirme cuáles son sus ambiciones como hombre y como artista? *(Largo silencio.)* ¿Me oyó, Álex? ¿Le repito la pregunta?

Álex *(se vuelve):* No voy a contestar. *(Se produce un largo silencio. María Luisa mira hacia el director, confundida. El director avanza lentamente hacia Álex. Éste al director:)* No voy a contestar, es inútil. Me niego a participar en esta farsa. Intente lo que intente, no voy a hacerlo.

Director: Te lo ordeno.

Álex: No puede obligarme.

María Luisa *(suplicante):* Por favor, Álex.

Director: Silencio.

María Luisa: Es una escena muy linda.

Director: ¡Silencio! *(Álex ríe sarcásticamente. Advierte su ventaja. Sale del set.)* Regresa al set.

Álex *(deniega):* Soy libre, usted lo ha dicho... Con qué órdenes, con qué libretos, con qué látigo va a obligarme a pronunciar palabras que yo me niego a decir.

Director: Regresa.

Álex: Yo no soy un esclavo como Toño.

Director: Por última vez, Álex.

Álex *(remedando, riendo abiertamente):* Por última vez, Álex. *(Transición.)* Por última vez le repito que no voy a participar en esa entrevista estúpida... Ahora grite, arme todo el escándalo que quiera. Nada conseguirá. Me niego a servir de títere. *(Larga pausa.)* ¿Qué espera para expulsarme del estudio? ¡Écheme del teatro!

Director: Eso quisieras.

Álex: Por supuesto. Y tendrá que hacerlo, es su única solución… Después, para no defraudar al público, puede llamar a Feder para que me sustituya. Con tal de hacer el protagonista, él es capaz de aceptar cualquier humillación.

Director *(incisivo)*: ¿Feder como esposo de Silvia?

Álex reacciona, sorprendido. Advierte la situación.

Álex *(inseguro ya)*: Silvia se irá conmigo.

Director: Te garantizo que no.

Álex: Pregúnteselo.

Director: Nada tengo que preguntarle.

Álex: Llámela… Silvia *(Su alteración va en aumento. Llamando:)* ¡Silvia! *(Recorre el escenario.)* ¡Silviaaa!

Director: Silvia vendrá únicamente cuando yo la llame.

Álex *(muy angustiado)*: La tiene encerrada. *(Mira hacia todas partes.)* En la cabina. *(Corre hacia la escalera. Varios técnicos le cierran el paso.)*

Técnicos: No puede subir.

Álex trata de cruzar, pero el técnico lo empella y termina derribándolo. El director ríe.

María Luisa: ¡Qué horror!

Director: ¡Silencio! *(Se produce un largo silencio. Álex se incorpora lentamente. El director va hacia él. Le sacude el polvo.)* Es una pena que ocurran estas cosas. Soy enemigo de la violencia. *(Pausa.)* ¿Te lastimaste? *(Lo encamina hacia el set.)* Se trata solamente de un juego, Álex, no hay razón para que te pongas así. *(Con referencia a María Luisa:)* Mira qué mujer; qué cuerpo, qué piernas. La elegí entre docena y media de admiradoras tuyas, tomando en cuenta tus aficiones. No puedes quejarte.

Álex: No voy a participar en esa entrevista.

Director: Vas a hacerlo. Yo lo he decidido. *(Antes de que Álex pueda agregar algo, el director sale del set. Indica a María Luisa:)* Repite la pregunta.

María Luisa *(desconcertada)*: ¿La misma? *(En referencia a Álex:)* ¿No hay ningún problema?

ÁLEX: No voy a responder.

MARÍA LUISA: ¿La repito de todos modos? *(La mirada imperativa del director la obliga a hablar:)* ¿Podría decirme cuáles son sus ambiciones como hombre y como artista? *(Largo silencio. En voz más alta:)* ¿Podría decirme cuáles son sus ambiciones como hombre y como artista?

VOZ GRABADA DE ÁLEX *(por el micrófono del teatro)*: Mi gran ambición como artista es la de superarme día a día, y mi gran ambición como hombre es la de ser más sincero conmigo mismo y con los demás.

Desde la primera frase, Álex se altera. Recorre con la mirada el estudio, tratando de localizar de dónde proviene el sonido.

ÁLEX *(simultáneamente a las últimas palabras de la voz)*: ¿Quién imita mi voz? ¿Qué truco es éste?

DIRECTOR: Ningún truco. Es una cinta que tú grabaste.

ÁLEX: Jamás grabé nada.

DIRECTOR: Lo estamos oyendo. *(Hace una señal a María Luisa.)*

MARÍA LUISA: Respóndame con absoluta franqueza: ¿se considera usted un seductor?

VOZ GRABADA DE ÁLEX *(mientras Álex permanece expectante)*: Se me atribuyen demasiadas aventuras, pero en realidad soy un hombre común que gusta de apreciar y disfrutar los encantos de la mujer.

ÁLEX: No...

MARÍA LUISA: ¿Tiene preferencia por algún tipo de mujer en especial?

VOZ GRABADA DE ÁLEX *(sonríe)*: Lo que se dice especial, no. Todas me gustan...

ÁLEX: No es posible.

VOZ GRABADA DE ÁLEX: ...Pero desde luego prefiero a las mujeres desprejuiciadas, a las que saben disfrutar la vida y entregarse apasionadamente al amor... aunque sólo dure unas horas.

MARÍA LUISA: Es una respuesta buenísima. Provocará muchos comentarios. *(Álex mira duramente a María Luisa.)* ¿Por qué me mira así?... Me pone nerviosa.

ÁLEX: ¿Son todas sus preguntas?

MARÍA LUISA: Quisiera saber qué piensa del matrimonio... En alguna ocasión, ya no recuerdo dónde lo leí, usted dijo que el matrimonio era una especie de esclavitud.

ÁLEX: Jamás lo dije.

María Luisa: Sí, estoy segura... Además, yo estoy de acuerdo. Pienso que un actor debe ser completamente libre. Y pienso que la mujer que se entrega a un actor, ya sea por una noche o por toda la vida, debe saber de antemano que ese hombre no le pertenece. El actor sólo pertenece a su arte... Es cierto, ¿no?

Álex: Es una tontería.

María Luisa: También lo dijo. *(Pausa. Transición.)* Qué calor está haciendo, ¿verdad?... ¿No le importa que dejemos la entrevista para después? Tengo que hacer una llamada por teléfono. ¿Me permite su teléfono? *(Se levanta. Tiene que cruzar frente a Álex para ir hasta el teléfono.)*

Director: ¡Quieta ahí! *(María Luisa se detiene frente a Álex.)* Más cerca.

María Luisa se aproxima a Álex.

María Luisa: ¿Está enojado conmigo?

Director: Con más dulzura, más tierna.

María Luisa *(obedece)*: ¿Está enojado conmigo?... No se puede imaginar el enorme deseo que tenía de conocerlo... personalmente. Es usted tan varonil, tan firme.

Director: No te apartes, Mari, no te apartes.

María Luisa: ...tan atractivo. Estoy cansada de tratar con hombres superficiales que no poseen la menor pizca de galantería.

Director: Provocándolo.

María Luisa: Hombres débiles, tímidos, fríos...

Director: Seduciéndolo.

María Luisa: ...sin esa fuerza y esa pasión que es capaz de enloquecer a una mujer insatisfecha e impaciente, ávida de caricias, sedienta de besos, abierta a todos los delirios, ansiosa por entregar su fiebre, su vida, su cuerpo en un minuto eterno de amor.

Director: Vamos, Álex.

Álex, quien había permanecido inmóvil ante María Luisa, tiende una mano, lentamente, hacia su hombro. La acaricia.

María Luisa: Álex.

Álex la besa al fin, apasionadamente. Apartan las bocas.

Director: De nuevo… Tú, Mari, cooperando. *(María Luisa toma la iniciativa. Se besan nuevamente.)* Caricias. Vengan caricias. A voluntad… Poniéndole fuego. Eso es. *(Empiezan a acariciarse.)* Más desenfreno. Bota los zapatos, Mari.

María Luisa *(obedece la orden)*: Oh, Álex… Álex.

Director: Hacia el diván… No me disminuyan la tensión. Debe ir en aumento, siempre en aumento… Pasión, Álex, más pasión. Están a solas, nadie los mira, pueden solazarse sin limitaciones… Disfrútala, siéntela, húrgala. Aviva todo su fuego, explora su infierno, descubre su gloria. *(Siguen las indicaciones. La escena es candente.)* Desnúdala ya. Con más fuerza. Más pasión, Álex, todavía más… Entrégate, Mari, enloquécete. Jadea. Resuella… Así, Álex, así. No te detengas. Sigue, sigue, sigue, Álex, sigue. Muy bien. Más. Que no termine nunca. Más, disfrútala más.

María Luisa y Álex prosiguen su escena en el diván en el momento en que Silvia cruza lentamente el escenario y llega hasta el set. Los observa sin que ellos la adviertan. Al fin, María Luisa se da cuenta y se aparta llamando la atención de Álex. Éste se aparta de golpe y mira a Silvia, desconcertado. Semidesnuda, María Luisa sale huyendo sin alcanzar a recoger todas sus prendas. Se produce un largo silencio. Silvia permanece estática, petrificada. Álex se compone sus ropas, no encuentra palabras. Habla, al fin, trabajosamente.

Álex: Yo… yo no quería… yo… *(Señala hacia el director.)* Él me obligó. Él proyectó la escena. *(Al director:)* ¡Dígaselo! *(Transición. A Silvia:)* Es una simple escena, Silvia. Todo es mentira. Una comedia. Estamos actuando. *(Silvia está llorando silenciosamente. Álex, desconcertado, no sabe qué agregar. Silvia inicia rápido mutis y él va a su alcance.)* Silvia…

Silvia: Confiaba en ti.

Silvia sale. Álex regresa al director con ánimo de reclamarle o pedirle explicaciones.

Director *(efusivo)*: Magnífico trabajo. Lo mejor que te he visto. *(A los técnicos:)* ¿No es cierto, muchachos?

Técnicos y tramoyistas:
—De antología.
—Realismo del bueno.

ÁLEX: Basta.
TÉCNICOS: Qué manera de besar, Álex.
ÁLEX: ¡Basta, monigotes! *(Al director:)* ¿Qué es lo que pretende ahora?
DIRECTOR *(yéndose hacia otro punto):* Que descanses un poco. Esta escena es para agotar a cualquiera.

Va hacia el fondo del escenario a impartir indicaciones. Álex regresa al set. Encuentra alguna prenda de María Luisa y la bota lejos, enojado. Feder llega hasta él. Lo palmea. Álex se vuelve, sorprendido.

FEDER: Yo también estaría furioso si me hubiera interrumpido a media carga. Con una hembra como María Luisa...
ÁLEX *(interrumpiendo):* ¡Déjame en paz!
FEDER: Está bien, no te exaltes. *(Pausa.)* Qué afán el tuyo de cogerla conmigo. Apenas asomo las nari...

El director va rápidamente hacia Feder.

DIRECTOR: ¡Fuera de aquí!
FEDER: Es mi escena, señor.
DIRECTOR: ¡Nadie te llamó!
FEDER *(mostrando un libreto):* Está marcada... Es cuando hablamos de la angustia de ser personajes.
DIRECTOR: Eso no funciona.
FEDER: Pero es mi escena.
DIRECTOR: No entra ya.
FEDER: Entonces qué hago.
DIRECTOR: Te vas tranquilamente y cobras. Punto.
FEDER: Es una injusticia, señor. Una terrible injusticia. No he salido en todo el acto.
DIRECTOR: Qué importa.
FEDER: Usted no puede correrme de buenas a primeras, sólo porque cambió de plan.
DIRECTOR: También corrí a Gladys.
FEDER: Pero a mí no. Yo no soy Gladys, no hay punto de comparación posible. Yo soy una primera figura. Tengo un nombre. Meto gente al teatro. El público me busca.

Director: ¿Quieres irte de una vez, o llamo a los muchachos para que te saquen a patadas?
Feder: Quiero únicamente que usted comprenda mi situación. (*El director traza un ademán. Un par de técnicos se aproximan.*) ¡Un momento!
Director: Tienes tres segundos para abandonar el escenario. Empiezan a contar. Uno...
Feder: Escúcheme, por favor...
Director: Dos...
Feder: No hay ningún derecho para que...
Director: Tres.

Hace un ademán. Los técnicos se aproximan.

Feder (*deteniéndolos*): Está bien, está bien... Yo soy el único culpable por aceptar este papel imbécil. (*Sale.*)
Director: Adiós, Feder. Buena suerte.
Técnicos y tramoyistas:
—Adiós.
—Chao.
—Hasta la vista.
Director: Silencio ya. A sus sitios... Se graba, cabina. ¡Luces, Ramiro! ¡Prevenido música! (*Todos se colocan en sus puestos. El director va hacia Álex y lo lleva con él hacia un punto del escenario. Quizá hasta el pasillo aéreo. Mientras se encaminan:*) Ven, quiero que veas conmigo esta escena. (*Transición.*) Pon otra cara, hombre, todo ha salido a la perfección. No siempre las cosas marchan tan bien... Sin Gladys y sin Feder éste es un paraíso, ¿no te parece? (*Llegan. Pausa.*) Desde aquí. (*A los técnicos:*) ¿Todos listos?
Floor-manager: Cuando usted diga.
Director: Es la escena fundamental. Donde alcanzamos el gran clímax dramático... Obsérvala bien, Álex. (*A los técnicos:*) ¿Prevenidos?
Floor-manager: Prevenidos, señor.
Director: Luces, música, corre videotape. A escena, Silvia. (*Se ilumina el set. Se escucha el tema musical. Desde el fondo del escenario, Silvia avanza lentamente hacia el set. Es la imagen misma del abatimiento, de la desolación. El director a Álex:*) Está deshecha, por supuesto. Totalmente vencida. (*Tran-

sición.) Despacio, Silvia, muy despacio... Así. (Transición.) El mundo se le ha derrumbado de golpe. Ha perdido toda la confianza y la fe.

ÁLEX (impulsivo): Necesito hablar con ella.

DIRECTOR: Shh, quieto, no la distraigas. (Como si acompañara el caminar de Silvia.) Déjala que llegue, que llegue, que llegue. (Silvia llega hasta el set, siempre abatida. Observa cada uno de los muebles, cada uno de los ángulos.) Regresa a la casa donde ha vivido contigo durante seis años. Cada mueble, cada objeto le devuelve un recuerdo empañado ahora por la realidad. Se siente humillada, condenada para siempre. (Silvia acaricia un mueble y luego otros objetos.) Es como si te acariciara, por última vez.

ÁLEX: ¿Por última vez?

DIRECTOR: Ya no hay diálogo posible entre ustedes. Se han perdido mutuamente. Tú la traicionaste.

Silvia escribe unas líneas en un papel.

ÁLEX: ¿Qué hace?

DIRECTOR: Te escribe unas líneas...

ÁLEX: Es ridículo.

DIRECTOR: ...por última vez.

ÁLEX: No... no es posible. No tiene pies ni cabeza. Ella jamás... (Se interrumpe. Brusca transición.) ¿Va a suicidarse?

DIRECTOR: Shhh. Silencio.

Silvia pierde fuerzas. Va hasta el diván trabajosamente. Resbala.

ÁLEX: ¿Va a suicidarse?

DIRECTOR: Silencio, Álex. Mira qué escena. Mira sus reacciones. ¡Es espléndida!

ÁLEX (tratando de ir hasta Silvia): No...

DIRECTOR: Quieto.

ÁLEX: ¡Déjeme!

DIRECTOR: Nada tienes que hacer allá... Está muerta.

Silvia ha quedado exánime en el diván.

ÁLEX: No. Suélteme, le digo. Es una comedia, una simple comedia grotesca...

DIRECTOR: Es un drama.

Álex: Suélteme.

Director: Realmente está muerta, Álex. Es el final de la historia. (*Lo sigue sujetando.*) Shh, quieto, silencio... Mira qué composición. Silvia tendida allá, en el set, y tú aquí, impotente, debatiéndote contra el destino, como en una tragedia clásica. Es bellísimo. (*Álex se libera al fin y corre hacia el set.*) No seas loco, Álex, destruyes el efecto.

Álex llega hasta Silvia, trata de despertarla. Ella no reacciona.

Álex (*febril*): Silvia... Silvia, escúchame. Todo es una mentira. Una comedia ingenua, melodramática, torpe. No tiene valor alguno para nadie. Él es un mediocre; un director ingenuo, convencional. (*Pausa.*) Silvia. Basta ya, Silvia, levántate. No vamos a permitir que nos maneje a su antojo. ¡Levántate! ¡Levántate! (*La zarandea inútilmente.*)

Director: Los muertos nunca resucitan, Álex.

Álex: Aún es tiempo para nosotros. Vamos a empezar desde el principio; otra historia... una historia verdaderamente nuestra.

Director: Estás prolongando innecesariamente el final. Lo estás convirtiendo en un melodrama barato.

Álex: Vámonos de aquí. Tú me lo pediste... Ahora es el momento. Es nuestra última oportunidad para librarnos de él. (*Pausa.*) Silvia...

Álex renuncia a hacer reaccionar a Silvia. Ansiosamente examina el escenario como si buscara las puertas.

Director: Si piensas escapar, pierdes tu tiempo. Todas las salidas están bloqueadas. (*Efectivamente, por cada uno de los puntos por donde intenta salir Álex, encuentra a un técnico o a un tramoyista que le cierra el paso. Mientras Álex va de un lado a otro.*) Es una lástima. Yo te había pensado un final digno, pero tú has preferido hacer el ridículo. (*Transición.*) Damas y caballeros, muchas gracias por su asistencia. Aquí termina nuestra historia... Viene telón.

El telón empieza a cerrarse. Álex se detiene, como si de pronto encontrara la clave.

Álex: ¡Por el proscenio, Silvia!

Silvia no reacciona. Álex se encamina hacia el proscenio cercado por algunos técnicos. Se detiene unos segundos al oír al director.

DIRECTOR: Detente. Nadie puede salir por ahí… Viene telón. Más rápido. ¿No me oyen? ¡Más rápido!

Álex va a saltar hacia el público, por el proscenio. El telón continúa cerrándose. Silvia se levanta.

SILVIA: ¡Espérame!
DIRECTOR *(desesperado)*: ¡No, Silvia, no!

Álex regresa por ella. El telón está casi cerrado. Ambos saltan hacia el público y el telón termina cerrando totalmente, tras ellos. Gritando tras el telón:

DIRECTOR: ¡Necios! ¡Necios! ¡Necios!

OSCURO FINAL

EL JUICIO
El jurado de León Toral y la madre Conchita

PIEZA EN DOS ACTOS
(1971)

Casi siempre los que conocen la verdad no la dicen, y los que dicen la verdad no la conocen.
ARTHUR MILLER

PERSONAJES

    José de León Toral
    Concepción Acevedo de la Llata
    Presidente (Lic. Alonso Aznar Mendoza)
    Procurador (Lic. Juan Correa Nieto)
    Agente del Ministerio Público (Lic. Enrique Medina)
    Procurador General de la República (Lic. Ezequiel Padilla)
    Secretario (Lic. Luis Lajous)
    Defensor León Toral (Lic. Demetrio Sodi y Lic. José García Gaminde)
    Defensor madre Conchita (Lic. Fernando Ortega y Lic. Gabriel Gay Fernández)
    Arturo R. Orcí
    Valente Quintana
    María Elena Manzano
    Eulogio González
    Carlos Castro Balda

    Producción: Ignacio Retes y Francisco Villarreal
    Escenografía: Félida Medina
    Dirección: Ignacio Retes

ACTO PRIMERO

Sobre una pantalla se proyectan escenas cinematográficas que ilustran los episodios históricos relatados por una voz narrativa.

Voz narrativa: En los años de 1925 y 1926, el presidente de los Estados Unidos Mexicanos, general Plutarco Elías Calles, enfatiza mediante disposiciones legales y estrictas represiones los artículos de la Constitución de 1917 que limitan las facultades de la Iglesia católica en México. El descontento del clero y de los numerosos fieles, violentado ya por las actitudes anticlericales durante el anterior periodo presidencial del general Álvaro Obregón, se recrudece notoriamente. En el interior de la República surge el movimiento armado de los "cristeros", mientras en la capital se declaran agrios boicots contra el gobierno.

El 21 de febrero de 1925, el sacerdote Joaquín Pérez se nombra a sí mismo patriarca de la Iglesia Cismática Mexicana.

El 19 de noviembre de 1925, el Congreso de la Unión reforma los artículos constitucionales 82 y 83, lo cual permite al general Álvaro Obregón presentarse nuevamente como candidato a la Presidencia de la República, contrariando las convicciones de los antirreeleccionistas y las aspiraciones políticas de connotados miembros del gobierno de Calles.

El 13 de noviembre de 1927, durante su campaña electoral, el general Obregón sufre a bordo de su auto un atentado dinamitero del que resulta ileso. El ingeniero Luis Segura Vilchis, el sacerdote Miguel Agustín Pro, Humberto Pro y Juan Tirado son declarados culpables y fusilados.

En las elecciones del 8 de julio de 1928, el general Obregón resulta electo presidente. Proveniente del estado de Sonora llega a la ciudad de México siete días después, y el martes 17 de julio es asesinado por José de León Toral.

Termina la proyección cinematográfica. Se ilumina el escenario.

Primera audiencia (*viernes 2 de noviembre de 1928. 10:40 horas*).
Presidente: Se declara abierta la primera audiencia del jurado popular a José de León Toral y a Concepción Acevedo de la Llata. Se ruega a la Secretaría pasar lista de jurados.
Secretario: Jesús Téllez Rojo...
Voz: Presente.
Secretario: Ángel Martínez...
Voz: Presente.
Secretario: Jesús Cruz Licea...

Voz: Presente.
Secretario: Andrés Cobos...
Voz: Presente.
Secretario: Carlos Ramírez...
Voz: Presente.
Secretario: Juan Pérez...
Voz: Presente.
Secretario: Francisco Espejel...
Voz: Presente.
Secretario: Ausencio B. Lira...
Voz: Presente.
Secretario: Ignacio Cardona...
Voz: Presente.
Presidente *(después de un breve silencio)*: Primeramente, la Secretaría dará lectura a las conclusiones formuladas por el ciudadano procurador y los respectivos defensores de los acusados.
Secretario *(leyendo)*: El procurador general de Justicia del Distrito y Territorios Federales, después del estudio de las constancias del proceso, sostiene:
Procurador: Primero: José de León Toral es criminalmente responsable como autor del delito de homicidio intencional, por haber privado de la vida al señor general Álvaro Obregón, infiriéndole las lesiones producidas por el proyectil de arma de fuego que están descritas y clasificadas en los certificados médicos que obran en autos. Segundo: Concepción Acevedo de la Llata es criminalmente responsable como autora intelectual del delito intencional de homicidio perpetrado en la persona del señor general Álvaro Obregón; porque concibió tal delito, resolvió cometerlo, lo preparó y lo ejecutó por medio de José de León Toral, a quien indujo a delinquir abusando de su autoridad y poder, y valiéndose de promesas.
Secretario *(leyendo)*: Fechado el 31 de octubre de 1928. *(Pausa.)* Conclusiones de la defensa de José de León Toral:
Defensor de León Toral: Primero: José de León Toral no es culpable del delito de que lo acusa el ciudadano procurador de Justicia del Distrito Federal. Segundo: El pedimento acusatorio del ciudadano procurador de Justicia del Distrito Federal es contrario a las constancias del proceso y es violatorio de las garantías constitucionales que prohíben la pena de muerte por delitos políticos. Tercero: El hecho ejecutado por José de León Toral

es esencialmente de carácter político social, y se encuentra bajo el amparo y la protección del artículo 22 de la Constitución de la República. Cuarto: José de León Toral, al privar de la vida al señor general Obregón, infiriéndole lesiones, quebrantó una ley penal violentado por una fuerza moral que le produjo temor fundado e irresistible de un mal inminente y grave en la persona del infractor. Quinto: Dadas las condiciones del hecho ejecutado, y las especiales del inculpado José de León Toral, éste, al privar de la vida al señor general Obregón, obró con el convencimiento íntimo de que lo hacía en el ejercicio legítimo de su derecho.

SECRETARIO (*leyendo*): Fechado el 25 de octubre de 1928. (*Pausa.*) Conclusiones de la defensa de Concepción Acevedo de la Llata:

DEFENSOR DE LA MADRE CONCHITA: Primera y única: María Concepción Acevedo de la Llata no es responsable del delito de que la acusa el ciudadano procurador de Justicia del Distrito Federal.

SECRETARIO (*leyendo*): Fechado el 29 de octubre de 1928.

PRESIDENTE (*después de un lapso, dirigiéndose a León Toral*): José de León Toral, tenga la bondad de repetirme sus generales. ¿Su nombre?

LEÓN TORAL: José de León Toral.

PRESIDENTE: ¿Dónde nació?

LEÓN TORAL: En Matehuala, San Luis Potosí.

PRESIDENTE: ¿Domicilio que tenía al ser aprehendido?

LEÓN TORAL: Sexta del Sabino, doscientos doce.

PRESIDENTE: ¿Edad?

LEÓN TORAL: Veintisiete años.

PRESIDENTE: ¿Profesión?

LEÓN TORAL: Empleado; o mejor dicho, profesor de dibujo.

PRESIDENTE: Lo exhorto a usted para que se conduzca con verdad. Quiero que me haga una relación del crimen que cometió en la persona del señor general Álvaro Obregón. Ya usted lo dijo en la Inspección de Policía, pero los señores jurados tienen que oírlo para que puedan darse cuenta cabal de la manera como lo cometió.

LEÓN TORAL: ¿Quiere que le diga esto en pocas palabras, o bien explicando?

PRESIDENTE: Explíquelo usted.

LEÓN TORAL: En noviembre del año pasado, cuando ocurrió el atentado preparado por Luis Segura Vilchis para matar al señor Obregón, yo lo tomé muy a mal; no me había detenido a pensar sobre la licitud de un hecho tal por parte de un católico. Después, examinando la cosa, en lugar de desecharla la comencé a estudiar. Sería como por diciembre... Siguieron las persecuciones contra la Iglesia cada vez más tremendas; cada día eran mayores las dificultades para los católicos y cada día era más absoluta la indiferencia general. Por egoísmo, por desidia, por flojera o por temor, no se hacía nada para que se quitaran las leyes contra la Iglesia... Poco a poco, adhiriéndome a la idea de Luis Segura, pensé en dar muerte al señor Álvaro Obregón... A fines de marzo de este año tuve oportunidad de conocer a la madre Conchita. Me presentó la señorita Margarita Rubio. Tratamos casi especialmente de asuntos espirituales y míos particulares. En julio se produjo esa conversación por la cual se ha señalado a la madre Conchita como autora intelectual del asesinato del general Obregón. Voy a procurar reproducirla... Comentando yo la muerte del aviador Carranza, que había ocurrido en aquellos días, dije yo *(Toral se aproxima a la madre Conchita. Se reproduce, escénicamente la conversación que refiere):* ¡Cómo Dios no mandó ese rayo al señor Obregón o al señor Calles!

MADRE CONCHITA: Pues eso, Dios sabrá. Lo que sí sé es que para que se componga la cosa es indispensable que mueran Obregón, Calles y el patriarca Pérez.

LEÓN TORAL *(regresando, hacia el presidente):* Eso dijo la madre Conchita, pero sólo como un comentario. No me llego a decir: "Es necesario que tú trabajes en esto, que busques a alguien". Fue un comentario que pudo haber dicho un político lo mismo que miles de católicos. *(Pausa.)* Esas palabras de la madre Conchita fueron para mí fundamentales y decisivas. Desde el día siguiente comencé a preparar la muerte del señor Obregón. Analicé el pasaje de la Biblia referente a Judith, que tiene muchos puntos de contacto con las actuales circunstancias, y lo que más me impresionó fue que Judith obró sola. Se dedico a la oración, y el día en que resolvió salir hasta el campamento de los enemigos, dijo a los ancianos del pueblo: "Encomiéndenme a Dios. No les digo lo que voy a hacer, nada más pidan a Dios por mí". Eso fue lo que más me impresionó. De manera que yo decidí obrar solo.

PRESIDENTE: ¿Cómo se preparó usted para cometer el crimen?

LEÓN TORAL: Principalmente con la oración; después, viendo los medios que se necesitaban. Supe de algunos atentados que hubo contra el general

Obregón; supe del viaje a Celaya, y vi que no habían hecho nada porque no se presentaba la oportunidad. *(Toral se dirige al grupo que forman María Elena Manzano, Castro Balda y Eulogio González. A ellos parece decir:)* ¿Pero qué oportunidad están buscando? *(Reflexivo:)* Sólo sacrificando la vida del que tome por su cuenta esa misión se puede obtener resultado. Aquí se necesita alguien que se sacrifique y evite el derramamiento de sangre de otras personas. Que no haya más sangre que la del señor Obregón y la mía. *(Regresa ante el presidente.)* Me di cuenta de que necesitaba una pistola y aproveché mi amistad con Manuel Trejo. Yo le dije, si mal no recuerdo —debe haber sido por el once o doce de julio—: "Necesito una pistola, ¿quién me la podría facilitar?" Entonces él abrió un cajón de su buró, en la casa de la señora Altamira, donde estaba escondido, y dijo: "Yo tengo una, ¿para qué la quieres?" Y yo le dije: "Es para tirar al blanco". No hubo más explicación. Me la prestó y me fui al cerro del Chiquihuite... *(Toral hace la acción de disparar.)* Disparé diez tiros... *(Se escuchan los disparos.)* Y no pude acertar ninguno en el blanco.

Presidente *(después de un lapso):* Díganos lo que hizo desde el domingo hasta el martes diecisiete.

León Toral: El domingo me despedí de mi esposa diciéndole que iba a una excursión, que volvería tarde. A nadie le comuniqué mi idea, ni siquiera a mi esposa, y ésa fue una de las cosas que más me hizo sufrir: no poder desahogarme ni poder despedirme, no sólo de ella sino de todos mis demás conocidos... A las siete de la mañana recé una misa en la parroquia del Espíritu Santo. De allí me dirigí a esperar la llegada del tren en que venía el señor Obregón. Desde mi casa llevaba preparada la pistola y una cámara fotográfica para poderme aproximar más al general Obregón. No lo conseguí. Cuando llegó el tren ni siquiera logré acercarme al auto en que se subió... Como sabía que se daba una comida al general Obregón en el Parque Asturias, me fui para allá, pero tampoco logré entrar por la cantidad de gente... El lunes le dije a mi esposa que saldría a una hacienda a la que me había invitado un amigo por varios días. Ella misma me puso la ropa en la petaquilla y me acompañó con los niños varias cuadras. Pensé que era la última vez que los veía. *(Pausa.)* Me fui a la farmacia Ocampo, que está en Donceles esquina con Brasil, porque sabía que a las once iba a ir el padre Jiménez. Deseaba verlo para que me consiguiera un cuarto en donde pasar esos días. Lo encontré y me citó para las siete de la noche. No le dije qué asunto traía entre manos ni él me preguntó. De ahí me fui al Centro Director Obregonista, pero tampoco hubo nada, y como a las tres y media o cuatro me fui al centro. En la casa Pellandini compré un block de dibujo y un lápiz, que pensaba utilizar para sacar algún dibujo en forma si no se me presentaba otra oportunidad. De ahí fui a ver si había llegado el padre a la farmacia, pero no. Aproveché ese rato para llegar a la casa de la madre Conchita, a fin de buscar un consuelo, pero naturalmente sin manifestarle lo que me proponía. Volví a la farmacia, me encontré con el padre, me presentó en la casa —donde me facilitaron el cuarto—, y ya me quedé allí esa noche. Al día siguiente, martes, me levanté a las seis y media. Llegué a la casa de la madre Conchita un poco después de las siete. Oí la misa y salí después de despedirme de ella, sin más palabras que las de despedida. Desayuné en un café de chinos en la calle de Guerrero y me fui directamente a la avenida Jalisco. Llegué como a las diez y media u once, y como a la una vi que partían unos coches de la casa del señor Obregón. Ya para llegar a la esquina de Jalisco e Insurgentes se fueron en dirección de San Ángel. Yo pensé —era como la una de la tarde— que probablemente irían a un restaurante. Caminé hacia la esquina de Insurgentes y tomé un auto. Les dije que siguieran derecho, por la Calzada Nueva, y faltando poco para llegar al restaurante Treppiedi les pedí que se detuvieran. Me bajé, entré al restaurante, pero no vi ningún coche ni señales de que hubiera gente comiendo. Entonces regresé al coche y les pedí que me llevaran directamente a La Bombilla. Yo no conocía La Bombilla... Dejé el auto, no lo llegué a pagar, y entré en la cantina. Pedí una cerveza, me la tomé, pero desde luego me dio en el corazón que allí estaba el señor Obregón porque andaban improvisando una mesa larga. Entonces me dirigí al mingitorio, y como no había nadie, saqué la pistola de la funda, me la coloqué en el chaleco, desabrochándome un botón y con el cañón asegurado, para que no fuera a resbalarse la pistola. Me apreté el cinturón para que la cacha no se viera, ni el bulto; cerré el saco y me cubrí con el block de dibujo y con un periódico que llevaba. A la primera persona que encontré, al salir del mingitorio, le pregunté, para tener una excusa de mi presencia allí, si no estaría el señor Cedillo. Se me ocurrió ese nombre como se me hubiera ocu-

El juicio   225

rrido otro. Me dijo que no sabía, que preguntara en la cantina. Ahí pregunté lo mismo. El mesero me dijo que no lo conocía, pero que probablemente estaba en la mesa principal. Entonces ya me dirigí allí esperando, naturalmente que me detuvieran, pero no hubo quien me preguntara nada... Luego que salí al patio distinguí al señor Obregón, y mientras buscaba la manera de entrar pregunté a uno de los mozos si estaba el señor Cedillo. Me dijo: "Yo no lo conozco, pero creo que es aquél". Ya nada más como un pretexto dije: "Esperaré a que acaben de comer". Entonces, advirtiendo que estaba dando lugar a sospechas, se me ocurrió sacar unas caricaturas; mejor dicho, unos dibujos. Me extrañaba que no me temblara la mano para sostener el block. Yo no sé de dónde saqué esa tranquilidad; es decir, sí lo sé: de Dios. Hasta tuve calma para pensar: "Esto es lo último que voy a hacer, dentro de poco estaré muerto". Ya para entonces el señor Topete me estaba viendo en una forma que denotaba sospecha. Tomé un croquis del señor Aarón Sáenz. Al terminarlo me hubiera querido ir. Todavía tomé otro del señor Obregón y empecé uno del señor Manrique, aunque no lo terminé porque vi que el señor Topete me veía cada vez con más insistencia. Entonces me decidí y me dirigí hacia la mesa con el block. Me tapé la parte donde tenía la pistola, descorrí la palanca, y en los doce o quince pasos que hay del portalito a donde estaba el señor Obregón se me ocurrió un pensamiento dirigido al ángel de mi guarda. Dije: "No te podrás quejar, ya te subí muy alto. Dentro de poco nos vemos". Llegué directamente con Topete para desahogar las sospechas que tenía de mí; no me detuvo ni me interrogó; asintiendo me señaló uno de los dibujos que era el mejor. Pasé luego con el señor Sáenz y se los enseñé también. Me temblaba ligeramente la mano, pero no se dieron cuenta de eso. Llegué entonces con el señor Obregón, por el lado derecho, con el objeto de no disparar forzadamente, y él volteó la cara para ver los dibujos, porque se había enterado de que Topete y Sáenz los habían estado viendo. Volteó la cara sonriente, con bastante amabilidad. Entiendo que no llegó a ver ni el primero porque yo, inmediatamente, me pasé el block de la mano derecha a la izquierda, maquinalmente, sin darme cuenta, sin pensar en cada movimiento. Saqué la pistola y no me costó ningún trabajo encontrar el gatillo —no sé por qué, pero era lo que más temía, que pudiera atorárseme la pistola—. Disparé el primer tiro a la cara y bajé la pistola sin saber ya cuántos tiros se dispararon. Del disparar simultáneo ya no doy cuenta, porque no sé si se me bajaron los ojos, o vi nublado, pero desapareció todo de mi vista... No hice ningún impulso por escapar, como son testigos los que me aprehendieron. Me cogieron no supe quiénes, me quitaron el arma, se cayó el block o me lo quitaron, recibí algunos golpes, pero oí muy claramente las frases que dijeron ahí, cuando esperaba yo los disparos...

Voces *(simultáneamente a las últimas frases de Toral):* ¡No lo maten! ¡Guarden la salida. Éste no viene solo! ¡Aquí deben estar los otros!

León Toral: Además, una frase sumamente injuriosa para mi madre, que no repito aquí, y porción de injurias y de golpes, pero ningún disparo.

Largo silencio.

Presidente: ¿Estaba usted firmemente decidido a matar al señor Obregón?
León Toral: Sí, señor.
Presidente: ¿Lo había pensado con anterioridad?
León Toral: Desde el siete de julio.
Presidente: ¿Su propósito era absolutamente irrevocable?
León Toral: Sí...
Presidente: Al atacar a Obregón lo hizo sin darle tiempo a defenderse. ¿Por que lo atacó por la espalda?
León Toral: Lo hice por la espalda, porque por el frente era imposible... Yo pregunto: ¿quién en un caso similar obra más noblemente, el que lo mata así exponiendo su vida, o el que emboscado le tira, salvándose y con el peligro de herir a otros?
Presidente: ¿Usted sabía que el general Obregón carecía del brazo derecho?
León Toral: En ese momento no me acordé.
Presidente: Pero lo sabía.
León Toral: Pero en ese momento no fue ventaja lo que quise aprovechar.
Presidente: ¿Creía usted necesario que muriera el general Obregón?
León Toral: Creí que su muerte era indispensable para el arreglo de la cuestión religiosa en México.
Presidente: ¿Creía necesario un cambio en la forma de gobierno?
León Toral: Sí, señor... Mejor dicho, rectifico: no cambio de forma de gobierno, sino cambio de algunas leyes, y, sobre todo, de buena interpretación

de todas ellas. Que se cumplieran con justicia; que en México hubiera paz por medio de la justicia y de la caridad, cosas que están por completo apartadas de México. Eso es lo que llaman el reinado de Cristo Rey: el reinado de la justicia y la caridad.

Presidente: ¿Usted tomó parte en la política?

León Toral: Nunca he tomado parte en la política. Al defender a los católicos, defendía a gran parte de la nación que...

Presidente (*interrumpiendo*): ¿Era la idea de usted?

León Toral: Era mi idea.

Presidente: ¿A nadie le indicó usted la necesidad de matar al general Obregón?

León Toral: No, señor, lo he jurado. Me decidieron, ya lo dije, las palabras de la madre Conchita, pero por el concepto en que yo tengo a la madre Conchita, no porque ella me lo hubiera dicho.

Presidente: ¿Y si la madre Conchita le hubiera dicho que no era necesario matar?

León Toral: Posiblemente no lo hubiera hecho... Al principio, reflexionaba en lo de Segura Vilchis, no creí que yo pudiera llevar a cabo esa obra; pero le dije a Dios Nuestro Señor: "Si no hay nadie que se anime, aquí estoy". Esperaba una circunstancia, una gota de agua que acabara de llenar la copa.

Presidente: ¿Y esa gota de agua?

León Toral: Fue la madre Conchita.

Presidente: ¿Tenía mucha influencia la madre Conchita en usted?

León Toral: Excesiva no. Algunas veces teníamos diferencias de criterio.

Presidente: ¿Conversó con ella de la necesidad de que cambiaran las cosas en el gobierno?

León Toral: No, señor, solamente de asuntos espirituales.

Presidente: ¿Y era tanta la frecuencia de sus visitas a la casa de la señorita Acevedo, que hasta su esposa se contrariaba?

León Toral: Si mi esposa se ha sentido abandonada es por causa mía, no de la madre Conchita.

Presidente: ¿Estuvo usted presente en algunas reuniones que se verificaron en la casa de la madre Conchita y que tenían por objeto fraguar la muerte del general Obregón en Celaya?

León Toral: No, señor.

Presidente: ¿Estaba unido con esas personas?

León Toral: En ninguna forma.
Presidente: Es suficiente.

Segunda audiencia *(sábado 3 de noviembre de 1928. 10:05 horas).*
Procurador: José de León Toral: el señor juez lo exhortó a usted para que se condujera con verdad.
León Toral: Sí, señor.
Procurador: ¿Por qué entonces, en los apuntes que usted hizo para preparar su declaración en la Inspección de Policía y en el juzgado, escribió una frase que dice *(consulta un papel; leyendo)*: "Dios me dará sabiduría para contestar lo que deba"?
León Toral: Sí, eso escribí.
Procurador: Preparaba entonces no contestar la verdad, sino lo que "debiera" contestar.
León Toral: No, señor. ¿Me permite aclarar?
Procurador: ¿Cómo explica usted eso?
León Toral: Está basado en lo que dijo Nuestro Señor a sus discípulos para cuando comparecieran ante sus jueces. Les dijo: "No os preocupéis por lo que respondiereis, no caviléis, yo pondré las palabras que habréis de decir". Ésa es la única interpretación que yo daba a esas líneas. *(Transición.)* Ahora, ¿me permite usted hacer un paréntesis para que los señores jurados se enteren de cómo vertí mi declaración en la Inspección de Policía?
Procurador: Si el señor juez lo permite, él sabrá.
León Toral: ¿Puedo solicitarlo ahorita?
Presidente: ¿Qué quiere usted?
León Toral: Decir en qué forma declaré.
Presidente: Muy bien.
Procurador: Entonces me reservo para seguir interrogando después.
León Toral: Sucedió esto. De La Bombilla me llevaron a la Inspección. Allí estuve toda la tarde, en una celda, incomunicado. Estaba yo resuelto a no decir palabra porque tenía la convicción de que esa misma noche se me fusilaría. Introdujeron en mi celda a un agente que decía que era ratero, pero me di cuenta de que era un engaño y no le dije nada. Después me llevaron a las oficinas de arriba, donde estaba el general Roberto Cruz, y me preguntaron: "¿Cómo te llamas?" Yo contesté simplemente: "Juan". Y me bajaron. No insistieron ni me hicieron violencia.

Después fue cuando salí a declarar ante el señor presidente Calles, quien me dijo con voz muy calmada, pensando lo que decía y de muy buena manera: "¿Quién te ha impulsado a hacer esto?" Antes de contestarle, le dije: "Señor, ¿me promete usted que mi declaración no será cambiada?" Él asintió con la cabeza. Todavía yo insistí: "¿Me promete usted?", y él volvió a asentir. Una persona que estaba por ahí me dijo: "¿Sabes con quién estás hablando?" Y yo le dije: "Sí, con el señor presidente Calles". Entonces yo le dije: "Juro por la salvación de mi alma que yo obré solo. Lo que hice fue para que Cristo pudiera reinar en México". Entonces el señor presidente, después de haber pensado su segunda pregunta, me dijo: "¿Qué clase de reinado es ése?" Yo le respondí que es un reinado sobre las almas, pero completo, absoluto, no a medias. Se quedó otros instantes en silencio, seguramente pensando otra pregunta, pero ya no la hizo. Se levantó. Fue lo único que dije, y lo dije creyendo que eran mis últimas palabras. Después estuve otra vez en el sótano. Primero insistieron de buena manera sobre cómo me llamaba y quién era, y luego me llevaron a un cuartito, que es el excusado, donde hay una silla de peluquero, y me amarraron de las manos y de las piernas...

Un cambio de iluminación introduce la acción retrospectiva. Se ilustra el tormento a León Toral. Éste, atado quizás a una cuerda que pende verticalmente, se convulsiona y se queja. Fuera de escena se escuchan, encimándose y atropellándose entre sí, las voces apremiantes de quienes lo interrogan. León Toral responde a destiempo, dominándose, sufriente. Entre los parlamentos que se alcanzan a distinguir, se oye:

Voces:
—En ocho o diez minutos canta.
—Nadie aguanta eso, menos ahora que le vengan los cólicos.
—¿Quien te mandó?
León Toral: Yo obré solo.
Voces:
—¿Cómo te llamas?
—¿Quién te mandó?
León Toral: Me llamo Juan, obré solo... Me llamo Juan.
Voces: Te dejamos descansar, pero dinos quién te mandó.
León Toral: Yo obré solo.

VOCES:
>—¿No dices?
>—Esto sí no lo resiste.

LEÓN TORAL: Dios me dará fortaleza.

VOCES:
>—¿Cómo te llamas?
>—Platíquenle, platíquenle.
>—¿Quién te mandó?
>—¿Quién es tu familia?
>—¿Dónde vives?

LEÓN TORAL: Me llamo Juan. Obré solo.

Cesa el efecto de tormento. León Toral queda tendido. Se aproxima a él Valente Quintana.

LEÓN TORAL *(relatando):* Después de eso vino el señor Quintana. Me pasó la mano por la cabeza, como haciéndome una caricia, y fue aquél un descanso que no puedo expresar; fue la primera muestra de afecto que recibí, aunque fuera fingido.

QUINTANA: Mira, no creas que te vamos a fusilar. Si seguimos este tratamiento durante treinta días no lo resistes. Queremos saber cómo te llamas porque queremos, es muy natural, saber quién mató al general Obregón. Además, si tú no lo dices, tarde o temprano lo investigaremos y apresaremos a tus gentes y las consideraremos comprometidas, ya que tú tratas de ocultarlo. Nosotros los obregonistas queremos demostrar que se va a obrar con justicia. Te vamos a llevar a jurado, y aunque se dicte la sentencia de muerte, puede venir el indulto traducido en veinte años.

LEÓN TORAL *(reflexivo, para sí mismo):* Si éstos obran con buena intención, tienen que convencerse de que yo obré por Dios, y entonces Dios, posiblemente, llegando hasta ellos los toque y resulten beneficiados, que es mi mayor ilusión. *(Se dirige a Quintana):* Comprendo que tiene razón. Lo único que les recomiendo son consideraciones para mi familia. Voy a decir mi nombre. Yo obré solo. Me pueden matar en el martirio, pero no les puedo decir otra cosa porque es la verdad. Yo obré solo. Me llamo: José de León Toral. *(Se dirige al procurador:)* Luego hablé, sin que nadie me lo preguntara, sobre la madre Conchita, y pedí que me llevaran ante ella... Al acabar de decirlo me consideré, de momento, un Judas; me vi convertido en un Judas y eso me hizo sufrir de una manera tremenda. Después ya me calmé. (*Pausa.*) Yo no tengo ninguna prueba material de lo que digo y mi mayor petición era... o es, que me maten, que me abran el pecho y vean estampado en mi corazón que he dicho la verdad.

PROCURADOR: ¿Ya terminó su paréntesis?

LEÓN TORAL: Entiendo que sí.

PRESIDENTE: Acaba de decirnos que se ha considerado un Judas por haber delatado a su coacusada, espontáneamente.

LEÓN TORAL: Sí, señor, pero en estas circunstancias...

PROCURADOR (*interrumpiendo*): Y usted la delató diciendo que si hay algún responsable como autor intelectual del crimen, es ella.

LEÓN TORAL: ¿Me permite usted?

PROCURADOR (*sin dejarlo hablar*): Aparte de ella, ¿no hay ninguna otra persona que se lo haya insinuado?

LEÓN TORAL: Ninguna. Pero quiero aclarar que ella me dijo esas palabras simplemente en una plática. Y ya dije también que he escuchado muchas pláticas semejantes.

PROCURADOR: Pláticas semejantes... como las que tenía con Carlos Castro Balda o con Manuel Trejo, al que la policía no ha aprehendido aún, desgraciadamente. ¿Supo usted que Manuel Trejo y Carlos Castro Balda estaban fabricando bombas... bombas que luego pusieron en la Cámara de Diputados?... ¿Lo sabía usted?

LEÓN TORAL: Lo supe accidentalmente... por Carlos.

PROCURADOR: ¿Y supo también que su coacusada preparó —con Castro Balda, María Elena Manzano y todos los demás— un plan para asesinar al general Obregón en Celaya?

LEÓN TORAL: Yo no sé nada de eso. Me enteré cómo estuvo, accidentalmente, por pláticas con Carlos.

PROCURADOR (*irónico*): ¡Mire qué casualidad!

LEÓN TORAL: No, señor.

PROCURADOR: Ya los jurados lo apreciarán. (*Transición.*) Usted denuncia, convirtiéndose en un Judas según dice, a su coacusada, señalándola como autora intelectual. Se aprehende a la coacusada, y resulta que todas las otras personas que se aprehenden después están en relación con ella para cometer ese mismo delito en distintas formas.

LEÓN TORAL: Eso yo no lo podía saber.

Procurador: Voy a admitir que no lo sabe. ¿A quién recurrió entonces para pedir consejo si no fue a su coacusada? ¿Al cura Jiménez, a ese hombre al que tampoco se ha aprehendido aún? ¿Él era su confesor?

León Toral: No, señor. La única vez que me confesé con él fue el sábado catorce.

Procurador: El día anterior de su primer intento.

León Toral: Sí, señor.

Procurador: ¿Y no le contó usted sus propósitos?

León Toral: No le consulté nada. Ni en la confesión que hice le consulté el punto.

Procurador: No hay nadie entonces que haya influido en usted... Sin embargo, ante los magistrados del Tribunal Superior usted pronunció esta frase (*consulta un papel*): "No tengo más que un cómplice, y ese cómplice es Dios".

León Toral: Sí, señor, eso dije.

Procurador (*exaltándose*): ¡Ha convertido a Dios en asesino, contra todos los preceptos de la religión que profesa!

León Toral: No, señor.

Procurador: ¡Claro que sí! ¡Usted es de los que toman a la religión como un pretexto para cometer crímenes!

León Toral: ¿Me permite?

Procurador: ¡Fue usted un blasfemo!

León Toral: No, señor, por esto...

Procurador (*interrumpiendo*): Vamos al punto. ¿Tuvo usted temor, alguna vez, de que el general Obregón le causara algún daño?

León Toral: Me lo causaba como católico. No exclusivamente a mí, sino a todos los católicos.

Procurador: ¿Lo mismo que puede temer del diablo?

León Toral: El diablo tiene quién le ponga un freno, y al general Obregón no había quién se lo pusiera. Pido que me perdonen el término. Digo un freno moral, como se dice, un freno para el alma. Lo digo por las risas que oigo. Esto es muy importante, porque desde la Inspección de Policía, hasta la fecha, habrán notado que en ninguna de mis palabras ni de mis intenciones he ofendido al señor Obregón, fuera de haberle quitado la vida.

Procurador (*irónico*): Al contrario, usted dice que le proporcionó una vida mejor.

LEÓN TORAL: Esa convicción tengo, y en otra ocasión hablaré sobre el particular.
PROCURADOR: Por mí, señor presidente, ha concluido el interrogatorio.
DEFENSOR DE LEÓN TORAL: Pido la palabra. *(Pausa. Avanza hacia León Toral.)* Señor José de León Toral: la descripción que ha hecho con el nombre de paréntesis me ha enfermado, me ha causado un daño físico. Siento mis manos heladas, porque cuando usted escribía esos tormentos que ha dibujado con el lápiz, yo veía un dibujo de Durero en los círculos infernales del Dante. Y no puedo comprender cómo en el espíritu ecuánime del señor procurador, del señor procurador de "Justicia", no hayan repercutido sus palabras sacudiendo hondamente su organismo... Pues bien, pido que el señor procurador de "Justicia" procure averiguar esos hechos, y si son verdaderos que se castiguen, y si son falsos *(se dirige a León Toral)* usted es inmensamente mentiroso. *(Pausa.)* Quisiera ahora que concretáramos este punto. Usted ha dicho que tuvo un periodo de dudas, de vacilaciones, de luchas internas antes de llegar a la decisión de matar al señor general Obregón. Pero en el momento en que se decidió, ¿lo antepuso todo para llevar a cabo ese fin?
LEÓN TORAL: Llegué alguna vez a imaginar esto: que la otra vida fuera, como por ejemplo, Europa, y pudiera yo decirle amigablemente al señor Obregón: "Mire, las cosas no se arreglan aquí sino dejando de estar usted. Vámonos a Europa. Yo me comprometo a acompañarlo. Allí tengo un amigo que nos dará todo lo necesario, que nos tendrá en su palacio. El único sacrificio para usted es dejar México y su esposa y no volver a saber de ellos. Pero yo me ofrezco a acompañarlo para que no esté solo, para que ni siquiera el viaje lo haga solo". Eso se me ocurrió en alguna ocasión, y durante diez días, porque el siete me decidí y el diecisiete consumé el acto, durante diez días no faltó uno en que no oyera misa y comulgara. Esas misas y esas comuniones las ofrecía por el señor Obregón, para que en su última hora Dios le tocara el corazón. Yo no quería, ni menos buscaba, la condenación de su alma; nada más quería la separación del cuerpo y del alma; es decir, la muerte del cuerpo, no del alma. Quería que en el momento de su muerte se arrepintiera puesto que, con arrepentirse, bastaba para que salvara su alma, por más pecadora que fuera. De manera que yo le pedía a Dios esto: "Que se salve, muévele el corazón". Y le pedía una señal: "Que uno de mis balazos le toque el corazón y que ésta sea la señal de que se ha arrepentido, de que tú le has

tocado y le has perdonado". Cuando supe que dos de mis balazos le dieron en el corazón, tuve una impresión hermosísima, un consuelo tremendo.

Defensor de León Toral: Usted manifestó al señor presidente Calles, cuando fue a interrogarlo en la Inspección de Policía, que usted era responsable, que ninguna persona lo había impulsado a la comisión del delito, que había obrado creyendo cumplir con un deber religioso y moral.

León Toral: Sí, señor.

Defensor de León Toral: Esta declaración suya es muy importante para mí, porque no han faltado lenguas calumniadoras que imputan al señor presidente de la República, Calles, el homicidio de usted, diciendo que el señor presidente Calles, por haber estado interesado en la muerte del señor Obregón, de alguna manera hubiera intervenido en el asesinato. Como esto yo no lo creo, y como esto no es verdad, las palabras de usted son altamente interesantes. Por ese motivo hago muy enérgico el subrayado. *(Transición.)* Dígame ahora: ¿usted mató al señor Obregón por odio?

León Toral: Por odio no.

Defensor de León Toral: ¿Lo mató por antipatía personal?

León Toral: Tampoco.

Defensor de León Toral: ¿Tenía algún rencor que vengar en el señor general Obregón?

León Toral: No lo hice por rencor.

Defensor de León Toral: De manera que lo mató entonces por un sentimiento altruista. Empleo el término altruista en el sentido de levantado, en el sentido de que usted lo realizaba por virtud de sus convicciones morales y religiosas. ¿Estoy en lo cierto?

León Toral: Creo que lo he demostrado con lo que he dicho ayer y hoy.

Defensor de León Toral: Una última pregunta. Usted declaró ayer que el primer disparo al señor Obregón lo había hecho en esta forma... Siéntese usted, por favor. *(Reconstruye el hecho, colocándose en la posición de León Toral al cometer el acto, mientras éste ocupa la del general Obregón.)* Llegó usted cerca del señor Obregón, le mostró el dibujo por el lado derecho.

León Toral: Sí, señor, y con la derecha.

Defensor de León Toral: ¿Así?

León Toral: Sí, señor.

DEFENSOR DE LEÓN TORAL: Violentamente entonces, según declaró ayer, se pasó el dibujo de la mano derecha a la izquierda...

LEÓN TORAL: Sí, señor.

DEFENSOR DE LEÓN TORAL: ¿Cómo es entonces que el proyectil entró del lado derecho y salió por aquí? Porque usted, si disparó en esta forma, debió haberlo herido en la mejilla derecha, ¿no es así?; o en el cuello, o en la parte derecha. Y aparece herido en la parte contraria. ¿Está seguro de que disparó en esta forma?

LEÓN TORAL: Sí, señor.

DEFENSOR DE LEÓN TORAL: Como éste es un punto de importancia, deseo saber si hay dictamen de peritos balistas.

PRESIDENTE: Que la Secretaría informe.

SECRETARIO: No, no lo hay.

DEFENSOR DE LEÓN TORAL *(escandalizado):* ¡No se recogió dictamen de peritos balistas...! En un homicidio de comisaría se nombran peritos balistas, y cuando se mata a un presidente electo, es extraño que no aparezca dictamen.

PROCURADOR *(interrumpiendo):* ¡Señor, presidente!: no puedo dejar inadvertidas las palabras del señor defensor. Si los peritos no promovieron dictamen balístico fue porque ellos no lo consideraron necesario, aparte de que la Procuraduría tampoco lo consideró necesario ya que no hay absolutamente ningún dato, ningún detalle que pueda cambiar las declaraciones de Toral por lo que hace al momento en que fue muerto el señor general Obregón. Toral mismo ha dicho que no se hicieron más disparos que los suyos... El señor defensor —y aquí voy a hablar muy claro— quiere lanzar malévolamente, no retiro la palabra, malévolamente, la tesis de que el señor general Obregón no fue muerto a manos de León Toral.

DEFENSOR DE LEÓN TORAL: No dice eso la defensa.

PROCURADOR: Malévolamente es lo que se deja adivinar.

DEFENSOR DE LEÓN TORAL: No se atreve a decir eso la defensa.

PROCURADOR: No crea el señor defensor que ignoro, como no ignora nadie de los que están aquí presentes, las muchas y malévolas versiones que se hicieron acerca de la muerte del señor general Obregón...

DEFENSOR DE LEÓN TORAL: ¡Señor procurador!

PROCURADOR *(enérgico, gritando):* ¡Pero para eso estamos aquí!, ¡para decir la verdad, no para repetir imputaciones canallescas!

DEFENSOR LEÓN TORAL: ¡Señor procurador!

Tercera audiencia (*domingo 4 de noviembre de 1928. 10:52 horas*).

Defensor de la madre Conchita: Señor Toral... En noviembre de 1927, cuando ocurrió el atentado de Luis Segura Vilchis contra el señor Obregón en Chapultepec, ¿conocía ya a la madre Concepción?

León Toral: No, señor. La conocí hasta marzo de 1928.

Defensor de la madre Conchita: Y usted dijo aquí, si mal no recuerdo, que fue en el mes de diciembre cuando comenzó a prohijar su idea, o cuando menos, a encontrar justificada la actitud del ingeniero Segura Vilchis.

León Toral: Sí, señor, en diciembre de 1927.

Defensor de la madre Conchita: Es decir, cuatro meses antes de la fecha en que conoció a la madre... digo, a la señorita Concepción Acevedo de la Llata.

León Toral: Sí, señor.

Defensor de la madre Conchita: Cuando conoció a esta señorita, ¿tenía ya perfectamente determinada en su conciencia la idea de que Segura Vilchis había procedido bien?

León Toral: Sí, señor.

Defensor de la madre Conchita: ¿Y usted llegó ante la señorita Acevedo de la Llata abriéndole francamente su corazón, explicándole y enseñándole hasta sus más íntimos pensamientos, o fue simplemente una relación de amistad en función de los auxilios espirituales que ella pudiera prestarle?

León Toral: Lo principal fue tener dónde oír misa. Después, en la segunda o tercera entrevista ya traté con ella asuntos espirituales; no abriéndole mi corazón por completo, sino tratando los asuntos que se me iban ofreciendo.

Defensor de la madre Conchita: Asuntos espirituales, asuntos de ética...

León Toral: Eso eran. No eran asuntos religiosos de actualidad.

Defensor de la madre Conchita: No eran asuntos religiosos de actualidad... ¿Eran más bien cuestiones de filosofía cristiana?

León Toral: Eso precisamente... Recuerdo, entre otras cosas, que le pregunté qué recursos había para dominar la soberbia; le pregunté ciertos detalles sobre los ángeles, le pregunté sobre el deseo de dar la vida por Cristo... si era algo justificado que no ofendía la humildad.

Defensor de la madre Conchita: ¿Dice usted que le preguntó sobre el deseo de dar la vida por Cristo?

León Toral: Sí, señor. En el sentido de que si podía haber, en ese altísimo ideal, un sentimiento bastardo que lo rebajara: el de buscar la gloria humana.

Defensor de la madre Conchita: Entiendo. *(Transición.)* Usted sabe que el señor procurador ha dado excesiva importancia a la conversación que usted tuvo con la señorita Acevedo de la Llata, y en la que ella comentó que la única solución para resolver las dificultades de la Iglesia en México serían las muertes de los generales Obregón y Calles, y del patriarca Pérez...

León Toral: Ya dije que aquello fue fundamental para mí, pero no lo fue del todo; fue...

Defensor de la madre Conchita: ¿La gota de agua en la copa llena?

León Toral: Sí.

Defensor de la madre Conchita: Dígame, señor Toral: si la señorita Acevedo de la Llata hubiera sospechado siquiera cuál era el proceso mental de usted, ¿cree que habría pronunciado esas palabras?

León Toral: De ninguna manera. Hay una prueba: el día 18 en la Inspección de Policía, cuando la entregué... cuando indiqué que deseaba consultar con una persona cierto asunto, y cuando luego llegamos allá con el señor Quintana y los otros, ella, en otras palabras, dijo:

Madre Conchita *(reconstruyendo la frase que León Toral refiere):* Si José me hubiera consultado sobre el particular, yo se lo hubiera impedido.

Defensor de la madre Conchita *(a León Toral):* Ese término que usted emplea, "entregué", ¿lo emplea lo mismo en relación a la señorita Acevedo de la Llata que en relación a sus padres y a su esposa?

León Toral: Así es, desde luego... Cuando públicamente me califiqué de delator, todos los compañeros que habían caído en prisión por mí me dijeron que no volviera a decir eso: que era una humildad excesiva el creerme delator... Pero era una necesidad que yo sentía. Es decir, empleé el término para desahogarme.

Defensor de la madre Conchita: Y cuando usted pidió a los agentes que lo llevaran ante la señorita Acevedo, ¿lo hizo con la idea de que ella dijera a los agentes que usted había obrado solo?

León Toral: Sí, señor.

Defensor de la madre Conchita: Pensó que nadie podría dudar de ella.

León Toral: Eso fue lo que yo sentí.

Defensor de la madre Conchita: ¿Usted considera a la madre Conchita una mujer superior en inteligencia, en instrucción, en fe religiosa, en la ejemplaridad de su vida?

León Toral: Cómo no.

Defensor de la madre Conchita: ¿La considera muy superior a usted?

León Toral: Ya lo creo. En este sentido: como inteligente, como instruida; en su íntima unión con Dios, que era lo que yo más aspiraba; en su humildad...

Defensor de la madre Conchita: ¿Una humildad a toda prueba?

León Toral: Sí.

Defensor de la madre Conchita: ¿Y usted sabe a qué ha dado origen esa humildad de la madre Conchita?

León Toral: A sufrirlo todo.

Defensor de la madre Conchita: ¡A que se le humille y se le injurie diciendo que era la amante de usted!

León Toral: En la vista se dijo eso públicamente, y yo vi cómo ella se puso intensamente pálida, pero no dijo una sola palabra.

Defensor de la madre Conchita: Ha resistido estoicamente todas las injurias, todas las humillaciones. Está resistiendo ésta, que es la mayor humillación para ella... Pero mientras el procurador no logre probar ante la nación entera, ante el mundo entero, que es verdad lo que afirma contra la madre Conchita; mientras insista en que se le condene...

León Toral: Comete una injusticia.

Defensor de la madre Conchita: ¡Y el pueblo y la nación y el mundo entero verán que se comete una injusticia!

OSCURO

ACTO SEGUNDO

Cuarta audiencia *(lunes 5 de noviembre de 1928. 9:58 horas).*

Ocupan el presidium dos personas más: el licenciado Ezequiel Padilla, procurador general de la República, y el licenciado Enrique Medina, agente del Ministerio Público.

Procurador: Señor presidente de estas audiencias: suplico a su señoría me permita, antes de continuar con los interrogatorios, comunicar lo siguiente. En vista de que se ha tomado como pretexto este jurado para hacer los ataques más crudos, por parte de la defensa, a personalidades que están fuera de toda duda en la conciencia de los hombres honrados, y para hacer propaganda sediciosa: y como además se me han hecho personalmente amenazas por males más o menos graves —el de la muerte entre ellos—, vengo a hacer presente a su señoría que he nombrado para que me auxilien en este jurado a los señores licenciados Ezequiel Padilla, procurador general de Justicia de la nación, y Enrique Medina, agente del Ministerio Público del fuero común. Pido que se tengan por nombrados para intervenir de una manera especial en este proceso.

PRESIDENTE: Como lo pide el señor procurador, se tienen por adscritos a los señores licenciados que indica. (*Transición.*) Que pase al frente la señorita Acevedo. (*La madre Conchita se aproxima.*) Hágame usted favor de decirme sus generales.

MADRE CONCHITA: María Concepción Acevedo de la Llata.

PRESIDENTE: ¿Natural de dónde?

MADRE CONCHITA: De Querétaro.

PRESIDENTE: ¿Vecina de dónde cuando fue usted aprehendida?

MADRE CONCHITA: De la ciudad de México.

PRESIDENTE: ¿Edad?

MADRE CONCHITA: Treinta y siete años.

PRESIDENTE: ¿Ocupación?

MADRE CONCHITA: Religiosa.

PRESIDENTE: ¿Estado civil?

MADRE CONCHITA: Soltera.

PRESIDENTE: ¿Desde qué edad comenzó usted a ser religiosa?

MADRE CONCHITA: Desde los diecinueve años.

PRESIDENTE: ¿Dónde estuvo usted de religiosa?

MADRE CONCHITA: En Querétaro.

PRESIDENTE: ¿Y luego?

MADRE CONCHITA: En México. En un convento de Tlalpan.

PRESIDENTE: ¿Hasta qué época?

MADRE CONCHITA: Hasta el tres de enero de 1927 en que me sacó la Policía Judicial.

PRESIDENTE: ¿A dónde fue usted?

MADRE CONCHITA: Primero a una casa rentada de Mesones. Después, de 1927 a 1928, a una casa de la calle de Zaragoza. En febrero de 1928 me pasé a la calle del Chopo, y en mayo de ese año volví a Zaragoza.

Presidente: ¿Cuál fue el motivo de sus traslados?
Madre Conchita: Miedo a que nos cogiera la policía.
Presidente: ¿Porque estaban violando la ley?
Madre Conchita: No estábamos violando la ley. Vivíamos ya vestidas de seglares, ya no era convento.
Presidente: Usted, naturalmente, no estaba conforme con el estado de cosas relativo a la religión.
Madre Conchita: Sí, señor, estoy conforme porque creo que es una prueba de Dios.
Presidente: Pero hubiera deseado que ese estado de cosas se modificara...
Madre Conchita: Naturalmente.
Presidente: ¿Cómo pensaba usted que podría modificarse?
Madre Conchita: Nunca lo pensé.
Presidente: ¿Cómo conoció usted a José de León Toral?
Madre Conchita: Me lo presentó en mi casa la señorita Margarita Rubio.
Presidente: ¿Y qué idea se formó de él?
Madre Conchita: Yo nunca me pongo a juzgar a las gentes.
Presidente: Pero usted es una persona...
Madre Conchita: Creo que todo el mundo es bueno. Nunca juzgo mal a nadie.
Presidente: Pero respecto a su carácter, ¿qué idea tenía usted?
Madre Conchita: Que era un poco tímido, modesto y reservado.
Presidente: ¿Nunca pensó que era un hombre fácil de dominar?
Madre Conchita: Por qué iba a pensar eso, señor juez, no tenía pensado dominar a nadie.
Presidente: ¿Iba con frecuencia a verla?
Madre Conchita: Ya lo dijo él... Sí, señor, iba con frecuencia.
Presidente: De lo que ha dado la averiguación, parece ser que usted tenía una decidida influencia sobre León Toral.
Madre Conchita: Eso han supuesto.
Presidente: Sin embargo, ya ve usted hasta dónde llegó esa influencia.
Madre Conchita: No, señor juez, no mi influencia, fue la influencia nacional, los dolores que padece la patria. Él lo ha dicho: fue el ambiente el que lo obligó a pensar así.
Presidente: Usted era enemiga del gobierno, ¿verdad?
Madre Conchita: No soy enemiga de nadie.
Presidente: ¿Usted le tenía dada alguna consigna a Toral?

Madre Conchita: No, señor, no he dado consignas a nadie.

Presidente: Dígame, señorita Acevedo, cuando León Toral, después de ser aprehendido, fue llevado ante su presencia diciendo que necesitaba pedir permiso a una persona para poder hablar...

Madre Conchita *(interrumpiendo)*: No entendí que él dijera que tenía que pedir permiso.

Presidente *(siguiendo su idea)*: ...¿cuál fue la impresión de usted al verlo?

Madre Conchita: Tremenda. Pensé: "Se murió Pepe y se me ha aparecido". Porque iba en una forma terrible: le sangraban las manos y la boca... Cuando abrí la puerta no entró él, sino los agentes, pistola en mano.

Presidente: ¿Qué le dijo León?

León Toral se aproxima. Se reconstruye la escena que refiere la madre Conchita.

León Toral *(a la madre Conchita)*: Vengo a ver si a ti te creen... Vengo a ver si quieres morir conmigo.

Madre Conchita: Sí, con mucho gusto.

Presidente: ¿Estaba entonces resuelta a morir con él?

Madre Conchita: Nada de con él. Estaba resuelta a morir por Dios, sola o acompañada, como Él quisiera.

Presidente: Señorita Acevedo: se ha probado de una manera plena que en casa de usted había reuniones sediciosas.

Madre Conchita: Nunca hubo reuniones sediciosas. Lo niego.

Presidente: ¿No era sediciosa una reunión en la cual se da un veneno a una persona para que vaya a matar al general Obregón?

Madre Conchita: Señor juez: mi misión era únicamente abrir mis puertas por caridad a todo el mundo. Ya si entre esos elementos se mezclaban algunos que desarrollaban actividades para defender en otra forma la Iglesia, fue una casualidad.

Presidente: Una casualidad que se repetía con mucha frecuencia.

Madre Conchita: No, señor.

Presidente: ¿Era una casualidad que usted viera fabricar bombas?

Madre Conchita: No las veía.

Presidente: Usted reconoció que en una casa vecina a la suya había visto la fabricación de bombas que luego se arrojaron a la Cámara de Diputados.

Madre Conchita: Lo que yo vi no eran bombas.

PRESIDENTE: ¿Qué eran entonces?

MADRE CONCHITA: Ácidos y una infinidad de cosas que tenían.

PRESIDENTE: Los ingredientes necesarios para fabricar las bombas.

MADRE CONCHITA: Ahora sé lo que eran.

PRESIDENTE: ¿En ese tiempo no lo sabía usted?

MADRE CONCHITA: Pero no vi la fabricación de las bombas.

PRESIDENTE: Pero sabía que las estaban fabricando.

MADRE CONCHITA: Sí, señor.

PRESIDENTE: Como se sabe también —y así se ha demostrado— que Carlos Castro Balda fue a la casa de usted a buscar a la señorita María Elena Manzano para darle un veneno con objeto de matar al general Obregón en Celaya.

MADRE CONCHITA *(irónica):* Dicen que yo misma le di el veneno.

PRESIDENTE: Eso declararon ellos mismos durante los interrogatorios, pero luego se desdijeron, ante la presencia de usted... De cualquier modo, cómo podría ser lógico que se reunieran en la casa de usted, si usted no fuera la que dirigiera todo esto.

MADRE CONCHITA: Yo no dirigía nada. Lo que ocurrió fue lo siguiente. Carlos Castro Balda llegó a mi casa y me dijo:

Se aproxima Castro Balda y reconstruye el parlamento que la madre Conchita refiere.

CASTRO BALDA: Tengo un asunto con algunos de los muchachos, ¿los puedo ver aquí?

MADRE CONCHITA *(a Castro Balda):* Sí. *(Transición. Al presidente:)* Llevaba una tarjetita de presentación, no recuerdo de quién, y sabía que allí podía ver a sus amigos porque iban a mi casa a oír misa, a la bendición del Santísimo por la tarde... Llegó Castro Balda y habló con ellos. Sabía yo perfectamente que era cosa concluida, que si no se arreglaba en mi casa se arreglaría en la esquina.

PRESIDENTE: ¿Qué asunto era el que se arreglaría en la esquina?

MADRE CONCHITA: El de Celaya.

PRESIDENTE: De modo que usted sabía que iban a tratar de matar en Celaya al general Obregón.

MADRE CONCHITA: Al principio no lo sabía. Después me di cuenta, porque no soy tan niña.

Presidente: ¿Y qué piensa usted de eso?

Madre Conchita: Yo no juzgo las cosas. Yo le dije: "Ellos lo hacen, allá ellos…" Por otra parte, infinidad de veces, a cuantísimas personas quité animadversiones y verdaderos deseos de venganza contra el gobierno.

Presidente: Y así como disuadió a otras personas, ¿por qué no disuadió a León Toral?

Madre Conchita: Porque nunca lo supe. ¿Cómo puedo disuadir a una persona de lo que no me ha dicho que trata de hacer? ¿Cómo podría decirle a su señoría que no se meta de monje si no tiene pensado hacerlo?

Presidente: Pero usted le dijo a Toral que el conflicto religioso se terminaría con la muerte de los señores Obregón, Calles y el patriarca Pérez. ¿Recuerda usted la frase que le dijo?

Madre Conchita: Yo le dije: "Bueno, esto no se arregla hasta que ellos mueran".

Presidente: ¿Pero cuál fue la frase textual, señorita Acevedo?

Madre Conchita: Hasta que se mueran los generales Obregón y Calles, y el patriarca Pérez.

Se produce un silencio. El procurador avanza hacia la madre Conchita.

Procurador: Cuando Toral la denunció a usted, convirtiéndose como él mismo lo ha dicho aquí, en un Judas, no se tenía noticia alguna de que usted pudiera tener intervención, no únicamente en este asunto, sino en varios otros atentados… Si usted está aquí, es porque tanto Toral como los individuos que se aprehendieron después, y que siguen sujetos a proceso por las bombas en la Cámara de Diputados, y por el fallido plan para envenenar al general Obregón en Celaya… todos esos individuos la señalaron, en sus primeros interrogatorios, como la que organizó este complot.

Madre Conchita: Niego eso que dicen.

Procurador: Pero advierta que no es una sola persona. No fue sólo la señorita Manzano, sino Eulogio González y Castro Balda quienes la denunciaron.

Madre Conchita: Pero después se desdijeron todos.

Presidente: En los careos con usted; precisamente a causa de la gran influencia que ejerce en ellos, por su gran ascendiente. Después de hablar con usted vinieron a decir "ya no es cierto", pero todos los detalles que dieron en sus primitivas declaraciones dejan perfectamente claro que usted fue quien ordenó y proporcionó los medios para cometer ese homicidio en Celaya y...

MADRE CONCHITA: Lo niego.

PROCURADOR: Cómo explica entonces que la señorita Manzano, en su primera declaración, la haya señalado...

MADRE CONCHITA: Porque ella sabía perfectamente que yo anhelaba el martirio, y pensó: "La mezclo en este asunto y le conceden el martirio". Creyó alcanzarme la palma.

PROCURADOR: ¿Cuando fracasó el intento de Celaya empezó usted a preparar a José de León Toral?

MADRE CONCHITA: ¿Voy a prepararlo a usted para que sea sacerdote?

PROCURADOR: No, señorita, no va a prepararme para nada distinto de lo que soy.

MADRE CONCHITA: Pues así tampoco he preparado a nadie ni he tratado de cambiar el pensamiento de nadie.

PROCURADOR (*indignándose*): ¡Porque yo no voy a pedirle consejos como José de León Toral! (*Pausa.*) Señorita Acevedo: usted mandó preparar un sello de metal que calentado al fuego se aplicaba a la carne dejando una marca como la que se les pone a los animales, ¿no es verdad? Una marca que tiene las letras Jota, Hache y Ce, y una cruz.

MADRE CONCHITA (*muy molesta*): Y usted, señor procurador, fue a la cárcel de San Ángel a sacarme ese secreto. Me dijo que esto no iba a salir en las declaraciones, y acabando de decirlo fue a dictar un acta.

PROCURADOR: Yo le dije que necesitaba aclarar algo sobre ese sello... Usted me dijo que se lo había mandado hacer y que se lo aplicó usted misma en prueba de gran devoción, o de algo así muy vago que no alcancé a entender, porque yo no puedo entender que alguien se aplique un hierro candente en la forma en que usted se lo ha aplicado... como se lo ha aplicado también Castro Balda.

MADRE CONCHITA: Eso no lo sabía.

PROCURADOR: No lo sabía usted, pero en la ficha signalética de Castro Balda se indica la presencia de esa marca... Era la forma en que Castro Balda le daba una prueba de perfecta lealtad y subordinación. Castro Balda: el hombre que ayudó a planear la muerte del general Obregón en Celaya, el hombre que puso bombas de dinamita en la Cámara de Diputados, se presentó a declarar con deseos de ingresar inmediatamente a la cárcel... Después de detenido Castro Balda vinimos a saber las relaciones que usted tenía con otras personas que fueron procesadas. (*Pausa.*) ¿Castro Balda se prestó voluntariamente a que lo marcaran?

Madre Conchita: No, señor.

Procurador: ¿Todas las monjas que están bajo sus órdenes están marcadas con ese fierro?

Madre Conchita (*enérgica*): Ellas no tienen nada que ver aquí. Son secretos de mis monjas.

Procurador: Por lo mismo, Castro Balda no tenía por qué saber de los secretos de sus monjas... ni de la existencia de ese fierrito. ¿Cree usted que si no tuviera una gran influencia sobre él, Castro Balda se habría dejado marcar?

Madre Conchita: ¡Sí se habría dejado marcar! Pero yo no se lo mandé.

Procurador: De momento no tengo otras cosas que preguntar a la acusada, señor juez. He terminado.

Un silencio. El defensor de la madre Conchita se aproxima.

Defensor de la madre Conchita: Dijo hace unos momentos que a muchas de las personas que acudían a su casa quitó usted animadversiones y odios.

Madre Conchita: Infinidad de veces. Los exhortaba a amar y perdonar. Esa fue la misión de toda mi vida. Hay centenares de testigos que podrían hablar a mi favor y que no lo hacen porque la voluntad de Dios es que no me defiendan. Si tengo defensores es porque el señor juez me hizo caridad de obligarme a recibir defensores. No quería que nadie me defendiera, porque sé que los que se meten conmigo, se comprometen terriblemente.

Defensor de la madre Conchita: Cuando Toral fue llevado ante su presencia por los agentes de la policía, ¿qué fue lo primero que le dijo José?

Se reconstruye la escena entre León Toral y la madre Conchita.

León Toral: Vengo a ver si a ti te creen... ¿Quieres morir conmigo?

Madre Conchita: Sí, con mucho gusto, ¿de qué se trata?

León Toral: Ya están presos mi papá, mi mamá, todos, y si tú te entregas nos matan a los dos y se arregla todo.

Madre Conchita: Sí, como no.

Concluye la escena retrospectiva.

DEFENSOR DE LA MADRE CONCHITA: Es decir, ¿entregarse por otros?
MADRE CONCHITA: Sí, entregarme a mí por otros, por otros inocentes también.
DEFENSOR DE LA MADRE CONCHITA: ¿Y usted qué sintió?
MADRE CONCHITA: Gozo de poder entregar mi vida a Dios.
DEFENSOR DE LA MADRE CONCHITA: En relación con las primeras declaraciones de los testigos —declaraciones que ellos rectificaron después—, dígame sinceramente, madre: ¿por qué cree usted que la señorita María Elena Manzano y Carlos Castro Balda la hayan inculpado?
MADRE CONCHITA: Carlos Castro me dijo:

Avanza Castro Balda. Reconstruye el parlamento.

CASTRO BALDA: Yo hice declaraciones, cargándole a usted muchas cosas, porque creí que así la mataban, y como eran sus ideales, creía conseguirle la palma del martirio.
DEFENSOR DE LA MADRE CONCHITA *(a la madre Conchita)*: ¿Y qué opina de que Castro le quisiera conseguir la palma?
MADRE CONCHITA: Si es la voluntad de Dios, sin atropellar la justicia y sin atropellar la verdad, ¡qué bueno! Pero por medio de caminos torcidos y la mentira, no.
DEFENSOR MADRE CONCHITA: Usted quiere ir al martirio por medio de la verdad.
MADRE CONCHITA: Sí. Así es como he estado presa, sosteniendo la verdad.
DEFENSOR DE LA MADRE CONCHITA: Madre Conchita: ¿niega usted terminantemente haber tenido la más pequeña intervención en el homicidio del general Obregón?
MADRE CONCHITA: Sí, señor, lo niego categóricamente.
DEFENSOR DE LA MADRE CONCHITA: ¿Se siente usted adolorida por alguna mala acción que haya cometido? ¿Tiene la seguridad de haber cumplido fielmente con la regla y con Dios?
MADRE CONCHITA: Creo que nunca en mi vida he cometido una acción mala. Pequeñeces y miserias de las que todo el mundo adolece, ¡cómo voy a decir que no!, no soy una santa. Pero cosas grandes, lo que se dice una acción mala, nunca.

Defensor de la madre Conchita: Una última pregunta: en el local de la cárcel de San Ángel, el señor procurador le dio su fe de caballero de no revelar lo que usted dijo respecto a ese famoso sello. ¿Es así?

Madre Conchita: Así es.

Defensor de la madre Conchita: ¿Dónde quedo entonces esa fe de caballero?

Madre Conchita: Es más, diré otra cosa que me da mucha vergüenza. El señor procurador prometió guardarse lo del sello, pero desde el momento en que él no cumplió, yo tampoco tengo por qué guardar este otro. El señor procurador me dijo que yo era la querida del general Cruz.

Defensor de la madre Conchita: Es bastante, señor juez.

Defensor de León Toral (*después de un breve silencio*): Madre Conchita, permítame que tenga el honor de interrogarla. Seré brevísimo, porque tengo la convicción de que Toral no cometió el delito por sugestión religiosa —y menos de usted—, ni tampoco por sugestiones políticas, que no hay detrás de él ninguna sombra que se proyecte en su conciencia. Él procedió espontánea y libremente por sugestión del medio ambiente. Se compromete así al iluminado que quiere cumplir una misión alta; por eso nos dice: "Obedecí la inspiración de Dios; Dios habló en mi conciencia". (*Pausa.*) Madre Conchita: poniéndose usted la mano pálida y bella como la de un santo sobre su pecho, hermosa como una flor, ¿jura usted por su religión, por sus votos sacrosantos, jura usted una vez más, no para los oyentes, para usted misma, para mi convicción de abogado, jura usted madre, por la santidad de su vida, por la salvación de su alma, que no tomó participación alguna en el delito cometido por José de León Toral?

Madre Conchita: Sí, lo juro ampliamente.

Defensor de León Toral: Muchas gracias, señor juez.

Medina (*avanzando*): Una sola pregunta, señorita Acevedo, en mi calidad de representante del Ministerio Público... Acaba usted de decir, en un rasgo de sinceridad absoluta, que nunca ha cometido una falta, que nunca ha cometido un delito.

Madre Conchita: Sí, señor.

Medina: Dígame entonces: ¿usted cree una acción mala el hecho de haber dado muerte al general Obregón?

Madre Conchita: Que yo la hubiera cometido, sí.

Medina: Le pregunto si usted cree que esto sea una acción mala.

Madre Conchita: Yo no soy quien debe juzgar.

Medina: Si usted ha jurado ser absolutamente veraz, ¿por qué no contesta categóricamente mi pregunta?

Madre Conchita: Categóricamente no puedo juzgar ese hecho.

Medina: Si usted dice que no quiere juzgar categóricamente el hecho es que no quiere contestarme.

Madre Conchita: Es que no puedo juzgar; sería la mayor imprudencia para mí, según mi religión, juzgar ese hecho.

Medina (*al presidente*): Es suficiente.

Presidente (*después de un silencio*): Se procede a examinar a los testigos de cargo. Que pase a la sala el primer testigo.

Entra el licenciado Arturo R. Orcí.

Presidente: ¿Tiene la bondad de darme sus generales?

Orcí: Me llamo Arturo R. Orcí, mayor de edad con cuarenta y cinco años, originario de Sonora, casado, abogado, con domicilio en esta capital.

Presidente: Le ruego a usted me haga una relación de los hechos que presenció el día del asesinato del general Obregón.

Orcí: Yo fui uno de los invitados a la comida en donde asesinaron al general Obregón. Estaba sentado a un lugar de por medio del general, cuando oí una serie de disparos, como tres o cuatro, y luego otra serie como de cuatro o cinco... Instintivamente volteé hacia mi lado izquierdo, y en ese momento vi humo en la espalda del general Obregón y al individuo que recargaba una mano en uno de los hombros y con la otra descargaba la pistola. En ese momento brinqué, como brincaron todos, y después de la confusión dije al señor Sáenz: "Esto ya no tiene remedio". (*Pausa.*) De La Bombilla nos fuimos rápidamente a la casa del general Obregón. Estando yo al pie del sofá donde estaba tendido el cadáver, llegó el señor presidente de la República, y después de un momento en que se enteró de lo que había pasado me dice: "Licenciado Orcí, acompáñeme". Hizo la invitación también al señor Topete y a Luis Benvenuti. Nos fuimos de inmediato a la Inspección de Policía. Ahí estaba ya el general Cruz. El general Calles preguntó por el asesino, lo mandaron traer y lo comenzó a interrogar... La impresión del general Calles fue ésta, me lo dijo: "Es un fanático, es un atentado de origen religioso; éstos son los mochos".

Con toda sinceridad, yo le respondí: "General, yo creo que éste es un instrumento; pero no solamente es el fanatismo el que lo ha llevado a cometer el asesinato. ¿Me permite que lo interrogue?" Me contestó el señor presidente: "Sí, interróguelo". Lo hice, pero no me contestó una palabra... Más adelante, cuando presencié la entrevista que tuvieron la madre y Toral, cuando nadie había hablado con ellos todavía —estábamos solos los tres, encerrados en un cuarto—, me formé una idea que luego manifesté al presidente Calles: "Para mí no es un fanático —le dije—; porque en primer lugar viene lleno de comprobantes para demostrar que es un fanático: trae rosarios, escapularios, viene probando lo que legalmente se llama coartada; en segundo lugar, no es un fanático porque de buenas a primeras le echa toda la culpa a la grey católica... y eso no lo hace un buen católico".

PROCURADOR: Señor licenciado Orcí, en vista de que acaba de manifestar que la monja, Toral y usted estuvieron encerrados en un cuarto antes de que nadie hablara con ellos, desearía preguntarle qué fue lo que estos señores dijeron y qué impresión se formó usted.

ORCÍ: Yo quisiera que me oyera la señora De la Llata para que diga si es cierto, palabra por palabra, lo que voy a repetir.

PRESIDENTE: Que pase al frente la señorita De la Llata.

La madre Conchita se aproxima.

ORCÍ: Al día siguiente del asesinato del señor general Obregón, al oscurecer, estaba yo en la Inspección de Policía y me dijeron:

Valente Quintana reconstruye el parlamento que refiere Orcí.

QUINTANA: Acaba de decir Toral que si le permiten que hable con una persona, él dirá toda la verdad.

ORCÍ *(a Quintana):* Desde luego hay que permitirle, vamos allá. *(Al procurador:)* Fuimos a la calle Zaragoza, y después del encuentro de Toral y la madre, pedí a Valente Quintana y a los agentes que me dejaran hablar a solas con el asesino y con la madre Conchita... Ante Toral y la madre Concha yo asumí, les confieso, una actitud casi mística; incluso llegué a hacer cargos al gobierno actual, no sentidos pero sí necesarios. Dije *(a la madre Conchita, reconstruyendo la situación):* Madre: usted sabe que el general Obregón no creó conflicto religioso alguno. Obregón fue respetuoso de las creencias. El conflicto se vino a crear con el gobierno del general Calles, y todos los católicos esperaban el regreso del señor general Obregón a la Presidencia para arreglar el conflicto religioso.

MADRE CONCHITA *(a Orcí):* Eso no lo sabía.

ORCÍ: Pero cómo no lo sabe usted, madre, si lo saben todas las personas con quienes tiene usted intimidad.

MADRE CONCHITA: Pues ya ve usted, no lo sabía.

ORCÍ *(al procurador):* Luego el asesino hizo su relato diciendo que la primera vez que pensó en ejecutar ese acto fue poco después de que mataron a Vilchis y al padre Pro. Dijo Toral:

LEÓN TORAL *(en la acción retrospectiva):* Vilchis no fue un buen católico porque él debió dar su vida para matar al que le hacía mal a la Iglesia.

MADRE CONCHITA: No. Vilchis fue un buen católico. Lo que le faltó a Vilchis fue preparación.

ORCÍ: ¿Qué preparación se necesita, madre?

MADRE CONCHITA: Debe uno prepararse consigo mismo y con Dios.

ORCÍ: ¿Usted cree que haya católicos que puedan prepararse y matar al general Obregón y al general Calles?

MADRE CONCHITA: Sí, lo creo, hay muchos.

ORCÍ *(en el presente, al procurador):* Después habló Toral de la conversación aquélla en que la madre le dijo que para solucionar la cuestión religiosa eran necesarias las muertes del general Obregón, del general Calles y del patriarca Pérez, y que había muchos católicos suficientemente preparados. Yo le pregunté a la madre *(en acción retrospectiva):* Pero usted es tan católica, tan buena, ¿es capaz de haber dicho una cosa de ésas?

MADRE CONCHITA: Mire, licenciado, matar por matar es un pecado, efectivamente, pero matar por salvar la religión no es pecado, porque primero es la religión y después es el pecado.

PROCURADOR: Por parte mía no tengo más preguntas.

MEDINA *(avanzando):* Una sola pregunta, licenciado Orcí. Después de esa entrevista, ¿qué dedujo usted respecto a la señorita Acevedo de la Llata?

ORCÍ: Deduje que la madre Concha había resuelto el asesinato.

MEDINA: Es tan claro eso, señor Orcí, que no necesito más.

DEFENSOR DE LA MADRE CONCHITA *(a Orcí):* Ha hecho una declaración que no consta en el proceso. Ha lanzado cargos a la madre Conchita que por primera vez se manifiestan. Yo le pregunto: ¿por qué no hizo antes esa declaración?

ORCÍ: Porque no me la pidieron. Yo estaba en la Inspección y buscaba otra conexión, porque es mi idea —y la ha sido siempre— que de la madre Concha para arriba hay otra conexión u otra cosa que no es la religión, y que de la madre Concha para abajo está Toral. No creo que las personas que se han aprehendido sean las únicas con las que haya tratado el asunto la madre Concha.

PRESIDENTE: Quiero saber si la señorita Acevedo está conforme con haber dicho las frases que el licenciado Orcí le oyó cuando estuvo encerrado con ella y con Toral en la casa de Zaragoza. *(A la madre Conchita:)* ¿Está conforme?

MADRE CONCHITA: Hay muchos conceptos que no recuerdo.

ORCÍ: Pero, madre, ¿no me dijo usted que matar no es pecado si se hace en bien de la religión?; ¿no dijo que Vilchis era buen católico, pero que le faltaba preparación?

MADRE CONCHITA: No recuerdo haberlo dicho.

PRESIDENTE: ¿De manera que no recuerda haber pronunciado esas frases?

MADRE CONCHITA: No dije que a Vilchis le faltaba preparación. Eso no lo dije. Yo no hablé nunca con Vilchis. ¿Cómo podría juzgar un hecho del que nunca tuve conocimiento?

PRESIDENTE: ¿Y respecto a la frase de que había muchos católicos suficientemente preparados?

MADRE CONCHITA: No lo dije.

PRESIDENTE: ¿Y respecto a la afirmación de que era pecado matar por matar, pero no lo era por salvar la religión? ¿Está usted conforme con haberlo dicho?

MADRE CONCHITA: No me acuerdo.

PRESIDENTE: ¿Lo niega usted? ¿Pudo haberlo dicho?

MADRE CONCHITA: Creo que no.

QUINTA AUDIENCIA *(lunes 5 de noviembre de 1928. 17:40 horas).*

PRESIDENTE: Que pase el siguiente testigo. *(Entra Valente Quintana):* Señor Quintana, hágame el favor de decirme sus generales.

QUINTANA: Valente Quintana, natural de Matamoros, Tamaulipas, con domicilio en la ciudad de México, treinta y ocho años, casado.

Presidente: ¿Ocupación?

Quintana: Policía.

Presidente: ¿Protesta usted decir la verdad?

Quintana: Sí, protesto.

Presidente: ¿Usted tuvo intervención con motivo de la averiguación practicada en la muerte del general Obregón?

Quintana: Sí, señor.

Presidente: ¿Usted habló con Toral el día dieciocho de julio?

Quintana: En la mañana del dieciocho. El día diecisiete, en la tarde, después de la muerte del general Obregón, me llamaron a mí como policía privado para que me hiciera cargo de las investigaciones relativas al crimen.

Presidente: ¿Es cierto que el dieciocho de julio, en compañía de otros agentes, llevó a Toral a la presencia de la señorita Acevedo en la calle de Zaragoza?

Quintana: Sí, señor.

Presidente: ¿Y puede decirnos qué impresión tuvo usted de la plática que sostuvieron?

Quintana: La impresión que saqué, como policía, fue de que la madre tenía cierta influencia en Pepe, espiritual si usted quiere, pero influencia al fin.

Presidente: ¿Sacó usted la impresión de que ella había sido la autora intelectual del asesinato?

Quintana: Me ocurrió al día siguiente. Cuando en la Inspección de Policía Pepe me dijo que nos llevaría con la persona que le tendría que decir si decía la verdad o no, yo pensé encontrarme con un hombre. Pensé que era un hombre el autor intelectual. Al encontrarme con la madre, me apené tanto que le dije: "Madre, si yo hubiera creído que era una mujer la persona a que se refería Toral, no habría venido a aprehenderla".

Procurador: Dice usted que si hubiera sabido que se trataba de ella no habría ido a aprehenderla.

Quintana: No, no.

Procurador: Eso acaba de manifestar.

Quintana: No. Hubiera ido aunque se tratara del mismo presidente de la República. Yo soy policía y obro dentro del derecho legal.

Procurador: Entonces sentía pena de que fuera una mujer a la que se refería Toral, pero por ser mujer, no porque se tratara de la monja Concepción Acevedo.

Quintana: Yo no la conocía; ni siquiera sabía que se apellidaba Acevedo ni que era monja. Me sentía apenado de que una señora fuera la autora intelectual del crimen, imaginándome que sería un hombre, como todos imaginábamos y como seguimos creyendo que arriba de la madre Concha y de Pepe tiene que haber un varón que ha movido todo esto.

Procurador: Dígame ahora, señor Quintana: ¿antes de que ocurriera el crimen había la sospecha de que se hubiera tratado de matar al general Obregón y al general Calles en Celaya?

Quintana: No, señor. De las investigaciones del asesinato del general Obregón fueron saliendo los hilos del complot que se venía fraguando desde hacía tiempo.

Procurador: ¿Y cuáles eran esos hilos?

Quintana: Concepción Acevedo, Castro Balda, María Elena Manzano, Eulogio González...

Procurador: Cuando se les aprehendió, ¿fueron sus propias declaraciones las que permitieron descubrir la existencia de ese complot?

Quintana: Exactamente. Y debo decir que fueron declaraciones completamente espontáneas. Yo prefiero darles coba, o como usted quiera llamarle, a aplicarles tormento, porque en esa forma tengo la convicción precisa de que me dicen la verdad.

Procurador: En las declaraciones que Castro Balda, María Elena Manzano, Eulogio González... rindieron en la Inspección de Policía, ¿usted notó que trataran de convertir en mártir a la monja?

Quintana: De la manera como declararon, con la franqueza, con la sinceridad con que lo hicieron, creo que declararon apegándose a la verdad.

Procurador (al presidente): Cuando usted fue a hacer la aprehensión de la señorita Acevedo, ¿oyó las palabras que ella y Toral se dijeron?

Quintana: Lo primero que dijo Toral fue: "Conchita, ¿estás dispuesta a morirte conmigo?"

Defensor de la madre Conchita: A lo cual la señorita Acevedo contestó...

Quintana: Que con gusto se moriría e iría con él a donde fuera. Hay más. En una pieza en donde estuvimos hablando después el señor Meneses y yo con la madre Conchita, ella nos dijo que para qué seguíamos buscando más, que ya estaban Pepe y ella y que eran los culpables, que qué ganábamos con seguir buscando.

Defensor de la madre Conchita: Pero lo dijo después de manifestar a León Toral que estaba dispuesto a morirse con él.

Quintana: Sí, señor.

Defensor de la madre Conchita: Es bastante.

Medina (a Quintana): Con esas palabras, que estaba dispuesta a morirse con él, la madre Concha se declaraba coautora del crimen, ¿no es así?

Quintana: Eso me dijo. Y cuando yo le aclaré —lo debe recordar ella— que en su calidad de mujer no podía condenársele a la pena de muerte, me contestó que para ella sería una gloria que la mandaran a las Islas Marías con las demás hermanas, pues allí tenían dónde hacer mucho bien.

Presidente (a la madre Conchita): ¿Oyó usted lo que dijo el señor Quintana?

Madre Conchita: Sí, señor.

Presidente: ¿Y es cierto lo que dijo? ¿Está usted conforme?

Madre Conchita: Sí, señor.

Presidente: Conviene entonces en haber pronunciado las palabras que el señor Quintana ha referido.

Madre Conchita: Convengo en que dice muchas cosas que no son ciertas.

Presidente: Pero acaba de aceptarlo. Acaba de decir que sí es cierto lo que dijo el señor Quintana.

Madre Conchita: Señor juez, yo soy una pobre mujer sin letras y sin instrucción y no he dicho más que decir la verdad. Si a pesar de eso no se me sigue creyendo, estoy conforme con lo que venga.

Presidente: Usted admitió haber dicho lo que expresó el señor Quintana.

Madre Conchita: Dije que sí había oído.

Presidente: Entonces no estaba conforme.

Madre Conchita: No, señor.

Presidente: Ya cambió usted... Puede retirarse, señor Quintana. Que pasen los siguientes testigos.

Sale Quintana. Entran María Elena Manzano y Eulogio González.

Presidente (a Manzano): ¿Su nombre, señorita?

Manzano: María Elena Manzano.

Presidente (a González): ¿Su nombre?

González: Eulogio González.

Presidente (a Manzano): ¿Natural de dónde?

Manzano: De México.

Presidente (a González): ¿Natural de dónde?

González: De San Miguel Allende, Guanajuato.
Presidente *(a Manzano)*: ¿Casada?
Manzano: Soltera.
Presidente *(a González)*: ¿Estado civil?
González: Casado.
Presidente *(a Manzano)*: ¿Edad?
Manzano: Veintiún años.
Presidente *(a González)*: ¿Edad?
González: Veintisiete años.
Presidente *(a Manzano)*: ¿Profesión?
Manzano: Mecanógrafa del Departamento de Salubridad.
Presidente *(a González)*: ¿Profesión?
González: Empleado.
Presidente *(a Manzano)*: ¿Usted tenía relaciones con Carlos Castro Balda? ¿Era su novio?
Manzano: Sí, señor.
Presidente: ¿En alguna ocasión fue Castro Balda a buscarla de parte de la madre?
Manzano: De parte de la madre no, de parte de un señor llamado Carlos Diez de Sollano.
Presidente *(a González)*: Usted rindió declaración en la Inspección de Policía, ¿no es cierto?
González: Sí, señor.
Presidente: Esa declaración la ratificó ante el juzgado de Mixcoac, ¿recuerda usted?
González: Sí, señor. Le dije que no traté asuntos políticos con la madre Concepción.
Presidente *(a Manzano)*: ¿Qué le dijo Castro Balda?
Manzano: Me dijo si quería ir yo a Celaya para ver si podíamos hacer algo para matar a Calles y a Obregón, de parte del señor Diez de Sollano.
Presidente: ¿Para dónde la citó?
Manzano: Para la casa de la madre Conchita.
Presidente *(a González)*: ¿No tuvo usted una junta en el mes de abril del año en curso, en la cual estuvo presente Concepción Acevedo y en la que se trató la manera de matar al general Obregón?
González: No fue cierto.
Presidente *(a Manzano)*: ¿Fue allá ese mismo día?

Manzano: Sí, señor.

Presidente: ¿A quiénes encontró?

Manzano: A Eulogio González y a Diez de Sollano.

Presidente *(a González)*: De manera que lo asentado en la Inspección de Policía y en el acta que levantamos en Mixcoac es mentira.

González: Algunas partes.

Presidente: ¿No hubo esa junta en la que estuvo presente la señorita Acevedo?

González: Ella no estuvo allí, ni hubo tal junta. Yo le dije antes que Diez de Sollano me invitó a acompañarlo con Elena Manzano, y la señorita Acevedo no tuvo ninguna intervención.

Presidente *(a Manzano)*: ¿Y la madre Conchita?

Manzano: Estaba en la puerta de la casa.

Presidente *(a González)*: ¿Cuándo está diciendo la verdad, ahora o cuando declaró en el juzgado?

González: Ahora. Y yo dije allá que la señorita Acevedo no había estado en la junta.

Presidente *(a Manzano)*: ¿Qué hicieron ustedes en la casa de la madre Conchita?

Manzano: Yo solamente hablé, en el comedor de la casa, con Eulogio González y Diez de Sollano.

Presidente: ¿No estuvo presente la madre?

Manzano: No, señor.

Presidente *(a González)*: En la declaración firmada y ratificada por usted declara incluso que la madre Concepción mostró un frasco indicando que contenía el veneno que debía utilizarse.

González: No recuerdo.

Presidente: Ahora dice que no recuerda.

González: No, señor. El frasco lo vi en Celaya.

Presidente *(a Manzano)*: ¿Esa vez fue cuando le dieron el dinero y el veneno?

Manzano: No, señor, hasta el día siguiente.

Presidente: ¿En dónde se lo dieron?

Manzano: En la casa de la madre Conchita. Me lo dio Diez de Sollano envuelto en un paquete.

Presidente: ¿Quiénes estaban presentes cuando le dio Diez de Sollano el veneno?

Manzano: Carlos Castro Balda y la madre Conchita, que estaba allí mismo en el comedor, pero sin meterse con nosotros.

El juicio

Presidente (*a González*): ¡Entonces éste es un verdadero tejido de mentiras! ¡Cómo firmó estas declaraciones y cómo las ratificó después!

González: Usted recordará que yo estaba en ese tiempo mal de los oídos, y que en la Inspección de Policía me obligaron a hacer declaraciones falsas.

Presidente: Sin embargo, las ratificó espontáneamente, porque no se le obligó dentro del juzgado. (*A Manzano:*) ¿No tuvo la madre ninguna otra intervención?

Manzano: En la cuestión de Celaya, no.

Presidente: ¡Voy a refrescarles a ustedes la memoria! Quiero que oigan sus declaraciones en la Inspección de Policía. (*Al secretario:*) Haga el favor de leer.

Secretario (*leyendo*): Que el 13 de abril del año en curso se realizó una junta en casa de la madre Concepción Acevedo, a la que asistieron Concepción Acevedo, Carlos Castro Balda, Manuel Trejo, Carlos Diez de Sollano, Jesús Gallardo, María Elena Manzano y Eulogio González.

Manzano y González recitan, en acción retrospectiva, sus respectivas declaraciones.

Manzano: En esa junta se acordó matar a los generales Álvaro Obregón y Plutarco Elías Calles aprovechando su estancia en las fiestas de primavera que se celebrarían en Celaya.

González: Carlos Diez de Sollano y la madre Concepción dirigían la asociación de la que yo formaba parte y los dos intervinieron en el asunto. En la junta del 13 de abril hacían cabeza la madre Concepción, Carlos Castro y Diez de Sollano, y cuando había ciertas discusiones, la madre Concepción salía del comedor en donde estábamos reunidos como si fuera a consultar a otra persona. No sé quién era esa persona, me imagino que un padre, aunque estoy seguro de que no fue el padre Jiménez, porque el padre Jiménez es de baja estatura, rasurado y con lentes, y recuerdo perfectamente que el padre que yo vi en la casa —ignoro su nombre— era de color más claro que el padre Jiménez. La madre Concepción entregó un veneno a María Elena Manzano diciendo que era muy eficaz, que bastaba humedecer la punta de un alfiler y picar o causar un ligero araño para que la persona muriera instantáneamente.

Manzano: Jesús Gallardo, Eulogio González y Manuel Trejo salieron a Celaya el 14 de abril por la mañana. Yo salí por la tarde llevando el veneno en un frasco y una lanceta, suministrados por Carlos Diez de Sollano. El plan consistía en que yo procuraría bailar o acercarme a los generales Obregón y Calles buscando la oportunidad para producirles un araño con la lanceta previamente humedecida en veneno... Estando allá se resolvió no llevar a cabo el plan porque Gallardo y Eulogio González dudaron de que se obtuviera éxito. Regresamos a México el dieciséis de abril. Se comisionó a Eulogio González para que informara a Carlos Diez de Sollano de lo ocurrido, mientras que yo les informé a Carlos Castro y a la madre Concepción. Al llegar a México fui a casa de la madre Concepción a cambiarme de ropa y luego volví a mi trabajo.

GONZÁLEZ: Al llegar a México fui a casa de la madre Concepción a recoger un reloj que le había prestado a María Elena Manzano, y la madre Concepción me dijo:

MADRE CONCHITA (*en retrospección*): Yo sé que no le hicieron nada. Lo que pasa es que no quisieron hacerlo.

Concluye la situación retrospectiva. Medina va hacia los testigos.

MEDINA (*a Manzano*): Señorita Manzano, en la participación que usted tuvo en todos estos hechos: las juntas, la fabricación de bombas, el viaje a Celaya, ¿obró en forma perfectamente personalísima o bajo el influjo de otras personas?

MANZANO: Obré por mí misma.

MEDINA: ¿Llevaba una amistad íntima con la madre Conchita?

MANZANO: Soy huérfana, necesitaba el apoyo de alguna persona... Soy joven, necesitaba sus consejos.

MEDINA: Razón de más para acudir a ella en un caso tan delicado como el relativo a la muerte del general Obregón.

MANZANO: Si se lo hubiera consultado, no me habría autorizado para eso. No me lo creerán nunca, pero jamás se lo consulté. Jamás.

MEDINA: Sin embargo, usted está de acuerdo en que ante la presencia de la madre Conchita recibió el veneno y la lanceta. Luego, la madre Conchita era solidaria de lo que usted iba a hacer.

MANZANO: Ella lo ignoraba. Ella solamente vio que me entregaban un paquete, sin saber su contenido.

MEDINA: Se pone demasiado inocente y es difícil que se lo crean los señores jurados. Máxime que después, al regresar de Celaya sin haber consumado el atentado, usted fue directamente a la casa de la madre Conchita.

MANZANO: Solamente a cambiarme de ropa. No le dije nada.

MEDINA (*a González*): ¿Usted es católico, señor González?

GONZÁLEZ: Apostólico y romano.

MEDINA: ¿Y es verdad que todo eso que está asentado en autos, todo ese cúmulo de circunstancias prolijas que usted ha enumerado, no son ciertas?

GONZÁLEZ: Ya he dicho que la madre Concepción...

MEDINA (*interrumpiendo enérgico*): ¡Deje usted a la madre Concepción! No le pregunto nada de ella y ya la está defendiendo... Me refiero a su prolija declaración inicial. ¿Cómo un católico, apostólico y romano viene a decir el primer día la verdad, y al día siguiente dice que todo fueron mentiras?

GONZÁLEZ: A todo hombre le puede fallar la memoria.

MEDINA: Pero no es el caso que la memoria le falle; es el caso que usted no quiere decir la verdad... Señor González: ¿era la madre Concepción la que encabezaba esas juntas?

GONZÁLEZ: No es cierto.

MEDINA: Luego, lo que ha declarado antes es inexacto.

GONZÁLEZ: Sí, señor.

MEDINA: Ahora confiesa usted que mintió.

GONZÁLEZ: Sí, señor.

MEDINA: Creo que esto es suficiente para que los señores jurados se formen una idea bastante clara de usted.

DEFENSOR DE LA MADRE CONCHITA (*a Manzano*): Aquí estamos averiguando únicamente las responsabilidades por el homicidio consumado en la persona del general Obregón; luego, nada tiene que ver ese conato de homicidio... Ciñéndome al caso yo voy a preguntar a usted únicamente esto: ¿en las conversaciones que tuvo con la madre Concha, oyó o se dio cuenta alguna vez de que la madre Concepción hubiera inducido a León Toral a cometer el delito de asesinato en la persona del señor general Obregón?

MANZANO: No, señor, nunca.

DEFENSOR DE LA MADRE CONCHITA (*a González*): Señor González: usted ha dicho que cuando declaró en el juzgado de Mixcoac su oído estaba muy mal.

GONZÁLEZ: Sí, señor.

DEFENSOR DE LA MADRE CONCHITA: No se daba cuenta de lo que se le preguntaba ni de lo que se asentaba.

González: Tenía yo dos cuidados: mi poco oído y los sofismas del señor procurador, que él entendía y yo no.
Defensor de la madre Conchita: ¿No se dio cuenta de lo que se le decía?
González: No, señor.
Presidente (*a González y a Manzano*): Pueden retirarse.

Salen María Elena Manzano y Eulogio González. Un silencio.

Sexta audiencia (*martes 6 de noviembre de 1928. 15:42 horas*).
Presidente: Que pase el siguiente testigo. (*Entra Carlos Castro Balda.*) ¿Su nombre?
Castro Balda: Carlos Castro Balda.
Presidente: ¿Natural de dónde?
Castro Balda: De la ciudad de México.
Presidente: ¿Estado civil?
Castro Balda: Soltero.
Presidente: ¿Edad?
Castro Balda: Veintisiete años.
Presidente: ¿Profesión?
Castro Balda: Empleado.
Presidente: ¿Visitaba usted con frecuencia la casa de la señorita Concepción Acevedo de la Llata?
Castro Balda: No a ella, sino que visitaba a otro: al Santísimo que se encontraba allí.
Presidente: Pero usted le tenía confianza. Porque usted le ayudó a trasladarse a la casa numero 133 de la calle del Chopo, ¿no es cierto?
Castro Balda: Eso no amerita confianza: es una ayuda nada más que le impartí en atención a que las habían corrido por miedo a la policía.
Presidente: ¿Usted vio alguna vez a León Toral en la casa de la madre Conchita?
Castro Balda: Una o dos veces.
Presidente: ¿Nunca tuvieron conversaciones entre sí?
Castro Balda: No, señor.
Presidente: ¿Usted no sabe si la madre Concepción Acevedo sabía que se iba a matar al general Obregón en Celaya?
Castro Balda: No lo sabía. Eso lo supo posteriormente.

Presidente: ¿De manera que usted no cree que haya tenido intervención en la muerte del general Obregón?

Castro Balda: No, señor, no puedo tener ningún juicio respecto a eso.

Medina: Dígame, señor Castro Balda, ¿tomó usted en arrendamiento la casa de la calle del Chopo con un nombre supuesto, con el nombre de Carlos Fernández Martínez?

Castro Balda: Sí, señor.

Medina: ¿En esa casa fue a vivir la señorita Acevedo de febrero de 1927 a mayo de 1928?

Castro Balda: Tomé la casa para ella y para todas sus monjas.

Medina: ¿Se prestó voluntariamente a eso? ¿Nadie lo obligó? ¿Usted quiso cambiarse de nombre?

Castro Balda: Comprendí la necesidad de hacerlo, para evitar atropellos como tantos otros que se han cometido.

Medina: ¿Elaboró usted bombas denominadas TNT?

Castro Balda: Sí, señor.

Medina: ¿Empleó usted alguna de ellas?

Castro Balda: Sí, señor, empleé una de ellas.

Medina: ¿En la Cámara de Diputados?

Castro Balda: Sí, señor.

Medina: Usted personalmente las colocó allí.

Castro Balda: Me niego a contestar esa pregunta porque es objeto del proceso que se me está siguiendo en el Juzgado Segundo.

Medina: ¿Cuántas veces a la semana visitaba la casa de la madre Concha?

Castro Balda: Indistintamente, según mis ocupaciones.

Medina: ¿Pero casi diario?

Castro Balda: Niego.

Medina: ¿Tres veces por semana?

Castro Balda: No se lo puedo precisar.

Medina: ¿Dentro del término de lo frecuente?

Castro Balda: Relativamente.

Medina: ¿Ejercía alguna influencia sobre usted la madre Concha?

Castro Balda: Tengo un carácter demasiado dominante para ser sugestionado por nadie. Cuando se tiene personalidad, y creo tenerla, no se aceptan sugestiones de nadie.

Medina: ¿Se ha dado cuenta, señor Castro Balda, que todas las personas implicadas en este proceso no llegan a los treinta años? Todas están en la edad en que es más fácil admitir la sugestión de una tercera persona...

Castro Balda: Creo que cuando existen los ideales, cuando existe el valor...

Medina *(interrumpiendo):* ¡Cuando están más frescos para que una persona hábil se aproveche de ustedes!

Castro Balda: Teniendo personalidad propia no se aceptan sugestiones de nadie.

Medina: Ya ha contestado mi pregunta. Es suficiente.

Defensor de la madre Conchita: ¿Ese acto de tomar la casa para las religiosas, se concretó exclusivamente a un sentimiento desinteresado?

Castro Balda: Noble y desinteresado.

Defensor de la madre Conchita: ¿Usted sabe si la señorita Acevedo haya tenido alguna influencia sobre Toral?

Castro Balda: Lo ignoro. Yo al señor Toral lo vi allí dos o tres veces, y hubiera sido una falta de cortesía de mi parte terciar en alguna conversación que hubiera tenido con la dueña de la casa...

En medio de una gran gritería, un grupo de manifestantes —invisibles quizá para el público— irrumpe en el salón. Todos los protagonistas cambian de posición ante la avalancha. A lo largo de la siguiente escena, León Toral, la madre Conchita, los defensores, ademanean como defendiéndose de los invisibles agresores. En vano la parte acusadora trata de calmar los ánimos de los intrusos.

Voces:
—¡Viva Obregón!... ¡Viva!
—¡Viva la Revolución!
—Muera Toral... ¡Mueraaa!
—¡Muera la monja!... ¡Mueraaa!
—¡Justicia! ¡Pedimos justicia!

Presidente: Señores, por favor. Suplico a ustedes...

Medina: Compañeros: acatando por un momento los sagrados móviles que os trajeron aquí, yo les ruego...

Voces *(interrumpiendo):*
—¡Viva la Revolución!
—¡Mueran los cristeros!

—¡No nos vamos de aquí hasta que se acabe el juicio!
—¡Tenemos fe en la justicia!

MEDINA: Con mi fe de hombre y de caballero, yo les garantizo...

VOCES:
—¡Tenemos fe en la justicia!
—¡Que hable ese perro reaccionario!
—¡Que hable el viejo ése!

DEFENSOR DE LEÓN TORAL: ¿Que hable este viejo imbécil? Sí, señores, este viejo va a hablar si ustedes aman y respetan...

VOCES:
—¡Tienes miedo!

DEFENSOR DE LEÓN TORAL: No tengo miedo. Estoy hablando en el ejercicio de mi derecho.

VOCES:
—¡A nosotros qué!
—¡Háblales a los jurados!
—¡No te queremos oír!

PADILLA: ¡Compañeros revolucionarios!

VOCES (entre aplausos):
—¡Viva la Revolución!
—¡Viva Obregón!

PADILLA (oratorio): Hay un hecho formidable en estos momentos que debería alzarse por encima de la calumnia, por encima de los aspavientos...

VOCES:
—¡Abajo la reacción!
—¡Viva Calles!
—¡Viva Obregón!

PADILLA: Se impone la serenidad por parte vuestra, compañeros. El día de mañana, en que vendrán los debates, nosotros hablaremos en nombre de los ideales revolucionarios; haremos ver cómo enfrente del crimen que se glorifica, no existe más que el combate de los enemigos de la Revolución...

VOCES:
—¡Viva Obregón!
—¡Muera Toral!
—¡Abajo la reacción!

—Si los jurados no hacen justicia, ¡se mueren!
—¡Se mueren!

Los agresores invisibles atacan a los acusados y defensores, quienes tratan de ponerse a salvo.

Voz de un jurado: En nombre de los jurados les advierto que estas amenazas nos obligan a renunciar en masa, porque nuestro fallo sería recibido por la nación entera con desconfianza.
Presidente *(entre el escándalo ininterrumpido):* ¡Se suspende la audiencia!

OSCURO

Séptima audiencia *(jueves 8 de noviembre de 1928. 9:30 horas).*
Presidente: Se abren los debates. Tiene la palabra el licenciado Enrique Medina, agente del Ministerio Público, para sostener las conclusiones de la parte acusatoria.
Medina: Señores jurados. Hemos llegado ya al final de este caso apasionante y dentro de pocos momentos tendréis que dictar vuestro soberano veredicto. Los términos de la acusación formulada por el señor procurador de Justicia dicen en primer término que José de León Toral es responsable de haber privado de la vida al ciudadano general Álvaro Obregón, en circunstancias tales, que además de la premeditación con que llevó a cabo el hecho, obró en tal acto con ventaja manifiesta. Por lo que se refiere a la madre Concepción Acevedo de la Llata, el procurador de Justicia la acusa como coautora de este delito: ella empujó, compelió al delincuente José de León Toral a ejecutar materialmente el hecho y es, por lo mismo, igualmente responsable de ese asesinato proditorio. Pero la madre Concepción Acevedo de la Llata no es solamente la autora intelectual de ese crimen. Ella aparece en escena desde antes, desde que se traza el plan para ir a Celaya a privar de la vida a los generales Calles y Obregón. Todos se dan cita en su casa. Ya la señorita Manzano nos dio detalles impresionantes y precisos sobre las actividades de la madre Concha. Es en la casa de la monja donde tienen siempre lugar las reuniones criminales, como ya lo han reconocido todos y como lo llegó a declarar Eulogio González, quien afirmó haber visto a la madre sacar un frasquito de veneno y decir: "Éste sí es muy eficaz". Y en esos momen-

tos —agregó Eulogio González en su primitiva declaración—, en esos momentos la madre se introducía en una habitación vecina, como dando a entender que iba a consultar todos estos hechos, todos estos actos, con una tercera persona que estaba oculta. Así aparece también, señores jurados, que hay alguien más que la madre Conchita ejecutando, planeando, llevando a término estos hechos. Pero si la madre Conchita se equivocó en aquella ocasión, si en aquella ocasión falló el golpe, con José de León Toral tuvo su más exacto, su más fatal cumplimiento. Vuestro fallo será indudablemente histórico, señores jurados. Estáis destinados a dictar una sentencia que indudablemente recogerá la historia del país y que indudablemente será leída por vuestros descendientes. Haced entonces que vuestros descendientes se llenen de satisfacción, se llenen de orgullo, cuando serenamente vean en el texto de la historia vuestro fallo.

Aplausos.

PRESIDENTE: Tiene la palabra la defensa de José de León Toral para sostener sus conclusiones.

DEFENSOR DE LEÓN TORAL: Yo desearía en estos momentos purificar mis labios con los carbones encendidos de Isaías, para que de mis labios no saliera palabra alguna que no fuese la verdad. Yo querría estrechar mi corazón para que cada uno de sus latidos respondiera a una palpitación de justicia y a una palpitación de absoluta verdad, porque la verdad es justicia... La defensa quiere manifestar primeramente, ante los señores jurados, que las calificativas que concurren en este caso no pueden considerarse como propias de un delito común, de un delito vulgar, de un delito frecuente, sino de un delito único, de un delito especial, de un delito de hondas y profundas consecuencias para México: un delito político de aquéllos que el código penal llama delitos contra la seguridad interior de la nación. La muerte del señor general Obregón, pensada antes por la señorita Manzano y su grupo, la confección de las bombas, la participación que en este delito hayan tenido múltiples personas, nos están revelando que son actos de rebeldía y actos ejecutados en contra del gobierno. El pretexto de matar a los señores generales Obregón y Calles en Celaya también tenía una finalidad eminentemente política. La seguridad interior de la nación era lo que se afectaba con estos hechos, y considerarlos como los consideró el señor procurador de Justicia, como delitos de orden común, desvinculándolos de todos los demás hechos, es cometer una gran inconsecuencia y una gran injusticia.

Siseos.

Cuando León Toral va a La Bombilla, lo hace ofreciendo su vida por lo que él creía que era el cumplimiento de su deber. Para él no había vacilación alguna: era una determinación enérgica, era una resolución inquebrantable. Un día tras otro va José de León Toral buscando al señor general Obregón; lo persigue como su sombra, va detrás de él como el espectro de la muerte, lo espía constantemente, se prepara haciendo ejercicios de pistola para que su acción no fuese frustrada. No le importa a José de León Toral morir hoy o morir mañana, lo que le importa es realizar el hecho. Fijados en estos puntos, señores jurados, queda únicamente la discrepancia entre el Ministerio Público y la defensa por lo que se refiere a la calificación de este hecho. La defensa cree de buena fe que en el caso presente se trata de un delito con todas las calificativas de la ley, pero del orden político.

Siseos.

Quiero expresar, por último, que el humilde defensor que os dirige la palabra no quiere ser un elemento de odio, un elemento de rencor. Yo quiero que las conciencias serenas de los señores jurados y todas las conciencias de la nación que me escuchan en estos momentos se compenetren unánimemente de que nuestros futuros y nuestro porvenir consisten en la unión de los mexicanos.

Abucheos y silbidos.

Se dan cuenta, señores jurados, que no hay libertad para la defensa. Habla la parte contraria y se le aplaude. Habla el defensor de León Toral y se le injuria.
Voz: ¡Échenle flores!
Defensor de León Toral *(indignado):* ¿Flores? Las que quieran poner sobre mi

cadáver mañana mismo. ¡Recojan mi palabra y mátenme a la salida!... He terminado, señor presidente.

Abucheos y silbidos.

PRESIDENTE: Suplico guardar silencio o suspenderé la audiencia. *(Pausa. Silencio.)* Tiene la palabra la defensa de la señorita Concepción Acevedo de la Llata.
DEFENSOR DE LA MADRE CONCHITA: Señores jurados: todo se ha puesto en contra de la madre Concepción.
VOZ *(burlona):* ¡Pobre palomita!

Risas y silbidos.

PRESIDENTE: ¡Silencio!
DEFENSOR DE LA MADRE CONCHITA: Ya mañana sabréis, quizá cuando esta mujer abrumada por el sufrimiento pierda la vida, toda la injusticia que ha caído sobre ella. Entonces sabréis que María Concepción Acevedo nada ha tenido que ver en el asunto: ha sido víctima de sus propios hermanos en creencias y religión. Y esta mujer ha recibido pacientemente todo lo que se le ha dicho.

Siseos y silbidos.

Qué fácil es, señores del jurado, ir acumulando palabras sueltas, datos recogidos aquí y allá, datos que en el fondo vienen del propio elemento católico y que han servido para originar un error gravísimo. Yo tengo la íntima convicción de que al convento de la madre Concepción iba gente de muy buena fe a hacer sus prácticas piadosas, y que entre esos elementos entraban muchos otros elementos nocivos que fueron allí a concebir delitos aprovechando la impunidad que creían tener en un centro donde nadie, ni la autoridad, podría suponer que se fraguaran delitos. ¿Tiene la culpa Concepción Acevedo de que se haya abusado de su buena fe y de su honradez? ¿Y es posible llegar a la conclusión de que unas palabras dichas casualmente a José de León Toral signifiquen una orden? ¿Lo amenazó acaso? No, señores jurados, ni moral ni jurídicamente está probado uno solo de esos elementos de culpabilidad.

Siseos y silbidos.

En una de sus declaraciones, Eulogio González dijo: "No es verdad que ella consultara con una tercera persona". Pero yo, señores jurados, voy a ponerme en el caso de que la madre Concepción consultaba con una tercera persona; esto es falso, pero aun dentro de la falsedad, ¿cómo se sostiene que ella es la autora intelectual? En último resultado lo sería la persona que le ordenaba a ella, y suponiendo que esto fuera verdad, ella era únicamente el conducto de ese autor intelectual que se ha querido buscar... Yo tengo la idea personal de que en José de León Toral operó una influencia que lo llevó al delito, pero esa influencia no es de Concepción Acevedo; quizá de quienes la rodean, quizá de no sé quién. Concepción Acevedo es únicamente la que se ordenó al sacrificio, la que se quiere sacrificar por no haberse encontrado alguien que sea verdaderamente autor intelectual, si éste lo hubo...

Voz *(burlona)*: ¿Dónde estás, corazón?

Risas.

Defensor de la madre Conchita: Señores jurados; yo he dicho a esta mujer, porque sé que el momento es solemne y porque ante el ambiente casi tengo la convicción de que la condenaréis, le he dicho que se resigne, que siga el camino que se ha trazado, que ya no pida por ella ni espere nada, que sólo pida la paz y el bienestar de esta patria que tanto amamos.

Siseos y silbidos.

Presidente: Tiene la palabra el ciudadano licenciado Ezequiel Padilla, procurador general de la República.

Aplausos.

Padilla: Yo no puedo, señores jurados, esconder en estos momentos el tumulto que se alza en mi corazón y en mis pensamientos. Mi voz se ahoga, como se ahoga en el corazón del pueblo, porque el crimen que estamos juzgando no es un crimen vulgar, es un crimen en el que cayó el hombre que no era sólo un hombre, era una montaña de generaciones; una montaña de generaciones humildes, de labradores, de campesinos, de masas holladas sobre las cuales pasea su blanca figura el Cristo Nazareno.

Aplausos.

La defensa ha querido calificar éste como un delito político para pedir un excluyente; ha querido además dar a entender que fue producido por una terrible fuerza moral de fanatismo. En eso estoy de acuerdo: es el crimen de un fanático. Y la misma señorita Acevedo, cuando levanta su voz blasfema para decir que fue la voluntad de Dios, parece tratar de acogerse a alguna suprema gracia por haber obrado como fanática. ¿Pero desde cuándo, señores penalistas, el fanatismo es una excluyente y una consagración y una glorificación? El crimen que han cometido Toral y la señorita Acevedo no es sólo un crimen en contra de la República, en contra de la sociedad y en contra del código, sino que es un crimen en contra de su propia religión. ¡Están calumniando a su religión!

Aplausos.

Mienten, porque no es verdad que en la religión católica pueda ampararse ningún hombre para cometer una infamia de tal naturaleza... Después de cometido el crimen del general Obregón, la Santa Sede desautorizó y condenó inmediatamente el delito, y aquí el obispo de San Luis se apresuró a decir que era contra la doctrina cristiana lo que había cometido León Toral con su incalificable asesinato; y al referirse a la señorita De la Llata dijo que no era de extrañarse su mala acción pues descendía de padres locos. De manera que ustedes se dan cuenta de que estos señores son heréticos, son calumniadores de su religión, son hombres que están mintiendo e insultando la figura de Cristo... Aquí se nos ha hablado con voces beatíficas del ángel de la guarda guiando de la mano al niño para que no caiga en las acechanzas de la vida. ¿Pero qué pensaría esa máquina infernal que es la madre Concha si de pronto pintáramos en un hermoso lienzo a Jesucristo guiándolos de la mano para cometer el asesinato de un hermano? Es mentira que la conciencia nacional esté en contra del gobierno, porque en la nación mexicana la inmensa mayoría de los hogares cree en Cristo y adora el Evangelio. Es el clero el que se ha declarado en rebeldía, y es el clero el que violando las leyes de la República incubaba —en las mismas celdas de la madre Conchita— las terribles, las dolorosas resoluciones de enviar a los campos de batalla a gente inocente a morir cegada por un necio fanatismo, olvidando que los Evangelios y Cristo y la religión no permiten fratricidios, y con el solo pretexto de que la ley les ha limitado el número de sacerdotes y no permite que sacerdotes extranjeros gobiernen o ejerzan su ministerio en México... Pero el pueblo ha comprendido el problema y por esta razón la muerte del general Obregón es algo terrible que ha dolido en lo más profundo al sentimiento nacional. La figura de Obregón era la de un hombre que llevaba en su pecho la virtud socialista de Cristo, que había tenido como misión sobre la tierra despreciar lo que se llama aristocracia en el clero, aristocracia en el capital, y descender a lo que se llama democracia en la religión, a lo que se llama democracia en el reparto de las riquezas.

Aplausos.

Es necesario que ya termine. A vosotros, señores jurados, os toca una inmensa responsabilidad. Se ha delineado la figura categóricamente criminal de los delincuentes heréticos; han obrado con alevosía, con ventaja, con premeditación. ¡Nadie puede atenuar esa monstruosidad!

Aplausos.

PRESIDENTE: José de León Toral, ¿quiere usted hacer uso de la palabra para defenderse?
LEÓN TORAL: Únicamente para decir algo que creo que es mi obligación. Quisiera que hasta lo último se cumpliera con la justicia. Y ya una vez que se me haya dado muerte, porque no espero otra cosa, que los que tengan odios los despongan. De una sola cosa creo que no se me puede tachar: de egoísta, y el egoísmo es lo que impide que muchos puedan ser verdaderos patriotas. Es lo único que tengo que decir.
PRESIDENTE: Señorita Acevedo de la Llata, ¿quiere hacer uso de la palabra para defenderse?
MADRE CONCHITA: No, señor, absolutamente.

Presidente: Que la Secretaría informe los veredictos.
Secretario: En el interrogatorio de José de León Toral, los señores jurados consideraron culpable al acusado votando unánimemente todas las preguntas formuladas. En el interrogatorio de la señorita María Concepción Acevedo de la Llata, la pregunta sobre su culpabilidad fue contestada afirmativamente por ocho miembros del jurado y negativamente por uno.
Presidente: Estando redactada la sentencia, se procede a dar lectura al fallo. Se suplica a los acusados se pongan de pie.
Secretario (leyendo): San Ángel, noviembre ocho de 1928. Por las razones y fundamentos legales que se expresarán al englosarse el fallo, se resuelve:
Presidente: José de León Toral es culpable del delito de homicidio de que lo acusa el Ministerio Público. Por tal delito se le impone la pena de muerte que sufrirá en el lugar que indique el ciudadano gobernador del Distrito Federal. María Concepción Acevedo de la Llata es culpable del delito de homicidio calificado de que la acusa el ciudadano agente del Ministerio Público. Por tal delito se le impone la pena extraordinaria de veinte años de prisión. (Pausa.) Se levanta la audiencia. Recuerden las partes que tienen cinco días para apelar.
Defensor de la madre Conchita: Nos reservamos el derecho.
León Toral: Señor juez, con permiso de usted...
Presidente: Ya se ha suspendido la audiencia.
León Toral: En lo particular entonces, señor juez.
Presidente: Será después.

Oscuro. Sobre la pantalla se proyectan escenas cinematográficas que ilustran los datos que refiere la voz narrativa.

Voz Narrativa: El 9 de febrero de 1929, José de León Toral fue fusilado en el patio de la penitenciaría de la ciudad de México. El 8 de mayo de 1929, Concepción Acevedo de la Llata fue trasladada de la penitenciaría de la ciudad de México al penal de las Islas Marías. Allí, el 20 de octubre de 1934 contrajo matrimonio civil con Carlos Castro Balda, y el 8 de diciembre matrimonio religioso. El 7 de diciembre de 1940, doce años y cuatro meses después de haber iniciado su condena, recibió el indulto y quedó en libertad.

OSCURO FINAL

LOS HIJOS DE SÁNCHEZ

PIEZA EN TRES ACTOS Y UN PRÓLOGO
(VERSIÓN TEATRAL DEL LIBRO DE OSCAR LEWIS)
(1972)

PERSONAJES

    Jesús Sánchez
    Manuel
    Roberto
    Consuelo
    Marta
    Antonia
    Paula
    Dalila
    Lupe
    Alberto
    Perico
    Graciela
    Crispín
    Jaime
    Mario
    Cuco
    Antonia bis
    Hijos de Manuel y Paula: Mariquita, Alanes, Domingo, Conchita.
    Vecinos, amigos, vendedores, transeúntes, policías...

ESCENARIO

El principal punto de interés de la escenografía lo constituye la vivienda en Bella Vista de la familia Sánchez. Consiste en un cuarto de tres por cuatro metros, aproximadamente, con el mobiliario y las características propias del medio social al que pertenecen los protagonistas de la historia. Al salir de la vivienda por su única entrada, los personajes arriban al patio de la vecindad, limitado por las fachadas de las otras viviendas y con acceso a otras zonas del escenario lo mismo que a una salida izquierda o derecha del foro.

Además de la vivienda de los Sánchez, integra la escenografía una serie de plataformas a diferentes niveles que permite el establecimiento de tres zonas perfectamente delimitadas. La *zona-uno* —que abreviadamente se denomina *zona-cama*— tiene como único mueble una humilde cama que lo mismo puede hallarse en un cuarto de hotel que en la habitación de una vivienda cualquiera. La *zona-dos* se denomina *zona-mesa*: contiene una mesa de madera, con varias sillas a su alrededor, y de manera semejante a la *zona-cama* puede ilustrar diferentes sitios: un café, una oficina, el comedor de cualquier vivienda. La *zona-tres*, la más amplia de todas, ilustra áreas de un mercado o de una calle. Las tres zonas tienen libre y fácil acceso desde dentro o desde fuera del foro, e incluso pueden comunicarse entre sí. Tanto su ubicación como el diseño de todo el cuerpo de plataformas en el que se localizan, contribuyen a justificar escénicamente los cambios de tiempo y de espacio que de continuo se producen en el transcurso de la obra.

PRÓLOGO

Al levantarse el telón: oscuro. Lentamente se ilumina la zona-cama. Una mujer, Lupe, duerme profundamente en la cama. En la orilla opuesta, semivestido y sentado —con los pies en el suelo— se advierte a Jesús Sánchez. Permanece un largo tiempo inmóvil, ensimismado. Retoma al fin la acción que parecía haber suspendido antes de que se levantara el telón: se enfunda el overol, se calza los zapatos, se pone la chamarra y se dispone a salir. Mientras realiza estas acciones —todas con gran lentitud— profiere su parlamento.

JESÚS: Yo me llamo Jesús Sánchez. Hace ya más de treinta años que vivo aquí en México... Todo lo que hago es trabajar y cuidar de mi familia. Tengo muchos hijos y he tenido muchas mujeres: cinco, para ser exactos. De eso no me quejo, y mire usted que la mujer mexicana tiene un temperamento muy alto: no puede estar un solo día sin el hombre. Yo me cuido; cuando mucho dos veces por semana, no más, porque yo nunca fui sexualmente muy fuerte... Como le digo: he tenido muchas mujeres y muchos hijos. Con ésta *(señala a Lupe)*, ésta se llama Lupe, tengo dos hijas; pero ella tiene dos más de otro señor y las cuatro comen. Antes tuve a Elena y antes de Elena a Leonor. Las dos ya se murieron, pero Leonor fue la primera. Con Leonor tuve seis: cuatro que viven y dos que se malograron. El mayor se llama Manuel.

Se ilumina la zona-mesa, donde Manuel juega a las cartas con tres amigos.

ALBERTO *(azotando una carta)*: Órale, Manuel, revírate si puedes.
MANUEL: Y ustedes qué dijeron: a éste ya lo chingamos, ¿no? Pos ahí tienen.
   (Azota sus cartas.)
JUGADOR 1: ¡Ah, jijo!
ALBERTO: ¡Qué suerte tienes, cabrón!, ¡cómo le haces!
MANUEL: Puro colmillo. *(Recoge el dinero que hay en la mesa.)*

Prosiguen jugando, bebiendo, riendo y pronunciando frases y expresiones ad libitum *durante el parlamento de Jesús.*

JESÚS: Manuel es un bueno para nada. Es padre de cuatro hijos y no quiere abrir los ojos. Me ha costado mucho esfuerzo y muchos sermones, como digo yo, para que haga una u otra cosa, pequeñita. Con la ayuda que yo le he dado por muchos años, debía tener casa propia o alquilar un cuarto para sus hijos. Pero qué va. Ahí está, perdiendo el tiempo, dizque buscando un trabajo que nunca encuentra. Lo mismo Roberto.

Sin que se oscurezca la zona-mesa, se enciende la luz de la zona-tres donde se ilustra un mercado concurrido por numerosas personas entre las que se encuentra Roberto. La luz lo sorprende en el momento en que, protegido por su amigo Perico, arranca la bolsa de mano a una mujer.

JESÚS: Cuando no anda por ahí, de vago, metiéndose en problemas...

El alboroto que se produce parece interrumpir a Jesús. La mujer grita. La gente la rodea. Roberto y Perico salen corriendo. Huyen trazando diferentes caminos por el escenario.

MUJER: ¡Mi bolsa! ¡Ladrones! ¡Me robaron mi bolsa!… ¡Ladrones!
GENTE:
>   —¡Ahí están!
>   —¡Ése fue!
>   —¡Agárrenlo!
>   —¡Que no se pelen!

PERICO (*mientras huyen*): ¡Pícale, Roberto, pícale!
MUJER: ¡Mi bolsa! ¡Policía! ¡Llamen a un policía!
GENTE:
>   —Yo los vi.
>   —Ya se pelaron.
>   —Ni quien los alcance.

MUJER: ¡Policíaaa!

Roberto y Perico llegan hasta un punto del escenario muy próximo al patio de la vecindad. Allí se detienen y, después de cerciorarse de que nadie los vigila, comienzan a registrar la bolsa robada y a repartirse sus pertenencias. La acción de ellos se mantiene durante el siguiente parlamento de Jesús. Se oscurece la zona-tres. Permanece iluminada la zona-mesa donde prosigue la partida de cartas de Manuel y compañía.

JESÚS (*retomando su frase*): Cuando Roberto no anda por ahí, metido en problemas, es porque está en la penitenciaría, o porque se largó fuera de México —a Veracruz, a Morelia…—, o porque se metió al ejército nada más para no trabajar. La verdad es que nunca sé dónde anda ni qué hace. Nunca me dice: "Papa, estoy en tal parte" o "Gané tanto". Nada, absolutamente nada. Tengo hijos, pero como si no los tuviera.

Roberto y Perico terminan de registrar la bolsa. Advierten, de pronto, en un punto lejano, a la mujer que habla con un policía uniformado. Perico codea a Roberto.

PERICO: Mira, Negro.
ROBERTO: Vámonos.

Roberto y Perico desaparecen de escena. También desaparecen la mujer y el policía. En la zona-mesa, los amigos de Manuel ríen ruidosamente.

ALBERTO: Ora sí te fregamos, Manuel. Por hablador.

MANUEL: En ésta me desquito, cabrones.
JUGADOR 1: Ya no tienes un centavo.
MANUEL: ¡Cómo de que no! Ahí van los últimos diez varos. (*Azota un billete contra la mesa.*)

Jesús menea la cabeza, como si advirtiese la escena. Se enciende la luz en la vecindad. Consuelo se está arreglando. Durante el siguiente parlamento de Jesús, se pone unas medias que pronto descubre rotas y que se quita luego con gran rabia; se mira en el espejo, se entalla varias veces el vestido; se arregla el cabello trasluciendo —en todos sus ademanes— cierta pretensión.

JESÚS: También Consuelo me ha hecho sufrir mucho porque es muy rebelde, como su madre. Por más que le hablo y le doy consejos, no me hace caso. El otro día le dije: "No quiero que ocupes un plano que no te corresponde. Fíjate en mí: yo soy humilde y siempre lo seré, y no recibiré bofetones de nadie. Conforme en que hayas estudiado dos o tres años, eso no quiere decir que te sientas ya gente de sociedad. Mírate primero en el espejo y dime a qué clase correspondes".

Se ilumina un ángulo del escenario, quizás en el proscenio, donde en una banca de parque Marta se besuquea con Crispín. Se mantiene la iluminación y las acciones de la zona-mesa y de la vivienda.

JESÚS: Marta es la menor, pobrecita, me preocupa mucho. Ella estaba muy chiquita cuando murió su madre; ni siquiera se acuerda de ella la pobre... ¡Qué mala suerte ha tenido! Desde muy chica yo me preocupé por darle todo y creo que terminé haciéndole un daño: fue muy floja en la escuela, nunca quiso estudiar; ahora anda todo el día en la calle no sé con quién: prefiero no averiguarlo. (*Pausa. Sale de la zona-cama. Se encamina a la vivienda.*) Es cierto que yo no he sido muy cariñoso con los hijos. No sé si porque a mí me faltó cariño en mi niñez o porque me faltó dinero, o porque nunca supe hacerme a la vida de estas vecindades de la gran ciudad, tan diferente a la de mi pueblo, allá por Veracruz... El caso es que he tenido que trabajar muy duro para mantener a mis hijos. Creo que en la mayoría de los hogares los disgustos tienen una base económica; porque si uno necesita cincuenta pesos diarios y no los tiene, pues anda molesto, anda preocupado... Conforme en que yo he cometido uno que otro error, pero nunca dejé abandonados a mis hijos, y estoy medio muerto de los corajes que me han dado. Salieron tan malas cabezas que me da pena, es muy duro para un padre tener hijos así.

OSCURO

ACTO PRIMERO

Amanece en la vivienda de los Sánchez. Se advierten tres camas. En la de Manuel y Paula sólo se encuentran Manuel y Domingo, el tercero de sus hijos; Paula se ha levantado ya y se halla oculta dentro del recinto del excusado. Los dos niños mayores, Mariquita y Alanes, duermen en el suelo, muy cerca de la cama de sus padres. Junto a ellos, en un cajón que hace las veces de cuna, está la niña más pequeña: Conchita. Otra de las camas la ocupan Consuelo y Antonia, y la tercera acaba de ser abandonada por Jesús, quien ya vestido se encamina hasta la cocineta para lavarse la cara en el fregadero. Marta duerme en un petate, semivestida con su ropa "del día" —al igual que todos los demás personajes, a excepción de Consuelo, quien duerme en fondo y protegida por un remedo de bata—. Sobre los fuertes ronquidos de Manuel, se escucha el ruido del agua desalojando el excusado. Paula sale del recinto y avanza hasta la cocineta donde se halla Jesús. El vientre de la mujer denota un avanzado embarazo.

PAULA *(a Jesús):* Orita le caliento su café.

Jesús termina de lavarse y comienza a quitar las fundas que cubren una serie de jaulas acomodadas allí.

JESÚS: ¿Dónde quedó el alpiste?

Paula le alcanza un botecillo y prosigue accionando frente a la estufa. Jesús distribuye el alpiste dentro de las jaulas. Paula sufre un acceso de tos.

JESÚS: ¿Sigues mala? ¿No le di a Manuel para que te llevara al doctor?

Paula no responde; vuelve a toser. La tos parece despertar a Consuelo, quien se incorpora alterada, como si se hubiera quedado dormida más de la cuenta.

Consuelo: ¡Jíjole, qué horas son!
Jesús: Pa'rriba. ¡Párense!
Consuelo: ¿Ya son las siete?
Jesús: Párense. *(Va hasta Manuel, quien continúa roncando. Lo menea vigorosamente, pero Manuel no despierta.)* ¡Párense!
Consuelo *(con referencia a Manuel)*: Ni le hagas. Él hasta las doce.
Jesús: Güevón.
Antonia *(molesta porque Consuelo la descobija al incorporarse)*: No descobijes.

Consuelo separa aún más la cobija, a propósito. Antonia tiene que incorporarse para cubrirse de nuevo.

Consuelo: Si no te gusta, cómprate tu cama. *(Vuelve a descubrirla.)*
Antonia: ¡Flaca!

Consuelo emite una risita. Luego advierte a su padre que la mira con reproche.

Consuelo: Que se vaya a vivir con su madre, pa' que esté más cómoda.
Jesús: Cállate el hocico, idiota.

Consuelo se yergue de un solo impulso. Con un rápido ademán coge la ropa que está próxima a la cama y se dirige al recinto del excusado, por donde desaparece. Dentro de su cajón, Conchita empieza a llorar. Mariquita y Alanes se despiertan.

Mariquita *(incorporándose)*: Tengo sed.

Conchita sigue llorando, cada vez más fuerte.

Marta: ¡Qué lata, no dejan dormir!
Jesús *(imperativo, a Paula, con referencia a Conchita)*: A ver qué tiene esa niña.
Mariquita *(incorporándose)*: Tengo sed.

Paula va hasta el cajón y trata de calmar a Conchita, inútilmente.

PAULA (*materna*): Qué le pasa, qué le pasa.

Mariquita va a la cocineta y allí se procura, con movimientos torpes, un jarro donde se sirve agua y bebe. Después de su frase, Marta abandona el petate y trata de entrar en la cama donde se encuentra Antonia.

MARTA (*empujando a Antonia*): Hazte.
ANTONIA: No vengas a moler.
MARTA (*encontrando acomodo*): Hazte, no seas díscola. Un cachito.
JESÚS (*advirtiendo la escena*): Ya no son horas pa' que estén echadas. (*Se encamina al cajón de Conchita, que empieza a calmarse. A Paula:*) ¿Ya está el café?

Paula hace un gesto ambiguo, de asentimiento, y regresa a la cocineta. Le estorba Mariquita: la aparta de un empellón.

PAULA (*a Mariquita*): Quítate.

Paula dispone el café de Jesús, que luego llevará a la mesa. Mariquita se retira a un rincón y empieza a jugar con unas corcholatas. Jesús hace algunos "cariños" a Conchita, quien reanuda el llanto.

JESÚS: Esta niña tiene hambre.
PAULA: Orita le doy.
MARTA (*batallando por su lugar en la cama*): Empújate para allá, Tonia.
ANTONIA: Qué bien mueles.
MARTA (*irguiéndose*): Mírala, papá, quiere la cama para ella sola.
JESÚS: Párate pues.
MARTA (*se levanta; enfurruñada*): Pero mañana que le toque el suelo, a ver; que no me pida cancha... Ah, no, le toca a Consuelo. ¿O no? ¿A quién le toca el petate, Paula?
JESÚS: A nadie, no voy a dormir aquí. Agarras mi cama.
MARTA: ¿De veras? (*Jesús asiente.*) Conste, ¿eh? Tú eres testigo, Paula. Me toca la cama de mi papá. (*A Jesús:*) Pero dícelo a Consuelo, porque luego es reabusona... ¿Se lo dices?
JESÚS (*con referencia al café*): Esto no se puede tomar.
PAULA: ¿Está frío?

Jesús: Está hirviendo.
Paula: Ay, a ver. Péreme.

Paula retira el café y lo lleva a enfriar a la cocineta. Alanes, adormilado, se levanta y se pega a las faldas de su madre. Conchita continúa llorando.

Jesús: Esa niña tiene hambre.
Paula: ¡Mariquita!... Ve a ver qué tiene tu hermana. Agárrala.

Mariquita obedece y entretiene a Conchita. Paula termina de enfriar el café y lo lleva a Jesús.

Paula (*a Alanes, que no se separa de sus faldas*): ¿Qué quieres? ¿Quieres hacer caca? Ahí está la borcelana. (*Alanes deniega.*) Cuidado con que te hagas en los calzones porque te zumbo.
Jesús (*alzando la voz*): ¡Apúrate, Consuelo!, Alanes quiere entrar.
Marta: De que la Flaca se mete al excusado... (*Alzando la voz:*) ¿Todavía estás ahí, Flaca?... ¡Flaca!
Consuelo (*desde dentro*): ¡Ya voy!
Marta: Ya te hacía por San Lázaro, manita. ¿No quieres que te lleve unas tijeras?
Jesús: Deja de picar a tu hermana; luego te estás quejando.

Suben de tono los ronquidos de Manuel.

Jesús: Oye a ese güevón. Siempre echadote mientras yo me chingo trabajando. Ni que no tuviera familia, carajo.

Pegado a su madre, Alanes brincotea apurado por el ansia de ir al excusado.

Paula (*a Alanes*): Si no quieres la borcelana, aguántate. (*A Jesús, con referencia al café:*) ¿Así está bien?
Jesús (*asiente ambiguo; transición*): ¿No que había vuelto al taller de zapatos?
Paula: ¿Manuel? ¡Qué esperanzas!
Jesús: Era un buen trabajo.
Paula: Él dice que no.
Jesús: Porque es un vago... En cualquier trabajo hay que tallarse el lomo. ¿O qué quiere?, ¿que le vengan a traer el dinero a su cama?

Los hijos de Sánchez

Paula sufre un nuevo acceso de tos.

MARTA: Cada día estás peor. Ya mero echas las tripas.
JESÚS *(sacando dinero del bolsillo)*: Ten. *(Se lo alarga a Paula:)* Pero ora sí pa'l doctor. Y si Manuel no quiere llevarte, que te acompañe Marta... ¿Oíste, Marta?

Marta hace un gesto de asentimiento, mientras Paula toma el billete murmurando un "gracias"; después va hacia Conchita, hace a un lado a Mariquita y se dispone a dar el pecho a la pequeña.

PAULA *(quitando de enmedio a Mariquita)*: No estorbes.

Mariquita regresa a jugar con sus corcholatas en un rincón. Consuelo sale del recinto del excusado, vestida ya. Jesús termina de tomar su café y descuelga una jaula, preparándose para salir.

MARTA *(a Alanes, que se había distraído con Mariquita)*: Córrele, ya salió la reina de Saba. *(A Jesús:)* Dile de la cama. *(Jesús no presta atención. A Consuelo:)* Mi papá me dejó su cama, para hoy en la noche.

Consuelo, indiferente, revisa unas medias rotas. Alanes entra en el recinto del excusado.

MARTA: Si no me crees, pregúntale... Pregúntale.
CONSUELO: Ya oí.
MARTA: Luego no quieras quitármela.
CONSUELO: No te voy a quitar nada.
MARTA: Vaya. Ora sí echaste toda la bilis por el guáter.

Jesús camina hacia la puerta llevando dos bultos y la jaula.

PAULA *(mientras da el pecho a Conchita)*: ¿Lo esperamos a comer?
JESÚS: Si me alcanza el tiempo me doy una vuelta.

Al advertir que su padre sale, Consuelo avanza rápidamente hacia él.

CONSUELO: Papá... *(Jesús se detiene.)* ¿Ya te vas?

Jesús: ¿Qué quieres?

Consuelo duda, no se atreve a hablar.

Jesús: ¿Qué quieres?
Consuelo *(trabajosamente)*: Necesito unas medias... *(Le muestra las medias rotas que sostiene en las manos.)* Mira cómo están. No puedo ir así.
Jesús: No puedes ir a dónde.
Consuelo: Al trabajo.
Jesús: Y qué necesidad tienes de ir con medias. Ni que fueras a una fiesta.
Consuelo: Cuestan nueve pesos.
Jesús: No tengo dinero.
Consuelo *(con energía, a punto de estallar)*: Sí tienes. Ayer te di mi quincena.
Jesús *(se encoleriza de súbito)*: ¿Ya me estás reclamando tus mugrosos centavos? ¿Para eso me los diste?... *(Extrae de su bolsillo varios billetes y los arroja a Consuelo.)* Ahí están tus cochinos cincuenta pesos. Yo no les pido nada. Ni un quinto quiero de ustedes. Todavía tengo bastantes fuerzas para trabajar.

Consuelo, agitada, no logra pronunciar palabra. Jesús recoge de nuevo los bultos. Marta se apresura a ayudarle con la jaula.

Jesús: ¡Ni un quinto quiero de ustedes!

Jesús sale acompañado de Marta. Cruzan el patio de la vecindad.

Marta: ¿Me llevas hoy al cine? Es miércoles.

Salen de escena Jesús y Marta. Consuelo, inmóvil, comienza a llorar silenciosamente. Alanes sale del excusado. Paula continúa dando el pecho a la pequeña.

Paula *(a Alanes)*: ¿Te limpiaste? *(Alanes asiente.)* A ver. *(Sobre el pantalón, le toca las nalgas para confirmar.)*
Alanes: Quiero café.
Paula: Espérate que acabe.

Alanes se pone a jugar con Mariquita a las corcholatas. Consuelo recoge el dinero que le arrojó su padre y se sienta a la mesa. Sigue llorando quedamente. Alanes y Mariquita empiezan a corretear por el cuarto. Domingo, el niño que duerme con Manuel, se despierta y trata de incorporarse al juego desde la cama. Alanes le ha quitado un puño de corcholatas a Mariquita, y ésta lo persigue. Pleitean sobre la cama de Manuel.

MARIQUITA: Son mías. Dámelas. Mira a Alanes, mamá.
PAULA: No retocen.
MARIQUITA: Me las quitó.
ALANES: No es cierto, yo las gané.
MARIQUITA: Vas a ver.
MANUEL *(semiincorporado, furioso)*: ¡Sáquense de aquí!... ¡Con un carajo, Paula, llévate a estos escuincles! Ya ni dormir se puede en esta casa. *(Reparte manotazos.)* ¡Sáquense de aquí, hijos de la chingada!

Sin desprenderse de Conchita, Paula trata de apartar a los niños.

PAULA: Váyanse a jugar al patio.
MARIQUITA: Me quitó mis corcholatas.
ALANES: Yo las gané.
MARIQUITA: Dámelas... *(Trata de morderlo.)*
ALANES: No seas mensa.
MARIQUITA: Que me las des.
PAULA: Peliense en el patio. *(Los empella.)* ¿Qué no entienden?
MANUEL: ¡Cállense!
PAULA: Se va a levantar su papá y los va a agarrar a cuerazos. *(Empella a los niños hasta la puerta.)* Váyanse con Dalila, que ella les dé café.

Los tres niños salen. Juguetean en el patio y luego desaparecen del escenario, por el fondo de la vecindad. Paula se dirige a Consuelo, que se limpia las lágrimas.

PAULA: No es para tanto.
CONSUELO *(gimoteando)*: Nomás le pedí para mis medias.
PAULA: También no son modos los tuyos.
CONSUELO: Pero yo qué hice.
PAULA: Reclamarle. Si le das tu quincena, se la das.
CONSUELO: No le reclamé. Me dio coraje que me dijera que no tiene... Para mí

no es cualquier cosa darle mi sueldo. Serán cincuenta pesos mugrosos, como él dice, pero me cuesta ganarlos. Cuándo Manuel o Roberto le han dado un quinto, a ver, ni en sueños.

PAULA: De todo haces una tragedia.

CONSUELO: A ti no te importa porque no es tu padre. *(Hace pucheros.)* Ni tampoco lo ha sido para mí, nunca... Desde chica fui un cero a la izquierda. Tengo tantos recuerdos tristes. *(Pausa. Nostálgica.)* Cuando terminé la primaria y nos iban a entregar el certificado, le pedí que fuera a la escuela. ¿Tú crees que llegó?... ¡Qué feo sentía mirar a todas mis compañeritas acompañadas de su mamá o de su papá, y yo sin nadie! Hasta que llegó a la casa, en la noche, le enseñé mi certificado. Lo único que me dijo fue: "Déjalo ahí para guardarlo". Ni siquiera lo vio. *(Gimotea.)*

PAULA: De qué te sirve estar rascándote las llagas.

Paula vuelve a dejar a Conchita en el cajón. Antonia, quien se había despertado desde hacía tiempo, ha escuchado conmovida el parlamento de Consuelo. Se incorpora y va hasta ella.

ANTONIA *(tratando de distraerla)*: ¿Sabes qué soñé? Que regresaba Roberto.

CONSUELO: Mejor que no regrese. A él tampoco lo quiere nadie.

Consuelo irrumpe en llanto. Manuel se yergue molesto.

MANUEL: El caso es que no se puede dormir. Cuando no son los escuincles, eres tú, chillando. *(Busca algo en diferentes sitios.)* ¿Quién agarró mis revistas? *(Grita.)* ¡Te estoy hablando, Paula!, ¿quién agarró mis revistas?

PAULA: Están debajo de la cama.

MANUEL: Pues contesta, ¿qué no tienes boca? *(Transición, después de que encuentra varios cuadernos de "monitos".)* Caliéntame un café bien cargado.

Llevando las revistas, Manuel entra en el excusado, Paula pone café en la estufa.

ANTONIA *(a Paula)*: ¿Tú crees en los sueños?

PAULA: Yo qué sé.

ANTONIA: Yolanda dice que cuando uno sueña varias veces la misma cosa, es que va a pasar. Y ya van dos veces que sueño que Roberto regresa.

PAULA: Regresará cuando no tenga ni un quinto.

Los hijos de Sánchez

Antonia: Tú no lo quieres, Paula.
Paula: ¿Yo?
Antonia: Es cierto lo que dice Consuelo. No lo quiere nadie. Por eso se va.
Paula: Se va para que no lo metan al bote.
Consuelo *(impulsiva):* Tú no tienes ningún derecho para hablar mal de mi hermano.
Paula: No estoy hablando mal. Yo nomás digo.
Consuelo: Pues no digas… Ésta no es tu casa, estás aquí de arrimada.
Paula: Perdóname pero es tan tuya como mía, Chelito.
Antonia *(interviniendo):* Ya. No empiecen a pelear. *(A Consuelo:)* Paula está enferma.
Consuelo: ¡Yo también estoy enferma de vivir aquí!
Antonia *(va a acariciarla):* No seas tonta, Chelo…
Consuelo *(sacudiéndose el ademán):* Un día me voy a largar, como Roberto, y no volveré nunca.

Consuelo sale de la vivienda, enojada, en el momento en que Manuel aparece por la puerta del excusado.

Manuel: ¿Otra vez la Flaca con sus escándalos? *(Camina hasta la mesa. Se oprime el estómago.)* Qué mal me siento, carajo. *(Bebe el café.)* ¿Hay carbonato?
Paula: Ya se acabó.
Manuel: Aquí todo se acaba.
Antonia *(después de un silencio):* ¿Tú crees en los sueños, Manuel?
Manuel: No empieces con tus pendejadas. *(Pausa. A Paula:)* ¿Por qué regañó mi papá a la Flaca?
Paula: Es que le pidió dinero… para unas medias.
Manuel *(sonríe débilmente):* Para unas medias. Canija Flaca, siempre con sus aires de grandeza.

Largo silencio. Manuel bebe el café.

Paula: Me preguntó tu papá si habías vuelto al taller.
Manuel: Ni que estuviera loco.
Paula: Dice que era un buen trabajo.
Manuel *(escéptico):* ¿Nomás porque están sindicalizados?… ¡Pero si es mucho

peor! En todos los sindicatos los líderes y los patrones hacen sus arreglos entre ellos, y los que nos jodemos somos nosotros. Yo no vuelvo a trabajar para otro. Y eso sí se los voy a inculcar muy bien a mis hijos: si no llegan a ser profesionistas, los voy a meter a un comercio, pero que sea de ellos solos. Es la única forma en que pueden ganar dinero sin depender de nadie.

PAULA: Empieza dándoles el ejemplo.

MANUEL: ¿Y qué crees que hago?... Cuando no trabajo es porque no encuentro.

PAULA: Aquí sentado está difícil.

MANUEL: ¿Ya vas a empezar con tus pullas? Es lo único que me falta.

ANTONIA (*acercándose*): Soñé que regresaba Roberto.

MANUEL (*nostálgico*): Cabrón Roberto. Dónde andará. A lo mejor ya se hizo rico.

ANTONIA: ¿Se puede hacer rico en el ejército?

MANUEL: Nomás si llega a general, o si se mete en el gobierno. Ahí es la única parte donde se entra de pobre y se sale de rico; bien rico, de puro robar.

Manuel se levanta. Busca su chamarra. Se prepara para irse.

PAULA: ¿Me vas a llevar al doctor? Tu papá me dio dinero de vuelta.

ANTONIA: Anda remala. ¿No oyes cómo ha estado tosiendo?

MANUEL: Todo es que nazca la criatura.

ANTONIA: Si sigue así, capaz que ni nace.

PAULA: ¿Me vas a llevar o no?

MANUEL: Ora sí que me agarraste en curva, chaparra. Precisamente tengo que ver a Alberto para un negocio muy importante... Que te acompañe Antonia.

PAULA: Tu papá no quiere que Tonia ande en la calle.

MANUEL: ¡Pero desde cuándo que no le dan los ataques! (*A Antonia:*) ¿O te han dado?

ANTONIA (*deniega; luego se dirige a Paula*): Yo te acompaño.

MANUEL: Ahí está. (*Se acerca a Paula, cariñoso:*) O si quieres, espérate a mañana. Mañana sí puedo, para que veas.

PAULA: ¡Quita tus manotas de encima!

Manuel se aparta, en dirección al fregadero, donde se entretiene peinándose.

MANUEL (*mientras se aparta*): Pos quién te entiende. Te quejas de que no encuentro trabajo, y cuando lo encuentro...

Mientras Paula comienza a arreglar el cuarto, Antonia observa, desde la puerta, a Crispín y a Marta que se encuentran en algún ángulo del patio. Paula tose exageradamente.

CRISPÍN: ¿Entonces qué?
MARTA: No.
CRISPÍN: Palabra que ya no me aguanto. Uno es hombre, Martucha, y un hombre necesita...
MARTA: ¿Y tú crees que yo soy de palo?
CRISPÍN: Pues órale.
MARTA: Pero así no.
CRISPÍN: Entonces cómo.
MARTA: Ya te dije.

Desde la puerta, Antonia hace su comentario a Paula.

ANTONIA: Ahí está otra vez Marta con Crispín.
MANUEL *(al oír la frase)*: Ese hijo de su tiznada...

Rápidamente, Manuel sale hasta el patio y prende a Crispín de la camisa antes de que éste se dé cuenta.

MANUEL: Óigame, cabrón, con qué derecho está molestando a mi hermana.
CRISPÍN *(vacilante)*: No... yo...
MANUEL: No me replique, buey. Ya le dije que no quería verlo por aquí.
CRISPÍN: No estoy haciendo nada.
MANUEL: Pues lárguese... Y que sea la última vez. A la otra, le rompo el hocico. *(Lo zarandea.)* Muerto de hambre infeliz.

Al ser empellado, Crispín cae por tierra. Se levanta tropezando y huye fuera de escena.

MANUEL *(a Marta, tironeándola)*: Métase.
MARTA: No me jales.
MANUEL: ¡Métase!

Entran en la vivienda.

MARTA: Crispín no te ha hecho nada... Yo lo quiero. Vamos a casarnos.

MANUEL (*burlón*): ¿Te ofreció matrimonio? Puro pico. Lo que anda buscando es llevarte al hotel. Lo conozco.
MARTA: El ladrón cree que todos son de su condición. (*Ladina.*) Tú también le ofreciste matrimonio a Paula... (*A Paula:*) ¿No es cierto?
MANUEL (*tratando de prender a Marta*): Desgraciada.
MARTA (*mientras lo esquiva*): ¿Y no anda ahora con Graciela, haciéndote pendeja?

Manuel persigue a Marta por la habitación.

MANUEL: Jija de tu pelona.
MARTA: Todo el mundo lo sabe.
MANUEL (*la alcanza al fin, la prende*): ¡Ven acá!
ANTONIA (*interponiéndose, para que la suelte*): ¡Déjala!
MARTA (*retadora*): Atrévete a pegarme y verás con mi papá.
MANUEL (*al fin la suelta*): Qué mala sangre tienes, Marta.
MARTA: La misma que tú.

Manuel recoge su chamarra y sale de la vivienda. Largo silencio.

ANTONIA (*a Paula*): Voy de una vez al mercado para que luego vayamos con el doctor.
PAULA: No hay quien se quede con los niños.
ANTONIA: Marta (*a Marta*): ¿Te quedas con los niños mientras vamos al doctor?
MARTA: Déjenlos con Dalila. (*A Paula:*) Para eso es tu hermana.
ANTONIA (*conciliadora*): Yo le digo... Dame pues para ir al mercado.

De un bote, Paula extrae algunas monedas.

ANTONIA: ¿Qué compro?
PAULA: Frijoles. Lo que te alcance... Pero no vayas con Petra, le debo quince pesos.
ANTONIA: No me tardo.

Antonia sale. Paula arregla la vivienda.

PAULA (*a Marta, después de un largo silencio*): ¿Por qué dijiste lo de Graciela?

Marta: ¿A poco no lo sabías?
Paula: No tenías para qué decirlo.
Marta: Tampoco él tenía por qué meterse con Crispín.

Marta se tiende en una de las camas y se pone a leer las revistas de "monitos" mientras Paula trajina. Disminuye la intensidad de la luz en la vivienda (la acción se mantiene) y se ilumina la zona-mesa que ilustra una sencilla oficina. Consuelo está frente a la máquina de escribir: ha suspendido su trabajo y habla ante Mario. En realidad, medita para ella misma, muy ajena al sitio en que se encuentra.

Consuelo: Siempre he tenido aspiraciones de llegar a algo diferente de lo que conozco, fuera del ambiente en que vivo. Por eso me he esforzado en estudiar, en trabajar, en ganar dinero. Necesito dinero para formar parte de otro círculo, para tener una vida mejor. No voy a dejarme aplastar por el destino. Voy a luchar contra él, voy a triunfar, cueste lo que cueste. *(Brusca transición, como si despertara.)* Perdón. No me haga caso, Mario.
Mario: Al contrario, es muy bonito lo que dice.

Consuelo sonríe débilmente. Se pone a escribir a máquina.

Mario: Yo también quiero progresar, pero aquí está difícil... Mi padre dice que él puede conseguirme una chamba en Monterrey, pero...
Consuelo: ¿Por qué no?
Mario: No me gustaría irme tan lejos.
Consuelo: Dicen que Monterrey es muy bonito.
Mario: Extrañaría muchas cosas.

Consuelo se siente fijamente mirada por Mario. Se turba. Reanuda su trabajo.

Mario: ¿Puedo preguntarle algo, Consuelo?

Consuelo tropieza una tecla.

Consuelo: ¡Chin!
Mario: Ya la hice equivocarse.

Consuelo: No. Es que esta máquina no sirve. *(Pausa. Mientras borra el error.)* ¿Qué me decía?
Mario *(intimidado)*: Nada... Iba a preguntarle... Bueno, este... ¿Tiene usted novio, Consuelo?

Consuelo emite un remedo de risa.

Mario: Ese muchacho que a veces la viene a buscar... ¿es su novio?
Consuelo: ¿Jaime?
Mario: No sé cómo se llama.
Consuelo: Jaime.
Mario: ¿Es su novio?
Consuelo: Sí y no. Según como anden las cosas. A veces andamos bien y a veces andamos peleados.
Mario: ¿Ahora andan peleados?
Consuelo: Totalmente. La verdad es que ya lo terminé.
Mario: Pero volverán a contentarse.
Consuelo: Quién sabe. *(Continúa escribiendo.)*
Mario *(después de un silencio)*: ¿Podría invitarla algún día a tomar un helado, a acompañarla a su casa?
Consuelo: ¿Por qué no?
Mario: ¿Puede ser hoy?... ¿A tomar un helado?
Consuelo *(seductora)*: Cuando usted quiera.

Durante la escena de Consuelo no se ha interrumpido la acción en la vivienda. Se ha visto entrar a Antonia con la bolsa de frijoles y salir después acompañada de Paula, quien lleva consigo, dentro de su rebozo, a la pequeña Conchita. Ahora se oscurece la zona-mesa y se enfatiza la luz en la vivienda: Marta continúa leyendo su revista de "monitos". Lo ha estado haciendo durante toda la escena de Consuelo. Suspende al fin la lectura para encender el radio y ponerse a bailar con movimientos vulgares. No advierte a Crispín, quien sigilosamente (cerciorándose de que nadie lo ve cruzar el patio) entra en la vivienda y abraza fuertemente a Marta, por la espalda. La joven emite una exclamación de sorpresa antes de descubrir a Crispín.

Marta: ¡Suéltame! *(Forcejea inútilmente mientras Crispín la besa en el cuello, en la mejilla.)* ¡Suéltame, bruto!
Crispín: ¡Cómo me gustas!

Marta *(empellándolo)*: Estás pedo. Te van a ver.

Crispín: No hay nadie.

Marta: Manuel no se anda con cuentos, ¿eh?

Crispín: No le tengo miedo.

Marta *(en burla)*: ¿No?... pero si te echaste a correr.

Crispín: Porque no quería armar bronca... porque te quiero. *(Trata de abrazarla.)*

Marta: Déjame.

Crispín: Martucha, no seas así, hazme caso. Tú también tienes ganas. *(La abraza.)* Estoy caliente, ardiendo.

Marta *(apartándolo de nuevo)*: ¡Te dije que ya, hombre!... Lárgate.

Crispín *(serio)*: Si me voy ya no vuelvo, te lo juro. Y va en serio. Es la última vez que te ruego. O de veras me demuestras que me quieres, o se acabó. Te doy de plazo hasta en la noche.

Marta: Por qué eres así, Crispín. Nomás piensa en mi papá cuando se entere. Yo siempre pensé casarme en la iglesia, de blanco.

Crispín: Si se pudiera, qué bien, pero ahorita no se puede; qué quieres que yo haga.

Marta: Mi papá no me perdonaría nunca.

Crispín: No es cierto. Yo te prometo que luego te llevo con mis padres, les pido que hablen con el tuyo, y como la cosa ya no va a tener remedio, nadie dirá nada. Y nos casamos.

Marta: Así no me gusta.

Crispín: Pos ya sabes. Hasta hoy te espero... Voy a estar toda la tarde en la tienda, si no vas... *(Emite un ruido para expresar "fin".)* Seguro que no te arrepientes, Martucha.

Crispín sale. Marta permanece en la vivienda durante toda la siguiente escena: está nerviosa y se pone a barrer, a lavar los trastes. Entretanto, en la zona-tres se escenifica un mercado de ropa. Gente. Animación. Gritos.

Vendedores:
—Pásele, marchante, qué va a llevar.
—Blusas de nylon, garantizadas.
—Anímese, joven, mire la calidad. Yo le vendo más barato que en El Palacio de Hierro.

—Por ver no se paga, chula.
—Toda la mercancía a mitad de precio.

Entre los vendedores ambulantes sobresale Alberto. Muestra un pantalón a un transeúnte.

ALBERTO: Puro casimir, nomás tiéntelo... Por ser para usted se lo dejo en treinta y cinco. Ofrézcale... Treinta, ¿quihubo?... ¿Cuánto da?

El transeúnte desaparece. Manuel se aproxima a Alberto.

ALBERTO: Quihúbole, compadre, qué andas haciendo.
MANUEL: Aquí nomás, compadre. Vine a dar una vuelta.
ALBERTO: ¿Ya te animaste a trabajar aquí?
MANUEL: No sé, a lo mejor no sirvo. Luego es muy aventurado eso de que ahora ganas y mañana no agarras nada. Está del carajo.
ALBERTO: No, aquí siempre te llevas tu lana.

A cierta distancia cruza un hombre cargando un bulto. Alberto lo advierte y denota intención de ir hacia él.

ALBERTO *(a Manuel):* Déjame ver qué trae ese vale. *(Le da el pantalón.)* Deténmelo... Si te preguntan, quince pesos lo menos. *(Cuando ya se retira:)* Quince pesos.

Alberto da alcance al hombre y dialoga con él al fondo de la zona. Manuel tarda en advertir a un joven que mira atentamente el pantalón que le ha dejado Alberto.

MANUEL: ¿Le gusta el pantalón, joven? *(Lo extiende.)* Se lo doy barato.
JOVEN: Pos sí me gusta, pero... pos no traigo dinero. Yo también vengo a vender.
MANUEL: ¿Y qué vendes?
JOVEN: Traigo un relojito... ¿me lo compra?
MANUEL: A ver... lo vemos. *(Toma el reloj que el joven le muestra.)* ¿Cuánto quieres?
JOVEN: Deme ciento veinticinco.
MANUEL: Oye, hermano, pero de cuántas joyas es.
JOVEN: Creo que es de quince joyas.

MANUEL: ¿Me dejas destaparlo pa' ver la máquina? *(El joven asiente. Manuel destapa el reloj. Como si leyera:)* Quince joyas... No, hermano, es muy caro... ciento veinticinco pesos. No me conviene.

Se aproximan algunos curiosos. También Alberto, quien permanece observando.

MANUEL: Mira, vamos haciendo un transe. Te voy a dar el pantalón y veinticinco pesos, ¿qué te parece?
JOVEN: No, así no me resulta. ¿Cuánto me viene dando entonces por el reloj?
MANUEL: Te vengo dando setenta y cinco pesos... A ver si cualquier canijo de éstos te los da.
JOVEN: Es muy poquito. *(Pausa.)* Bueno, mire, deme cincuenta pesos y el pantalón, y así sí tratamos.
MANUEL: Ni tú ni yo. Te doy cuarenta pesos y el pantalón, ¿quihubo?, ¿no?
JOVEN *(decidido)*: Bueno pues, sale.

Manuel entrega el pantalón y recibe el reloj. El joven se retira, junto con la mayoría de los curiosos.

ALBERTO: Te salió bien el negocio.
MANUEL *(alargándole unos billetes)*: Ahí tienes tus quince pesos del pantalón.
ALBERTO: No seas gacho, mano. Cómo nomás me vas a dar quince pesos si agarraste una merca buena.
MANUEL: Bueno, pos yo la agarré. Tú me dijiste: quince pesos el pantalón, ¿no? Ahí están tus quince pesos.
ALBERTO *(resignado)*: Ni hablar. Está bien. Debutaste en la plaza con suerte.

De entre el grupo de curiosos, Cuco se ha mantenido observando la acción. Se aproxima.

CUCO *(a Manuel)*: ¿Cuánto quieres por el reloj?
ALBERTO *(adelantándose)*: ¡Doscientos!
CUCO: No seas cargado.
MANUEL: Es Haste de lujo, veintiún joyas. Mírale la máquina si quieres. *(Destapa el reloj. Se lo aproxima:)* ¿Cuánto dice ahí?
CUCO *(leyendo)*: Veintiún joyas. *(Transición.)* Pero cómo doscientos, si acabas...

¡Mula pantalón que le diste y cuarenta pesos! No seas exagerado. Te voy a dar un siglo, ¿está bien?

Frente a ellos cruza una mujer muy llamativa. Cuco se distrae.

CUCO *(por la mujer, siguiéndola)*: ¡Miren nomás!... ¡Adiós, mamacita!
MANUEL *(a Alberto, mientras Cuco se distrae)*: ¿Se lo doy, mano?
ALBERTO: No seas pendejo, pérate.
CUCO *(regresando con ellos)*: ¡Cómo me gustan las viejas, carajo! *(Transición.)* Bueno, mira, para no estar chingando tanto, ¿quieres ciento veinticinco? ¿Sí o no?
MANUEL: Lo menos, ciento setenta y cinco, si te gusta. Y si no, cabrón, pos vete. Nadie te lo está vendiendo a güevo.
CUCO: No seas desgraciado, cabrón. Verdad de Dios que lo quiero para mí. No lo quiero pa' transarlo.
MANUEL: Ahí está, güey. Quizá pa' venderlo sí te lo daba en ciento veinticinco. Lo quieres para ti, ciento setenta y cinco, ni un centavo menos.
CUCO: Ciento setenta.
MANUEL *(lo piensa un poco)*: Órale pues.

Cuco entrega el dinero y Manuel el reloj. Cuco se retira.

ALBERTO: Bien, cabrón, muy bien. ¿Cuánto traías?
MANUEL: Cuarenta pesos. Te di quince... me gané ochenta y cinco pesos.
ALBERTO: ¿Lo ves? Si yo te digo. Aquí en la plaza es donde está el mero negocio. *(Trata de conducirlo hacia el fondo del mercado.)* Vamos a ver qué encontramos.
MANUEL: No, yo ya me voy.
ALBERTO: Pero si apenas estás empezando, güevón.
MANUEL: Es que tengo un compromiso.

Alberto menea la cabeza, desengañado. Manuel se encamina hacia la zona-mesa, convertida en café. Se oscurece el mercado. Manuel va a ocupar la mesa en el momento en que un parroquiano se retira entregando una propina a Graciela, la mesera.

MANUEL *(a Graciela)*: Quihubo. *(Traza una caricia que ella esquiva, malencarada.)* ¿Te cortaste el pelo? Te ves muy chula. *(Graciela no reacciona.)* Ordéname unos huevos rancheros y un café con leche.
GRACIELA: ¿Vas a pagar?
MANUEL *(sorprendido)*: ¿Y ora? ¡Pos cuándo he dejado a deber algo!

Graciela se retira brevemente. Regresa para cambiar el servicio, en silencio. Manuel la observa.

MANUEL: ¿Por qué esa cara conmigo, Graciela? ¿Ya no me quieres?
GRACIELA: Mira quién lo dice.
MANUEL: Yo te quiero más que a todo en el mundo.
GRACIELA: ¡Mentiras!... Ayer vi a tu mujer, en la plaza. Ya va enferma otra vez. Trae una barriga así de grande.
MANUEL: Ah, pues sí, ni modo.
GRACIELA: Me juraste que desde que volvimos ya no te metías con ella.
MANUEL: Desde que volvimos, tú lo has dicho.
GRACIELA: Volvimos hace exactamente un año, ¿ya ni de eso te acuerdas? *(Hace ademán de retirarse, pero Manuel la detiene.)* Y yo aquí de taruga.
MANUEL: No te enojes, mi vida, es que... Bueno, qué quieres que haga. Duerme conmigo. Una vez la toqué, nomás una, y de eso salió mala.
GRACIELA: Ya no podemos seguir así, Manuel, es un imposible.
MANUEL: Por qué ha de ser un imposible, si nos queremos.
GRACIELA: Pero tú eres casado, tienes tu mujer, tienes tus hijos. Además, yo conozco a tu mujer, no la conociera...
MANUEL: Lo único que yo sé es que te adoro. No te quiero, te adoro. Como tú a mí. *(No la deja irse.)* Dime si no es cierto...

Graciela le sonríe, convencida al fin. Luego se retira al fondo de la zona-mesa, mientras se enfatiza la iluminación en la vivienda. La zona-mesa no se oscurece; durante las siguientes escenas se verá en ella a Graciela llevando los huevos rancheros y el café a Manuel, quien desayuna y conversa con Graciela. En la vivienda, Marta ha arreglado notoriamente el cuarto. Entra Paula, quien lleva de inmediato a Conchita hasta el cajón-cuna.

MARTA *(afable)*: ¿Qué te dijo el doctor?
PAULA *(se encoge de hombros)*: Me sacó cinco pesos.
MARTA *(después de un silencio)*: ¿No notas nada? Ya barrí, lavé los trastes; pa' que no trajines.

Paula: Todavía tengo mucho que planchar, y remendar.
Marta: Yo te ayudo.
Paula: ¿Y ora qué te picó?
Marta: Dispénsame, ¿sí?… De lo que dije de Manuel, y de Graciela. No fue pa' molerte a ti, es que me dio coraje.

Paula hace un gesto. Luego, ayudada por Marta, dispone lo necesario para planchar. Habla durante su acción. Su parlamento encuentra directa referencia a la escena inaudible entre Manuel y Graciela, en la zona-mesa.

Paula: Siempre estuvo enamorado de Graciela, desde que trabajábamos en el café… A ella le habló primero; pero como la muy canija lo trataba a puros descolones, se ponía a platicar conmigo. Luego Graciela se metió con Andrés, y él, de pura decepción, me habló a mí.
Marta:. ¿Ya te gustaba?
Paula: Eso fue lo malo, que me gustaba mucho… Un día va y me dice: "Dame la prueba de tu cariño. Si en realidad me quieres, ahorita te vas conmigo". Pero como yo quería las cosas a lo derecho, él se enojó y pa' todo salía con que: "Dónde está el amor que me tienes si me vas a poner condiciones".
Marta: Igualito dice Crispín.
Paula: Todos los hombres son lo mismo… Hasta que una noche —me acuerdo—, íbamos caminando por ahí. Entonces él que se para y me dice: "Escoge, Paula; mira, yo voy por este lado, tu casa está por el lado contrario… Escoge cualquiera de los dos caminos, nada más que si te vas para tu casa no nos volveremos a ver nunca…" Y pos me fui con él.
Marta: ¿No te arrepientes?
Paula: Ya qué se le hace.

Se ilumina la zona-cama. Se mantiene la acción en la vivienda y en la zona-mesa; Paula y Marta trajinando, Manuel y Graciela conversando. En la zona-cama, Jesús está entregando, uno por uno, varios billetes a Lupe.

Jesús: Veintidós… veintitrés… veinticuatro… y veinticinco. *(Transición.)* Es la última renta que pagas. La semana que entra te largas de aquí, con la Antonia. Te la voy a traer, ya se alivió… Allá con mis hijos no se puede, nunca la han podido ver como una hermana.

LUPE: Pero a dónde nos vamos.
JESÚS: A una casita, en el Dorado. Todavía le falta pintura y algunas ventanas, pero ya tiene sus techos... Y está bonita.
LUPE: ¿Una casa? ¿Cuál casa?
JESÚS: La hice para ti, para tus hijas, para la Antonia...
LUPE: Me estás vacilando.
JESÚS: Cuándo te he vacilado. (*Transición.*) ¿No te acuerdas del premio que agarré en la lotería?
LUPE: Ya hace como tres años.
JESÚS: Pos con eso compré un terrenito en el Dorado, y poco a poco fui levantando la casita.
LUPE (*conmovida*): ¿Por qué nunca me contaste?
JESÚS: Porque todavía no estaba.
LUPE (*se aproxima a él, cariñosa; lo abraza; trata de llevarlo a la cama*): Jesús, qué bueno eres.
JESÚS: Estáte quieta. (*Ella sigue acariciándolo.*) ¡Que te estés quieta! No estoy para esas cosas... ¿No ves que me desgasto? Todavía tengo que trabajar.

Jesús se ha desprendido de ella y avanza hacia la salida. Lupe va a su alcance.

LUPE: ¿Vienes a quedarte en la noche?
JESÚS: No sé.

Jesús sale de la zona-cama, que se oscurece. Se oscurece también la zona-mesa y se ilumina el mercado de ropa. Hasta él llegará Jesús durante la siguiente escena, y se le verá comprar un suéter de mujer. Mientras tanto Consuelo entra en la vivienda, reavivando la acción en ese lugar.

CONSUELO: Traigo un hambre horrible. ¿Qué hay de comer?
PAULA: Frijoles.
CONSUELO: ¿Nomás frijoles?
MARTA: Aquí no es restorán, Flaca. Si quieres comer a la carta diles a tus amigas encopetadas que te inviten.
CONSUELO: A ti no te estoy hablando. Y no te metas conmigo porque te va peor. (*Pausa. Enciende el radio. Se vuelve hacia Marta.*) En lugar de estar fregando la paciencia, debías cuidar que mi papá no se encuentre con Crispín... Ahí está, paradote en la esquina.

Marta: Y qué te importa.
Consuelo: Es un muerto de hambre.
Marta: Ya quisieras, chiquita. Es mejor que tu Jaime, siempre borracho... Ayer andaba ahogado gritando que eres una presumida, que quién sabe qué.
Consuelo: Síguele y vas a ver, Marta.

Marta apaga el radio.

Consuelo: ¿Por qué lo apagas?
Marta: Se está gastando la luz.
Consuelo: Tú no eres la que paga la luz.
Marta: Ni tú tampoco.
Consuelo: Yo soy la única que trabaja en esta casa. *(Enciende el radio.)*
Marta: Y eso qué. Mi papá es el que nos mantiene. *(Apaga el radio.)*
Consuelo: ¡Quítate, mensa! *(Empella a Marta y enciende el radio a todo volumen.)*

Durante los últimos parlamentos, Jesús ha llegado hasta la vivienda; proveniente del mercado, llega con un bulto, el suéter y el periódico. Advierte la situación. Avanza.

Jesús: Apaga ese radio, Consuelo.
Consuelo: ¿Pero por qué?
Jesús *(gritando)*: ¡Que lo apagues, carambas!

Consuelo obedece de mala gana.

Marta *(burlona)*: ¿Ya ves?
Consuelo *(rezongando)*: Siempre se ha de hacer lo que ella dice.
Jesús *(después de pausa)*: ¿Dónde está Antonia?
Paula: No tarda, fue con Yolanda.
Jesús: Les he dicho mil veces que no quiero que Antonia ande sola. *(Se dirige a Consuelo:)* La traje para que la cuidaran.
Consuelo: Yo trabajo.
Jesús: No te estoy preguntando lo qué haces, te estoy hablando de tu hermana.
Consuelo *(en voz baja)*: Antonia no es mi hermana.
Jesús: ¿Qué dijiste?... Vuelves a decirlo y te mato, desgraciada.

Consuelo va hasta la cocineta, a comer. Jesús toma asiento a la mesa y Paula comienza a servirle. Lejos, se oye un silbido peculiar, de alguien que llama. Marta se turba, mientras Jesús le entrega el suéter.

Marta *(por el suéter)*: ¿Es para mí?
Jesús: A ver si te queda... Póntelo.
Marta *(entusiasmada)*: Uy, cómo no. Está chulísimo. *(Se pone el suéter.)* Pintadito. *(A Paula:)* ¿Verdad que está chulísimo, Paula?
Marta: Gracias, papacito. *(Lo besa.)*
Jesús *(se frota el beso)*: No me eches tu saliva.

Se vuelve a escuchar el silbido.

Consuelo: Es Crispín, Marta.
Marta *(hacia Consuelo, entre dientes)*: Cállate.
Consuelo: Te está llamando Crispín.
Jesús: ¡Deja de jorobar a tu hermana, carajo! ¿Qué no puedes estar sin fregar a la gente?

Se produce un tenso silencio. Jesús comienza a comer vorazmente, sin apartarse del periódico que lee de soslayo.

Jesús *(por lo que lee en el periódico)*: ¡Necesitan ser salvajes o estar completamente borrachos! *(A Paula, que le sirve:)* Dos hijos le dieron setenta puñaladas a su padre porque se casó y llevó a la señora a la casa... ¡Así está el mundo!

Continúa Jesús comiendo. También come Marta. Entra Dalila. Se turba al ver a Jesús. No se atreve a avanzar.

Jesús: Pásele, Dalila, está usted en su casa. Qué milagro.
Dalila: Buenas tardes, don Jesús.
Paula: ¿Están contigo los niños?
Dalila: Sí, no te apures por ellos... Quería ver si tenías unos poquitos de frijoles; ya no me dio tiempo de ir a la plaza.
Paula: Cómo no.

Paula se dispone a llenar de frijoles la pequeña olla con que ha llegado Dalila.

JESÚS: Siéntese a tomar un taco, Dalila.
DALILA: Gracias, don Jesús, pero nomás vine de carrera... Otro día.
JESÚS: Cuando usted quiera. Ya sabe.
DALILA: Usted cómo ha estado, ¿bien?
JESÚS: Trabajando.
DALILA: Me da gusto verlo. *(Transición. Recoge la olla que ha llenado Paula.)* Gracias, luego vengo. *(A Jesús:)* Pos con su permiso entonces, don Jesús.
JESÚS: Es propio. Encantado de saludarla.
DALILA: Adiós, Martita; adiós, Chelo... *(A Jesús:)* Que siga usted bien.

Sale Dalila.

JESÚS *(a Paula)*: Buena mujer tu hermana, de muy buen carácter. *(Se levanta para retirarse. A Marta:)* ¿Quieres ir al cine? *(Marta no responde, se turba.)* ¿No me dijiste en la mañana?
MARTA: Es que no quiero dejar sola a Paula, tiene mucho que planchar.
JESÚS: Está bueno.

Por el patio de la vecindad ha entrado Roberto, con Antonia y un grupo de amigos. Antonia se adelanta y entra corriendo hasta la vivienda cuando Jesús está por salir.

ANTONIA *(febril)*: ¡Ya llegó Roberto!
CONSUELO *(reaccionando de inmediato)*: ¿Dónde está?
ANTONIA *(a Jesús)*: ¡Llegó Roberto!

Roberto palmea a los amigos y entra solo a la vivienda. Viene fumando. Consuelo lo abraza de inmediato. Marta avanza también.

CONSUELO: ¡Negro!
ROBERTO: ¡Consuelo!... Marta...

Semiabraza a Marta y queda enfrente de su padre. Tiene el cigarrillo en la boca. Va a tenderle los brazos, pero se detiene. Jesús lo mira fijamente. Roberto advierte el disgusto que le causa a su padre verlo fumar y arroja el cigarrillo. Luego le sonríe y avanza, con ánimo de abrazarlo.

ROBERTO: Ya vine, papá.
JESÚS *(seco, sin intención de abrazarlo):* A ver por cuánto tiempo.

Jesús reanuda su camino. Sale de la vivienda y del escenario. Roberto se siente desengañado.

CONSUELO: ¡Cuatro años, Negro! ¡Cómo se me hicieron largos sin verte!
PAULA: Ven a que tomes algo.
ROBERTO *(con referencia a su padre):* No le importó. Ni siquiera un abrazo.
CONSUELO: No le hagas caso, Negro.

Marta ha salido al patio. Ahí aparece ahora Crispín. Avanza hacia él, dudándolo un momento, y ambos desaparecen de escena.

OSCURO

ACTO SEGUNDO

Han transcurrido algunos minutos desde el final del acto primero. En la vivienda iluminada, Antonia y Consuelo escuchan atentamente a Roberto mientras Paula, más retirada, da el pecho a Conchita.

ANTONIA: Entonces te fue bien.
ROBERTO: En ese tiempo sí, pero luego el asunto ese, de la mariguana, ya me estaba costando un proceso.
CONSUELO: ¿Pues qué pasó? Cuéntale.
ROBERTO: Nomás que un soldado, el Cascos, y otro cabo al que le decían el Gorila, me hicieron que cultivara mariguana en la mera huerta, como a quinientos metros del cuartel. Ellos conseguían la semilla en unos paquetes, y qué bruto, se reproduce en una forma que hasta se espanta uno; de una sola semillita salen dos, tres matitas, ¡y qué matas!
ANTONIA: ¿Y tú por qué les hiciste caso?
ROBERTO: Por la sencilla razón de que me lo ordenaron. Ellos eran mis superiores.
CONSUELO: ¿Pero qué, el ejército permite que siembren mariguana?

ROBERTO: No, claro que no, pero el ejército no los va a andar cuidando... Hay allí cada tipo: cabos, sargentos, y hasta generales, que son peor que criminales.

CONSUELO: ¿Pero los descubrieron?

ROBERTO: Sí, pues, y nos arrestaron a los tres. Luego se dieron cuenta de que yo no tenía la culpa y me hicieron justicia. Fue la primera vez, y la única, que hicieron justicia conmigo. *(Pausa. Bebe de una cerveza.)*

CONSUELO *(disponiéndose a salir)*: Yo ya me voy, manito; ya se me hizo tarde.

ROBERTO: ¿Sigues chambeando?

CONSUELO: Con un licenciado, de secretaria. *(Va hacia la puerta.)* Luego me sigues platicando.

Roberto hace un gesto de adiós. Consuelo sale.

ROBERTO *(a Antonia y a Paula, que se aproxima)*: Lo que sí está de contarse es de cuando la aftosa. Allá por Morelia estuvo muy dura, y nosotros, los soldados, nos encargábamos de matar a las reses enfermas.

PAULA: ¿Mataban a las reses?

ROBERTO: Para evitar el contagio... Claro que los rancheros nos agarraron un odio de los diablos. El gobierno les pagaba sus animales, pero no les pagaba lo que valían. Si una yunta valía dos mil pesos, por ejemplo, no les pagaban ni mil quinientos... Había rancheros que en las noches, a sabiendas de que si los sorprendíamos se les decomisaba todo el ganado, lo sacaban de sus propiedades y lo iban a meter por allá por la sierra... Una noche estaba yo de servicio, y que veo una polvareda de los diablos: ya estaban pasando el ganado. Voy y que detengo al tipo, con el arma. "No, soldado —me dice—, es que no quiero que me maten a mis reses porque el gobierno no me paga todo lo que debe ser." "Pues no se puede", le digo. Total, que empezó por ofrecerme cien pesos y luego, alegue y alegue, terminó dándome quinientos. Primera vez que veía yo tanto dinero.

ANTONIA: Y lo dejaste pasar.

ROBERTO: Sí, pues... Lo malo es que al rato llega el cabo, que había visto cruzar todo el ganado, y no se dejó que yo lo engañara. "Pero cómo lo dejaste pasar —me dijo—, ¿pues qué no sabes tus consignas?" "Es que él me dio una consigna mejor —le contesté—. Me dio cien pesos." "No te hagas pendejo —me dice—, cómo cien pesos." "Bueno, en realidad me dio dos-

cientos." Ya como que medio me creyó, y me dice: "Dame cien pesos y ahí queda todo, entre tú y yo, nada más"... ¡Era vaciada la vida en el ejército! Puro negocio; cada quien rascándose con sus propias uñas.
PAULA *(levantándose):* Eres igualito a Manuel. No saben más que de negocios chuecos.
ROBERTO: Qué se le hace, Paula. Hay que vivir.

Paula se dirige hacia la puerta.

PAULA *(a Antonia):* Ahi te encargo a Conchita, no me tardo. Voy con Dalila. *(Sale.)*

Se produce un silencio. Roberto recorre el cuarto, observándolo.

ROBERTO: Cuatro años son muchos años, lejos. *(Mira a Antonia. Ella baja la vista.)* Ya eres una mujer, Tonia. Cómo pasa el tiempo. Todavía me acuerdo cuando mi papá nos dijo un día: "Les voy a traer a su hermana". Y nosotros haciéndonos cruces: pos cómo será, que quién sabe qué... Desde el patio venías llorando. No te vi bien la cara, pero toda la noche me quedé con la tentación de saber cómo eras, si eras bonita o no... Y luego, cuando yo trabajaba en el taller de vidrio, tú me esperabas siempre para cenar. Sabías que me gustaban los frijoles refritos y me decías...
ANTONIA *(completa, sonriente):* ¿Vas a cenar, Roberto?... ¿Quieres frijoles chinitos? *(Ambos sonríen.)*
ROBERTO: Nos sentábamos a comer de un solo plato. *(Pausa.)* En las mañanas, ya cuando me iba a levantar, me llamabas y me hacías un lugar en tu cama. Tú tapada con tu cobija, y yo con la mía. Y te volvías a dormir, acurrucada contra mis costillas.

Avergonzada, nerviosa, Antonia se levanta y se dirige hacia la puerta.

ROBERTO: Ónde vas.
ANTONIA: Voy con Paula.
ROBERTO: Pérate. *(La detiene.)* Yo sé que no está bien hablar de estas cosas, Tonia. Quise evitarlo, te lo juro, y por eso me iba de la casa. Por eso me metí en el ejército... *(Pausa.)* Por eso te espantaba los novios. ¿Te acuerdas de Otón? ¿Te acuerdas que te dije que era un calavera, que fumaba

mariguana, que se inyectaba morfina? No era cierto. Te lo dije nomás para desanimarte... Y cuando te vi con él y me di cuenta de que todo lo que yo sentía era imposible, agarré un vaso de agua, vacié dos inyecciones, y me las iba a beber... Pero sentí miedo de morir.

ANTONIA (*conmovida*): Yo nunca quise a Otón.

Roberto va a abrazar a Antonia, pero ella se evade. Vuelve la cabeza y descubre a Paula, que viene entrando nuevamente a la vivienda. Antonia sale corriendo hacia el patio. Paula avanza. Mira a Roberto reprobatoriamente.

PAULA: Ése es un pecado muy grande, Roberto.
ROBERTO (*entredientes*): ¡Soy un cabrón!

Roberto va a salir, pero se encuentra con Manuel, que viene llegando a la vivienda, acompañado de Alberto.

MANUEL (*efusivo, al verlo*): ¡Pero Roberto, carajo, mira nada más qué sorpresota! ¡Cuándo llegaste, cabrón!
ROBERTO: Acabo de llegar. (*Se palmea con Alberto:*) ¡Quihubo, Alberto!
ALBERTO: ¿Y el uniforme? ¿No andabas en el ejército?
ROBERTO: Ya lo dejé.
MANUEL: Es lo mejor que pudiste haber hecho. Estar en el ejército es igual que estar en la policía. Una asquerosidad. La policía mexicana es el mejor sistema de gángsters organizados en el mundo... ¡Pero qué gustazo, Negro!

Avanzan. Toman asiento en la mesa.

ALBERTO (*a Paula, que permanece lejana, en sus labores*): Buenas tardes, Paula.
MANUEL: ¿Verdad que Roberto está más flaco, Chaparra?

Paula apenas responde con un gesto a Alberto y a Manuel.

MANUEL: ¿Y siquiera trajiste lana?
ROBERTO: No, de eso no.
ALBERTO: Sí, la situación está mala en todas partes. Aunque el chingao gobierno hable tanto de sus cacareadas mejoras.

MANUEL: La clase obrera ya no se las cree, por más que los periódicos pagados lo digan y lo digan. Se hacen pendejos solos... El pueblo es poco instruido, pero inteligente, y no como quiera se le engaña.

ALBERTO: El caso es que no hay dinero en México.

MANUEL: Dinero sí lo hay, pero está mal distribuido.

ALBERTO: Yo creo que si los cabrones ricos pudieran descender de su pedestal y bajar a ver siquiera la miseria en que están sus compatriotas, por su cuenta mandaban meter luz, drenaje y daban de comer a las gentes.

MANUEL (*a Roberto*): Bueno, ¿y tú qué planes tienes?

ROBERTO (*se levanta, muestra intenciones de salir*): Voy a ver a Perico; parece que tiene una chamba para mí.

MANUEL: No te fíes de Perico... Lo que tú necesitas es establecerte por tu cuenta en un negocio, sin soñar a lo pendejo. Un negocio es lo mejor, ¿o no es cierto?

ALBERTO: Los de la clase obrera estamos jodidos; a menos que todos los campesinos se aventaran. Entonces sí, a darnos en la madre con estos hijos de la chingada.

MANUEL: Pues pa' mí que no es práctica otra revolución armada aquí en México... Si nosotros queremos aventarnos, pos inmediatamente Estados Unidos arma con jets y con armamentos de los más modernos al ejército, y nos rechinga a todos en una matazón espantosa.

ALBERTO: Entonces una huelga de brazos caídos, pero general. A ver si aguantaba el gobierno siete días en el poder.

MANUEL (*escéptico*): Uh...

ROBERTO (*encaminándose a la puerta*): Yo ya me voy. Ahi nos vemos...

MANUEL: Ojo con Perico. Lo importante es que agarres una buena chamba, sin miedo al trabajo. Si hay que tallarse el lomo, hay que tallárselo.

Roberto hace un gesto de despedida, y sale. Paula continúa al fondo de la vivienda, trajinando en la cocina. Manuel ve salir a su hermano y se vuelve hacia Alberto.

MANUEL: Cabrón Roberto. Regresó igual de jodido que siempre, en la luna. (*Hacia Paula, que ha seguido ocupada en sus tareas:*) Bueno, ¿y qué pasó con lo que hay de comer? ¿No me oíste, Chaparra?

PAULA: Orita voy, no estés fregando.

MANUEL: ¿Ésas son las formas de contestarme delante de mis amigos?

PAULA: Muy bueno que eres pa' exigir y pa' dar consejos, y mira quién le dice a su hermano que trabaje.
MANUEL (*exaltándose paulatinamente*): Óyeme, Chaparra, un momentito, ¿de cuándo a acá me levantas tú la voz?, ¿qué te has creído?
PAULA: Tú eres un güevón.
MANUEL: No te atrevas a decirme güevón porque te rompo el hocico.
PAULA: ¡Me rompes, madres!
MANUEL (*le planta una cachetada, furioso*): ¡Hija de tu chingada!
ALBERTO: ¡Manuel!

Como respuesta al golpe, Paula se lanza contra Manuel tratando de arañarlo, mientras Alberto intenta intervenir.

MANUEL (*empellando a Alberto*): Tú no te metas.
PAULA (*mientras lo agrede*): Güevón, cobarde…

Paula le tira de patadas. Manuel la vuelve a golpear, cada vez con más fuerza.

MANUEL: Cállate, imbécil.
PAULA (*en el suelo*): Güevón.
MANUEL: Hija de tu chingada…

Fuera de quicio, Manuel golpea salvajemente a Paula, incapaz de defenderse. Alberto quiere intervenir, pero Manuel lo empuja y lo hace caer por tierra.

PAULA (*cubriéndose los golpes, lloriqueando*): Güevón, güevón…

Manuel deja de agredirla. Se dispone a salir. Alberto se incorpora, va hasta su amigo. Conchita llora a gritos desde su cajón-cuna.

ALBERTO: ¡Qué bruto, mano!, qué fuerzas tienes cuando estás enojado.
MANUEL: ¡Pa' que aprenda a respetarme!

Manuel y Alberto salen de la vivienda. Decrece la iluminación en la vivienda. Se ilumina el proscenio por donde avanza Consuelo, en actitud de quien espera un camión. Jaime sale a su encuentro. La llama desde fuera de escena.

Jaime: ¡Consuelo!... ¿Dónde vas? *(La detiene de un brazo.)* ¿Vas a tomar un Guerrero?

Consuelo *(reponiéndose del nerviosismo que le causa la presencia de Jaime)*: Tú y yo como si nos hubiéramos muerto, Jaime.

Jaime: Chelito, por favor; no seas mala, pérate.

Consuelo: No tenemos nada que hablar.

Jaime: Te he extrañado mucho, Flaquita, mucho. No seas así conmigo. Sé que no valgo nada, pero te quiero.

Consuelo: Me has hecho sufrir demasiado.

Jaime: Yo también he sufrido... Pregúntale a quien quieras: ando hecho un idiota desde que me mandaste al diablo: no puedo trabajar, no puedo pensar.

Consuelo: Déjate de comedias. Tú y yo terminamos para siempre.

Jaime: Dame una oportunidad, Chelito; nomás una.

Consuelo: ¿Para que me vuelvas a ver la cara de taruga?

Jaime: Para que empiece a juntar dinero otra vez.

Consuelo: Volverás a emborrachártelo.

Jaime: No, ahora sí ya no, te lo juro.

Consuelo: Para ti es muy fácil jurar porque no sabes las ilusiones que me había hecho. *(Lo mira. Nostálgica:)* Fueron cuatro años soñando en ese día, Jaime, para que tú, de un solo golpe... tiraras todos nuestros ahorros...

Jaime: Te he pedido perdón mil veces.

Consuelo *(ajena, nostálgica)*: Había soñado en nuestra boda... en nuestra casita muy bien amueblada, muy limpia... Cada ocho días mi padre y mis hermanos irían a comer con nosotros, todos juntos. Sería obediente contigo y me presentaría a todas partes cogida a tu brazo, con la cabeza bien alta.

Jaime: Chelo...

Consuelo: Había soñado en que tú me sacarías de este ambiente y me llevarías a otro medio donde se respeta a la mujer, entre gente que desea progresar y vivir mejor... donde hay alegría, y amor, y confianza en la vida.

Jaime: Lucharé por darte todo eso, Chelo, te lo juro. Vuelve a creer en mí, por favor.

Consuelo lo mira largamente y parece recobrar su confianza en Jaime. Éste se aproxima.

CONSUELO *(conmovida, a punto de las lágrimas):* Jaime... *(Se abraza a él:)* No me falles otra vez.

Se besan. Lentamente se oscurece el ángulo en el que se encuentran. Simultáneamente a la escena entre Jaime y Consuelo, ha proseguido la acción en la vivienda en penumbra. Paula se ha erguido denotando dolor. Entra Antonia, quien al advertir lo que ha ocurrido muestra enojo, lástima, preocupación. Luego cura pacientemente los golpes sufridos por Paula. Habla con ella en voz baja. Sólo se escucha una frase de Antonia, en el momento en que Jaime y Consuelo se besan.

ANTONIA: ¡Debías mandarlo a la cárcel! Es un salvaje.

También durante la escena entre Jaime y Consuelo se ha enfatizado la zona-tres (el mercado), donde Jesús realiza algunas acciones recorriéndolo. Sale de él y comienza a vender billetes de lotería a los transeúntes que cruzan por diferentes ángulos de las plataformas. Con su bulto y su tira de billetes, Jesús llega finalmente al sitio del que acaban de desaparecer Consuelo y Jaime y allí toma asiento. Intenta vender algún billete antes del monólogo que pronuncia hacia el público, en forma semejante a su parlamento del prólogo.

JESÚS: Llevo más de treinta años trabajando de servicio en un restaurante, sin faltar un solo día. Soy el encargado de hacer las compras en el mercado. Por la mañana me entregan el dinero —unos seiscientos pesos para frutas, verduras, carnes— y yo pago en efectivo por cada compra. No hay notas ni recibos. Yo llevo mis cuentas, y cada día entrego a la caja la lista de gastos... Porque eso sí, aprendí de mi padre a ser muy ordenado: todos los días anoto en mi libreta las cuentas de mis gastos: lo que tengo, lo que debo, lo que voy ahorrando. También tengo anotadas las fechas importantes de mi familia, para que no se me olvide nada. *(Pausa. Nostálgico.)* En el restaurante empecé ganando ochenta centavos diarios, y ahora, después de treinta años, tengo el salario mínimo de once pesos. No me alcanza, claro, y tengo que completarme con otros negocios: vendiendo pájaros o billetes de lotería... pero el trabajo en el restaurante es el principal. En treinta años, rara vez he perdido un día de trabajo. Aunque esté enfermo, no falto, y siempre me he portado dentro del orden y me he llevado bien con el patrón. Muchos obreros sienten cierta antipatía hacia el patrón y no tienen mucha ayuda moral, digamos, de la casa. Yo por ese lado estoy bien porque sé que el patrón me estima. Él es para mí como un padre. Lo demuestra el hecho de que a mí me permite trabajar parejo, los siete días de la semana y las vacaciones. Respeto a mi patrón y trabajo lo mejor que puedo. Todo lo que hago es trabajar y cuidar de mi familia. Para mí que no hay paseos ni fiestas, ni hay nada; sólo trabajo y familia.

Durante el parlamento de Jesús, se advierte animación en el patio de la vecindad: se organiza una fiesta. Al terminar el parlamento, la fiesta —en la que participan algunos vecinos que bailan con la música de un tocadiscos— está en su apogeo. Antonia observa, desde la puerta. Paula parece dormir en la cama. Consuelo llega a la vecindad.

CONSUELO *(a Antonia)*: Qué animación, tú. ¿De quién es la fiesta?
ANTONIA: De Julia.
CONSUELO: ¿Y no invitó a nadie? ¿Ni siquiera a Marta?
ANTONIA: Marta no ha llegado.
CONSUELO: Uh, ya es retarde. *(Transición.)* Oye, qué padre música, me fascina. *(Tararea.)*

Consuelo se introduce en la vivienda tarareando y trazando pasos de baile. Empieza a arreglarse el cabello con un cepillo.

CONSUELO *(al advertir a Paula)*: ¿Sigue mala? ¿Se durmió?
ANTONIA: Manuel llegó borracho y le puso una tranquiza.
CONSUELO: Pobre Paula, no tiene más que penas. *(Transición. Animada.)* ¿Te digo un secreto, Tonia?... Volví con Jaime, y me siento feliz, feliz. *(Continúa tarareando. Va hacia la puerta.)* ¿Me acompañas?
ANTONIA: ¿A poco te vas a meter al baile? ¿No dices que volviste con Jaime?
CONSUELO: ¿Y eso qué? ¡Ni se entera!... Ándale, vamos.
ANTONIA: No, yo no.

Consuelo hace un gesto de amable reproche a Antonia y sale al patio. Se incorpora en la fiesta y pronto empieza a bailar un danzón con uno de los vecinos. Está bailando cuando llega Roberto. Cruza el patio, observa reprobatoriamente a su hermana y llega hasta la puerta desde donde Antonia, divertida, observa el baile de Consuelo.

ROBERTO: Cuándo no tenía que estar Consuelo...
ANTONIA (interrumpiendo): Déjala, qué tiene de malo.
ROBERTO: No son formas de bailar, carajo.

Roberto entra. Va hasta la cocineta y se sirve un vaso de agua. Antonia va hacia él.

ANTONIA: ¿Tienes hambre? ¿Quieres frijoles chinitos?
ROBERTO (*se turba por la frase; rehuyendo*): Al rato.
ANTONIA (*después de larga pausa*): Estoy preocupada por Marta. Todavía no llega.
ROBERTO: ¿Dónde anda?
ANTONIA: Sepa. Siempre se sale sin decir, pero nunca llega a estas horas.

Roberto denota preocupación. Va a sentarse a la mesa y enciende un cigarrillo, que apaga apresuradamente al ver entrar a su padre; Jesús llega furioso después de cruzar el patio y advertir a Consuelo bailando. Consuelo y su pareja son en ese momento el centro de atracción. Los vecinos les hacen "rueda" y les aplauden mientras ellos bailan, aparatosamente.

JESÚS (*a Roberto, enérgico*): ¿Ya viste qué espectáculo está dando Consuelo? Ve a decirle que se meta.
ROBERTO: Sí, papá.
JESÚS: ¡Muévete, güevón!

Mientras Roberto sale al patio, Jesús se pasea por la vivienda, furioso.

JESÚS: Aquí estoy yo pintado, ¡o qué!

Roberto llega hasta Consuelo. La interrumpe.

CONSUELO: No vengas a moler, manito.
ROBERTO: Te habla mi papá.
CONSUELO: ¿Qué quiere?
ROBERTO: Que te metas.
CONSUELO (*gesticulando*): Oh, bah, no.
ROBERTO: Ándale, que está muy enojado.

Roberto empieza a tironear a Consuelo.

Los hijos de Sánchez

CONSUELO (*resistiéndose*): No... Suéltame. Suéltame.

A tirones, Roberto lleva a Consuelo hasta el interior de la vivienda, entre gritos de reprobación de los vecinos que prosiguen su fiesta. Jesús enfrenta a Consuelo.

JESÚS (*furioso*): ¡Qué bonito espectáculo estás dando, babosa! ¿Ésa es la vida que llevas cuando te sales de tu casa?... ¿Quieres que te pase lo mismo que a las otras: quedarte para el montón?
CONSUELO (*conteniéndose*): No estoy haciendo...
JESÚS: ¡No me conteste! ¡Quítese de aquí... es una vergüenza!

Mientras Jesús refunfuña durante un lapso, Consuelo va a esconderse hasta el extremo de la cocineta y allí solloza quedamente, conteniendo su rabia. Luego, Jesús parece tranquilizarse.

JESÚS (*a Antonia, con referencia a Paula*): ¿Sigue mala?
ANTONIA: Parece que sí.
JESÚS: ¿Los niños están con Dalila? (*Antonia asiente. Pausa.*) ¿Y Marta? (*Ante el silencio de Antonia y Roberto, insiste:*) ¿Dónde está Marta? ¿También en el fandango?
ANTONIA (*deniega*): No estuvo aquí en toda la tarde. Sus amigas no saben. Nadie le ha visto.

Jesús se altera. Durante unos segundos parece perder el habla. Recorre con la mirada el lugar. Luego se dirige a Roberto, estallando.

JESÚS (*a Roberto*): No pongas esa cara de baboso. ¡Vamos a buscarla!

Jesús sale rápidamente, seguido de Roberto. Poco después, Antonia se dirige a consolar a Consuelo.

ANTONIA: No seas tonta, Flaca.
CONSUELO: Para los hombres, todo lo que hacemos las mujeres es malo. Ellos son los únicos que tienen derecho a mandar y a hacer lo que se les dé la gana... ¡Malditos hombres!
ANTONIA: No seas tonta.

Decrece la iluminación en la vivienda y en el patio. La fiesta va llegando a su fin. Se enfatiza la zona-mesa donde Manuel juega a las cartas con Alberto y dos amigos, como en la escena del prólogo.

MANUEL: Ultimadamente aquí se juega con güevos. Dinero y güevos se necesitan... ¿Tú vas?
AMIGO 1: No, yo no voy.
AMIGO 2: Yo tampoco.
MANUEL: Uh, qué la chingada. ¿Tú, Beto?
ALBERTO: Me vas a agarrar, cabrón, pero yo no te corro. ¡Puta madre, ahi están los treinta pesos!
MANUEL: Par de reyes habla... Bueno, ¿quieren ver lo que me entró? Ora te va a costar cincuenta pesos, cabrón.
ALBERTO: No seas cargado, dame chance.
MANUEL: A lo mejor me entró el otro siete, ¿verdad?
ALBERTO *(mientras se frota la baraja en los testículos)*: Hay que embarrársela en los güevos pa' que llegue. A ver, que cuaje, que cuaje.
MANUEL: Quihubo, no tiembles, chaparrito.
ALBERTO: No le tiemblo al dinero.
MANUEL: Si el dinero no es el que tiembla, el que tiembla es el fundillo. *(Toman cartas.)*
ALBERTO: Bueno, tú qué llevas.
MANUEL: Pos, carajo, hermano, un peso.
ALBERTO: Un peso cualquiera lo paga, pero pérame, déjame ver si te doy vuelta... Pérate, más güevos. *(Vuelve a frotarse la baraja en los testículos.)* San Sisifato, si no me llega lo que espero, no te desato. *(Toma la carta y la mira.)* ¡Chingada madre! No, pos tú eres un cabrón. Tú estás esperando que me revire para chingarme, ¿no?... No, mejor ahi está pagado tu peso.
MANUEL: Bueno, pues con permiso. *(Recoge el dinero.)*
ALBERTO: ¿Con qué muero, cabrón?
MANUEL: Destápala, yo quiero que mueras por tus manos.
ALBERTO: Puta madre, ¡ful!... Cómo voy a creer eso. Ésas son chingaderas, ya no es suerte. No cabe duda que tienes suerte, carajo. ¿Por qué no vas a un casino elegante a jugar?
MANUEL: No, ahí me dan en la madre; todas las barajas están capadas. Cómo

voy a ir con talladores profesionales... Aquí es donde está la suertecita. *(Ríe.)* Me conformo con llevarme mi gastito.

ALBERTO: ¿No nos das el desquite?

MANUEL: Mañana si ustedes quieren. *(Pausa. Se levanta.)* Hasta mañana, compadre.

Manuel sale de la zona-mesa, que se oscurece. Cruza algunas plataformas y llega hasta la vecindad. Se enfatizan patio y vivienda. En el patio, los últimos participantes de la fiesta empiezan a retirarse. En la vivienda, Consuelo y Antonia permanecen silenciosas en la mesa. Paula parece dormir.

MANUEL: ¿Qué tal estuvo el fandango? De haber sabido... *(Consuelo y Antonia no reaccionan.)* ¿Se durmió la Chaparra?

ANTONIA: Después de la tranquiza que le diste...

MANUEL: ¿Cuál tranquiza?, que no exagere. *(Transición.)* ¿Por qué no se han acostado?

ANTONIA: Marta no aparece. Mi papá y Roberto fueron a buscarla.

MANUEL: Tenía que ser Marta. Lo único que sabe dar son problemas. *(Bosteza ruidosamente. Se contorsiona y se tiende en la cama, al lado de Paula.)*

Entra Jesús.

JESÚS *(a Antonia)*: ¿No ha vuelto? *(Antonia deniega. Jesús advierte a Manuel en la cama.)* ¿Qué hace usted ahí? ¿Qué no sabe que no aparece su hermana?... Párese, güevón, ¡vaya a buscarla!

Manuel se incorpora rápidamente.

MANUEL: Es que como Tonia me dijo que ustedes habían ido, yo pensé...

JESÚS: No le estoy preguntando lo que pensó, imbécil... ¡Pero corriendo, como si tuviera patas!

MANUEL: ¿Dónde busco?

JESÚS: ¡Usted sabrá, buey! ¡Búsquela hasta que la traiga!

Manuel sale. Jesús se sienta a la mesa, fatigado, mientras Consuelo se refugia lejos de él; queda a sus espaldas, a distancia.

ANTONIA *(próxima a Jesús):* Capaz que fue un accidente.
JESÚS *(después de largo silencio):* Mañana agarras todos tus trapos. Voy a venir por ti a mediodía. Te vas a ir a vivir con tu madre. *(Antonia se desconcierta. No sabe qué decir.)* Les hice una casita en el Dorado, para ustedes.
ANTONIA: Yo estoy bien aquí.
JESÚS: Juntas todos tus trapos.

Antonia se aleja hasta su cama, desconcertada, taciturna. Desciende ligeramente la iluminación: brilla la punta del cigarrillo de Jesús. Una luz enfatiza el sitio donde se encuentra Consuelo para acompañar su pensamiento que se escucha en voz alta. Es obvio que ni Jesús ni Antonia escuchan las palabras de Consuelo.

CONSUELO: He luchado mucho por comprender a mi padre. Cuántas veces al mirarlo por la espalda he pensado en lo que ha sufrido, en su corazón noble, en su sentido de responsabilidad absoluto. Por la espalda me da la impresión del hombre vencido, cansado; del padre que inspira mucho cariño y admiración... Pero si me encuentro con sus ojos fríos y sus palabras secas me da la impresión del adversario que nunca da oportunidad para demostrar amistad y cariño. Es como una persona que en lugar de hijos tiene varios animalitos, y les da de comer, y les proporciona casa y abrigo, pero todo arrojado sin cariño, sin amor, sin fijarse que estos animalitos también piensan, y sienten...

Se disipa la luz de Consuelo. Regresan Roberto y Manuel. Jesús avanza hacia ellos, ansioso.

ROBERTO: Nada. Ni en la Cruz, ni en la delegación, ni con mi tía...
MANUEL: Dicen que la vieron con Crispín. *(Ante la súbita reacción de Jesús:)* Eso dicen...
ROBERTO: ¿La seguimos buscando?
JESÚS. Échense a dormir.
MANUEL: Donde sea cierto, mañana voy y lo mato.
JESÚS *(a Manuel, cuando éste va a acostarse en la cama de Paula):* ¡Usted, échese en el suelo, ése es su lugar!

Manuel se acuesta en el suelo, al pie de la cama de Paula. Antonia se recuesta en la suya y Consuelo se sienta al lado de ella. Jesús y Roberto permanecen sentados en diferentes pun-

tos. *Mientras la vivienda cae en penumbra, se enfatiza la zona-cama a la que han llegado Marta y Crispín. Se les ve tenderse en el lecho. Marta, temerosa, se deja abrazar por Crispín, quien la besa y la acaricia durante un largo lapso, al final del cual se oscurece la zona-cama y se enfatiza nuevamente la vivienda. Ha amanecido. Jesús carga sus bultos y se dispone a salir.*

JESÚS: Si saben algo de Marta, me avisan al restaurante o al mercado. *(A Antonia:)* Estás lista para el mediodía que regrese. *(Sale.)*

Paula se queja en la cama. Manuel se yergue.

MANUEL: ¡Carajo, no ha hecho más que quejarse toda la noche!
CONSUELO *(aproximándose):* Está enferma, ¿qué no ves? *(A Paula, cuando ésta va a incorporarse:)* No te levantes. ¿Qué quieres?
PAULA: Conchita...
CONSUELO: ¿Ya le toca?... Pérate.

Consuelo saca del cajón-cuna a Conchita y se la lleva a Paula para que le dé el pecho.

CONSUELO: Por los niños no tengas pendiente. Ahorita voy a darles una vuelta con Dalila... *(A Manuel:)* Está ardiendo en calentura. *(Sale.)*
MANUEL: Hoy sí vamos al doctor, Chaparra... Nomás arreglo este asunto de Marta y te lo traigo. *(En transición, preparándose para salir.)* Siempre dije que Crispín era un hijo de la tiznada. ¡Se le va a aparecer Juan Diego al cabrón!... No me tardo, Chaparra.

Manuel sale. Roberto se lava en el fregadero, preparándose para salir también. Antonia va hacia él. Le alarga una fotografía que ha sacado de un sitio secreto.

ANTONIA: ¿Te acuerdas de esta foto? Nos la tomaron cuando fuimos a la Villa. *(Roberto no entiende el gesto.)* Es para ti... pa' que la guardes. *(Aclarando:)* Desde hoy me voy a ir a vivir con mi madre.
ROBERTO *(extrañado):* ¿Quién dice?
ANTONIA: Ya lo decidió mi papá.

Roberto mira a Antonia con extrañeza. Conserva la foto. Ella lo observa con ternura. Al fin, en un gesto súbito, Roberto sale precipitadamente de la vivienda. Para contener el llanto,

Antonia se pone a reunir sus pertenencias. Poco después va hacia Paula, que no ha dejado de mirarla, comprensiva.

ANTONIA (*con referencia a Conchita*): ¿Te la quito? ¿Ya acabó?
PAULA: Qué chupa si ya ni leche tengo.

Antonia regresa a Conchita hasta el cajón-cuna.

PAULA: Vas a estar mejor con tu madre, Tonia. Aquí no hay más que pleitos y fregaderas.

Marta se ha hecho presente en la puerta, sin atreverse a entrar en la vivienda. Antonia es la primera en descubrirla.

ANTONIA: Te anduvimos buscando toda la noche. Mi papá... (*Se interrumpe.*) ¿Te fuiste con Crispín? (*Marta asiente.*) ¡Marta!

Consuelo llega, proveniente del patio de la vecindad. Alcanza a escuchar el parlamento. Se arroja contra Marta.

CONSUELO: ¡Desgraciada! (*Antonia se interpone.*) ¡Eres como todas! ¡Puta!
ANTONIA (*tratando de apartarla*): ¡Déjala!
MARTA (*llorosa, esquivando los golpes*): Vamos a casarnos.
CONSUELO: ¡Eres una puta! (*Suspende su agresión física.*) Orita mismo le digo a mi papá. Orita mismo le hablo por teléfono.

Consuelo sale y desaparece del escenario. Marta llora inconsolablemente dentro de la vivienda.

ANTONIA: Con chillar no remedias nada.
PAULA: Te lo dije, Marta, pero no me quisiste hacer caso.
MARTA: Yo no quería.
ANTONIA: No querías, no querías, pero ahi vas de pendeja. (*Transición.*) ¿A dónde te llevó?
MARTA: A un hotel, por la penitenciaría. Horrible, de lo peor... Toda la noche

me la pasé temblando de miedo. Oía sonar los silbatos y las sirenas de la Cruz Roja, y se me hacía que ya me andaban buscando.

Antonia: ¿Te dolió?

Marta asiente.

Paula: Ellos son los únicos que la gozan, desgraciados.
Antonia: ¿Bueno, y luego, qué te dijo? ¿Te largó pa'cá nomás así?
Marta: Primero me llevó a casa de sus papás... Él habló solito, yo me quedé en la calle esperando. Se tardó como una hora.
Antonia: ¿Y qué dijeron sus papás?
Marta: No me quisieron recibir.
Antonia: Méndigos.
Marta: No, Crispín dice que de todos modos sus papás van a hablar con el mío, que a ver cómo se arregla la cosa.
Antonia: Que no lo encuentre ahorita Manuel porque lo mata.
Marta: El que me apura es mi papá. Nomás estoy pensando en cuando lo sepa.

Decrece la iluminación en la vivienda. Se enfatiza la zona-tres convertida en mercado de legumbres y frutas. Acompañado por un muchacho que lleva una carretilla, Jesús compra fruta en considerables cantidades, mientras escucha a Manuel que acaba de llegar ante él.

Manuel: Fue el cabrón de Crispín.
Jesús: Sí, me habló Consuelo por teléfono.
Manuel: ¿Te habló Consuelo?... Ah, pos entonces ya lo sabes... ¡Hijo de su chingada!, nomás me vio y se puso a temblar como un pendejo. (*Remedando:*) No, que él quería a Marta, que se pensaba casar, que quién sabe qué. Lo que hice fue irme a hablar con los padres de Crispín y plantearles la cuestión. Les dije cómo estaba la cosa: que Marta no sabía hacer nada, que la primera comunión la hizo a los trece años, que estaba muy escuincla para casarse. Ellos se ven gente buena, no sé. Convinieron en esperar dos años, a ver si el pendejo de Crispín agarraba un trabajo y veía la forma de mantenerla. Luego, como ellos no quieren tenerla viviendo allí, quedamos en que se quedaría en la casa. (*Pausa.*) ¿Estuvo bien el arreglo?

Jesús *(que no ha interrumpido sus compras)*: Ya quién arregla nada. *(Transición. Al muchacho:)* Vete al restaurante y ahi me esperas.

Jesús, sin mirar a Manuel, abandona la zona-tres y se encamina a la vecindad. Se oscurece el mercado. Se ilumina la vivienda. Antonia está terminando de arreglar sus pertenencias haciendo con ellas un bulto. Paula continúa en la cama. Marta se encuentra de pie, en la puerta, taciturna.

Paula: Ya le prometí al Señor de Chalma, que si me alivia de ésta le voy a llevar dos milagros de plata y voy a entrar de rodillas hasta su mero altar.
Antonia: Te vas a aliviar, cómo de que no.

Marta advierte a Jesús, quien se aproxima.

Marta *(muy temerosa)*: Ahi viene mi papá. *(Entra a esconderse.)*

Antonia va hacia la puerta. Llega Jesús.

Jesús *(a Antonia)*: ¿Ya estás lista? Nos vamos luego, luego.

Antonia va por su bulto de ropa. Jesús entra y descubre a Marta que avanza hacia él. Jesús la ignora.

Jesús *(a Paula)*: ¿Cómo sigues? *(Paula hace un gesto ambiguo.)* Voy a dejar a Tonia y te traigo al doctor. A ver si te pone una ampolleta, o algo.
Paula: Lo iba a traer Manuel.
Jesús: Ése ni se acuerda.
Marta *(avanzando)*: Perdóname, papá.
Jesús *(ignora a Marta; se dirige a Antonia)*: Despídete de Paula.
Antonia *(abraza a Paula)*: Voy a rezar mucho pa' que te alivies, y a ver si mi papá me trae algún día a verte. *(Se dirige a Marta, la abraza.)*
Jesús: ¡Apúrate, que no tengo tu tiempo!
Antonia *(a Paula)*: Me despides de todos.

Con su bulto en la mano, Antonia sale a alcanzar a su padre, quien avanza ya por el patio. Salen de escena. Marta va hasta Paula, llorosa.

Marta: Ya no me va a querer nunca.

Oscuro total en la vivienda. Se ilumina la zona-cama a la que acaban de entrar Graciela y Manuel. Éste empieza a quitarse la camisa.

Graciela: Ya no debíamos venir aquí.
Manuel: ¿Prefieres otro lado?
Graciela: Tú sabes de qué hablo. *(Pausa.)* Anoche soñé a Paula.
Manuel: ¿Otra vuelta con eso?... ¿Cuántas veces te tengo que decir que tú eres la única a la que he querido siempre?
Graciela: Eso no es cierto.
Manuel: Mira, mi vida, únicamente quiero que comprendas la pasión que siento por ti. Óyeme bien lo que te digo: para mí tú eres Dios sobre la tierra.
Graciela: Pero no podemos seguir así.
Manuel: Es la única manera. *(Transición. La acaricia.)* Mi vida, por favor...
Graciela: Déjame.
Manuel: Para qué veniste entonces.
Graciela *(solemne)*: Tengo que decirte algo muy importante... Voy a casarme. *(Manuel reacciona, se aparta.)* Mi madre me ha insistido mucho.
Manuel: ¡Me estás mintiendo!
Graciela: Te juro que no.
Manuel: ¿Con quién?
Graciela: Tú no lo conoces. Se llama Rodolfo...
Manuel *(después de pausa)*: Eso quiere decir que me has estado engañando desde hace mucho.
Graciela: No. Te juro por lo más sagrado que hay en el mundo que al único al que quiero es a ti... Te adoro, Manuel. Sé que voy a sufrir; sé que no voy a ser feliz, pero déjame probar. Tú tienes tu mujer, desgraciadamente tú tienes tu mujer... Déjame vivir, Manuel, no me detengas. *(Largo silencio. Manuel comienza a ponerse de nuevo la camisa.)* Contéstame, háblame, dime algo... *(Va hacia él.)* Pégame, pero no te quedes callado. ¡Por favor! ¡Por caridad! *(Se abraza a sus piernas.)*
Manuel *(sereno, solemne)*: ¿Sabes qué cosa, amor mío? Vete, pero vete ahorita que tengo fuerzas de verte ir. Tienes derecho a ser feliz. Conmigo has recibido palos en tu casa y el desprecio de la gente por rebajarte al plan en que ando. Vete, Graciela. Que Dios te bendiga. Vete y lucha por tu futuro.

GRACIELA: No, Manuel, no me corras, yo no me quiero ir así. Por el amor de Dios, aunque sólo sea esta noche, pásala conmigo. Es la última noche en nuestras vidas; quiero despedirme en otra forma.
MANUEL (conmovido): Graciela…

Se tienden en la cama. Se abrazan y se besan febrilmente.

GRACIELA: Mi vida, amor mío… No, no me caso con nadie. Lo iba a hacer por mi madre, pero me importa poco mi madre y me importa poco el mundo. Yo te quiero a ti, a ti…

Continúan abrazándose mientras decrece paulatinamente la iluminación hasta oscurecerse la zona-cama. Paulatinamente también se ilumina la vivienda para describir la siguiente escena que evidencia que Paula ha muerto. Llorando silenciosamente, Consuelo, Marta y Dalila se encuentran próximas a la cama donde yace Paula. Jesús está sentado frente a la mesa, cabizbajo. Roberto, en el patio. Algunos otros vecinos circulan por el patio y la vivienda dando muestras de condolencia a los deudos. Al fin, proveniente de la zona-cama, se advierte a Manuel, que llega hasta el patio de la vecindad. Se detiene de golpe, extrañado por la actitud de sus vecinos. Roberto va hacia él.

ROBERTO: Te anduve buscando…
MANUEL: ¿Qué pasó?
ROBERTO: Paula se puso malísima. El doctor le recetó una ampolleta, pero…

Antes de que Roberto termine, Manuel se precipita en el interior. Va directamente hacia la cama de Paula.

CONSUELO: Acaba de morir.
MANUEL (gimoteando frente al lecho): No, no, no… (*Se levanta. Va hacia otro punto del cuarto, desesperado.*)
JESÚS (a Manuel): Tú tuviste la culpa, desgraciado.
MANUEL (gritando, mientras golpea con los puños un muro de la vivienda): No es posible. Dios no existe. ¡Dios no existe!… ¡Dios no puede existir!

OSCURO

ACTO TERCERO

Han transcurrido algunas semanas desde la muerte de Paula. En el escenario en penumbra, una luz enfatiza —muy discretamente— la zona-mesa donde se encuentra Consuelo frente a su máquina de escribir. Su figura es casi imperceptible.

Consuelo: Siento una gran tristeza por mis hermanos al ver que no quieren salir del estado en que se encuentran. Están satisfechos con tener una ropa tan pobre y pasar el tiempo peleando. Y aunque trataran de cambiar, no creo que pudieran. Ninguno de ellos —quizá yo inclusive, aunque he tratado de luchar— parece tener las cualidades adecuadas de carácter.

Se ilumina la zona-tres, convertida en mercado. Manuel conversa en voz baja con algunos amigos. Uno de ellos le entrega la piedra a la que se refiere Consuelo en su parlamento.

Consuelo: Pienso: si alguien diera una piedra a Manuel, él la sostendría en la mano y la observaría.

Manuel acciona conforme a lo que se dice, como si tratara de comerciar la piedra con sus amigos.

Consuelo: En unos segundos empieza a tener brillo. Primero la ve como si fuera de plata, después de oro, y así hasta convertirla en la más preciosa piedra imaginable... Se deslumbra y luego aquel brillo se apaga.

Manuel devuelve la piedra a quien se la entregó. La zona-tres cae en penumbra mientras se ilumina la zona-cama donde Roberto se encuentra sentado, pensativo, sosteniendo una piedra entre las manos. Una mujer se encuentra dentro de la cama, al lado suyo.

Consuelo: Roberto sostendría la misma piedra y murmuraría: "Mmmmm, ¿para qué servirá?" Pero no sabría la respuesta.

Cae en penumbra la zona-cama, pero se alcanza a advertir, durante las siguientes escenas, a Roberto acariciando y besando a la mujer que se halla en el lecho. Se ilumina la vivienda: Jesús está sentado frente a la mesa, meditabundo. En otro punto extremo se encuentra Marta, recogida en sí misma. Tiene una piedra en las manos. Acciona según el parlamento de Consuelo.

Consuelo: Marta la sostendría sólo un momento, y sin pensar, haciendo un gesto despreocupado, la tiraría hacia cualquier parte. (*Pausa. Consuelo acciona.*) Yo, Consuelo, la miraría en mis manos diciendo: "¿Qué será? ¿Será, podrá ser acaso lo que he estado buscando?"

Con tres objetos semejantes entre sí, Jesús ilustra sobre la mesa —jugando distraídamente— lo que dice Consuelo.

Consuelo: Pero mi padre tomaría la piedra y la pondría bien firme. Buscaría otra y la pondría encima de la primera; luego otra, y otra, hasta por fin convertirla en una casa... (*Seca, enfática:*) En una casa para Antonia.

Consuelo abandona la zona-mesa y se encamina hacia la vivienda. Allí, Marta se levanta. Va hasta su padre.

Marta: ¿Te caliento un café? (*Largo silencio.*) Papá... ¿por qué no me dices nada? Pégame, pero dime algo.

Marta va hasta la cocineta y sirve una taza de café. Cuando la ha dejado sobre la mesa, Jesús barre violentamente con el brazo la superficie y la taza se añica en el suelo. Llorando, Marta se refugia en un rincón de la vivienda, al tiempo que entra Consuelo. Alcanza a advertir lo ocurrido, y empieza a recoger la taza rota.

Jesús: Sírveme un café. (*Larga pausa. Consuelo sirve y le lleva el café a su padre.*) ¿Y los niños?
Consuelo: Están con Dalila.
Jesús: ¿Pero qué se van a quedar allí toda la vida?
Consuelo: Es que Dalila se ofreció, y como yo voy al trabajo y Marta... (*Transición.*) Yo creo que Dalila los cuida bien. Sea como sea, Paula era su hermana.
Jesús: ¡Cómo van a estar bien en esa pocilga, todos amontonados!
Consuelo: Manuel me dijo...
Jesús: ¡Manuel qué sabe! ¡Es un irresponsable! ¡Ahi deja tirados a sus hijos y que otros agarren la carga!
Consuelo: ¿Sabes qué había pensado yo, papá?... Que si no sería mejor que

Dalila se viniera a vivir a la casa, para cuidar de los niños... Es muy buena mujer.

Jesús: Dalila tiene marido.

Consuelo: Ya lo dejó hace mucho... ¿Quieres que yo se lo proponga?

Jesús: Hay que pensarlo. *(Bebe el café. Gesticula.)* Puff, sabe a rayos. Debiste aprender a Antonia. Ella sí sabía hacer café.

Jesús sale de la vivienda.

Marta *(a Consuelo)*: ¿Viste cómo me trata?

Consuelo *(indiferente)*: Tú tienes la culpa. En eso hubieras pensado.

Marta: Me odia. *(Solloza.)*

Consuelo *(parece conmoverse)*: No, no te odia... Lo que pasa es que le dolió mucho lo que tú hiciste. Él quisiera que nosotros fuéramos lo mejor. A su modo, pero nos quiere... Y él es todo aquí. Estando él, se llena la casa. Lástima que no nos entienda.

Marta *(conmovida)*: ¿Por qué tienen que ser las cosas así, Consuelo?

Consuelo: Porque somos pobres.

En la puerta aparece Crispín, con aire de suficiencia.

Crispín *(a Marta)*: ¿Ya estás lista?

Consuelo *(reaccionando al verlo)*: ¿A qué vienes aquí? ¡Lárgate!

Crispín: Vengo por Marta.

Consuelo: Lárgate si no quieres que llame a la policía.

Crispín: Marta es mi mujer.

Consuelo: Mentiras, no se han casado.

Crispín: Mira, Consuelo, no vine a discutir contigo ni con nadie. Vine simple y sencillamente por Marta, y me la voy a llevar por las buenas o por las malas.

Consuelo *(amenazadora)*: Nomás atrévete.

Marta: Me va a llevar a casa de sus padres. Ellos ya están de acuerdo... En lo que él encuentra un trabajo y nos casamos.

Consuelo: Nunca se casará contigo.

Crispín: ¡Apúrate, carajo!

Marta *(a Crispín)*: Todavía no he arreglado mis cosas.

Crispín: Déjale a Consuelo tus porquerías. Son puras garras.

Marta empieza a recoger algunas de sus pertenencias.

CONSUELO: No te puedes ir, manita. Este bruto no te va a cumplir… Piensa lo que va a decir papá cuando se entere.
MARTA: A él ya no le importa.

Con algunas de las cosas que ha recogido, Marta avanza hacia Crispín.

CRISPÍN: ¿Lista? (*Marta asiente. A Consuelo:*) ¿Ya viste? Pa' qué tanto discutir.

Crispín y Marta salen. Consuelo los ve alejarse, condolida, y luego empieza a realizar algunas labores domésticas mientras la vivienda entra en penumbra. Se enfatiza la zona-cama donde Roberto ha dejado de abrazar a la mujer. Vuelve a sentarse en el borde del lecho, pensativo.

ANTONIA BIS: ¿En qué piensas, Otelo? ¿Estás enamorado? (*Sonríe burlona.*) No me digas que de mí.
ROBERTO: Estuve, hace tiempo… Y cuando uno ama a alguien y es correspondido, es algo grande; más que grande, sublime. Todas las cosas, por muy insignificantes que sean, se ven bajo otro aspecto… El amor es algo fantástico, más que bonito, más que alegre. Es la vida misma. El amor significa Dios, significa bondad, comprensión, cariño mutuo.

La mujer sonríe, con ironía. Roberto se levanta y le entrega un billete.

ANTONIA BIS: ¿Ya te vas? ¿No quieres otro?… Gratis.
ROBERTO (*sentimental, mirándola fijamente*): Eres muy bonita.
ANTONIA BIS: Y tú me gustas.

Roberto emprende la salida.

ANTONIA BIS: No te vayas, Otelo.

Roberto sale de la zona-cama, pero regresa al poco tiempo, momentáneamente.

ROBERTO: ¿Cómo te llamas?

Antonia bis *(extrañada)*: ¿Yo?… Antonia… ¿Por qué?

Roberto abandona definitivamente la zona-cama, que se oscurece, y se dirige a la vivienda en penumbra. Allí conversa con Consuelo en voz baja; tal vez ella le sirve de comer. Su acción ocurre simultáneamente a la de Manuel en el mercado. La zona-mercado se ha iluminado en el momento en que Alberto llega hasta Manuel.

Alberto: ¡Pues qué, pues, compadre! ¿Hasta cuándo va a mandar a las penas a la chingada?
Manuel: Yo tuve la culpa de que se muriera la Chaparra.
Alberto: De la muerte no tiene la culpa nadie. La pinche calaca agarra parejo, lo mismo a pobres que a ricos. Ahi sí, pa' que veas. Es la única que no hace distinciones.
Manuel: Si no le hubieran puesto esa maldita ampolleta…
Alberto: Se hubiera muerto de todos modos.
Manuel: No es cierto.
Alberto: Bueno, entonces no. Si a güevo quieres echarte la culpa, échatela. Siente que eres un criminal. Pégate un tiro.
Manuel: No creas que no lo pensé. El mero día del entierro, cuando regresé a la casa todo jodido, agarré un cuchillo y me lo iba a encajar. Pero entonces que sale por ahi mi hijo, el pobrecito Alanes, y me dice: "Papá, ¿me das un quinto?" Me solté llorando, compadre. Mis pobrecitos hijos. Cómo me iba a matar.
Alberto: Vente a echar un trago.

Alberto impulsa a Manuel y juntos abandonan la zona-mercado, que se oscurece, y se dirigen lentamente a la zona-mesa convertida en cantina.

Alberto: Éstos son los momentos en que hay que pensar en Dios, compadre, como dice el cura.
Manuel: ¡Y los curas qué saben! No creo que ellos sigan la ley de Dios.
Alberto: Bueno, compadre…
Manuel *(interrumpiendo)*: Acuérdate del curita aquel que tenía su jugada de póker en la mera iglesia.

Llegan a la zona-mesa. Se sientan.

ALBERTO (*a un empleado*): Cheves, pero bien heladas.

MANUEL: Yo he leído de la vida de Jesús, y los curas no van de acuerdo con la verdadera religión... A ver, ¿que el papa lleva una vida como la que llevó el Nazareno, pidiendo limosna en los caminos, sin comer, sufriendo aguaceros, predicando el evangelio por amor al prójimo? No, compadre. El papa vive en una opulencia portentosa, porque dicen que todas las iglesias tienen que mandar el dinero para allá.

ALBERTO (*en referencia a las cervezas que han traído*): Está bueno. Éntrale. Salud...

MANUEL (*muy interesado en su tema*): Aquí, simplemente, nomás con lo que juntan Catedral y la Basílica de Guadalupe en un domingo yo podría vivir descansadamente con toda mi familia. Entonces, ¿cuál pobreza es la que vive el papa? ¿Y dónde está su caridad si hay tanta miseria en la misma Roma?

ALBERTO: Es cierto, es cierto... nadie te lo discute.

MANUEL: No me digas entonces que hay que hacerles caso a los curas.

ALBERTO: Yo no dije eso.

MANUEL: A ellos qué les importa que se haya muerto mi vieja. (*Transición. Sentimental:*) Nunca le demostré mi amor cuando vivía. No es el amor lo que hace que uno derrame lágrimas, compadre; son más bien los remordimientos. Y ahora que está muerta es cuando siento que la quiero de veras. Igual que como le pasó a mi padre.

ALBERTO (*con referencia a la cerveza*): Te va a saber a vidrio.

MANUEL (*bebe*): Salud, Alberto.

ALBERTO: Salud, compadre. (*Beben. Transición.*)

MANUEL: Conmigo se repite la historia de mi padre. Excepto que él cuidó de sus cuatro hijos, y yo no.

ALBERTO: Oye, ¿y qué pasó con la Graciela?

MANUEL: No me hables de Graciela.

ALBERTO: ¿Se enteró?

MANUEL: Cómo no se va a enterar. El día en que enterré a mi esposa, en medio de la desesperación, yo nomás pensaba: "Me queda Graciela". Y me aferraba a eso, como un náufrago a una tabla... Tres días con sus noches estuve en la esquina de la casa de Graciela, esperando que saliera. Hasta que luego me enteré de que apenas supo de la muerte de Paula, los remordimientos la obligaron a hacer lo que menos debía haber hecho.

ALBERTO: No me digas que se fue.
MANUEL: Con Rodolfo; un cabrón que su madre le enjaretó a la fuerza.
ALBERTO: ¡Puta madre!
MANUEL: Graciela me adoraba, pero quiso castigarse, y su primera reacción fue irse con un hombre que ella no quería. Perdí a las dos de un solo golpe: a la madre de mis hijos y al amor de mi vida.
ALBERTO (*después de pausa*): ¿Quieres que te dé un consejo, Manuel? La única forma para que olvides es largándote de aquí.
MANUEL: ¿Y a dónde carajos me voy?
ALBERTO: Yo tengo un plan a madres. Tengo amigos, tengo contactos, tengo manera de agarrar una buena chamba en California. Allá pagan en dólares, compadre. Vámonos de braceros.
MANUEL: ¿Pero cómo dejo a mis hijos?
ALBERTO: Hazlo por tus hijos. Con todo el dinero que traigamos les puedes asegurar un porvenir. Vámonos a trabajar al otro lado, Manuel.

Manuel, pensativo, da un largo trago a su cerveza. Cae en penumbra la zona-mesa. Los dos amigos continúan conversando, mientras se ilumina la vivienda donde se encuentran Consuelo y Roberto. Jesús va llegando, seguido de Dalila. Jesús carga un bulto de ella.

JESÚS: Pásele, Dalila... No, no, usted primero, por favor. (*Entran. Jesús deja el bulto en algún sitio.*) Lo ponemos aquí. Ya usted dirá después cómo le acomodan mejor las cosas. En eso tiene toda libertad. Que si quiere cambiar un mueble, o lo que sea, hágalo con confianza.
DALILA: Gracias, don Jesús.
JESÚS (*a Consuelo y a Roberto*): Dalila se viene a vivir con nosotros desde hoy.
CONSUELO (*afectuosa*): ¡Qué gusto, Dalila! No sabe cómo me alegro... Le insistí tanto a mi papá... Quién mejor que usted para cuidar a los niños de Paula.
DALILA: Por eso lo hago... son como mis hijos.
JESÚS: Escoja la cama que guste. (*Con referencia a las camas:*) En ésta duermo yo, pero si quiere... En ésta Consuelo y Marta.
CONSUELO: Ya nada más yo. (*Jesús denota sorpresa.*) Marta se fue a vivir con los padres de Crispín. Yo no quería dejarla ir, pero...
JESÚS (*interrumpiendo*): Mejor. Así tendremos más espacio libre.
DALILA (*turbada por la situación*): Bueno, yo ahorita vengo. Voy a seguir trayendo mis cositas.

Jesús: Que la ayuden éstos...

Dalila: No hace falta. Son unos cuantos cachivaches.

Jesús: ¡Que la ayuden, que sirvan para algo! *(A Roberto y a Consuelo:)* Órale.

Dalila, Consuelo y Roberto salen rápidamente, impulsados por el tono imperativo de Jesús. Cuando éste se queda solo, va hasta la cama de Marta y se sienta en ella. Araña las cobijas tratando de dominar el dolor que lo asalta. Manuel acaba de abandonar la zona-mesa, que se oscurece totalmente, y llega hasta la vivienda.

Jesús *(al ver a Manuel; agresivo)*: ¡Vaya, hasta que por fin, ya pensábamos que te habías muerto! *(Estallando:)* ¡Pues qué no tienes hijos que mantener, desgraciado! ¿Qué no te importa lo que pase en esta casa? Marta ya se largó. Los niños ahi tirados. Tuve que llamar a Dalila para que viniera a cuidarlos. Y mientras, tú, emborrachándote todo el santo día.

Manuel: No es cierto, papá.

Jesús: ¡No me digas que no es cierto! ¡No es así como se llora a una esposa, cabrón! Cuando murió tu madre, al mero día siguiente yo fui a trabajar. Y no porque estuviera muy contento, sino porque sabía que en ese momento, más que nunca, necesitaba trabajar para ustedes. *(Pausa. Parece tranquilizarse.)* Bueno, ¿qué?, ¿ni siquiera vas a entrar?

Manuel *(avanza tímidamente)*: Vine nomás a recoger mi chamarra... y a pedirte tu bendición. Me voy a California, con Alberto.

Jesús: ¿Estás loco?

Manuel: Me voy a trabajar de bracero, papá.

Jesús: Trabaja aquí.

Manuel: Aquí traigo la suerte volteada; quiero ver si allá me cambia. Alberto tiene contactos y modo de que nos contraten en la pizca... Verás cómo te mando tus dólares.

Jesús: ¡No quiero dinero de ustedes!

Manuel: Para mis hijos.

Jesús: Yo los he mantenido siempre.

Se produce un silencio. Manuel avanza, recoge su chamarra y algunas otras pertenencias. Jesús se muestra intranquilo. Trata de disimular, con una actitud agresiva, la impresión.

Jesús: Si te largas será sin mi consentimiento.

Manuel: Nomás te pido tu bendición.
Jesús *(más suave)*: ¿Qué no piensas en tus hijos, Manuel?
Manuel: Lo hago por ellos.
Jesús: A ustedes nunca los dejé abandonados. Así me estuviera muriendo de hambre...

Manuel va hacia la puerta con un pequeño atado de ropa. Jesús le da alcance.

Jesús: No te vayas, hijo.
Manuel *(se detiene)*: Tengo que irme. Siento tan estéril, tan inútil y tan infeliz mi vida, que hay veces que quisiera morirme. He sido de esa clase de tipos que no dejan nada de su paso sobre el mundo, como un gusano que se arrastra por la tierra. No he sido de provecho para nadie; he sido mal hijo, mal padre, mal todo... Tengo que buscar la forma de salir. Tengo que ganar en la lucha contra mí mismo.
Jesús *(después de pausa, conmovido)*: ¿Llevas dinero?

Manuel se encoge de hombros. Jesús extrae unos billetes y se los entrega. Manuel tarda en tomarlos.

Jesús: Aunque sean para el viaje. *(Pausa.)* Dios te bendiga. *(Traza la señal de la cruz sobre Manuel.)*

Manuel sale definitivamente de la vivienda que cae en penumbra y en donde permanece sentado en la mesa Jesús. Se ilumina la zona-mesa convertida en nevería. Allí se encuentran ya, tomando sendos helados, Consuelo y Mario.

Consuelo: Nunca voy a congeniar con un hombre dominante. No me gusta la autoridad aplastante, no me gusta sentirme inferior... Los hombres son físicamente más fuertes que las mujeres, pero moralmente no. Y detrás de toda su superioridad, esa superioridad del macho mexicano que considera inferior a la mujer y que goza humillándola y denigrándola, está sólo la fuerza. Todos los hombres que conozco se creen siempre en el papel de mandar y ser obedecidos. Nos ven como sus criadas.
Mario: ¿Todos los hombres, Chelito?

Consuelo: Todos... Por eso yo he querido ser independiente, hacerme mi camino y buscarme un ambiente mejor, más sano.
Mario: Creo que es injusta. No todos los hombres somos iguales.
Consuelo: ¿Usted es diferente, Mario?
Mario: Si me diera oportunidad podría probárselo. (*Animándose:*) Voy a irme a trabajar a Monterrey, Chelito, ya me decidí. Y si usted me quisiera un poquito yo le ofrecería casarnos; yo le ofrecería, allá, ese ambiente y esa felicidad que usted tanto busca.

Denotando embriaguez, Jaime irrumpe en la zona-mesa.

Jaime: Así te quería encontrar, desgraciada... Y luego dices que eres una inocente palomita.
Mario (*irguiéndose*): Perdone, pero usted se equivoca.
Jaime (*empellándolo*): A usted no le estoy hablando, buey. (*A Consuelo:*) Ora vas a explicarme, hija de tu pelona.
Consuelo: Es un compañero de oficina. No te pongas así.
Mario: Yo puedo explicarle.
Jaime (*a Mario, retador*): Atrévase y le rompo el hocico, pendejo.
Consuelo (*interviniendo*): No, Mario, váyase... váyase por favor.

Mario duda en irse. Al fin lo hace, después de dejar un billete sobre la mesa.

Jaime: Además de pendejo es un coyón.
Consuelo: No hagas escándalos, te están oyendo.
Jaime: ¡Que me oigan!... ¿Ya estaban planeando irse al hotel?
Consuelo: ¡Estás borracho!
Jaime: Borracho, pero no ciego. Y si se te hace muy fácil meterte con el primero que pasa, no te costará trabajo irte conmigo.
Consuelo: Suéltame. (*Forcejea.*)
Jaime: Escoge ahora, Flaca. (*Extrae una navaja de bolsillo. Oprime el botón y la hoja salta.*) Eres mía o...

Asustada, Consuelo sale corriendo de la zona-mesa. Por las plataformas la persigue Jaime. La alcanza amenazador, pero duda de su acción y empieza a temblar.

Consuelo (*recobrando valor*): Ándale, no me asustas. ¿Vas a matarme? ¿Por qué no lo haces? De eso estoy pidiendo mi limosna. Tú sabes que a nadie le hago falta y poco me importa morir aquí que en otro lado... Me harías un gran favor y harías algo que siempre iban a agradecer los demás. Les quitarías de encima a la orgullosa, a la cínica, a la desgraciada que dices que soy. ¡Ándale, de una vez!

Jaime (*reaccionando*): No, Consuelo, perdóname... Perdóname, mi vida. (*Consuelo trata de irse, pero él la detiene; se arrodilla y se abraza a sus piernas, lloriqueando borracho:*) Flaquita, por favor, no me hagas caso... estoy borracho, pero te quiero. Sé que soy un infeliz, pero te quiero.

Jaime pierde toda fuerza y se desploma lloriqueando, mientras Consuelo sale corriendo del escenario. Durante la escena de Consuelo, Mario y Jaime, se ha visto a Manuel y a Alberto en un área del foro, quizás en el proscenio, realizando acciones que describen su trabajo en la pizca. Ahora se enfatiza la zona en que se encuentran. Descansan ya. Se limpian el sudor.

Alberto: ¿No vienes a la fiesta? Las gringas están a toda madre.

Manuel: Luego... Voy a escribir a la casa.

Alberto abandona el escenario. Manuel se pone a escribir una carta. A poco tiempo se detiene para releer en voz alta su escrito.

Manuel: Realmente aquí me siento alguien. Me gusta la forma de vivir de los gringos, aunque la encuentro demasiado abstracta, demasiado mecánica, porque las gentes son como máquinas de precisión...

Lentamente se va oscureciendo la zona donde se encuentra Manuel e iluminándose, al mismo ritmo, la vivienda. Dalila realiza el quehacer de la casa mientras Jesús —que no ha abandonado su posición frente a la mesa— lee atentamente una carta. La voz de Manuel continúa escuchándose sobre la zona iluminada de la vivienda.

Manuel: ...Tienen un día, una hora, un horario fijo determinado para cada cosa. Debe ser muy bueno ese método puesto que tienen un nivel de vida tan alto. Pero el gobierno les cobra impuesto por todo en absoluto. Yo creo que si en México nuestro gobierno tratase de implantar eso de los impuestos, hasta una revolución iba a haber, porque a uno no le gusta que le estén quitando lo suyo... Lo que sí es que los braceros que yo conozco estamos de acuerdo en una cosa: que los Estados Unidos son a toda madre. Claro que hay alguno que otro que se queja, como Alberto, que dice que los tejanos son unos pinches hijos de la chingada que tratan a los mexicanos como perros. Pero a pesar de eso todos notamos que los obreros, aunque no sean muy adinerados, tienen su carro, su refrigerador. Si se trata de ser todos iguales y de tener un estándar de vida, bueno, yo creo que me linchaban por lo que voy a decir, pero creo que los Estados Unidos son prácticamente comunistas... dentro del capitalismo, como dicen. Al menos en California porque yo acabo de ver que un obrero le gritaba al patrón y el patrón se callaba. Aquí protegen al obrero en todos sentidos. Allá en México los patrones son tiranos...

Jesús termina de leer. Dobla la carta y se la guarda en el bolsillo.

DALILA: ¿Qué cuenta Manuel?
JESÚS: Puras pendejadas.
DALILA: ¿No manda dinero?
JESÚS: ¡Qué va! ¡Sólo piensa en él! A su familia que se la lleve la trampa.
DALILA: Usted tiene la culpa por haber sido tan bueno con sus hijos. Los maleducó.
JESÚS *(desatento, mirándola con picardía):* Ya no me debía seguir hablando como a un extraño, Dalila... de "usted". Después de tantos días de vivir aquí ya somos como de la familia, ¿no es cierto? Vámonos mejor hablando de "tú".
DALILA: Ay, Jesús, pos cómo quiere... Usted me inspira respeto.
JESÚS: ¿Tan viejo le parezco?
DALILA: No, viejo no.
JESÚS: ¿Entonces?
DALILA: Será la falta de confianza.
JESÚS: No entiendo por qué. Entre tú y yo no debía haber formalismos.
DALILA: Cuáles formalismos, Jesús.
JESÚS: Pues los formalismos. *(Transición.)* ¿Sabes que te has ido poniendo más guapa desde que estás aquí?... ¿No te lo han dicho?
DALILA: Ay, Jesús.
JESÚS: Y a mí me gustas, pero bastante. Ahi donde ves, yo todavía funciono

como macho. Y eso porque me cuido, porque nunca he llevado una vida disipada... Y cuando uno todavía funciona como hombre no puede vivir sin mujer. Como tú tampoco sin un hombre... Dime que no es cierto.

DALILA: No es que no sea cierto, pero... bueno, es que yo... la verdad.

JESÚS: O es que no te gusto como hombre.

DALILA: Gustarme, lo que se dice gustarme... pues sí, pero usted sabe que sus hijos...

JESÚS: ¡A mis hijos no tengo que darles cuenta de nada! Y si como dices yo te gusto, y tú me gustas, pues que tal si... *(La ha llevado hasta la cama. Empieza a acariciarla.)*

DALILA *(resistiéndose):* No, Jesús, déjeme pensarlo.

JESÚS *(febril):* Estas cosas no se piensan.

DALILA: Pérese, pérese... no le siga.

Ansiosamente, Jesús acaricia en la cama a Dalila. Entra Roberto en la vivienda. Jesús se incorpora de un solo impulso.

JESÚS: ¿Qué vienes a hacer aquí? ¡En lugar de estar buscando un trabajo nomás andas de fisgón! *(Transición.)* Pa' que de una vez lo sepas: Dalila ya es mi mujer. Y si no te gusta, lárgate.

ROBERTO: Yo no he dicho nada.

JESÚS: Pues ora ya lo sabes.

Roberto sale de la vivienda. En el patio, descarga su rabia golpeando con el pie alguna cubeta. A pocos pasos de allí, Perico llega corriendo hasta él.

PERICO: ¡Pélate, Negro! ¡Te andan buscando los de la judicial!

ROBERTO *(extrañado):* ¿Por qué?... Yo no debo nada.

PERICO: Alguien te cargó un muertito. ¡Pélate!

Antes de que Roberto logre reaccionar, aparecen por distintos puntos del escenario varios individuos con facha de agentes. Tratan de apresarlo, cercándolo. Roberto huye recorriendo las plataformas, escapando. Al fin, en algún punto del proscenio, lo atrapan y comienzan a golpearlo en forma inclemente.

Agente 1: Confiesa, buey.
Roberto: Yo no hice nada.
Agente 2: Ora cantas, cabrón.

Mientras los agentes golpean y atormentan a Roberto, en la zona-cama Crispín golpea salvajemente a Marta, quien se defiende, llorando.

Crispín: ¡Pinche vieja!… ¡Pinche vieja!
Marta: Ya no, Crispín; ya no.

Marta termina abatida en el suelo, fuera de la zona-cama, hasta donde la arrastra Crispín, quien abandona el escenario. Prosigue el suplicio de Roberto por parte de los agentes entre exclamaciones y frases ad libitum. *Desde los primeros instantes de la persecución y prendimiento de Roberto, Consuelo entra al escenario y desde algún punto de una plataforma observa aterrada y dolida lo que le acontece a su hermano. También Jesús sale de la vivienda y observa a distancia la acción.*

Roberto *(abatido, quejándose)*: Yo no hice nada. Lo juro por mi madre.
Agente 1: Si no confiesas te pudres en el tambo, tú escoge.

El agente 2 sujeta del cabello a Roberto, para hacerlo levantar la cabeza, pero éste ha perdido el sentido. Queda exánime, tendido en el suelo, al pie de ambos agentes que permanecen inmóviles. Consuelo va hacia su padre.

Consuelo *(agitada, impaciente)*: ¿No vas a hacer nada por él? Es inocente. *(Jesús se encoge de hombros:)* El licenciado dice que por dos mil pesos él lo saca de la cárcel.
Jesús: ¿Y de dónde carajos saco dos mil pesos? ¡Ustedes creen que yo soy millonario!
Consuelo: ¿Prefieres que se pudra en la cárcel?
Jesús: Él se lo buscó.

Jesús rehuye a Consuelo. Ésta corre hasta la vivienda donde se encuentra Dalila.

Consuelo: Pídaselo usted, Dalila.
Dalila: La verdad, es mucho dinero, Chelito.
Consuelo: Para un padre, un hijo vale mucho más que eso.

Dalila: Según el hijo. De qué sirve gastar tantísimo si luego Roberto vuelve a las mismas. No es la primera vez.
Consuelo *(enfadada)*: Si así piensa, mejor ni hable.
Dalila: Yo nomás digo.
Consuelo: Pues no diga... Ya bastante ha hecho encandilando a mi papá.
Dalila: ¿Encandilando a su papá? *(Sonríe.)* Ay, Chelito, por favor... Yo no vine aquí por mi gusto; me llamaron.
Consuelo: Pero no para eso.
Dalila: ¿Para qué? *(Transición.)* Pues dígaselo a su papá, qué espera.

Consuelo va a responder, pero la detiene la entrada de Alanes, juguetón.

Dalila *(al advertir a Alanes)*: ¿No te mandé a la tienda? ¿Pos que estás sordo?
Alanes: Orita, tía, no estés fregando.
Dalila: ¡Así no se contesta, escuincle majadero! *(Le propina una fuerte nalgada.)* Si lo mando a una cosa es pa' que la haga. ¿Me oyó?... ¡Le estoy hablando! ¡Córrale! *(Vuelve a pegarle.)*

Alanes sale corriendo.

Consuelo: ¿Por qué le pega? No sea irrazonable.
Dalila: Ultimadamente a usted qué le importa. Yo soy la que me estoy jodiendo todo el santo día con los niños. No meta sus narices donde no la llaman.
Consuelo: ¿Cómo dice?
Dalila: ¡Lo que oyó! Aquí la que trabaja es la que manda.
Consuelo *(burlona)*: Ah, pobrecita. Qué duro trabaja; no se me vaya a morir... Pero eso de que pueda hacer con los niños lo que quiera no se va a poder; primero me tiene que pedir permiso a mí.
Dalila: ~~¿Y quién se cre~~e usted que es? ¿La reina de Saba o qué? Usted no es nadie en esta casa.
Consuelo: La razón por la que está aquí, idiota, es porque yo le pedí a mi papá que la trajera.
Dalila: Eso a mí no me importa. Yo estoy aquí porque su papá quiere... Y yo puedo hacer que usted se largue sin mover un dedo, ¿lo oye?, sin mover un dedo.

CONSUELO: La única que se larga de aquí...
DALILA (interrumpiendo): Vamos a ver quién se va primero, usted o yo.
CONSUELO: ¡Una vieja como usted se va a la cama con cualquiera!
DALILA (arrojándose contra Consuelo): ¡Desgraciada!

Inician una lucha, tirándose de los cabellos, en el momento en que entra Jesús.

JESÚS: ¡Consuelo!

Consuelo y Dalila se apartan de inmediato.

CONSUELO: ¡Es una hija de la tiznada!
JESÚS: No tienes derecho a hablarle así.
CONSUELO: Ella empezó.
JESÚS: Ni a pegarle.
CONSUELO: Ella me insultó primero, le pegó a Alanes.
DALILA: ¡No es cierto!
JESÚS (a Consuelo): ¡Tú siempre con la mentira en la boca! Para eso es para lo único que sirves: para levantar falsos, ¡habladora! Te pareces a los otros hijos de la chingada: tu hermana arrimada por ahi, el otro que se larga al carajo y deja aventados a sus hijos, y el otro en la cárcel... ¡Pero así les ha de ir! Nunca han de levantar cabeza. Se parecen a la raza infeliz de su madre, todos briagos.
CONSUELO: Con mi madre no te metas, papá. No pronuncies siquiera su nombre delante de esta infeliz.
JESÚS: Cállate ya, Consuelo.
CONSUELO: ¿Qué te pide ella si ya está muerta?
JESÚS: ¡Cállate!
CONSUELO: Ni ella ni mis tíos te han molestado jamás... Serán muy pobres, pero a ti nunca te piden nada.
DALILA: Lo que pasa es que tiene coraje porque quería que su tía se viniera a trabajar aquí, para llevarse después las cosas.
CONSUELO: Mi tía le pide a usted lo que el aire a Juárez, desgraciada.

Consuelo va a propinar un bofetón a Dalila, pero Jesús la detiene a tiempo y la empella. Consuelo está a punto de caer. Mira a su padre con odio y se dirige, con ademán impulsivo, hasta el retrato de Jesús que cuelga de un lugar prominente de la vivienda. Lo descuelga de la pared.

CONSUELO (*con referencia al retrato*): Ya no tiene caso que esté aquí... Para mí, tú te has muerto, papá.

Consuelo arroja el cuadro contra el suelo y el vidrio se hace añicos.

CONSUELO: ¡No me volverás a ver nunca!

Corriendo, sumamente alterada, Consuelo huye de la vivienda. Jesús tarda en salir de su impavidez. Al fin se inclina y comienza a recoger los vidrios rotos y el retrato lastimado. Dalila lo ayuda. Durante la acción en la vivienda, Consuelo corre por las plataformas hasta llegar a Jaime, quien continúa tirado en el suelo, borracho.

CONSUELO (*suplicante, a Jaime*): ¡Ayúdame, Jaime, ayúdame!
JAIME (*incorporándose apenas*): Chelito.

La embriaguez impide a Jaime enderezarse. Trabajosamente alza la cabeza y se deja caer de nuevo. Consuelo comprende la inutilidad de su súplica y va hacia otra plataforma, muy abatida. Allí encuentra una navaja, que toma, y con la que decide, después de un momento de duda, de miedo, cortarse las venas. Va a hacerlo.

CONSUELO: No me volverán a ver nunca... ¡Te arrepentirás toda tu vida, papá!

Cuando Consuelo va a cortarse las venas, se observa a Mario que cruza por la plataforma de Consuelo llevando una maleta. Se sorprende al advertir la acción de la muchacha y va hacia ella, rápidamente.

MARIO: Pero qué está haciendo, Consuelo.
CONSUELO: ¡Déjeme!
MARIO (*forcejeando*): ¡No!

Mario consigue quitarle la navaja, que arroja lejos. Consuelo llora, mientras él trata de serenarla. Al fin Consuelo advierte la maleta de Mario.

CONSUELO: ¿Va a irse a Monterrey? *(Mario asiente.)* Lléveme con usted. ¡Por favor!

Afectuoso Mario embraza a Consuelo y la conduce a la zona-cama. Jesús, entretanto, habla a Dalila desde la vivienda.

JESÚS: Me he pasado la vida luchando día y noche por mis hijos, y mira cómo me pagan, Dalila... Desde que me casé con Leonor sólo he trabajado para ellos. Todavía me acuerdo cuando nació Manuel. Me sentía orgulloso de ser padre, y miraba al escuincle como si fuera una persona extraña. Estaba yo joven, no tenía experiencia... En aquel entonces yo estaba completamente en la miseria; ganaba ochenta centavos al día y eso no daba para mucho. Después de Manuel nació otro niño que murió a los pocos meses por falta de dinero y por ignorancia. Leonor era buena persona, pero tenía un carácter fuerte. No era de esas madres cariñosas que miman a sus hijos. Ella no los besaba ni los abrazaba. Que yo recuerde, no los golpeaba, aunque se ponía muy enojada y les hablaba muy fuerte... Sufrí mucho con ella, pero nunca la abandoné. Fui fiel a mis creencias. Sólo dejé la casa por unos cuantos días, cuando nos enojábamos, pero siempre volví porque quería mucho a los hijos... Los he querido mucho y mira cómo me pagan, Dalila.

Durante el parlamento de Jesús se observa, en la zona-cama, a Mario abrazando febrilmente a Consuelo, quien lucha contra él, asustada. Roberto, entre tanto, ha vuelto a sufrir los golpes de los agentes que lo tienen confinado en un rincón. Por su parte, Marta —denotando un vientre embarazado— avanza con lentitud hasta la puerta de la vivienda; mira hacia su padre.

CONSUELO: No, Mario, no.
MARIO: Pero, Flaquita, ¿cómo pensabas tú que era el matrimonio?
CONSUELO: Déjame.
MARIO: No seas tontita, yo te quiero.
CONSUELO *(gritando angustiada)*: ¡Papá!... ¡Papá!

Desde sus respectivos lugares, los demás hermanos dirigen también sus voces hacia Jesús.

Roberto: ¡Sácame de aquí!
Manuel *(desde un apartado sitio del foro)*: ¡Mándame dinero para volver!
Marta *(suavemente, en la puerta)*: Papá...

Jesús no parece escucharlos. Permanece inmóvil en la vivienda y habla para el público, para sí mismo.

Jesús: Yo no dejo de reconocer mis errores y sé que mis sufrimientos se deben al mal ambiente en que han vivido mis hijos. ¿A quién debo quejarme? ¿A mi propia suerte, a mi falta de experiencia en la vida, a la falta de un guía que no tuve? No me queda sino seguir como el burro con la carga... He cuidado de ellos más de veinte años y nunca les ha faltado el plato de sopa o el café. ¿En qué forma me han respondido? ¿Por qué han salido malos?... Yo no lo entiendo.

OSCURO FINAL

LA MUDANZA

PIEZA EN UN ACTO
(1979)

PERSONAJES

>   Mari
>   Sara
>   Jorge
>   Cargador-jefe
>   Cargador 1
>   Cargador 2
>   Cargador 3
>   Cargador 4
>   Miserable-parlante
>   Coro de miserables

ESCENARIO

La estancia de una pequeña casa "colonial" muy vieja, en mal estado. Se encuentra totalmente desamueblada. Tiene un acceso de entrada, por el breve jardín que se interpone entre la casa y la calle y que seguramente es visible, al menos en parte, a través de las estrechas ventanas enrejadas de la estancia. Otra puerta interior comunica a lo que debe ser la cocina y pequeña zona de servicio. Está cerrada. También está cerrada una grande y hermosa puerta colonial que conduce a las habitaciones interiores, y a la que se llega por una corta escalera cuyo desemboque, en un segundo nivel, está integrado a una especie de *mezannine* de reducidas dimensiones.

En el piso: basura, papeles, trozos de cartón y madera, tierra, botes... Un viejo cepillo y algunos trapos de aseo se arrinconan por ahí.

ACTO ÚNICO

Son cerca de las diez de la mañana. Sara y Mari están llegando a la casa. Se empiezan a oír sus voces cuando se detienen brevemente en el jardín.

SARA: Lo que es ahorita todo está en ruinas... Mira qué plantas. Voy a necesitar un jardinero, además del montón de albañiles y pintores.
MARI: Se ve bien.
SARA: Después de las porquerías que vimos fue lo mejorcito... Pásale, Mari. A ver qué te parece.

Entra Mari, impulsando la puerta que se encontraba simplemente emparejada. Tras ella aparece Sara; lleva un par de pequeñas cajas que parecen alhajeros. Mari observa el sitio con atención.

MARI: Oye, está muy amplia.
SARA: Viejísima, ¿no? Le hacen falta un montón de composturas, empezando por una limpieza a fondo. Mira... Mira... Ahora sí voy a bajar esos tres kilos que te decía. Nada más ve las paredes, se están cayendo.
MARI: Es lo de menos... Te puede quedar linda. Se presta para que le des un ambiente bien padre.
SARA: Lo que pasa es que no tengo mucho humor que digamos, la verdad. Con pensar en lo que se me espera me quiero morir. Qué horror.
MARI: ¿Sigues mal con Jorge?
SARA: ¿Por qué?
MARI: No, pensé... Por lo que me estabas diciendo en el coche.
SARA: Ah, no; ahí vamos.
MARI: ¿Ya mejor?
SARA: Más o menos. Regular.
MARI: El cambio les va a servir. Siempre ayudan estas cosas. Como que es un buen momento para que les llegue un segundo aire.
SARA: Ojalá. *(En transición, y en referencia a las cajas que carga:)* ¿Dónde pondré esto?
MARI: Las hubieras dejado en la cajuela.
SARA: Uy, no. Luego con el sacadero de cajas y el desorden nadie sabe dónde quedó nada. *(Elige un sitio.)* Aquí las voy a dejar, tú me acuerdas. Y me

ayudas a echar ojo, ¿sí?, porque estas gentes de la mudanza nada más andan viendo qué se llevan. Ése es su negocio.

MARI *(por la casa, que examina)*: Está linda, Sara. Para mí que tuvieron mucha suerte.

SARA: ¿De veras te gusta? *(Señala la puerta de la cocina.)* Ahí está la cocina. Hay que cambiarle el fregadero, que está asqueroso, y no sé cuántas cosas de la tubería, pero en fin.

Mari llega a la puerta de la cocina. Trata de abrirla, pero la encuentra cerrada.

MARI: Está cerrada.

SARA: Jorge trae las llaves. *(Señala y se encamina a la zona de la escalera y mezannine.)* Arriba tiene dos recámaras y su baño. Nada más.

MARI *(en referencia al conjunto que forma el mezannine)*: Ese lugarcito le da mucho ambiente.

SARA: No creas que son la gran cosa, vas a ver. Son así de chiquitas. *(Encuentra la puerta cerrada. Mueve inútilmente la perilla.)* Uy, también está con llave, qué lata.

MARI: Pero ésta sí es una joya colonial, Sara.

SARA: ¿Qué cosa?

MARI: La puerta. Qué maravilla.

SARA: Ah, eso dice Jorge. Yo, si te soy franca, no le veo el arte por ningún lado. Para mí no es más que una puertota enorme y viejísima.

MARI: No seas bárbara.

SARA: Pesa horrores, Mari. Hay que hacer gimnasia antes de abrirla y cerrarla cada vez... Y espérate a que veas el tamañito de las recámaras. Tengo miedo de que no me quepa ni el tocador.

MARI: Pero son dos recámaras, y la estancia está grande. Es como el doble de tu departamento. O más.

SARA: No te creas.

MARI: ¿Qué vas a poner en la otra recámara? ¿La vas a guardar para un bebé?

SARA: Estás loca.

MARI: ¿Por qué?

SARA: ¡Estás loca!

MARI: Ibas a esperar dos años, ¿no?, ¿y ya cuántos llevas?

SARA: No, Jorge no quiere, ni yo. Menos ahora que andamos así. Para qué

La mudanza

meternos en un lío de ésos, que luego puede resultar un problema más grande.

MARI: Prefieres quedar libre por si las dudas.

SARA: No, no es eso... No sé.

MARI: ¿Te volverías a casar, Sara? *(Ante la sorpresa de Sara:)* Si te divorciaras de Jorge.

SARA: Nunca he pensado en divorciarme.

MARI: En diciembre parecías muy dispuesta.

SARA: ¿Yo?

MARI: A mí me lo dijiste.

SARA: Nunca hablé de eso.

MARI: Hasta sentí feo porque no me imaginaba que las cosas hubieran llegado a tanto.

SARA: ¿Cuándo te dije a ti?

MARI: Me lo dijiste. Estabas muy dolida por no sé qué pleito que habían tenido.

SARA: ¿Cuándo, Mari?

MARI: Olvídalo.

SARA: Es que no es cierto.

MARI: Olvídalo, haces bien. El divorcio no remedia nada. Problemas los tenemos todos, casados o no. Ya me ves a mí. *(Pausa larga. Transición.)* Oye, ¿y las reparaciones que van a hacer son a cuenta de renta?

SARA: No.

MARI: Debían serlo. Por muy poco dinero que le metan siempre va a resultar un gastito fuerte.

SARA: Qué esperanzas. El dueño le dijo a Jorge que se la dejaba en seis mil, siempre y cuando las composturas fueran por nuestra cuenta.

MARI: Bueno, para una casa sola, seis mil no está mal.

SARA: En menos ya no se consigue nada. ¡Y mira que si buscamos!

MARI: Sí, me decías.

SARA: Sobre todo yo... Dos meses viendo departamentos y dúplex y porquería y media. Por un departamentito así, casi igual al nuestro, nos llegaron a pedir cuatro mil quinientos. ¡Están locos!

MARI: ¿Y cómo lo encontraste?

SARA: No, fue Jorge. Un compañero de su oficina tenía un amigo, y le pasó el tip; ya ni sé.

Sara ha tomado el cepillo del piso y se ha puesto a barrer los papeles y la basura.

MARI: Tuvieron suerte.
SARA: La casa no estaba en renta. Parece que la dejaron desocupada desde hace años por no sé qué historia que le contó el dueño. Que era de un hermano, que la hermana mayor había muerto intestada, que luego un pariente se las quiso quitar, que le pusieron unos sellos por no sé qué escándalo... Un relajo.
MARI: Pero está en regla.
SARA: Jorge dice que sí. Yo, mira, preferí no averiguar. Luego de tanto busque y busque estaba dispuesta a conformarme con cualquier cosa.
MARI: Esto no es cualquier cosa, Sara; al contrario.
SARA: Sí, claro, a mí me gustó. No tanto como a Jorge que es muy exagerado para todo, pero me pareció bien, con todo y los defectos que estás viendo: está vieja, es muy oscura... y el rumbo. Sobre todo el rumbo.
MARI: A mí me gusta el rumbo.
SARA: No te creas, está medio abandonado. Y luego, aquí cerca, hay una colonia de paracaidistas. Puros vagos y malvivientes. Gente de lo peor.
MARI: En la cuadra se ven casas muy elegantes. Burguesas a tu mero gusto.
SARA: Eso no quita el peligro de los rateros. Además, no tiene teléfono.
MARI: ¿De veras? Ahí sí que está mal, para que veas. Sin teléfono no se puede vivir... ¿Y qué van a hacer?, ¿qué dice Jorge?
SARA: Ay, ya lo conoces; cuando él no quiere encontrarle defectos a una cosa todo le parece que tiene remedio.
MARI: ¿Pero qué van a hacer?
SARA: Dice que hay un amigo que conoce a un tipo muy influyente en Teléfonos, y que él le va a conseguir la línea. Como si fuera la cosa más simple... Ah, y cuando le dije de la colonia de paracaidistas, ni caso me hizo; se burló de mí. Claro, como él siempre llega nochísimo y yo soy la que me quedo sola, esperando, a él qué.
MARI: ¿A poco eres miedosa, Sara? No me digas.
SARA: No, no es que sea miedosa, pero... *(Transición.)* Oye, ya están tardando mucho, ¿no? Venían detrás de nosotros.
MARI: Las mudanzas son lentísimas. *(Transición.)* Para qué limpias. Después se te va a ensuciar todo y vas a trabajar doble.
SARA: Una escombradita aunque sea, para que no se levante más mugrero.

MARI: Entonces deja que te ayude.
SARA: No, no te molestes, Mari.
MARI: Vine a ayudar. *(En referencia a la basura que Sara ha juntado:)* ¿Dónde quieres que echemos esto? *(Utiliza unos cartones a manera de recogedor.)*
SARA: Pues nada más aquí, está cerrada la cocina... ¡Cómo se quedó Jorge con las llaves, caramba!

En silencio ambas mujeres trajinan durante un lapso.

SARA: Lo que sí están peor de sucias son las recámaras, nomás vieras; hay hasta telarañas.
MARI: ¿En qué vas a ocupar entonces la otra? ¿Un cuarto de televisión?
SARA: Jorge quiere poner ahí dizque su oficina. Ésa es la nueva ocurrencia de mi esposito. Con eso me salió, imagínate... Según él, va a renunciar a la compañía y va a poner una agencia de publicidad por su cuenta.
MARI: Oye, qué bien.
SARA: Qué bien ni qué nada, está loco. Con qué ojos y con qué prestigio va a montar él una agencia que valga la pena y a conseguir clientes importantes. Nos vamos a morir de hambre. Otros, con más experiencia y más relaciones han quebrado. Sin ir más lejos: Gómez Trejo, uno que trabajaba en su oficina, el jefe de medios, renunció hace como dos años para independizarse y tronó en una forma espantosa... Ah, no, pero Jorge dice que él ya tiene muy estudiado el asunto, y con dos clientes que ya da por seguros, se cree el amo de la publicidad en México... Es una idiotez, Mari; se lo han dicho Vázquez, y Manuel Laviña, y se lo he dicho yo. Pero, uy, que no me atreva a tocar el asunto y a meterme en lo que no entiendo, porque el señor se pone frenético.
MARI: Bueno, yo no sé de esto, pero a mí me parece que es muy justo que quiera independizarse.
SARA: No en esta clase de negocios, Mari. Así como piensa hacerlo es un error... En fin, todavía no es nada seguro, como pasa siempre con sus ideas geniales. Acuérdate del laboratorio de fotografía. Acuérdate... Ya no me extrañaría nadita que mañana mismo me llegara con la noticia de que se quiere meter de aviador.
MARI *(después de pausa):* ¿Dónde van a comer?
SARA: ¿Cuándo?

Mari: Hoy. Luego que acaben la mudanza.

Sara: Ah, no. Qué vamos a acabar hoy. Ojalá. Aquí nos vamos a estar todo el santo día, y todavía para mañana y pasado voy a tener un montonal de quehacer, ya verás. Por eso me chocan las mudanzas.

Mari: A mí me encantan.

Sara: ¿Las mudanzas? Será porque nunca te has cambiado.

Mari: Dos veces nada más, pero me encantan. Es padre ir a vivir a otro lado. Todo diferente. Distinto. El rumbo, la casa, los vecinos. Se siente como el chance de empezar otra vez desde cero, ¿no?, con nuevos propósitos y nuevos planes. Ya con que cambie el lugar donde están tus muebles y tus cosas, y tires a la basura un montón de tiliches, ya con eso te sientes otra... A mí me encanta.

Sara: Si hubiera quien se encargara de toda la monserga del cambio yo diría lo mismo. Así, sí.

Mari: Ésa es parte de la emoción.

Sara: Pero qué tiene de emocionante ponerte a empacar cosas, y a llenar cajas, y a tirar mugres.

Mari: Sí, todo eso.

Sara: Pues a mí me pone de un humor de los diablos. Y a Jorge peor, ya lo viste... Ay, no, es una lata. Cuando era soltera, de niña, nos pasamos la vida cambiándonos porque mi papá no aguantaba vivir mucho tiempo en un mismo sitio. Pensaba igual que tú. Creía que cambiándonos a otra parte le iban a mejorar las cosas en los negocios y con mi mamá. Y nunca mejoró nada, ni cuando se divorciaron. Le fue peor.

Mari: Bueno, eso allá cada quien. *(Transición.)* Te decía de la comida porque puedo ir a comprarles unas tortas para que no tengan que salir.

Sara: Hice sángüiches, Mari, gracias. Te digo que ya sé lo qué es esto... Lo que sí es que tú te vas cuando quieras, ¿eh? No vas a echar a perder tu domingo por nuestra culpa.

Mari: Yo me quedo hasta que acaben, no faltaba más. Para eso vine.

Sara: Me da pena, Mari.

Mari: Uy, sí, qué pena. Pues aguántatela.

Se escuchan ruidos afuera, provenientes de la calle, y Mari se encamina hacia la puerta.

MARI: Ya llegó Jorge. Ahí están.
SARA: Vaya.

Mientras Sara hace a un lado una porción de basura que podría estorbar las acciones de la mudanza, Mari sale al jardín. Se le oye hablar desde ahí con Jorge. Éste carga los restos de una caja desfondada llena de libros y discos.

MARI: Cuidado, se te están cayendo. A ver, espérate, yo te ayudo.
JORGE: No, no, déjame. Es peor.
MARI: Espérate.

Entra Jorge cargando la caja desfondada. Detrás, Mari con un pequeño altero de libros.

SARA: ¿Por qué te tardaste tanto?
JORGE: ¡Y lo preguntas! ¿Qué no ves?
SARA: ¿Qué pasó?

Jorge deja caer la caja al pie de una pared del fondo. Ahí, Mari pone luego los libros que ella carga.

SARA: Se van a romper los discos, no seas bárbaro.
JORGE: Si se rompieron ya se rompieron. Te lo dije. Pero tú necia. Te dije que amarraras las cajas.
SARA: ¿Se desbarataron?
JORGE: Claro que se desbarataron. Y a media banqueta, cuando iban a subirlas al camión… Un regadero de libros y de mugres espantoso. Mejor me los traje en la cajuela.
SARA: Pero si yo amarré las cajas.
JORGE: Si las hubieras amarrado no se hubieran roto, carajo… Voy por lo demás.
MARI: Te ayudo.

Jorge va a salir, seguido de Mari.

SARA: Las llaves, Jorge… ¡Jorge!

Jorge se detiene.

JORGE: Qué.

SARA: Las llaves. Está cerrada la puerta de la cocina y la de arriba.

JORGE: ¿Cerrada? (*Pausa. Extrae de su bolsillo una llave solitaria.*) Yo sólo tengo la llave de la entrada; fue la única que me dio el licenciado... ¿Ustedes cómo entraron?

SARA: Estaba abierto.

MARI: De veras. Ni cuenta nos dimos.

JORGE: ¿Cómo abierto? ¿No te la di, Sara?

SARA: No me diste nada.

JORGE: ¡Carajo!, no puede ser.

Jorge regresa hacia la puerta de la cocina, y trata de abrirla forcejeando inútilmente.

SARA: Ay, Jorge, no me digas que se te olvidó pedir las llaves. Ahora cómo vamos a meter los muebles de la recámara, y el refrigerador... Ya están aquí los hombres.

Mientras Jorge acude a forcejear ahora la puerta que da a las habitaciones interiores, entra el cargador-jefe seguido de dos cargadores que conducen, sujetándolo mediante correas, un pesado baúl.

SARA (*a Mari*): Siempre nos han de pasar estas cosas. Es de un desmemoriado...

JORGE: Mejor cállate, Sara; no empieces.

MARI: Yo voy a recoger las llaves, no hay problema. En un ratito voy y vuelvo.

CARGADOR-JEFE: ¿Dónde va esto?

Sara reacciona ante la voz del cargador-jefe. Acude a rectificar el rumbo de los cargadores.

SARA: No, no, espérense. Déjenme ver. (*Reflexiona durante segundos:*) ¿Dónde acomodamos el baúl, Jorge?... ¡Jorge!

JORGE (*ocupado, forcejeando la puerta*): Donde sea. Da lo mismo.

SARA: ¿En la sala?

JORGE (*no responde, murmura para sí mismo, por la chapa*): Me lleva la chingada.

SARA (*a los cargadores*): Por aquí, por favor. (*Transición. Rectifica después de un lapso.*) Perdón, no; por acá. Mejor acá. (*A Mari:*) Tengo que buscarle un lugar donde luzca y no estorbe.

La mudanza

MARI: Estoy enamorada de tu baúl.

SARA *(a Mari)*: Ahí se ve bien, ¿no te parece? Porque de este lado voy a poner la sala y allá el comedor.

CARGADOR-JEFE: Usted dice, seño.

SARA: Sí, sí, ahí, por favor, junto a la pared... Ahí mero.

MARI: Es pesadísimo, ¿verdad?

SARA: Y más que lo llené de ropa y de triques ya para no empacar.

MARI: Cuando te aburras y pienses venderlo, aquí tienes una compradora. Te pago lo que quieras.

SARA: Eso nunca. Era de mi bisabuelo, estaba en la hacienda. No sabes lo que tuve que pelear con la familia para quedarme con él.

MARI: Es precioso.

El baúl ha quedado en un lugar sobresaliente del escenario. Los cargadores obedecen al cargador-jefe antes de salir en busca de más muebles.

CARGADOR-JEFE: No me dejen aquí las correas, qué están pensando... Tú mejor carga con el Pelón. Deja a éste con Lucho... Pero sin dormirse, órale.

A partir de este momento, la tarea de la mudanza se desarrolla imparablemente, consumiendo el tiempo lógico, real, que implica tal acción. En ella participan, empleando expresiones ad libitum *propias de las operaciones específicas de cada instante, cuatro cargadores, y el cargador-jefe que también conduce muebles y cajas. No se marcan todas las entradas y salidas, ni se especifican los distintos muebles, más que cuando así lo obliga una relación directa con el diálogo o la acción de los protagonistas.*

SARA *(a Jorge, quien permanece inmóvil, pensativo, conteniendo su mal humor)*: Hay que ir volando por las llaves, Jorge, no te quedes ahí parado.

MARI: Dime dónde vive el dueño y yo voy.

SARA: Pero rapidito.

JORGE: Es que no sé. Nada más conozco su oficina.

MARI: ¡Híjole, y en domingo!

SARA: ¿No sabes dónde vive el dueño?

JORGE: No.

SARA: No sabes.

JORGE: No, ni me dio su teléfono.

SARA: Pero es el colmo, Jorge, el colmo. ¡Cómo se te olvida una cosa tan tonta! Eres un desastre... ¿Ves por qué te digo que me dejes a mí encargarme de estos negocios?
JORGE *(interrumpiendo):* ¡Cállate y no friegues!
SARA: El que se debe callar eres tú, grosero. Todavía que se te olvidan las llaves.
JORGE: ¡Que te calles!
SARA *(dominándose):* No me grites. Por favor, no me grites, y menos delante de Mari.
MARI: Cálmate, Sara, no tiene importancia. Buscamos el teléfono del dueño en el directorio o voy por un cerrajero.

Jorge cruza para salir hacia la calle.

JORGE: En domingo no encuentras un cerrajero ni de milagro.
SARA *(a Jorge):* ¿A dónde vas?
MARI: Hay un cerrajero en Universidad, frente a la casa de Leonor; creo que abre los domingos.
SARA: ¿Sabes siquiera el nombre completo del licenciado, Jorge?
JORGE: ¿Qué dices?
SARA: Que si sabes el nombre completo del licenciado, para buscar su teléfono en el directorio.
JORGE *(con sarcasmo):* Ah, claro que lo sé, pero es un secreto profesional... ¡Idiota!
SARA: ¡Idiota, tú!

Jorge sale, dejando a Sara con un ademán de rabia en el aire.

SARA: Ves cómo me trata, Mari. Ves cómo se pone conmigo sin que yo le haga nada. Para que luego lo defiendas y digas si tengo razón o no.
MARI: No le hagas caso.
SARA: Qué culpa tengo de que se le olviden las cosas, caramba. Que descargue su rabia con sus narices. Por qué se desquita conmigo. No hay derecho.

Entran los cargadores con un sofá. El cargador-jefe trae una pequeña mesa.

MARI (*advirtiendo a Sara, que parece distraída*): Ahí traen la sala.
SARA (*en transición, al cargador-jefe*): Por aquí, señor. Acá. El sofá al centro y los dos sillones a los lados... De este lado me pone la televisión...
CARGADOR-JEFE (*a los cargadores*): Acá, muchachos, llegándole.
SARA: Pero con cuidado, por favor. Ya mero me rompían la pantalla en el departamento.
CARGADOR-JEFE: No pasó nada. Usted no se apure, tenemos experiencia.
SARA: Se lo advierto otra vez. (*Transición.*) De una vez le digo cómo van los muebles, ¿no?
CARGADOR-JEFE: De una vez.
SARA: En esta parte van los muebles del comedor. El aparador grande allí. Ah, no, allá. Espéreme, déjeme ver. Bueno, ahorita vemos y le digo.
CARGADOR-JEFE: Usted me dice, señora. (*Transición.*) Apurándose, muchachos. (*A otros cargadores que llegan:*) Sosténle bien, Pelón. Sosténle. Ahí pasa.
SARA: Oiga, señor, como cuánto tardan.
CARGADOR-JEFE: En qué.
SARA: En la mudanza. Cuánto tiempo se llevan.
CARGADOR-JEFE: Una media hora... Es un solo piso, ¿verdad?
MARI: Sí, está muy fácil.
CARGADOR-JEFE: Media hora... cuarenta minutos.
SARA: Porque tenemos un problema, ¿sabe? Se quedó cerrada la cocina y las recámaras de arriba, y vamos a tener que ir por un cerrajero.
CARGADOR-JEFE: Ah, caray.
MARI: Yo voy ahorita por el cerrajero aquí cerca.
SARA: Nada más quería que nos esperara un rato, por favor, en lo que tardan en abrir la puerta.
MARI: La abren en un segundo.
CARGADOR-JEFE: Lo malo es que nosotros no podemos esperar, seño.
MARI: Es un momentito.
SARA: Pueden ir sacando las cosas del comedor y todo lo que va aquí.
CARGADOR-JEFE: Sí, pero yo tengo todavía otra orden de trabajo. Ando con mi tiempo muy apretado... Si en lo que estamos aquí ustedes arreglan su asunto, pues no hay problema. Pero yo no puedo hacer nada.
MARI: Puede esperar un ratito, no sea malo.
SARA: Nada más le pido que dejen para el último los muebles de la recámara y el refrigerador, y algunas cajas... Ahí después le doy una buena propina.

CARGADOR-JEFE: No es eso, seño; es que nosotros tenemos que ir sacando por fuerza las cosas del camión tal como vienen. No hay modo de estar escogiendo qué sale primero y qué sacamos después. Venga a ver si quiere el camión para que vea que no la engaño.

El cargador-jefe y Sara se encaminan hacia la puerta de salida.

SARA: Pero no puede dejarnos todo amontonado en la sala. Nosotros qué hacemos. *(En relación con los cargadores que llegan con algunos muebles:)* Eso es del comedor.
MARI *(a los cargadores, aprestándose a dirigir la operación)*: Por acá. Por acá, señor.

Sara y el cargador-jefe salen. Su voz se escucha fuera, en el jardín.

SARA: Cuando se les contrata, ustedes se comprometen a dejar todo en orden.
CARGADOR-JEFE: Esto no es mi culpa, seño.

Mari dirige momentáneamente las operaciones de los cargadores.

MARI: Con cuidado, por favor. Cuidado.

Casi simultáneamente a la salida de Sara y el cargador-jefe ha entrado Jorge. Trae en las manos un desarmador y algunas otras herramientas. Va directamente hacia la puerta de la cocina. Acciona la chapa, con evidentes muestras de mal humor. A él se dirige Mari.

MARI: ¿Por qué andas tan enojado? Estás que avientas chispas.
JORGE: No es contigo.

Jorge se vuelve hacia ella, sin abandonar su posición en cuclillas, y acaricia con un ademán que parece acostumbrado los glúteos de Mari. Ésta interrumpe el ademán.

MARI: Jorge... No...

Jorge insiste con una caricia erótica, que Mari tolera por segundos, con satisfacción.

La mudanza

MARI: Te van a ver.

JORGE (*suspende la caricia; en transición*): Esta Sara me enfurece.

MARI: También tú eres muy grosero con ella.

JORGE: Ya no la aguanto. Habías de ver cómo ha andado toda la semana: friegue y friegue y friegue.

MARI: Y tú no.

JORGE: Yo también, pero cómo no voy a encabronarme. A la hora de la hora, cuando ya estaba todo arreglado, me salió con que no quería cambiarse, que no le gustaba la casa.

MARI: Pues yo la veo bastante ilusionada.

JORGE: No sabe lo que quiere.

MARI: Tú tampoco, Jorge.

JORGE: Yo tampoco qué.

MARI: Tú tampoco sabes lo que quieres. Nunca lo has sabido. Eres incapaz de tomar una decisión.

JORGE: De qué hablas.

MARI (*en transición*): Voy por el cerrajero. A ver si consigo uno antes de que terminen los cargadores.

Mari sale rápidamente. Jorge permanece pensativo durante un breve lapso. Luego regresa a su tarea sobre la puerta de la cocina. Se afana. Sólo se interrumpe cuando es solicitado por los cargadores, a quienes dirige respecto a la colocación de los muebles que han traído.

CARGADOR: ¿Por dónde, joven?

JORGE: Eso va de aquel lado... Por acá. Más acá. Ahí.

Con expresiones ad libitum, *Jorge sigue orientando la acción. Luego regresa a la puerta de la cocina. Su impotencia lo fastidia y decide intentar en la puerta que da a las habitaciones interiores. Acciona en ella tratando de abrir la chapa. Entra Sara. Carga la bolsa donde puso el lunch y otra donde guardó algunos refrescos y cervezas de lata. Coloca todo en un lugar visible.*

SARA: Dejaste abierta la cajuela.

JORGE: Todavía no acabo de sacar los libros.

SARA: Pero cualquiera que pase puede robarse lo que quiera.

JORGE: Ahí están los de la mudanza.

SARA (*con burla*): Mira nomás. Ésos son peor.

JORGE: Pues ve a cuidarlos, ora, para que luego no me eches a mí la culpa si se pierde algo.

SARA (*después de pausa*): Son bien desconsiderados, caray. El señor del camión dice que no; que él por ningún motivo se espera a que venga el cerrajero, ni nada. Él amontona todo a donde caiga, y adiós... Le ofrecí cincuenta pesos, pero ni así. Mulas que son.

JORGE: Tienen su tiempo medido.

SARA: Pero qué es para ellos media hora más o media hora menos, ni que los anduvieran correteando con un látigo. Vas a ver que cuando Mari llegue con el cerrajero, los muy desgraciados ya no van a querer subir las cosas de la recámara.

JORGE: No va a conseguir cerrajero en ningún lado, no seas necia.

SARA: Oye, ¿y no se podrían meter los muebles por las ventanas de afuera?

JORGE: Tienen rejas, ¿qué no has visto?

SARA: Cierto.

Dirigiéndose entre sí con las características expresiones del oficio, dos cargadores cruzan la puerta de entrada sujetando un pesado mueble, perteneciente al comedor. Chocan con el marco de la puerta y producen un gran ruido que alerta a Sara, pero apenas se detienen en su viaje. Sara va hacia ellos rápidamente.

SARA: ¿Qué pasó?... Oigan, pero qué hacen, no sean brutos, miren nada más. Pero cómo meten así las cosas, Dios mío, se los dije, cómo no ven por dónde caminan. Ya lo rayaron todito.

CARGADOR 1: Es que...

CARGADOR 2: Te lo estoy diciendo, Pelón, hombre, no te sueltes.

SARA: ¡Jorge! Ven a ver qué rayadota, Jorge. Qué brutos, caramba. Miren nada más.

CARGADOR 2 (*reanudando el viaje*): Con cuidado, Pelón. Órale, aguántale.

CARGADOR 1: Párate.

CARGADOR 2: ¿Ya listo?

CARGADOR 1: Ora sí.

CARGADOR 2: Amos... amos.

CARGADOR 1: Viene.

SARA: Se los advertí mil veces. Son muebles muy finos... Ven a ver, Jorge.

Jorge abandona su tarea y va hasta el mueble.

SARA: Es increíble, caray. *(A Jorge, señalándole el rayón:)* Mira, mira qué rayón le dieron. Mira hasta dónde llega.
JORGE *(tranquilo)*: Qué barbaridad.
SARA: Y eso no tiene remedio, eh. Lo fastidiaron de plano.
JORGE: Va a haber que darle una pulida.
SARA: Pero con una pulida no se arregla, es grandísimo. Mira. Mira, Jorge. Y aquí. Y aquí... pero qué descuidados son ustedes, caramba, qué descuidados, qué brutos.
JORGE: Ya no hagas escándalos, Sara. Ya ni modo.
SARA: ¿Cómo que ni modo? ¿Te parece poco?

Jorge regresa a su tarea en la puerta. Los cargadores miran silenciosos el desperfecto. Entra el cargador-jefe. A él se dirige Sara.

SARA: Mire lo que me hicieron sus hombres. Venga a ver. Acérquese. Me echaron a perder el mueble. Nada más vea... Lo aventaron contra la puerta como si estuvieran cargando huacales, piedras... Y mire, mire qué trancazo. ¿Ya vio? Esto no tiene remedio.
CARGADOR-JEFE: Cómo estuvo, muchachos.
CARGADOR 2: El Pelón, que se me aflojó.
CARGADOR 1: Me agarró torcido.
CARGADOR 2: Porque estás baboseando, buey.
CARGADOR-JEFE: Te dije que éstos los metieras con Lucho. *(Examina el mueble.)* Bueno...
SARA *(indicando)*: De aquí hasta acá. Todo esto. Esto. Mire hasta dónde baja... Es que no tienen cuidado. Son muebles finos, se lo dije... Tiéntele.
CARGADOR-JEFE: Sí, qué lástima... Menos mal que no es muy hondo.
SARA: ¿No es muy hondo? Pues no sé entonces qué será hondo para usted. ¡Tiéntele!... Ah, no, yo no sé lo que piense, pero a mí me pagan este mueble, eso sí que sí. Me lo pagan y requete pagan. Cómo de que no.
CARGADOR-JEFE *(a los cargadores)*: Échenle con lo demás. Y tú mejor agárrate a Lucho para todo lo grande. Pero abusados.

Los cargadores salen. Entran otros a quienes dirige Jorge brevemente.

Cargador-jefe (*a uno de los cargadores que va entrando*): Oye, Lucho, tú le sigues luego con el Pelón. Y mucho ojo.

Cargador 3: Está bueno.

Sara: Yo no sé qué clase de gente contratan ustedes, caray. No tienen cuidado con las cosas. Se ve que no saben apreciar lo que es un mueble fino. Parecen animales.

Cargador-jefe: Son accidentes involuntarios, seño.

Sara: Y presumen de ser una compañía seria, eh. Y así cobran.

Cargador-jefe: Somos una compañía seria.

Sara: No parece. (*En relación con el mueble:*) Pero qué bárbaros. Todavía no lo puedo creer.

Cargador-jefe: De eso no se apure que la compañía responde.

Sara: ¿Y cómo responde?

Cargador-jefe: Hasta dejarla a usted contenta.

Sara: Me tienen que pagar el mueble.

Cargador-jefe: Usted escriba su reclamación en un papel, y yo se la firmo de visto bueno… El lunes en la mañana habla por teléfono a la oficina y le mandan un experto. Ahí con él se arregla.

Sara: Ya me imagino el cuento que me va a hacer su experto.

Cargador-jefe: No, la mudanza está garantizada.

Sara: ¿Y quién me va a componer el mueble? ¿Ustedes? No va a quedar igual. Imposible.

Cargador-jefe: Con el experto se arregla, seño. (*Le tiende una libreta.*) ¿Quiere pluma?

Sara toma el papel y la pluma que el cargador-jefe le tiende. Se apresta a escribir.

Cargador-jefe: Ahí escriba usted su queja. Rayones en un mueble, así y asado… Yo se lo firmo aceptando.

Sara: Puras mentiras.

El cargador-jefe se dirige a los cargadores que entran. Los dirige.

Cargador-jefe: Viene, viene, viene, viene. Ahí pasa. Derecho. (*A Jorge, quien sigue junto a la puerta:*) Esto en el mismo lado, ¿verdad? (*Jorge asiente.*) Volando, muchachos. No se me aplasten.

El cargador-jefe va hasta Jorge y lo observa en su inútil acción sobre la chapa.

CARGADOR-JEFE: ¿No quiere abrirse la puerta, patrón?
JORGE: No, no quiere.
CARGADOR-JEFE: Se ve difícil la chapita esta.
JORGE: Es inútil.
CARGADOR-JEFE: Yo lo que siento es que no voy a poder esperar a su cerrajero. Le voy a tener que dejar todo aquí.
JORGE: Qué lata.
CARGADOR-JEFE: Pero como le decía a su señora: el lunes, ya cuando hayan abierto la oficina, puede hablar a la compañía y le mandan dos hombres para que le acomoden las cosas en un ratito.
SARA (*aproximándose y tendiéndole el papel*): Aquí está.
CARGADOR-JEFE (*examina el escrito*): Perfecto. (*Firma y se lo entrega a Sara.*)
SARA: A ver si deveras sirve de algo.
CARGADOR-JEFE: Claro que sirve. Le digo que la mudanza está garantizada.
SARA: Ojalá, porque soy capaz de armar un escándalo que va usted a ver. A mí me pagan mi mueble, o los demando.
CARGADOR-JEFE: Ni se apure. Guarde el papelito y se lo da al empleado cuando venga. No hay problema. Con permiso.

El cargador-jefe sale para seguir dirigiendo las acciones. Durante unos segundos, Sara permanece en silencio frente a Jorge. Éste sacude y se frota un dedo que momentos antes parece haberse lastimado tratando de abrir la cerradura.

SARA: A ti no te importa nada de lo que pase, ¿verdad? Te da lo mismo que fastidien o no fastidien los muebles. ¡Qué le hace! ¡No es nada!... Tranquilamente me dejas que yo sea la que reclame y proteste, que tú, no, para qué se va a molestar el señor. Mejor se pone a platicar con el fulano este como si fuera tu gran amigo o nos estuviera sirviendo a las mil maravillas... Qué poco hombre eres, Jorge.
JORGE: ¿Ya acabaste?
SARA: Qué poco te importa todo.
JORGE: ¡Déjame en paz!
SARA: Ah, y ahora vas a gritarme a mí. Eso sí, ¿verdad? A mí sí puedes reclamarme y gritarme lo que se te antoje, pero no eres capaz de protestar por

un destrozo como el que nos acaban de hacer... Con ellos no te atreves, claro, ni pensarlo. No se vayan a enojar los pobrecitos cargadores.

JORGE: Por favor, Sara, no quiero discutir. Bastantes contratiempos hemos tenido toda la semana.

SARA: Contratiempos causados por tu culpa.

JORGE: Sí, por mi culpa.

SARA: Tú eres el que ha andado de mal humor todo el tiempo.

JORGE: Sí, yo...

SARA: Insultándome a todas horas. Reclamándome.

JORGE: Mira quién está reclamando.

SARA: Yo no empecé.

JORGE: No, tú nunca empiezas nada. Eres una santa.

SARA: Nunca he dicho que sea una santa; pero fuiste tú, Jorge, esta vez fuiste tú el que puso las cosas así desde que empezamos el cambio... Yo traté de no hacer caso, bien lo sabes. Me aguanté todo lo que pude cuando llegabas con tu carota y con tus modos. No quería pensar que era conmigo, sino que andabas nervioso por tanto problema. Hice todo lo posible por aguantarme y ser comprensiva.

JORGE: Pobrecita de ti.

SARA: Sí, pobrecita, aunque te burles... Hoy en la mañana, hoy mismo, a ver: ¿no me levanté de buen humor?, ¿no estaba toda animosa y dispuesta a trabajar duro en la mudanza? Me choca la mudanza, como a ti, como a todos, pero me hice el propósito, me dije muy firmemente que no me iba a poner de malas, que iba a estar muy bien contigo para que todo fuera menos pesado. Y me propuse pensar en las ventajas de la nueva casa y en que íbamos a cambiar de vida para bien de los dos; de nuestro matrimonio, Jorge.

JORGE: ¿Después de todos los defectos que le pusiste a la casa? ¿Después de que me gritaste que estaba horrible?

SARA: No te grité.

JORGE: Me gritaste.

SARA: Bueno, sí, pero ya no iba a pensar en eso. Te pedí perdón.

JORGE: Tú todo lo quieres arreglar pidiendo perdón.

SARA: Acepté que nos cambiáramos. Qué mejor prueba te puedo dar de que me someto a tus decisiones... Y estaba contenta en la mañana, eso no me lo puedes negar.

JORGE (*indica a los cargadores*): Cállate, te están oyendo.
SARA: El que empezó con sus malos modos fuiste tú, desde temprano, por la maldita rasuradora.
JORGE: Te están oyendo. (*Avanza hacia los cargadores para dirigirlos:*) Eso no va ahí.
CARGADOR: ¡Dónde!
JORGE: En el rincón. (*Se acerca. Los dirige durante un lapso.*) Todas las cajas me las pone de este lado, por favor, donde no estorben.

Los cargadores accionan. Sara se aproxima hasta donde se encuentra Jorge, vigilante.

SARA: No te gusta que te diga lo que no te conviene, ¿verdad?
JORGE: Delante de la gente, no.
SARA: Y quién fue el primero en gritarme delante de la gente. ¡Delante de Mari, ahora mismo!
JORGE: Qué necia eres, Sara.
SARA: ¡Y tú qué cobarde!

Jorge cruza la estancia y sale. Sara tarda en sobreponerse y orienta a los cargadores que siguen entrando y saliendo durante unos minutos. Llegan con el refrigerador. El cargador-jefe está presente.

SARA: Eso va en la cocina.
CARGADOR-JEFE: Pues sí, pero qué le hago, su cerrajero no llega. ¿Dónde lo ponemos mientras?
SARA: Ahí va a estorbar la puerta.
CARGADOR-JEFE: Un poco más atrás, Lucho.
SARA (*en referencia a la cabecera de la cama con la que entra otro cargador*): Y ésa es de la recámara. (*Transición.*) Oiga, ¿pero qué no pueden traer primero los otros muebles y luego meten esto?
CARGADOR-JEFE: No, ya le enseñé el camión.
SARA: Lo que pasa es que no quieren cooperar.
CARGADOR-JEFE: No es eso, seño. (*Al cargador:*) De este lado, Pelón. Todo lo que sea de la recámara lo ponen de este lado, muy bien acomodadito.
CARGADOR: ¿Y qué es lo de la recámara?
CARGADOR-JEFE: Aquí le preguntan a la señora.
SARA (*en lo suyo*): Pero así me voy a portar con ustedes, ya verá. Me voy a que-

jar con la compañía y les voy a armar un escándalo. Y nada más que no me quieran pagar mi mueble, porque va a ser peor. Yo tengo un hermano que trabaja en el gobierno. Es muy influyente.
CARGADOR-JEFE: Nosotros tratamos de servir lo mejor que se puede. Usted lo está viendo.
SARA: Estoy viendo todo lo contrario.
CARGADOR-JEFE: Pues yo lo siento mucho, señora, pero... *(A un cargador que se rezaga:)* ¡Jálale, hombre!, no te duermas. *(Transición. A Sara:)* Con permiso.

El cargador-jefe sale. Sara trata de reacomodar algunos de los muebles de la sala, al tiempo que dice a otro cargador que ha llegado con una caja:

SARA: Las cajas van aquí. Y cuidado con las que traen lo de cristal. Tienen una cinta roja y dicen frágil.

El cargador asiente. Sara insiste en reacomodar los muebles de la sala, pero no puede. Entra Jorge cargando con dificultad un nuevo altero de libros que vienen en una caja desfondada.

SARA *(a Jorge)*: Ayúdame a empujar esto.
JORGE *(después de dejar los libros)*: ¿Te vas a poner ahorita a acomodar? Déjalo para después.
SARA: Es que van a meter todo aquí y no va a caber. Ya trajeron el refrigerador, mira... ¡Qué horror! Vamos a quedar amontonadísimos.
JORGE: ¿Y qué quieres hacer?
SARA: Empujar el sofá para que quede espacio; siquiera para que pueda pasar.
JORGE: Hay espacio de sobra.
SARA: Eso crees. *(Insiste a Jorge, que continúa inmóvil:)* Dime de una vez si no quieres ayudarme para pedírselo a un cargador.
JORGE: Deja las cosas como están, no seas maniática. Ahorita de nada sirve mover nada.
SARA: ¿Vas a seguir con tus insultos?
JORGE: No te estoy insultando. Trato de decirte las cosas de la mejor forma para que entiendas.
SARA: Me estás diciendo maniática.
JORGE: Eso no es un insulto.
SARA: ¿Ah, no? ¿Qué es? ¿Una palabra de amor?

JORGE (*gruñe*): Oh. (*Se aproxima al sofá, dispuesto a moverlo.*) A ver, pues, hasta dónde quieres empujarlo.
SARA: No, no necesito de tu ayuda, gracias.
JORGE: Empuja y deja de moler.
SARA: Tú, quítate.
JORGE: Qué lata, contigo, por Dios. Estás primero fregando con que quieres una cosa, y luego no.
SARA: Pues no, así no. Si para que me ayudes en algo tengo que soportar tus insultos, mejor déjame y lárgate. Yo me puedo encargar sola de la mudanza, no te necesito para nada.
JORGE: ¿Estás hablando en serio?
SARA: Sí, lárgate.
JORGE: Eso se oye muy bien, eh.
SARA: Vete al futbol, vete con tus amigos; a donde se te antoje. Aquí nada más sirves de puro estorbo.
JORGE: Te voy a coger la palabra, Sara...
SARA: Serías muy capaz.
JORGE: Tú me lo estás pidiendo.
SARA: Claro, eres un irresponsable, siempre lo has sido. Nunca has tenido pantalones suficientes para enfrentar los problemas. A la primera dificultad sales corriendo.
JORGE: Me voy a ir de aquí, Sara, pero no sólo ahora, por un rato. Me voy a ir para siempre.
SARA: ¿Es una amenaza?
JORGE: Es una amenaza.
SARA: Uy, pues qué miedo. Mira, estoy temblando.
JORGE: Te vas a arrepentir.
SARA: Ya verás si me arrepiento.
JORGE: Ahora te haces la muy fuerte, pero ya te veré luego llorando y pidiéndome de rodillas que vuelva a tu lado.
SARA: Nunca te he pedido nada de rodillas, ni en ninguna forma.
JORGE: ¿Ah, no? ¿Nunca me has pedido nada? Qué mala memoria tienes, mi vida.
SARA: ¡Por qué no te largas de una vez!, y así como dices: para siempre.

Jorge se torna pensativo, un tanto cínico. Entre los cargadores que realizan su tarea, pasea mirando la casa.

JORGE: Para siempre... De veras que es buena idea. Resultaría muy original que el mismo día que nos cambiamos de casa, justo a media mudanza, cuando la niña soñaba en una nueva vida feliz, yo quedara nuevamente libre.
SARA: Siempre lo has sido.
JORGE: ¿Sí? Fíjate que no me había dado cuenta.
SARA: Siempre has hecho lo que te ha dado la gana sin ningún sentido de responsabilidad.
JORGE: Igual que tú, mi amor.

Un cargador entra con una mesita. Jorge está próximo.

CARGADOR: ¿Esto va en la sala?
JORGE: Yo no sé. Pregúntale a la señora. Ella es la que se va a quedar con la casa.

El cargador se desconcierta. Mira interrogativamente a Sara.

SARA *(al cargador):* En el comedor. Junto a la mesa... Ahí... Donde sea. *(A Jorge, después de pausa:)* Ya ni siquiera te importa delante de quién me insultas. Serías capaz de llamar a todos los cargadores para gritarles nuestros problemas.
JORGE: Otra buena idea de tu parte... No está mal pensado.
SARA: ¡Imbécil!
JORGE *(en farsa):* Shhh, Sara, por favor, qué van a decir.
SARA: Ese tonito cínico no te queda.
JORGE: Pues a ti sí, ¿vieras?

Con un gesto de molestia, Sara cruza hacia otro punto de la estancia para acomodar algo. Jorge la detiene de un brazo.

JORGE: ¿Qué harías si de verdad me fuera?
SARA *(con sorna):* Ah, no es todavía una decisión... Todavía lo estás pensando.
JORGE *(insistente, grave):* ¿Qué harías?

Sara lo mira fijamente. Se aparta de él.

La mudanza 367

JORGE (*nuevamente irónico*): Yo sé bien lo que harías. Primero, antes que nada, te irías corriendo al primer teléfono para contarles a todas tus amigas, llore y llore, bañada en lágrimas, la canallada de tu marido. ¡Y lo que ellas te iban a compadecer!... Pobrecita, Sara. Pobrecita. Pobrecita de ti, chula. Qué hombre más desgraciado. Qué monstruo. Así son todos: ingratos, malvados, egoístas, cínicos.

SARA (*señalando a los cargadores*): Ya, Jorge, ten un poco de educación cuando menos. Si vas a largarte, lárgate.

JORGE: Después irías a echarte a los brazos de tu hermanito, el político. Ya estoy viendo a ese petulante apapachándote el muy hipócrita. (*Remedando:*) Ya, Sarita, ya, no llores. Es mejor así. Era un mediocre sin oficio ni beneficio. Tú no te apures. Si necesitas dinero, toma. Toma. (*Transición.*) Y ahí está el chequesote. Claro, a él no le importa. No es dinero suyo. Todo se lo ha robado... ¡Comemierda!

SARA: No te burlabas así de mi hermano cuando lo necesitabas, ¿verdad?

JORGE: Es un miserable como todos los de su clase.

SARA: Pero bien que lo caravaneabas, y le reías sus chistes para que te consiguiera una chamba.

JORGE: Nunca me consiguió nada. Puro jarabe de pico.

SARA: ¿Ah, no? ¿Y por quién entraste a la agencia?

JORGE: No fue por él.

SARA: Claro que fue por él.

JORGE: No es cierto.

SARA: Claro que sí. ¿Quién le habló entonces al señor Ramírez?

JORGE: Yo fui a ver a Ramírez personalmente. Me dieron el trabajo por mis méritos.

SARA: Cómo te gusta engañarte, Jorge. Qué pronto olvidas lo que te han ayudado los demás. Tú solo nunca has hecho ni harás nada. Absolutamente nada, mi amor. Ya estás grandecito para que te des cuenta de lo que vales.

JORGE: Para ti puede que no, pero...

SARA (*interrumpiendo*): ¿Valías mucho para Laura? ¿Ella sí sabía apreciar tus talentos?

JORGE: Ella me conocía mejor que tú.

SARA: Seguro, y por eso te despachó a los dos años. Ni siquiera dos años de matrimonio te aguantó la pobre.

JORGE: Tú qué sabes de eso.

SARA: Únicamente lo que tú me has contado. Me hubiera gustado haber tenido una grabadora para que ahora oyeras, tú sí que llore y llore, bañado en lágrimas, lo que me decías cuando Laura te abandonó... ¿De veras ya no te acuerdas?

Furioso, cruzando a grandes zancadas el trecho que lo separa de la puerta de entrada, Jorge busca la salida. Dos cargadores, seguidos del cargador-jefe, vienen llegando con un mueble.

CARGADOR (*hacia Jorge, que sale distraído*): ¡El golpe!

Jorge choca con el mueble que traen los cargadores. Recibe un fuerte golpe que a punto está de derribarlo.

CARGADOR 2: ¡Bolas!
CARGADOR 1: Le estoy gritando el golpe, patrón.
CARGADOR-JEFE: Cuidado, señor. Estamos entrando. (*Transición. Va hacia Jorge, quien se duele.*) ¿Se lastimó?... A ver, espéreme. Perdón por el trancazo, pero también usted que no se fija.

Jorge hace a un lado al cargador-jefe que trata de auxiliarlo de algún modo, y aún con muestras evidentes de dolor, sale de la casa. Sara se ha quedado a medio camino, luego de su intención de ir hacia Jorge en el momento del accidente. Se detiene frente al cargador-jefe.

CARGADOR-JEFE: No tuvimos la culpa. Usted vio... Se llevó un golpe bien duro. (*Pausa.*) Esto también lo ponemos con lo demás, ¿no?
SARA (*asiente, distraída; transición*): Ayúdeme a arrimar el sofá, ¿quiere? Así como están metiendo las cosas no va a caber todo.
CARGADOR-JEFE: Ora mismo. Nomás llevamos esto.

El cargador-jefe ayuda a los cargadores a terminar de meter los muebles que traían. Mientras lo hacen, Sara se dirige a la puerta y desde allí parece atisbar el rumbo tomado por Jorge. Muestra por momentos intenciones de salir a la calle, hacia su marido, pero las palabras del cargador-jefe la hacen volver.

CARGADOR-JEFE: ¿Para dónde le arrimamos el sofá?
SARA: Un poco adelante nada más. Que quede más espacio de este lado.

CARGADOR-JEFE (*al cargador 2*): A ver, agárrate de ahí.

El cargador-jefe y el cargador 2 recorren el sofá.

CARGADOR-JEFE (*a Sara*): Hasta aquí, o más.
SARA: Con eso está bien.

Sara sale rápidamente hacia la calle.

CARGADOR-JEFE: Uta, qué pedo se traen, ¿viste?
CARGADOR 2: Ey.
CARGADOR-JEFE: ¿Traes cigarros?

El cargador 2 extrae una cajetilla y ofrece un cigarrillo al cargador-jefe. Ambos fuman.

CARGADOR-JEFE: Lo que siento es que no va a haber buenas aguas. Pinche gente. Va a estar como el otro sábado, en Las Lomas. ¿Tú no fuiste con nosotros?
CARGADOR 2: ¿Cuándo?
CARGADOR-JEFE: Ah, no, andabas con el Guacho... ¿No te contaron? Pues nomás pregúntale al Pelón. Jijo, qué escándalo. Puras desgracias pasaron ese día. Primero el accidente de Salvador.
CARGADOR 2: Sí, pobre Chava.
CARGADOR-JEFE: ¿Te contaron?
CARGADOR 2: Algo.
CARGADOR-JEFE: Estuvo horrible. Andábamos subiendo un pinche burro, enorme, por una escalera, y que se le bota la correa al pobre güey. No sé cómo estuvo, pero, ¡mocos!, se le vino encima. Estuvo bien raro. Yo todavía no entiendo cómo el pendejo de Chava se dio el atorón.
CARGADOR 2: Que se le rompió una costilla, ¿no?
CARGADOR-JEFE: Tres. Y deja eso. Eso hubiera sido lo menos peor. Quién sabe qué se le desgarró allá adentro en las tripas.
CARGADOR 2: Pero que ya sigue mejor, me dijo el Guacho.
CARGADOR-JEFE: Quién sabe. Lo que sí es que yo no sé de qué la va a hacer el pobre cuate.
CARGADOR 2: De albañil, ésa era su chamba.
CARGADOR-JEFE: Ya ni para eso. (*Transición.*) Bueno, pues ese mismo día, toda-

vía luego del accidente, se armó un escándalo con el pinche dueño de la casa. Empistolado el cabrón... A plomazos nos quería enfriar a todos el hijo de su rechingada. A ver nomás.
CARGADOR 2: Bueno, ¿y por qué?
CARGADOR-JEFE: Por sus pinches güevos... No, si te digo que fue un sábado del carajo.

El cargador-jefe se interrumpe. Jorge y Sara están entrando. Jorge va adelante, llevando libros que coloca junto a los que trajo anteriormente. Detrás, Sara llevando la base de una lámpara y algunos otros objetos.

CARGADOR-JEFE *(al cargador 2):* Vamos a acabarle.

El cargador-jefe y el cargador 2 cruzan delante de Sara, hacia la salida.

SARA *(al cargador-jefe):* Ya les dije a sus hombres que tengan cuidado con las cajas de la vajilla. Llevan una cinta roja y dicen frágil.
CARGADOR-JEFE: No tenga pendiente, seño.
SARA: Pero de veras, por favor, porque luego ni caso me hacen. Ahorita que fui al camión las estaban arrimando sin ningún cuidado.
CARGADOR-JEFE: Yo voy a estar al tanto.
SARA: Caray, porque ya son muchos percances.
CARGADOR-JEFE: No se apure. *(Gritando hacia afuera, hacia un cargador:)* ¡Despacio, despacio! Fíjate por dónde andas, buey.

El cargador-jefe y el cargador 2 salen. Durante un lapso considerable siguen entrando y saliendo cargadores en ininterrumpidos viajes. Sara señala sitios; tiempo después se dirige a Jorge, quien ha ido hasta un extremo de la estancia y se duele de una pierna. Cojea.

SARA: Déjame verte. Puede ser algo serio.
JORGE: No es nada.
SARA: No seas terco.
JORGE: Y qué ganas.
SARA: Te pongo una pomada, hombre. Ahí está el iodex en el botiquín.
JORGE: Las pomadas no sirven.
SARA: Haz lo que quieras entonces.

Jorge toma asiento en un sillón, mientras Sara dirige durante un nuevo y prolongado lapso operaciones de los cargadores. Regresa a Jorge cuando sólo ellos dos están en escena, momentáneamente.

SARA: Quiero pedirte perdón, Jorge.
JORGE: ¿De qué?
SARA: De lo que te dije. De las tonterías que hemos estado diciéndonos toda la mañana.
JORGE: Yo no creo que sean tonterías.
SARA: Sí, lo son. Ni tú ni yo pensamos así, estoy segura... Lo que pasa es que tenemos mal carácter, somos muy susceptibles, y cualquier cosita nos prende como cohetes. No es el momento de echarlo todo a perder ahora que estamos empezando a vivir en esta casa.
JORGE: Que a ti no te gusta.
Sara: Sí me gusta, y me va a gustar más cuando todo se componga.
JORGE: Según tú, ¿qué es lo que se va a componer?
SARA: Todo... Tú y yo. Nuestro matrimonio.
JORGE: Eso está peor que las cajas que se rompieron.
SARA: Todavía podemos salvarlo.

Jorge ríe suave, irónicamente.

SARA: Por qué te ríes.
JORGE: Por lo cursi que eres a veces... Primero echas fuera tu coraje, me dices hasta la despedida, y ya que te descargas vienes toda arrepentida a tratar de componer lo que tú misma descompusiste.
SARA: Qué tiene de malo que quiera componerlo.
JORGE: Que no eres sincera. *(Brusca transición.)* Bueno, ya, no empecemos otra vez.

Jorge se levanta y se dirige al cargador-jefe, atento a las operaciones. Sara va a ir hacia Jorge, pero la presencia del cargador-jefe la hace desistir. Se ocupa en reacomodar objetos.

JORGE: ¿Ya mero?
CARGADOR-JEFE: Ya mero, patrón.
JORGE: Nos van a dejar un desorden espantoso.

CARGADOR-JEFE: Pues no llegó su cerrajero, qué le hacemos.
JORGE (*respecto al tocador de la recámara, que dos cargadores introducen*): Y eso dónde lo va a poner.
CARGADOR-JEFE: Usted dice.
JORGE: En cualquier parte es un estorbo.
CARGADOR-JEFE: Puede ser ahí nada más, por lo pronto. Ya mañana lo suben. (*Después que Jorge asiente, con resignación.*) Ahí, ahí, muchachos.

Los cargadores sitúan el mueble, reflejando esfuerzo durante la tarea.

JORGE: Pesadito su trabajo.
CARGADOR-JEFE: Bastante.
JORGE: Pero no ganan mal, ¿o sí?
CARGADOR-JEFE: Pues qué le diré.
JORGE: Salario mínimo cuando menos, a la de a fuerzas.
CARGADOR-JEFE: Los que están en el sindicato.
JORGE: ¿Y cuántos están?
CARGADOR-JEFE: De aquí, uuhhh…
JORGE: ¿Ninguno? ¿Ni usted?
CARGADOR-JEFE: Es un trabajo muy irregular. No todos lo tienen de fijo, siempre. Hay temporadas en que los muchachos no agarran viaje fácilmente.
JORGE: Bueno, pero es un trabajo muy simple. No se necesita saber nada.
CARGADOR-JEFE: No se crea.
JORGE: Con tener músculo y fibra se acabó. Cualquiera sirve.
CARGADOR-JEFE: No es nomás cosa de fibra. Tiene su maña.
JORGE: ¿Usted lleva mucho trabajando en esto?
CARGADOR-JEFE: Alguito. Ya voy para seis años.
JORGE: ¿Y le gusta?
CARGADOR-JEFE: Aquí no es cosa de que le guste a uno o no le guste. Se agarra lo que hay. Hay muchos que ni esto. (*Transición. Hacia uno de los cargadores que está entrando:*) ¡Ey, tú, abusado! Sosténle bien de abajo, buey… ¡Eso!... Todo para allá, todo para allá. Las cajas de este lado.
CARGADOR: Te habla el Pelón.
CARGADOR-JEFE: Voy. (*A Jorge:*) Ahorita regreso.

Sara se acerca a Jorge, después de un lapso de mudanza.

SARA: ¿Te sigue doliendo?
JORGE: Qué.
SARA: La pierna.
JORGE: Casi no.
SARA: Cómo tarda Mari, ¿verdad?
JORGE: Se acaba de ir.
SARA: Qué, ya tiene como media hora. No debe haber encontrado cerrajero.
JORGE: Ni lo va a encontrar.
SARA: ¿Y qué vamos a hacer?
JORGE: Qué vamos a hacer de qué.
SARA: Con todo esto. Con este desorden.
JORGE: Mañana busco al licenciado y le pido las llaves. Y luego hablo a la mudanza para que nos manden dos hombres, como dice el chofer.
SARA: Lo malo es que no voy a poder desempacar hoy como había pensado.
JORGE: Se arregla lo que se pueda.
SARA: ¿Tú no te piensas ir?
JORGE: ¿A dónde?
SARA: Irte de la casa. Lo que dijiste: abandonarme.
JORGE: Hoy no... Soy un desgraciado, pero no tanto como tú crees. Y no quiero darle cuerda a tu hermanito. *(Remedando:)* ¡Pero cómo se largó ese desgraciado a media mudanza!
SARA: Pero entonces piensas irte después... otro día.
JORGE: ¿Qué no puedes dejar un instante de molestar, Sara? Si quiera espérate a que se largue esta gente y discutimos todo lo que quieras, si eso es lo que buscas.
SARA: Jorge...
JORGE: ¡Déjame un segundo en paz, por Dios!
SARA: Necesito saberlo.
JORGE: ¿No entiendes?
SARA: En este momento.
JORGE: ¡Oh!
SARA: No me importa si se entera todo el mundo. No me importa nada... Ningún caso tiene la mudanza si mañana vamos a divorciarnos.
JORGE: Por favor, sin lágrimas, Sara; sin lágrimas.
SARA: No estoy llorando.
JORGE: Vas a llorar, te estoy viendo.

SARA: Dime si te vas a ir, Jorge. *(Grita:)* ¡Dímelo!

El grito de Sara alerta a los cargadores. Sara se contiene. Se produce un largo silencio durante el cual se enfatiza alguna acción de la mudanza. Instantes después, Jorge y Sara vuelven a quedar próximos. Hablan con tranquilidad.

SARA: ¿Te vas a separar de mí?

Jorge la mira largamente.

SARA: ¿Me vas a dejar?
JORGE: No lo sé. *(Pausa.)* De veras que no lo sé.
SARA: ¿Por qué, Jorge?
JORGE: Por qué, qué.
SARA: ¿Por qué ha pasado esto? ¿Por qué se ha echado todo a perder?
JORGE: Así sucede a veces.
SARA: Debe haber alguna razón.
JORGE: Tú la sabes.
SARA: ¿Yo?
JORGE: Desde hace tres años la sabes.
SARA *(se sorprende ligeramente; pausa):* Ah, ésa es la razón... Sigue siendo por eso. Todavía no lo olvidas.
JORGE: Ya qué importa.
SARA: Pero no lo olvidas.
JORGE: Hay cosas que es difícil olvidar.
SARA: Si no se quiere olvidar sí es difícil. Y tú no quieres, aunque me lo prometiste.
JORGE: Qué simple es para ti decir: me lo prometiste. Ya con eso piensas que se borra todo de un golpe.
SARA: Yo también prometí olvidar muchas cosas... y las he olvidado.
JORGE: ¿Estás segura?
SARA: Totalmente segura... No me importa el pasado.
JORGE: Eso no es cierto.
SARA: Te juro que sí.
JORGE: Te engañas. Nadie olvida nunca por mucho que lo diga o trate de hacerlo... O será, a lo mejor, que tú eres más buena que yo.

SARA: No te burles de mí.

JORGE: No me estoy burlando. Lo digo en serio... Latosa y todo, insoportable con tus manías y con tus traiciones, pero eres mucho más optimista. Todavía piensas que se puede sacar de la basura lo que ya tiramos por inservible... Tal vez es porque no has fracasado como yo.

SARA: Tú no has fracasado.

JORGE: No he llegado a hacer la tercera parte de lo que ambicionaba.

SARA: Tienes un buen trabajo, no ganas mal.

JORGE: Un trabajo de esclavo, que odio.

SARA: Pero vas a independizarte.

JORGE *(la mira con extrañeza)*: ¿Y tú lo dices? ¿Me lo dices ahorita, después de que has sido la primera en gritarme que estoy loco?... No seas hipócrita, Sara, por favor.

SARA: Puedo cambiar de opinión. Si de veras lo tomas en serio, yo estoy dispuesta ayudarte y a sacrificarme todo lo que sea necesario.

JORGE: Hablas de sacrificarte porque eso es lo único que te preocupa, ¿verdad? Te asusta no tener las comodidades que ahora tienes... Para tus ambiciones no son muchas, pero...

SARA: Me importa mi matrimonio más que todas las comodidades.

Jorge emite una sonrisa.

SARA: De veras, Jorge... Si estamos juntos, todo lo demás sale sobrando.

JORGE *(suavemente irónico):* Qué bonito. Cuando hablas así, pareces la mera verdad.

SARA: Hemos cometido muchos errores. Yo he cometido muchos errores, pero estoy segura de que todavía es tiempo.

JORGE: Muchos errores, sí, muchísimos.

SARA: Tú no lo crees.

JORGE: ¿No creo qué? ¿Que hayamos cometido muchos errores?

SARA: Que podemos empezar de nuevo.

JORGE: No, no lo creo.

SARA: ¿Por qué?

JORGE: Porque no... Porque no hay nada ya entre nosotros. *(Transición.)* ¡No fastidies, Sara!

SARA: Podríamos tener un hijo.

JORGE: Estás loca.

SARA: No es ninguna locura tener un hijo. Hace un rato, precisamente, Mari me preguntó si la recámara iba a ser para un bebé... Soy muy cursi, como tú dices, pero cuando me habló de eso sentí una emoción muy rara de pensar que sí, que podía ser cierto... Nunca hemos vuelto a discutir del asunto. En realidad nunca hemos hablado a fondo, como debe ser. Lo decidimos una vez, y hemos ido dejando pasar y pasar el tiempo sin volver a preguntarnos si de veras no queremos tener un hijo.

JORGE: Nunca.

SARA: ¿Por qué, Jorge?

JORGE: Así, ahora, ¡Dios me libre!

SARA: Pero si las cosas fueran de otro modo, si tú y yo nos lleváramos en otra forma... ¿querrías?, ¿pensarías al menos en la posibilidad?

JORGE: Para qué te haces tonta tú misma. Sabes perfectamente lo que pienso. Lo discutimos mucho. Hablamos con toda claridad.

SARA: Solamente al principio.

JORGE: Y estuviste de acuerdo.

SARA: Pero eso fue al principio de nuestro matrimonio, Jorge.

JORGE: Te casaste conmigo sabiendo que no quería tener familia. No te des ahora por engañada después de cinco años.

SARA: Es que ése no es el punto, mi vida... Claro, yo sabía perfectamente lo que tú pensabas y estaba de acuerdo. Me parecía lo mejor esperar dos años, tres.

JORGE: Nunca puse plazos. Creo haber sido lo suficientemente claro sobre la cuestión de los niños. No sólo al principio de nuestro matrimonio, sino todo el tiempo.

SARA: Cualquiera puede cambiar de opinión.

JORGE: Yo no.

SARA: Pues yo sí, Jorge. Sobre todo después de ver lo que ha sido nuestra vida. Si hubiéramos tenido un hijo, ahora nos serviría de unión.

JORGE: ¡O de estorbo!

Un cargador, que lleva dos cajas, ha tropezado y golpeado una de ellas. Tal vez se le cae. Jorge reacciona y va rápidamente hacia él.

JORGE: ¡Cuidado! ¡Fíjese! (*A Sara:*) Las cajas. A ver si no se quebraron tus porquerías.

SARA (*acudiendo*): Ay, se los dije.

CARGADOR: Nada. Un trancacito.

SARA: Se los he estado recomendando todo el tiempo. No he hecho más que pedirles que tengan cuidado con las cajas de la vajilla... ¿Qué no ve la cinta roja? ¡Mire!

CARGADOR: No se quebró nada.

SARA: A ver, tráigalas para acá. Póngalas aquí para que las revise.

El cargador lleva las cajas hacia el lugar indicado por Sara, tal vez la mesa del comedor.

SARA: Y llame al señor, porque si también me rompieron esto me las van a tener que pagar. Esto sí que no se los aguanto.

Mientras Sara empieza a abrir una caja, auxiliada por Jorge, entra el cargador-jefe, quien alcanza las últimas palabras.

CARGADOR-JEFE: ¿Pasó algo?

CARGADOR: Nada.

SARA: Me tiró las cajas donde viene la cristalería. Las que tanto les estuve recomendando. ¿No le digo?, ustedes no hacen caso.

CARGADOR-JEFE: Ésas traélas de una en una, hombre. Te lo dije.

CARGADOR: No pasó nada.

Sara empieza a desempacar copas, que aparecen envueltas en papel periódico.

JORGE: Qué se rompió.

SARA: A ver. Voy a ver.

JORGE (*después de observar; al cargador-jefe*): Parece que no. Por suerte.

CARGADOR-JEFE: Bueno. (*En transición. A los cargadores:*) Apúrense, muchachos. Órale. Hay que acabar.

El cargador-jefe sale. La acción de los cargadores se acelera. Es notable ya la desordenada acumulación de muebles, objetos y cajas. Sara se ocupa en desempacar las copas. Jorge se halla próximo a ella después de un lapso de silencio y de acción de mudanza.

SARA: ¿Te acuerdas de estas copas? Fueron las que me regaló mi mamá.

JORGE (*observando a su alrededor*): Pero qué amontonamiento, qué bruto.

SARA (*en lo suyo*): Pobrecita. Ella tenía muchas ilusiones puestas en nuestro matrimonio. Te quería bien.

JORGE: ¿Tu madre? ¡Qué va! La mataba que te fueras a casar con un divorciado.

SARA: Antes de que te conociera. Después ya ves qué bien se portó contigo.

JORGE: Porque no le quedaba otra.

SARA: No es cierto. Ella fue la única que de veras nos ayudó... Y a mí, desde que era niña. Cómo me insistió para que estudiara una carrera. Si le hubiera hecho caso ahora tendría otros alicientes en la vida... Es muy distinto cuando una mujer, no sé, cuando una mujer puede bastarse por sí misma y tiene intereses más sólidos que la hacen sentirse más segura. Como Rosario. O como Mari... Ya ves Mari qué feliz es con su profesión. Puede hacer lo que quiera por ella misma: tener un departamento, comprarse ropa, viajar; no necesita de nadie. Y vive así, tú la ves, siempre optimista... Es muy inteligente, claro, y sabe hablar hasta de política. El otro día nos dio una cátedra, la hubieras oído, que yo me quedé con el ojo cuadrado.

JORGE: Habla más de lo que sabe.

SARA: No, no, está enteradísima. Anduvo metida en ese partido nuevo que están formando, y nos regañaba a mí y a Rosario... sobre todo a mí, que soy una papa, por lo poco que nos interesamos en lo que pasa a nuestro alrededor.

JORGE: Pura demagogia.

SARA: Pues ya quisieras tú su demagogia... De veras, Jorge, ¿no te parece a veces que vivimos en un mundo muy chiquito?

JORGE: Y ni siquiera podemos con él.

SARA: Es cierto, ni siquiera eso.

Entran los cargadores con el colchón y el box spring de la cama matrimonial.

JORGE: Úpale, todavía faltaba el maldito colchón. A ver dónde cabe. (*Para sí mismo:*) Qué chinga. (*A los cargadores, indecisos:*) No, pues póngalo donde sea. Donde menos estorbe... Ahí. Sí.

Vigiladas por Jorge, se realizan algunas acciones de los cargadores. Sara continúa desempacando las copas. El cargador-jefe se acerca momentáneamente a ella.

La mudanza 379

CARGADOR-JEFE: ¿No se rompió nada?
SARA: Hasta ahorita no... Pero no crea que se me olvida el rayón del mueble.
CARGADOR-JEFE: Le digo que la compañía responde, seño.
SARA: Eso es lo que vamos a ver.

El cargador-jefe regresa a la acción de la mudanza. Jorge ha salido de la casa y vuelve llevando algunos objetos delicados: tal vez una lámpara, o cuadros.

JORGE: Ya saqué todo lo que había en la cajuela.
SARA: No debías cargar nada, estás lastimado.
JORGE: Como si te importara mucho.
SARA: ¿Crees que no me importa?
JORGE: De dientes para afuera, nada más.
SARA: Cómo eres, Jorge.

Jorge acomoda en algún sitio lo que ha traído. Va hacia Sara, ocupada en desempacar la cristalería.

JORGE: Y para qué desempacas eso. Déjalo donde está. (*Pausa. Sara no parece prestarle atención.*) En este desorden, es más peligroso si la sacas... Bueno, pero no me vengas luego con tus quejumbres cuando se te rompa una copa... Eres necia, Sara.
SARA: Por algo tengo que empezar a acomodar.
JORGE: ¿Ahora mismo?
SARA: ¿Cuándo?
JORGE: Empieza entonces por la ropa.
SARA: Está casi toda en el baúl... Tú no te apures, olvídate. Yo me comprometí a arreglar todo y puedo hacerlo sola.
JORGE: Uy, qué mártir.
SARA: Mari me va a ayudar.
JORGE: Sí, sobre todo Mari, ya la estoy viendo.
SARA: ¿Qué tienes contra Mari? Ella siempre ha sido muy buena conmigo y se ofreció sin que yo se lo pidiera. No cualquiera lo hace. Ni Rosario, ni Carmela, ni mucho menos Alicia serían capaces de sacrificar un domingo por venir a ayudarme en un trabajo tan latoso... A ti te cae mal, ¿verdad?
JORGE: ¿Mari?

SARA: Sí, te choca. Todas las personas que a mí me caen bien, a ti te chocan. Es tu manía de llevarme siempre la contraria hasta en mis sentimientos.
JORGE: Me conoces muy poco.
SARA: ¿O no es cierto?
JORGE: No me conoces.
SARA: Puede... *(Reflexiona:)* Sí, eso puede ser: te conozco muy poco. A veces pienso que a pesar de los años que llevamos juntos sigues siendo un extraño para mí. No sé cómo piensas. No sé a cada rato cómo vas a reaccionar. No sé si estás contento o enojado... Siempre me ha costado mucho trabajo darte gusto. *(En tono confidencial:)* Hasta en la cama.
JORGE: Pues ahí has fracasado.
SARA: Tú también, Jorge.
JORGE: Sí, lo sé... Desde hace tres años lo sé. ¿Te acuerdas? Ésa fue tu disculpa.

Sara se levanta, muy molesta. Va hacia donde se encuentran accionando los cargadores.

CARGADOR-JEFE: Ahora sí ya mero acabamos, seño. Nomás faltan unas cajas.

Jorge abre una cerveza de lata y bebe de ella. Se aproxima a Sara, cuando ésta se encuentra distante ya de los cargadores y ocupada en algún otro arreglo.

JORGE: Qué digna se pone doña Sara. No puede aguantar que le recuerden sus pecados. ¡Cómo! Eso lastima su orgullo y su reputación.
SARA: Eres un tramposo.
JORGE: Tramposo por qué.
SARA: No te hagas... Te es muy cómodo escudarte en el pasado, en el pasado ajeno, para justificar tu conducta asquerosa. Tú has sido infiel no una, sino cien veces, a diario... Eres un hipócrita, Jorge, un cabrón de lo peor.
JORGE: Bonito lenguaje. Podrías dar clases de idiomas a los cargadores.
SARA: Tú, cállate. No tienes ningún derecho a decirme nada.
JORGE: No, pero en todo caso, tú tampoco.
SARA: Entonces no me vengas con reclamos.
JORGE: Eras tú la que quería saber hace un rato por qué se había echado todo a perder.
SARA: Y según tú, es por eso.
JORGE: Es una razón.

SARA: Y me echas a mí la culpa, toda la culpa, de que hayamos fracasado.

JORGE: No he dicho toda la culpa.

SARA: Pero la mayor culpa.

JORGE: Son puntos de vista personales... Tal vez sea muy parcial de mi parte, pero, bueno, es el punto de vista de un marido tradicional que no tolera ciertas cosas.

SARA: Un marido tradicional, no: un marido rencoroso, egoísta y desgraciado.

JORGE: Igual que tú, mi vida. Con distinto sexo, pero igual que tú.

SARA: Mentiras. Yo nunca he sido rencorosa... Me he aguantado tus porquerías, las he hecho a un lado porque no soy tan ruin, ni me considero tan poca cosa, que piense que tus aventurillas sexuales con mujerzuelas y pirujas me van a quitar mi sitio.

JORGE: ¿Cuál sitio?

SARA: Mi sitio de mujer tuya, aunque te pese. De verdadera y única esposa.

JORGE: Ni siquiera te importa que me acueste con Laura.

SARA (se sorprende; pregunta con suavidad): ¿Con Laura?

JORGE: ¿Qué tiene?

SARA: ¿Has vuelto con Laura? ¿Te has acostado con Laura después de que nos casamos?

JORGE: Tú qué crees.

SARA: Dime la verdad, Jorge. Por lo que más quieras, dime la verdad.

JORGE: A qué viene ahora tanto apuro. Ni que los dos fuéramos un modelo de fidelidad.

SARA (instándolo): Jorge...

JORGE: ¿Te importaría mucho que lo hubiera hecho?

SARA: Sí, mucho.

JORGE: ¿De veras?

Sara asiente con un gesto de humildad.

JORGE: A veces no te entiendo de plano; practicas unos celos de lo más chistoso del mundo... Para casi todo presumes de liberal, y para algo que ni siquiera tiene importancia...

SARA: Para mí la tiene.

JORGE: ¿Laura la tiene?

SARA: Más de lo que te imaginas.

JORGE: Qué raro. (*Larga pausa. Melancólico:*) No, no ha habido nada. La he visto varias veces, sí, tú lo sabes; hemos cenado juntos, pero nada más.

SARA: ¿Me lo juras?

JORGE: ¿Pero por qué tantos celos, caray? Todavía no acabo de entender qué más puede importar Laura que cualquier otra.

SARA: Fue tu mujer.

JORGE: ¿Y eso qué tiene?

SARA: ¿Me juras que no te has acostado con ella, Jorge?

JORGE (*suspirando*): Qué más diera yo.

SARA: Te pesa.

JORGE (*después de pausa*): Laura sí que ha podido… rehacer su vida, como dicen. Es otra persona, muy diferente de la que fue conmigo. Ahora es feliz. Al menos parece feliz. Se ve tranquila, contenta… Tiene dos hijos, un buen trabajo en la embajada, se lleva bien con su marido. Todo… Tiene todo.

SARA: Y eso te duele mucho.

JORGE (*sincero*): Muchísimo… Me da una gran envidia y unos celos peores que los tuyos.

SARA: Entiendo.

JORGE: ¡Qué vas a entender! Eres incapaz de saber lo que yo pueda sentir o dejar de sentir… Tu mundo es tan chiquito, tan miserable, que te falta imaginación hasta para enamorarte de un fantasma. Ni siquiera pudiste gozar con ese imbécil que te mareó con sus cuentos… Y si te escandaliza tu propio desliz, y si te avergüenza y te horroriza, no es porque te duela haberme engañado sino porque te hizo saber que eras una mujer débil, como cualquiera. Por eso lo odias ahora… Pero lo que deberías odiar y por lo que deberías avergonzarte y llorar de veras, Sara, es por tu incapacidad de entregarte a un hombre.

SARA: Te quiero a ti, Jorge.

JORGE: ¡Mentiras!

SARA (*lo sujeta, trata de abrazarlo*): Solamente te quiero a ti.

JORGE (*tratando de librarse de Sara*): Tú no quieres a nadie.

Sara insiste en su abrazo y Jorge reacciona con violencia. Exaltado, la sacude y la golpea en repetidas ocasiones mientras grita.

JORGE: ¡Déjame!… Vieja infeliz, puta desgraciada. ¡Déjame! ¡Déjame!

La mudanza

Empellada y maltratada por Jorge, Sara cae. Los cargadores han estado observando, a distancia, con cierto asombro y curiosidad, los últimos instantes de la escena. Cuando Jorge recobra un poco la serenidad y Sara comienza a incorporarse, el cargador-jefe avanza hacia ellos.

CARGADOR-JEFE: Ya está todo listo, patrón.
JORGE: Sí... sí.
CARGADOR-JEFE *(después de pausa):* Siento mucho... lo del cerrajero.
JORGE: ¿Qué?
CARGADOR-JEFE: El cerrajero. Ya no llegó, parece.
JORGE: Parece que no.
CARGADOR-JEFE: No se le olvide hablar mañana temprano a la oficina para que le manden unos hombres. Ellos le acomodan todo así. *(Truena los dedos. Pausa. A la distancia, a Sara:)* Del mueble no se aflija, seño, va a ver que la compañía responde.

El cargador-jefe le ha tendido a Jorge una nota del servicio. Éste la observa, mientras Sara permanece ajena, distante.

JORGE: Es carísimo lo que cobran ustedes.
CARGADOR-JEFE: Ése fue el presupuesto que le hicieron, ¿no? Así se arregló con el señor López.
JORGE: Es carísimo.

Jorge extrae de un bolsillo un fajo de billetes prensados por un pasador. Separa algunos y se los tiende al cargador-jefe. El cargador-jefe los cuenta y se los guarda.

CARGADOR-JEFE: ¿No hay una propina para los muchachos?
JORGE: El servicio no fue muy bueno que digamos.
CARGADOR-JEFE: ¿Por qué?
JORGE: No fue bueno.
CARGADOR-JEFE: Fue rápido. De lo otro ya no tuvimos nosotros la culpa.
JORGE: Ustedes nunca tienen la culpa de nada.
CARGADOR-JEFE: Los accidentes son los accidentes. *(Transición.)* Ahí lo que sea su voluntad, patrón, para las aguas.

Jorge extrae dos billetes más de su fajo y se los entrega. El cargador-jefe los examina, dudando.

CARGADOR-JEFE: Somos cinco gentes, no hay que ser.
JORGE: Con eso es más que suficiente.
CARGADOR-JEFE: Aunque sea un tostón más, ¿no?

Jorge vacila, pero al fin tiende otro billete al cargador-jefe.

CARGADOR-JEFE: Gracias, patrón. Muchas gracias… Bueno, pues hasta luego. Que les vaya bien.
CARGADORES (*mientras se retiran, entre expresiones* ad libitum): Con permiso. Gracias. Adiós. Adiós, seño.

Salen el cargador-jefe y los cargadores, cerrando tras ellos la puerta de entrada. Jorge y Sara permanecen un lapso en silencio. Sara parece recuperada. Jorge revisa, contando, el resto de billetes que quedan en su fajo. Lo guarda.

SARA: ¿Les pagaste?
JORGE: Sí, por qué.
SARA: Yo que tú no les hubiera pagado hasta que vinieran a pagar el mueble.
JORGE: Es igual.
SARA: ¿Y les diste propina? (*Tras el asentimiento de Jorge.*) ¿Cuánto?
JORGE: Ciento cincuenta.
SARA: ¿Ciento cincuenta pesos?… ¿Pero por qué? Es muchísimo.
JORGE: Eran cinco gentes.
SARA: Es muchísimo de todos modos. No se merecían ni cincuenta… Con cincuenta hubiera estado bien.
JORGE: Da lo mismo.
SARA: Qué bárbaro eres. Todavía que nos fastidiaron todo… Qué bárbaro. Yo no les hubiera dado ni un quinto.

Jorge camina por entre los muebles y va hasta la puerta que conduce a las recámaras. Forcejea en la chapa, como si intentara abrirla, pero la puerta permanece cerrada y él desiste.

SARA: Nada más faltaría que ahorita llegara Mari con el cerrajero.

Jorge recorre el lugar, invadido de muebles y objetos y cajas en desorden. Hasta este momento parece captar la situación.

La mudanza

JORGE: Quién iba a decir que tuviéramos tantos muebles y tantas chivas.
SARA: Y eso que tiré muchísimo.
JORGE: Parece que nos sacaron a patadas de alguna parte... Y todavía lo que nos falta pintar y arreglar la casa.
SARA: Ya acomodado va a haber espacio suficiente. Sobre todo vamos a estar mucho más holgados que en el departamento.
JORGE: Es oscurísima, eh; ya viéndolo bien. Y muy vieja. Viejísima.
SARA: Cuando la arreglemos se va a ver bonita... A Mari le encantó.
JORGE: Está horrible.
SARA *(después de pausa, aprestándose a la tarea):* Manos a la obra. Hay que empezar a despejar el campo.

Sara comienza a arreglar y a cambiar de sitio los objetos que están más a la mano. Durante unos instantes, Jorge la observa con concentrada atención, sin moverse.

JORGE: Sara...

Sara no parece escuchar. Continúa accionando.

JORGE: Sara...

Sara se detiene y suspende su quehacer. Mira a Jorge.

JORGE: Siento mucho haberme puesto así. Perdóname... ¿Te lastimé?
SARA: Tú eres el que está lastimado... ¿Cómo sigues de tu pierna?
JORGE: Estoy bien.
SARA: ¿De veras no quieres el iodex?
JORGE: No.

Sara reanuda sus quehaceres, con cierta febrilidad.

JORGE: Deja eso. No arregles nada ahora.
SARA: Hay muchas cosas que se pueden ir acomodando, si no después nos va a dar más flojera.
JORGE: Déjalo te digo. Por favor.

Sara vuelve a detenerse ante el tono enfático de Jorge. Éste se aproxima a ella, sereno.

JORGE: Necesitamos hablar.

SARA: Ya no. Ya lo dijimos todo… y en el peor momento, delante de esa gente. Imagínate todo lo que habrán pensado.

JORGE: ¿Te importa mucho lo que hayan pensado?

SARA: No, a mí no. ¿Y a ti?

JORGE: No.

SARA: Me importa lo que tú pienses de mí. Lo que me dijiste hace un rato.

JORGE: Perdóname. Ése no era el modo. Me exalté.

SARA: Yo también me exalté y dije muchas cosas que no quería decir.

JORGE: Por eso es mejor que hablemos ahora, tranquilamente.

SARA: ¿Para qué?

JORGE: Para poner las cosas en su lugar. *(Pausa. Va hacia ella.)* Ven acá, Sara, siéntate… ¡Por favor, siéntate! Escúchame.

SARA: Ahorita no. Ya cuando hayamos terminado con la mudanza nos ponemos a hablar si tú quieres. Ahorita no.

JORGE: Precisamente lo que no quiero es dejar pasar las cosas… Siempre es lo mismo: nos peleamos, nos gritamos verdad y media y luego nos pedimos perdón: todo queda olvidado, borrón y cuenta nueva… Nunca llegamos a lo fundamental.

SARA: Qué es lo fundamental.

JORGE: De eso quiero que hablemos ahora, lo más calmado que se pueda.

SARA: Para volver de nuevo a los mutuos reproches.

JORGE: No…

SARA: Al tú me dijiste y yo te dije; al tú me hiciste aquello y yo te hice esto.

JORGE: No, Sara, no. Los pleitecitos no importan. Las traiciones y las infidelidades son lo de menos.

SARA: ¿Te parecen ahora lo de menos? Me pareció que las considerabas como lo más importante.

JORGE: Lo único importante es saber si esto funciona o no funciona.

SARA: ¿"Esto"? ¿Qué es "esto"?

JORGE: Nuestro matrimonio. Sean cuales sean las causas por las que se haya ido al traste y quién tuvo la culpa de ellas, lo que necesitamos decirnos de una vez por todas, con toda la sinceridad del mundo, es si tiene algún sentido continuar.

SARA: Continuar casados tú y yo… ¿Eso es lo que quieres saber?

JORGE: Pero dicho con toda honradez, sin trampas ni sentimentalismos.

SARA: Por lo que a mí toca puedo decir con toda honradez, sin trampas ni sentimentalismos, que a pesar de todo yo pienso que sí. *(Pausa.)* Tal cual, Jorge... Porque te quiero, simple y sencillamente porque te sigo queriendo.
JORGE: Simple y sencillamente...
SARA: ¿Te parece inverosímil?
JORGE: Me parece que no quieres ir al fondo del problema.
SARA: Ése es el fondo.
JORGE: No, no es tan simple.
SARA: Tal vez yo soy muy simple. Tal vez me falta inteligencia para ver las cosas de otro modo, con todos sus enredijos. Como tú. *(Transición.)* O a ver, tú. Dime lo que piensas tú. Dímelo tal cual, a tu manera.
JORGE *(larga pausa):* Ya no te quiero, Sara... Ésa es mi única verdad, dicha también simple y sencillamente como tú: no te quiero.
SARA *(después de un silencio):* ¿Estás seguro?
JORGE: Completamente seguro.
SARA *(dominándose):* ¿Y cómo lo sabes?... Bueno... quiero decir: ¿desde cuándo lo sabes?
JORGE: No sé... Tal vez lo descubrí ahora, en este mismo momento.
SARA: Hoy... ¿Durante la mudanza? ¿Cuando nos estábamos peleando?
JORGE: No, ahora, ¡ahora!... Ahora que pronuncio las palabras, cuando por fin me atrevo a pensarlo y a decirlo. *(Pausa.)* No te quiero, ni quiero seguir viviendo contigo... Es así. Sin más. Tan claro como el agua.

Sara va hacia otro sitio, sorteando los muebles y objetos en desorden. Se ha producido un largo silencio.

JORGE: No vayas a llorar.
SARA: ¡Déjame hacer lo que se me antoje!
JORGE: Sara, por favor.
SARA: ¡Cállate!

De espaldas a Jorge, Sara domina a duras penas el llanto.

JORGE: Voy a salir. Necesito tomar aire, caminar... Por esto no te apures, volveré en un rato y te ayudaré a arreglar todo. Me encargaré de las llaves, y de los muebles, y de que la casa quede completamente lista.

SARA: Si te vas a ir, vete ya de una vez. Pero no vuelvas nunca. *(Gritando:)* ¡Nunca!

Jorge llega hasta la puerta de entrada, pero en el momento de hacer el intento de abrirla ésta parece atrancarse. La chapa no cede. Jorge empieza a forcejear, cada vez con mayor impaciencia. Sara lo advierte y mira hacia Jorge con cierto asombro por el hecho.

JORGE *(en forma casi ininteligible):* Se cerró. No quiere abrir. *(Continúa forcejeando.)* Carajo, pero cómo se puede atorar esta mugre… Estos desgraciados cargadores. *(Busca algo dentro de sus bolsillos.)* ¿No te di la llave?… ¿No viste dónde la puse? *(Va hasta la mesa. Allí encuentra la llave. Regresa a la puerta. Acciona la llave y forcejea, pero la puerta continúa hermética.)* Está atrancada por fuera. ¡No puede ser!… Pinche casa, pero qué malditas puertas.

Mientras Jorge continúa forcejeando se escucha, dentro del baúl, un sordo y largo lamento. Sara se sobresalta… Luego de un silencio, el lamento se repite. Jorge no lo ha oído, evidentemente, pero sí Sara quien, más sobresaltada, camina hasta donde se encuentra Jorge, ocupado en la puerta y maldiciendo con expresiones ininteligibles.

SARA: Jorge… ¿Oíste, Jorge?
JORGE *(por la puerta):* Ahora nos vamos a quedar encerrados aquí, ¡con un demonio!

Vuelve a escucharse el lamento dentro del baúl.

SARA: Oye eso.
JORGE: ¿Qué?
SARA: Parece que sale del baúl una especie de… Oye, oye…
JORGE: De qué estás hablando. *(Transición.)* ¡Esta maldita puerta!

La tapa del baúl se ha abierto cuando Sara está mirando hacia él. Sara emite un fuerte y larguísimo chillido, y la tapa vuelve a cerrarse.

JORGE *(alterado por el grito de Sara):* ¿Qué pasa? ¿Qué tienes? ¡Qué te pasa, mujer!
SARA *(aterrada, ahogándose):* Ahí, Jorge.

La mudanza

JORGE: Qué gritos. Pareces loca.
SARA: Hay alguien ahí.

Sara casi no puede hablar, atenazada por el miedo. Señala con la mano hacia el baúl.

JORGE *(extrañado por la actitud de Sara)*: Sara...
SARA: Hay un hombre... hay un hombre.
JORGE: ¿Qué?
SARA: Un hombre. Lo acabo de ver.
JORGE: Dónde. Son imaginaciones tuyas. Imposible.
SARA *(prendiéndose a él y señalando hacia el baúl)*: Jorge...
JORGE: Nadie pudo meterse. A qué horas. Trajimos...

Jorge se interrumpe cuando vuelve el lamento que ahora él escucha con claridad.

SARA: ¿Lo oíste?
JORGE *(asustado)*: Es un animal... ¿Pero cómo...?
SARA: No, es un hombre. Se asomó. Yo lo vi.
JORGE: No puede ser.
SARA: ¿Qué hacemos?
JORGE: Sólo que algún cargador... No. No tiene sentido.

Se oye el lamento.

SARA: Oye, oye, qué horrible. (*Lloriquea.*) Ay, Jorge, Jorge, Jorge.

La tapa del baúl se abre impulsada de un solo envión, desde dentro. Sara vuelve a gritar. Del baúl asoma, irguiéndose un hombre. Se queja lastimeramente y su aspecto es impresionante: viste con ropas andrajosas. Todo él es una pústula.

Jorge tarda en hablar. También está presa del pánico. Sus expresiones son automáticas, casi irracionales y pronunciadas a medio tono.

JORGE: Qué hace aquí. Cómo entró. Qué está haciendo aquí. Qué hace aquí.

El miserable-parlante sale trabajosamente del baúl. Continúa lamentándose con vocalizaciones incoherentes, entre las que sólo se alcanza a entender la palabra "agua".

Miserable-parlante: A gu a, Ag u a, Aaa gu aaa.

El miserable-parlante se aproxima lentamente a Jorge y a Sara en actitud suplicante y emitiendo sus mismas lamentaciones. La pareja lo rehuye, retrocediendo.

Sara: Sácalo de aquí, Jorge, sácalo de aquí.
Jorge (*tratando de sobreponerse a su miedo*): Qué quiere. Cómo entró. Váyase inmediatamente. Qué quiere.

Al acercarse a ellos de nuevo, el miserable-parlante tropieza y cae. Queda tendido durante un instante en el suelo. Desde allí prosigue sus lamentaciones y suplica con el gesto.

Jorge: Se debe haber metido en la calle, cuando estaban los cargadores. (*A Sara:*) Cálmate, no va a pasar nada.
Sara: Es horrible. Haz algo.
Jorge: Parece como si saliera de...

Miserable-parlante (*con más claridad*): Ag u a, A gua.

Jorge se aproxima a la puerta de entrada y confirma que continúa cerrada.

Jorge: Maldita puerta.
Sara: ¿Qué nos va a hacer?
Jorge: Nada, no te asustes.
Sara: Mira cómo nos está viendo.
Jorge: Algo le pasó. Es un loco.
Miserable-parlante: Ag u a, A g ua, Agu a.

El miserable-parlante se yergue de nuevo. Ha dejado de lamentarse. Sólo jadea. Mira hacia varios puntos del desordenado lugar y camina con dificultad, tropezando, hasta donde se encuentran las latas de cerveza. El miserable-parlante toma la que había abierto Jorge y apura su contenido con cierta desesperación, mientras Jorge y Sara hablan en voz baja.

Jorge: No entiendo cómo se escondió. Tú revisaste el baúl.
Sara: Metí la ropa en la mañana. Todavía cuando llegaron los cargadores. (*Transición. Va hacia la ventana:*) Hay que pedir ayuda.

Jorge (*la detiene*): Cállate.

El miserable-parlante termina la cerveza y arroja la lata hacia donde se encuentran Jorge y Sara en el momento en que ella se ha aproximado a la ventana. La lata está a punto de golpearla. El miserable-parlante toma otra lata. Bebe de ella.

Sara: Hay que pedir ayuda, Jorge.
Jorge: No.
Sara: ¿Qué vas a hacer entonces?
Jorge: No sé.

El miserable-parlante termina el contenido de la otra lata, que arroja de igual modo hacia Sara y Jorge. Calmada la sed parece recobrarse. Ahora se endereza y acciona con más soltura. Emite una especie de risotada y mira fijamente a Jorge y a Sara, cuyo temor aumenta. La mirada del miserable-parlante se mantiene fija en ellos, entre gruñidos y breves risitas. Examina luego el interior de la bolsa del lunch. Saca un sángüich. Come vorazmente. Jorge y Sara hablan quedamente.

Jorge: Estaba hambriento.
Sara: Cómo tiene la cara.
Jorge: Parecen quemaduras.

El miserable-parlante parece escuchar el breve diálogo. Deja de comer. Los mira, con gravedad.

Miserable-parlante (*quedamente*): Quemaduras. Quemaduras. (*Pausa. Ríe sordamente. Empieza a hablar con dificultad, como quien se encarrera, para luego irrumpir con su discurso, que pronuncia casi sin tomar aliento, aunque alterando en distintos tonos graves su voz:*) El pobre... El pobre estaba... El pobre estaba con los ojos. El pobre estaba con los ojos abiertos pegados a la lumbre mirando las llamotas y mirándonos a nosotros y mirando las llamotas nomás así con ganas de gritar pero aguantándose las ganas porque a los primeros que se echaron a gritar se los llevó de plano el diablo y a la hora del borlote nadie agarró derecho para donde estaba seguro su pellejo sino que mejor se vinieron en bola al horno donde estaba la gente allí parada como idiota con la lengua de fuera mire y mire sabiendo que no era la primera vez: con ésta ya iban dos y tres y más con todas las que tuvimos que pasar brinco a brinco por los tiraderos entre las piedras del fraccionamiento nuevo todos los días, todos los días todos los días, jodidos todos los días desde que la suerte volteada nos agarró parejo y nos llevó de tumbo en tumbo con las chivas para otra parte a donde no había ni qué comer ni en qué agujero cagar. Pero ahí estaban ahorita las lengüetotas de lumbre soplándoles el ventarrón para el cielo de noche en medio del corredero de infelices tarugos que nomás gritaban queriendo agarrar lo que no se achicharraba todavía cuando ya casi todo era carbón y tumbadero de tablas y cartones y ruidajal de láminas y ladrillos y perros aplastados con las tripas al aire reventadas. La gente de por acá viendo y viendo los cubetazos que de nada servían mientras otros a puro escándalo y a mentadas querían arreglar su coraje que bien sabían cómo fue que nos quisieron aventar del maldito pedazo de tierra porque les estorbábamos para el negocio de la gente de afuera y de los mismos cabrones de allí vendidos trafiqueros: les ensuciábamos su basura y les enlodábamos su pinche tiradero de porquerías y les ocupábamos sus terrenos que de nadie son porque nadie antes de nadie agarró lugar allí hasta que nosotros los llenamos de nosotros que es con lo único que podemos llenar ese cacho de pozo que nos tocó mirar antes de venir aquellos desgraciados. Y el tronadero. Y las lumbres amarillas. Y el humo. Y el chilladero de criaturas busque y busque para dónde llorar y a quién llorarle. Estaba con los ojos pegados a la lumbre el maldito mocoso. Yo lo vi jaloneándose su pedazo de cuerpo el infeliz pinche mocoso que no se daba cuenta el desgraciado de la humareda que ya se iba tragando a todos los que estaba tragándose la quemazón y él no se quitaba ni se metía para otro lado. Pinche niño baboso, dónde vas, qué no sientes el aire cómo quema. Pero él quería con su madre y con sus putos amigos y el petate y el muñeco de plástico orinándose. Lo vimos cómo se ardió desde el mero principio donde estaba la vieja trampa de alambre un lengüetazo de fuego ardiendo lo agarró por su cuenta y se lo pescó igualito que si fuera una bolsita de cartón inflándose en el aire y volando hasta los techos yo lo vi. ¡Carajo yo lo vi!, rompiéndose y tronándose y volviéndose un pedazo de carbón así de este tamaño más jodido que todo lo jodido. ¡Carajo yo lo vi!

El miserable-parlante culmina su parlamento con quejidos y llantos. Los llantos se prolongan, pero su intensidad va disminuyendo paulatinamente.

Sara y Jorge hablan en voz baja.

SARA: ¿Qué dijo?
JORGE: De un incendio. No entendí.
SARA: Algo que se quemó.
JORGE: No sé.
SARA: Debe ser de los que viven en el tiradero. Hay que hacer algo, Jorge. Pedir ayuda. Gritar.
JORGE: Quién te oye.
SARA: Los vecinos.
JORGE: No, puede ser peor.
SARA: Tú también tienes miedo, ¿no es cierto? *(Pausa. En referencia a los lamentos del miserable-parlante:)* Oye, qué horrible.
JORGE: Ya se está calmando.

Tendido en el suelo, el miserable-parlante jadea con menor intensidad hasta llegar al silencio. Se queda inmóvil. Jorge, atreviéndose, se acerca lentamente hacia él.

SARA *(tratando de detenerlo)*: No, Jorge.
JORGE: Shhh.

Jorge se aproxima unos pasos más. El miserable-parlante parece exánime.

JORGE *(llamándolo, a distancia)*: Señor...
SARA: No, Jorge.
JORGE: Señor... *(Transición. A Sara:)* Parece que se quedó dormido.
SARA: ¿No estará muerto?
JORGE: No sé.
SARA: Ojalá estuviera muerto, Dios mío.
JORGE: Shhh. *(Se inclina para tocarlo.)*
SARA: No lo tientes.

Jorge se aparta instintivamente cuando vuelven a oírse, muy quedos, los lamentos del miserable-parlante. Éste se incorpora un poco, sin llegar a levantarse del todo. Con expresión de azoro, Sara llama la atención de Jorge señalando hacia el baúl.

Sara: Mira.

Del baúl han empezado a salir, poco a poco, miserables. Todos tienen un aspecto muy semejante al del miserable-parlante: los rostros encarrujados y cenizos, y las ropas harapientas. Su apariencia es grotesca y parecen pertenecer a otra realidad: a un medio de monstruos. En total son diez o doce los miserables: más de los que lógicamente podrían caber en el baúl. Pertenecen a diferente sexo y tienen diversas edades, aunque su aspecto los vuelve indefinidos. Sólo es clara la condición de uno de ellos, el último en salir del baúl: un anciano que lleva un pequeño violín y que, a diferencia de los demás, permanece siempre próximo al baúl.

Los miserables salen lenta, pero imparablemente, uno tras otro. Caminan despacio. Quizá reptan como serpientes trepándose por los muebles y las cajas de la estancia pletórica. La invaden, la llenan, mientras emiten largos y sordos lamentos.

El espectáculo se presenta como insoportable a los ojos de Sara y Jorge. Su misma inverosimilitud, su irrealidad, rebasa toda posibilidad de expresión de la pareja que automáticamente, en un gesto instintivo, se repliega contra un muro de la estancia. Resuellan sin lograr pronunciar palabra. Sara se muerde el puño para no gritar. Hablan al fin entre ellos, muy quedo, trabajosamente.

Sara: ¿Qué está pasando?
Jorge: No sé.
Sara: Dios mío, ayúdanos. Ayúdanos.

Sara parece rezar, entre dientes, alguna vieja oración. Jorge hace un breve intento de abrir la puerta de entrada, próxima a él, pero ya ni siquiera se esfuerza ante el hermetismo de la cerradura.

A medida que los miserables se extienden por entre los muebles, husmeantes, se va incorporando el miserable-parlante. Cuando uno de los miserables se halla próximo a la bolsa del lunch y parece estar a punto de apoderarse de ella, el miserable-parlante llega rápido hasta el sitio y se la arrebata. Los miserables irrumpen entonces en un coro de lamentos atronador que el miserable-parlante calla con un grito más propio de un animal que de un ser humano. Impone silencio. Luego, ante los brazos que se tienden hacia él en actitud de súplica, empieza a arrojar hacia diferentes sitios trozos de sángüiches que los miserables cazan, buscan, se disputan. El espectáculo se prolonga durante largos instantes y produce diversión al miserable-parlante que se ríe de sus compañeros.

Cada uno de los miserables parece encontrar al fin lo suficiente para calmar su ham-

bre, y devora las pequeñas porciones conseguidas con meticulosa voracidad que recuerda a los animales de un zoológico.

Sin dejar de arrojar porciones de alimento o de fruta, aunque a frecuencia menor, el miserable-parlante profiere su letanía de refranes. Al terminar cada uno de ellos, los miserables corean el dicho con risitas de muy diversos tonos que hacen eco a la breve risa con que el miserable-parlante acompaña la emisión del refrán:

MISERABLE-PARLANTE: En la casa que no hay lumbre, lumbre son los que la habitan. (Risas.) El que mucho mal padece con poco bien se consuela. (Risas.) Cuando el gato no está en casa los ratones se pasean. (Risas.) Al que le barren los pies suele casarse con viuda. (Risas.) Cuánto me gusta lo negro aunque me asuste el difunto. (Risas.) De golosos y tragones están llenos los panteones. (Risas.) De la gallina más vieja resulta el caldo mejor. (Risas.) Donde hace miedo ni vergüenza da. (Risas.) El burro y el majadero siempre se encuentran primero. (Risas.) El que entra en la Inquisición suele salir chamuscado. (Risas.) El que por su gusto muere aunque lo entierren parado. (Risas.) De que tocan a llover no hay más que abrir el paraguas. (Risas.) El trabajo no es entrar sino encontrar la salida. (Risas.) Hay quien cree que ha madrugado y sale al amanecer. (Risas.) Sólo el que carga el cajón sabe lo que pesa el muerto. (Risas.) Aunque la jaula sea de oro no deja de ser prisión. (Risas.) Hay que aprender a perder antes de saber jugar. (Risas.) En tiempo de remolino se levanta la basura.

Ante el último refrán, estalla incontenible la risa de los miserables en lo que parece un ataque generalizado. El miserable-parlante trata de contener a sus compañeros con gruñidos y ademanes, pero éstos prosiguen. El miserable-parlante no deja de proferir la última palabra repetida en tono ascendente en medio de las risotadas.

MISERABLE-PARLANTE: Basura, basura, basura, basura, basura, basura, basura, basura, basura, basura, basura, ¡basura!

El miserable-parlante ha llegado al tono de grito, que logra callar en seco a los miserables. Se produce entonces un largo silencio. El miserable-parlante mira hacia el miserable-anciano del violín, cuando dice:

MISERABLE-PARLANTE: Nada sabe su violín y todos los sones toca.

El miserable-anciano del violín empieza a tocar una melodía triste. La música parece arrullar a los miserables que ahora corean quedamente con murmullos y lamentos. Durante esos instantes, Sara reacciona en lo que parece un ataque de histeria. Jorge la contiene para que no estalle en escándalo.

SARA: Sácalos de aquí, Jorge. Por lo que más quieras, sácalos de aquí. Sácalos. Sácalos. Me voy a volver loca. Qué me está pasando, Dios mío, qué me está pasando.
JORGE: Cálmate.
SARA *(precipitándose hacia la ventana)*: ¡Socorro! ¡Socorro, ayúdenos! ¡Socorro!

Los gritos de Sara imponen silencio entre los miserables. El miserable-anciano deja de tocar el violín. Todos miran hacia la pareja. Mirándola permanecen un largo rato.

SARA *(aterrada)*: ¿Qué nos van a hacer?
JORGE: Cierra los ojos. No va a durar. No puede durar mucho.

El miserable-parlante emite una risotada que rompe el silencio de los miserables. El miserable-anciano inicia ahora una alegre música, de fiesta, que alborota a los miserables. Éstos se ponen a bailar, a brincar y a causar destrozos con los muebles, cajas y objetos de la mudanza. Rompen copas, extraen ropas, sábanas, colchas, manteles que extienden por el lugar. Algunos rayonean los muebles con los cuchillos, otros arrancan patas a una silla. Etcétera. El desorden y la algarabía es total, ante el desconcierto y el terror que expresan, mudos, Sara y Jorge.

Durante el desorden y la destrucción que se lleva a cabo en la estancia, uno de los miserables descubre uno de los alhajeros de Sara y extrae de él pendientes y collares que desbarata o se pone. Arroja al aire algunas otras joyas ante la risa del miserable-parlante que parece entretenido con todo lo que está ocurriendo. La mayor parte de los miserables parece interesarse de pronto en la acción del miserable que ha descubierto las alhajas y suspenden sus respectivas tareas. Uno de ellos se aproxima y trata de arrebatar uno de los collares al miserable de las alhajas, pero éste lo elude. Se inicia entonces una persecución de uno contra el otro que es observada entre gruñidos y exclamaciones del resto de los miserables. Se organiza pronto una pelea entre los dos miserables que se disputan el collar. Al principio parece un simple juego, pero poco a poco ambos parecen ir enfureciéndose. El miserable que persigue al miserable de las alhajas toma un gran cuchillo de cocina extraído durante el desorden y con él amenaza a su rival. Ante la inminente pelea, se produce un silencio expec-

tante. *Los contendientes se amagan, miden sus distancias. El miserable del cuchillo tira varias cuchilladas contra su enemigo que éste evita hábilmente. La pelea adquiere por momentos un tono de juego, que el miserable-parlante interrumpe repentinamente para señalar a los dos rivales la presencia de Sara y Jorge que han estado observando la acción con un gran temor. Todas las miradas de los miserables se vuelven a dirigir a la pareja, mientras el miserable del cuchillo, apuntándoles con él, se aproxima a pasos cortos. Parece concentrarse particularmente, amenazadoramente, en Sara.*

SARA *(aterrada)*: No. No...

Con un gesto instintivo, Jorge extrae de su bolsillo el fajo de billetes y atropelladamente, de varios en varios, se pone a arrojarlos hacia el miserable del cuchillo que avanza y hacia los demás.

JORGE *(mientras arroja los billetes)*: Tengan. Cojan todo. Tengan, tengan.

Los billetes que caen en un lado y otro no llaman la atención de los miserables ni del miserable del cuchillo. Éste sigue avanzando hacia Sara, al tiempo que Jorge se aparta de ella.

SARA: Defiéndeme, Jorge. ¡Socorro! ¡Socorro!

Los miserables ríen y emiten gruñidos. El miserable del cuchillo persigue a Sara, ante la pasividad y el temor reflejado en Jorge. Ella recorre la estancia huyendo por entre los muebles y logra librarse de dos cuchilladas que le lanza el miserable del cuchillo. Otro miserable interrumpe la acción de fuga de Sara, la acorrala, y facilita que el miserable del cuchillo hunda su arma en el vientre de la mujer. Un gran borbotón de sangre se dispara del cuerpo de Sara, quien ni siquiera alcanza a gritar. Entre las risas de los miserables, recibe varias cuchilladas más. Jorge grita.

JORGE: ¡No!

El miserable del cuchillo apunta su arma ensangrentada hacia Jorge, entre el alboroto de todos los miserables. También Jorge trata de huir entre los muebles y las cajas, pero ahora todos se lanzan a la cacería. Lo atrapan pronto. El miserable del cuchillo lo hiere en varias ocasiones en el vientre, mientras los demás miserables se ensañan contra él en lo que toma forma de un linchamiento.

Poco después de que Jorge cae muerto, los gritos que han acompañado la acción cesan de golpe. Se produce un gran silencio. Inmóviles, en diferentes sitios de la estancia, los miserables empiezan a proferir lamentos cuya intensidad va subiendo poco a poco para luego decrecer y apagarse casi por completo.

Los miserables se han tendido en el suelo o sobre algunos muebles de la estancia, convertida a estas alturas en un campo destruido, y replegándose sobre sí mismos, ovillándose, adquieren el aspecto de aislados bultos de basura.

Sólo el miserable-parlante continúa de pie, mientras que el miserable-anciano ha vuelto a tomar su violín y a tocar la triste melodía que interpretó por primera vez.

Lejos, de la calle, se escuchan breves ruidos y pasos. Mari está llegando: cruza el jardín.

MARI *(por el jardín)*: Sara…

Mari llega a la puerta de entrada, la impulsa, y ésta se abre con facilidad.

MARI: Oye, Sara, fíjate…

Mari se interrumpe de pronto, bruscamente, al topar con el espectáculo. Mira el desorden. Mira los cuerpos acuchillados, muertos, de Sara y Jorge. Mira al miserable-parlante de pie, estático. Mira al miserable-anciano tocando el violín. Mari se lleva su mano empuñada a la boca conteniendo un grito.

OSCURO FINAL

ALICIA, TAL VEZ

PIEZA EN DOS ACTOS
(1980)

PERSONAJES

Alicia
Marido
Conductor
Padre
Sacerdote
Gustavo
Marcos
Martínez
Gloria
Coreógrafa
Fotógrafo
Capi
Esposa
Sirviente 1
Sirvienta 1
Monaguillo
Oficinista 1
Oficinista 2
Oficinista 3
Oficinista 4
Agente 1
Agente de la metralleta
Feminista 1
Feminista 2
Sirvientes, feligreses, oficinistas, mariachi, tramoyistas, modelos, agentes, feministas, desharrapados.

ESCENARIO

El escenario se encuentra dividido en tres áreas: A, B y C.

El área A está situada en una plataforma elevada, en un "segundo piso" hacia el fondo del escenario, y representa el dormitorio principal de una casa habitación amueblada con cierto lujo. Sobresalen una gran cama matrimonial y un tocador con espejo. Del extremo izquierdo de la plataforma desciende, hacia la parte baja del escenario, una amplia escalera que debe permitir un fácil y rápido tránsito.

La escalera desemboca en el área B. Es un área angosta; prácticamente un corredor lanzado hacia el proscenio, que deja libre la mayor parte del foro. Representa un saloncito de ambiente acogedor, amueblado con una mesa circular de centro, una mecedora y un sillón individual. Aunque el área B se halle delimitada con claridad, su disposición debe permitir un libre tránsito entre ella y el área C.

El área C ocupa la casi totalidad del foro en la planta baja. Se presenta como un espacio abierto, vacío, que habrá de convertirse en diferentes recintos de acuerdo con el desarrollo de la acción. La principal salida y entrada de actores al área C es por el fondo del escenario.

No obstante que así se indica o se sobreentiende, conviene subrayar que tanto el marido como el conductor permanecen en sus respectivas áreas, visibles para el espectador, a lo largo de todo el trayecto de la pieza.

ACTO PRIMERO

El área C está vacía. En el área B, el conductor se balancea en la mecedora, fumando una pipa. En el área A, vestida con un traje de calle, Alicia termina de arreglarse frente al espejo del tocador. Se cepilla el cabello, y cuando va a ensartarse los aretes descubre que le falta uno; lo busca en la mesa del tocador, en los muebles próximos. Buscando el arete llega hasta la mesita de noche adosada a la cama matrimonial. En la cama matrimonial duerme el marido, bajo las sábanas; está en piyama, quizá tiene el torso desnudo. El marido se despierta a medias cuando Alicia encuentra el arete faltante sobre la mesita y se inclina para recogerlo. Somnoliento aún, el marido prende de un brazo a Alicia y la atrae hacia la cama. Ella se resiste.

MARIDO: Ven. ¿Dónde vas?
ALICIA: Déjame.
MARIDO: ¿Ya se fueron los hijos a la escuela?
ALICIA: Déjame.

El marido consigue tender a Alicia en la cama, encima de él. La abraza. Trata de besarla, de retozar con ella. Alicia se resiste, enfadada. Él la domina.

ALICIA: Me despeinas, no seas bruto.
MARIDO: Quédate un rato conmigo. ¿Dónde vas que más valgas?
ALICIA: ¡Suéltame te digo!

Forcejeando, Alicia logra separarse del marido y se yergue, sumamente molesta. El marido no parece advertir el enfado de Alicia. Ella regresa al tocador y se cepilla con rapidez el cabello.

MARIDO (*sonriente; reacomodándose en la cama para continuar durmiendo*): Te espero aquí. No tardes.

Con expresiones de enfado, ininteligibles, Alicia termina su acción frente al tocador. Toma su bolsa de mano de algún sitio, arrebatándola de un tirón, y desciende rápidamente las escaleras. Furiosa llega al área B. El conductor se pone en pie.

ALICIA: Es un imbécil. Ya no lo soporto. Imbécil.
CONDUCTOR: ¿Qué sucedió ahora?

Alicia repara en la presencia del conductor. Suaviza el tono.

ALICIA: Lo de siempre.
CONDUCTOR: ¿Qué es lo de siempre?
ALICIA: Lo de siempre es lo de siempre, estoy harta. Se cree mi dueño. El amo y señor del mundo. El único que tiene derecho a decir qué se hace o no se hace en nuestra casa. Vamos aquí, vamos allá. Donde el señor quiera, cuando el señor tenga ganas. Sólo cuando el señor tiene ganas se puede hablar o reír, o hacer el amor. Si el señor está de malas, ni pensarlo. Que no se te vaya a ocurrir hacer la menor sugerencia cuando el señor esté preo-

cupado porque se viene abajo el mundo. Qué atrevimiento. ¿El señor está cansado? Silencio, hay que dejarlo dormir, pobrecito, trabaja tanto. ¿El señor está despierto? Atención todos: hay que llegar corriendo a reírle sus chistes y a celebrar sus ocurrencias. Todo para él a todas horas, siempre... ¿Y yo? Yo no existo, yo no tengo problemas, ¡cómo voy a tenerlos! Yo solamente vivo para cuidar a los niños y atender al señor. Soy su criada, su mueble, su juguete. ¡Estoy harta!

CONDUCTOR: Lo de siempre.

ALICIA: ¡Harta!

CONDUCTOR: Con lamentarse no resuelve nada. Necesita hacer algo.

ALICIA: Más de lo que he hecho, imposible. Con él no se puede hablar porque no entiende razones. Acuérdese. Finge estar muy preocupado, ser muy comprensivo; promete mil cambios, y apenas se da la vuelta se acabó. Ni quien se acuerde de lo que hablamos. Aquí se hace lo que yo mando porque yo lo mando. Nada más. Punto. A otra cosa... ¿De qué nos sirvió salir de vacaciones, cambiarnos de casa, ponerme a dieta, llevar a los niños a otra escuela? He hecho lo imposible, usted es testigo.

CONDUCTOR: Algo radical entonces.

ALICIA: Lo único radical sería dejarlo. El divorcio.

El conductor regresa a balancearse en la mecedora. Alicia toma asiento en el sillón individual. Largo silencio.

ALICIA: Para usted es muy fácil.

CONDUCTOR: Nunca he dicho que sea fácil.

ALICIA: Son muchos años. Muchas ilusiones y mucho esfuerzo... para nada. No, para nada no. Para él. Todo ha sido para él. El único beneficiado con el matrimonio ha sido él. Cuando nos casamos era un pobre empleado que apenas ganaba para la renta, y mírelo ahora: puede pasarse toda una mañana en la cama y no hay quién le reclame. Él es el jefe. En el trabajo y en la casa, y en todas partes. El triunfador. Yo en cambio sigo siendo la misma mujer estúpida que solamente sabe hablar de niños y de sirvientas.

CONDUCTOR: Porque no quiere hablar de otra cosa.

ALICIA: Porque no sé.

CONDUCTOR: Porque no quiere.

ALICIA: Porque no sé, porque soy tonta, porque ni siquiera me han enseñado a sufrir otros problemas.
CONDUCTOR: Nadie tiene que enseñarle nada, Alicia. Piense por usted misma. Abra los ojos.
ALICIA: Abro los ojos, y qué. Todo está oscuro, vacío, hueco... Necesitaría empezar desde el principio para llenar ese hueco.
CONDUCTOR: Empezar, ésa es la palabra.
ALICIA: Ojalá se pudiera... A veces lo pienso. Me pongo a imaginar lo que habría sido mi vida si le hubiera hecho caso a mi padre. No te cases con ese estúpido, me dijo. No te cases. Y por ese estúpido perdí la oportunidad de ser una mujer libre.
CONDUCTOR: Aún puede serlo.
ALICIA: ¿A estas alturas?
CONDUCTOR: A estas alturas muchas mujeres empiezan.
ALICIA: No mujeres casadas con un marido como el mío.
CONDUCTOR: Con maridos peores.
ALICIA: Yo no podría. Necesitaría escapar. Pero a dónde puede escapar una mujer que no sirve para nada. Incapaz. Tonta.
CONDUCTOR: Cobarde.
ALICIA: También me hicieron cobarde.

Un grupo de hombres y mujeres uniformados de sirvientes han empezado a acomodar en el área C muebles y objetos decorativos que van conformando una lujosa estancia. Sin reacción alguna, Alicia observa la paulatina transformación del espacio.

ALICIA: En la casa de mi padre, al menos, estaría mejor, mucho mejor... Él me quiere.
CONDUCTOR: Su marido también la quiere, a su modo.
ALICIA: Para usarme.
CONDUCTOR: Porque usted se lo permite.
ALICIA: Porque él impone las reglas.
CONDUCTOR: También su padre le imponía reglas, ¿ya no se acuerda?
ALICIA: Sí, claro, pero yo era una niña y necesitaba de sus consejos. Él tenía muchos consejos y muchos planes para mí. Quería que yo estudiara. Quería que juntos viajáramos a un mundo de países donde aprendiera todo lo que yo necesitaba aprender. No te cases con ese estúpido, me

dijo, y te daré lo que me pidas: mi casa, mi dinero, mi tiempo, mis recuerdos. Espérate un par de años. Piénsalo. Todavía no lo decidas, Alicia. Hazme caso. No te encapriches... Pero me encapriché. Me encapriché porque ese estúpido hablaba muy bonito, y tenía los ojos negros y las manos muy grandes y muy suaves, y se aparecía en las noches como el príncipe de un cuento para llevarme a volar por encima de las montañas a un paraíso que sólo nosotros dos habitaríamos. Pero nunca me llevó a volar a ninguna parte. Desde la primera noche me tumbó en la cama, y en la cama me claveteó para que lo llenara de hijos y los hijos me amarraran la vida mientras él salía a volar y a vivir.

Los sirvientes han continuado conformando la lujosa estancia en el área C. En silla de ruedas, impulsado por la sirvienta 1, entra el padre: un hombre anciano. La sirvienta 1 lo sitúa en el centro de la estancia, mientras el sirviente 1 coloca frente a él una pequeña mesa encima de la cual hay un tablero de ajedrez con unas cuantas piezas que ilustran el final de una partida. El padre fija toda su atención en el tablero. El resto de los sirvientes continúa con el arreglo de la estancia.

ALICIA: Por su culpa me olvidé de mi padre. Por su culpa lo dejé solo, envejeciendo.
CONDUCTOR: Es natural envejecer.
ALICIA: Ahora mi padre me necesita. Está viejo, va a morirse. Yo podría hacer menos difíciles sus últimos años. Con su soledad y con la mía podríamos encontrar una manera de acompañarnos y caminar juntos un pequeño tramo, aunque sea.
CONDUCTOR: A mí no necesita convencerme de nada, Alicia.
ALICIA: Usted no me cree. Desconfía de lo que digo. Piensa que no soy sincera.
CONDUCTOR: Convénzase usted misma
ALICIA: Usted no quiere que deje a mi marido.
CONDUCTOR: ¿Para ir a refugiarse allá? Sería retroceder.
ALICIA: No, sería comenzar de nuevo. Completar lo que dejé pendiente... Salí corriendo de casa de mi padre sin decirle que lo amaba. Nunca se lo dije. Ni entonces, ni cuando era joven, ni cuando era niña. Nunca. No supe cómo. Le veía tan grande y tan fuerte. Era tan sabio. Pensé que podía adivinarlo todo: mi devoción y mi cariño. No fue cierto. Él no sabe todavía cuánto lo amo... Y ahora puede decírselo. Ahora sí porque

soy libre. Le hará bien. Me hará bien a mí. Será como regresar de un largo viaje y decirle simplemente: aquí estoy.

Los sirvientes han terminado el arreglo de la estancia y han ido a formarse en fila detrás del padre. Están firmes e inmóviles como soldados de un ejército. El padre continúa con la vista fija en el tablero de ajedrez. Alicia cruza impulsivamente hacia el área C y avanza lentamente. Desde el área B, el conductor observa la escena como un atento espectador.

ALICIA: Aquí estoy.

El padre mira brevemente a Alicia y vuelve el rostro hacia el tablero de ajedrez. Ella avanza.

ALICIA: ¿Cómo estás? *(Se aproxima. Silencio.)* ¿Cómo te has sentido?
PADRE: Cada día más viejo.
ALICIA *(por los sirvientes)*: ¿Te cuidan bien?
PADRE: Me fastidian.
ALICIA *(después de un largo silencio; con cautela)*: Vine a quedarme contigo.

El padre vuelve a mirar a Alicia, ahora por un lapso largo. La examina de arriba abajo. Tarda en hablar.

PADRE: ¿Estás de vacaciones?
ALICIA: Para siempre.

Con la mirada, el padre busca al sirviente 1, y como si hubiera recibido una orden, el sirviente 1 localiza una silla y la lleva hasta donde se encuentra Alicia, frente al padre.

SIRVIENTE 1: ¿Desea tomar algo la señora? ¿Un té, un café…?
ALICIA: Té.
SIRVIENTE 1: ¿Manzanilla, té negro…?
ALICIA: Manzanilla… Con dos de azúcar, por favor.

Alicia toma asiento. Sale el sirviente 1. Los demás sirvientes permanecen enfilados, inmóviles.

ALICIA: Me separé de mi marido, ¿sabías eso?

El padre parece interesarse por primera vez.

ALICIA: Tardé mucho en darme cuenta. Tú tenías razón, no era un hombre para mí, era un patán, un egoísta de lo peor. Y tú me lo dijiste, sí, me lo dijiste muy bien. Pero yo no te hice caso.
PADRE: ¿Todavía juegas ajedrez?
ALICIA (*reaccionando; mira el tablero*): Hace tanto tiempo... (*Transición. Vuelve a lo suyo.*) Necesito pedirte perdón por eso y por muchas otras cosas.
PADRE: ¿Cómo resolverías este final?
ALICIA: Tenemos tanto de qué hablar, padre.
PADRE: Las negras están contra la pared. El peón blanco amenaza coronar.

Alicia se siente obligada a fijar su atención en el tablero.

PADRE: Es una jugada decisiva.
ALICIA (*después de concentrarse*): Tal vez con el caballo, cubriendo.
PADRE: No puede por el alfil.
ALICIA: ¿Y jaqueando?... Jaque aquí. El rey se mueve. Nuevamente jaque.
PADRE: Sería desperdiciar un tiempo.
ALICIA: ¿Y jaqueando?... Jaque aquí. El rey se mueve. Nuevamente jaque.
PADRE: Sería desperdiciar un tiempo.
ALICIA (*se distrae; mira al padre con ternura*): ¿Todavía vas al club? ¿Has hecho algún viaje?... Ahora podemos viajar juntos todo el tiempo que quieras. Un viaje largo por Europa, alrededor del mundo. Yo me encargo del itinerario y de reservar los mejores hoteles.
PADRE (*interrumpiendo*): Hay una solución, sólo una. Y las negras consiguen tablear.
ALICIA (*se concentra de nuevo en el tablero*): Parece imposible.
PADRE: Nada es imposible. Fíjate bien.

Alicia medita frente al tablero. El sirviente 1 llega con una charola en la que se advierte la taza de té, una botella de brandy y una copa. Se mantiene a distancia para no interrumpir.

ALICIA: Si la torre retrocede para dejar paso al rey, el rey recupera su posición. ¿Ésa es la jugada?
PADRE: Piénsala.

ALICIA: A veces, retroceder es una forma de avanzar, ¿no es cierto?
PADRE: No lo decidas tan pronto.
ALICIA: Ya decidí. (*Va a tomar la pieza.*)
PADRE: Cuidado.

Alicia suspende el ademán. Se queda meditando. El sirviente 1 se aproxima y entrega a Alicia la taza de té; luego sirve al padre una copa de brandy. Cuando el sirviente 1 va a retirarse, Alicia llama su atención.

ALICIA: Espere. Yo también quiero una copa.
SIRVIENTE 1: Es brandy, señora.
ALICIA: Lo prefiero. Sírvame una copa de brandy, por favor.

Alicia devuelve al sirviente 1 la taza de té. El sirviente 1 se retira hasta un mueble para tomar una copa y servir el brandy.

ALICIA: Qué tranquilidad se siente aquí. Cuánta paz. (*Se pone en pie. Recorre la estancia observándolo todo.*) Había olvidado cómo era la casa. Encerrada en aquel calabozo ya no me acordaba que tu casa tenía paredes muy altas, ventanas muy grandes y un enorme jardín. Sólo del jardín me acordaba a veces... Salíamos a caminar todas las mañanas. Tú me leías las noticias de los periódicos y me hablabas de la historia del mundo. Querías que estudiara historia, ¿te acuerdas? Hay tanto por descubrir en el pasado, me decías; tanto por explicar... Terminé enamorándome del profesor de historia, pero era un pobre diablo que sabía menos que tú de su materia. Luego conocí al hijo de aquel amigo tuyo, el arquitecto. Era fino, inteligente, pero no tenía prisa por casarse. Y a mí me urgía, no sé por qué. Pensaba que el matrimonio era la puerta a la felicidad, donde terminan siempre los cuentos de hadas. No podía entender que la felicidad estaba aquí, en esta casa. Nunca volví a ser tan feliz. Nunca me perdonaré por no haber apreciado la dicha de vivir contigo... Te quería, pero me dabas miedo. Te imaginaba amargo, pero eras dulce. Te creía duro, pero eras suave. Te sospechaba enérgico, pero estas tierno; muy tierno, padre.

En su recorrido por la estancia, Alicia ha regresado cerca del padre. Le acaricia suavemente la cabeza. El sirviente 1 llega hasta ella y le tiende la copa de brandy. Alicia la toma.

ALICIA: Brindemos por mi regreso. (*Transición.*) Y a ver esa jugada decisiva.

Alicia se encamina a su asiento, frente al tablero de ajedrez, observada fijamente por el padre. Repite el ademán del brindis.

ALICIA: Salud.

Antes de que Alicia tome asiento y beba de la copa, el padre se endereza en su silla de ruedas y con el brazo extendido alcanza a dar un violento manotazo a la copa de Alicia. Alicia se sobresalta. La copa cae al suelo. El padre derriba también la mesa y el tablero de ajedrez, gritando.

PADRE: Ingrata. Estúpida... ¡Estúpida!

Sin salir de su asombro, Alicia retrocede hasta llegar de espaldas al límite del área B. Con la mano empuñada contra la boca contiene un sollozo.

ALICIA (*murmurando para sí*): Estúpida...

En el límite de su área, el conductor se acerca a Alicia.

CONDUCTOR: El juego estaba perdido para las negras.
ALICIA (*volviéndose hacia el conductor*): Me odia. No le importa mi regreso. Está resentido conmigo. No me perdonará nunca.
CONDUCTOR: Sabe bien cómo manejarla.
ALICIA (*reaccionando*): No... No, es únicamente que se siente solo. Está enfermo. Ha vuelto a ser como un niño y teme un nuevo desengaño... Desconfía de mí, es natural. (*Regresa con el padre.*) Desconfías de mí, ¿verdad?

El padre mantiene un rictus severo.

ALICIA: No importa. Yo voy a ganarme nuevamente tu cariño... He regresado contigo para siempre. No por un día ni por dos, padre, sino para siempre.

El sirviente 1 y la sirvienta 1 se aprestan a levantar la copa, la mesa y el tablero de ajedrez. La sirvienta 1 trae un trapo para limpiar el licor derramado. Ambos se frenan ante el grito del padre.

PADRE: ¡No! *(Señalando a Alicia.)* Ella.
ALICIA: Sí, claro, por qué no.

Alicia toma el trapo de la sirvienta 1 y limpia el piso. Luego levanta la copa, la mesa, y pone en orden las piezas de ajedrez. Lo hace todo alegremente, con celeridad, mientras el padre y los sirvientes la observan inexpresivos.

ALICIA: Es mejor así. Ahora podremos jugar una partida desde el principio.

Alicia toma asiento frente al tablero y termina de ordenar las piezas. El padre no le presta atención, está concentrado en los sirvientes.

PADRE: Ya pueden irse.
ALICIA *(en lo suyo)*: Yo llevaré las negras, si te parece.
SIRVIENTA 1: A las nueve vendré a ponerle su inyección.
SIRVIENTE 1: ¿Quiere algo especial para celebrar la ocasión? ¿Una botella de champán?
PADRE: Quiero que se larguen, tú y todos. Ahora mismo. ¡Los estoy despidiendo!
SIRVIENTE 1: Usted sabe que eso no es posible, señor.
SIRVIENTA 1: Alguien necesita arreglar sus habitaciones; la casa es grande.
PADRE *(por Alicia)*: Ella.
SIRVIENTE 1: Alguien debe cuidar su salud.
SIRIVIENTA 1: Preparar sus alimentos.
SIRVIENTE 1: Sus bebidas.
SIRVIENTA 1: Cuidar el jardín. Llevarlo a pasear.
SIRVIENTE 1: Atender sus negocios. Llamar al médico. Recibir a las visitas. Leerle los diarios. Ayudarle a recordar, a olvidar, a enojarse, a reír, a llorar.
PADRE *(simultáneamente a las últimas frases del sirviente 1)*: Ella, ella, ella, ella… Ella lo puede hacer todo. Ya no necesito de ustedes. Mi hija ha vuelto, ¿no la ven? Estaba muerta y ha vuelto a vivir; se había perdido y la he encontrado. ¡Mírenla! Ella será mis ojos, y mis manos, y mis piernas, y mi salud, y mis sueños… Que se vayan, ¿verdad, hija? Diles tú que se vayan.

ALICIA (*desconcertada*): Sí... pueden irse.

PADRE: Diles que tú lo harás todo sin pedir nada a cambio. Grítales a estos mercenarios para que lo entiendan, Alicia, ¡grítales!

ALICIA: Yo me encargaré.

SIRVIENTE 1 (*irónico*): Si es una decisión...

PADRE: ¡Es una orden!

SIRVIENTE: Puede pensarlo hasta mañana, señor.

PADRE: Ya es mañana. ¡Largo!

Los sirvientes trazan una amplia caravana y se retiran lentamente. Alicia se ha puesto en pie, desconcertada.

PADRE: He soñado en este momento toda mi vida, desde que te fuiste. (*Habla con ansiedad, jadeando.*) Los tenía encima de mí revoloteando como buitres. No soportaba más sus sonrisas codiciosas, sus atenciones interesadas. Dinero, dinero, dinero. Sólo en eso pensaban. Dinero, dinero, dinero. Me habían convertido en su esclavo.

ALICIA: No te agites, padre, te puede hacer daño.

PADRE: A ti sí te importa mi salud porque me quieres. Para eso volviste, ¿no es cierto?

ALICIA: Descansa, no hables.

PADRE: Ahora podré vivir tranquilo mis últimos años, contigo. Echaremos llave a todas las puertas. Cerraremos las ventanas. No dejaremos entrar a los sirvientes ni a nadie más. Sólo tú y yo, hija mía, como cuando eras niña y te leía las noticias de los periódicos y te hablaba de la historia del mundo. Yo quería que estudiaras historia, ¿te acuerdas?

ALICIA: Será mejor que duermas, ya es tarde. (*Va a impulsar la silla de ruedas.*) Te llevo a tu cuarto.

PADRE (*deteniéndola*): No. No quiero dormir. Me siento mejor que nunca. Más fuerte, más seguro que nunca... Quédate aquí, Alicia, por favor, por favor. (*Transición.*) Vamos viendo esa partida de ajedrez, ¿qué te parece? Dijiste que tú llevabas las negras.

Se reacomodan frente a la mesa de ajedrez.

PADRE: Para eso volviste, ¿no es cierto?
ALICIA *(sonriendo)*: Para jugar ajedrez contigo.
PADRE: Para cuidarme.
ALICIA: Para cuidarnos mutuamente los dos. Yo también necesito de ti.

En forma imprevista, el padre derriba el tablero y la mesa de ajedrez. Alicia se pone en pie, sobresaltada.

PADRE: ¡Levántalo!
ALICIA: No.
PADRE: ¡Levántalo, dije!

Alicia obedece: comienza a ordenar nuevamente el tablero. Cuando está a la mitad de la operación, el padre vuelve a manotear y derriba las piezas. Alicia retrocede.

ALICIA: No, padre, tú no puedes...

Retrocediendo, Alicia llega otra vez al límite del área B. Está a punto de abandonar la estancia.

PADRE: ¡Alicia!
ALICIA: No regresé para ser tu sirvienta.
PADRE: Cómo puedes pensar eso, hija mía... Era una broma. Estaba jugando.
ALICIA: ¿Estabas jugando? *(Alicia vuelve la cabeza hacia el área B y encuentra al conductor.)* ¿Juega?

El conductor hace un gesto ambiguo.

PADRE: Un simple juego, Alicia, no lo tomes así... Ven, vamos hablando de lo que tú quieras. No echaré llave a las puertas ni cerraré las ventanas, te lo prometo. Al contrario: las abriré de par en par para que entre el aire fresco del jardín. Salgamos al jardín, Alicia, ahora está más hermoso que nunca. Hay rosas, azaleas, alcatraces, malvones, una higuera muy alta y una bugambilia que ya cubre todo el muro de enfrente... ¿No quieres ver el jardín, hija mía?
ALICIA: Despediste a la servidumbre para tener conmigo una sirvienta.

PADRE: No, hija, no.
ALICIA: Una esclava que lea por ti, que camine por ti, que piense por ti, que sueñe por ti.
PADRE: Sí, eso es cierto. Que sueñes por mí. Que por mí vivas todo lo que yo ya no podré vivir, ni soñar. Me quedan muy pocos días de vida, Alicia. Necesito vivirlos con la única persona que me quiere.

Conmovida, Alicia avanza unos pasos hacia el padre.

PADRE: Si tú me dejas ahora me moriré.
CONDUCTOR (*simultáneamente al padre*): Si tú me dejas ahora me moriré.

Alicia reacciona, primero con sorpresa, luego con molestia, al escuchar en labios del conductor las mismas palabras del padre.

ALICIA: ¿Por qué se burla?
CONDUCTOR: No me burlo.
ALICIA: Lo está remedando.
CONDUCTOR: No. Son razones que me sé de memoria.
PADRE (*gritando*): ¡Si tú te vas me muero, Alicia!
ALICIA: No miente.
CONDUCTOR: Claro que no miente, está desesperado.

El padre se yergue. Abandona la silla trabajosamente y como un ciego, tentaleando, empieza a buscar a Alicia por el escenario. Es evidente que no la ve; ella está fuera de su alcance. Alicia se sobrecoge al ver a su padre erguido.

ALICIA: Debo ir. Me necesita.
CONDUCTOR: Nadie la detiene.
PADRE (*recorriendo el escenario, suplicante*): Alicia, hija mía. ¿Dónde estás? No te vayas, Alicia. Ven. Por favor, Alicia, por favor... te lo suplico.
ALICIA: Son sus últimos momentos.
CONDUCTOR: También pueden ser los de usted.

El padre se desespera en su recorrido. Tropieza con los muebles. Se mantiene en pie dificultosamente.

Padre: Alicia, ¡Alicia!... *(Grita.)* ¡Calígula! *(Descompuesto, jadeante, recita en pleno desvarío el parlamento final del "Calígula" de Camus:)* Tampoco el miedo dura. Voy a encontrar ese gran vacío donde el corazón se apacigua... Todo tiene aspecto tan complicado. Y sin embargo, es todo tan sencillo. Si hubiera tenido la luna, si hubiera bastado el amor, todo habría cambiado. Pero ¿dónde saciar esta sed? ¿Qué corazón, qué dios tendrían para mí la profundidad de un lago... Nada en este mundo, nada en el otro, a mi medida. Yo sé, sin embargo, y tú sabes también que bastaría con que existiera el imposible. ¡El imposible! Lo he buscado en los límites del mundo, en los confines de mí mismo. He tendido mis manos, tiendo mis manos y te encuentro a ti, siempre haciéndome frente y estoy lleno de odio hacia ti. No he tomado el camino preciso, no llego a nada. Mi libertad no es la buena. ¡Nada! Nada aún. Qué pesada es la anoche; seremos culpables para siempre, siempre... Esta noche es pesada como el dolor humano. *(Recorre el escenario en un rápido trayecto. Gritando, con desesperación:)* A la Historia, Calígula, a la Historia. *(Teniendo un brazo hacia Alicia, se derrumba próximo al límite el área B. Grita, "en un último espasmo":)* ¡Todavía estoy vivo!

Al ver caer a su padre exánime, Alicia se lleva las manos a la boca conteniendo un grito.

Alicia: ¡Padre!

Largo silencio. Alicia no se atreve a moverse. Mira a su padre desde el límite del área B.

Conductor: Está muerto.
Alicia: Por mi culpa.
Conductor: Por culpa de su corazón.
Alicia: Por mi culpa, por mi culpa, por mi grandísima culpa. Lo dejé solo en el último momento, cuando me buscaba.
Conductor: Para ese momento no hay compañía. Cada quien tiene derecho a morir su propia muerte.
Alicia *(obsesionada, llorando):* Fue mi culpa, mi culpa. La culpa de usted.

Alicia continúa en el área B, sufriente, revelándose. Al fin cruza hacia la estancia, pero antes de llegar e inclinarse sobre el cadáver del padre, se detiene: una procesión formada por los sirvientes y por un nutrido grupo de feligreses (hombres y mujeres cariacontecidos) avanza desde el fondo del escenario. Un sacerdote (que lleva sotana, estola y un libro de oraciones) encabeza al grupo de sirvientes y feligreses, acompañado por un monaguillo. El monaguillo hace funcionar un incensario (lo agita frente al cadáver) aromando todo el ámbito. Mientras se sitúan alrededor del cadáver, feligreses y sirvientes entonan con voz muy baja un himno religioso. Desde su entrada, el sacerdote llega leyendo las oraciones del libro; lo hace en tono rutinario. Alicia retrocede ante la invasión del grupo. Permanece inmóvil observando todo con atención. Ni el sacerdote ni los sirvientes parecen reparar en ella.

SACERDOTE *(leyendo de corrido):* Líbrame Señor de la muerte eterna en aquel día temible en que se han de conmover cielos y tierra, cuando vengas a juzgar al mundo por el fuego... Tiemblo y temo mientras llega el juicio y la ira venidera, en que se han de conmover cielos y tierra. Oh día aquel, día de ira, de calamidad y de miseria, día grande y muy amargo, cuando vengas a juzgar al mundo por el fuego... Dale, Señor, descanso eterno y la luz perpetua lo alumbre... Líbrame, Señor, de la muerte eterna por el fuego. Señor, misericordia. Cristo, misericordia. Señor, misericordia... De la puerta del infierno...

MONAGUILLO: Libra, Señor, a su alma.

SACERDOTE: Descanse en paz.

MONAGUILLO: Amén.

SACERDOTE: Señor, oye mi oración.

MONAGUILLO: Y llegue a ti mi clamor.

SACERDOTE: El Señor sea con vosotros.

MONAGUILLO: Y con tu espíritu.

SACERDOTE: Oremos. Desata, Señor, el alma de tu siervo de todo vínculo de pecado, para que en la gloria de la resurrección respire, una vez resucitado, entre tus santos y elegidos. Por Cristo, nuestro señor...

MONAGUILLO: Amén.

SACERDOTE: Dale, Señor, el descanso eterno.

MONAGUILLO: Y la luz perpetua lo alumbre.

SACERDOTE: Descanse en paz.

MONAGUILLO: Amén.

SACERDOTE: Su alma y las almas de todos los fieles difuntos, por la misericordia de Dios, descansen en paz.

MONAGUILLO: Amén.

El sacerdote cierra el libro y lo entrega al monaguillo, que deja de incensar. Varios sirvientes toman el cadáver del padre y lo sacan del escenario, por el fondo. A partir de este momento, y en viajes sucesivos, los sirvientes empezarán a llevarse los muebles de la estancia hasta dejar vacía el área C. Los feligreses se repliegan al fondo del escenario y forman un grupo compacto. Se han arrodillado y en voz muy baja, al fondo, tararean un himno religioso o murmuran en coro los padrenuestros y las avesmarías de un rosario. Permanecen haciéndolo a lo largo de toda la escena del sacerdote. Éste, una vez terminada la rutina de su oficio, suspira hondo como quien descansa de un trabajo fatigoso. Va a marcharse tras el cadáver, pero se detiene al escuchar a su espalda la voz de Alicia. Alicia habla gimiendo en referencia a su padre, que se llevan los sirvientes.

ALICIA: Padre...
SACERDOTE (*volviéndose, al sentirse aludido*): Perdón. ¿Me hablaba usted?
ALICIA (*desconcertada*): No... (*Se detiene. Deja marchar el cadáver.*) Ah, sí. Padre...
SACERDOTE (*repitiendo de memoria*): Resignación, hija mía. Sólo con resignación cristiana y pensando en la infinita misericordia de Dios podremos soportar serenamente el dolor que nos causa el tránsito de un ser querido a la vida eterna. (*Se frena con brusquedad. Parece reconocerla.*) Alicia... Pero si eres... pero si eres tú, Alicia.
ALICIA: Yo soy, padre.
SACERDOTE: ¡Quién iba a decirlo! Después de tanto tiempo. Mira nada más, muchacha, qué sorpresa.
ALICIA: Era mi padre el que murió.
SACERDOTE: Sí, claro, pero no esperaba encontrarte aquí. Han pasado años de no vernos. Años, ¿no? Desde tu matrimonio, si no me equivoco.
ALICIA: Desde mi matrimonio.
SACERDOTE: Desde tu matrimonio, claro. ¡Un siglo!... Sea por Dios, muchacha. Vaya gusto de verte.
ALICIA: Mi marido me prohibió ir a la iglesia.
SACERDOTE: Sí, sí, me acuerdo.
ALICIA: Por su culpa dejé a mi padre, dejé la religión, dejé todo.
SACERDOTE: Sin embargo estás igualita. Incluso más guapa. Hecha toda una mujer.
ALICIA: Vacía por dentro.
SACERDOTE: Eso nadie puede decirlo. Menos tú que siempre fuiste una chica llena de confianza en el futuro.

ALICIA: Tenía confianza cuando tenía fe. Y hasta eso trató de quitarme mi marido.

SACERDOTE: A propósito, ¿cómo está él? ¿Qué se ha hecho?

ALICIA: Lo abandoné.

SACERDOTE: ¿De veras? No me digas. ¿Y tus hijos?

ALICIA: Los abandoné también. Huí de mi casa.

SACERDOTE: Siempre fuiste muy inquieta...

ALICIA: ¿Lo entiende?

SACERDOTE: Desde que estabas en la doctrina. Ni siquiera podías soportar media hora de catecismo quietecita en tu banca. A fuerzas tenías que andar de aquí para allá armando alboroto.

ALICIA: Pero era la más puntual y la más devota.

SACERDOTE: Ah, eso sí. ¡Claro que me acuerdo! La hija más devota de la Inmaculada Concepción.

ALICIA: Y luego la militante más activa de la corporación, y la más entusiasta propagandista de la campaña moralizadora.

SACERDOTE: La campaña moralizadora. ¡Uh, qué tiempos!

ALICIA: Antes de casarme, iba a misa y comulgaba todos los días. Me confesaba una vez por semana.

SACERDOTE: Me acuerdo, me acuerdo...

ALICIA: El templo era parte de mi mundo, mi propia casa. En ningún otro lugar me sentía mejor... Y ahora que vuelvo a escuchar estos rezos y a oler este aroma a incienso, me doy cuenta de que éste es mi sitio, padre. Quiero encontrar nuevamente a Dios. Quiero recuperar mi fe de niña... Ayúdeme.

SACERDOTE (*distraído, frenando el entusiasmo de Alicia*): Así que abandonaste a tu marido y regresaste con tu padre.

ALICIA: Regresé a pedirle perdón.

SACERDOTE: Y él te perdonó.

ALICIA: No alcanzamos a entendernos, hubo una mala interpretación. Me porté mal. Lo dejé morir solo. (*Pausa.*) De eso quisiera hablarle si usted tiene tiempo, ahora.

SACERDOTE (*consultando su reloj*): Todo el tiempo que quieras, para eso estoy. Pero vamos tomando una copa. Antes de que se lleven todo.

El sacerdote habla en referencia a los sirvientes que han continuado acarreando muebles fuera del escenario. A tiempo alcanza a rescatar la botella de brandy y una copa.

ALICIA: Me siento culpable, muy culpable.

SACERDOTE: Exageras. *(Llena la copa de brandy y ofrece a Alicia.)* ¿Quieres?

ALICIA *(deniega con la cabeza):* De algún modo, yo fui la causante de su muerte.

SACERDOTE: Tú no fuiste causante de nada, él ya estaba muy viejo. *(Transición. En referencia a la copa llena:)* La sangre de Cristo conserve mi alma para la vida eterna... Salud. *(Bebe. Paladea el licor.)* Tu padre siempre tuvo buenas bebidas. *(Se sirve otro trago y continúa bebiendo hasta el final de la escena.)*

ALICIA: Él me enseñó a conocer y amar a Dios.

SACERDOTE: Te quería muchísimo. *(Transición.)* ¿De veras no quieres probar? Es un brandy excelente.

ALICIA: Más bien quisiera confesarme, padre, si usted tiene unos minutos.

SACERDOTE: ¿Ahora?

ALICIA: Me gustaría empezar bien.

SACERDOTE: Sí, por supuesto; pero debes saber que en estos tiempos ya nadie se confiesa. Bueno, casi nadie. *(Señala a los feligreses y se refiere a ellos con aire confidencial.)* Desde luego hay todavía quienes conservan fielmente sus tradiciones, pero la gente como tú o como tu marido está preocupada en otras cosas... Hablaste de empezar bien, y tienes razón, Alicia, estamos justamente empezando a vivir una época distinta. Tu época, Alicia. La época de las grandes empresas que cubren al mundo. Un mundo que ya no se divide en continentes, ni en civilizaciones, ni en países; ni siquiera en ideologías, sino en mercados. Las ideologías ya no importan: da lo mismo socialismo o comunismo que capitalismo. Lo importante es la existencia de mercados donde esas grandes empresas pueden derramar sus productos. El ciudadano de ayer es el cliente de ahora. El patriota de antes es el consumidor de esta nueva era donde no deberá haber más pobres ni muertos de hambre porque los pobres no compran ni consumen. Las transnacionales necesitan convertir al mundo en una gigantesca masa de clases medias para saciarlas. Fuera miseria. Fuera nacionalismos. Fuera estados. En lugar de gobernantes y políticos, la tierra manejada por gerentes. ¿Te imaginas qué maravilla? El mundo feliz. El reino de Dios. Tan simple como eso... ¿Te das cuenta, Alicia?

ALICIA *(desconcertada):* No... no sé de qué me habla.

SACERDOTE: ¿Entiendes lo que está pasando?

ALICIA: No entiendo qué tiene que ver todo esto con Dios, y con la Iglesia.

SACERDOTE: Tiene mucho que ver, ya lo creo. Muchísimo. En este complejo panorama la Iglesia juega un papel de primer orden. Es una empresa más. Una transnacional enorme cuya mercancía, más valiosa que todas, es la fe. *(Ante la extrañeza de Alicia, deja a un lado la botella y la copa y empieza a desprenderse de la estola y la sotana.)* Por lo pronto sólo te repito lo que dijo Cristo: ojalá no te escandalices de mí.

Del grupo de feligreses, que continúa rezando en murmullos, se desprende una mujer que camina hasta quedar próxima al sacerdote. A ella entrega éste la sotana y la estola.

SACERDOTE: Me vas a perdonar, pero tengo que salir con mi esposa.
ALICIA: ¿Su esposa?
SACERDOTE *(sonríe)*: Bueno, es un modo de decir. *(Transición.)* Otro día seguiremos hablando. Quédate aquí todo el tiempo que quieras. Es la casa de Dios. Es tu casa.

El sacerdote da el brazo a la mujer y juntos abandonan el escenario por el fondo. Alicia permanece de pie mirándolo irse, desconcertada aún. El grupo de feligreses empieza a entonar, a toda voz, el "Tantum ergo".

FELIGRESES *(cantando)*: Tantum ergo Sacramentum / Veneremur cernui; / Et antiquum documentum / Novo cedat ritui: / Praestet fides supplementum / Sensuum defectui. / Genitori Genitoque / Laus et jubilatio; / Salus, honor, virtuos quoque / Sit et benedictio; / Procedenti ab utroque / Compar sit laudatio. / Amen.

Cantando el "Tantum ergo", los feligreses abandonan el escenario (ya vacío de muebles) en seguimiento del sacerdote. Alicia queda un largo rato inmóvil al centro del escenario. El canto se va perdiendo a la distancia. Alicia sale de su ensimismamiento con la llegada de los oficinistas (hombres y mujeres con facha de empleados). Cargando escritorios y máquinas de escribir empiezan a convertir el escenario en una oficina. Alicia se sorprende de esta nueva invasión y se encamina hacia el área B. El conductor, que ha permanecido atento a toda la escena del sacerdote, empieza a reír desde que éste desaparece. Su risa ha sido suave, casi silenciosa, pero estalla en este último momento. Alicia entra en el área B.

ALICIA: Se burla.
CONDUCTOR: Perdón, no pude evitarlo.

ALICIA: Se burla de mí.
CONDUCTOR: De usted no, se lo aseguro... Me río de toda la sarta de tonterías que estuve escuchando.
ALICIA: Quería empezar desde el principio.
CONDUCTOR: No se empieza retrocediendo, se lo dije.
ALICIA: Ahora lo sé. *(Pausa. Se dirige lentamente hacia la escalera. Va a subir.)*
CONDUCTOR: ¿Dónde va?
ALICIA: No me gusta el mundo de allá arriba, pero al menos lo entiendo. Sé a qué atenerme.
CONDUCTOR: Muy bien.
ALICIA: No le parece.
CONDUCTOR: Dije muy bien. Encontrará todo igual: las sábanas calientes, el dinero para el gasto, la casa por arreglar.
ALICIA: Y qué puedo hacer si no tengo otra opción.
CONDUCTOR: Tiene muchas.
ALICIA: Necesitaría vivir con alguien.
CONDUCTOR: Aprenda a vivir sola.
ALICIA: Se dice fácil.
CONDUCTOR: Inténtelo, Alicia.
ALICIA: Es que no sé cómo. No sé a dónde ir ni qué pensar... Necesitaría dinero para alquilar un departamento.
CONDUCTOR: Trabaje.
ALICIA: Nunca he trabajado. No estudié. No aprendí a hacer nada. Solamente sirvo para tender camas y cuidar niños.
CONDUCTOR: Aprenda a trabajar.
ALICIA: ¿Pero en dónde?
CONDUCTOR: Podría ser una oficina.

Instada por el conductor, Alicia mira hacia el área C. Los oficinistas (hombres y mujeres) continúan acomodando los muebles. El área tiene ya el aspecto de una oficina convencional. Alicia permanece un lapso observando en silencio el lugar.

CONDUCTOR: Como secretaria.
ALICIA *(con repugnancia)*: ¿Romper con todo para terminar convertida en una vulgar secretaria?
CONDUCTOR: ¿Tiene algo de malo?

Alicia: No es un trabajo para mí. Yo no puedo empezar de tan bajo.

Conductor (burlón): Sí, claro, usted no puede empezar de tan bajo.

Alicia: Sería caer en una nueva esclavitud.

Conductor: Sí, sí, ya lo creo.

Alicia: Estoy acostumbrada a otra clase de vida, a un sinnúmero de comodidades.

Conductor: Que ha obtenido gratuitamente, sin ningún esfuerzo propio. Si quiere seguir disfrutando de esa clase de vida, gánesela por usted misma, Alicia. Arriésguese.

Alicia (pensativa, melancólica): Lo peor es que ni siquiera para eso sirvo.

Conductor: Pretextos.

Alicia: Escribo a máquina con dificultad...

Conductor (interrumpiendo): Vamos, Alicia, arriésguese.

Alicia cruza hacia el área C casi empellada por el conductor. La oficina ha quedado totalmente instalada y los oficinistas (apenas Alicia entra) teclean febrilmente en sus máquinas. De las baterías de escritorios sobresalen dos en primer plano: un escritorio común a todos, el de Marcos (un joven oficinista que no pierde de vista a Alicia desde que ella entra), y el escritorio, más amplio y sin máquina de escribir, de Gustavo, el jefe de la oficina. Alicia recorre la oficina y se detiene frente a Gustavo. Éste la mira todo el tiempo con discreta lascivia.

Alicia: Escrito a máquina con dificultad, no sé idiomas ni taquigrafía.

Gustavo: Pero quiere el trabajo.

Alicia: Lo necesito.

Gustavo: Le llama la atención nuestra compañía.

Alicia: Si, señor, por supuesto.

Gustavo: Mi nombre es Gustavo Laviña.

Alicia: Sí, señor Laviña.

Gustavo (orgulloso, grandielocuente): Es una compañía en expansión, abocada a convertirse en pionera de las grandes empresas que buscan el fortalecimiento económico de la sociedad. Tenemos grandes proyectos. Editaremos revistas, fabricaremos ropa de diseños exclusivos, lanzaremos nuevos productos al mercado: todo con el espíritu moderno de una organización pujante. Necesitamos por ello empleados inteligentes, audaces, agresivos; con buena presentación sobre todo. (*La examina de arriba abajo. Le mira las piernas.*) Su tipo no está mal. Corresponde. Se ve usted una mujer ambiciosa, señorita... ¿O señora? ¿Es casada?

ALICIA (*se turba*): Estoy separada de mi marido.

GUSTAVO: Vive sola.

ALICIA: Sí, señor Laviña.

GUSTAVO: Muy sola.

ALICIA: Necesito el trabajo.

GUSTAVO: Aunque tiene poca experiencia como secretaria, dice.

ALICIA: Creo poder salir adelante, señor Laviña.

GUSTAVO (*con doble intención*): Para una mujer como usted, no es difícil. Nada difícil... El único problema de momento, como puede darse cuenta, es que todas mis plazas están ocupadas. (*Señala los escritorios ocupados por los oficinistas tecleando.*)

ALICIA: Entiendo.

GUSTAVO: No hay lugar.

ALICIA (*retrocediendo anímicamente*): Entonces más adelante. Puedo volver otro día. En un mes, quizá.

GUSTAVO: Espere.

ALICIA: Muchas gracias de todos modos.

GUSTAVO: No, no, espere. Déjeme ver.

Gustavo se ha puesto de pie y se lanza a recorrer los escritorios. Como un capataz, vigila el trabajo de los oficinistas. Éstos se esmeran en su tarea. Teclean a máquina ininterrumpidamente sin atreverse a levantar siquiera la vista. Alicia aprovecha el recorrido de Gustavo para regresar al área B, nerviosa.

ALICIA: No puedo.

CONDUCTOR: ¿Qué le pasa?

ALICIA: Simplemente no puedo.

CONDUCTOR: Ni siquiera ha conseguido el trabajo y ya dice que no puede.

ALICIA: ¿Se fijó cómo me miraba?

CONDUCTOR: Ah, es por eso.

ALICIA: No voy a tener de jefe a un hombre al que sólo le interesan mis piernas.

CONDUCTOR: Córtese las piernas entonces.

ALICIA: Estoy hablando en serio.

CONDUCTOR: Yo también.

Gustavo ha terminado la revisión de sus empleados y regresa a su escritorio. Se extraña de no encontrar a Alicia. La llama y luego la busca recorriendo el escenario.

GUSTAVO: Señora...
CONDUCTOR: La está llamando.
ALICIA: No voy a ir.
GUSTAVO *(la busca)*: Señora... Señora.
CONDUCTOR: Haga la prueba.
ALICIA: Nunca.

Contrariamente a lo que dice, Alicia regresa por sí misma al área C y se encuentra con Gustavo.

GUSTAVO: Está resuelto su problema. Venga para acá.

Gustavo conduce a Alicia hasta el escritorio donde teclea una mujer: Gloria. Alicia se mantiene a distancia.

GUSTAVO: Deje eso, Gloria, voy a dictarle.

Gloria suspende el tecleo. Extrae la hoja.

GUSTAVO: Con tres copias.

Obediente, Gloria arregla los papeles y los introduce en el rodillo de la máquina.

GLORIA: Cuando usted diga, señor.

Gustavo empieza a dictar, abriendo pausas para que Gloria teclee.

GUSTAVO: La fecha. *(Pausa.)* Señor Gustavo Laviña, director general, presente. *(Pausa.)* Por convenir a mis intereses, coma, me permito presentar a usted mi renuncia irrevocable al puesto de secretaria que venía desempeñando en esta compañía. Punto y aparte.

Los oficinistas han dejado de teclear. Gloria se muestra sorprendida y nerviosa pero continúa escribiendo.

GUSTAVO (*dictando*): Agradezco a usted las múltiples atenciones que me brindó durante el tiempo que trabajé a sus órdenes, coma, y le ruego hacer efectiva mi renuncia a partir de la fecha de este memorándum. Punto y seguido. Al mismo tiempo, coma, manifiesto no tener reclamación alguna por concepto de indemnización ni de cualquier otro género de prestaciones. Punto y aparte. Atentamente, Gloria Mejía González.

Gloria termina de escribir. Está temblando ligeramente. Alarga las hojas a Gustavo, éste revisa con rapidez el escrito y lo devuelve a Gloria. Él mismo le tiende una pluma fuente.

GUSTAVO: Ahora firme.
GLORIA: Pero yo no quiero renunciar.
GUSTAVO: Tiene que hacerlo. Ése fue el trato.
GLORIA: He cumplido. He sido puntual, eficiente, discreta... Necesito el trabajo.
GUSTAVO: Todos lo necesitamos. Usted ya tuvo su oportunidad.

Gloria toma la pluma. Desde sus escritorios, los oficinistas murmuran como formando un coro. Hablan simultáneamente.

MARTÍNEZ: No firmes, Gloria.
OFICINISTA 1: No firmes.
OFICINISTA 2: No firmes.
OFICINISTA 3: No firmes.
OFICINISTA 4: No firmes.

Ante la oleada murmurante, Gustavo aparta la vista del escrito y barre con la mirada a los oficinistas. Éstos callan y vuelve a teclear. Gloria no ha firmado aún.

MARTÍNEZ (*por lo bajo, a sus compañeros tecleantes*): Se los dije, ya es hora de formar un sindicato.

Gustavo vuelve a mirar a los oficinistas, alertado.

GUSTAVO: ¿Alguien dijo sindicato? (*Recorre los escritorios, preguntando:*) ¿Fue usted?
OFICINISTA 1: No, señor.

GUSTAVO: ¿Usted?
OFICINISTA 2: Ni pensarlo.

Ahora Gustavo pregunta nada más con la mirada y el gesto.

OFICINISTA 3: No, señor.
MARCOS: No, señor.
MARTÍNEZ: No, señor, yo no dije nada.
GUSTAVO: A trabajar entonces. (*Regresa con Alicia y la aproxima al escritorio de Gloria cuanto ésta ya ha firmado. Estrecha efusivamente las manos de Alicia.*) ¡Bienvenida a nuestra empresa, señora!

Con el escrito firmado por Gloria, Gustavo abandona el escenario. Los oficinistas permanecen tecleando durante un lapso. Gloria comienza a extraer del escritorio sus pertenencias sollozando muy suavemente. Alicia la observa, contrita.

ALICIA: Perdóneme, no era mi intención...
GLORIA: No. Esto tenía que suceder tarde o temprano.

Poco a poco, los oficinistas abandonan sus escritorios y en grupo se aproximan a Gloria. Se ponen a cantar "Las golondrinas" (tal vez acompañados por un mariachi que aparece al fondo). Mientras cantan "Las golondrinas" van abrazando, uno por uno, a Gloria. Se escuchan algunas frases, entre otras ad libitum.

MARTÍNEZ: Si hubiéramos formado un sindicato esto no pasaría, se los dije.
OFICINISTA 1 (*abrazando a Gloria*): Fue un placer trabajar contigo.
OFICINISTA 2 (*idem*): Ya encontrarás un trabajo mejor, no te preocupes.
OFICINISTA 3 (*idem*): No te olvidaremos nunca.

Gloria responde a los abrazos con tímidos "gracias".

MARTÍNEZ: Se impone organizar una fiesta de despedida.
OFICINISTA 1: Ya vas.

Al impulso de la frase de Martínez, los oficinistas se ponen en movimiento. De los cajones de los escritorios extraen botellas de sidra, vasos de papel, sangüichitos, un pastel...

Accionan a gran velocidad, mientras el mariachi (o la simple música de fondo) atruena con otra melodía. La acción va acompañada de frases varias, verbi gratia:

MARTÍNEZ: Sidra para la festejada.
OFICINISTA 1: Venga música alegre.
OFICINISTA 2: Aquí hay sangüichitos.
OFICINISTA 3: El pastel… Yo lo hice, yo lo hice.
OFICINISTA 4: A divertirse todo mundo.

Se sirve la sidra, se hacen circular las charolas de sangüichitos. El alboroto es mayúsculo

OFICINISTA 1: Digamos salud.
OFICINISTA 2: Que hable Martínez.
OFICINISTA 3: Sí, sí, que hable, que hable.

La música se suspende momentáneamente. Impulsado por algún compañero, Martínez avanza a un primer plano. Tal vez se sube a un escritorio. Todos se aprestan a escucharlo con atención.

MARTÍNEZ: Gracias, compañeros, muchas gracias. Sólo unas cuantas palabras para brindar a la salud de Gloria Mejía González, decana de los empleados de esta empresa y modelo de camaradería y compañerismo. Nadie jamás organizó las tandas como las organizó ella, y todos la recordaremos siempre en los días de campo, en las rifas, en los *coffee-break* de las once y media. Algún día, cuando formemos un sindicato y hagamos sentir nuestra fuerza a la empresa que nos oprime, ese sindicato verá en Gloria Mejía González una pionera ejemplar de esta lucha que apenas hoy comienza, compañeros.

Aplausos y exclamaciones jubilosas.

MARTÍNEZ *(después de pedir silencio)*: También quiero brindar por la nueva empleada que hoy se incorpora a nuestras filas. Estoy convencido de que ella habrá de encontrar aquí, en este clima de trabajo y compañerismo, la oportunidad de hacer nuevas y entrañables amistades. Como dijo nuestro jefe: ¡Bienvenida a esta empresa, camarada!

Aplausos y exclamaciones. Los oficinistas se arremolinan en torno a Alicia y le estrechan las manos, la palmean. La música de fondo (o la del mariachi) se vuelve a escuchar. La mayoría de los oficinistas forman parejas y se ponen a bailar. Otros beben y comen sangüichitos formando pequeños grupos. Gloria ha tomado su abrigo de un perchero y se dispone a abandonar la oficina. Alicia va hacia ella.

ALICIA: Me siento responsable.
GLORIA: Nadie es responsable de nada. A ti te pasará lo mismo si te descuidas.
ALICIA: Trabajaré lo mejor que pueda.
GLORIA: Aunque trabajes lo mejor que puedas, nunca lo harás bien. Para nosotras eso no es lo importante.
ALICIA: ¿Qué es lo importante?
GLORIA: ¿No lo sabes?
ALICIA: No.
GLORIA: ¿Viste la cara del señor Laviña?
ALICIA: Ah, es eso... Y por eso te corrió, porque no accediste.
GLORIA: Claro que accedí. Aquí no se puede trabajar sin abrir las piernas a toda hora, es parte del empleo.
ALICIA: Me parece imposible que los jefes...
GLORIA *(interrumpiendo):* No nada más los jefes. También los compañeros, y hay que entregarse para ser admitida y ayudada. La mitad de los que están aquí me pasaron encima. Además de los jefes, por supuesto... Jefes, subjefes, directores, subdirectores, gerentes, subgerentes. Toda la fauna.
ALICIA: Entonces el señor Laviña...
GLORIA: Fue uno de tantos... Desde luego, como tú comprenderás, terminas gastadísima, dejas de ser novedad y en ese momento adiós, se acabó el trabajo. Hay que salir a buscar otra oficina y a empezar desde el principio. *(Sonríe con tristeza. Palmea la espalda a Alicia.)* Tranquilízate. Al principio da miedo, pero después te acostumbras.

Gloria camina hasta la salida. Ahí se detiene y agita la mano para despedirse de los oficinistas. Lanza besos.

GLORIA: Adiós a todos, muchachos. Adiosito.

Sin dejar de bailar y sin deshacer sus grupos, los oficinistas responden a la distancia.

Oficinista 1: Adiós, Gloria.
Oficinista 2: Buena suerte.
Oficinista 3: Ven a visitarnos de vez en cuando.
Oficinista 4: Que te vaya bien.
Martínez: El sindicato acabará haciéndote justicia, Gloria. Hasta pronto.

Alicia permanece inmóvil, apartada de los grupos y las parejas que bailan con júbilo creciente. Tarda en advertir la presencia de Marcos, quien se ha aproximado y la mira fijamente, como desde el principio.

Marcos: Gloria es muy exagerada, no le haga caso.

Alicia se vuelve hacia Marcos, sorprendida.

Marcos: Mi nombre es Marcos.
Alicia *(sonríe)*: Mucho gusto.
Marcos *(continuando)*: Nada de eso es cierto. Lo que pasa es que hay algunas compañeras, como Gloria, que apenas entran a trabajar sólo andan buscando cuál es la manera más rápida de ascender en el escalafón. Y acaban mal, como ya vio... Usted tranquila.

Se abre un largo silencio entre ellos. La fiesta de los oficinistas comienza a derivar en el destrampe. Algunas de las parejas que bailan se acarician ya obscenamente, mientras varios oficinistas manifiestan su ebriedad con gritos y alboroto.

Marcos: No la veo muy entusiasmada en la fiesta.
Alicia *(turbada)*: Todavía no conozco a nadie.
Marcos: Es horrible, como siempre. Todas nuestras fiestas son horribles y degeneran inevitablemente en esto: borracheras, acostones, a veces hasta pleitos. Nadie se divierte en realidad, pero todos fingimos que nos divertimos a lo grande. Es una manera de olvidar la rutina de todos los días: llegar, checar la tarjeta, ver las mismas caras, saludar a la misma gente, enfrentarse a los mismos escritorios. Toda la mañana y toda la tarde lo mismo *(hace ademán de escribir a máquina)*: taca taca taca taca taca. Expedientes, cartas, memorándums, informes. Escribe y escribe encerrados en este calabozo... Por eso estallamos con cualquier pretexto.

A la menor provocación: una fiesta. Por el cumpleaños de fulano, por el ascenso de mengano, por el despido de zutano. Nos da igual un casamiento que un velorio. Lo importante es organizar una fiesta a como dé lugar.

ALICIA: Es muy comprensible.

MARCOS: Para mí no, la verdad. Nunca entenderé nuestra incapacidad para salir de aquí.

ALICIA: Todos necesitan el trabajo.

MARCOS: Y aunque no fuera así, aquí estaríamos. Ya no podemos existir en otra parte. Aquí vivimos, aquí trabajamos, aquí nos divertimos, aquí hacemos el amor, aquí todo... Pregúntele a cualquiera cómo le va cuando sale de vacaciones. Regresa desesperado, como un drogadicto. Ha ido al mar, a la montaña o al campo, y es como si hubiera ido al infierno. Quince días contando las horas que faltaban para volver a la oficina. Y vuelve al fin, como a un paraíso.

ALICIA: A mí me ocurría algo parecido en mi casa. Me había acostumbrado a la rutina.

MARCOS: A la esclavitud.

ALICIA: Por lo visto he venido a caer en otra clase de esclavitud.

MARCOS: Eso depende de usted, Alicia. *(Pausa.)* De su imaginación.

Al fondo del escenario, Martínez mira hacia afuera y regresa agitado para alertar a los oficinistas.

MARTÍNEZ: El jefe. ¡Aguas!... Ahí viene el jefe, ¡aguas!

Se produce un gran alboroto. La música cesa (salen corriendo los mariachis). Los oficinistas tratan de arreglar rápidamente el sitio escondiendo las botellas, los sangüichitos, los restos del destrampe. Luego se arreglan la ropa, el peinado, y regresan a teclear a sus escritorios. También Alicia ocupa su escritorio y comienza a teclear dificultosamente. Cuando Gustavo hace al fin su aparición, la oficina ha recobrado su habitual aspecto laboral. Gustavo recorre los escritorios revisando como un capataz el trabajo de los oficinisas. Llega ante el escritor del oficinista 1 que apenas puede disimular su embriaguez.

GUSTAVO *(al oficinista 1)*: ¡Enderécese!

El oficinista 1 se endereza y a duras penas trata de seguir tecleando. Gustavo se aproxima al escritorio de Marcos. Descubre un cono de papel en el suelo.

GUSTAVO *(a Marcos):* Les he dicho que conservan limpia la oficina, ¿qué no entienden?

Marcos recoge el cono y otros papeles que han quedado como residuo de la fiesta. Gustavo llega al escritorio de Alicia. Ella teclea con dificultad.

GUSTAVO: ¿Contenta?... ¿Cómo va ese trabajo?
ALICIA: Va saliendo poco a poco.
GUSTAVO: Todo es cosa de práctica.
ALICIA: Sí, señor.
GUSTAVO *(le entrega un voluminoso conjunto de hojas):* Para mañana necesito este informe pasado en limpio.
ALICIA *(se asusta):* ¿Todo el informe?
GUSTAVO: Con tres copias. Puede estar a las once, a más tardar. *(Sonríe.)* Tiene tiempo, Alicia, no se preocupe.

Después de un nuevo recorrido por los escritorios, Gustavo abandona el escenario. Todos los oficinistas permanecen tecleando como autómatas. En la recámara del área A, el marido se desespera. Se incorpora de la cama.

MARIDO *(llamando):* Alicia... ¡Alicia!

Ninguno de los oficinistas escucha al marido, por supuesto. Asustada, Alicia suspende el tecleo y mira al área B y al área A. También se alerta el conductor, en el área B. Se levanta de la mecedora y camina hacia la escalera, expectante.

MARIDO: Quieres traerme un vaso de agua, Alicia, por favor...

Alicia permanece congelada en su escritorio, como si temiera ser descubierta ahí por el marido. Mira hacia el área B, suplicante.

ALICIA *(mirando hacia el conductor):* ¿Qué hago?

Desde el área B, el conductor tranquiliza a Alicia dándole a entender, con un ademán, que no se mueva. En el área A, el marido se levanta de la cama y avanza por el cuarto, rumbo a la escalera. Parece tener intenciones de descender, pero se detiene cuando descubre un diario en el suelo. Lo levanta. Parece interesarse en la lectura de la primera plana, y leyendo camina hasta el tocador. Ahí se sirve un vaso de agua de un garrafón. Luego, con el periódico en las manos, regresa a la cama y se introduce nuevamente bajo las sábanas. Continúa leyendo durante un lapso hasta que al fin, bostezando, arroja el periódico al aire y se reacomoda para continuar durmiendo. Deshojándose en el aire, el periódico cae en la oficina donde los oficinistas siguen tecleando ajenos al incidente que preocupa a Alicia. Alicia se tranquiliza y reanuda su trabajo. En el área B, el conductor regresa a la mecedora. Transcurre tiempo. Los oficinistas teclean. De pronto se escucha un timbrazo largo que hace levantarse a los oficinistas de un solo impulso, unánimemente. Recogen con rapidez sus pertenencias y empiezan a salir de la oficina. Ha concluido su jornada de trabajo.

OFICINISTAS (*despidiéndose y respondiéndose entre sí, mientras salen*): Hasta mañana. Hasta mañana. Hasta mañana. Hasta mañana. Hasta mañana...

En la oficina sólo quedan Alicia y Marcos. Marcos ha suspendido el tecleo pero no muestra intenciones de marcharse. Desde su escritorio contempla a Alicia que continúa escribiendo trabajosamente.

MARCOS: ¿No piensa irse todavía?
ALICIA: Tengo que pasar este informe para mañana. Pero soy tan torpe, que voy a necesitar toda la noche.
MARCOS: Puedo ayudarla, si quiere.
ALICIA: Gracias. Es mi trabajo.
MARCOS: A mí no me cuesta nada, escribo rapidísimo. Además, soy mago. En un abrir y cerrar de ojos puedo transcribir dos informes como ése... Soy mago, de veras, ¿no me cree?
ALICIA: ¿De esos que hacen suertes en los teatros?
MARCOS: De ésos. Durante algún tiempo me dediqué a dar funciones los fines de semana, pero acabé decepcionado. La gente decía que eran trucos.
ALICIA: ¿Y no lo eran?
MARCOS: Claro que no. Mi magia es magia de verdad, tengo ese don. El poder de llenar con música el silencio, de hacer luz donde hay oscuridad, de transformar el dolor en alegría. Con un chasquido de mis dedos puedo llevarle a países que nunca imaginó, Alicia.

ALICIA: ¿De veras?

MARCOS: No me cree.

ALICIA: Soy muy escéptica. Estoy acostumbrada a ver la realidad, sin trampas.

MARCOS: La verdadera trampa está en la realidad. Una realidad aplastada por nuestro mundo chato, concreto, utilitario. Y lo que hace mi magia precisamente es devolverle a esa realidad su impulso natural de fantasía.

ALICIA: Se oye bonito.

MARCOS: Es maravilloso. (*Abre un cajón de su escritorio y extrae la varita mágica característica de los magos y una amplia capa negra, española.*)

ALICIA: Ah, guarda aquí sus aparatos.

MARCOS: Van conmigo a donde voy. Son parte de mí mismo. (*Se pone la capa. Gira con ella. Agita la varita en el aire.*)

ALICIA: Es hermosa su capa. Se ve atractivo.

MARCOS: ¿Se da cuenta? Empieza a descubrir mi personalidad... Es un primer efecto mágico.

Alicia ríe, divertida.

MARCOS (*solemne, seductor*): Usted se ha pasado la vida durmiendo, Alicia, y yo voy a despertarla... Esta oficina es un jardín lleno de flores, ¿quiere verlo? Los papeles son flores. La basura son flores. Flores, flores, flores, flores, flores.

Acciona mientras habla. Corriendo entre los escritorios abre cajones con gran rapidez y extrae de ellos puñados de flores de papel que arroja al aire. También brotan flores de los basureros que vuelca sin dejar de exclamar "flores, flores". Alicia aplaude, impresionada.

ALICIA: Bravo. Es buenísimo, buenísimo.

MARCOS: También puedo envolverla en sedas, y en gasas, y en pañuelos, y hacerla flotar en el aire, ligera como una pluma.

Sin detenerse, y de los mismos escritorios, de los rodillos de las máquinas, de las sillas, de los cajones, de su varita mágica empieza a extraer mascadas de seda que lanza a flotar en el aire. Las mascadas parecen cubrirlo todo mientras Alicia contempla arrobada el espectáculo mirando de un lado a otro.

ALICIA: Nunca pensé que fuera un mago tan bueno, Marcos. Es buenísimo.
MARCOS (*silenciándola*): No hable, Alicia. Shhh. Silencio. Escuche.
ALICIA: Qué.
MARCOS: Escuche.

Se empieza a escuchar una alegre melodía que va ascendiendo lentamente.

ALICIA: Esa música. ¿De dónde viene?
MARCOS: Es la música de sus sueños. ¿La recuerda?

La música irrumpe en el escenario.

ALICIA: Sí, es cierto. Pero cómo sabe usted, cómo adivinó. Dígame cómo le hace, cuál es el truco…
MARCOS: No hable, Alicia, no hable. Escuche y mire… Ha vivido con los ojos cerrados sin darse cuenta de que está envuelta en luz… Luz. Luz. El arco iris despedazándose en nuestras manos. Lluvia de estrellas, de cometas, de luciérnagas. Todo el universo luminoso para usted, Alicia. Para que la devuelva a sus sueños.

Casi simultáneamente con la música, se empiezan a suceder (como evocados por los pases mágicos que realiza Marcos con su varita) toda suerte de juegos luminosos. Llueven del techo escarchas doradas y plateadas mientras giran por el escenario las luces de colores y llueven serpentinas de seda. El fenómeno resulta alucinante y se prolonga un lapso considerable de tiempo. La música contagia a Alicia que intenta unos pasos de baile tomada de las manos de Marcos. Se interrumpe para mirar nuevos juegos lumínicos y vuele a danzar, arrobada.

ALICIA: Que no termine nunca, nunca.
MARCOS: Durará mientras usted lo quiera. Eternamente, si lo desea.
ALICIA: Es maravilloso.
MARCOS: Ahora cierre los ojos y acompáñeme a viajar al paraíso. (*La atrae. La envuelve en su capa. La estrecha.*) Juntos los dos, volando a la felicidad que ya nunca perderemos.

Sin resistencia, Alicia se ha dejado atraer y envolver en la capa de Marcos. Éste va a conducirla fuera del escenario. Antes la besa suave, largamente en los labios. Alicia reacciona de golpe. Aparta a Marcos. Lo empella.

ALICIA: No.

Asustada, como despertando, Alicia huye rápidamente de la oficina y cruza hacia el área B. De golpe cesan todos los juegos luminosos y musicales. Se produce un largo silencio. Marcos permanece un largo momento inmóvil y luego, apesadumbrado, se despoja de su capa y empieza a barrer todos los residuos que ha dejado su acto de ilusionismo. Ocupa en esta tarea todo el tiempo que dura la escena entre Alicia y el conductor. Alicia, por su parte, se mantiene quieta, meditabunda, en la entrada del área B. El conductor camina hasta ella y la mira lago rato en silencio. Con la punta de los dedos, Alicia se frota en los labios el beso de Marcos.

ALICIA: No sé qué me pasó.
CONDUCTOR: Tuvo miedo.
ALICIA: Parecía un sueño... Nunca me había sentido así, como en otro mundo, como si yo fuera de pronto otra persona... Pero eran trucos, ¿verdad?
CONDUCTOR (*ha recogido una de las flores de papel que han caído en el área y la manosea durante toda la escena*): Según lo que usted entienda por trucos.
ALICIA: Las flores de papel.
CONDUCTOR: Y las mascadas de utilería.
ALICIA: Trucos.
CONDUCTOR: Pero había luces y música.
ALICIA: Sí. Y yo me sentí inmensamente feliz.
CONDUCTOR: Eso le dio miedo.
ALICIA: Mucho miedo.
CONDUCTOR: Porque estaba con un hombre.
ALICIA: Marcos es sólo un muchacho. Casi podría yo ser su madre.
CONDUCTOR: Él no la miraba como a una madre.
ALICIA: Eso fue lo tramposo. Toda su magia era nada más para seducirme. Como siempre. Siempre es lo mismo. Jóvenes o viejos, amigos o maridos, los hombres sólo ven en la mujer un objeto sexual.
CONDUCTOR: No exagere, Alicia.
ALICIA: ¡Ésa es la verdad! Lo sé porque lo he leído durante años en los ojos de los hombres. En sus bocas sólo hay sexo, y en sus manos, y en sus cuerpos, y en sus mentes: sexo, sexo, sexo. No saben ver ni hablar con una mujer sin pensar siempre en lo mismo.

CONDUCTOR (*estallando*): ¡Y qué quería, Alicia, con un demonio! ¿Un mundo de varones asexuados? No sea ingenua. Claro que hay sexo en las bocas masculinas, y en los ojos, y en las manos, y en el cuerpo, y en la mente. Por supuesto que hay deseo, y urgencia. Es un hecho. Es una ley natural y no hay por qué asustarse. El sexo nada tiene de repugnante. El sexo es también fantasía. (*Le vuelve la espalda.*)
ALICIA (*después de un silencio*): ¿Está enojado conmigo?
CONDUCTOR (*niega con la cabeza*): Me impacienta.
ALICIA: Soy débil.
CONDUCTOR: No lo es.
ALICIA: Tengo mucho miedo. Usted no se imagina cuánto.
CONDUCTOR (*impaciente*): Está bien. Regrese entonces a su cárcel y resígnese. Es lo más fácil... Ande. Suba de nuevo a su vida. Olvídelo todo.
ALICIA: Usted no me lo perdonará nunca.
CONDUCTOR: Yo no soy juez para perdonarle ni para premiarla. Su vida es suya solamente. Haga con ella lo que quiera.
ALICIA: Gracias de todos modos.

Taciturna, Alicia avanza hacia la escalera y empieza a ascender. En el área A, el marido se remueve dentro de la cama: sigue durmiendo. Alicia se detiene a la mitad del tramo. Permanece un rato pensativa. Luego vuelve la cabeza hacia el conductor.

ALICIA: ¿Entonces no eran trucos?

El conductor responde con el gesto de quien no ha escuchado o entendido la pregunta. Alicia desciende y regresa al área B.

ALICIA: Lo de Marcos. No eran trucos para engañarme.
CONDUCTOR (*sonríe*): Sólo para seducirla.
ALICIA (*reflexionando, casi para sí misma*): Era sincero. Se enamoró de mí verdaderamente... Qué tonta fui. (*Al conductor:*) ¿Será todavía tiempo?

Antes de que el conductor pueda responder, Alicia sale del área B impulsivamente y entra en la oficina. Marcos se ha marchado momentos antes, después de recoger la mayor parte de los residuos de su acto de ilusionismo. En su lugar ha entrado Gustavo. Ahora se encuentra frente al escritorio de Alicia, revisando inclinado el informe pasado en limpio. Está de espaldas a Alicia cuando ella corre hacia él.

ALICIA: ¡Marcos! *(Se frena de golpe cuando Gustavo se da la vuelta y la mira.)* Perdón.

GUSTAVO *(en relación con el informe)*: Perfecto, Alicia. Un trabajo impecable.

ALICIA: ¿Le parece impecable?

GUSTAVO: A la altura de una secretaria ejemplar... Lo adiviné desde que la vi entrar en la oficina. Y yo pocas veces me equivoco.

ALICIA *(toma asiento encima del escritorio y empieza a comportarse seductoramente)*: ¿Habla en serio, señor Laviña?

GUSTAVO: No me diga señor Laviña. Mi nombre es Gustavo.

ALICIA: Es usted muy gentil, Gustavo.

GUSTAVO: Y usted una mujer muy... interesante.

ALICIA: ¿Nada más interesante le parezco? Para Marcos, significaba algo más.

GUSTAVO: ¿Marcos?

ALICIA: El muchacho que se sienta ahí. *(Señala el escritorio de Marcos.)* Es un gran chico. Además de ser un mago estupendo.

GUSTAVO: Ah, también a usted le soltó ya su repertorio de trucos. Me los sé de memoria... Y créame, no tienen tanto mérito; es sólo cuestión de habilidad.

ALICIA: ¿También usted hace magia, Gustavo?

GUSTAVO *(empieza a acariciarla suavemente)*: Solamente con las mujeres hermosas.

ALICIA: ¿Puede hacer llover flores?

GUSTAVO: Y rayos y centellas si es necesario.

ALICIA: ¿Y llenar de luces de colores la oficina, y de música?

GUSTAVO *(acariciándola con ansiedad creciente)*: Música, colores, truenos. Todo, Alicia. Todo.

Gustavo se lanza sobre Alicia y la tiende encima del escritorio. Trata de arrancarle la ropa. Alicia se asusta.

ALICIA: Me lastima, Gustavo. *(Reacciona. Trata de liberarse.)* No, suélteme. No sea bruto. Suélteme.

Con ferocidad creciente, Gustavo besa y estruja a Alicia. Alicia se defiende inútilmente.

GUSTAVO: Quieta.
ALICIA (*gritando*): ¡No! ¡No! ¡No!

Gustavo se ha encimado sobre Alicia con ánimo de poseerla. Desesperada, Alicia grita hacia el conductor.

ALICIA: ¡Ayúdeme! ¡Por piedad, ayúdeme!

OSCURO

ACTO SEGUNDO

En el área A, el marido continúa en la cama, durmiendo bajo las sábanas. En el área B, el conductor se balancea en la mecedora mirando lo que ocurre en el área C. El área C se halla convertida en un gran foro de una agencia de publicidad o de una revista femenina (o las dos cosas al mismo tiempo). Sobresale, ahí, una amplia plataforma integrada a un set para sesiones fotográficas. El set tiene su respectivo ciclorama e instalaciones aéreas de iluminación. Los miembros de un grupo de tramoyistas van y vienen con paneles para acondicionar el set y con lámparas de pie que sitúan en lugares convenientes, apuntando hacia la plataforma. También sitúan varias cámaras con tripié, de diferentes tipos, y cuelgan de las paredes grandes carteles y pósters que se agregan a los que ya decoran el área. Los pósters y carteles pertenecen a anuncios publicitarios, la mayoría de cosméticos y productos femeninos varios. Hay otros, en lugares sobresalientes, que anuncian la próxima aparición de una revista femenina llamada "Mujer" con leyendas alusivas como: "La nueva revista para la mujer moderna", "La revista que embellecerá su vida", etc. Desde que el acto se inicia, y mientras los tramoyistas van y vienen realizando su trabajo, una media docena de modelos, vestidas con mallas, ejecutan ejercicios gimnásticos en la plataforma del set, siguiendo las órdenes de la coreógrafa. Entre el grupo de modelos se encuentra Alicia, también en mallas.

COREÓGRAFA (*marcando el compás de los ejercicios gimnásticos*): Un, dos, tres. Un, dos, tres. Un, dos, tres. Un, dos, tres. Cambio. (*A cada "cambio", un nuevo ejercicio. La coreógrafa se pasea entre las modelos.*) Uno, dos, tres, cuatro, cinco, seis, siete, ocho. Ocho, siete, seis, cinco, cuatro, tres, dos, uno. Cambio. Un, dos, tres, cuatro. Un, dos, tres, cuatro. Un, dos, tres, cuatro. Un, dos, tres, cuatro. Cambio.

Alicia interrumpe los ejercicios y se desprende del grupo. A la distancia dice a la coreógrafa:

ALICIA: ¿Me permites un momento? Tengo que hacer una llamada.

La coreógrafa asiente con la cabeza y continúa marcando el compás a las modelos. No pierde de vista a Alicia que se dirige a un ángulo del proscenio donde se encuentra un biombo y una mesita con teléfono. Alicia marca un número y durante un lapso trata inútilmente de conseguir comunicación. Se advierte nerviosa.

COREÓGRAFA *(a las modelos; sin perder de vista a Alicia durante su acción):* Un, dos, tres, cuatro, cinco. Cinco, cuatro, tres, dos, uno. Un, dos, tres, cuatro, cinco. Cinco, cuatro, tres, dos, uno. Cambio. Un, dos. Un, dos. Un, dos. Un, dos... Sigan ustedes solas, no se detengan. Un, dos. Un, dos. Un, dos...

La coreógrafa abandona la plataforma y se dirige a Alicia, que no ha conseguido comunicación. Las modelos prosiguen sus ejercicios.

COREÓGRAFA: No tienes por qué estar tan nerviosa. Todo va a salir muy bien.
ALICIA: No, no estoy nerviosa.
COREÓGRAFA: Sí lo estás, se te nota en la cara. A ver, suaviza esos gestos. Relaja tus músculos... Permíteme.

La coreógrafa comienza a dar un ligero masaje a Alicia en los hombros, en la espalda. Alicia la rehuye.

ALICIA: Ya...
COREÓGRAFA: Créeme lo que te digo, Alicia: tú eres la mejor modelo que he tenido en muchos años. *(Le sonríe. Le acaricia el cabello, la cara.)* No me tengas miedo. Yo confío en ti.

Acompañado por el fotógrafo, Gustavo ha entrado al escenario, por el fondo. El fotógrafo aparece enredado por varias cámaras que cuelgan de sus hombros, igual que la mochila.

Gustavo y el fotógrafo hablan entre ellos mientras revisan las instalaciones. La entrada de Gustavo sirve a Alicia para desprenderse de la coreógrafa.

Alicia: Ahí está. Al fin.

Alicia corre hacia Gustavo pero se frena para no interrumpirlo. Aguarda a que se desocupe. La coreógrafa, entretanto, regresa con las modelos marcándoles el compás del ejercicio que están realizando.

Coreógrafa: Un, dos. Un, dos. Un, dos. Un, dos. Es suficiente por hoy. Ya pueden ir a vestirse.

Las modelos interrumpen el ejercicio y se dispersan. Salen por el fondo del escenario.

Coreógrafa *(mientras las modelos se retiran):* Tienen diez minutos para estar listas en el set. Diez minutos.

El fotógrafo se desprende de Gustavo y avanza hacia el set. Ahí se encuentra a la coreógrafa. Durante todo el parlamento entre Gustavo y Alicia, fotógrafo y coreógrafa se ocuparán de revisar las instalaciones en el set: tal vez prueben sobre el ciclorama el efecto de diversas transparencias proyectadas en back-proyection y comenten en voz baja, entre ellos, sobre los paneles, los carteles o el trabajo de los tramoyistas que no se interrumpe. Gustavo y Alicia se encuentran. Ella lo besa en la boca a manera de saludo, pero él abrevia el beso.

Alicia: Hola. *(Lo besa.)* Te estaba llamando.
Gustavo: No tenías por qué llamarme. Aquí estoy.
Alicia: Es que se hacía tarde y ya íbamos a empezar… Vas a quedarte, ¿verdad?
Gustavo *(consultando su reloj):* Tengo una cita.
Alicia: ¿Ahora?
Gustavo: Dentro de quince minutos.
Alicia: Pero tú me prometiste…
Gustavo: Acaban de llegar los de la American Society…
Alicia *(interrumpiendo):* Tú me prometiste, Gustavo. Querías verme. Estabas entusiasmado con la sesión fotográfica.
Gustavo: Lo siento, nena. Afortunadamente yo no hago falta aquí. Es el trabajo de ellos. *(Señala hacia el fotógrafo y la coreógrafa.)* Los negocios son los negocios.

ALICIA: Sí, ya sé. *(Pausa.)* Me imagino que en la noche tampoco nos veremos.
GUSTAVO: Tengo una cena.
ALICIA: Y mañana estarás ocupado todo el día.
GUSTAVO *(sin entender la ironía)*: ¿Cómo lo sabes?
ALICIA *(hace un gesto de molestia; va a alejarse)*: Ya empezaste con tus pretextos.
GUSTAVO *(la detiene de un brazo)*: Un momento, ven acá. *(Oprimiéndola fuertemente.)* A mí no vas a hacerme ninguna escenita de celos.
ALICIA *(tratando de soltarse)*: Me lastimas.
GUSTAVO *(oprimiéndola más)*: Te lo advertí claramente y quedamos de acuerdo.
ALICIA: Suéltame, bruto.
GUSTAVO: ¿Quedó claro? *(Oprimiéndola.)* ¿Quedó suficientemente claro?
ALICIA *(asintiendo para zafarse)*: Sí.
GUSTAVO: Respóndeme bien, nena.
ALICIA: Sí, Gustavo, quedó muy claro. Definitivamente claro.

Gustavo la suelta. Alicia le da la espalda y muy enojada se encamina hacia el fondo del escenario. Se cruza con la coreógrafa. De un colgador rodante traído por uno de los tramoyistas, la coreógrafa ha tomado un vestido largo. Se lo tiende a Alicia, obligándola a detenerse.

COREÓGRAFA: Tu ropa, Alicia. *(Le entrega el vestido. Le acaricia la cara.)* Los hombres no valen la pena.

Con el vestido en la mano, Alicia se dirige directamente al área B que utilizará como vestidor. Reniega frente al conductor mientras se pone el vestido encima de las mallas. Durante la escena entre Alicia y el conductor, Gustavo sale del escenario. Coreógrafa, fotógrafo y tramoyistas prosiguen los arreglos, pero más tranquilamente para no convertirse en motivos de distracción.

ALICIA: Claro que no valen la pena, todos son iguales. Apenas consiguen lo que quieren, se acabó. Ya se aburrieron los señores. Ahora a buscar otra tonta para hacerle el mismo cuento desde el principio...
CONDUCTOR: Usted lo sabía.
ALICIA: Eso no se sabe nunca. *(Transición.)* Ayúdeme con el cierre.

El conductor le corre el zíper de la espalda. Luego, frente al espejo que hay en el saloncito del área B, Alicia se maquilla. Maquillándose Alicia transcurre casi toda la escena.

ALICIA: Promesas, promesas y más promesas: puras mentiras. Mentiras sus palabras de amor, mentiras sus caricias, mentira su delicadeza.

CONDUCTOR: Creía que él no había sido muy delicado con usted.

ALICIA: Al principio no, pero después, uf, lo hubiera visto cuando estábamos a solas. Yo era la mujer que había buscado siempre. Conmigo iba a empezar una nueva vida… ¡Mentiras! Vil interés.

CONDUCTOR: También usted se entregó por interés.

ALICIA: ¿Yo?

CONDUCTOR: Necesitaba un hombre que la protegiera… Obtuvo techo, ropa, lujos.

ALICIA: Eso no era lo importante para mí.

CONDUCTOR: Pero lo obtuvo.

ALICIA: Sin premeditación, sin cálculo… Necesitaba un hombre, sí, pero no para vivir a sus costillas sino para que me ayudara a bastarme por mí misma.

CONDUCTOR: ¿Consiguió eso?

ALICIA: Conseguí un trabajo.

CONDUCTOR: Gracias a él.

ALICIA: Y gracias a mí también. No ha sido fácil, ni gratis; me ha costado muchos sacrificios. No cualquier mujer llega tan pronto a ser una modelo profesional… ¿También eso me critica?

CONDUCTOR: No la critico.

ALICIA: Ah, claro, cómo va a celebrarlo. Ustedes los hombres no aceptan jamás una profesión que se salga de su gobierno. Imposible, cómo, si ustedes son los amos y hay que esperarlo todo de su generosidad… A ver, mujeres, les tenemos un regalito. ¿Quieren estudiar? Les damos permiso. ¿Quieren trabajar? Les hacemos un sitio… ¡Imbéciles!, así piensan todos.

CONDUCTOR: ¿Todos?

ALICIA: Todos. Usted y él. Todos… Pero él ya no me importa. Que se largue a ayudar a otra a quitarse el delantal. No necesito nada de ningún hombre. Ni de él ni de usted, ¿me entiende? Puedo caminar sin muletas.

CONDUCTOR: Magnífico.

ALICIA: Es más. Voy a demostrarle que soy yo la que puede fijar las reglas ante cualquier macho mal nacido.

CONDUCTOR: ¿Cuáles reglas?

ALICIA: Las del verdugo y la víctima… ¿Quién le gusta para víctima?

CONDUCTOR (*señala hacia el área A*): Su marido, tal vez.

ALICIA (*se descontrola momentáneamente*): Ése ya no vale la pena. (*Mira hacia el set del área C. Señala al fotógrafo.*) ¿Qué le parece el fotógrafo? También él se considera irresistible, como Gustavo. ¿Quiere verlo arrastrarse a mis pies, suplicarme, morirse por mí?

CONDUCTOR: ¿Qué demostraría con eso?

ALICIA: Mi fuerza.

CONDUCTOR: Nadie es fuerte destruyendo a nadie.

ALICIA: Habría que averiguarlo. Para saber hay que vivirlo todo, ¿no dice usted? Experimentarlo todo.

Alicia va a salir del área B. Impulsivamente, el conductor la detiene de un brazo.

ALICIA: ¿Va a detenerme?

CONDUCTOR (*la suelta*): No.

ALICIA: Hasta nunca.

CONDUCTOR: Tenga cuidado, Alicia.

Vestida y maquillada, Alicia avanza por el área C hacia el fotógrafo. Se cruza con la coreógrafa.

COREÓGRAFA: Preciosa, Alicia. Estás divina. (*Se dirige al fondo del escenario. Llamando:*) Listas, muchachas. Vamos a empezar. Todas a sus puestos.

Entran las modelos por el fondo del escenario. Todas visten de largo, como Alicia. Suben a la plataforma del set, dispuestas para la sesión fotográfica. Mientras la coreógrafa va a llamar a las modelos y éstas entran, Alicia se encuentra con el fotógrafo.

FOTÓGRAFO: Ya era tiempo, caray. Si te vas a tardar así con cada trapo...

ALICIA: Yo me tardo lo que sea. Tú no eres quién para darme órdenes.

FOTÓGRAFO (*sorprendido*): Óyeme...

ALICIA: Tú eres un simple fotógrafo. La estrella de la nota soy yo, no se te olvide.

Mientras el fotógrafo acentúa su sorpresa, se aproxima la coreógrafa, impaciente.

Coreógrafa: ¿Qué pasa con ustedes?
Alicia: Este tipo, que a fuerzas quisiera estar encima de mí.
Fotógrafo: Yo nada más dije...
Coreógrafa (interrumpiendo): Vamos a trabajar. Rapidito.

La coreógrafa regresa con las modelos que han tomado posiciones en el set. Alicia y el fotógrafo se entretienen aún.

Alicia: ¿O no es cierto lo que digo?
Fotógrafo: ¿Qué cosa?
Alicia: Que a fuerzas quisieras estar encima de mí. *(Seductora de pronto:)* Literalmente hablando.
Fotógrafo: No te entiendo, Alicia.
Alicia *(seductora)*: Eso podemos discutirlo después.

Sonríe el fotógrafo y ambos van al set. Alicia se sitúa al frente de las modelos, en una composición marcada de antemano por la coreógrafa.

Coreógrafa: Primera posición, muchachas. Sin moverse. *(A un tramoyista fuera de escena:)* Proyecta el primer slide.
Fotógrafo: ¡Luces!

En el ciclorama se proyecta un slide. Se encienden las luces. El fotógrafo se dirige a una de las cámaras de pie.

Fotógrafo: Quietecitas, mirando aquí. Así. Muy bien. *(Dispara la cámara.)* Una más. *(Dispara.)*

El fotógrafo va a la otra cámara de pie mientras las modelos y Alicia cambian ligeramente de posición. Se proyecta un nuevo slide a indicación de la coreógrafa.

Coreógrafa *(al tramoyista fuera de escena)*: ¡Slide! *(A las modelos:)* Tranquilas, muchachas. Muy serias.
Fotógrafo: Mirando acá. Perfecto, No se muevan. *(Dispara.)* Perfecto... Va otra. Aquí. *(Dispara.)* Perfecto, niñas... Ahora sí la música y a moverse. *(Prepara su cámara manual, tal vez equipada con motor.)* No se distraigan conmigo. Las quiero muy sueltas, muy libres.

Coreógrafa: ¡Venga música! ¡Slide! A bailar, muchachas... Deslizándose. Muy lento, acuérdense.

Cambia el slide y se oye una melodía. Las modelos comienzan a girar en el set, mientras el fotógrafo se dispone a disparar su cámara. Sorpresivamente Alicia permanece inmóvil, con los brazos en jarras.

Coreógrafa: Alicia...
Fotógrafo: ¿Y ahora qué traes?

Se interrumpe la acción de las modelos.

Alicia: No me gusta esa música.
Coreógrafa: Fue la que escogimos.
Alicia: Pues no me gusta. Me choca... No me inspira nada.
Coreógrafa *(tranquilizando al fotógrafo)*: Está bien. *(Al tramoyista fuera de escena:)* Pon la selección dos, Nacho... ¿Me oíste? La dos.

Se escucha otra melodía.

Coreógrafa *(a Alicia)*: ¿Ésa te parece bien?
Alicia: Ésa sí. Qué distinto.
Fotógrafo: Pues a trabajar entonces... Vamos, niñas, moviéndose.

Siguiendo la melodía que se escucha, Alicia y las modelos se ponen a danzara suavemente en el set mientras el fotógrafo va de un lado a otro disparando su cámara de continuo: parece un saltimbanqui, varía de posición a cada instante y adopta posiciones extrañísimas. Las indicaciones de él y de la coreógrafa se mezclan con frecuencia. A veces, mientras habla a las modelos, la coreógrafa se pone a danzar también, fuera del set. Se suceden los slides.

Coreógrafa: Girando, muchachas, girando. Como si fueran nubes, como si las llevara el viento. Para acá, para allá, nuevamente acá. Volando, muchachas. Son plumas, son nubes, son aire... Más sueltas, más sueltas. Alegres. Hacia adelante, hacia atrás. Girando. Así. Déjense llevar por la música. Así, así.
Fotógrafo *(simultáneamente, mientras dispara la cámara)*: Sobre el centro, niñas. No se detengan. Olvídense de mí. Perfecto. Apartándose. Perfecto.

Muy bien. No se amontonen. Van bien. Adelante. Muévanse. Muy bien. Muy bien, niñas, muy bien. Las voy a amar a todas. (*Cambia de cámara con rapidez. Acciona como se indica.*) Ahora voy sobre ti. Alicia. Las demás sigan moviéndose.

CoreÓgrafa: Volando, muchachas, volando...

FotÓgrafo (*cambiando de posición y mientras dispara sobre Alicia en continua acción*): Voy sobre ti. Muy sexi, Alicia. Elegante. Altiva. Como si fueras una reina. Quieta ahí. Perfecto. Otra vez sexi. Eso es. Sonriendo, sonriendo más. Ahí, muy bien. Perfecto... Es todo.

CoreÓgrafa: Es todo, muchachas. (*Transición.*) Fuera música.

El fotógrafo deja de disparar. Alicia y las modelos suspenden su danza. Cesa la música.

CoreÓgrafa (*al fotógrafo*): ¿La ropa sport?
FotÓgrafo: Sí. (*Detiene a Alicia.*) Espérate.
CoreÓgrafa (*a las modelos*): La ropa sport, muchachas. Tienen cinco minutos.

Comentando entre sí en voz baja, las modelos abandonan el escenario, por el fondo. La coreógrafa se aproxima al set donde el fotógrafo da indicaciones a Alicia. Permanece como espectadora.

FotÓgrafa: Voy a tomarte una serie para la portada de la revista, ¿okey?
Alicia: Okey.
FotÓgrafo: Es muy importante, Alicia. Tu foto: en la mejor revista de modas del continente. ¿Sabes lo que eso significa?
Alicia: Lo sé.
FotÓgrafo: Empezamos cuando quieras. ¿Estás lista?
Alicia (*ligeramente irónica*): A sus órdenes, señor.

La coreógrafa se interpone brevemente para arreglar el maquillaje, el peinado de Alicia. Lo hace amorosamente.

FotÓgrafo: Primero en longshot. Te vas al fondo del set y vas avanzando hacia mí cuando yo te diga... Tu mirada aquí, Alicia, como si en el mundo no existiese nadie más que yo. ¿Okey?
Alicia: Okey.

Fotógrafo: Concéntrate en eso... Te quiero muy suelta, muy libre.

Alicia se sitúa al fondo del set para dar comienzo a la sesión fotográfica. Ésta adquiere el tono de una seducción de Alicia al fotógrafo. La coreógrafa permanece como espectadora dando a veces indicaciones con la mano que hacen cambiar los slides proyectados en el ciclorama.

Fotógrafo (*moviéndose para buscar ángulos y disparando su cámara a intervalos*): Quieta ahí... Avanza ahora, despacio. Así, muy bien. Perfecto. Alto... Muy bien. Viendo para acá. Muy bien. Otra vez... Girando. Seduciéndome, Alicia, seduciéndome... Perfecto. Muy sexi. Inclínate. Levántate. Da la vuelta... Esos labios. Así. Perfecto. Una más. Regresa. Devuélvete. Gira... Extiende los brazos. Hacia atrás el cabello. Dóblate. Levanta el mentón. Cierra los ojos... Así. Ábrelos. Quieta ahí. Muy bien... (*Suspende.*) Es todo.
Coreógrafa (*aplaudiendo*): Bravo, Alicia. Bravo. Bravo.

Alicia suspira aflojando el cuerpo, fatigada, y sale del set. Se dirige a la coreógrafa mientras el fotógrafo revisa su cámara, tal vez cambia el rollo. Se suspende la proyección de slides. Se apagan las luces del set.

Alicia: ¿Qué tal?
Coreógrafa: Magnífica. Estuviste espléndida.
Alicia: No exageres.
Coreógrafa: Es la verdad. (*Intensamente.*) No exagero, amor mío.

La propia coreógrafa se turba y se hace a un lado para tomar del colgador rodante la ropa sport de Alicia. El fotógrafo se aproxima a Alicia sin dejar de revisar su cámara.

Fotógrafo: Te tomaré otra serie con la ropa sport. De ahí puede salir también la portada.

La coreógrafa entrega a Alicia la ropa sport.

Alicia (*a la coreógrafa*): Gracias. Voy a cambiarme. (*Se vuelve hacia el fotógrafo:*) ¿Me acompañas?
Fotógrafo (*se extraña; se repone*): Sí, claro.

Seguida por el fotógrafo, Alicia se encamina al ángulo del proscenio donde se encuentran el biombo y la mesita del teléfono. Allí, tras el biombo, se cambia de ropa: se pone el conjunto sport (tal vez un saco y pantalones). Habla, mientras lo hace, con el fotógrafo que no deja de revisar su cámara. El diálogo se inicia desde que caminan hacia el biombo. La coreógrafa los mira alejarse, inmóvil durante unos instantes. Luego regresará al set y con ayuda de los tramoyistas hará algunos cambios a la decoración. Tal vez prueba la proyección de nuevos slides.

FOTÓGRAFO: Te echa los perros, ¿verdad?
ALICIA: ¿Quién?
FOTÓGRAFO: Quién ha de ser. No te hagas. *(Por la coreógrafa:)* Ella.
ALICIA: Ah. *(Sonríe ruidosamente.)* No seas absurdo.
FOTÓGRAFO: Absurdo por qué. Es evidente. Todo mundo se ha dado cuenta ya.
ALICIA: Y eso te da celos.
FOTÓGRAFO: ¿Celos?
ALICIA: Sí, celos.
FOTÓGRAFO: ¿Y a mí por qué? En todo caso a Gustavo.
ALICIA *(después de pausa)*: Te crees irresistible, ¿verdad?
FOTÓGRAFO: Te diré. Con la cámara, soy un artista non.
ALICIA: ¿También las mujeres?
FOTÓGRAFO: También.
ALICIA: ¿Un artista non?
FOTÓGRAFO: No me faltan oportunidades de demostrarlo.
ALICIA: Con mujeres de segunda, qué fácil. Secretarias, niñas tontas, modelitos...
FOTÓGRAFO: Eso crees.
ALICIA: ¿Te atreverías conmigo?
FOTÓGRAFO: ¿Atreverme a qué?

El fotógrafo suelta una risotada.

ALICIA: ¿De qué te ríes?
FOTÓGRAFO: Eres muy ingenua, Alicia. Perdóname que te lo diga.
ALICIA: Estúpido.

Alicia ha terminado de ponerse la ropa sport y sale del biombo, molesta, rumbo al set. El fotógrafo alcanza a detenerla.

Fotógrafo: No es tu culpa, yo lo entiendo. Lo que ocurre es que no has tenido la suerte de encontrar todavía a un hombre de veras hombre.
Alicia *(con desdén)*: ¿Como tú?
Fotógrafo: Como yo.

Alicia va a replicar, pero se frena. Con gran estrépito han irrumpido en el área C, por el fondo del escenario, los miembros de un grupo de agentes policiales vestidos de civil. Tienen facha de fascinerosos y están encabezados por un agente al que llaman Capi. Uno de los policías empuña una metralleta con aire amenazador: ocupa el centro, como si vigilara la salida.

Capi: Quietos todos. Nadie se mueva. ¡Quietos, dije!

Los gritos del Capi frenan el movimiento natural de los tramoyistas ante la irrupción. También el fotógrafo y Alicia se paralizan, sorprendidos. Sólo la coreógrafa reacciona, avanzando hacia el Capi.

Capi *(a los agentes)*: Busquen por todo el piso. Que nadie salga.

Algunos agentes se desparraman por el escenario buscando y revisándolo todo. Otros, con la misma actitud, desaparecen por la salida del fondo. El de la metralleta permanece alerta.

Coreógrafa *(alterada, al Capi)*: ¿Se puede saber qué hacen ustedes aquí? ¿Con qué derecho entran de ese modo? ¿Por qué razón?
Capi: Tenemos una orden de cateo, señora.

El Capi desdobla ante la coreógrafa un papel que ella ni siquiera alcanza a leer. Luego el Capi recorre el escenario.

Coreógrafa: Éste es un domicilio particular. Trabajamos en una compañía seria. No hay ningún motivo. Ninguna razón para que nos amenacen.
Capi: Nadie los está amenazando.
Coreógrafa *(señalando al agente de la metralleta)*: ¿Y ese hombre?
Capi: Se trata de un asunto muy grave, señora.
Coreógrafa: Explíquese...
Capi: Muy grave, le digo.
Coreógrafa *(dirigiéndose al teléfono)*: Déjeme telefonear entonces...

CAPI (*la detiene*): Nadie va a telefonear ni nadie va a salir de aquí mientras yo no lo diga.
COREÓGRAFA: Pero esto es un atraco.

Antes de que la coreógrafa continúe o el Capi responda entran en el escenario las modelos (vestidas ya con la ropa sport) empelladas por los agentes. Las modelos están sumamente asustadas, algunas gimen ruidosamente.

AGENTE 1: Puro ganado vacuno, mi Capi, nomás eso. De la mejor calidad, eso sí. Pa' escoger.
COREÓGRAFA: Óigame.
CAPI: ¿Buscaron bien?
AGENTE 1: No hay nada, mi Capi.
CAPI: ¿En los excusados?
AGENTE 1: Aparte de este cuererío, no hay nada.
COREÓGRAFA: ¿Se puede saber qué buscan?
CAPI (*después de larga pausa*): Marcos Mijares. Hay orden de aprehensión. ¿Quiere verla? (*Le extiende otro papel que apenas muestra.*)
COREÓGRAFA: No sé de qué está hablando.
CAPI: ¿No sabe? (*Pausa.*) Le apodan Mandrake.
FOTÓGRAFO (*casi para sí, temeroso durante toda la escena*): Marcos Mijares...
CAPI (*yendo rápidamente hacia el fotógrafo*): ¿Lo conoce usted?
FOTÓGRAFO: No, no, yo no. Ni idea... Nunca lo he visto.
CAPI: Pero sabe de él.
FOTÓGRAFO: Yo... yo soy fotógrafo. Trabajo únicamente de free lancer... No estoy ligado a la empresa. En todo caso... ella. (*Señala vagamente a Alicia.*)
CAPI (*se dirige a Alicia*): ¿Usted conoce a Mandrake?
ALICIA: A Marcos...
CAPI: Marcos Mijares o Mandrake es lo mismo. Era un mago de carpa, según él. ¿Lo conoce?
ALICIA: ¿De qué lo acusan?
CAPI: Subversión. Terrorismo.
ALICIA: ¿Marcos, terrorista? No puede ser, hay un error, están buscando a otro hombre.
CAPI: No hay otro.
ALICIA: Marcos era un muchacho tranquilo.

Capi: Lo conoce.
Alicia: Trabajó en la oficina de la compañía. Se fue. No volvimos a saber de él.
Capi: No es cierto. Sigue viniendo por aquí frecuentemente... a verla a usted.
Alicia: ¿A mí?
Agente 1: Es ella, mi Capi. Seguro.
Alicia: ¿Yo soy qué?
Capi: Su amante.
Alicia: Mentira, qué tontería.
Coreógrafa (estallando): ¡Ya basta! ¡Déjenla en paz!

La coreógrafa trata de arremeter contra el Capi, pero el agente 1 la detiene oportunamente. La empella luego hacia otro punto del escenario.

Agente 1: Quieta. ¡Sáquese de aquí!
Capi: Cuidado, señores. Nada de jueguitos... Venimos aquí pacíficamente, en misión oficial, a buscar a un tipo peligroso. (A Alicia:) Sólo quiero que me digas dónde se esconde Mandrake y nos vamos. Tan sencillo como eso.
Alicia: No lo sé.
Capi: Sí lo sabes.
Alicia: No tengo la menor idea, se lo juro.
Capi: Sí lo sabes y me lo vas a decir ahora mismo, muñeca. Tenemos mucha prisa... Me lo vas a decir por las buenas o por las malas.

El Capi avanza amenazadoramente hacia Alicia, quien retrocede, mirando a su alrededor como si buscara auxilio en el fotógrafo, en los tramoyistas. Ningún varón reacciona. El Capi prende a Alicia de los brazos.

Capi: Me lo vas a decir, putilla. No puedo perder más el tiempo.
Alicia: Suélteme.
Capi (*empieza a maltratarla flexionándole los brazos*): Vamos... Quiero oír todo lo que sabes de Mandrake.

Alicia lanza un gemido.

Coreógrafa: ¡Suéltela, imbécil!

Sorpresivamente, la coreógrafa ha tomado un tripié (de una lámpara o de una cámara) y con él golpea fuertemente al Capi mientras grita. Cogido de sorpresa, el Capi cae al suelo cuando la coreógrafa arremete en un abrir y cerrar de ojos sobre los agentes blandiendo el tripié.

Coreógrafa: ¡Largo de aquí, desgraciados, miserables!

Ciegamente se lanza contra el agente de la metralleta. Éste, al verse agredido, dispara su arma impulsiva, mecánicamente. La descarga acribilla a la coreógrafa. Todo ocurre en segundos. Gritan las modelos. Se movilizan los agentes. El Capi se ha incorporado y se lanza sobre el agente de la metralleta.

Capi: ¿Pero qué hiciste? ¡Imbécil, imbécil!
Agente de la metralleta: Me iba a matar. Me defendí.
Capi (*cacheteándolo*): Imbécil, imbécil, imbécil. Nadie te ordenó nada. Imbécil, imbécil. (*Transición. A los demás agentes:*) Vámonos de aquí. Rápido. Pronto.
Agente 1: Pero mi Capi…
Capi: ¡Pronto!

Encabezados por el Capi, salen corriendo todos los agentes por el fondo del escenario. Modelos y tramoyistas no se recuperan aún del asombro. Están inmóviles mirando el cadáver de la coreógrafa. Con el puño en la boca, Alicia ahoga un grito. Camina hacia el cadáver. Se inclina. Gime.

Alicia: No puede ser… Por qué, ¿por qué tú?

El fotógrafo se aproxima también al cadáver, pero se detiene, frenado por la violenta invectiva de Alicia contra él.

Alicia: No la toques. No te atrevas a ponerle un dedo encima porque te parto el alma, desdichado.
Fotógrafo: Alicia…
Alicia: Fuera de aquí. Eres un cobarde. (*Dirigiéndose también a los tramoyistas:*) Todos ustedes son unos cobardes, maricones de mierda… (*Al fotógrafo:*) Yo te vi, no puedes negarlo… Estabas orinándote de miedo, temblando.

Preferiste acusarme para salvar tu pellejo. Cobarde, cobarde. Fuera de aquí. Largo. ¡Fuera, fuera, fuera, fuera!

Acusados por Alicia, el fotógrafo y los tramoyistas salen del escenario. Alicia se suelta llorando sobre el cadáver, lo acaricia. Las modelos permanecen expectantes.

ALICIA *(mientras llora y besa el cadáver):* Fuiste la única, sólo tú… Diste tu vida por defenderme.

Una de las modelos aparta a Alicia del cadáver, la levanta. Ahogada en llanto, deshecha, Alicia corre hacia el área B y se arroja en brazos del conductor. Llora largamente, abrazada a él. Las modelos toman al fin el cadáver de la coreógrafa y lo conducen fuera del escenario. Cuando las modelos se llevan el cadáver, Alicia se desprende de los brazos del conductor y mira hacia el área C. Sin salir del área B, musita, en dirección a la coreógrafa:

ALICIA: Amor mío.

Las modelos salen con el cadáver. El área C queda totalmente desocupada. Largo silencio. El conductor entrega a Alicia un pañuelo. Ella se limpia las lágrimas, se repone.

ALICIA: El amor siempre llega tarde, siempre… Claro, usted dirá que es un amor anormal.
CONDUCTOR: Eso no es lo importante.
ALICIA: ¿Qué es lo importante entonces? ¿Descubrir que los hombres son cobardes, hipócritas, traicioneros, aprovechados, cínicos?
CONDUCTOR: ¿Eso piensa?
ALICIA: Eso son.

Algo va a decir el conductor, pero se detiene. En el área A, mientras duerme, el marido llama a Alicia entre sueños, se revuelve en la cama.

MARIDO: Alicia… Alicia…

Alicia y el conductor miran hacia el área A. Alicia, irritada, sube por la escalera, hasta la mitad, y desde allí increpa al marido. Él no se despierta.

Alicia: Tú cállate. Sólo me llamas cuando me necesitas. Nunca te has puesto a pensar qué pueda sucederme. Si sufro, si tengo problemas, si estoy cansada, si yo también necesito ayuda, consuelo, compañía. Eso no te importa. A ti no te importa nada que no seas tú... Te odio.

Se escucha un murmullo de voces lejanas.

Feministas *(fuera de escena)*: Te odio, te odio, te odio, te odio, te odio, te odio.

Alicia se sobresalta y mira hacia diferentes puntos como tratando de localizar de dónde provienen las voces. Mira luego al conductor. (El marido no se ha despertado.)

Alicia: ¿Oyó usted?

Alicia desciende el tramo de escalera y regresa al área B. Desde allí mira al escenario cuando irrumpe en él un nutrido grupo de feministas. Las feministas llegan gritando "odio, odio, odio" y se distribuyen por toda el área C. Arrancan los cartelones, los pósters, las fotografías. Derriban los colgadores rodantes de ropas y los muebles. Mientras realizan su tarea destructiva, con gran alboroto, hablan simultáneamente, encimando sus sentencias.

Feministas: Estamos contra el chantaje educacional que exalta a la mujer virgen. Contra la imagen de la madre abnegada. Contra el uso de la mujer como objeto decorativo. Contra el cinismo machista. Contra la falsa protección al sexo débil. Contra los concursos de belleza. Contra la moda. Contra la publicidad. Contra la explotación femenina.

Una feminista sube a la plataforma del set. Desde allí grita, levantando el puño:

Feminista 1: ¡Exigimos el derecho a ser personas, antes que mujeres!
Feminista 2: Que hable Alicia.
Feministas: Sí, sí, que hable, que hable, que hable.

Todas las feministas se han vuelto sorpresivamente hacia Alicia, quien las observa, desconcertada. Varias de ellas acuden hasta el área B y tironeándola suavemente de los brazos la conducen hasta la plataforma del set. Se repiten las exclamaciones "que hable, que hable" y se oyen aplausos. La feminista 1 pone en manos de Alicia un legajo de papeles que ella empieza a leer adoptando el tono de un discurso.

ALICIA *(leyendo; poco a poco se enardece):* "Sólo nosotras, las mujeres, estamos verdaderamente interesadas en cambiar nuestra condición y, por lo tanto, inevitablemente, la de toda la sociedad, sin ponernos al servicio de intereses ajenos. La sociedad patriarcal, anterior al capitalismo, perdura en todos los sistemas sociales en mayor o menor grado. El problema de las mujeres nunca se ataca de raíz. En la política, hecha por los hombres, se posterga, se subordina, se reduce a visiones fragmentarias y soluciones parciales. Nosotras creemos que la lucha feminista es parte fundamental de todo proceso revolucionario y que nada cambiará totalmente hasta que se asuma y reconozca que, además de la división por clases, existe una división esencial: entre los hombres, dominantes, y las mujeres, dominadas. *(Pausa.)* No queremos la igualdad de condiciones para ser explotadas de la misma manera que los hombres. No queremos un desarrollo que perpetúe la desigualdad económica, racial y sexual. No queremos una paz que sólo simplifique la estabilidad del sistema actual... Invitamos a todas las mujeres a buscar nuestras propias soluciones a nuestros problemas e intereses".

Durante el discurso de Alicia han ingresado al área C, por diferentes puntos del escenario, un caudal creciente de desharrapados: seres sucios, malolientes, informes y vestidos de harapos. Algunos avanzan reptando como serpientes; otros caminan con suma dificultad, gesticulando: parecen locos, enfermos, leprosos. Los desharrapados no interrumpen el discurso de Alicia; tranquilamente ocupan posiciones en ángulos distantes del área. Entre los desharrapados se alcanza a descubrir a Marcos, quien ahora viste pobremente. Se detiene próximo al set y desde ahí mira a Alicia, con gran atención. Al terminar el discurso de Alicia, las feministas estallan en aplausos. Encadenan sus gritos, ajenas a los desharrapados.

FEMINISTAS *(simultáneamente):* Pugnamos por erradicar todos los prejuicios discriminatorios para la mujer. Reclamamos el reconocimiento al valor económico del trabajo que la mujer realiza dentro del hogar. Luchamos por el derecho al aborto, libre y gratuito. Exigimos en todos los niveles, una equitativa representación femenina dentro del gobierno. ¡Justicia para las mujeres! ¡Libertad para las mujeres! ¡El puño en alto, compañeras!

Con el mismo ímpetu con el que entraron, las feministas empiezan a salir en tropel, por el fondo del escenario. Sólo Alicia permanece estática, entre la algarabía, desconcertada aún. Una de las feministas la insta a seguir al grupo.

FEMINISTA: Vamos, Alicia, pronto.
ALICIA: ¿A dónde?
FEMINISTA 1: Allá. Vamos todas juntas. A luchar.

Alicia va a seguir el tropel de feministas, pero se frena. Ha descubierto a Marcos, mirándola, inmóvil. No acierta a reconocerlo. Lo observa un largo lapso mientras salen todas las feministas, en medio de gran algarabía. Los desharrapados continúan invadiendo lentamente el área C.

MARCOS: ¿Ya no se acuerda de mí?
ALICIA: ¿Es usted?... ¿Marcos?
MARCOS: Marcos.
ALICIA: ¿Qué le paso? ¿Dónde andaba?
MARCOS: Por ahí.
ALICIA: Vinieron a buscarlo, ¿sabía eso? Llegaron unos hombres. Preguntaron por usted... Fue horrible.
MARCOS: Lo siento, no hubiera querido causar ningún daño.
ALICIA: Ya pasó. *(Pausa.)* Lo acusaban de terrorista...
MARCOS: Sí, de eso me acusan.
ALICIA: Necesita esconderse, pueden volver.
MARCOS: Me encontrarán en cualquier parte.
ALICIA: No, venga. Yo sé dónde puede estar fuera de peligro.
MARCOS: Eso no importa, Alicia.
ALICIA: Venga.
MARCOS: Lo importante es haberla encontrado de nuevo.

Tironeándolo, Alicia conduce a Marcos al área B. Entran. El conductor, invisible para ellos, ha ido a sentarse a la mitad de la escalera y desde ahí los observa. En el área C decrece la iluminación pero continúa la imparable invasión de desharrapados. Con los carteles y los pósters desbaratados por las feministas, los desharrapados construyen barracas, chozas. Sin embargo, su tarea esencial durante toda la siguiente escena es la de llenar de basura (al vez de papel picado en cantidades industriales) el área C. Forman verdaderas montañas con la "basura" que traen en carretillas, costales, botes. Su trajín es imparable.

ALICIA: Aquí estará a salvo… ¿Quiere lavarse?
MARCOS: Para qué. Me volveré a ensuciar al rato.
ALICIA *(lo mira; larga pausa):* Parecería como si no hubiera pasado tanto tiempo…
MARCOS: Me gustó oirla. "No queremos la igualdad de condiciones para ser explotadas de la misma manera que los hombres."
ALICIA: Ah, las feministas. No sé ni cómo me incorporé a esa lucha.
MARCOS: Se oye bien, parece una lucha justa… "Invitamos a todas las mujeres a buscar nuestras propias soluciones a nuestros problemas e intereses."
ALICIA: Desde que usted se fue yo he andado buscando inútilmente por aquí y por allá, sin encontrar nada, fracasando cada vez.
MARCOS: Lo importante es buscar, Alicia… Yo también salí a buscar.
ALICIA: Para usted es distinto. Usted tiene su magia, su fantasía, su imaginación. Yo en cambio nunca he tenido nada.
MARCOS: Hace tiempo que dejé la magia.
ALICIA: No puede ser.
MARCOS: La dejé por completo. *(Pausa.)* Un día mi magia se escapó del sombrero de copa, de las flores de papel, y salió volando por la ventana. Se elevó como un globo más allá de los edificios, por entre las nubes, bajo la lluvia… hasta que de pronto, plaf, se estrelló contra una muralla gigantesca y se desbarató hecha añicos como una copa de cristal. Yo me incliné para recoger un trozo de vidrio y en su reflejo descubrí un mundo diferente.
ALICIA: Un mundo maravilloso, me imagino.
MARCOS: Un mundo horrible, Alicia: purulento, enfermo, fétido; levantado entre montañas de basura, poblado de ratas, invadido de llagas, sucio, helado. Donde la luz no llega. Donde el único sonido es un larguísimo lamento… Me asusté. Aquella visión se me clavó en lo profundo como si el trozo de vidrio se hubiera convertido en una espada. Me hizo daño. Me obligó a cambiar de golpe todos mis sueños por un loco deseo de curar aquellas heridas que ni siquiera me atrevía a mirar… Entonces dejé la magia para siempre y me transformé en terrorista, como me llaman esos hombres.

ALICIA: ¿De qué me está hablando, Marcos?
MARCOS: Del mundo que nos rodea.
ALICIA: Un mundo de dolor.
MARCOS: Puro dolor sin esperanza.
ALICIA: Entonces lo conozco. Yo también he aprendido a sufrir en este viaje.
MARCOS: No, Alicia, usted no sabe lo que es sufrir.
ALICIA: Lo sé.
MARCOS: No, no lo sabe. Está muy lejos de saberlo. Lo peor que pueda ocurrirle a usted o a mí no es comparable con el dolor de aquella otra realidad. *(Se golpea el pecho:)* El verdadero sufrimiento no está aquí, está allá afuera.
ALICIA: ¿Dónde?
MARCOS: Allá. Venga, asómese.

Marcos conduce a Alicia al borde del saloncito. Señala hacia el área C. Se enfatiza la luz en el escenario. Los desharrapados continúan llenando el lugar de basura. Transitan por él, lo cruzan reptando; algunos pleitean y profieren gruñidos (como único vocabulario), mientras otros lanzan inacabables lamentos. Entre todos parecen escenificar una danza espectral. Alicia y Marcos observan el espectáculo en silencio, durante un largo lapso.

ALICIA: ¿Qué es, Marcos?
MARCOS: La miseria. Tal cual, sin adornos. La otra cara del espejo que usted salió a buscar.
ALICIA: Huele horrible.
MARCOS: Apesta, claro, a nosotros mismos. Son nuestros desperdicios, ¿no los reconoce?
ALICIA: Y esa gente. Parecen animales, ratas.
MARCOS: Se destruyen para sobrevivir. Mientras nosotros enloquecemos por saber un poco más, por ser un poco más libres, ellos se matan entre sí por el trozo de pan que nosotros arrojamos al bote de la basura.
ALICIA: Nunca imaginé que existiera un mundo así.
MARCOS: Existe.
ALICIA: No parece real.
MARCOS: Es absolutamente real, Alicia, mírelo.
ALICIA *(apartando la mirada)*: No puedo.
MARCOS *(la obliga)*: Mírelo.

ALICIA (*después de un largo silencio*): Usted lo descubrió, Marcos...

MARCOS: Eso no es lo importante. Cualquiera que abra la ventana de su casa puede verlo, sin más. Lo importante es saltar la ventana y venir a habitarlo.

ALICIA: ¿Usted vive con ellos?

MARCOS: Desde que dejé la magia.

ALICIA: Pero cómo puede...

MARCOS: Al principio es difícil; después ya no se mudaría uno a ninguna otra parte.

ALICIA: ¿Y en qué forma los ayuda?, ¿qué hace?

MARCOS: La verdad, muy poco. Lo indispensable: curar llagas, buscarles comida, enseñarlos a hablar y a pensar...

ALICIA: Yo no podría.

MARCOS: Claro que podría. Para esta tarea no se necesitan conocimientos.

ALICIA: Se necesita estómago.

MARCOS: Corazón nada más.

ALICIA (*después de pausa*): Nuevamente me sorprende, Marcos.

MARCOS: Una vez le ofrecí mi magia y la desechó, ahora le ofrezco la realidad.

ALICIA: Esa realidad.

MARCOS: Para compartirla juntos, Alicia... Venga conmigo, no se arrepentirá. Por primera vez se sentirá útil, generosa, libre.

ALICIA: No, no puedo. No puedo. No puedo. No puedo.

MARCOS (*saliendo del área B*): Adiós entonces.

ALICIA: ¿No lo volveré a ver?

MARCOS: Cuando usted quiera. Ya sabe donde vivo.

ALICIA: Marcos...

MARCOS: La estaré esperando.

Marcos se pierde entre los desharrapados que ocupan totalmente el área C, convertida en su basurero, y luego sale del escenario, por el fondo. Alicia se pasea nerviosa en el saloncito. El conductor se aproxima a ella.

CONDUCTOR: Otra vez Marcos.

ALICIA: Sí, otra vez... Y lo quiero.

CONDUCTOR: Como no ha querido nunca a ningún hombre.

ALICIA: ¿Se está burlando de mí?
CONDUCTOR: Son palabras suyas.
ALICIA: Aunque se burle, eso es lo que siento. Y por él, solamente por él, estaría dispuesta a ir donde fuera. A ese basurero, si él quiere vivir en ese basurero; lo mismo que a un palacio, si escogiera un palacio.
CONDUCTOR: Sometimiento absoluto.
ALICIA: ¿Sometimiento? ¿Cómo se atreve a hablar de sometimiento?
CONDUCTOR: Un sacrificio que él le impone, no que se impone usted misma.
ALICIA: Es igual.
CONDUCTOR: No es igual, Alicia.
ALICIA: Nadie me impone nada. Si yo me voy a vivir a la basura, a ayudar a esa gente, es porque yo lo decido en entera libertad. Porque estoy convencida de que es el único sitio donde me sentiré útil, generosa, libre.
CONDUCTOR: Son palabras de Marcos, no de usted.
ALICIA: Las hago mías.
CONDUCTOR: ¿Tan rápidamente?
ALICIA: Así, tan rápidamente.
CONDUCTOR: No se exalte. Podemos discutir eso tranquilamente... Siéntese.
ALICIA: No quiero perder más tiempo discutiendo, ya basta.

Alicia sale rápidamente del área B sin dar tiempo al conductor a reaccionar. Cuando llega al área C, cuya iluminación se enfatiza, los desharrapados parecen revivir de su momentánea inmovilidad. Se yerguen, se alertan.

ALICIA *(llamando)*: Marcos, Marcos...

Alicia se frena de sopetón al ver de cerca a los desharrapados que la miran atentamente, y gruñen. Vuelve a sentir miedo. Pronunciando a media voz el nombre de Marcos recorre el escenario seguida siempre por la mirada de los desharrapados. Éstos empiezan a movilizarse: algunos reptan, otros intercambian miradas y gruñidos como haciendo referencia a Alicia. En todo momento ella trata de quedar fuera de alcance, atemorizada. Un desharrapado reptante se aproxima lentamente a Alicia: gime lastimeramente y tiende hacia ella una mano que parece una garra. Algo parece implorarle. Alicia se aleja un poco de él y mira hacia otros desharrapados.

ALICIA: ¿Han visto a Marcos? ¿Saben dónde puedo encontrarlo?... Marcos, su amigo.

Por toda respuesta, Alicia sólo recibe gruñidos y lamentaciones de los desharrapados. El desharrapado reptante vuelve a acercarse, lastimero. Después de un momento de indecisión interna, Alicia vence su miedo y su repugnancia y observa la mano-garra que el miserable le tiende. La toma entre las suyas. El desharrapado reptante parece conmovido (sus lamentos así lo indican) y trata de cobijarse con Alicia. Ella tiene que hacer un nuevo esfuerzo hasta que al fin, inclinada, en cuclillas, se pone a acariciarlo, a consolarlo. Observa con más atención su mano; luego se desprende de un chal o de una mascada y con ella venda la mano del desharrapado. Cuando termina la operación, éste se torna realmente feliz y con gruñidos repta hacia sus compañeros para mostrarles la caridad que Alicia ha hecho con él. Los desharrapados se reúnen en grupo, en torno al reptante, y ahí intercambian "comentarios". Alicia se atreve a preguntar de nuevo.

ALICIA: Busco a Marcos... Ustedes lo conocen. Marcos.

Ahora los desharrapados no prestan atención a Alicia. Han comenzado a pleitear entre ellos, disputándose la mascada del reptante. Se la arrancan, se la arrebatan entre sí entre gruñidos y gran alboroto que asusta a Alicia. Ella se repliega hacia un rincón del escenario, pero pronto se ve perseguida por los desharrapados. La rodean, la cercan. Alicia trata de huir por varios puntos, pero en todos encuentra desharrapados que la acosan. Al fin, tres o cuatro se le arrojan encima; tratan de arrancarle la ropa. Alicia grita desesperada.

ALICIA: ¡Socorro! ¡Marcos! ¡Por favor...! ¡Ayúdenme! ¡Auxilio!

Entre gruñidos ensordecedores y gritos de Alicia, sobre los montones de basura, los desharrapados atacan a la mujer en lo que se entiende como una violación. Los gritos hacen acudir a Marcos, que entra corriendo desde el fondo del escenario, casi al mismo tiempo que llega también el conductor, desde el área B. Marcos y el conductor la emprenden a empellones y golpes contra los desharrapados. Éstos combaten unos instantes, pero al fin se retiran, golpeados y azuzados por los hombres. Durante la acción, Marcos no deja de gritar, entre los gruñidos de los miserables y el escándalo general.

MARCOS: ¡Largo de aquí! ¡Suéltenla! ¡Sáquense! ¡Suéltenla, suéltenla!... ¡Fuera! ¡Largo! ¡Sáquense! ¡Sáquense! ¡Sáquense!

Maltrecha, desgarrada, sucia, Alicia es conducida por Marcos y el conductor hacia el área B. Ella apenas puede sostenerse.

MARCOS: Debiste haberme avisado, Alicia.

Antes de llegar al área B, Alicia extrae fuerzas de su debilidad y forcejea tratando de librarse de Marcos.

ALICIA: ¡Suélteme, quítese, no me toque!… No quiero saber nada de usted. Me engañó. ¡Lárguese!
MARCOS: Alicia.
ALICIA: ¡Lárguese! No quiero volver a verlo nunca… ¡Quédese con su basura!
CONDUCTOR *(apartando a Marcos, con prudencia)*: Déjala, ahora.

Marcos la suelta y retrocede. Auxiliada por el conductor, Alicia entra en el área B. Deja de llorar. Trata de enderezarse por sí misma. Se zafa suavemente de la mano protectora del conductor.

ALICIA *(amarga, reponiéndose):* Ya no importa. Ya pasó lo peor, lo que tenía que pasar. *(Rechazando la silla que el conductor le aproxima.)* No hace falta. Puedo estar de pie, caminar. *(Se dirige a la escalera.)*
CONDUCTOR: Alicia…
ALICIA: Hice lo que pude, usted es testigo, pero fracasé.
CONDUCTOR: No Alicia, no ha fracasado. Éste fue un horrible accidente, pero ya pasó. Pasó lo peor, usted misma lo acaba de decir. Ahora está obligada a continuar.
ALICIA *(comienza a subir las escaleras):* Trate de animar a otras, yo ya perdí. *(Se detiene en la desembocadura del área A.)* Tal vez otras mujeres… más fuertes, más inteligentes, más capaces, pueden salir adelante. Yo no.

Alicia entra en el área A, y durante un largo rato permanece inmóvil mirando hacia la cama donde duerme el marido. Éste se despierta al fin y amodorrado se endereza un poco.

MARIDO: ¿Ya volviste? ¿Dónde andabas? *(Largo silencio.)* Ven acá. Estaba soñando contigo, precisamente.

Alicia avanza hacia la cama y deja que el marido la tome de la mano. El marido tira de ella con suavidad y Alicia cae tendida sobre el lecho. El marido se vuelve sobre ella, empieza a acariciarla con evidente ánimo de poseerla. El conductor en el área B y Marcos en el área C (junto a los desharrapados que comienzan a gemir muy suavemente) miran hacia la alcoba donde Alicia y el marido se abrazan. Resuena el grito de Marcos.

MARCOS: ¡Aliciaaaaaa!

OSCURO FINAL

LAS NOCHES BLANCAS

PIEZA EN CUATRO NOCHES
(VERSIÓN TEATRAL DE LA NOVELA DE FIÓDOR M. DOSTOIEVSKI)
(1981)

PERSONAJES

    Nástenka
    Él
    Huésped
    La abuela
    El borracho

La acción transcurre en San Petersburgo, Rusia, en la primera mitad del siglo XIX.

ESCENARIO

Se identifican dos áreas. La primera de ellas, la principal, ilustra un pequeño sector de un barrio situado en las afueras de San Petersburgo, durante la primera mitad del siglo XIX. Es el final de una callejuela que desemboca en un puente corto, estrecho, del que son visibles y transitables sus dos extremos —denominados, aquí, norte y sur—. El extremo norte se pierde casi fuera del escenario. El sur, en cambio, abre hacia el espectador un ámbito más amplio en el que sobresale el pretil de un pequeño malecón que da hacia el canal y una banca adosada a él.

    La segunda área, que deberá permitir el libre tránsito de los actores hacia la primera —en la zona sur del puente— violentando toda estricta concepción espacial y temporal, sugiere dos habitaciones de la casa de Nástenka, ubicada a varias cuadras del puente, pero en el mismo barrio. Una de ellas es la pequeña sala y, la otra, la habitación del huésped.

    La historia se desarrolla en cuatro noches consecutivas.

Las noches blancas

PRIMERA NOCHE

Envuelta en un abrigo y con un pequeño sombrero cubriéndole la cabeza, Nástenka se encuentra de pie, inmóvil, apoyada en el pretil del malecón y mirando hacia el canal. Parece sollozar quedamente, de cuando en cuando. No advierte el instante en que Él se acerca a la zona cruzando el puente por el extremo norte. Él camina despacio, pensativo, y tarda en distinguir a la joven. Cuando repara en ella, se muestra extrañado por su presencia y permanece a distancia, observándola largo rato. Va a proseguir su camino en el momento en que se da cuenta de un sollozo emitido por la joven. Esto lo hace detenerse e intentar, luego de unos instantes de indecisión, acercarse a ella. Cuando ha avanzado unos pasos, Nástenka descubre la cercanía de Él, y con una expresión de temor abandona su sitio y camina evadiendo un posible encuentro, hacia el puente. Empieza a cruzarlo sin que Él haga el menor intento de seguirla: únicamente la mira irse. Por el extremo norte del puente, en sentido contrario hacia donde camina la joven, se ve avanzar a un hombre de edad madura, mal vestido y evidentemente ebrio. Viene tarareando una cancioncilla y tratando de conservar el equilibrio. Se detiene al mirar a distancia a la joven. Nástenka también se detiene, con temor: la estrechez del puente va a obligarla a cruzar muy cerca del borracho. Éste ríe con picardía y trata de abordarla directamente profiriendo expresiones admirativas. Nástenka decide regresar, huyendo, cuando ya el borracho intenta la persecución.

BORRACHO (*hacia Nástenka*): Señorita, señorita...

Él se ha dado cuenta de la situación, y corre de inmediato en auxilio de Nástenka. Cruza junto a ella y la emprende contra el borracho, azuzándolo.

ÉL: ¡Largo! ¡Fuera! ¡Largo!

El borracho se asusta ante la decisión de Él y huye despavorido regresando por el extremo norte del puente. Él sigue con la mirada la huida del borracho, y permanece inmóvil hasta que ha desaparecido totalmente. Luego se vuelve hacia Nástenka, quien se ha detenido al pie del puente, en el extremo sur. Él avanza hacia la joven. Tarda en hablar.

ÉL: Cójase de mi brazo. Así nadie se atreverá a molestarla.

Nástenka duda en aceptar la compañía que le ofrece Él.

ÉL: ¿También le causo miedo?

NÁSTENKA: No...

ÉL: Hace un momento huyó de mí.

NÁSTENKA (*se prende discretamente de su brazo*): Es que no lo conocía. Y pensaba que usted...

ÉL: ¿Y ahora ya me conoce?

NÁSTENKA: Un poquito.

Caminan lentamente hacia fuera del escenario.

NÁSTENKA: ¿Por qué tiembla? ¿Está enfermo?

ÉL: Bueno, la verdad es que... Le diré: soy tímido con las mujeres, y aparte... reconozco que me asusté cuando apareció ese borracho. Y... y también ahora siento algo así como miedo.

NÁSTENKA: ¿Miedo?

ÉL: Es que nunca imaginé verme en esta situación, hablando así con una joven.

Nástenka se detiene. Largo silencio.

ÉL: Yo no tengo costumbre de tratar señoras. He vivido siempre solo, aislado. No sé siquiera cómo hay que hablar con las mujeres... Por ejemplo, no sé si ya le dije alguna impertinencia. Si así fue, le suplico que me lo diga con toda franqueza. No se lo tomo a mal.

NÁSTENKA: Nada de eso, todo lo contrario. Y ya que me pide que sea sincera, le diré que me agrada que sea tímido con las mujeres. Y si todavía quiere saber más: usted me resulta simpático.

ÉL: Es tan amable que voy a perder mi timidez. Pero entonces ¡adiós probabilidades!

NÁSTENKA: ¿Probabilidades? No entiendo.

ÉL: Perdón, fue una palabra que se me escapó sin querer... Aunque me parece muy natural que por un momento yo sienta el deseo de...

NÁSTENKA: ¿De agradarme?

ÉL: Eso... Por el amor de Dios, comprenda. Dése cuenta de quién soy yo. Voy a cumplir veintiséis años y apenas he tenido trato con la gente. Cómo puedo, entonces, de pronto y sin preparación alguna, sostener un diálogo según las reglas del arte... Pero me comprenderá mejor si le hablo con toda franqueza. Yo no puedo callar cuando el corazón me está dando de gritos... Créame, no conozco ninguna mujer; ninguna. En general, no tengo quien me quiera; pero todos los días sueño con que alguna vez, en algún sitio, voy a conocer a alguien... ¡Si usted supiera cuántas veces me he enamorado en esa forma!

NÁSTENKA: ¿Pero cómo? ¿De quién?

ÉL: De ninguna mujer concretamente; sólo de un ideal que se aparece en mis sueños. Yo, soñando, imagino novelas enteras... ¡No, usted no me conoce todavía! *(Transición.)* Bueno, claro que he hablado en mi vida con dos o tres mujeres, pero han sido mujeres sin importancia, usted entiende... Algunas veces he estado tentado a acercarme en la calle a alguna señorita y así, sin más, ponerme a hablar con ella. Claro que siempre y cuando ella fuera sola. Y de hacerlo, lo haría con todo respeto. Le explicaría que estoy solo en este mundo. Le pediría que no me desprecie, porque entonces perderé la oportunidad de hablar con una mujer. Le diría que hasta es un deber de toda persona atender las súplicas humildes de un hombre tan desdichado como yo. Después de todo, lo único que pido es pronunciar dos palabras amables, de hermano, y que ella me demuestre algo de compasión... Le rogaría que me conceda alguna esperanza y me responda unas cuantas frases para que se me alegre el ánimo, no importa que no volvamos a vernos jamás... ¿Se ríe?

NÁSTENKA: No se enoje. Me río únicamente porque usted mismo parece ser su propio enemigo... Pienso que si de veras intenta todo eso, conseguirá lo que desea, aunque sea en plena calle. No hay ninguna mujer, siempre que no sea una perversa, o una tonta, o que no esté malhumorada en aquel momento por alguna razón, capaz de rechazarlo sin escuchar esas dos palabras que dice, sobre todo si lo pide tan humildemente.

ÉL: Gracias. No sabe el regalo que me hace hablando así.

NÁSTENKA: Oiga, ¿y por qué pensó que yo soy una mujer con la que... bueno... a la que considera digna de su atención y su amistad? ¿Por qué decidió acercarse a mí?

ÉL: Usted iba sola. Aquel borracho la molestó. Y es de noche.

NÁSTENKA: No, no, yo digo antes. Aquí. Usted iba a acercarse.

ÉL *(después de pausa):* No sé qué contestar... Verá. Hoy estaba tan contento. Salí a caminar, y caminando me metí por mil callejones. Jamás me había sentido tan feliz. Usted, por el contrario... Bueno, tal vez sólo fue una impresión, y perdone que se lo recuerde, pero me pareció que estaba llorando. Yo no podía ver eso. Se me oprimía el corazón... ¿No podría ayudarla? ¿No debía compartir sus penas? ¿Era un pecado que sintiera compasión de usted, compasión de hermano?... ¿La ofende que yo, sin pensarlo, tuviera el impulso de acercarme?

NÁSTENKA *(rehuyendo):* Ya es tarde. Tengo que regresar a mi casa.

ÉL: ¿No nos vamos a volver a ver?

NÁSTENKA: No sé. Quizá... No puedo prometerle nada.

ÉL *(enfático):* ¡Pues yo vendré mañana a esta misma hora! Y perdóneme si le parezco exigente.

NÁSTENKA: No tiene mucha paciencia que digamos.

ÉL: Es que debe ser así: por fuerza volveré mañana a este sitio... Comprenda: soy un soñador, conozco apenas la vida real, y es tan raro para mí un momento como éste que no podría desaprovecharlo. Me voy a pasar la noche soñando en usted. Qué digo la noche: toda la semana, todo el año. Por eso vendré mañana a la misma hora y seré feliz recordando nuestro encuentro de esta noche... Incluso ya le tengo cariño a este lugar. Y como éste hay otros dos o tres en San Petersburgo que me son muy queridos... A veces hasta lloro en ellos con algún recuerdo... Tal vez hace un momento, allí, usted también lloraba recordando algo. *(Transición.)* Perdone, ya volví a hablar de eso.

NÁSTENKA: Está bien, escuche. Yo estaré aquí mañana, a eso de las diez, pero usted no sabe por qué razón. Y es que no tengo más remedio que venir aquí... No vaya a pensar que le estoy dando una cita. Se trata de un asunto exclusivamente mío... Pero voy a serle sincera: no me importa que venga usted también. En primer lugar, porque no me gustaría sentirme sola, pero también porque tendré el gusto de volver a verlo y de platicar... Espero que no piense mal de mí. No le estoy dando una cita. No haría eso jamás. *(Transición.)* Sólo que debe ser con una condición.

ÉL: ¿Qué condición? Desde ahora mismo la acepto. Estoy dispuesto a todo... Seré obediente y respetuoso, ya me conoce.

NÁSTENKA: Precisamente porque creo conocerlo le pido que venga mañana.

ÉL: ¿Cuál es la condición?

NÁSTENKA: Que no se enamore de mí. *(Pausa larga.)* Eso no podría ser. En cambio, desde ahora mismo, le ofrezco ser su amiga. Otra cosa no.

ÉL: Haré lo que usted quiera. Lo juro.

NÁSTENKA: No es preciso que jure... Por favor: no me tome a mal que le diga eso, pero no conozco ningún hombre al que pueda dirigirle la palabra o pedirle un consejo. Claro que generalmente nadie busca consejos en plena calle, pero usted es una excepción, y siento que lo conozco como si llevara veinte años de tratarlo. ¿Verdad que usted es un hombre que sabe cumplir su palabra?

ÉL: Lo soy. Ya lo comprobará por usted misma. (*Transición.*) Lo único es que no sé cómo voy a pasar las veinticuatro horas que faltan hasta mañana. ¿Cómo sobrevivir a esta noche?

NÁSTENKA (*sonríe*): Duerma a pierna suelta, y no olvide la confianza que pongo en usted y que necesito para...

ÉL: ¿Para algo especial?

NÁSTENKA: Es un secreto. Se lo diré mañana. Cuando lo sepa, le parecerá todo cosa de novela... Bueno, puede que se lo cuente mañana, pero también puede que no. Antes es necesario que nos conozcamos mejor.

ÉL: Por lo que a mí toca, estoy dispuesto a contarle toda mi vida. (*Transición.*) ¡Pero qué me está pasando, santo Dios! Han pasado sólo unos minutos, y usted me ha hecho feliz, ahora y para siempre. Feliz, así como suena... Hasta es posible que me haya reconciliado conmigo mismo y se hayan disipado todas mis dudas.

NÁSTENKA: Hasta mañana... Buenas noches.

ÉL (*murmurando apenas, mientras le tiende a mano*): Hasta mañana.

Nástenka sale. Él se queda mirando hacia donde ella camina, hasta perderla de vista.

OSCURO

SEGUNDA NOCHE

Él está apoyado en el pretil del malecón, mirando hacia el canal, como se encontraba Nástenka en el comienzo de la primera noche. No advierte cuando Nástenka llega hasta él. Se vuelve rápidamente al oírla hablar, a muy poca distancia.

NÁSTENKA (*sonriendo*): Parece que logramos sobrevivir, de ayer a hoy.

Se estrechan las manos, sonrientes.

ÉL *(después de un silencio)*: Llevo aquí dos horas... No sabe el día que pasé.

NÁSTENKA: Me imagino. *(Pausa.)* ¿Por qué cree que vine? Desde luego, no para hablar tonterías, como anoche... Escúcheme, creo que debemos ser más juiciosos. Yo lo he pensado largamente.

ÉL: ¿Más juiciosos? En toda mi vida nunca fui más juicioso que anoche.

NÁSTENKA: ¿De verdad?

ÉL: Absolutamente.

NÁSTENKA *(después de un silencio)*: Pensé mucho en usted.

ÉL: ¿Y cómo fue? ¿Cuál fue el resultado?

NÁSTENKA: Llegué a la conclusión de que necesitamos empezar de nuevo... Yo no lo conozco, y usted me trató anoche como una niña; sí, señor, como a una verdadera chiquilla. El que tuvo la culpa fue mi buen corazón, y por eso terminé sermoneándome, como sucede siempre que examinamos nuestros actos... Para reparar esa falta, me he propuesto enterarme de todo lo relacionado a su persona. Pero como no conozco a nadie que pueda darme datos de su vida, tiene que ser usted mismo quien me lo cuente todo, pero todo, y con todos sus detalles... Vamos a ver, ¿qué clase de hombre es usted? Pronto, empiece, hable, cuénteme su historia.

ÉL: ¿Mi historia? ¿Pero quién le dijo que yo tengo una historia?

NÁSTENKA: Tiene que tenerla. ¿Cómo pudo haber vivido en el mundo sin tener una historia?

ÉL: Pues, créame, no tengo historia. He vivido para mí mismo, como se acostumbra decir, completamente solo, siempre solo. ¿Sabe usted lo que quiere decir "solo"? Pues eso.

NÁSTENKA: ¿Se ha pasado la vida sin ver a nadie?

ÉL: Tanto así, no... Ver, sí, he visto. Pero a pesar de eso, siempre estuve solo.

NÁSTENKA: ¿No ha hablado nunca con nadie?

ÉL: Lo que se dice hablar, estrictamente, con nadie.

NÁSTENKA: ¿Entonces qué clase de hombre es usted? Explíqueme... No, espere, yo misma se lo voy a decir: seguramente usted, igual que yo, tendrá algún pariente, una abuela. La mía es ciega, ¿sabe usted?, y por nada del mundo permite que yo me aparte de su lado. Por esa razón casi se me ha olvidado hablar... Hará unos dos o tres años cometí una travesura para demostrarle a mi abuela que no me podía tener tan controlada.

Entonces me cogió, y con un broche prendió mi falda a su falda... Así nos pasamos ahora todo el santo día, una pegadita a la otra. Ella teje, a pesar de que es ciega, y yo tengo que estar a su lado cosiendo o leyendo un libro... Muchas veces me pongo a pensar y se me hace imposible que ya lleve dos años pegada a su falda.

ÉL: Debe ser horrible. (*Transición.*) Lo que pasa es que yo no tengo parientes, ni una abuela.

NÁSTENKA: Entonces no comprendo por qué está siempre metido en su casa.

ÉL: Es que todavía no sabe qué clase de hombre soy yo. Yo soy un tipo raro, original; una especie de búho, un soñador. ¿Sabe lo que es un soñador?

NÁSTENKA: Claro que lo sé. Yo también soy una soñadora. A veces, cuando estoy sentada junto a mi abuela, así como le digo, se me ocurren infinidad de cosas. Empezando a soñar, los sueños se desatan por sí solos, y entonces se me antoja imaginar que estoy casada con un señor chino. (*Pausa.*) Hace mucho bien eso de soñar; aunque quién sabe. Sobre todo si hay cosas más importantes en qué estar pensando.

ÉL: Si alguna vez se casó en la imaginación con un príncipe chino, entonces me puede entender muy bien. (*Transición.*) Oiga. Un momento...

NÁSTENKA: ¿Qué pasa?

ÉL: Ni siquiera sé cómo se llama.

NÁSTENKA: Vaya, por fin me lo pregunta.

ÉL: No pensaba en eso, ¡me sentía tan feliz!

NÁSTENKA: Me llamo Nástenka.

ÉL: Nástenka. ¿Nada más Nástenka?

NÁSTENKA: Nada más. ¿Le parece poco, señor insaciable?

ÉL: Demasiado poco... Oh, no, nada de eso. Al contrario, es mucho, muchísimo. Es muchísimo que usted, desde la primera noche, se haya convertido para mí en Nástenka.

NÁSTENKA: Eso mismo pienso yo. (*Transición.*) Bueno, pero empiece su historia, se va a hacer tarde.

ÉL: Verá qué historia más cómica. (*Pausa.*) Hay aquí en San Petersburgo, por si no lo sabe, Nástenka, rincones verdaderamente extraños. Se diría que nunca les da ese sol que brilla para todos los habitantes, sino otro sol, nuevo, que sólo fue creado para ellos. Y se diría que reluce allí de un modo distinto, con otro fulgor que en el resto del mundo... En esos rincones de que le hablo, se agita otra vida que no se parece nada a la que nos rodea.

NÁSTENKA: ¡Qué introducción! Cualquiera pensaría que va a decirme...

ÉL (*interrumpiendo*): Quiero decirle que en esos rincones viven seres extraños, hombres a los que el mundo llama soñadores... Un soñador, para que lo entienda mejor, Nástenka. (*Transición.*) Ah, nunca me cansaría de llamarla Nástenka, Nástenka. (*Transición.*) Un soñador acostumbra vivir lejos de todo el mundo, en un rincón, retraído como si quisiera ocultarse hasta de la luz del día. Allí crece de la misma forma que el caracol dentro de su concha, que la tortuga bajo su caparazón... Y yo me pregunto: ¿por qué ese hombre ama tanto sus cuatro paredes pintadas de verde claro, descascaradas, sucias, ennegrecidas por el humo? ¿Por qué ese ser grotesco se muestra tan desconsiderado y tan cohibido cuando recibe la visita de alguno de sus pocos amigos? Tiene la facha de haber cometido un crimen, de haber falsificado billetes, de haber escrito poemas para enviarlos a una revista con un nombre supuesto... ¿Por qué, Nástenka, por qué durante esas visitas nunca se alarga la conversación, y por qué no se escucha una sola palabra de labios de ese recién llegado amigo que siempre está riéndose y bromeando sobre las mujeres? ¿Y por qué, de pronto, el visitante toma su sombrero y se despide diciendo que había olvidado una cita muy importante?

NÁSTENKA: Óigame, no comprendo nada de lo que me dice ni por qué me hace esas preguntas... Lo único que entiendo es que usted ha vivido esas experiencias.

ÉL: Desde luego.

NÁSTENKA: Entonces, lo que me gustaría saber...

ÉL (*interrumpiendo*): Usted quiere saber lo que nuestro héroe, o mejor dicho yo, puesto que yo soy el héroe de esta historia, hago en mi rincón, ¿no es cierto? Quiere saber por qué me altera la inesperada visita del amigo, y por qué en cuanto se abre la puerta su presencia me hace enrojecer. Por qué no sé recibir al huésped, por qué lo trato en forma tan desconsiderada...

NÁSTENKA: Usted cuenta todo muy bonito, pero me gustaría que lo contara menos bonito y con más claridad.

ÉL: No sé contar las cosas de otro modo, Nástenka... Nástenka, querida Nástenka, ahora que nosotros nos volvimos a encontrar después de tan larga ausencia. (*Transición.*) Porque yo la conozco hace mucho, muchísimo tiempo. Porque hace mucho tiempo ando en busca de alguien, lo cual es una prueba de que la buscaba a usted y de que el destino tenía escrito que habríamos de encontrarnos precisamente aquí... Ahora se han abierto mil agujeros en mi cabeza y necesito volcar mi corazón en un torrente de palabras para que no me ahoguen, para que no me estalle. *(En transición, cuando ella va a interrumpirlo.)* Por favor no me interrumpa, Nástenka. Si no, no podré continuar.

NÁSTENKA: Shhh, ya no abriré la boca. Siga.

ÉL *(reflexivo, después de un silencio)*: Hay para mí, cada día, una hora que amo en forma muy especial. Esa hora en que se cierran las tiendas, las oficinas, los ministerios, y en que toda la gente se dirige a sus casas para hacer la comida del mediodía. Una hora en que los hombres van haciendo proyectos para la tarde, y para la noche, y para todo el tiempo libre que todavía les queda... En esa hora nuestro héroe acostumbra... *(Transición.)* Y me permitirá que hable de mí en tercera persona, mi querida Nástenka. *(Transición.)* En esa hora acostumbra nuestro héroe andar junto con los demás un trecho de camino. Lo hace contento, porque ya dio por terminado su trabajo de ese día... Si usted lo observara entonces de reojo, se daría cuenta de que esa alegría de nuestro héroe ya empezó a germinar sobre su fantasía. ¿Cree que él piensa en comer? ¿O en la tarde que tiene por delante? ¿O en el trabajo de mañana?... No, Nástenka, a él no le importan esas minucias. Él es ahora rico de su propia vida, de su vida suya, particular. De pronto se ha vuelto rico, y el último destello del sol no brilla en balde. Ahora apenas si se fija en el camino que recorre. La fantasía ya lo ha envuelto en su red y lo ha llenado de visiones prodigiosas. Tal vez lo elevó desde la acera de piedra hasta el séptimo cielo, el más alejado del mundo... Si en esos instantes usted pretendiera entablar conversación con él, así de buenas a primeras, y preguntarle dónde se encuentra, por ejemplo, tal o cual sitio, o por qué calle va caminando... él no le podría contestar, o le contestaría cualquier cosa, lo primero que se le ocurriera... ¡Qué le importa a él nuestra vida real! Según sus ideas, nosotros, los demás, llevamos una vida lenta, monótona, vacía. Para él es una clase de existencia miserable que merece compasión. Él nada desea, porque está por encima de todo deseo; porque ya lo tiene todo, porque está saturado, porque él mismo es el artista de su vida y la puede modelar en cada instante a su capricho... Él no cree que sus fantásticos mundos de fábula sean un juego caprichoso de la imaginación, sino que son una realidad verdadera, algo tangible. Y así se pasa las noches en medio de una gran alegría, sin pensar en dormir, con la sensación de morirse de puro feliz... Sí, Nástenka, así vive y así se engaña creyendo que sus ensueños son la única realidad. Supongamos, por ejemplo, que en la mente del soñador nació de pronto el amor. Basta mirarlo para que cualquiera se dé cuenta de que está convencido de que su sentimiento es real. Ni siquiera conoce a la mujer que ama en sus sueños, pero la ha sentido caminar realmente, a lo largo de los años de su vida, cogida de la mano, formando pareja con él, olvidándose de que existe un rival que los vigila... Fue sueño o fue realidad que ellos se desearon y se amaron cerca de la mansión señorial donde ella vivió tanto tiempo, sola y triste, casada con aquel marido viejo, eternamente callado, amenazando como un espectro a los amantes. ¡Cómo sufrían y qué puro y qué inocente era su amor, Nástenka!... Tampoco fue realidad, aunque le parecía, que luego, andando el tiempo, él volvió a verla lejos ya de su patria, en el palacio de una maravillosa eterna ciudad, en un salón de baile. ¿No estuvieron asomados al balcón? ¿No se quitó ella el antifaz y le murmuró al oído: "Soy yo"? ¿Y entonces no la estrechó él en sus brazos llorando de felicidad? ¿Y no se ciñeron realmente sus cuerpos, y no olvidaron en un instante todos sus dolores, y el tormento de la separación, y la casa sombría, y el viejo marido celoso, y el jardín abandonado en la patria lejana, y el banco en el que se entregaron sus besos apasionados?... Oh, Nástenka, tendrá que admitir que es muy natural, entonces, que cuando uno está viviendo esa aventura de la imaginación, se ponga confuso y desconcertado cuando de pronto se abre la puerta y entra ese amigo y nos hace un risueño saludo como si nada estuviera ocurriendo. ¡Y la verdad es que está ocurriendo algo maravilloso! El viejo marido ha muerto y ella es libre, ¡libre!

NÁSTENKA: ¿Realmente ha pasado así toda su vida?

ÉL: Toda mi vida, Nástenka.

NÁSTENKA: No puede ser... Porque entonces también sería posible que yo pasara toda la vida al lado de la abuela. (*Pausa.*) ¿Sabe lo que pienso? Que no me parece nada agradable esa clase de vida que usted me cuenta.

ÉL: Lo sé. Y en este momento mejor que antes... Sé que he perdido inútilmente los mejores años. Y me duele, me duele saberlo ahora que Dios me la envía a usted, mi ángel bueno, para decírmelo y demostrármelo.

(*Pausa.*) No quisiera pensar en la vida que tengo por delante, Nástenka. Sólo veo soledad. Otra vez esa existencia ociosa, inútil... ¿Y qué podré soñar entonces que sea más bello que la vida, después de haber gozado realmente aquí, al lado de usted, instantes tan felices? Dios la bendiga por no haberme rechazado a las primeras palabras. Ahora, por lo menos, puedo decir que he tenido en mi vida dos noches felices.

NÁSTENKA: No serán solamente dos noches. No nos vamos a separar así.

ÉL: ¿Sabe que de pronto me ha reconciliado usted conmigo mismo, Nástenka? ¿Sabe que de hoy en adelante no tendré pensamientos tan negros como los que he tenido?... Ahora creo entender lo que se llama vivir, vivir de veras y despierto. Porque nuestra vida no se moldea como un sueño. Porque es nuestra fantasía la que verdaderamente resulta monótona hasta la vulgaridad, esclava de la sombra, de la pura idea... ¡Y a lo que he llegado yo! ¡A entretenerme celebrando el aniversario de acontecimientos que me parecieron hermosos, pero que nunca existieron realmente! Yo he ido a buscar, en ciertas horas, aquellos sitios en que un día fui feliz, feliz a mi manera, para intentar representarme otra vez, con la pura fuerza de la imaginación, aquel pasado... Ahora recuerdo, por ejemplo, que hace un año caminé por esta misma calle, y a esta misma hora, y que mis pensamientos de entonces eran tan tristes como los de ahora... Y me digo: ¡Qué rápidos se pasan los años! Y me pregunto: ¿Qué hiciste de tu vida? ¿Dónde enterraste tu tiempo? ¿Es que siquiera viviste? Mira, soñador, mira qué frío hace en el mundo. Pasarán todavía algunos años de juventud, pero luego vendrá la soledad, vendrá la vejez con sus arrugas y con sus muletas. Perderá sus colores tu mundo de fantasía. Se morirán tus sueños. Qué triste será entonces encontrarse solo y no tener siquiera de qué lamentarse, ¡ni eso siquiera! Lo habremos perdido todo. ¡Porque todo aquel universo de ilusión era nada: un cero, un simple cero, una absurda pesadilla!

NÁSTENKA: No se angustie. Todo eso ya acabó. Ya no estaremos nunca solos, pase lo que pase, porque siempre seremos amigos. (*Pausa.*) Yo soy una muchacha ignorante. He estudiado muy poco, por más que la abuela me puso un profesor. Pero, créame, lo entiendo muy bien porque todo lo que me cuenta lo he sentido yo misma cuando estaba sentada junto a la abuela. Claro que no lo habría podido decir tan bien como usted, porque no tengo estudios, pero me alegro mucho de que me haya hecho esas confidencias.

Ahora lo conozco a fondo, y sabe qué le digo, que yo también le voy a contar mi historia, de principio a fin, para que luego me dé un consejo.

ÉL: Nunca he sido consejero de nadie, Nástenka.

NÁSTENKA: Necesito un simple consejo fraternal, que brote del corazón, como si toda la vida me hubiera usted querido. (*Larga pausa.*) La mitad de la historia ya la conoce. Es decir, ya sabe que tengo una abuela.

El área de la casa de Nástenka se enfatiza. En la sala, sentada en una mecedora, tejiendo, aparece la abuela.

NÁSTENKA: Vivo con ella desde muy pequeña, porque me quedé huérfana de padre y madre siendo todavía una niña... A los quince años, como le decía, cometí una diablura, una diablura sin importancia, que ni siquiera tiene caso que le cuente.

ABUELA (*llamando*): ¡Nástenka!

NÁSTENKA: Nada del otro mundo, pero hizo que la abuela me dijera que a causa de su ceguera no podía vigilarme, y que por eso había decidido, y así lo hizo, coger un broche y prender mi falda a la suya.

ABUELA: ¡Nástenka!

NÁSTENKA: Me anunció que así íbamos a pasar la vida en adelante si no me enmendaba. Al principio no encontré forma de zafarme, y lo único que hice fue tejer, leer y estudiar, siempre pegadita a su falda.

ABUELA: ¡Nástenka!

NÁSTENKA (*hacia la casa*): Voy, abuela.

Nástenka va hasta la casa, pero continúa su relato dirigiéndose siempre a Él, quien permanece en el puente atento a los sitios que ocupa Nástenka ya fuera del área del puente.

ABUELA (*al sentir llegar a Nástenka*): ¿Dónde andabas?

NÁSTENKA: Aquí estoy.

A tientas, la abuela prende con un broche grande la falda de Nástenka a su propia falda. Sigue tejiendo, mientras Nástenka continúa hacia Él su relato.

NÁSTENKA (*a Él*): Se me olvidaba decirle que la abuela es dueña de una casa. Una casita de madera, con sólo tres ventanas en la fachada. Una casa muy chiquita, y tan vieja como ella, pero que tiene una habitación para alquilar.

ÉL: Ah, tienen un huésped.

NÁSTENKA: Uno de ellos fue un viejecito sordo que no pudo seguir mucho tiempo en este mundo y tomó la decisión de morirse. Entonces la habitación quedó libre, y tuvimos que buscar un inquilino porque la renta del cuarto y la pensión de la abuela son nuestros únicos ingresos.

Atenta a Él, Nástenka tarda en advertir la entrada del huésped en el área de la casa. Se sorprende al verlo, y a partir de ese instante su atención se concentra en el huésped.

HUÉSPED: ¿Es aquí donde rentan un cuarto?

ABUELA: Sí, aquí es... Pase usted, caballero. Tome asiento. ¿Quiere una taza de té?

HUÉSPED: ¿Puedo ver el cuarto?

ABUELA: Por supuesto. *(Transición.)* Nástenka. *(Silencio.)* ¡Nástenka!, ¿no me oyes?

Nástenka, distraída, está mirando fijamente al huésped, quien le corresponde con una larga mirada.

ABUELA: ¡Nástenka!

NÁSTENKA *(reaccionando)*: Sí, abuela.

ABUELA: Responde, niña, pareces sorda... Haz el favor de mostrar el cuarto al caballero. *(Al huésped:)* Es un cuarto muy limpio, con muy buena luz. Totalmente independiente. Lo alquilamos a muy buen precio... ¡Apúrate, Nástenka!

Al levantarse para cumplir la orden, el broche que ata su falda hacer caer a Nástenka. También la abuela está a punto de caer de su silla. Ambas son auxiliadas por el huésped. Desde el área del puente, Él ríe divertido por el accidente.

NÁSTENKA *(avergonzada ante el huésped)*: Oh, perdón. Perdón, qué pena.

ABUELA: ¡Pero cómo no te fijas, muchacha! ¡En qué estás pensando!

NÁSTENKA: Perdón.

HUÉSPED *(a Nástenka)*: ¿Se lastimó?

NÁSTENKA (*aceptando la ayuda*): No, gracias.
ABUELA: Eres una distraída. Te lo he dicho mil veces... Anda, enséñale el cuarto. No hagas esperar al caballero.
NÁSTENKA (*después de separar el broche*): Pase por aquí, por favor.

Nástenka conduce al huésped al área que sugiere la habitación.

NÁSTENKA: Éste es.
HUÉSPED (*examinando superficialmente el ámbito*): Perfecto.
NÁSTENKA: La renta es de ciento veinte rublos mensuales. ¿Le parece bien?
HUÉSPED: Me quedo. Traeré hoy mismo mi equipaje... Gracias.

El huésped abandona el área y el escenario, mientras Nástenka se dirige a Él, pero sin salir del área.

NÁSTENKA (*a Él*): Nunca pensé que alquilaríamos con tanta rapidez el cuarto, y sin que el inquilino discutiera el precio.
ABUELA (*llamando*): ¡Nástenka! ¡Nástenka!
NÁSTENKA (*llegando con la abuela*): Sí, abuela.
ABUELA: Dime, hija, ¿es joven o viejo el nuevo inquilino?
NÁSTENKA: Enteramente joven no es abuelita; pero tampoco es viejo.
ABUELA: ¿Y qué aspecto tiene? ¿Distinguido?
NÁSTENKA: Sí, tiene aspecto distinguido.
ABUELA: Entonces ésta va a ser una prueba que Dios nos manda... Te lo digo, para que no lo mires con demasiada frecuencia. ¡Vivimos ahora una época muy inmoral, Nástenka, llena de amenazas! Un inquilino de aspecto distinguido puede ser peligroso... Antes todo era muy diferente: había más decencia, más educación, más respeto a las mujeres. Los hombres no las miraban con malos ojos.

Mientras la abuela habla, el huésped regresa. Trae unos libros que entrega a Nástenka y que ella toma en silencio. Los dos se miran larga y fijamente durante el parlamento de la abuela. (El huésped permanece próximo, sin salir del área, durante toda la conversación siguiente.)

ABUELA: ¿Qué estás haciendo, Nástenka?
NÁSTENKA: Nada, abuelita.

ABUELA: ¿Por qué no hablas?

NÁSTENKA: El nuevo huésped nos trajo unos libros. Para que yo te lea algo.

ABUELA: ¿Son libros decentes?

NÁSTENKA: Me imagino que sí.

ABUELA: Porque si son malos, no los podrás leer.

NÁSTENKA: ¿Qué es lo que tienen escrito los libros malos, abuelita?

ABUELA: Pues cosas malas, hija... Allí se describe en qué forma los jóvenes libertinos seducen a las muchachas decentes. Cómo, con la promesa de casarse con ellas, las sacan de casa de sus padres y luego las abandonan. Y cómo las desventuradas terminan luego muy mal... Yo he leído muchos libros de ésos, y lo describen todo tan a lo vivo, tan real, que se pasa uno la noche leyendo sin sentir. Por eso ten cuidado, hija mía. *(Transición.)* ¿Qué libros nos trajo el huésped?

NÁSTENKA: Novelas de Walter Scott, abuelita.

ABUELA: Ah, novelas de Walter Scott, está bien... Pero ándate con mucho cuidado, no se esconda por allí algo sospechoso. Tal vez el huésped haya puesto entre las páginas alguna cartita de amor.

NÁSTENKA *(revisando los libros)*: No, abuelita, aquí no hay nada.

ABUELA: Mira bien por todos lados, hasta por el forro. A veces esconden allí las cartas.

NÁSTENKA *(revisando)*: No, abuelita, tampoco hay nada en el forro.

ABUELA: Está bien. De cualquier modo no se te olvide que todo recato y toda prudencia son siempre insuficientes.

Nástenka se dirige a Él, sin salir de su área.

NÁSTENKA *(a Él)*: Así empezamos a leer a Walter Scott, y a otros, y en cosa de un mes ya habíamos terminado la mitad de los libros.

Nástenka va a cruzar hacia la zona del puente, pero el huésped la detiene de un brazo.

HUÉSPED: ¿Terminó de leerlos?

NÁSTENKA: Sí.

HUÉSPED: ¿Y cuál le gustó más?

NÁSTENKA: A mí: Ivanhoe, y uno de Pushkin, ése que trata...

HUÉSPED *(interrumpiendo)*: ¿No se aburre de estar todo el día sentada junto a su abuelita? *(Pausa. Ante el silencio de Nástenka:)* Es usted muy buena chica... Perdone que le hable así, pero creáme, yo quisiera ayudarla... ¿No tiene amigas que la visiten?

NÁSTENKA: Ninguna... Máschenka, mi única amiga, se fue a vivir a Pskov.

HUÉSPED: ¿Y usted no sale nunca de casa?

NÁSTENKA: Nunca.

HUÉSPED: ¿A ninguna parte?

NÁSTENKA: No.

HUÉSPED: Oiga... ¿le gustaría venir conmigo al teatro?

NÁSTENKA: ¿Al teatro?... ¿Y mi abuelita?

HUÉSPED: No tiene por qué decírselo. Puede venir sin que ella lo sepa.

NÁSTENKA: No, eso no.

HUÉSPED: ¿Por qué?

NÁSTENKA: Porque no.

El huésped sonríe y se dirige a la abuela. Nástenka avanza también.

HUÉSPED: ¿Le gusta la ópera, señora?

ABUELA: ¿Cómo dice?

HUÉSPED: Que si le gusta la ópera; la música...

ABUELA: Ah, la ópera...

HUÉSPED: Tomé un palco para esta noche. Cantan *El barbero de Sevilla*, pero los amigos que iban a acompañarme tuvieron no sé qué compromiso y voy a tener que ir solo.

ABUELA: ¡*El barbero de Sevilla*!... ¿Es el mismo *Barbero* que cantaban en mis tiempos?

HUÉSPED: El mismo.

ABUELA: Entonces lo conozco. ¡Y lo conozco muy bien! Yo canté la parte de Rosina en mi juventud.

HUÉSPED: ¿No le gustaría volver a oírlo esta noche, en la ópera? Sería una pena que se desaprovecharan mis boletos.

ABUELA: Bueno, por mí, vamos. ¿Por qué no?... Nástenka nunca ha ido al teatro.

Mientras se escucha la música de El barbero de Sevilla, *Nástenka se dirige hasta Él, en la zona del puente. La abuela y el huésped permanecen inmóviles.*

NÁSTENKA (a Él): Y fuimos... ¡Qué alegría, Dios mío! Ya se podrá imaginar qué impresión, qué felicidad. Él me estuvo mirando toda la noche y hablándome muy afectuoso... Al regresar a casa me sentía tan contenta, y el corazón me latía con tanta fuerza, que hasta tuve un poquito de fiebre. Toda la noche me la pasé soñando con El barbero de Sevilla... Después fuimos otras dos veces más a la ópera, pero a pesar de mi felicidad, yo sentía que lo único que le inspiraba a nuestro inquilino era lástima, compasión, por aquello de estar continuamente prendida a la falda de la abuela... Una noche, hace un año, por mayo, la abuela me dio la noticia.

En la última frase de Nástenka, el huésped va hacia el área de su habitación. La abuela continúa en su silla.

ABUELA: Nástenka.

Nástenka regresa con la abuela.

ABUELA: Es hora de dormir, Nástenka.

Nástenka levanta de su silla a la abuela, y la va acompañando fuera del escenario.

ABUELA: Te tengo una mala noticia: nos vamos a quedar otra vez sin inquilino. Nuestro huésped me acaba de decir que se va a Moscú por un año... ¿Me estás oyendo, hija?
NÁSTENKA: Sí, abuela.
ABUELA: Necesitamos buscar otro huésped lo más pronto posible. ¡Qué contrariedad!

Nástenka se contiene. Lleva a la abuela fuera del escenario y luego regresa. Se le ve muy nerviosa, inquieta, a punto de llorar. Luego de un largo rato reacciona y va hacia el área de la habitación del huésped. Duda antes de llegar. Al huésped le sorprende su presencia.

NÁSTENKA: ¡No puedo seguir viviendo aquí! ¡No puedo seguir amarrada toda la vida a la falda de mi abuela!... ¡Lléveme con usted a Moscú!, se lo suplico... Yo lo amo. ¡Lo amo! *(Llora.)*

HUÉSPED: Nástenka... Por favor, Nástenka.

NÁSTENKA: Tenga piedad de mí.

HUÉSPED: Yo quisiera, Nástenka, pero no puedo... comprenda. Soy pobre. De momento no tengo nada, ni siquiera un empleo. ¿De qué íbamos a vivir si nos casáramos?

Herida, Nástenka sale rápidamente del área y corre hasta el área del puente. El huésped la sigue y allí le habla, a muy poca distancia de donde se encuentra Él, observando.

HUÉSPED: Óyeme, mi querida y buena Nástenka. Yo te juro que si algún día me encuentro en situación de casarme, tú serás la elegida para hacerme dichoso. Te juro que no podría ser otra más que tú... Pero óyeme bien: ahora tengo que regresar a Moscú, donde estaré forzosamente un año. En ese tiempo espero abrirme camino y conseguir una posición decorosa. Si al cabo de ese año vuelvo, y tú me quieres todavía, seremos felices, te lo juro. Pero ahora es imposible. Estoy en la mayor pobreza y no tengo derecho a prometerte nada... Si de aquí a un año no han mejorado las cosas, entonces esperaremos un poquito más, y finalmente conseguiremos lo que tanto deseamos los dos... Claro que eso, siempre y cuando no le hayas dado a otro tu cariño, porque yo no te obligo con ninguna palabra. No puedo ni debo hacerlo. *(Pausa.)* Regresaré en un año, Nástenka. Regresaré. Y el mismo día de mi llegada a esta hora, a las diez en punto, vendré a este mismo sitio a buscarte... Te lo haré saber por Fontanka, ¿estás de acuerdo?, para que tu abuela no te cause ninguna molestia. *(Pausa.)* Ten confianza, Nástenka, volveré.

El huésped sale del escenario.

NÁSTENKA (*a Él, después de un largo silencio*): Aquí termina mi historia. De entonces acá, ha transcurrido un año justo. Él ha regresado, lleva aquí tres días y...

ÉL: ¿Y qué?

NÁSTENKA: Pues que hasta ahora no me ha avisado nada, ni ha venido aquí como me lo prometió. ¡Ni una palabra, ni una carta! *(Llora.)*

ÉL: Por el amor de Dios, Nástenka, no llore... ¿Quién le dio esas noticias? Probablemente ni siquiera está en San Petersburgo.

NÁSTENKA: Está. Incluso sé a qué domicilio llegó.

ÉL: ¿Qué puedo yo hacer para ayudarla? ¿Quiere que vaya a verlo y le hable?

NÁSTENKA: ¿Hablarle usted?

ÉL: Bueno, tal vez eso no, pero... ¿Por qué no le escribe una carta?

NÁSTENKA: No, imposible. Eso no está bien.

ÉL: ¿Y por qué no? Depende de la carta que le escriba. Hay de cartas a cartas... Créame, no quisiera aconsejarla mal, pero nada tiene de particular que le escriba. Al fin de cuentas, usted fue la que dio el primer paso.

NÁSTENKA: Eso es lo que estuvo mal.

ÉL: Pero qué niña es, Nástenka. Tiene todo el derecho a escribirle; él le dio su palabra, le prometió que regresaría. Además, tal y como lo describe, parece ser una buena persona. Se portó muy correctamente. Le dijo que se casaría con usted cuando estuviera en condición de hacerlo, pero la dejó en libertad completa... Si usted ya no lo quisiera, podría romper el compromiso en cualquier momento. Por eso necesita dar este nuevo paso y hacerle ver que lo sigue queriendo.

NÁSTENKA: Si usted estuviera en mi lugar, ¿cómo escribiría?

ÉL: ¿Escribir qué?

NÁSTENKA: Esa carta.

ÉL: ¿Yo?... Ah, pues muy sencillo. Empezaría: "Estimado amigo..."

NÁSTENKA: ¿No hay más remedio que empezar así?

ÉL: No hay más remedio... ¿Por qué lo dice? ¿No le parece bien? Yo supongo...

NÁSTENKA: No, no, está muy bien.

ÉL: Bueno, pues... "Estimado amigo. Perdone usted que..." No, esos perdones son superfluos. Aquí los hechos lo explican todo. Así que pondremos sencillamente: "Perdone mi impaciencia, pero he sido tan feliz por espacio de un año en que vivía de la ilusión, ¿que de dónde sacar ahora la paciencia necesaria para soportar siquiera un día de incertidumbre? Ahora que usted ya volvió, y no se dignó venir a verme todavía, me veo precisada a suponer que usted, en el tiempo transcurrido, ha cambiado de modo de pensar. En ese caso, esta carta sólo le dirá que no me quejo ni le hago ningún reproche. ¿Cómo habría de reprocharle nada, si no tiene la culpa de que yo no haya podido encadenar su corazón sino por breve tiempo? Ése es mi destino. Usted es un hombre fino e inteligente y estoy segura de que estas torpes líneas no lo harán reír ni le producirán enojo. Sin embargo, no olvide que es una pobre chica la que escribe, una chica que se encuentra completamente sola y no tiene persona alguna a quien contar sus cuitas y pedir consejo, y que nunca aprendió tampoco a dominar su corazón. Pero no se enoje conmigo si incurro en la torpeza de abrigar por un instante dudas en mi alma. De sobra sé que usted no es capaz de ofender, ni siquiera con el pensamiento, a la que tanto lo ha querido y lo quiere todavía..."

NÁSTENKA: ¡Eso es! ¡Eso era lo que a mí se me había ocurrido!... Oh, usted resuelve todas mis dudas. Dios fue quien me lo envió. Gracias.

ÉL: ¿Gracias de qué? ¿Porque Dios me envió en su ayuda?

NÁSTENKA: Sí, señor, por eso.

ÉL: Ah, Nástenka, a quien debemos estar agradecidos es a más de una criatura por el simple hecho de vivir con nosotros, o de vivir simplemente... Yo, por ejemplo, le estoy a usted infinitamente agradecido por haberla encontrado y poder, de aquí en adelante, pensar en usted.

NÁSTENKA: Y yo, por mi parte, lo estaría más si usted es tan bueno y se encarga de llevar mi carta a esa dirección a donde él llegó... Yo no podría hacerlo, sería muy incorrecto. Pero usted sí. Hasta es probable, tal vez, que él le dé una contestación, y que usted me la traiga mañana, aquí, a las diez.

ÉL: Pero primero hay que escribir la carta, Nástenka. Y ahora mismo, si quiere que nos dé tiempo...

Él se interrumpe cuando ve que Nástenka extrae de su abrigo una carta y se la tiende. Él la toma. Parece comprender toda la situación.

NÁSTENKA: Ahí tiene anotada la dirección.

Nástenka sonríe y sale del escenario.

OSCURO

TERCERA NOCHE

Nástenka se encuentra en el pretil del malecón, mirando hacia el canal. Él llega del extremo sur sin ser visto por la joven. Se aproxima caminando lentamente y se detiene a contemplarla de espaldas. Nástenka se vuelve al fin y lo descubre. Se sorprende de no haber sentido antes su cercanía. Le sonríe con mucha amabilidad, lo cual parece turbar un poco a Él.

ÉL: Fui a dejar su carta esta mañana, como me pidió... No lo encontré, pero me dijeron que sí, que ahí se hospeda, y que se la entregarían hoy mismo... Ya debe haberla leído.

Nástenka continúa sonriendo amablemente.

ÉL: ¿Fue a verla?
NÁSTENKA: Todavía no. *(Sonríe. Muestra alegría.)* Gracias. Muchas gracias. *(Transición.)* ¿Qué le pasa?
ÉL: Nada, es que... no la había visto sonreír así.
NÁSTENKA: ¿Sabe por qué estoy tan contenta y por qué me siento tan cariñosa con usted?
ÉL: ¿Por qué?
NÁSTENKA: Porque no se ha enamorado de mí. *(Pausa.)* Otro, en su lugar, no hubiera tardado en importunarme; se hubiera puesto a lanzar suspiros, y a decir cosas, y hasta se hubiera hecho el enfermo. Usted, en cambio, se ha portando tan franco, tan sencillo... ¡Qué buen amigo es! Ahora sí estoy segura de que Dios me lo envió. Imagínese lo que habría sido de mí de no tenerlo a mi lado... Si me caso, le prometo que seremos buenos amigos, como hermanos, y lo voy a querer casi tanto como a él.
ÉL: Está muy nerviosa, Nástenka.
NÁSTENKA: ¿Qué?
ÉL: En el fondo de su corazón, tiene miedo de que él no venga.
NÁSTENKA: ¡Pero qué está diciendo, por Dios! Si no estuviera tan contenta, me sentiría ofendida.
ÉL: Sólo digo la verdad. ¿O no es cierto?
NÁSTENKA: No exactamente. La verdad es que todo lo oigo y todo lo siento como si anduviera caminando entre las nubes. *(Transición.)* Espere...

Nástenka mira hacia el extremo norte del puente como si alguien se aproximara a lo lejos. Él se aparta rápido, soltándose de la mano que ella le sujetaba.

NÁSTENKA *(mirando hacia la lejanía)*: No, no es él. *(Advierte que Él se ha retirado.)* ¿Por qué se aleja? ¿Qué tiene de particular que usted y yo...? *(Transición.)* No. Nosotros saldremos a su encuentro cogidos del brazo. Quiero que él vea cuánto nos queremos.
ÉL *(febril)*: ¡Cuánto, Nástenka!

Ahora es Nástenka la que retira la mano. Se turba con la reacción de Él. Largo silencio.

ÉL *(en transición)*: ¿Sabe lo que me pasó durante el día? Se lo voy a contar con todo detalle... Esta tarde, luego de entregar su carta y de caminar por casi todo San Petersburgo, regresé a mi casa y me eché a dormir.
NÁSTENKA *(sonriendo)*: ¿Eso fue todo?
ÉL: Bueno, casi todo... Me desperté una hora antes de venir para acá, pero sentía como si no hubiera dormido absolutamente nada. Fue una sensación muy extraña, Nástenka... Luego, mientras caminaba rumbo al puente, iba pensando que sólo venía aquí para contarle a usted esa experiencia. Era como si se hubiera detenido el tiempo para mí; como si de ahora en adelante una sola sensación, un solo sentimiento fueran a dominarme eternamente. Como si un solo instante bastara para llenar toda la eternidad, toda... Cuando desperté, recuerdo que todavía sonaba en mis oídos un tema musical, un tema que yo había oído alguna vez, hace mucho tiempo, y que luego olvidé.
NÁSTENKA *(interrumpiendo)*: ¡Por Dios santo, de qué habla! No entiendo una sola palabra.
ÉL: Trataba de explicarle esa sensación tan extraña...
NÁSTENKA: Está bien, está bien, pero ya no siga hablando así, por favor, tan rebuscado.

Él se cohibe. Se produce un largo silencio. Nástenka sonríe y adopta un aire de coquetería.

NÁSTENKA: No se enoje.
ÉL: No estoy enojado.
NÁSTENKA: Sí, lo está.

ÉL: Le aseguro que no.

NÁSTENKA: A ver, míreme a la cara. *(Él la mira serio. Ella sonríe.)* ¿Ve cómo sí?

ÉL: No, Nástenka, de verdad.

NÁSTENKA: Miente... Y mire que yo soy la que debería estar enojada.

ÉL: ¿Conmigo?

NÁSTENKA: Sí, con usted.

ÉL: ¿Por qué?

NÁSTENKA *(coqueta):* Le confieso que me enoja un poquito eso de que no haya tratado de enamorarme... ¡De qué sirve confiar en los hombres!

ÉL: No la entiendo.

NÁSTENKA: Tiene que reconocer, mi señor invencible, que yo soy una mujer inocente y sincera. Yo lo digo todo, todo; cualquiera que sea la tontería que se me venga a los labios, yo la digo.

Se oye sonar, lejos, la campanada del reloj de la torre.

NÁSTENKA *(en transición; triste):* Ya no vendrá.

ÉL: Esta noche tal vez no, pero...

NÁSTENKA: No vendrá.

ÉL: Es probable que haya recibido muy tarde la carta. Quizá no pudo llegar a dormir a su cuarto por algún asunto. Tal vez tuvo que salir urgentemente de San Petersburgo y regresará hasta mañana. *(Pausa.)* No se aflija, Nástenka, por favor... Suponga que por cualquiera de esas razones él no pudo venir esta noche, personalmente, y haya decidido mejor escribirle una carta... Usted no podrá recibir la carta hasta mañana. Yo iré muy temprano, para enterarme, y en seguida le comunicaré cualquier novedad. *(Pausa.)* Podemos también suponer otras mil cosas, igualmente probables. Por ejemplo ésa: que no ha llegado todavía a su casa y no ha leído la carta. Todo es posible.

NÁSTENKA: Sí, tal vez... Todo es posible.

ÉL: No hay por qué sacar conclusiones dramáticas.

NÁSTENKA *(animándose):* Entonces vamos a hacer una cosa: usted irá mañana a esa dirección donde se hospeda, y si tiene alguna noticia me irá a avisar inmediatamente. ¿De acuerdo?

ÉL: Eso es lo que digo.

NÁSTENKA: Ah, pero usted no sabe dónde vivo.

ÉL: No.

NÁSTENKA: ¿Tiene en qué escribir? Le anoto mi dirección.

Él saca de sus bolsillos un papel y un lápiz y se los entrega. Nástenka escribe y le devuelve papel y lápiz. Mientras Él lee atentamente, ella mira hacia el canal, de espaldas a Él.

ÉL *(después de un silencio)*: Nástenka...

Nástenka tarda en volverse. Discretamente se limpia el borde de un ojo.

ÉL: ¿Cómo? ¿Está llorando?... ¡Pero Nástenka, por Dios, no sea niña! ¡Es usted una niña sin pizca de juicio!

Nástenka no puede contener el llanto.

ÉL: ¡Basta, basta ya! Eso no voy a permitirlo.

Nástenka se contiene.

ÉL: Vamos a ver, ¿a qué viene ese llanto?
NÁSTENKA: Pensaba en usted.
ÉL: ¿En mí?
NÁSTENKA: Es usted tan bueno, que yo necesitaría tener de piedra el corazón para no darme cuenta de lo bueno que es usted. *(Transición.)* ¿Sabe qué se me ocurre? ¿Qué se me ocurre ahora, en este mismo momento?... Me pongo a compararlos a los dos y me pregunto: ¿por qué él no será usted?, ¿por qué no es siquiera como usted?
ÉL: Nástenka...
NÁSTENKA: Él vale menos, y sin embargo yo lo quiero más que a usted. *(Pausa.)* Claro, tal vez no lo comprenda bien a él. Ni siquiera lo conozco a fondo. Es más, y eso es bueno que usted lo sepa, siempre le tuve algo de miedo. Era tan serio, se le veía tan orgulloso. Simple apariencia, claro, porque en su corazón hay más ternura que en el mío. Nada más hay que ver cómo se portó cuando yo me presenté en su cuarto, a decirle que me llevara con él. *(Pausa.)* Sin embargo, no sé... siempre lo vi como si estu-

viera muy arriba, como si no fuéramos de igual condición, como si perteneciéramos a clases sociales distintas.

ÉL: No, Nástenka. Lo único que todo eso quiere decir es que usted lo ama más que a nadie en el mundo; incluso más que a usted misma.

NÁSTENKA: Puede ser que sí, pero... ¿sabe lo que he decidido? Que de hoy en adelante no voy a hablar más de él. Ni una sola palabra. Se acabó. Voy a hablar mejor de cosas generales. *(Transición.)* A ver, empezando, aclárame esto que me preocupa mucho: ¿por qué no somos todos como hermanos? ¿Por qué al encontrarnos delante de otra persona, aunque sea la mejor del mundo, ocultamos nuestros sentimientos? ¿Por qué no nos atrevemos a decir, con absoluta franqueza, todo lo que llevamos en el corazón? Nos portamos serios y fríos; más serios y más fríos de lo que en realidad somos. Parece como si la gente tuviera miedo de comprometerse a no sé qué si declara con franqueza sus sentimientos.

ÉL *(solemne)*: Tiene toda la razón, Nástenka, pero hay una serie de causas que explican el fenómeno...

NÁSTENKA *(interrumpiendo)*: ¡No, no!... Usted, por ejemplo, no es como los demás. Yo... perdone, no sé cómo decírselo, pero a mí me parece que usted... por ejemplo, ahora mismo, está haciendo un gran sacrificio por mí... Perdone que le hable en esa forma; yo soy una muchacha sencilla, apenas si he visto algo de la vida, y sólo unas cuantas veces puedo explicarme bien... Pero necesito decirle que le estoy muy agradecida, y que sé, y que siento y que quiero que Dios lo haga muy dichoso... Eso que me dice de sus sueños, de su vida tan rara, seguramente no es verdad porque... porque no guarda relación con lo que yo veo. Usted es un hombre muy distinto de como dice que es. Y si alguna vez llega a enamorarse, estoy segura de que Dios lo premiará... A ella, a la mujer de la que se enamore no tengo necesidad de desearle nada, porque con usted no tendrá más remedio que ser muy feliz. Lo digo porque soy mujer, y lo sé, y puede creerme. *(Largo silencio.)* Ya no vendrá hoy. Es muy tarde.

ÉL: Vendrá mañana.

NÁSTENKA: Sí, ¿verdad?... Mañana. Era demasiado pronto para que viniera hoy. No habrá leído mi carta. Le habrá salido algún imprevisto. Tendrá un negocio muy importante...

ÉL: Así es.

NÁSTENKA: Pero mañana vendrá... Y usted también.

ÉL: Desde luego.
NÁSTENKA: No falte.
ÉL: No.
NÁSTENKA: Hasta mañana entonces.

Él sonríe, como respuesta. Nástenka emprende el camino, pero se detiene cuando está a punto de salir del escenario. Dice a Él, a distancia:

NÁSTENKA: De ahora en adelante, usted y yo no nos separaremos jamás... ¿verdad?
ÉL: Jamás, Nástenka.

OSCURO

CUARTA NOCHE

Nástenka junto al pretil del malecón, mirando hacia el canal como en la primera y en la tercera noches. Cuando Él aparece, avanza a su encuentro.

NÁSTENKA: La carta. ¡Déme la carta! ¿Dónde está?
ÉL: Nástenka...
NÁSTENKA: ¡La carta!
ÉL: No traigo ninguna carta.

Nástenka le da las espaldas, conteniendo el llanto. Regresa hacia el malecón.

ÉL: ¿No ha venido?
NÁSTENKA: ¡Que Dios lo perdone! ¡Que Dios lo perdone si así me abandona!
ÉL: Cálmese, Nástenka... No llore.
NÁSTENKA: Déjeme.
ÉL: Fui a verlo, como le prometí, pero tampoco hoy lo encontré... Como me dijeron que no había dejado ninguna carta, ningún recado, yo supuse que...
NÁSTENKA: No me hable más de él. No me diga que va a venir y que no es verdad que me haya abandonado en esta forma tan cruel... ¿Y por qué

razón? ¿Por qué? ¿Había algo de malo en mi carta, en esa desdichada carta? (*Solloza.*) ¡Qué injusto es esto!... Y ni una línea, ni una palabra. Si por lo menos me hubiera contestado, aunque fuera para decirme que ya no me quería. Pero así, de este modo... ¡Ni una palabra en dos días! ¡Qué fácil le resulta herirme a mí, a esta pobre muchacha desvalida que no ha cometido más culpa que la de amarlo! ¡Lo que he sufrido, Dios santo!... Cuando me acuerdo que casi me eché en sus brazos sin que él me llamara, ni me rogara; que me rebajé ante él, y lloré, y le pedí un poco, un poquito siquiera de cariño. ¡Y ahora esto!

ÉL: Nástenka...

NÁSTENKA: ¡No! ¡Esto no puede quedar así! ¡Es inhumano!... Uno de los dos, usted o yo, nos equivocamos. (*Transición.*) O tal vez no recibió de veras la carta. Quizás a estas horas no sabe aún de mis líneas. De otro modo no se entiende que no haya venido. (*Transición.*) ¿O qué piensa usted? Dígame. Hable. Explíqueme... Yo no soy capaz de comprender cómo un hombre puede comportarse así, tan villanamente. ¡Ni siquiera haber contestado una palabra! ¡El hombre más vil hubiera sido más compasivo! (*Pausa.*) A no ser... a no ser que le hayan contado algo malo de mí. (*Transición.*) ¿Qué piensa? ¡Dígame qué piensa!

ÉL: Mañana iré a su casa, y no me moveré de allí hasta que hable personalmente con él, en su nombre.

NÁSTENKA: Sí, eso.

ÉL: Y le preguntaré, sencillamente, qué le pasa. Y le contaré todo...

NÁSTENKA: ¿Qué más?

ÉL: Que ahora usted va a escribirle otra carta. No diga que no, Nástenka... Yo se la llevaré y lo obligaré a apreciar como debe todo lo que usted significa. Si acaso él...

NÁSTENKA (*interrumpiendo*): No. Eso no. Nunca. Jamás. Él no volverá a saber una palabra de mí. Yo ya no lo quiero. Yo haré todo por olvidar. (*Llora.*)

ÉL: No llore. Tranquilícese. (*La lleva a la banca.*) Siéntese, Nástenka. (*Pausa, mientras ella va serenándose.*) ¿Se encuentra mejor?

NÁSTENKA: Ya estoy tranquila. (*Enérgica.*) Bien. Se acabó. ¿Cree que voy a morirme por esto? Nada. Ni siquiera me pondré enferma. (*Pausa.*) Oiga...

ÉL: ¿Sí?

NÁSTENKA: ¿Verdad que usted no se habría portado en esa forma? ¿Verdad que no habría contestado con una carcajada de desprecio a una pobre chica que le hubiera escrito, como yo lo hice, porque no sabía dominar su débil corazón?... Seguramente usted la habría entendido mejor. Se habría dado cuenta de que ella estaba sola en el mundo, que no conocía nada de la vida, que no sabía defenderse del cariño que sentía, que no era culpable de nada. Ella no hizo nada malo. (*Solloza.*) ¡Dios mío, Dios mío!

ÉL: No me martirice más, Nástenka, se lo suplico. No me destroce el corazón. (*Encendiéndose.*) ¡Ya no puedo callar más tiempo! Necesito hablar. Necesito decirle todo lo que me oprime el alma. ¡Nástenka!, ¡Nástenka!

NÁSTENKA (*extrañada por la súbita reacción de Él*): ¿Qué ocurre?

ÉL: Déjeme que se lo diga de una vez. No se asuste. Sé muy bien que es un absurdo, pero no puedo callar por más tiempo... Por todo lo que usted sufre ahora, le suplico, le ruego, que me perdone por anticipado.

NÁSTENKA: ¿De qué voy a perdonarlo?

ÉL: Es un imposible, ya lo sé, pero yo... yo la amo, Nástenka. Ésa es la verdad. La amo, la amo, ¡la amo! (*Larga pausa. Transición.*) Ahora ya se lo dije todo. Ahora ya sabe si puede hablarme de aquí en adelante, y si es capaz de oír lo que todavía me falta por decirle.

NÁSTENKA: ¿Pero qué tiene eso de particular? Desde hace mucho sé que usted me ama. Siempre me pareció que... bueno, que me tenía algún cariño.

ÉL: Al principio sólo era eso: un simple cariño, como usted dice. Pero ahora estoy igual, con el mismo estado de ánimo con que usted se presentó aquella noche en el cuarto de su huésped... No, es todavía peor. Estoy en peor situación porque en ese instante él no amaba a otra mujer, mientras que usted ama a otro.

NÁSTENKA: ¿Qué quiere decir? No lo entiendo... ¿Por qué así, tan de repente, usted...? Oh, Dios mío, no sé hablar más que tonterías.

ÉL: ¿Qué debo hacer ahora, Nástenka? Soy culpable, cometí un abuso. (*Transición.*) ¡No! Soy inocente. Siento que el corazón me dice que estoy en mi derecho; que con eso no puedo ofenderla ni herirla... Yo era su amigo. Bueno, sigo siendo su amigo. No he cometido ninguna traición ni me he portado deslealmente.

NÁSTENKA: Cálmese, por favor. Ahora soy yo la que le pide que se calme... Siéntese.

ÉL: No, no me siento. Ya no puedo continuar por más tiempo aquí, ni usted volverá a verme jamás... Se lo diré todo, y luego me iré. (*Pausa.*) Usted nunca debió saber hasta qué punto la amo. Yo debí guardar mi secreto y no atormentarla hablando así por puro egoísmo... Pero entienda, no pude contenerme. Usted empezó a hablar de eso. Usted tiene la culpa. Yo soy inocente... Usted no puede apartarme de su lado así como así.

NÁSTENKA: Pero si yo no lo aparto...

ÉL: ¿No?

NÁSTENKA: No.

ÉL: ¿De veras no, Nástenka? *(Pausa. Sonríe.)* ¡Y yo que me iba a echar a correr! *(Transición.)* De todos modos, tengo que irme. Pero antes se lo diré todo. *(Pausa.)* Ahora, hace un momento, cuando usted hablaba y lloraba, cuando se presentaba ante mí con todo su dolor... un dolor causado por ese injusto desdén...; si supiera usted en ese instante cuánto amor sentí en mi corazón y qué pena tan grande me daba que todo mi amor no le significara ni le sirviera de nada... Por eso no pude callar, Nástenka; por eso le hablé así.

NÁSTENKA: Entiendo.

ÉL: Tal vez ahora, y ya lo estoy viendo en sus ojos, le inspiro compasión. Sólo siente piedad por mí... Pero en fin, ya está dicho, y después de hablar es imposible retirar las palabras... Ahora que sabe lo principal debo decirle aún que en esos momentos, cuando se echó a llorar hace unos segundos, yo me dije... me dije entre mí que usted... que usted había dejado de amar a ese hombre. Eso también lo pensé ayer, Nástenka. Y pensé que entonces, ya que había dejado de amarlo a él, no tenía más remedio que amarme a mí... Usted misma dijo que ya me tenía un poco de cariño, ¿no es cierto? Eso facilita entonces que me ame, que me pueda amar algún día. *(Pausa.)* Bueno, eso es casi todo lo que quería decirle... Ah, no, espere. Todavía falta. Me falta que usted sepa lo que significaría, para mí, eso de que me llegara a amar... Yo no soy, naturalmente, sino un hombre pobre e insignificante. *(Transición.)* Perdón, eso no viene al caso... Ya no sé lo que me pasa; siempre se me va la conversación para otra parte, pero es por lo emocionado que estoy... En fin, le decía que estoy dispuesto a amarla tanto, pero tanto, que aun suponiendo que usted siguiera amando a ese hombre al que ni siquiera conozco, a pesar de eso usted nunca llegaría a sentir que ese amor mío le causa la menor molestia. No. Lo único que sentirá a cada minuto, a cada segundo, es que junto a usted palpita un corazón agradecido. Solamente eso, Nástenka: un corazón agradecido.

NÁSTENKA: ¿Le puedo decir algo? ¿Me permite?... Ya que él me ha dejado, me ha olvidado... entonces, aunque yo siga amándolo... porque eso no lo puedo ocultar y no puedo engañarlo a usted... aunque yo siga amándolo; es decir, si yo, por ejemplo, llegara a amarlo a usted, mi buen amigo... mi buen amigo, ¡cuánto lo he hecho sufrir!, ¡cómo debo haberlo herido hablándole de él, del otro!... Pero no podía suponer...

ÉL *(interrumpiendo)*: Me voy. Eso es lo mejor. No hago más que atormentarla... Ya desde ahora empieza a sentir remordimientos de conciencia por mí, y no quiero ser la causa de que usted, además de su dolor, sufra por un sentimiento ajeno... Adiós, Nástenka.

Él sale rápidamente rumbo al extremo norte del puente. Nástenka va a su alcance.

NÁSTENKA: No se vaya, por favor. Espere.

Él se detiene.

NÁSTENKA: ¿No puede esperar siquiera un momento?

ÉL: ¿Esperar qué?

NÁSTENKA: A que mi amor por él se apague... Debe apagarse, no tiene más remedio que apagarse. Ya está desapareciendo, lo sé, lo siento. Incluso es muy probable que ya se haya apagado del todo. Ahora lo odio porque se burló de mí, mientras usted, aquí, me consolaba y me daba ánimos... Además, usted nunca me hubiera dejado plantada, porque usted es un hombre que ama de veras y él no me amó nunca... Además, porque yo... porque yo lo amo a usted. Sí, lo amo, lo amo.

ÉL: Nástenka...

NÁSTENKA: Lo amo porque es mejor que él, porque es más bueno, más generoso, más caballero, más comprensivo, más todo.

ÉL: Nástenka. *(La toma de las manos, pero ella evita el abrazo.)*

NÁSTENKA: Espere un poco. Está a punto de acabarse... Tenga paciencia a que el pasado se borre. *(Pausa.)* Por favor, no vaya a pensar que soy una inconsciente, ni una loca, ni que tan pronto y tan fácilmente puedo olvidar y ser infiel. Yo lo amé todo el año, y le juro por Dios que nunca, ni siquiera con el pensamiento, le fui infiel. Pero él no me demostró ningún cariño, como usted bien lo sabe, y lo único que hizo fue burlarse de mí. ¡Dios lo perdone! Ahora ya no lo amo, porque sólo se puede amar lo bueno, y lo grande, lo que de veras vale... Fue mejor así, enterarme ahora de cómo es él verdaderamente, y no después, cuando ya fuera demasiado tarde... Aparte de que tal vez, en el fondo, todo ese amor no fue sino una ilusión provocada por la vida tan monótona al lado de mi abuela. Tal vez estaba predestinada a amar a otro que tuvo más compasión de mí. (*Transición.*) En fin, lo que quisiera decirle, en pocas palabras, es que si usted, no obstante que yo lo amo a él... es decir, que lo amé en un tiempo...; si a pesar de eso usted siente y cree que su amor sea tan grande que pueda ahuyentar de mi corazón ese recuerdo; si de veras me tiene compasión y no quiere dejarme abandonada a mi destino; si me ha de amar siempre así, como ahora, entonces yo le juro que mi gratitud... que mi amor, será digno del suyo... ¿Quiere aceptar mi mano?

ÉL: ¡Nástenka! (*Le besa las manos febrilmente.*) Oh, Nástenka, Nástenka.

NÁSTENKA: Basta, basta por ahora. (*Pausa.*) Creo que ya lo dijimos todo, ¿no es cierto? Usted es feliz, y yo soy feliz. Así que no hay más que hablar sobre esto. Al menos por el momento... ¡Hábleme de otra cosa, por lo que más quiera!

ÉL: Sí, tiene razón. Hablemos de otra cosa. (*Largo silencio. Tarda en encontrar tema.*) Yo vivo solo, Nástenka. (*Transición.*) Bueno, eso ya lo sabe, ya se lo conté... Quiero decir: soy pobre; solamente gano mil doscientos rublos al mes. Pero no importa.

NÁSTENKA: Claro que no. La abuela tiene su pensión, así que no necesitamos nada de usted... Aunque tendremos que llevarla a vivir con nosotros, ¿eh?

ÉL: Por supuesto.

NÁSTENKA: Lo que usted podría ahora es ir a visitarnos... a mi abuela y a mí.

ÉL: ¿A su casa?... Bueno, no tengo ningún inconveniente.

NÁSTENKA: Incluso podría irse a vivir allí. Nos alquila el cuarto ese que está otra vez desocupado... La última inquilina fue una mujer de edad que anda ahora viajando por el extranjero. Me consta que la abuela quiere tener un inquilino joven. Yo le pregunté el otro día: "¿Por qué quieres que sea joven, abuela?" Y ella me contestó: "Porque siempre es mejor; estamos más seguras y yo ya soy vieja. Pero no vayas a figurarte, Nástenka —me dijo—, que tengo la intención de casarte con él"... Y yo sé, claro, que eso es precisamente lo que está buscando. (*Ambos ríen. Transición.*) ¿Dónde vive usted? Se me había olvidado preguntarle.

ÉL: Aquí, cerca del puente. En casa de un tal Baranikov.

NÁSTENKA: Una casa grande, en la esquina...

ÉL: Sí, una casa grande.

NÁSTENKA: Creo que la conozco. Es muy bonita... Pero, bueno, ya sabe entonces que tiene que mudarse inmediatamente a nuestra casa.

ÉL: Mañana mismo... Debo unos meses de alquiler, pero con el sueldo que voy a cobrar esta semana...

NÁSTENKA: Cuando nos casemos, yo podría dar clases de inglés para aumentar los ingresos. Claro, primero tengo que aprenderlo.

ÉL: Es una buena idea... Por lo pronto, yo pediré aumento de sueldo.

NÁSTENKA: ¿Entonces podemos considerarlo nuestro huésped desde mañana?

ÉL: Indudablemente... Y luego iremos a la ópera, y oiremos *El barbero de Sevilla...*

NÁSTENKA: *El barbero* no.

ÉL: Ah, sí, perdón.

NÁSTENKA (*después de largo silencio*): Debo irme, es muy tarde.

ÉL: Es tarde, sí...

NÁSTENKA: Y hace frío.

ÉL: Conste que esta noche tampoco podré dormir.

NÁSTENKA: Ni yo... Estaré pensando en usted.

ÉL: Y yo en usted... La recordaré así, bajo este cielo. Mire qué cielo, Nástenka, mire. Mañana tendremos un día despejado... ¡Mire la luna! Esa nubecita la va a ocultar dentro de unos segundos. ¡Mire!

Mientras Él mira y señala al cielo, Nástenka dirige la vista hacia el extremo norte del puente. Allá, lejos, ha aparecido el huésped. Permanece de pie, sin cruzar el puente. Nástenka lo mira. Él tarda en advertir la presencia del huésped y la actitud de Nástenka.

ÉL: ¿Quién es?
NÁSTENKA: Es él.

Nástenka corre hacia el huésped. Llega a él.

HUÉSPED: ¡Nástenka!... Recibí tu carta. Regresé por ti, para casarnos.

El abrazo de Nástenka interrumpe el parlamento del huésped. Permanecen abrazados en silencio. Cuando se apartan, el huésped hace ademán de llevarla rumbo al extremo norte, por donde apareció, pero ella interrumpe el ademán y mira hacia Él.

HUÉSPED: ¿Quién es?

Nástenka no responde. Corriendo regresa hasta donde se encuentra Él, inmóvil.

NÁSTENKA: Volvió. Me ama… ¡Dios mío, por qué no puedo amarlos a los dos al mismo tiempo! Por qué usted y él no son un mismo hombre…

Nástenka da a Él un rápido beso en la boca, y luego regresa al huésped. Éste mira a Él antes de volver las espaldas y de alejarse con Nástenka, cruzando el puente. Él permanece inmóvil viendo retirarse a la pareja.

OSCURO FINAL

LA VISITA DEL ÁNGEL

PIEZA EN DOS ACTOS
(1981)

ESCENARIO

El departamento del abuelo y la abuela en la ciudad de México es una pequeña vivienda situada en la planta baja de un viejo edificio, en la zona norte de la ciudad. Está compuesto por dos habitaciones. La principal (la única que se advierte en el foro) hace las veces de sala, comedor y cocina.

Una puerta de entrada comunica al corredor que lleva hacia la calle; otra, más estrecha, conduce al dormitorio en cuya área debe encontrarse, también, el cuarto de baño.

El amueblado de la habitación principal delimita claramente, aunque sin división alguna, tres zonas: la que comprende la sala, la del comedor y la de la cocina, en ese orden.

En el área de la sala se destaca el sillón del abuelo: un viejo reposet de alto respaldo al que se avecina una pequeña mesa circular y tal vez una lámpara de pie. Sobre la mesita se distribuyen un par de figuras de porcelana, un portarretratos con alguna fotografía antigua y dos o tres frascos de medicinas. También se advierten un sofá varias veces retapizado, un televisor, un mueble con tocadiscos integrado y quizás un armario, una silla, una mesita más.

El área del comedor está ocupada por una mesa de madera para cuatro plazas, cuadrada, con sus respectivas sillas, y por un trinchador largo de poco más de un metro de altura.

En el área de la cocina los muebles se distribuyen en batería, aunque no forman parte de una cocina integral fabricada en serie. Son, en este orden, un balancín de fierro con un garrafón de agua purificada, el mueble del fregadero, la estufa de gas de cuatro hornillas, una mesita para cocinar, un trastero de pie con una zona de entrepaños descubierta y otra con puertas, y un refrigerador. Si existe una pared que lo permita, sobre ella se verá, adosado al muro a la altura de la estufa y el fregadero, otro trastero integrado por un par de gabinetes. Junto al garrafón de agua purificada, una puerta de fierro muy estrecha conduce a alguna zotehuela (invisible) donde se tiende la ropa y se encuentran instalados los tanques de gas y el calentador de agua.

Todos los mubles del departamento están viejos, gastados; son vulgares, sin estilo definido, pero no extremadamente precarios; describen la situación social del matrimonio: una pareja perteneciente a la clase media, empobrecida al paso del tiempo. Algunos detalles en el arreglo de la vivienda exhiben cierto gusto original; una lámpara antigua, un pequeño librero repleto, algunos cuadros, las figuras de porcelana, las carpetas tejidas distribuidas por todas partes... Son precisamente los detalles decorativos los que de alguna manera enuncian, por su profusión, por su abigarramiento, los muchos años que la pareja lleva viviendo unida aunque habitando distintos hogares. Más que los muebles, son esos objetos complementarios lo que han logrado rescatar de sus continuas mudanzas y de su lento, aunque no patético, declive económico.

Esto es al menos lo que se deduce —debe deducirse— de la simple observación del lugar donde viven el abuelo y la abuela. Imposible saber algo más sobre su historia en común o sobre sus respectivas historias individuales. Son dos viejos que lindan los ochenta años de edad y que han vivido en matrimonio durante más de medio siglo.

ACTO PRIMERO

ESCENA 1: NADIE

La luz se enciende. No hay persona alguna en la habitación. Transcurren varios segundos. Proveniente del dormitorio invisible se escucha al fin el característico ruido de un tanque de excusado en el momento de vaciarse. Transcurren varios segundos más en absoluto silencio.

ESCENA 2: ABUELA

Por la puerta del dormitorio, la abuela entra en la habitación y la cruza con paso lento rumbo al área de la cocina. Lleva un vestido gris que le llega a media pierna y medias de descanso, color carne, ligeramente gruesas. Calza zapatillas negras, de tela.

La abuela va directamente al trastero y de él extrae un delantal floreado. Se lo pone haciendo pasar la cabeza por el lazo que lo une al peto y anudando después, a su espalda, las dos tiras laterales.

Camina hasta el garrafón de agua purificada. Junto a él, en el suelo, se encuentra una bolsa de mandado, henchida. La levanta con ambas manos y la lleva a la mesita de cocinar; la deposita ahí. Utilizando las dos manos comienza a vaciar casi todo el contenido de la bolsa. Extrae zanahorias, calabacitas, papas, ejotes, jitomates, cebollas, una lechuga, una lata de chícharos y dos pequeños bultos envueltos con papel encerado: uno es un queso y otro son bisteces. Toma estos dos bultos y los guarda en el refrigerador.

Del trastero saca un recipiente de vidrio y lo pone en la mesita. Dentro de él coloca tres zanahorias, tres calabacitas, dos papas, un puñado de ejotes. Lo lleva al fregadero. Abre la llave y deja que el chorro caiga dentro del recipiente, sin llenarlo. Cierra la llave. Ayudándose con la derecha, enjuaga las verduras. Luego las escurre, deteniéndolas para que sólo el agua del recipiente caiga en el fregadero.

Ya escurridas las verduras, lleva el recipiente al comedor y lo deja sobre la mesa. Regresa al área de la cocina y del trastero extrae un mondador de verduras y una vasija de peltre. Con ellos va hasta la mesa del comedor. Toma asiento. Del recipiente de vidrio saca una zanahoria y se pone a pelarla, lentamente, con el mondador. Hace lo mismo con la segunda zanahoria, y con la tercera, utilizando siempre la vasija de peltre para recoger ahí los residuos y volviendo a colocar cada zanahoria pelada dentro del recipiente de vidrio. De manera semejante pela, una a una, con extrema lentitud, las dos papas.

Al concluir el pelado de las zanahorias y de las papas se levanta de la mesa. Va al trastero. Busca en éste, o en el trastero de pared, hasta encontrarlos, una tabla de picar y un cuchillo de cocina. Regresa con ellos a la mesa del comedor y toma asiento en el mismo lugar. Inicia la operación de picar en cuadritos las zanahorias, luego las papas, luego los ejotes, luego las calabacitas. Todo lo hace sobre la tabla, mecánica pero meticulosamente, con la habilidad y la naturalidad de quien ha realizado esta operación cientos de veces.

Durante el tiempo que invierte en estas actividades, el semblante de la abuela no se altera. Permanece inexpresivo pero delatando, como característica suya, una afabilidad, una dulzura que parecen habituales en ella. De ninguna manera la operación parece resultarle alienante.

Picadas con perfección las zanahorias, las papas, los ejotes, las calabacitas, la abuela levanta la tabla inclinándola y con la ayuda del cuchillo vacía todo el contenido dentro del recipiente de vidrio.

Se levanta de la mesa. Con el recipiente de vidrio en la mano se dirige a la mesita de cocinar. Lo deposita ahí. Busca en el trastero un abrelatas, toma la lata de chícharos y hace accionar el aparato para desprender la tapa circular de la lata. Una vez abierta, vacía los chícharos en el recipiente de vidrio donde se encuentran las verduras picadas.

En seguida, de pie frente a la mesita de cocinar, la abuela toma dos de los jitomates que extrajo de la bolsa de mandado y los lleva al fregadero sosteniéndolos con una mano. Abre la llave. El chorro de agua cae sobre los jitomates durante segundos. Cierra la llave y vuelve a la mesita de cocinar. Deja ahí los jitomates. Se dirige a la mesa del comedor para recoger la tabla de picar y el cuchillo y regresa a la mesita.

Sobre la tabla, valiéndose del cuchillo, corta y martaja los jitomates. Hace lo mismo con una cebolla. Va por el ajo al refrigerador.

Durante un lapso breve busca primero en el trastero, luego en el trinchador del comedor, donde la encuentra, la licuadora. La lleva a la mesita de cocinar. La conecta en el enchufe que se encuentra a un lado de la estufa. Separa el vaso de la licuadora, le desprende la tapa. Dentro del vaso, la abuela vierte los jitomates y la cebolla martajados. Agrega un ajo. Vuelve a colocar el vaso de la licuadora sobre la base, lo tapa y oprime el botón del aparato. La licuadora funciona durante segundos; la abuela oprime nuevamente el botón, apagando el aparato.

ESCENA 3: ABUELO Y ABUELA

Se escucha apenas el ruido de una llave accionando la puerta de entrada. La puerta se abre impulsada desde afuera. El abuelo entra en la habitación y de inmediato cierra la puerta tras de sí. Se guarda la llave con que abrió en un bolsillo.

El abuelo viste un pantalón de color oscuro, una camisa de lana y un suéter tejido a mano. Calza zapatos de tela que parecen pantuflas. Lleva lentes. Bajo el brazo izquierdo, doblado, trae un diario de los de formato grande. Camina lentamente, arrastrando los pies como si padeciera arterioesclerosis. Se dirige en línea recta hacia su sillón reposet.

ABUELA (tan pronto el abuelo cierra la puerta, sin el menor tono recriminatorio): Te tardaste.
ABUELO: Ya no había en la esquina, tuve que ir hasta el parque.

El abuelo toma asiento en el sillón. Se desprende y deja sobre la mesita circular los lentes que traía. De la misma mesita toma y saca de su estuche otros lentes, los de leer. Se los pone. Deja el estuche en la mesita. Del cuaderno que integra el periódico aparta la primera sección. Deja caer el resto en el suelo, suavemente, para no tener que inclinarse demasiado. Desdobla la primera sección, y de frente a la primera plana, corre la vista como quien echa un vistazo.

Entretanto, la abuela no ha suspendido sus tareas. Luego de apagar la licuadora, busca en el trastero una olla de aluminio y una vez con ella la coloca encima de una hornilla de la estufa. Del mismo trastero, en otro breve viaje, saca una botella de aceite, la destapa y arroja dentro de la olla un corto chorro. Toma la cajetilla de cerillos que se encontraba allí mismo, entre las hornillas de la estufa, y con los cerillos enciende la estufa. Tiene que emplear dos porque los quemadores parecen resistirse. Al fin, la hornilla queda encendida.

Mientras permanece un rato inmóvil, dejando que el aceite de la olla se caliente, pregunta al abuelo:

ABUELA: ¿Qué dice el periódico?
ABUELO: Nada.

La abuela se cerciora de que el aceite de la olla se haya calentado, para vaciar dentro de ella el recaudo contenido en el vaso de la licuadora. En seguida sacude el salero de cocina, que ha tomado del trastero de pared, para salar suficientemente el recaudo de la olla. Del mismo trastero toma una cuchara larga, de cocina, y con ella remueve apenas el recaudo. Deja la cuchara junto a la estufa y va a la mesa del comedor para retirar de ahí la vasija de peltre con los residuos de las verduras. Arroja estos residuos en el basurero que se encuentra bajo la mesita de cocinar y coloca la vasija en el fregadero. También arroja a la basura la lata de chícharos vacía.

Como para responder tardíamente a la pregunta de la abuela, el abuelo comienza a leer en voz alta algunas noticias de la primera plana del diario. Lee solamente encabezados y sumarios.

ABUELO *(leyendo)*: El parlamento de Irán aprobó la liberación. Difícil que los rehenes estén fuera mañana. *(Pausa.)* Luchamos en contra de la inflación y la dependencia. Expertos de Estados Unidos y México apoyan la política petrolera del gobierno de López Portillo. *(Pausa.)* Educación asegura no poder aumentar más a los maestros. *(Pausa.)* Para el premier Seage, en Jamaica no tiene cabida ni marxismo, ni comunismo, ni izquierda.

Con gestos casi imperceptibles, que pueden ser de sorpresa, de escepticismo o de indiferencia, según sean las noticias que el abuelo lea el día de la función, la abuela reacciona a la lectura del abuelo sin suspender sus tareas culinarias. A lo sumo se detiene un instante, como para escuchar mejor una de las noticias leídas, pero de inmediato reanuda su actividad.

Después de leer en voz alta los encabezados, el abuelo prosigue la lectura en silencio del diario. Hojea el periódico para localizar la sección editorial o cualquiera otra, y una vez localizada suspende todo movimiento y se hunde en la lectura completa de uno o dos artículos, siempre en absoluto silencio, sin manifestar expresión alguna.

La abuela regresa frente a la olla de aluminio que se encuentra en la hornilla y vuelve a mover el recaudo con la cuchara. Deja la cuchara al cerciorarse de que el recaudo se ha sazonado suficientemente y toma, de la mesita de la cocina, el recipiente de vidrio que contiene las verduras picadas. Vacía las verduras dentro de la olla y coloca el recipiente en la mesita.

La abuela se desplaza ahora hacia el trastero. Toma un cazo de aluminio de aproximadamente medio litro de capacidad y va con él al fregadero. Abre la llave. El chorro llena por completo el cazo de aluminio. Cierra la llave. Gira hacia la estufa y vacía el agua del cazo dentro de la olla que está en la hornilla. Repite la operación: se vuelve hacia el fregadero, abre la llave, llena con una medida idéntica el cazo, cierra la llave, gira hacia la estufa y vacía el agua del cazo dentro de la olla. Después de dejar el cazo en cualquier parte, toma la cuchara de cocinar y remueve durante segundos el contenido de la olla. Se desprende de la cuchara. Va al trastero. De un bote que contiene consomé en polvo y que lleva hasta la estufa, sirve varias medidas que arroja dentro de la olla. Remueve el contenido una vez más. Se aparta de la estufa para buscar en el trastero la tapadera de la olla de aluminio, y una vez que la encuentra va a la estufa y cubre la olla con la tapadera. Ha concluido la preparación de la sopa de verduras que ahora seguirá su cocción natural gracias al fuego de la hornilla.

Frente a la mesita de cocinar, la abuela inicia la operación de deshojar, parsimoniosa, lentamente, la lechuga que extrajo de la bolsa del mandado. Examina cada hoja que desprende: alguna o algunas que se encuentran en mal estado son arrojadas al bote de la basura. Al realizar el deshojamiento de la lechuga va depositando cada hoja dentro del recipiente de vidrio que antes utilizó para contener las verduras picadas. Cuando reúne lo que considera una cantidad conveniente de hojas de lechuga (aproximadamente la mitad de la pieza), toma el recipiente de vidrio y se desplaza hacia el fregadero con intención de enjuagar las hojas. Abre la llave hasta que el chorro llena la mitad del recipiente. La cierra. Con la mano derecha remueve las hojas durante segundos y luego vacía el agua en el fregadero. Deja ahí el recipiente de vidrio. Va por el desinfectante. Se encamina hasta el trinchador del comedor. Extrae un plato extendido, grande, de la vajilla de porcelana. Regresa con él hasta el fregadero y ahí, del recipiente de vidrio, toma hoja por hoja y va acomodando las lechugas en el platón buscando un cierto orden estético. Cuando termina de acomodar las hojas, lleva el platón a la mesita de cocinar. Del trastero de pared saca el bote de aceite de olivo y la vasija del vinagre. Con el contenido del primero riega ligeramente las lechugas. Hace lo mismo con la vasija del vinagre. Regresa uno y otra a su lugar, en el trastero. Va a levantar el platón, pero se arrepiente casi de inmediato. Busca el salero de cocina. Cuando lo encuentra lo sacude sobre el platón para agregar un poco de sal a las lechugas. Deja el platón en la mesita de cocinar. Se encamina al fregadero. Abre la llave. Frotándose las manos bajo el chorro se las enjuaga. Cierra la llave. Ahora se frota las manos en el delantal para secárselas.

El abuelo sigue leyendo, casi inmóvil.

La abuela se dirige al trinchador del comedor. Inclinándose, abre las puertas laterales. Del estante interior saca, una por una, tres servilletas que deposita sobre la cubierta del trinchador. Vuelve a inclinarse para extraer un mantel. Lo desdobla, sacudiéndolo al aire. Gira para tenderlo sobre la mesa. Lo hace y rectifica el tendido frotando con las palmas el mantel, mientras recorre su perímetro, para desvanecer las arrugas. Vuelve hacia el trinchador y en acciones sucesivas coloca las servilletas en el sitio que habrán de integrar tres plazas. En seguida se inclina nuevamente frente al trinchador y con las dos manos saca de él un altero de platos extendidos de la vajilla de porcelana. Lo coloca en la mesa. Uno por uno, separa tres platos que distribuye en las tres plazas. Deja los platos restantes en una esquina de la mesa. Gira hacia el trinchador y ahora saca solamente tres platos hondos de la misma vajilla. Coloca cada plato encima del plato extendido acomodado anteriormente. Gira otra vez hacia el trinchador. Abre y deja abierto un cajón. Primero saca un puñado de cuchillos y tenedores; luego un puñado de cucharas soperas y cucharas de café. El conjunto que ambos puñados forman lo deposita en una esquina de la mesa, junto con los platos extendidos de reserva. Con lentitud, elige primero los tres cuchillos que distribuye en las tres plazas. Distribuye después tres tenedores, tres cucharas soperas y tres cucharitas de café. Deja el resto de cubiertos en la esquina de la mesa. Del mismo cajón abierto del trinchador saca, y deposita en la mesa, un salero de vidrio. Se vuelve para cerrar el cajón, pero antes de girar hacia la mesa extrae un altero de platos pequeños de la vajilla de porcelana que deposita en un lugar neutro de la mesa. También del trinchador saca tres tazas de café que reúne junto al altero de platos. De otro cajón del mueble, que abre y cierra casi de inmediato, toma un cucharón y un tenedor largo grande, "de servir", y los sitúa en la zona de una de las plazas. Aún saca del trinchador tres vasos de cristal que coloca respectivamente en los tres lugares preparados. Cuando termina de distribuir los vasos, suspende toda acción e inmóvil contempla la mesa en su conjunto como para cerciorarse de que nada falta por acomodar. Gira hacia el trinchador, se inclina y saca, por último, una jarra de vidrio. Cierra las puertas del mueble. Con la jarra en la derecha se encamina al área de la cocina. Llega a la mesita de cocinar. Allí se detiene de golpe, reaccionando como si recordara algo.

ABUELA: No has tomado tu pastilla.

A manera de respuesta, desde el sillón, el abuelo deja de leer. Inclina el periódico que sostenía diagonalmente y lo deposita, doblado, sobre sus piernas. Extiende un brazo hacia la mesita y prende uno de los pequeños frascos de medicinas. Hace girar la tapa; la aparta. Manipulando con la izquierda el frasco, deposita una pastilla sobre la palma de su derecha.

Entre tanto, la abuela se ha dirigido de la mesita de cocinar, donde dejó la jarra de vidrio, hacia el trinchador del comedor. Se inclina. Abre las puertas del mueble. Extrae un vaso de cristal. Cierra las puertas. Con el vaso de cristal camina hasta el garrafón de agua purificada. Se inclina. Acciona el garrafón para vaciar agua en el vaso hasta la mitad. Se yergue. Con el vaso se dirige al sillón del abuelo donde éste parece aguardarla con la derecha ligeramente extendida, sosteniendo la pastilla. Cuando la abuela llega, el abuelo se lleva la pastilla a la boca abierta tratando de situarla en la parte más lejana de su lengua para que le resulte más fácil tragarla. La abuela le tiende el vaso. El abuelo lo toma con la derecha y bebe la mitad del agua que le ayuda a tragar la pastilla. Devuelve el vaso a la abuela quien se ha mantenido inmóvil observándolo con un levísimo gesto de ternura. Hasta que el abuelo endereza nuevamente el diario, dispuesto a reanudar la lectura, la abuela se da la vuelta y regresa al área de la cocina. Va directamente a la mesita. Deja el vaso. Toma el platón en el que acomodó las lechugas y lo lleva a la mesa del comedor. Lo deposita en el centro.

El abuelo no aparta los ojos del diario cuando dice:

ABUELO: Ya debía estar aquí.
ABUELA: Todavía es temprano.

El abuelo prosigue en silencio la lectura del diario.

La abuela regresa a la mesita de cocinar. Del conjunto de legumbres que extrajo de la bolsa del mandado aparta tres limones. Toma el cuchillo de cocina. Parte en dos, por la mitad, el primer limón. Parte el segundo. Parte el tercero. Se dirige al trastero. Busca, hasta encontrar, el exprimidor de vidrio y con él regresa a la mesita. Tratando de extraer todo el zumo posible se pone a exprimir, mitad por mitad, los limones. Exprime la primera mitad, la segunda, la tercera, la cuarta, la quinta, la sexta. Antes de vaciar el zumo recogido en el depósito del exprimidor manual, toma la jarra de vidrio y la lleva al fregadero. Abre la llave hasta que el chorro llena apenas un cuarto de la mitad de la jarra. Cierra la llave. Sujetándola del asa con la mano derecha, la abuela mueve circularmente la jarra para enjuagarla. De inmediato vacía el contenido en el fregadero. Lleva la jarra al garrafón de agua purificada. Se inclina. Acciona el garrafón y llena la jarra. Se dirige con ella hasta la mesita de cocinar y ahora sí vacía dentro el zumo de limón. Deja el exprimidor en la mesita. Va al trastero de pared y allí busca algo que no encuentra. Va al trastero de pie y también busca, sin resultados. Camina hacia el trinchador del comedor.

ABUELA: Dónde la puse, madre mía.

Al oír hablar a la abuela en voz alta, el abuelo cree por momentos que se dirige a él y aparta los ojos del diario, brevemente.

ABUELO: ¿Qué buscas?

La abuela ha llegado al trinchador. Se inclina, abre las puertas, mira hacia el interior.

ABUELA: Otra vez no encuentro la azucarera. (*La encuentra.*) Aquí está.

Mientras el abuelo reanuda la lectura del diario, la abuela cierra las puertas del trinchador, y sosteniendo la azucarera y una cuchara que toma del conjunto de cubiertos de la mesa regresa a la mesita de cocinar. Ahí deposita tres cucharadas de azúcar dentro de la jarra de agua de limón. Con la misma cuchara remueve el agua y extrae una cucharada que prueba, sorbiendo, para averiguar si el agua ha quedado suficientemente azucarada. El gesto aprobatorio hace saber que sí, y entonces la abuela deja la cuchara sobre la mesita de cocinar y lleva la jarra al centro de la mesa del comedor. Regresa al área de la cocina. Se dirige al refrigerador. Abre la puerta y extrae el envoltorio que contiene los bisteces. Cierra la puerta y lleva el envoltorio a la mesita de cocinar.
 Del trastero, o tal vez del horno de la estufa, la abuela saca una sartén que deposita en la hornilla próxima a donde se encuentra la sopa de verduras cociéndose.
 Una vez más, la abuela se dirige al trastero. Saca una cafetera de aluminio, vieja, muy abollada, y el bote donde guarda el café molido. Deposita ambos en la mesita de cocinar. Separa la tapa de la cafetera y extrae el receptáculo del café que deja a un lado. Lleva el recipiente de la cafetera al fregadero o al garrafón de agua purificada y lo llena. Regresa a la mesita de cocinar con la cafetera. Destapa el bote del café. Ahí mismo, dentro, encuentra una cuchara especial de metal con la que sirve una medida, dos medidas de café dentro del receptáculo. Introduce el receptáculo en el recipiente de la cafetera, que luego tapa. Lleva la cafetera a la estufa y la deposita en una hornilla apagada. No muestra intenciones de llevar a término aún la preparación del café. De la mesita de cocinar toma el bote del café, lo cubre con la tapa y lo devuelve a su sitio, en el trastero.
 Mientras la abuela realiza esta acción se escucha un timbrazo largo.

El abuelo inclina el diario y levanta la vista dirigiéndola hacia la puerta de entrada.

ABUELO: Ya llegó.

La abuela interrumpe toda posible acción. Se frota las manos en el delantal y se dirige a la puerta de entrada. La abre.

ESCENA 4: ABUELA, ABUELO Y MALÚ

Tras la puerta aparece Malú. Es una joven de diecinueve o veinte años, desenvuelta, como habrá de evidenciarlo su compulsión verbal. Viste muy sport, con el descuido característico de una estudiante universitaria: pantalones de mezclilla, camisa masculina con la mitad de los botones desabrochados para dejar calculadamente que los pechos sin sostén se insinúen, y sandalias de cuero o zapatos tenis. Lleva el cabello largo, suelto, y tal vez, en ambos brazos, pulseras extravagantes. Del hombro cuelga un morral henchido de libros y útiles de escuela, y sostiene en la mano izquierda una charola con pastelillos envueltos con el inconfundible papel de un establecimiento comercial. Habla casi sin pausas violentando las transiciones, incontenible.
 Avanza al interior.

MALÚ: Hola, abuela, qué linda estás. (*La besa en la mejilla y la estrecha con el brazo que tiene libre.*) ¿Te cortaste el pelo?, te ves preciosa. ¿Y ese delantal tan coqueto?; no te lo conocía. (*Mira hacia el abuelo.*) Quihúbole, abuelito. Uy, qué buen semblante tienes. (*Gira hacia la abuela para entregarle la charola de pastelillos.*) Te traje unos pastelitos pero ¿qué crees?, no son de los que te gustan. Fui hasta Insurgentes nada más para traerte de ésos y me salieron con que ya no los hacen, quién sabe por qué.
ABUELA: No te apures, hija. Gracias.
MALÚ: Pero éstos también tienen buena cara. Antes de comprarlos probé uno, y están ricos. Los traje surtiditos para que merienden.

Mientras Malú se dirige al sillón del abuelo, la abuela cierra la puerta y lleva los pastelillos a la mesa del comedor. Allí desprende la charola del envoltorio y de las tiras del cartón protectoras. Luego dobla el papel, que guarda en el trastero, y arroja al bote de basura los cartones.
 Durante el parlamento de Malú, la abuela va al trinchador del comedor y saca la sopera de la vajilla de porcelana. La lleva a la mesita de cocinar. Realiza otras acciones.

En todo momento, el abuelo y la abuela se muestran muy afables, felices, con la presencia y la plática de Malú. Es sobre todo su presencia, evidente, lo que tanto los complace.

MALÚ (*sin interrumpirse, llegando con el abuelo que permanece sentado*): Estás mucho mejor, ¿verdad? Te ves, no necesitas ni decirlo. Colorado, cachetoncito. (*Se hinca, lo besa, le pellizca una mejilla. El abuelo sonríe complacido.*) Por poco no llego nunca, abuelito, ¿vas a creer? Me cogió un atorón, aquí llegando a Potrero, espantoso. Se descompuso el semáforo, quién sabe qué pasó, y lo de siempre: un nudo de carros increíble. Horas y horas. Todo mundo furioso. Tocaban el claxon, se salían de los carros, echaban pestes. Todo mundo echando pestes y ni un policía, ni de milagro. (*Se levanta.*) Siempre que se forman embotellamientos los policías brillan por su ausencia o salen corriendo. Claro, yo haría lo mismo. Un solo policía no puede hacer nada, ni quien lo obedezca, hasta resulta peor… Hasta eso, se puso divertido porque fíjate, abue, en el mero centro del atorón estaba un carro grande, un Chevrolet creo, no sé. Atoradísimo. No tenía ni para cuándo. Llevaba horas allí. El tipo que lo iba manejando, un señor bien vestido, medio ruco pero todavía galán, estaba histérico, materialmente histérico. De pronto ¿qué crees, abue?… A mí ya me habían contado algo parecido pero no me había tocado verlo. Increíble, abue. ¿Qué crees? Pues que el tipo se cansó de esperar, estaba que se lo llevaban todos los diablos, y que agarra su saco, abre la portezuela y vámonos. Se fue. Ahí dejó su carrazo aventado. Se largó caminando a pie, fúrico.

ABUELO: ¿Ahí dejó el carro?

MALÚ: Ahí dejó el carro, abuelo, hazme favor, en el mero nudo. Estorbando a todo mundo… A mí me pareció un puntadón, la verdad. Con todo y el coraje y la desesperación por llegar estaba que me orinaba de risa. Qué tipo, caray, de veras, lo que hace la desesperación. (*Se lava.*) Dejó aventado el carro así nomás. Resolvió su problema… Al principio la gente de los otros carros no se dio cuenta. No sé. Pensaron que se le había descompuesto, que iba a buscar un mecánico o hablar por teléfono. Pero no, qué va. El tipo se fue sin importarle nada: ni los demás ni su carro ni nada. (*Termina de lavarse. Se seca.*) Ahí que después llegara la grúa y se llevara su coche al corralón; me imagino que eso pensó, quién sabe. Por lo pronto: háganse ustedes bolas, yo me largo… Entonces unos cha-

La visita del ángel

vos que estaban en un Datsun, atrasito del carrazo, se dieron cuenta y salieron como bólidos a alcanzar al tipo, que ya iba por el camellón. Oiga, qué le pasa, no puede dejarlo ahí *(termina de secarse)*, así menos se va a deshacer el tapón, no vamos a salir nunca. No sé cuánto le dirían. Yo nada más veía de lejos la alegata. La gente de los otros carros se empezó a dar cuenta y, uy, se puso histérica, imagínate. Le gritaban, le mentaban la madre con el claxon, hasta se formó una bolita junto al tipo. Alegue y alegue. Por porquito y llegan a los golpes, parece. Pero ni máiz. El tipo no dio su brazo a torcer y finalmente se largó a pie. Los dejó hablando solos... *(Va por zapatos.)* Por suerte yo iba en el carril de la orilla y en una de ésas se hizo un huequito y pácatelas, que me meto a la brava. Si no te metes a la brava nunca sales de los atorones, tienes que lanzarte con fe. Me dio pena con una pobre señora que tenía el paso, pero ni modo, sólo así pude salir. Si no ahorita todavía estaría en el embotellamiento, imagínate. Es la única forma, hay que lanzarse; o te pegas a un camión o a un tráiler para que te abra paso, con ésos nadie se atreve. Yo así le hago. Sobre todo ahora que hay atorones en todas partes y a todas horas. Como la semana pasada, ¿no supieron? Un embotellamiento en el centro que duró cinco horas. El día del chubasco. Cinco horas con los carros totalmente parados, sin moverse un milímetro, qué horror. ¿No lo pasaron por la tele?... Ay, la tele, se me estaba olvidando. Ahora sí, abue. Ahora sí ya se acabó su problema. Ya tengo quién se las venga a componer. ¿Se sigue yendo la imagen?

ABUELO: Ya no se ve nada.

ABUELA: Ayer la prendimos y salió puro humo.

MALÚ: Ah, pues olvídense. Ya tengo quién se las venga a componer. Toño, el hijo de mi tía Luchita. Ustedes no conocieron a mi tía Luchita, ¿verdad? No, no la conocieron. Era de la familia de mi papá. Vivía en Colima... Híjole, pobre mujer. A ésa sí que le ha ido como en feria. De telenovela, abuelita. Estaba casada con un militar. Un tipo asqueroso. Según me dice mi mamá: la maltrataba, no le pasaba un centavo, le daba unas tranquizas de mandarla al hospital, quién sabe cuántas maravillas. Por suerte para mi tía, el tipo la abandonó por irse con una fulana loquísima que luego le puso los cuernos con un político. Un día se los encontró en la cama y zúmbale, ahí mismo les vació la pistola. Estuvo en la cárcel, un lío, pero tenía muchas palancas con el gobernador y al rato quedó libre, como siempre. Entonces quiso volver con mi tía Luchita a la de a fuerzas. Mi tía Luchita no quería, pero él nada, a la de a fuerzas. La estuvo friegue y friegue, no la dejaba ni a sol ni a sombra, hasta que la pobre se cansó de tanta resistencia y otra vuelta se fue a vivir con él. O no, creo que no. Ya no me acuerdo. Mi mamá es la que conoce bien la historia. Cuenta cada cosa... De lo único que estoy segura es que finalmente dejó al militar, o el militar la dejó a ella, y se vino a vivir a México con sus dos hijos. Tenía dos hijos, este Toño que les digo y otro mayor que se mató en un accidente. Yo conocí a Toño cuando vivían en la colonia Álamos, cerquita de la casa. Jugábamos juntos en el parque, me acuerdo muy bien. Siempre andaba repelando porque su mamá lo mandaba a la doctrina y él se escondía para irse a jugar con nosotros. Era vaciadísimo. Desde chamaco le gustaban las cosas de electricidad y siempre andaba dizque fabricando aparatos. Me acuerdo que tenía una máquina de ésas, de dar toques, y nos juntábamos todos en rueda, nos cogíamos de las manos y él empezaba a darle vueltas y vueltas a la maquinita a ver quién gritaba primero y se quería soltar. Pero era horrible, abuelito, no se podía uno soltar. Como que la electricidad te paralizaba las manos muy fuerte. Yo era miedosísima, pero con todo y todo le entraba al jueguito. Era un sádico el Toño. Sadiquísimo. Y muy listo. Hacía inventos, componía todos los aparatos de su casa; quién sabe cuántas cosas. Luego lo dejé de ver cuando nos cambiamos y ya sólo muy de cuando en cuando nos encontrábamos en alguna fiesta, o cuando mi mamá iba a visitar a mi tía Luchita o mi tía Luchita iba a la casa. Híjole, era puro llorar. Yo ya sabía que si mi tía Luchita estaba en la casa nos iba a dar una función de llanto. A la de a fuerzas. Puras desgracias le pasaban a la pobre. Puros problemas. Y mi mamá ahí, oyéndola. Hartante, la verdad. Y creo que sigue igual, no ha cambiado nadita. Yo no sé cómo la soporta mi mamá porque, bueno, sí, está bien que le vaya de la cachetada y sufra lo que sufre, da mucha lástima, pero óyeme, abuelito, no es justo tampoco, ¿no crees? A mi mamá tampoco le ha ido muy bien que digamos y ella no se está quejando con toda la gente, ¿no es cierto?... Bueno, pero eso no importa, no tiene caso. Lo que quería decirles es que este Toño... *(Transición.)* Ya me fui por otro lado con todo mi rollo, soy una lata, no tengo perdón. De que agarro mi patín no hay quien me pare. Mis amigos se burlan un chorro: ya empezó ésta. Soy un desastre. Todo mundo me hace burla en la universidad. Ahí viene la cotorra, me dicen. Luego no dejo hablar a nadie. Hasta me da pena. Con ustedes no. Con ustedes me gusta echar rollo. Ustedes me aguantan, ¿verdad, abuelito?

ABUELO (*sonriente*): Claro, hija.

MALÚ: Te decía de Toño. Este Toño, el hijo de mi tía Luchita, es el que les va a venir a componer la televisión. Es un tipazo. De veras un tipazo. Un chavo de poca. Mucho más grande que yo. Debe tener veinticinco, veintiséis años. Por eso le daba más pena cuando su mamá lo mandaba a la doctrina. Era de los más grandes. Nosotros estábamos bien escuincles y él todavía iba a la doctrina, imagínate. Se moría de la pena y del coraje. Pero, híjole, luego se fajó los pantalones, como dice mi mamá, y se partió el alma trabajando. Él sostenía a mi tía Luchita. Trabajaba primero en una tienda, pero le alcanzaba el tiempo, no sé cómo, para ir a la prepa y estudiar electrónica; creo que por correspondencia, no sé, la verdad. Le encantaban esas cosas. Era buenísimo. Terminó poniendo un changarrito en su colonia de esos donde se arreglan televisiones, radios, esas cosas, y parece que le fue de maravilla. Agarró fama. Ya ves que cuando encuentras un técnico bueno para la tele, uy, te pones feliz. Sobre todo porque no hay. La mayoría son un desastre: te roban piezas, te descomponen otro chisme, te la dejan peor. Acuérdate cómo les fue a ustedes con la otra tele. Y a mi mamá, no se diga. Es una casualidad que encuentres por tu rumbo alguien que te componga bien la televisión. Y cuando lo encuentras: la lotería, abue. Uno en mil. Luego, claro, lo recomiendas, se corre la voz. El tipo se hace de clientela y puede llegar a ganar lo que quiera. Eso fue lo que le pasó a Toño. Además, otra cosa. No se conformó con eso. Se puso a estudiar por su cuenta y entró a un curso de preparación que estaban dando los de la Philips. Me estaba contando que hicieron su solicitud no sé cuántos, como doscientos o más, un chorro, y sólo admitieron a veinte. Y él fue de los veinte, abue. Estaba entre los mejores. De ahí ya no tiene pierde. Entró a trabajar en la planta y lo acaban de ascender a supervisor, o a jefe de mantenimiento, ya no me acuerdo qué me dijo, algo así. A su edad, figúrate. Es que es buenísimo, de lo mejor. Aparte, está bien mono... Yo tenía siglos de no verlo, abue. Siglos. Ni me acordaba, porque ahora se dejó el bigote y está medio naco, pero muy chulo. No lo hubiera reconocido, la verdad. No lo reconocí. Él fue el que se acercó. Nos encontramos de puro churro, abue, de puro churro. Pensé que era un tipo que me quería ligar, y que voy viendo: ¡Toño! Híjole, me dio muchísimo gusto porque de chicos nos llevábamos bien padre. A mí me gustaba, pero él ni caso: yo era una escuincla, y muy mensa, además; hasta ahora me fui despabilando. Ya me contó toda su historia: de su changarro y de cómo entró en la Philips, o en la Philco; no, no era la Philips, era la Philco; sí, está trabajando en la Philco. Bueno, es igual. Hasta se casó, hace un año. Cómo no fuiste a mi boda, canija. Yo no sabía... Pero luego me acordé que sí: mi tía Luchita le había dicho a mi mamá y nos mandó la invitación y toda la cosa. Pero de eso que no registras, o se te olvida. Porque fue justamente cuando mi mamá y yo nos fuimos a Guadalajara a arreglar los asuntos de mi papá. Híjole, no quiero ni acordarme. Me pongo fúrica. Se portó como un cabrón, abuelito. Ésa es la palabra. De lo peor... Al diablo, ése es otro boleto. Total, me pasé como una hora platicando con Toño y, claro, le saqué el rollo de tu televisión, abue. Así de golpe. Pues fíjate que mis abuelitos esto y lo otro y quién sabe qué. Y él, uy, sí, cómo no, luego, luego muy dispuesto, muy amable; claro, lo que tú quieras, yo me encargo; dile a tus abuelitos que no se apuren: el viernes en la mañana les mando un técnico, y si es una cosa más complicada yo mismo la reviso. Dijo que el viernes, porque no podía mañana: iba a tener a su gente ocupada en no sé qué chisme o vete tú a saber. Pero el viernes sin falta estaba aquí un técnico. Quedó muy formal. Anotó la dirección y todo, y me repitió mil veces que les dijera a ustedes que ya no se apuren. Así que den el asunto por resuelto. Totalmente resuelto. Seguro.

ABUELA: Ay, Malú, pues muchas gracias.
MALÚ: Ni me digas, abuelita, por favor. No faltaba más. Si fue puro churro que me encontrara con Toño. Una bendición, como dice mi mamá. Y eso sí, ¿eh?, a Toño se los garantizo de todas todas. Si algo tiene Toño es eso: muy formal, muy cumplido. Cuando él promete algo lo cumple sin hacer aspavientos y sin andar queriendo luego cobrarse los favores como tanta gente. Eso es algo que yo no soporto y que casi todo el mundo ve muy normal, ¿a poco no? Te hacen un favor, cualquiera que sea, una babosadita insignificante, y ya con eso piensan que les debes las gracias para toda la vida. A mí me choca. Porque luego se agarran de ahí para pedirte hasta lo que no y se sienten muy ofendidos si les niegas algo. Así son mis primos, los Morales. Se están pudriendo en dinero y, újule, no

se te ocurra pedirles un quinto porque te va como en feria. Empiezan haciéndose los interesantes: déjame ver, ahorita andamos un poco apretados, todo el dinero lo tenemos a plazo fijo, ¡un cuento!; y luego, cuando ya te trajeron de un lado para otro dándote largas y poniéndote pretextos, y te dicen, bueno, sí, cuánto necesitas, parece que te prestan el tesoro de Moctezuma. Se creen los benefactores de la humanidad. Te avientan el dinero como una limosna. Dinero que tú les vas a pagar, abue, no te están regalando nada. Pero ellos sienten que sí; más que eso: sienten que te sacaron de la miseria, y como te sacaron de la miseria, según ellos, ahora te desprecian. Los abomino, abue, los abomino. A mi mamá le hicieron así; así la trataron. Cuando tenía esa deuda de la hipoteca, que se le vencía, y andaba apuradísima, me dijo que iba a hablar con mis primos. Yo no quería, porque ya los conozco, pero la pobre andaba tan apurada, la habían tratado tan mal en el banco, que yo, bueno, ya para qué la desanimaba. Anda ve, pues, ojalá tengas suerte... Y fue. Y le pasó lo que yo ya sabía, claro; le hicieron más humillaciones que nada. No hay derecho. Mi primo León, sobre todo. Él es el peor, el más hipócrita. Fingido hasta la esquina de enfrente. Rosita por aquí, Rosita por allá, te queremos tanto, ésta es tu casa, ésta es tu familia, deberías venir más seguido... Bueno, ya sabes. Chorreando amabilidad. Pero apenas se dio cuenta que mi mamá necesitaba dinero, úpale, hasta le cambió la cara. Le salió con mil cuentos y mil historias. Acabó prestándole, pero a qué precio, abue; lo que tuvo mi mamá que aguantarle al estúpido de León... Y lo que León no sabe, o se hace que no sabe, porque está enteradísimo de todo y eso no se le olvida a nadie, es la forma en que mi mamá se portó cuando mi tía Laura se puso gravísima. Mi mamá la cuidó, mi mamá se pasaba las noches velándola. Acuérdate, abuelita, tú supiste muy bien; fue de veras una actitud heroica la de mi mamá. Ninguna de las hermanas de tía Laura se portó como mi mamá. Qué va. Todas estaban rogando para que ya se muriera la pobre y les dejara de dar lata. Nomás en eso pensaban, en su comodidad... Yo era una pirinola, acuérdate, me venía a dejar contigo para irse a cuidar a mi tía Laura con ese cáncer espantoso. A mí no se me olvida. Estaba muy chica para entender lo que estaba pasando, pero bien que me daba cuenta de todo. Y luego mi mamá me contó; la de cosas que me contó... Ya cuando se murió mi tía Laura y empezó la distribución de cosas, entonces sí: ahí estaban sus otras hermanas en primera fila, arrebatándose las mugres y peleándose por cualquier porquería. Mi mamá no se llevó nada: los candelabros de plata que mi propia tía Laura le había regalado, personalmente, y párale de contar. Alguna otra chuchería, cuando mucho, yo ni sé... Entonces que León no venga a dárselas de misericordioso y a hacerse de papeles con nosotros. No le queda. No es justo. Ni que mi mamá le hubiera pedido un millón de pesos. Pero así es esa gente y así es casi todo el mundo, abuelito. Agarrados, malagradecidos... Por eso a mí no me gusta pedir favores. Ni a ellos ni a nadie, ni a mis compañeros de universidad. Mientras más pueda aguantarme y resolver por mí misma mis problemas, mejor. Me gusta hacerlos, eso sí. Hacer favores no me cuesta ningún trabajo. Me piden algo, y si yo puedo, ahí está. Ni siquiera pregunto. Cuando Graciela me pidió mi carro para irse a Cuernavaca, yo le dije tranquilamente: llévatelo. Punto. A sabiendas de que si le pasaba una desgracia, pues mala suerte, ni modo. Y ya ven, le pasó. Pero igual me hubiera podido pasar a mí.

ABUELO: ¿Le pasó algo a tu carro?

MALÚ: Lo del choque, abuelito; el eje que se le enchuecó todo. Ya les había contado, acuérdate. Cómo no. Ya va para más de dos meses. Por eso no me pude llevar el carro a Acapulco. Claro que les conté, acuérdate... Graciela iba entrando a Cuernavaca y un camión materialista se le echó encima. La aventó contra un poste.

ABUELO: Ah, sí, sí.

MALÚ: Ya ves... Si les hice un escándalo. Vine aquí con mi tango... Lo malo es que no ha quedado bien. El mecánico de Graciela no le encuentra, o no sabe, quién sabe qué líos se trae. Voy a terminar llevándolo a la Volkswagen y que me cobren lo que me cobren. La pobre Graciela está apenadísima, pero es lo que yo le digo: es una desgracia, le puede pasar a cualquiera, me puede pasar a mí. Cuando tú prestas un carro te expones a una de esas cosas, ¿a poco no? Por eso, si no quieres arriesgarte, no lo prestes. Y se me hace horrible, ¿no, abuelito?, sobre todo con una amiga como Graciela que se ha portado conmigo tan bien. Y aunque no se hubiera portado bien conmigo, es igual. Eso es lo que yo alego: si hay interés en la amistad, si tú te llevas bien con alguien para que te haga favores, por la pura conveniencia, entonces no hay verdadera amistad y más te vale decir ahí nos vemos. ¿O no, abuelito? No sé si me entiendes.

Esa gente como mis primos, que nada más están viendo por su propio interés o esperando qué provecho sacan de alguien, son gente fea, gente que no vale la pena. De lo peor. Yo con Graciela no tengo esa forma de pensar. Y ella lo mismo, por eso nos llevamos tan bien… ¿Me amoló mi carro? Bueno, ni modo; no lo hizo adrede. Está bien que ella pague el trancazo porque a ella le tocó la mala suerte; pero hasta eso, si yo tuviera con qué, si tuviera la tercera parte del dinero que tienen mis primos le diría a Graciela: no te apures, Chela, yo lo pago con mi dinero, olvídate. Así se lo diría tranquilamente; y sin darme baños de pureza, sin querer cobrarle luego los favores. Eso me parece horrible, espantoso. *(Transición.)* ¿Ya comemos, abuela? Traigo un hambre que me rechinan las tripas.

Durante el tiempo en que Malú ha estado hablando, el abuelo ha permanecido sentado en el sillón, escuchándola atentamente, sin perder una palabra, aunque tal vez más interesado en ella que en lo que dice; la abuela, por su parte, ha permanecido atenta a la plática por momentos, pero también ha realizado algunas acciones preparatorias de la comida.

Por ejemplo, ha ido al trastero para sacar de él un paquete de pan de caja que está a la mitad. Luego de introducir la mano a la funda de plástico y de extraer del paquete unas seis o siete rebanadas, ha vuelto a cerrar el paquete y a guardarlo en el trastero. En un viaje al trinchador del comedor ha sacado de él una pequeña cesta de mimbre donde ha colocado las rebanadas de pan. Ha puesto la cesta de mimbre, por último, en la mesa del comedor.

Terminada esta tarea, la abuela ha buscado, en el interior de la bolsa de mandado, un paquete de tortillas envueltas en papel de estraza. Ha colocado el paquete cerca de la estufa, y luego de cambiar a otra hornilla la sartén, de encenderla con un cerillo de la cajetilla que se encuentra por ahí, se ha puesto a la tarea de recalentar las tortillas en la estufa. Cada una de las siete u ocho tortillas recalentadas las ha ido colocando sobre la superficie de una servilleta extendida que tomó de uno de los cajones del trinchador. Al terminar de recalentar las tortillas las ha envuelto con la servilleta, para que conserven la temperatura, y ha colocado el paquete en la mesa.

Tal vez, al concluir, se ha acercado nuevamente a la zona donde se encuentran el abuelo y Malú para atender a la plática.

La última frase de Malú es contestada por la abuela de inmediato.

ABUELA: Cuando quieras, hija, pero creo que todavía le falta un poquito a la sopa.
MALÚ: Ay, no importa, nos esperamos. *(Encaminándose a la estufa y destapando la olla de la sopa.)* ¿Qué hiciste?… Sopita de verduras.

ABUELA: Y voy a asar unos bisteces. Ya ves que tu abuelo no puede comer otra cosa.
MALÚ: No, a mí me encanta... Pero tendrás un quesito. Tú siempre tienes quesitos, ¿verdad? *(Se encamina por propia iniciativa hacia el refrigerador.)*
ABUELA: En el refri.
MALÚ *(abre el refrigerador y saca el queso que luego pone en un platito de los que se encuentran en la mesa del comedor. Con un cuchillo lo rebana continuamente y no deja de comer; tal vez lo acompaña con trozos de pan):* A mí me enloquecen. Me podrían envenenar con queso, como dice mi mamá. Y de veras, aunque no hubiera otra cosa de comer, yo con un queso me la pasaría feliz de la vida. Tengo alma de ratón, yo creo. Y luego hay cada queso, ¡de locura! Antes iba muy seguido a una tienda que está por la Zona Rosa donde nada más vendían quesos, pero quesos increíbles, abuelita, y me compraba mis tajadotas, bien surtido... Hmmm, éste está riquísimo, abue. ¿No quieres, abuelito? *(El abuelo deniega.)* Riquísimo. Bien suavecito. *(Transición.)* Ay, pero les estaba contando de Toño...
ABUELA *(interrumpiendo; después de revisar la olla):* Si quieren ya siéntense. En un ratito más.
MALÚ *(asintiendo; al abuelo):* Órale, abue.

El abuelo muestra intenciones de levantarse apoyándose en el brazo del sillón, pero el impulso le representa esfuerzo. Malú se apresura para ayudarlo.

MALÚ: A ver, yo te ayudo.
ABUELO: No, no, hija.
MALÚ: Yo te ayudo, abue, no faltaba más. Ni que fuera qué. *(Lo ayuda a levantarse, y luego lo toma del brazo para conducirlo al sillón. El abuelo avanza lentamente, arrastrando los pies.)* Para qué te cansas inútilmente... Pero si estás refuerte, caray. Míralo... Y el doctor qué dice, ¿no han ido a verlo?
ABUELA: Nos toca la semana que entra, el miércoles; pero él no quiere ir porque se ha sentido muy bien. Y de veras. Desde que empezó a tomar esa nueva medicina ha estado perfecto.
MALÚ *(mientras el abuelo toma asiento a la mesa):* Pero de todos modos tienes que ir, abuelito. Una checada no te cae mal. Aunque nada más sea para que te diga que estás como tigre. Qué mejor.
ABUELA: Eso es lo que yo digo.

MALÚ: Claro. Y acuérdate, no se te olvide que tenemos pendiente esa pachanga. Un día de campo enterito: desde la mañana hasta que anochezca... Para que respires aire puro. Para que se te llenen los pulmones de oxígeno. Nos hace buena falta a todos. A ti y a todos... A veces, de veras, uno se asfixia con tanto smog en la ciudad. Cada vez está peor. Estaba leyendo el otro día que el índice de contaminación de la ciudad de México está altísimo; tan alto como en Tokio, cuando vino aquella alarma. Era altísimo dicen. Tenían que poner mascarillas de oxígeno en las esquinas para que la gente que iba caminando por la calle pudiera detenerse a respirar un poco. Sí, había casetas, abue; como las casetas de teléfonos. Tú echabas tu veinte, o lo que fuera, agarrabas la mascarilla, te la enchufabas, y vámonos, una buena respirada. Ya luego podías seguir caminando... Y para allá vamos, ¿eh? Si no hacen algo urgente nos vamos a asfixiar con el smog. La capa es gruesísima, ¿nunca la has visto? Cuando vienes llegando por la carretera de Toluca, o por la de Cuernavaca, se ve claramente. Una capa negra como una nube, de pura mugre. Hasta la lluvia, ya ves. Antes llovía y uno decía: híjole, qué rico. Pero ahora al contrario... El día del chubasco mi mamá dejó una cubeta en el patio. Bueno, pues al día siguiente, no lo vas a creer, abuelito, se había llenado con la lluvia y el agua estaba negra, pero bien negra: como si fuera agua sucia, y como si hubiéramos fregado los pisos con esa agua. Puro smog. Pura tierra. Eso es lo que estamos respirando. (*Pausa. Transición.*) Pero ya siéntate, abuelita.
ABUELA: Ya está.
MALÚ: ¿Quieres que te ayude?

Malú se levanta y se dirige a la abuela. La ayuda a vaciar la sopa de la olla en la sopera. Después, la abuela lleva la sopa a la mesa y, ya sentados todos, sirve con el cucharón los tres platos. Como la sopa está hirviendo tardan en probarla.

Las acciones ocurren sin provocar largas interrupciones en el parlamento de Malú.

MALÚ: A mí las sopas me encantan. Se ve rica... Todas, todas me encantan. De verduras, de fideo, de papa, de lo que sea. Con tal de que sean sopas aguadas, mmm. Te cae algo calientito, rico, en el estómago. Luego hasta las extraño. Porque a veces ahí como cualquier cosa en la calle: un hot dog, un sandwich. Y no, no es lo mismo. Extraño mi sopita aguada para empezar. Yo por mí las tomaría siempre. Hasta en el desayuno... Bueno, no tanto; pero en la cena sí; me fascina tomar sopa en la cena. Cuando voy a un restaurante siempre la pido.

ABUELA (*interrumpirá cuando sea el momento oportuno*): Está muy caliente todavía. Hay que dejarla enfriar.

Mientras la sopa se enfría, tanto el abuelo como Malú se ocuparán de pellizcar el queso, de comer trozos de pan o de prepararse un taco de queso y sal. Malú casi no se interrumpe.

MALÚ: Ay, pero no les he acabado de contar de Toño. Me dio un gustazo, pero de veras gustazo verlo otra vez. Y él lo mismo, abuelito, porque estaba feliz cuente y cuente lo que había hecho, cómo le había ido y todo eso. Nos hubiéramos podido pasar toda la tarde platicando sin parar, haciendo recuerdos de cuando éramos niños... Son de esos sentimientos bien metidos en uno que ya no se olvidan nunca. Y es lindísimo. Está lindísimo. Hecho un mangazo de veras. Yo de plano lo invité a una fiesta, para poder seguir platicando, para verlo otra vez. Si no tomo la iniciativa luego, uf, la gente se va, se pierde y ya no vuelves a saber. Tenía una fiesta el viernes, este viernes, y de plano aproveché, abuelito; a veces hay que tomar la iniciativa, ¿o no?... Yo no había pensado ir a la fiesta, porque luego esas fiestas de la universidad se ponen gruesísimas. Se arman unos relajos espantosos. Los chavos nada más quieren estar chupe y chupe y tronándose sus cigarros. Se dan unas cruzadas que friegan todo el ambiente... A mí luego me da una cosa, no sé. Un día, me contaron, hasta llegó la policía y todo mundo salió disparado. A uno de mis cuates se lo metieron al bote; andaba cruzadísimo el pobre y se armó un relajo que hasta salió en el periódico porque los acusaron de tráfico de mariguana y quién sabe qué más. Pero eran mentiras. No era cierto... En fin, yo casi siempre me resisto a esas fiestas, sobre todo si no tengo alguien con quien ir. A mí me gusta echar relajo, bailar, un fajecito: lo que se llama divertirse. Pero si no tienes con quien bailar, si tus cuates sólo están metidos en su onda y ni te pelan, para qué vas. Mejor te largas al cine, o te quedas en tu casa... Cuando vas sola es una lotería: como te puede ir bien, te puede ir mal, y qué flojera arriesgarse, de plano. Yo por eso invité a Toño. Con él sí. En caso de que la fiesta se ponga aburrida, tú te pones a bailar con tu pareja muy entretenida y muy contenta y los demás que hagan lo que se les antoje... El Toño puestísi-

mo, ¿eh? Luego, luego: encantado, Malú, cómo no, ¿a qué horas paso por ti? Jalador como siempre el canijo Toño; es una monada, me fascina.
ABUELA: ¿Pero no dijiste que estaba casado, hija?
MALÚ': ¿Y eso qué tiene, abuela? No tiene nada de malo, ni que le fuera a quitar a su mujer. Nomás lo invité a una fiesta, punto. No vamos a hacer nada. Un fajecillo cuando mucho y párale de contar. Como amigos... Y mira que yo, si Toño no estuviera casado, si Toño se me hubiera llegado a lanzar alguna vez, si se me lanza algún día porque se divorcia de su mujer o por lo que tú quieras y mandes, yo con él, abue, con los ojos cerrados me aviento. Sin pensarlo un minuto. Así de plano, segurísima. Porque Toño es un chavo fuera de serie, abuelito. De los que hay uno en un millón. Lo sé ya, desde ahorita. Aunque haya dejado de verlo durante siglos, sigue siendo el mismo de siempre, igualito... Nomás con verle los ojos y con esa sonrisa que tiene te das cuenta. No exagero. Toño es un tipo para vivir con él toda la vida; es más: para hacer un matrimonio —y mira que ahora ya nadie cree en esas cosas—, para hacer un matrimonio como el de ustedes, abuelito, que ya es decir. Un matrimonio de los que ya no existen y no van a existir nunca más en la vida. Al menos eso dice mi mamá. Y yo estoy de acuerdo. ¿A poco no?

El abuelo y la abuela sonríen ligeramente, complacidos, por lo que dice Malú. Los tres empiezan a tomar la sopa.

OSCURO

ACTO SEGUNDO

ESCENA 1: ABUELA, ABUELO, MALÚ

Han transcurrido unos minutos: la abuela, el abuelo y Malú han terminado de comer pero continúan sentados a la mesa. Beben café y comen algunos de los pastelillos que trajo Malú.

En la mesa se observan: el altero reducido de platos de reserva que colocó la abuela junto con algunos cubiertos, también de reserva; la charola, menguada, de pastelillos; la jarra con agua de limón; la cafetera que estaba en la lumbre y que la abuela llevó a la mesa, apoyada en una cubierta de fierro, para lo caliente; el plato con el queso, ya casi termina-

do, y su respectivo cuchillo. Frente a cada uno de los tres lugares se encuentran, además: el terno de taza y plato para el café, el plato pequeño con el pastelillo que comen y su respectiva cuchara (la misma cuchara sirve para el café), la servilleta que sólo Malú tiene colocada en las piernas y un vaso para el agua de limón. En la mesa también está la azucarera.

Se supone que durante la comida, la abuela ha retirado algunos platos y trastes sucios, y guardado otros en su respectivo lugar.

En el fregadero se encuentran: los cuchillos, los tenedores, las cucharas y el cucharón utilizados durante la comida; los tres platos hondos; los tres platos planos; el exprimidor de vidrio para los limones; el recipiente de vidrio donde depositó las verduras, la vasija de peltre donde arrojó los residuos de las verduras, y algunos otros trastes.

En la mesita de cocinar se encuentran las verduras sobrantes que extrajo de la bolsa del mandado; la licuadora con el vaso sucio; la tabla de picar; la sopera con el sobrante de la sopa de verduras; la botella de aceite; el salero; el paquete de tortillas sobrantes envuelto en la servilleta; la pequeña cesta de pan con las rebanadas sobrantes; el paquete de bisteces sobrantes; el platón con algunas hojas de lechuga; el cuchillo de cocinar, el abrelatas y otros utensilios y objetos empleados.

Sobre las hornillas de la estufa: la sartén sucia, donde se asaron los bisteces, y la olla de aluminio donde se cocinó la sopa de verduras.

Sentados a la mesa junto a su nieta, la abuela y el abuelo mantienen su actitud afable, interesados en la plática de Malú.

Desde antes de que la luz se encienda para dar por iniciado el acto se escucha la voz de Malú, encarrerada en su charla. Es evidente que no ha dejado de hablar durante el lapso de la comida.

MALÚ: Yo de plano no quise llevarme el carro, imagínate; así como estaba, con el eje torcido, me daba mucho miedo. No... Graciela, que es azotadísima, quería que nos fuéramos de aventón. Pero ahora es peligroso, pasan un montón de desgracias. Total, al fin de cuentas tomamos nuestro camioncito de primera, pullman y toda la cosa, y nos fuimos como cualquier niña fresa. Ahí empezaron las aventuras.
ABUELA (a Malú): ¿Quieres un poquito más de café?
MALÚ: Un chirris, abuelita. Nomás un chirris.
ABUELA (al abuelo): ¿Tú?

El abuelo deniega, la abuela sirve, hasta llenarla, la taza de café de Malú que tomará en el transcurso de su parlamento, durante el cual, además, no dejará de comer pastelillos.

La visita del ángel

MALÚ: Adelantito de Chilpancingo se nos descompuso el camión. Y en lo que iban por no sé qué pieza o mandaban avisar para que trajeran un camión de relevo, se nos fueron dos horas. ¡Dos horas, abuelito! Los pasajeros estaban fúricos. A mí no me apuraba tanto, pero los pasajeros estaban que se los llevaba la fregada... Lo malo fue que a Graciela se le soltó una diarrea espantosa, no sé si del coraje. Hubieras visto qué apuros, abue, porque ahí ni dónde. Estábamos al descampado, en el puro monte. Yo la acompañaba a lo oscurito pero nos daba un miedo horrible. Hacía un friazo y ella se moría de la pena, hazme favor. Tenía que ir a esconderse donde nadie se diera cuenta. A cada rato. Iba, volvía, y al rato otra vez. ¿Otra vez, Chela? Otra vez, me decía. Híjole. A la pobre le picaban las hierbas y se le helaban las pompis. En una de éstas que suelta un grito espantoso, porque pensó que un animal le había mordido una nalga, imagínate. Nomás echó el grito, pegó el brinco con los pantalones bajados, y se fue de boca. Yo me asusté muchísimo, también, claro. Y no, no había sido nada. No le picó nada; fueron las hierbas, quién sabe. Pero con los gritos, ahí van los pasajeros: Qué pasó, qué pasó. Yo deteniéndolos: No, no pasó nada, nada, mientras Graciela andaba por allá escondiéndose y tratando de arreglarse rapidito. Un suplicio. Muertas de pena las dos, porque además en el camión iban dos chavos que nos querían ligar desde la terminal. Estaban feísimos y eran bien antipáticos. Desde el principio nos cayeron como patada, y por más que nos querían hacer plática, nosotras niguas, muy serias. Claro, ellos fueron los primeros en ir corriendo cuando Chela pegó su alarido, y ya ni modo, tuvimos que hacerles plática: que si esto, que si lo otro, puras tonterías. Resultaban bien cargantes. A la de a fuerzas querían que fuéramos a su mismo hotel, o que luego saliéramos con ellos. Para quitármelos de encima yo acabé diciéndoles a todo que sí: sí, cómo no, salimos con ustedes a la playa, y a bailar, y a todo. Pero ya... Ellos dale y dale: pero a qué hotel van a ir, dónde las buscamos. No, no vamos a ir a ningún hotel, vamos a ir al condominio de una prima; lo que era cierto, además. Por eso fuimos a Acapulco. La prima de Chela nos ofreció su condominio. ¡Y qué plancha, abue, qué decepción! Qué condominio ni qué nada. Ya verán. Orita les cuento. No, si fue un viaje de película.

ABUELA: ¿Compusieron por fin el camión?

MALÚ: Qué esperanzas. Trajeron otro camión de relevo pero a las mil quinientas. Chela apuradísima con su chorrillo y yo negra por los tipos esos. Acabé dándoles una dirección inventada en la Costera, el primer número que se me ocurrió, y también les inventé el número del teléfono. Sólo así. Con eso se quedaron muy contentos, creyendo que la iban a hacer con nosotras en Acapulco, y por lo menos nos dejaron en paz: a mí con mis ganas de dormir y a Chela con su chorrillo.

ABUELA: ¿No llevaban enterobioformo?

MALÚ: Ay, abue, quién iba a pensar… Bueno, precisamente una señora que iba en el camión le dio un enterobioformo. Eso la calmó, yo creo, por suerte. Porque figúrate cómo le hubiera ido. Apenas íbamos en Chilpancingo. Todo lo que faltaba. Y ni modo de estarle diciendo al chofer a cada rato: ¿No me hace favor de pararse tantito en la cuneta porque a mi amiga ya le anda del dos? Ay, no, hubiera sido horrible… Con el enterobioformo se calmó. Hasta se durmió un buen rato luego que seguimos en el otro camión. Llegamos a Acapulco a las dos y media de la mañana. Cansadísimas, hechas un asco, con un sueño espantoso… Pero cálmate, abue, que ahí llegó lo bueno. Bajamos del camión, cogimos nuestras maletas y luego un taxi. Ah, claro, los chavos aquéllos querían irse en el mismo taxi, nada brutos. Pero nos pusimos firmes, chiquitos: nanay, a la goma. Les dimos su buen cortón. Se quedaron con el ojo cuadrado los pobres. Qué risa… Íbamos en el taxi azotadas de la risa, Chela y yo. Ya empezábamos a animarnos otra vuelta; a Chela se le había parado su chorrillo —sólo fue al baño en la terminal—, y que llegamos al maldito condominio. Un edificio precioso, eso sí, nuevecito. Aunque la verdad era más la pantalla de la decoración y todo porque los departamentos eran así de este tamaño. Para nosotras eso hubiera sido lo de menos, claro, qué importaba. Lo malo fue… No te imaginas, abue, ¿qué crees? En la torre. Subimos al condominio —Chela traía la llave— y a la hora de entrar: vóitelas, estaba ocupado. Estaba ocupado, abuelita, lleno de gente, de puro escuincle: niños regados por el piso como si fuera un kínder; había niños dormidos hasta en la cocina… Encendimos la luz y, ¡vóitelas!, el espectáculo. Lo primero que pensamos fue: nos equivocamos de departamento, no hay de otra; pero no, anda ése era el mismo condominio de la prima de Graciela. Se despertó el papá, se despertó la mamá, se despertaron los enanos. Un bebé empezó a berrear por allá. No, no, no, el apocalipsis.

ABUELA: Se equivocaron ellos.

ABUELO: ¿Qué fue lo que pasó?

MALÚ: No, pues pasó que la prima de Chela había metido las patas. Su marido, el marido de la prima de Chela, les había prestado también el condominio a la familia esa. Ya tenían dos días allí. Y eran un ejército, abue. Dos personas mayores y por lo menos diez chamacos.

ABUELA: ¿Diez hijos?

MALÚ: Unos eran hijos, otros eran primos o amiguitos o sepa Dios. Lo que sí es que ni modo. Qué podíamos hacer. Ni modo de decir: a nosotros nos prestaron el condominio y ustedes váyanse, porque ellos tenían el mismo derecho, ¿o no? El señor estaba muy alterado. Primero se puso a la defensiva como si nosotras le fuéramos a exigir que se largara, pero cuando nos vio tranquilas, y más que tranquilas, frustradísimas, ahora sí que muy sacadas de onda, hasta se compadeció. Su señora era la que gritaba y no paraba de decir: a nosotros nos prestaron el departamento, a ver qué hacen ustedes, a mí me dio la llave Serafina, yo no sé... Serafina es la prima de Graciela. Tan despistada como su marido. Son una pareja de película: como siempre quieren estar bien con todo mundo, a todo mundo le ofrecen lo mismo y siempre quedan mal. A Chela no le extrañó ni tantito la equivocación porque ya conoce a su prima; no es la primera vez que le pasa una cosa así. Y aunque las dos estábamos muertas del coraje y del cansancio tuvimos que aguantarnos, qué podíamos hacer. La bruja esa quería hablar por teléfono a México para que nos convenciéramos de que la tal Serafina les había prestado a ellos el condominio, pero nosotras no quisimos ni alegar. Era obvio... Como te digo, abue, el señor se compadeció. Notó que todo era cosa de un malentendido y se puso de lo más amable. La verdad es que le gustó Chela, porque le echaba unos ojos... Viejo libidinoso, pero en fin, se portó muy comprensivo y nos pidió que nos quedáramos a dormir allí, esa noche. Ni modo de mandarnos a un hotel a esas horas, ya era tardísimo. Tampoco nosotras teníamos humor... Total: entre el ejército de enanos y los señores nos hicieron un lugarcito y ahí pasamos la noche. Pésima noche. Yo apenas si pegué el ojo porque los niños, con la despertada, se pusieron a armar alboroto y medio y se vinieron durmiendo cuando ya era de día. Chela igual. Estaba histérica. Más, porque en una de sus idas al baño parece ser que el señor se levantó dizque por un vaso de agua y se fue a echarle una miradita, de puro fisgón, a ver si conseguía algo o yo no sé. Luego con esa clase de tipos no se tiene la menor idea de lo que son capaces. Nada más que el viejo se hubiera atrevido a hacerle algo a Chela, y la que se arma. Ya la estoy oyendo pegar de gritos. Y luego a la vieja, imagínate, saliendo de estampida con las chichis al aire a ver qué pasa. Uy, hubiera sido la catástrofe. Viejo cochino, qué tenía que andar molestando a unas muchachas delante de todos sus hijos y en las meras narices de su mujer.

ABUELA: Pero no pasó nada.

MALÚ: Afortunadamente nada, abue, yo ni me desperté. Chela me contó luego pero no me dijo más: sólo que el señor se había levantado y que así, como muy de paso, se asomó al baño. Pero no pasó de ahí, me dijo. Y cuando la estuve muele y muele para que me diera más detalles, yo toda morbosa, ella como una tumba. Hasta me cayó mal. Luego Chela es así. Bien rara para muchas cosas. De pronto es muy comunicativa: te cuenta detalles de sus chavos que hasta da vergüenza oírlos, y al rato todo lo contrario: no quiere contarte nada de cosas menos importantes, como ésta. Le gusta hacerse la misteriosa. Yo creo que para que uno se imagine más de lo que pasó. O a la mejor pasó algo, vete tú a saber. Yo luego estuve pensando. Con suerte le dio un poco de jalón al señor, y bueno, el señor... tú sabes, abue. Chela es luego... ¿cómo se dice? Impredecible. No tienes idea de cómo va a reaccionar. Se avienta con cada locura, y al rato, con chavos de nuestra edad, se porta tímida. Híjole, cuando le da por la timidez es timidísima. Así empezó con los gringos que nos encontramos en la Condesa. Ay, que no, que no. Se ponía toda roja y me dejaba el paquete a mí. Bien chistosa, parecía una monjita... Claro, luego se pescó al más guapo, eso sí: el que a mí me gustaba: un gringo altote, fornido, que hablaba muy bien el español. Muy tímida, muy tímida la canija Chela pero se las sabe todas y cuando ella quiere no hay quien la pare. A mí me dejó al otro gringo: chulo también, pero menos. Sobre todo porque no sabía casi nada de español, y yo en mi medio inglés y él en su medio español era un relajo. Eso sí, la pasamos padrísimo. Traían una pickup, dizque acondicionada como camper, y de Acapulco nos lanzamos hasta Puerto Escondido. Precioso, abue... ¡Hijo!, unos lugares de maravilla. Unas playas de locura. Y como ellos eran muy buenos para surfear y traían sus tablas y toda la cosa, apenas veían una playa padre, paraban la pickup y se lanzaban a las olas. Unas olas enormes, peligrosísimas.

ABUELA: ¿Andaban con ellos ustedes solas?

MALÚ: Es que mira, abue: nos fuimos del condominio en la mañana, luego del relajo, y nos pusimos a pensar. Estábamos bien preocupadas porque el dinero que traíamos no nos alcanzaba para el hotel. Como teníamos la seguridad del condominio sólo llevamos lo indispensable para las comidas y esas cosas. Quién iba a imaginar un contratiempo así. Estábamos bien apuradas por eso... Claro, podíamos quedarnos dos días y luego regresarnos, pero qué decepción... Mientras decidíamos qué hacer, Chela se puso necia en ir a la playa. Entonces desayunamos, dejamos nuestras cosas por ahí y nos lanzamos a la Condesa. Lueguito pescamos a esos gringos. Imagínate, abuelito, con el cuerpazo que tiene Chela, y con su tanga, nos cayeron como moscas. Yo, la verdad, no tenía ganas de agarrar un plan de ese tipo. A mí no me gusta. Además es peligroso: te puedes topar con cada tipo que luego no sabes qué hacer. Bien peligroso. A mí me da miedo. Yo sé de muchachas que, bueno, para qué te cuento: se meten en unas ondas gruesísimas y luego ya no saben cómo salirse. Hay cada degenerado... Por suerte nuestros gringos resultaron muy padres. Eran deportistas, estudiaban en Illinois y habían venido a México porque Willie, el que me tocó a mí, anda queriendo revalidar sus estudios para irse al Tec de Monterrey. Allá tiene parientes; burguesísimos, yo creo, como él. Pero quién sabe cómo le haga para estudiar. Primero necesita aprender bien el español. No entiende ni papa, pobre huesudo... Yo le decía el huesudo, el huesudo Willie. Es que aquí, a esta altura, se le salen las costillas muy chistoso. Parece que le están naciendo aletas. Era bien chulo, la verdad. Acabé encariñándome con él. Hasta hicimos planes de escribirnos de cuando en cuando, y vernos después, cuando él regrese a México. Yo creo que no regresa, pero bueno, quien quite. Por lo pronto la pasamos de maravilla... Ese mismo día agarramos nuestras cosas y nos fuimos a Puerto Escondido en la camper. Más vale. Acapulco está que no se aguanta, abuelito, cada día peor: las playas asquerosas, todo carísimo y una cantidad horrible de gente. Todo mundo te quiere estafar. Que por coger una silla en la playa, que por un coctel de camarones, camaroncitos de este tamaño, te piden una fortuna. Están esquizofrénicos. Hasta los cocos saben horribles. Y lo que pasa es que todo está contaminado por el mugrerío que hay en dondequiera. Las playas son un tiradero. Allá va a dar el drenaje de los hoteles y la basura, cuanto hay... Dicen que unos técnicos japoneses hicieron un estudio para limpiar la bahía, pero de veras, hasta el fondo, y la cosa estaba complicadísima. Necesitaban cerrar Acapulco durante tres años. Tres años, abuelito, eso duraba la limpieza, pero era la única forma de acabar con la contaminación. Claro, se echaron para atrás. Nadie hizo caso del estudio porque imagínate lo que eso iba a significar para los hoteles y los restoranes y la industria turística. Hay muchos intereses allí. Intereses extranjeros. Se mueven muchos millones, y ni los grandes capitalistas ni el gobierno estaban dispuestos a sacrificar sus ganancias de tres años. Mejor no menearle. Chitón. Por supuesto nadie se enteró del estudio de los japoneses. Lo guardaron. Lo escondieron muy bien. Y ahora salen con esa campaña de que no, la contaminación en Acapulco es mínima, señores, no hay ningún problema; con unos cuantos remedios por encimita se puede limpiar la bahía. Ya se limpio, dicen los periódicos. Mentiras. Todo lo que publican los periódicos sobre la contaminación en Acapulco son puras mentiras. ¿A poco no es cierto, abuelito?

ABUELO: Muy cierto, Malú.

MALÚ: Periódicos vendidos. Sólo publican lo que les dice el gobierno. Nadie se atreve a escribir la verdad. Y la verdad es que Acapulco es un basurero espantoso, abuelito. Con que te metas al mar te das cuenta; no hay necesidad de estudios japoneses ni de nada para notar que es un peligro bañarse allí... Así le va luego a la gente. Tú nomás pregunta. De cada familia de turistas que va a Acapulco hay por lo menos una que regresa con una infección intestinal. Está comprobadísimo. Mi mamá conoce a un médico que trabaja en un laboratorio clínico; ese que está en Yucatán, ¿te acuerdas, abue?, donde te llevé aquella vez para que te sacaran tus pruebas de sangre. ¿Te acuerdas?

ABUELA: Sí, cómo no.

MALÚ: Bueno, pues uno de los médicos de allí, que es amigo de mi mamá, le estaba diciendo que la mitad, casi la mitad de los análisis que hacen en el laboratorio son de gente que se enfermó en Acapulco. Así como lo oyes, sin exagerar. Y es que de veras, la cosa está gravísima. Yo no me imaginaba a qué grado hasta ahora que fuimos Chela y yo. Ves el mugrero, abuelito, no te lo cuentan: lo ves con tus propios ojos en la playa toda sucia, en la Condesa. Qué horror. Dios me libre... Luego, con lo delicada que es Chela para la panza, además que ya venía mala desde México con su diarrea, no, ni pensarlo. Mejor Puerto Escondido y el montón de playitas que hay en toda la costa, desde Guerrero hasta Oaxaca. Fue un viaje padrísimo. De maravilla. Qué playas, abue. Unas playas azules, azules, donde el agua es todavía transparente. Se ven hasta los pescaditos. Te metes y te hacen cosquillas en las piernas... Y poca gente, además. Bueno, ya ni tan poca. Dicen que cada vez más el turismo se está yendo para esas playas, y va a llegar el día en que también se llenen de hoteles y de basura. Por lo pronto todavía están muy tranquilas. Sobre todo las que están fuera de la carretera y hay que llegarles por una brecha bien angosta. Fuimos a una, ¿cómo se llama? Una playa preciosa en una bahía de este tamaño, como de cuento de hadas. ¿Cómo se llama? Cerca de Puerto Escondido. Se llama... Bueno, luego me acuerdo. Ahí casi nadie llega porque el camino es muy largo y hoyancudo, está fatal. Pero con su pickup, nuestros gringos, vóitelas, en un dos por tres. Ahí acampamos. Estaba haciendo un clima soñado. Dormíamos tirados en la playa, oyendo el mar toda la noche, bien romántico, bien padre... Eso sí, a mí me comieron a piquetazos los zancudos, pero fue lo de menos. La pasamos lindo con nuestros gringos. Puro relajo, puro nadar. Todo el santo día estábamos nade y nade en la playa. Yo acabé negra; miren, todavía me estoy despellejando y eso que ya pasaron, uf, cuántos días.

ABUELA: Oye Malú, ¿y tu mamá qué piensa?
MALÚ: ¿Cómo dices?
ABUELA: ¿Qué piensa tu mamá?
MALÚ: ¿Qué piensa de qué?
ABUELA: De tu viaje... de tus gringos.
MALÚ: Ay no, de los gringos no le conté nada. Ella no entiende esas cosas, no es como ustedes. Para qué me arriesgo a una discusión que a lo mejor acaba en problema. Qué caso tiene, sobre todo ahora que andamos tan bien. Nos estamos llevando de maravilla. Qué bueno, ¿no? Ella con su señor y yo haciendo mi vida como debe ser. ¿No te parece, abuelito? Coexistencia pacífica... Y luego es tan linda, tiene cada detalle. Ahora que me fui a Acapulco me dio dinero, y me prometió ayudarme para el viaje a Buenos Aires. ¿No les había contado, verdad?
ABUELA: ¿De qué?

MALÚ: De mi viaje a Buenos Aires.
ABUELA: No, nada.
MALÚ: Pues me voy a Buenos Aires, abuelita. Sensacional, ¿no? Bueno, todavía no es nada seguro, pero si todo sale como pienso, para diciembre, en las vacaciones, me echo un brinco hasta Argentina. Me invita Olga Castillo. Ella está viviendo allá y yo sólo tengo que pagar mis pasajes de avión. ¿Nunca les conté de Olga Castillo?... Es una amiga de hace siglos, la quiero muchísimo... No, nunca les hablé de ella. Cuando era niña se vino a vivir a México con sus papás y hace poco regresó a Buenos Aires porque a su papá le dieron un puesto muy importante en una compañía. Al principio ella no quería regresarse. Estaba enamoradísima de un señor casado que se pasó los años ofreciéndole matrimonio, pero nunca se la hizo buena porque su mujer no le daba el divorcio o no sé qué historia. Al rato la pobre Olga se descuidó y resultó embarazada. Una tragedia. Tuvo que abortar, el tipo aquel se hizo humo... Bueno, la decepción para la pobrecita. Y entonces sí prefirió irse con sus papás a Buenos Aires y allá la está pasando muy bien, según me escribe. Me muero de ganas de ir a verla. Ella tiene planes de que viajemos juntas por toda Argentina; puede que vayamos hasta Chile. Ojalá y se me haga, me muero de las ganas... Me encantan los viajes, abue, me encantan. Son mi pasión. Si por mí fuera me la pasaría viajando toda la vida de un lado para otro. ¿A poco no sería padrísimo? *(Transición.)* ¿Qué horas son? ¿Qué horas tienes abuelito?

Del bolsillo de su suéter, el abuelo extrae un viejo reloj redondo, sin cadena. Observa atentamente las manecillas. Tarda en fijar la vista. Tarda en hablar.

ABUELO: Las dos y media.
MALÚ: Uy, las dos y media. Me tengo que ir. *(Se levanta.)* ¿Qué lástima, verdad? Se me fue el tiempo volando, ni siquiera lo sentí. A puro hablar, claro, ¿no les digo? Soy una tarabilla incorregible, no tengo compostura... Pero es que con el tránsito que hay ahorita apenas llego.
ABUELA *(puesta en pie)*: Gracias, hija.
MALÚ: Sí, hasta eso, todavía es temprano. ¿Pero sabes qué pasa, abuelita? El maestro tenía no sé qué cosa, nos dijo, y nos adelantó la clase para las tres. Hazme favor. Es un tipo de lo más arbitrario del mundo. Siempre nos

está descomponiendo los horarios. A veces hasta nos encima las clases y nadie va, claro, yo tampoco. Ahora sí porque tengo que presentar un trabajo que nos va a contar para la calificación del examen. Es una lata. Nadie entiende sus clases y luego nos deja unos trabajos que hay que leer cincuenta libros y hacer fichas y mil cosas. Está pelonsísima su materia. Más para mí que me tiene bien fichada. Como ya me conoce y como sabe que para todo le salgo con mi rollo, él se pone durísimo conmigo. No me deja. Me trae cortita... Esta vez se va a ir de espaldas porque le preparé un trabajazo que ni se imagina. De veras que está bien hecho. Muy bien documentado, muy padre. *(Transición, se vuelve hacia el abuelo.)* Bueno, abuelito, me dio mucho gusto verte tan bien, tan cachetón. Cuídese, ¿eh? *(Hacia la abuela.)* Ya saben: si por cualquier cosa mi mamá no los puede llevar el miércoles al doctor, me echan un grito. Yo los llevo, no hay problema. Nada más me avisan con tiempo. *(Besa al abuelo, quien continúa sentado.)*
ABUELA *(puesta en pie)*: Gracias, hija.
MALÚ: Nos vemos, abuelita. *(La besa. Recoge su morral con útiles.)* Estuvo todo riquísimo... Ay, y perdóname que hoy no te ayude a lavar los trastes, pero ya no llego.
ABUELA: No te apures.
MALÚ: Mañana les hablo para ver si vino el muchacho a revisar la tele. Si no ha venido yo le hablo a Toño otra vez para que se apure. Pero no va a haber problema. Quedó muy formal, y él es muy cumplido. Ya verán. *(Se encamina a la puerta.)* Chao, abuelito. Adiós, abue.
ABUELO: Adiós, hija.
ABUELA: Adiós, Malú.
MALÚ: Chao.

Malú abre la puerta y sale de la habitación. Deja la puerta abierta.

ESCENA 2: ABUELO Y ABUELA

Luego que Malú se retira, la abuela (de pie) y el abuelo (sentado a la mesa) permanecen un lapso mirando hacia la puerta por donde Malú ha desaparecido.

Al fin, la abuela camina hasta la puerta. La cierra. Regresa a la zona del comedor.

El abuelo toma un pastelillo de la charola, con la mano, y se pone a comerlo lentamente.

ABUELA: Ay, esta Malú, esta Malú…

La abuela comienza a retirar de la mesa los platos y objetos que allí se encuentran. Primero toma la cafetera y la lleva a la estufa. La coloca sobre una de las hornillas libres que están apagadas. Regresa al comedor. Con ambas manos toma los ternos de café que utilizaron ella y Malú y va a depositarlos sobre el fregadero. Regresa al comedor. En un solo viaje, de la mesa del comedor al fregadero, se lleva los platitos donde ella y Malú tomaron los pastelillos, la cuchara que emplearon y la jarra con agua de limón. Primero deposita los cubiertos en el fregadero y luego guarda la jarra con agua de limón en el refrigerador.

ABUELO *(mientras continúa comiendo el pastelillo, lentamente)*: Es un ángel.

La abuela regresa al comedor. Retira los tres vasos de vidrio y el terno de café que utilizó el abuelo y lleva todo hasta el fregadero. Regresa al comedor. Toma el platito de queso, del que ya sólo queda un trozo pequeño, y lo guarda en el refrigerador. No muestra intenciones de continuar levantando por el momento más trastes de la mesa. Ahora se dirige al fregadero y del estante inferior extrae un pequeño bote que deja en el suelo. Inclinada en cuclillas, la abuela se ocupa durante segundos de vaciar dentro del bote unas cuantas cucharadas de jabón en polvo que sirve de un recipiente que también se encuentra en el fregadero. Cuando concluye su acción, toma del interior del fregadero un par de zacates y un trozo de fibra. Introduce los zacates y las fibras dentro del bote. Se levanta, luego de cerrar la puerta del estante inferior del fregadero. Con el agua de la llave, llena el bote y lo coloca en un rincón del fregadero, dispuesto para lavar con el jabón en polvo y los zacates los trastes sucios.

ABUELA: Un ángel, pero con cuernos y cola. Dios la bendiga.

La abuela decide aplazar el lavado de los trastes. Se dirige antes a la mesita de cocinar dispuesta a guardar en su sitio las verduras, los bisteces sobrantes, el pan y las tortillas. Primero guarda en el refrigerador, con todo y platón, las hojas y verduras que no se comieron. En el mismo viaje guarda ahí, en la zona del congelador, los bisteces sobrantes. Regresa a la mesita de cocinar y toma la cesta de pan y las tortillas envueltas en la servilleta. Guarda las tortillas dentro del trastero lo mismo que la cesta de pan, luego de volver a introducir en el envoltorio de papel las rebanadas de pan sobrantes. Regresa a la mesita de cocinar y, en viajes sucesivos, introduce las verduras que estaban en la bolsa de mandado, y que no llegó a utilizar, en la zona inferior del refrigerador. Coloca la bolsa de mandado vacía debajo de la mesita de cocinar.

Entretanto, el abuelo se ha puesto de pie y, mientras la abuela realiza las acciones descritas, él se encarga de despejar la mesa del comedor. Primero, caminando siempre con dificultad, lentamente, carga el altero de platos de vajilla que no se emplearon y los lleva al trinchador. Abre la puerta e introduce los platos. Regresa a la mesa. En un mismo viaje guarda, dentro del trinchador, los cubiertos limpios, no utilizados, y la azucarera. Regresa a la mesa del comedor. Toma el platito donde le fue servido el postre y, junto con la cuchara, lo lleva al fregadero y lo deposita ahí. Vuelve a la mesa. Levanta la charola de pastelillos y va a depositarla en la cubierta del trinchador. La cubre con una de las servilletas que se emplearon durante la comida. Luego de sacudir y doblar las otras dos servilletas, las guarda dentro del trinchador. En la mesa ya solo queda el mantel. El abuelo lo retira, haciendo con él una especie de bulto para que las migajas no caigan en la zona del comedor y se dirige con él al área de la cocina. Ahí lo sacude, dejando que las migajas caigan en el suelo.

Durante estas tareas del abuelo y la abuela ocurre el breve dialogo entre los ancianos.

ABUELO: Está cada día más linda. Te encanta oírla.
ABUELA: Pero qué cosas dice.
ABUELO: Es una buena muchacha.
ABUELA: Eso sí.

Cuando el abuelo está sacudiendo el mantel en el área de la cocina, la abuela ha concluido las acciones descritas anteriormente, o las suspende para ayudar al abuelo a doblar el mantel. Lo doblan entre ambos. Él se queda con el mantel y va a guardarlo en el trinchador del comedor. La abuela concluye sus tareas y se dirige al fregadero para comenzar a lavar los trastes.

Después de guardar el mantel, el abuelo va a la mesita de cocinar. Toma el cuchillo de cocina, el abrelatas y la tabla de picar y los lleva al depósito del fregadero.

La abuela ha abierto la llave y, durante toda su acción de limpieza, deja caer el chorro sobre el vertedero para facilitar sus acciones. Empieza con la vajilla. Valiéndose del zacate, que continuamente remoja en el botecillo con la solución de jabón en polvo, enjabona y lava el primer plato hondo. Lava el segundo. Lava el tercero. A medida que concluye con cada pieza la va depositando en el escurridor del fregadero. De ahí las toma el abuelo para secarlas con un trapo secador que extrajo del trastero o tomó de un colgador.

Ambos ancianos realizan en compañía la tarea del lavado, delatando que es una acción rutinaria a la que están acostumbrados desde hace años.

La abuela lava el primer plato extendido. Lava el segundo. Lava el tercero. El abuelo los seca y, cuando ha reunido un grupo de platos ya secados, los encima y los conduce al trinchador del comedor donde procede a guardarlos.

La abuela enjabona y lava las tazas de la vajilla. La primera, la segunda, la tercera. Lava los platos del café y del pastel. Un plato, dos platos, tres platos, cuatro platos, cinco platos, seis platos. Tal vez uno más. El abuelo los seca y, en un par de viajes, los lleva al trinchador y los guarda.

La abuela enjabona y enjuaga los vasos de vidrio. Un vaso, dos vasos,, tres vasos, cuatro vasos. Los deposita boca abajo en la zona de escurrir del lavadero sin que el abuelo denote intención, por el momento, de guardarlos.

La abuela lava la vajilla de peltre que utilizó para los residuos de las verduras. El abuelo la seca y la lleva al trastero de pie, donde la guarda.

La abuela lava el recipiente de vidrio que utilizó para las verduras. El abuelo lo seca y lo guarda en el trastero.

La abuela lava los cubiertos. Un cuchillo, dos cuchillos, tres cuchillos, cuatro cuchillos. Un tenedor, dos tenedores, tres tenedores. Una cuchara, dos cucharas, tres cucharas. Una cucharita, dos cucharitas, tres cucharitas, cuatro cucharitas. Un cuchillo de cocina. El abrelatas. El cucharón. El abuelo seca uno por uno, a medida que la abuela los va depositando en la zona de escurrir, los cubiertos. Cuando reúne un grupo considerable de cubiertos de mesa, empuña el conjunto y lo lleva a guardar al cajón del trinchador; se entretiene guardándolos ordenadamente en su sitio.

Al terminar de guardar los cubiertos, el abuelo regresa al área de la cocina. De pronto, en un gesto impulsivo que denota gran ternura, se aproxima a la abuela y, de lado, casi a sus espaldas, enhiesta la cabeza y le imprime un beso en la mejilla.

La abuela se da la vuelta para quedar frente al abuelo. Sonríe conmovida. Se frota la mano en el delantal y luego, también con un gesto de profunda ternura, acaricia suavemente la cabeza cana del abuelo. Permanecen unos segundos mirándose, silenciosamente.

La abuela gira nuevamente hacia el fregadero.

ABUELA: Déjame, yo acabo.
ABUELO: Voy a poner un disco.

Lentamente, el abuelo sale del área de la cocina, cruza el comedor y llega hasta el mueble del tocadiscos. Se inclina frente al compartimiento donde guardan los discos y ahí ocupa varios segundos en elegir una grabación. Al fin se decide. Extrae un disco y lo saca de su cubierta que deja encima del mueble. Con una pequeña franela que se encuentra junto al aparato limpia cuidadosamente la superficie del disco. Deja la franela. Toma el disco y lo ensarta en el poste del aparato. Lo enciende. Se cerciora de que el automático funcione.

Hasta que no se empieza a escuchar la música, el abuelo no se retira del sitio. Gradúa el volumen para que la música se escuche en la habitación con suavidad.

(El disco es una grabación de Las cuatro estaciones de Antonio Vivaldi. Lo coloca, equivocadamente quizá, en la cara número 2, la que corresponde a El otoño —concierto número 3 en fa mayor, op. 57— y a El invierno —concierto número 4 en fa menor, op. 442.)

El disco se escuchará hasta el término de la obra.

Instalado el disco, el abuelo se dirige al sillón que ocupó durante el primer acto y toma asiento. Permanece ahí casi inmóvil, con un gesto de notable placidez, escuchando con delectación una música que parece serle bien conocida.

Durante las acciones del abuelo, la abuela ha proseguido el lavado de los trastes. Ha lavado el exprimidor de limones y la tabla de picar, y colocado ambos utensilios en la zona de escurrir del fregadero.

Luego se dirige a la mesita de cocinar después de sacar del trastero de pared un recipiente de plástico con tapa hermética. Dentro de él vacía la sopa que quedó en la sopera. Cierra el recipiente. Lo lleva al refrigerador y ahí lo guarda. Regresa a la mesita de cocinar. Toma la sopera y la lleva al fregadero. Vuelve a la mesita de cocinar por el vaso de la licuadora. Separa el vaso de la licuadora del soporte y lo conduce al fregadero. Ahora se pone a lavar, escrupulosamente, la sopera y el vaso de la licuadora. Varias veces enjabona este último y lo enjuaga. Lo pone en el escurridor del fregadero boca abajo. Con el mismo trapo secador que utilizó el abuelo, seca la sopera y la coloca, ya limpia, en el escurridor. Enseguida toma los vasos que se encuentran ahí, los embona uno en otro hasta formar una pequeña torre y se encamina hacia el trinchador con ellos. En la otra mano lleva la sopera limpia. Deposita los vasos y la sopera encima de la cubierta; se inclina para abrir las puertas del trinchador y luego procede a acomodarlos en su sitio desembonando cada vaso. Cuando termina, cierra la puerta del trinchador y va a la estufa. Toma la olla donde se cocinaron las verduras y la sartén y los lleva al fregadero. Lava cada uno de ambos trastes. Primero la olla de aluminio y luego la sartén. En esta última emplea más tiempo porque necesita utilizar la fibra para desprenderle las costras que han dejado los bisteces y el aceite quemado. Frota y frota el depósito de la sartén hasta que consigue dejarlo limpio y lo enjuaga. Cierra la llave de agua como ha estado haciéndolo intermitentemente cuando no precisa de agua para enjuagar, y se pone a secar con el trapo la olla de aluminio y la sartén. Una vez secas, guarda cada una de ellas en su sitio: en el trastero de pie o dentro del horno de la estufa. En viajes sucesivos procede después a despejar todos los objetos que quedan en la mesita de cocinar. Retira la botella de aceite, que guarda en el trastero de pie, y el salero, que guarda en el trastero de pared. En la mesita de cocinar sólo queda, finalmente, la base de la licuadora. Va hacia el fregadero. Con el trapo de secar seca el exprimidor de limones, la tabla de picar verduras y el vaso de la licuadora. Toma la tabla de picar y el exprimidor de verduras y los lleva a guardar dentro del trastero. Regresa por el vaso de la licuadora que conecta de nuevo sobre su base, ya desenchufada del contacto, y tomándola con ambas manos conduce la licuadora al trinchador del comedor, donde la guarda.

Terminado el lavado de los trastes y su acomodo (durante la acción ha tenido cuidado de arrojar varias veces en el bote de la basura los residuos que hayan quedado por ahí), la abuela se dirige a la puerta que conduce a la azotehuela. La abre, y sin necesidad de salir del cuarto toma la cubeta y el trapeador que se encuentran en el patiecillo, muy cerca de la puerta, y con ellos regresa a la cocina. Deja el trapeador a un lado, retira del interior de la cubeta una jerga y carga la cubeta para depositarla en el interior del fregadero. Abre la llave de agua y deja que el chorro llene una tercera parte de la capacidad de la cubeta. Mientras la cubeta se llena, la abuela toma la jerga, la moja en el agua, y con la jerga húmeda procede a limpiar la superficie de la mesita de cocinar. Antes de terminar su acción, regresa al fregadero para cerrar la llave de agua y retirar la cubeta. La carga, la deposita en el suelo. Introduce el trapeador en la cubeta. Lo saca rápidamente. Con el trapeador mojado procede a trapear el piso de la cocina, acción que realiza con cuidado, con paciencia, con habilidad. Al concluir, introduce el trapeador dentro de la cubeta y coloca la cubeta a un lado del fregadero, donde no representa un estorbo.

La abuela procede a las últimas acciones de la limpieza de la cocina. Toma nuevamente la jerga y la lleva al fregadero para mojarla más. Abre la llave, moja la jerga y empieza a frotar con ella el fregadero, la estufa. Se olvida, sin embargo, de cerrar la llave. El chorro cae inútilmente.

Procedente del dormitorio de la vivienda se escucha el primer timbrazo inconfundible de un teléfono.

ABUELO: El teléfono.

Al sonido del teléfono, mientras pronuncia sus dos palabras, el abuelo muestra intención de levantarse poniendo una mano en el antebrazo del sillón para apoyar el cuerpo en el brazo. Interrumpe su movimiento ante la reacción de la abuela.

La abuela se ha vuelto de inmediato. Da las espaldas al fregadero.

ABUELA: Deja, yo contesto.

Secándose las manos en el delantal, la abuela sale del área de la cocina, cruza el comedor y el área de la sala y desaparece por la puerta que conduce al dormitorio. El teléfono continúa sonando. La llave abierta del fregadero deja escapar inútilmente el chorro.

ESCENA 3: ABUELO

El abuelo ha quedado solo en el cuarto. La música del tocadiscos se sigue oyendo. El teléfono del dormitorio deja de sonar, dándose a entender que la abuela ha descolgado la bocina.

Tan pronto ha desaparecido la abuela, el abuelo advierte que la llave del agua del fregadero se ha quedado abierta. Decide levantarse del sillón. Lo hace, como siempre, dificultosamente. Cuando está de pie va a encaminarse hacia el fregadero, con evidente intención de cerrar la llave del agua, pero apenas ha avanzado dos pasos, tal vez tres, cuando tiene una súbita reacción. Se frena repentinamente como si un fuerte dolor, a la altura del pecho, lo mordiera. Expresando con una mueca el fuerte dolor que siente, se lleva la mano al pecho, se tambalea. Quiere gritar, pero no logra emitir sonido alguno. Retrocede buscando apoyo. Lo encuentra en la mesita que está a punto de derribar y al fin, retrocediendo, logra caer sentado en el sillón. El dolor parece llegar a un clímax que termina fulminando al abuelo. Éste queda exánime en el sillón, con los brazos sueltos y la cabeza ligeramente caída. Tiene los ojos abiertos, la boca también abierta pero con una mueca que refleja una cierta tranquilidad. De ninguna manera es una mueca patética. El abuelo está evidentemente muerto.

ESCENA 4: ABUELO Y ABUELA

La abuela aparece nuevamente en el cuarto procedente del dormitorio. Sin volverse a mirar al abuelo cruza directamente hacia el área de la cocina. Lo hace con cierta rapidez al advertir que la llave del agua del fregadero está abierta. Habla mientras cruza el comedor y llega a la cocina.

ABUELA: Eran los de la televisión. Que mañana vienen a componerla.

La abuela cierra la llave de agua. Sin sospechar aún lo acontecido al abuelo se ocupa aún de limpiar, con la jerga húmeda, la superficie del fregadero. La exprime varias veces, retorciéndola, en el depósito. Al fin muestra intenciones de girar el cuerpo como para decir algo al abuelo. La música del tocadiscos está por concluir.

ABUELO: Oye...

En el momento en que la abuela va a girar para quedar con la mirada hacia el abuelo ocurre el

OSCURO FINAL

MARTIRIO DE MORELOS

PIEZA EN DOS PARTES Y UN PRÓLOGO
(1981)

PERSONAJES

La historia
    Morelos
    Lector

El virreinato
    Virrey (Félix María Calleja)
    Auditor de la Jurisdicción (Miguel Bataller)
    Defensor 1 (José María Quiles)

La Iglesia
    Eclesiástico, de la Jurisdicción Eclesiástica (Félix Flores Alatorre)
    Inquisidor 1 (Manuel de Flores)
    Fiscal inquisidor (José Antonio Tirado y Priego)
    Inquisidor 2 (fray Domingo Barreda)
    Inquisidor 3 (fray Luis Carrasco)
    Alcalde de las cárceles de la Inquisición (Esteban de Parra y Campillo)
    Defensor 2 (José María Rozas)
    Arzobispo (Pedro de Fonte / Antonio Vergara y Jordán)
    Sacerdote (padre Salazar)

El ejército
    Militar (Manuel M. Concha, teniente / coronel)

Los insurgentes
    Insurgente 1

Insurgente 2
Insurgente 3

Los demás
Un secretario de la Jurisdicción Unida. Un secretario de la Jurisdicción Militar. Un pintor del virrey. Miembros del tribunal de la Jurisdicción Unida. Miembros del tribunal de la Inquisición. Miembros del tribunal de la Jurisdicción Militar. Soldados realistas. Insurgentes. Pobladores de la región. Civiles y políticos.

ESCENARIO

Escenario escueto, casi vacío. A lo sumo, una plataforma elevada a escasa altura. Sobresale a la izquierda, hacia el proscenio, un gran atril que soporta un libro de enormes dimensiones.

LA ACCIÓN

En Tezmalaca, México y Ecatepec, del cinco de noviembre al veintidós de diciembre de 1815.

PRIMERA PARTE

1. PRÓLOGO

Escenario en penumbras. Morelos entra por la derecha. Inexpresivo, con paso lento, recorre el espacio hasta llegar, como si lo hiciera casualmente, al libro del atril. Lee distraídamente en las páginas en que se encuentra abierto. Parece interesarse. Hojea el libro. El lector entra por el fondo. Ocupado en su tarea, Morelos tarda en advertir la presencia del lector, quien lo mira atentamente, a distancia. Se aproxima. (El lector viste ropas contemporáneas.)

LECTOR: ¿Puedo ayudarle?

Morelos reacciona, como sintiéndose sorprendido.

LECTOR: ¿Busca usted algo? ¿Un dato, una fecha, un nombre? Estoy a sus órdenes.

MORELOS: Tal vez un nombre.

LECTOR: ¿Qué nombre? *(Lo observa, reconociéndolo.)* ¿Morelos?

MORELOS: ¿Está escrito ahí?

LECTOR *(sonríe)*: Por supuesto. José María Morelos y Pavón.

MORELOS: ¿En esas páginas?

LECTOR: En cientos, en miles de páginas, de párrafos, de frases. Rodeado de epítetos; con mayúsculas, entre admiraciones, impreso con letras sagradas. Es el nombre, de un héroe… ¿Quiere escuchar algunos textos? *(Hojea el libro. Leyendo:)* "Como caudillo, Morelos debe ocupar un lugar prominente entre los esforzados mexicanos que lucharon por la independencia de su patria. Sin elementos de ningún género cuando empezó sus campañas, supo poseerlos tomándolos al enemigo. Ninguno como él, entre los hombres de la independencia de México, desplegó tanta actividad y tantos recursos que sólo al ingenio es dable improvisar. Nadie como él paseó sus armas triunfantes en mayor extensión del territorio nacional"… "Si grande fue su visión política, mayor lo fue su visión social"… "La piedra angular de la obra constructiva de Morelos es su ejemplo de hombre sincero y fuerte que inicia una causa fundado solamente en el ideal y va hasta el fin con la victoria o con la adversidad, pero hasta el fin."

MORELOS: Todo eso ¿está escrito ahí?

LECTOR: Y más. Biografías exhaustivas, estudios históricos sobre su genio político… Por si fuera poco, hay monumentos y estatuas de Morelos en todas las ciudades. Un estado de la República lleva su nombre. Valladolid se llama ahora Morelia.

MORELOS: ¿Valladolid?

LECTOR: Hasta en las monedas que hoy usamos está Morelos. *(Extrae una moneda que hace volar.)* Mire.

MORELOS *(atrapa la moneda en el aire; la examina)*: Cierto.

LECTOR: Se necesitarán muchas horas de muchos días para enunciar todo lo que en este país hace referencia al héroe.

MORELOS: Eso quiere decir, entonces, que fue perdonado.

LECTOR: ¿Quién tenía que perdonarlo?

Morelos: El país... ese libro. La historia.

Lector: Le digo que la historia no hace sino exaltarlo. Hasta sus enemigos eventuales reconocen su estatura de gigante. Cerciórese. Todo está registrado.

Morelos: También sus últimos momentos, supongo.

Lector: ¿Sobre sus últimos momentos? *(Revisa el libro.)* Morelos fue víctima de juicios infames. Se le insultó, se le humilló. Sus jueces lo trataron como a un endemoniado. Fue un mártir.

Morelos: ¿Emplea el libro la palabra mártir?, ¿textualmente?

Lector: Textualmente. Mártir de la patria. Aquí esta. *(Leyendo:)* "Morelos es imaginado como un símbolo... por la admiración y el cariño que su heroísmo y su martirio le conquistaron".

Morelos: Un martirio que no resistió.

Lector: Históricamente hablando es imposible determinarlo.

Morelos: No, no lo resistió... El fin se precipitó de golpe como un terremoto. Fue demasiado para su ánimo herido en las últimas batallas: derrota tras derrota; debilitado por tantas disputas entre sus compañeros insurgentes; sumido en la desesperanza... Quedó solo frente al enemigo. Abandonado en un campo de batalla que no era el suyo, sin armas para esa lucha.

Lector: El libro dice...

Morelos: El libro no sabe lo que fueron esos últimos días.

2. LA APREHENSIÓN

En el fondo del escenario, Morelos se reúne con un grupo de insurgentes armados de fusiles, lanzas, palos. Morelos lleva un sable en la mano. A la derecha, en el proscenio, el virrey se encuentra con el militar. A la izquierda, el lector frente al atril.

Lector *(revisando el libro)*: A fines de octubre y en los primeros días de noviembre de 1815, el ahora pequeño ejército de Morelos cruzaba a marchas forzadas territorio enemigo. Su misión era poner a salvo a los miembros del Congreso Constituyente, mantener a flote la última esperanza de aquella revolución que empezaba a naufragar bajo el azote implacable de las tropas realistas, bajo las divisiones y rencillas de los jefes insurgentes, bajo el caos y el desánimo.

Militar *(al virrey)*: El día dos del corriente, la sección del teniente coronel don

Eugenio Villasana y la mía nos reunimos en Zazamulco y acordamos realizar una persecución continuada al rebelde Morelos que con su cuadrilla marchaba por la margen del río en dirección al pueblo de Atenango. Tres días completos nos ocupó esta persecución hasta que el cinco, a las nueve de la mañana, nuestra sección avistó la retaguardia enemiga.

LECTOR: Morelos logró cumplir su última misión militar, salvar a los miembros del Congreso, pero al cubrirles la retirada quedó solo frente a las tropas realistas.

Un grupo de soldados realistas entra en el escenario y de inmediato emprende la persecución del grupo de Morelos. La persecución dentro del foro se lleva a cabo mientras el militar profiere su relación al virrey.

MILITAR: De inmediato formamos tres divisiones y emprendimos el rumbo hacia unas lomas contiguas donde Morelos se había replegado al recibir la noticia de nuestra aproximación. En esta disposición se emprendió el ataque con un fuego bastante vivo por ambas partes. Pero como todos los cuerpos bajo mi mando cumplieron perfectamente con sus deberes, los rebeldes se dispersaron en precipitada fuga. Los seguimos en todas direcciones. Uno de mis cuerpos tomó rumbo a un gran cerro contiguo a la loma por donde se llega a un cañón donde seguramente el grupo rebelde trataba de hacerse fuerte. Mi valiente caballería lo atajó a tiempo e hizo una mortandad horrorosa a la infantería enemiga.

Se escenifica la batalla. Varios insurgentes caen en el foro. Tres huyen y se esconden en diferentes puntos del escenario. Morelos queda solo, en el centro, empuñando su sable.

MILITAR: Luego, en una cañada, tomamos prisionero a Morelos, que se entregó sin mayor resistencia.

Los soldados realistas rodean a Morelos. El militar va hacia él.

MILITAR: Es usted mi prisionero.

Morelos entrega su sable al militar. El resto de los soldados realistas se acerca a Morelos, rodeándolo. Lo miran con curiosidad, con alegría; algunos se mofan de él.

MILITAR *(al virrey)*: A las cinco de la tarde, cuando todos los cuerpos se reunieron, la vista del prisionero les produjo tal gozo que se olvidaron del hambre, de la sed y de la fatiga que nos había acompañado durante aquellas tres jornadas.

También se aproximan a Morelos civiles, gente del pueblo.

MILITAR: Esa alegría se siguió manifestando por todos los pueblos donde he transitado llevando al preso Morelos. Las cuadrillas salen a ver y a conocer al monstruo, al autor de las desgracias que por él les han sobrevenido.
MORELOS *(al militar, molesto por los curiosos)*: ¿Va a fusilarme, teniente?
MILITAR: ¿Qué haría usted si yo hubiera caído prisionero de su tropa?
MORELOS: ¡Yo le doy dos horas para confesarse y lo fusilo!

Los insurgentes fugitivos que se habían escondido en diversos puntos del escenario se hacen visibles.

INSURGENTE 1: ¡Soldados! ¡Acabamos de ser testigos de un hecho que cubre de luto nuestro corazón!: el arresto del señor generalísimo don José María Morelos: el ornamento de la América mexicana, el héroe del sur cuyo solo nombre hacía retemblar a nuestros tiranos y ha forzado la admiración en la Europa, el sostén de nuestra gloria, nuestro padre, ¡el gran Morelos!
INSURGENTE 2: Este acontecimiento que llorará la nación mexicana no debe precipitarnos en el abandono, en la desolación y el despecho. Debe aumentar nuestro valor. Debe armar el brazo de todo americano y hacerlo volar irritado a buscar enemigos a los campos de batalla para vengar su sangre tan preciosa.
INSURGENTE 3: Juremos todos vengar su sangre. Repitamos este propósito a la tarde, a la mañana, a la noche y a todos los instantes de nuestra vida. ¡Mueran sus asesinos!
INSURGENTE 1: Lavemos con la sangre de sesenta mil europeos tiranos que habitan esta América la sangre de nuestro amado y querido general.
INSURGENTE 2: ¡Guerra!
INSURGENTE 3: ¡Guerra y odio eterno a los asesinos del gran Morelos!

Los insurgentes huyen del escenario perseguidos en vano por los soldados realistas.

MILITAR (*al virrey*): ¿Escuchó eso, excelencia? Lo dan por muerto.
VIRREY: Ladran como perros rabiosos.
MILITAR: La rabia de los impotentes. (*Pausa.*) Aguardo sus órdenes.
VIRREY: Por lo pronto es necesario trasladar de inmediato al prisionero a la ciudad de México.

El militar hace una seña a los soldados realistas y éstos conducen a Morelos fuera del escenario. Salen todos los soldados y los civiles curiosos. El virrey se pasea meditabundo. Entran el auditor, representante de la Jurisdicción Real, y el eclesiástico, representante de la Jurisdicción Eclesiástica. Este último permanece atrás, rezagado.

VIRREY: Procederemos luego a la formulación de un juicio.
MILITAR: Un juicio militar, sumarísimo, para que sea pasado por las armas cuanto antes.
VIRREY: Un juicio en regla.
AUDITOR: La Jurisdicción Real está pronta a cumplir con sus obligaciones en el momento en que usted lo determine, excelencia.
MILITAR: Para que el escarmiento surta efecto y para acallar de una vez por todas las proclamas sediciosas se necesita actuar con rapidez. Ésa es mi opinión.
VIRREY: Recuerde que no se trata de un rebelde más, teniente, sino del más importante de los cabecillas.
AUDITOR: El único que representaba un verdadero peligro para el reino.
MILITAR: Justamente por eso. Sobran las evidencias. Fue cogido con las armas en la mano, combatiendo. La justicia militar no requiere más pruebas... Él habría fusilado de inmediato a cualquiera de nosotros. Lo dijo.
VIRREY: Pero nosotros no somos gavilleros, teniente. Somos el orden y la legalidad. Los representantes del rey y de Dios.
ECLESIÁSTICO (*avanzando*): Los representantes de Dios. Su excelencia lo ha dicho muy bien... Nadie, ni el poder real ni el poder militar puede tocar un cabello del prisionero. Morelos es un sacerdote de Jesucristo. El fuero eclesiástico lo protege.
MILITAR: Con la Iglesia topamos siempre.
ECLESIÁSTICO: Con Dios, teniente. Es Dios el que protege la vida de los ministros de su santa Iglesia... Sería indecoroso, señala textualmente el Concilio de Macón, que los sacerdotes fuesen sometidos al juicio de los secu-

lares a quienes administran la eucaristía y los demás sacramentos. El clero constituye una clase especial, y como clase especial merece ser juzgada por un tribunal especial. Son los derechos de la Iglesia.

MILITAR: Y por culpa de esos derechos no podemos degollar a las docenas de curas que andan soliviantando a los pueblos. ¡Ya son más de cien, excelencia! Todos amparados por el fuero eclesiástico.

ECLESIÁSTICO: Eso no es exacto.

MILITAR: De qué sirven entonces las condenas y las excomuniones si todavía, a pesar de ellas, la Iglesia reclama a sus curas rebeldes y les protege la vida.

VIRREY: Disculpen la vehemencia del teniente, señores. Yo lo comprendo. Yo también soy militar. Yo también perseguí a Morelos durante semanas y meses en los campos de batalla y sé lo que significa la gran proeza de haberlo aprehendido. Una proeza que para verse totalmente coronada exige el fusilamiento.

ECLESIÁSTICO: De seguro me expresé mal y pido disculpas. Si la Iglesia reclama a Morelos no es para sustraerlo de la justicia humana.

VIRREY: Lo sé.

ECLESIÁSTICO: Todo es cuestión de prioridades y de orden. Una vez examinado por nuestro tribunal eclesiástico y una vez degradado de su carácter sacerdotal —como lo será seguramente— el prisionero, ya convertido en un ser humano común y corriente, pasará a ser juzgado por las leyes de los hombres.

MILITAR: Formulismos.

ECLESIÁSTICO: Es el procedimiento de rigor.

MILITAR: Formulismos que se llevarán días en provecho de los rebeldes.

ECLESIÁSTICO: ¿Por qué en provecho de los rebeldes?

AUDITOR: Formemos entonces una Jurisdicción Unida. Si tanta es la urgencia para castigar al asesino, la Jurisdicción Real y la Jurisdicción Eclesiástica pueden trabajar en forma conjunta, como se ha hecho en otras ocasiones.

ECLESIÁSTICO: Comparto el punto de vista del señor auditor.

AUDITOR: Despacharíamos el asunto en... *(mira al eclesiástico)* en un lapso de una semana, doctor, ¿le parece a usted?

VIRREY: Demasiado tiempo. Estoy de acuerdo con el teniente: para la tranquilidad del país el escarmiento debe decretarse de golpe... Digamos tres días, señor.

AUDITOR: ¿Tres días, excelencia?

Eclesiástico: Tome en cuenta que hay de por medio una ceremonia de degradación.
Virrey: Un día más para su ceremonia.

Entra un grupo de frailes encabezados por el inquisidor 1.

Virrey: Adelante, señor inquisidor. Adelante.
Inquisidor 1: Con la venia de su excelencia. (*Avanza.*) Lamento que en las sesudas deliberaciones sobre el destino del presbítero Morelos, este digno concilio se haya olvidado del tribunal del Santo Oficio.
Virrey: No. Estaba pensando en ustedes, precisamente.
Inquisidor 1: Me alegro que lo diga, excelencia.
Militar (*murmurando*): Tenían que venir los encapuchados a complicarlo todo.
Inquisidor 1: Le ruego que modere su lenguaje, señor oficial. La santa Inquisición no viene a complicar nada; al contrario, viene a esclarecer la verdad y la justicia de Dios... En un juicio tan importante como el que exige el presbítero Morelos su contribución ha de ser imprescindible para el tribunal eclesiástico.
Militar: ¿Imprescindible? Por Dios, padre, hace muchos años que la Inquisición perdió su crédito.
Inquisidor 1: ¡Señor oficial!
Militar: Si algo hicieron bien las Cortes Generales de España fue suprimirla.
Inquisidor 1: Pero fue restablecida felizmente, no se le olvide.
Militar: Por razones políticas. Porque se pensó que era una fuerza para ahogar la rebelión en la Nueva España. ¡Y voto al cielo, no ha servido para nada! Su excelencia lo sabe mejor que yo. Finalmente los que hemos contenido y acallado a los rebeldes hemos sido nosotros: el ejército. Las condenas de la Inquisición ya no asustan a nadie.
Inquisidor 1: ¡Está blasfemando!
Militar: ¡Es la verdad!
Virrey: Señores, por favor. No estamos aquí para dirimir desacuerdos personales... Desahogue su asunto, señor inquisidor. Y le suplico que sea breve.
Inquisidor 1: Trataré de serlo, excelencia. (*Extrayendo papeles.*) El promotor fiscal del Santo Oficio se ha tomado la molestia de redactar un pedimento en donde demuestra que el perverso cabecilla Morelos, al alistarse bajo las banderas del hereje cura de Dolores, Miguel Hidalgo, incu-

rrió en las excomuniones fulminadas por algunos obispos y especialmente por el edicto de este Santo Oficio de fecha trece de octubre de 1810, que a la letra dice...

El inquisidor 1 se interrumpe para buscar en sus papeles la cita. Los revuelve. Ante la impaciencia de los presentes, en especial del militar, se dirige ansioso al grupo que forman los demás miembros de la Inquisición, quienes también buscan inútilmente el papel respectivo. Los alivia de improviso la intervención del lector, desde el atril.

LECTOR *(leyendo)*: Declaramos incursos en la pena de excomunión mayor y en el crimen de fautoría sin excepción a cuantas personas aprueben la sedición de Hidalgo, reciban sus proclamas, mantengan su trato y correspondencia y le presten cualquier género de ayuda o favor. Lo mismo a los que no lo denuncien y obliguen a no denunciarlo, a los que favorezcan sus ideas revolucionarias y de cualquier modo las promuevan y propaguen.

INQUISIDOR 1 *(regresando ante el virrey)*: Edicto reafirmado el veintiséis de enero de 1811.

MILITAR *(impaciente)*: Resulta ocioso todo esto excelencia.

INQUISIDOR 1 *(sin prestar atención al militar)*: Es claro entonces que Morelos ha incurrido en el crimen de fautoría. Pero no solamente. A la funesta insordencia a las citadas excomuniones, el promotor fiscal del Santo Oficio agrega oportunamente que Morelos suscribió el decreto constitucional hecho en Apatzingán en veintidós de octubre de 1814, calificado de herético por los doctores de la Inquisición. Por tanto, el Santo Oficio acusa a Morelos de ser no sólo sospechoso de herejía sino verdadero hereje. En virtud de lo cual debe ser castigado como hereje conforme al derecho canónico.

VIRREY: En pocas palabras, la Inquisición reclama también al reo para juzgarlo.

INQUISIDOR 1: Para juzgarlo y convencerlo de sus errores, excelencia. El nuestro es un tribunal de misericordia.

MILITAR *(irónico)*: Nadie lo pone en duda.

VIRREY: Lo que prolongará inevitablemente el proceso. Pero no puedo evitarlo, ¿verdad?

ECLESIÁSTICO: Es conforme al derecho canónico.

INQUISIDOR 1: Los resultados compensarán de sobra el esfuerzo, excelencia. Si el Santo Oficio, como es presumible, declara apóstata y hereje al presbítero Morelos, un fallo de tal envergadura se convertirá, tal vez, en el medio más eficaz para extinguir la rebelión y conseguir el imponderable bien de la pacificación del reino.

Militar: No me haga reír, padre, por favor. A Hidalgo lo declararon hereje y apóstata y los curas siguieron levantándose... Ahí está Morelos, lo estamos viendo.

Auditor: Pero Morelos ha sido más importante y ha logrado mayor ascendencia sobre el pueblo que Hidalgo, ¿no lo dijo usted mismo? Además, piense en otro aspecto, teniente. En el impacto que estos juicios causarán en el espíritu del cabecilla. Se ablandará, estoy seguro, si es que no se ha ablandado ya. Conseguiremos de él las confidencias que hagan falta.

Militar: Morelos es un hombre fuerte.

Auditor: Nadie es fuerte en la derrota.

Eclesiástico: Menos cuando se está a punto de comparecer ante Dios con la conciencia culpable... Él es un sacerdote, teniente, no un escéptico como usted. Fue educado en el santo temor de Dios. Sabe lo que es la condenación eterna.

Virrey: Basta, señores, no prolonguemos más esta discusión. Arréglense como mejor convenga para que ambos procesos, el de la Jurisdicción Unida y el de la Inquisición, no se lleven más de cuatro días.

Inquisidor 1: ¿Cuatro días solamente, excelencia?

Virrey: Discútanlo entre ustedes, no puedo perder más tiempo.

Militar: Tomaré las providencias necesarias para que mi prisionero...

Inquisidor 1 *(interrumpiendo)*: ¿Su prisionero, teniente?... Puesto que va a ser juzgado por nosotros, el reo deberá ser confinado a las cárceles de la Inquisición. ¿No es así, excelencia?

Virrey *(al militar)*: Ordene que el prisionero sea entregado de inmediato al tribunal del Santo Oficio.

Militar *(cuadrándose de mala gana)*: Haré que su mandato se cumpla hoy mismo, excelencia. *(Va a salir. Rezonga ante el eclesiástico y el inquisidor 1:)* Siempre... siempre se salen con la suya.

Virrey *(llamándolo)*: Perdón, teniente, olvidaba decirle algo. Haga saber a los miembros de su tropa que por voluntad del virrey todos los que participaron en la heroica aprehensión del rebelde Morelos serán recompensados y ascendidos. Usted el primero... coronel.

3. PROCESO DE LA JURISDICCIÓN UNIDA

Se forma un tribunal integrado por miembros de las jurisdicciones Real y Eclesiástica con sus respectivos representantes: el auditor y el eclesiástico. El lector frente al atril hojea el libro y lee mientras Morelos hace su entrada para situarse frente a sus jueces y prestar juramento.

LECTOR: A las once de la mañana del día veintidós de noviembre de 1815, José María Morelos compareció ante la Jurisdicción Real y la Jurisdicción Eclesiástica unidas para someterse al proceso ordenado por el virrey. Luego de prestar juramento como sacerdote, bajo el cual se comprometió a decir verdad, fue interrogado a lo largo de toda la mañana y toda la tarde de ese mismo día.

AUDITOR: ¿Nombre completo y apellidos?
MORELOS: José María Morelos y Pavón.
AUDITOR: ¿Edad?
MORELOS: Cincuenta años dos meses.
AUDITOR: ¿Origen?
MORELOS: Español.
AUDITOR: ¿Español dice usted?
MORELOS: Nacido en la Nueva España, en Valladolid.
AUDITOR: ¿Actividad o profesión?
MORELOS: Fui cura de Carácuaro, en el obispado de Valladolid.
AUDITOR: ¿Sabe por qué está preso, señor Morelos?
MORELOS: Entiendo que por haber tomado las armas para combatir en la revolución de la independencia.
AUDITOR: Cuando fue hecho prisionero el día cinco de los corrientes en Tezmalaca, ¿hizo usted resistencia a las tropas del rey?
MORELOS: Sí, me batí con ellas, pero pensando que eran tropas de España, no del rey.
AUDITOR: ¿Qué le hizo pensar que no eran tropas del rey?
MORELOS: Entre los insurgentes no se sabe, de cierto, que el rey haya vuelto a España.
AUDITOR: ¿No leen acaso las gacetas del gobierno de México? Allí consta que el rey, nuestro señor don Fernando Séptimo, ha sido felizmente restituido en el trono.
MORELOS: Sí se leen las gacetas oficiales pero no se les da mucho crédito.

AUDITOR: ¿Tampoco dieron crédito a la proclama del excelentísimo señor ministro universal de las Indias, donde se manifestaba el venturoso advenimiento de su majestad y se convidaba a los rebeldes a la paz, ofreciéndoles el perdón?

MORELOS: No recuerdo haber oído nada acerca del perdón, pero sí tuve en mis manos esa proclama y la envié a los miembros del Congreso Nacional para que la analizaran.

AUDITOR: ¿Qué dijeron los miembros de eso que usted llama el Congreso Nacional?

MORELOS: Algunos le dieron crédito. Otros dijeron que aunque el rey Fernando Séptimo hubiese regresado al trono no debía ser reconocido como rey porque ahora obedecía órdenes de Napoleón.

AUDITOR: ¿Usted qué pensó?

MORELOS: Yo suspendí todo juicio.

AUDITOR: Dudó.

MORELOS: No creí nada entonces.

AUDITOR: ¿Y ahora?

MORELOS: Ahora tampoco creo nada. No sé.

AUDITOR: La verdad es que usted, desde el principio, estuvo por la independencia, señor Morelos, no por Fernando Séptimo.

MORELOS: Siempre consideré imposible el regreso del rey. Por eso luché desde el principio por la independencia.

AUDITOR: ¿Imposible, dice?

ECLESIÁSTICO: Para Dios no hay imposibles, padre. Eso lo sabe cualquier sacerdote que tenga un mínimo de fe… ¿Nunca tuvo fe en que Dios podía vencer ese obstáculo que usted imaginaba imposible?

AUDITOR: Finalmente, Dios restituyó a Fernando Séptimo en el trono.

ECLESIÁSTICO: ¿No meditó en el asunto?

MORELOS: Sí, lo medité.

ECLESIÁSTICO: ¿Y cuál fue su conclusión?

MORELOS: Estaba dispuesto a reconocer a Fernando Séptimo si regresaba como antes, no si regresaba napoleónico.

AUDITOR: ¿Qué le hacía suponer que regresaría napoleónico? Todo mundo sabe que desde hace año y medio Napoleón fue vencido y destronado y confinado a la isla de Elba. Consiguientemente el rey, nuestro señor, estaba en el trono como antes, sin influjo grande ni pequeño de aquel monstruo.

MORELOS: Corrió esa noticia entre los insurgentes pero se despreció como falsa.

AUDITOR: Admita de una vez por todas, señor Morelos, que ustedes luchaban por la independencia absoluta.

MORELOS: Sólo digo la verdad.

AUDITOR: Pero su mismo congreso, su ridículo Congreso Constituyente decretó esa independencia hace apenas un año. En términos contundentes...

LECTOR *(desde el atril, leyendo)*: El Supremo Gobierno Mexicano, deseoso de llenar las heroicas miras de la nación, elevadas nada menos que al sublime objeto de sustraerse para siempre de la dominación extranjera, y sustituir al despotismo de la monarquía de España por un sistema de administración que reintegrando a la nación misma en el goce de sus augustos imprescriptibles derechos la conduzca a la gloria de la independencia y afiance sólidamente la prosperidad de los ciudadanos, decreta la siguiente forma de gobierno.

AUDITOR *(interrumpiendo al lector con un ademán)*: Es una prueba evidentísima. Como lo es también el artículo primero de ese decreto, redactado de su puño y letra, que usted llamó "Sentimientos de la nación". *(Revisando sus papeles.)* Septiembre de 1813...

LECTOR *(leyendo)*: Que la América es libre e independiente de España y de toda otra nación, gobierno o monarquía, y que así se sancione dando al mundo las razones.

AUDITOR: Está clarísimo.

MORELOS: Repito que todo se basaba en la suposición de que Fernando Séptimo no volvería jamás al trono. O que si volvía sería contaminado.

AUDITOR: Si ésa es su declaración, no insisto más. Para mí hay evidencia en este punto.

ECLESIÁSTICO *(después de pausa)*: ¿Puede decirnos, señor presbítero Morelos, qué cargos o empleos ha tenido en la rebelión?

MORELOS: Don Miguel Hidalgo me hizo comandante de la Costa del Sur. Después, la junta de Zitácuaro me nombró teniente general y luego capitán general. Finalmente, el Congreso de Chilpancingo me hizo generalísimo. En este cargo sólo duré tres meses. El Congreso reasumió el poder ejecutivo y yo quedé como vocal del Congreso sin ningún cargo militar.

AUDITOR: Pero siguió siendo una figura importante de la rebelión. Con autoridad para asesinar oficiales del gobierno y de México, como ocurrió en Oaxaca.

Morelos: No fueron asesinatos.

Auditor: Y luego en Acapulco, en Tecpan, en Zacatula y en Ajuchitlán, por citar sólo los más recientes.

Morelos: No fueron asesinatos. Fueron fusilamientos a prisioneros.

Auditor: Fusilamientos que usted decidió.

Morelos: Los acuerdos fueron tomados por el Congreso de Chilpancingo.

Auditor: Pero usted los ejecutó.

Morelos: Sí, yo los mandé ejecutar.

Auditor: Señor Morelos, desde sus primeras campañas usted ha procurado, con todo el esfuerzo que le ha sido posible, llevar adelante su proyecto subversivo hasta conseguir la independencia, ¿no es así?

Morelos: Puse todo mi esfuerzo.

Auditor: Ese esfuerzo, ese enorme esfuerzo, ¿lo ha hecho sin reparar en los medios y en los males que trae consigo una revolución, tales como son las muertes, los incendios, los saqueos y los infinitos crímenes de los que todos sabemos?

Morelos: En los principios de mi actividad nunca preví todos esos estragos.

Auditor: Pero al darse cuenta de ellos ha continuado con sus mismas ideas, luchando con igual, o acaso con mayor esfuerzo.

Morelos: Continué con mis ideas, pero... últimamente ya no era igual.

Auditor: Ya no era igual ¿qué cosa?, señor Morelos.

Morelos: En los últimos tiempos me sentí desengañado.

Eclesiástico: Arrepentido.

Morelos: No. Desengañado... Desengañado, desengañado, desengañado.

Auditor: ¿Desengañado de qué?

Morelos: De la posibilidad de conseguir la independencia.

Auditor: Explíquese mejor.

Morelos: Teníamos dificultades entre nosotros.

Auditor: ¿Entre los jefes, en su congreso?

Morelos: Se daban muchas órdenes, muchos dictámenes que no permitían tomar providencias acertadas. Además, nos faltaban recursos.

Auditor: ¿Tomó alguna decisión?

Morelos: Para mí era difícil tomar decisiones. Ya no era más que un vocal del Congreso.

Auditor: ¿Pero alguna decisión personal?

Morelos: Por lo pronto debía cumplir la misión de trasladar al Congreso a las provincias de Puebla, o de Veracruz, donde pudiera establecerse mejor. Luego...

AUDITOR: ¿Luego qué?

MORELOS: Eso trataba de hacer cuando me aprehendieron.

AUDITOR: Y si no lo hubieran aprehendido, ¿qué hubiera hecho?

MORELOS: Pensaba... no sé. Trasladarme a Nueva Orleans, o a Caracas. Tal vez ir a España y presentarme al rey, si es que había sido restituido.

AUDITOR: Presentarse al rey, ¿con qué objeto?

MORELOS: Para pedirle perdón.

AUDITOR *(después de un silencio; dirigiéndose al eclesiástico):* ¿Alguna pregunta más?

ECLESIÁSTICO *(asiente):* Señor presbítero Morelos: la Jurisdicción Eclesiástica, que me honro en representar tiene sumo interés en saber si usted ejercía su actividad en la rebelión con pleno conocimiento y a pesar de los numerosos edictos con que las autoridades eclesiásticas han condenado con la excomunión a quienes abrazan esa causa.

MORELOS: Quiero decir...

ECLESIÁSTICO *(interrumpiendo):* Hago mención, específicamente, a la excomunión lanzada contra usted en el último edicto del excelentísimo señor don Manuel Abad y Queipo, obispo electo de Valladolid, donde lo declara hereje y excomulgado.

MORELOS: De ese último edicto del señor Abad y Queipo nunca tuve noticia. En cuanto a las demás excomuniones, no les concedí valor porque los insurgentes pensábamos que no se podían imponer a una nación independiente.

ECLESIÁSTICO: Habla ya de nación independiente.

MORELOS: Así lo considerábamos nosotros.

ECLESIÁSTICO: Excluida de la jurisdicción eclesiástica, a salvo de las excomuniones.

MORELOS: Para que las excomuniones nos afectaran tenían que venir del papa o de algún concilio general. Eso pensábamos.

ECLESIÁSTICO: ¿Ignora usted que son muchos los concilios generales que han fulminado censuras a quienes se levantan contra la soberanía de los reyes?

MORELOS: Cuando nosotros nos levantamos no había rey en España.

ECLESIÁSTICO: En una palabra, señor presbítero, usted niega autoridad a los eclesiásticos del reino.

MORELOS: En este caso sí, porque los obispos nos eran contrarios.

ECLESIÁSTICO: Sin embargo, de esos obispos que le eran contrarios, de esos obispos a los que ahora niega autoridad usted recibió las órdenes sagradas. Y en función de esas órdenes sagradas usted se arrogaba el derecho de poner y quitar párrocos y nombrar vicarios castrenses.

MORELOS: Solamente nombré a un vicario castrense y lo hice en forma provisional, pensando en hacer expeditos algún día nuestros recursos ante su santidad el papa.

ECLESIÁSTICO: Algún día... Entretanto, cuando entraba victorioso en las poblaciones se hacía conducir a las iglesias principales, pedía que se le pusiera un sitial y se dejaba servir con los honores propios de un prelado eclesiástico.

MORELOS: De un prelado eclesiástico no. Admitía los honores en mi calidad de capitán general... Ocupaba el sitial, pero no lo mandaba poner.

ECLESIÁSTICO: Y celebraba el santo oficio de la misa.

MORELOS: Solamente celebré misa en los primeros tiempos. Cuando empezaron a ocurrir muertes en las batallas me consideré un sacerdote irregular y dejé de celebrar la santa misa.

ECLESIÁSTICO: Dejó de celebrarla...

MORELOS: Nunca más volví a hacerlo.

ECLESIÁSTICO (*en transición*): Suficiente, señor presbítero. (*Al auditor:*) Me reservo a la exposición final de los cargos.

AUDITOR (*manipulando papeles*): Por lo que toca a mi obligación, la Jurisdicción Real imputa al reo José María Morelos el delito de alta traición: primero, por haberse rebelado contra su rey y señor natural; segundo, por haber pretendido, como él mismo lo ha confesado aquí, sustraer estas provincias a su obediencia y ponerlas independientes; tercero, por haber decidido con sus cómplices a no reconocerlo nunca aunque volviese al trono de sus padres.

MORELOS: No, no es así. Ya lo dije claramente... Traté de explicarlo. Jamás pensé cometer el delito de alta traición. Cuando me decidí por la independencia no había rey en España contra el que pudiera cometer ese delito. Después me comprometí con la revolución, es cierto, y juré la declaración del Congreso de Chilpancingo, pero lo hice porque no era de esperarse que el rey volviera a España. O porque si regresaba, sería contaminado por las ideas napoleónicas.

AUDITOR: Juró la declaración de su congreso y eso basta.

Morelos: Pero no lo hice a mi exclusivo arbitrio. Antes de jurar esa declaración lo consulté con las personas más instruidas del Congreso. Ellas me hicieron ver que era una declaración justa: su majestad se había puesto en manos de Napoleón y le había entregado a España como un rebaño de ovejas. Eso me dijeron.

Auditor: También la Jurisdicción Real imputa al reo José María Morelos los males que ha causado a esta Nueva España en su población, su agricultura, su industria y su comercio hasta reducir al reino más opulento de la América al estado de desolación en que se encuentra. Todo, sin más objeto que el de su ambición y el de su propensión natural a hacer el mal sólo por hacerlo.

Morelos: Yo lamento los males que ha causado esta lucha, pero son los males que origina por fuerza una revolución.

Auditor (*levantándose, en tono autoritario para hacerse oír de la audiencia*): La Jurisdicción Real está convencida de la propensión a hacer el mal del reo José María Morelos porque conociendo él, como no podía menos de conocer —no ya en estos últimos tiempos sino mucho antes—, que era imposible llevar a cabo su desatinado proyecto de independencia por las razones que él mismo ha expresado, se obstinó sin embargo en consumar la ruina de su patria. Y lo ha conseguido... Así pues, por todas las razones expuestas aquí, José María Morelos es reo ante Dios y ante los hombres de la sangre que se ha derramado por su causa, reo de la miseria en que se ven tantas viudas y huérfanos cuyos maridos y padres han perecido a sus manos o en las manos de los ciegos que lo han seguido, y cuyos clamores han llegado por fin al cielo que tenía fijado el término de su carrera criminal en donde menos lo esperaba. He dicho.

Morelos: ¿Puedo explicar algo?... ¿Puedo hacerlo?

Auditor: Hable.

Morelos: Sólo para aclarar que... que nunca pensé en causar la ruina de mi patria. No me alcé para eso. Me alcé para lograr la independencia... Antes, siempre tuve esperanzas. Hidalgo y Rayón me lo aseguraron. Ellos estaban convencidos de que los angloamericanos nos prestarían ayuda. (*Pausa.*) Ahora sé que no. Hasta estos últimos tiempos me convencí de la imposibilidad de llevar a cabo la independencia y de que nunca llegaría esa ayuda del norte... Por eso pensé irme a Nueva Orleans o a Caracas. (*Pausa.*) Es todo, señor.

AUDITOR *(al eclesiástico):* ¿Desea su ilustrísima exponer los cargos de la Jurisdicción Eclesiástica?

ECLESIÁSTICO *(se levanta y habla en tono oratorio, a semejanza del auditor):* La Jurisdicción Eclesiástica que me honro en presidir se solidariza con los cargos que la Jurisdicción Real ha hecho al presbítero José María Morelos y agrega a ellos no sólo el cargo por sus enormes delitos de asesinatos a sangre fría, incendios, robos y demás, sino también por su delito de obstinación y endurecimiento en todo género de atrocidades hasta llegar al más profundo de los males: a convertirse en un eclesiástico verdaderamente incorregible, que ha despreciado todo género de amonestaciones y advertencias, tanto de los prelados eclesiásticos como del supremo gobierno, al grado de cometer el delito atroz de injuriar a su propio obispo, al que no reconoce como tal. *(Pausa.)* Dios tenga misericordia de su alma.

AUDITOR: ¿Alguna aclaración o respuesta de su parte, señor Morelos?

MORELOS: Ninguna, señor.

AUDITOR: En nombre de Dios nuestro señor y del rey nuestro soberano, la Jurisdicción Unida declara finiquitada esta diligencia.

Los miembros de las jurisdicciones comienzan a salir. Permanecen el auditor y el eclesiástico.

AUDITOR *(a Morelos):* En uso de sus derechos, puede usted nombrar a los defensores que mejor le acomoden, señor Morelos.

ECLESIÁSTICO: Tanto del estado eclesiástico como del estado secular.

AUDITOR: ¿Oyó usted?

MORELOS: Aquí en México no conozco a nadie que me pudiera defender.

AUDITOR: ¿Desea entonces que la Jurisdicción Unida se encargue de nombrarle un defensor de oficio?

MORELOS Sí, señor.

AUDITOR: Perfectamente. Se hará entrega al abogado defensor del expediente completo de su causa y le daremos oportunidad de que cambie impresiones con usted en el lapso de esta tarde.

Salen el auditor y el eclesiástico. Morelos permanece en el escenario. Se lleva las dos manos a la cabeza como si sufriera una fuerte migraña y avanza lentamente hacia el atril donde se encuentra el lector.

Lector: No lo amedrentaron las acusaciones de sus jueces. Enfrentó los cargos con respuestas serenas, sencillas, francas.
Morelos: ¿Ésa fue su impresión? ¿Le parece entonces que estuve...?
Lector (interrumpiendo): Eso dice el libro.
Morelos: ¿Pero usted cómo vio el interrogatorio? Traté de ser convincente. Dije la verdad, solamente la verdad... ¿O qué piensa?, dígame.
Lector: Es muy poco lo que puedo decir.
Morelos: Usted fue testigo. Tendrá una opinión personal.
Lector: Yo no tengo opiniones personales, me limito a escuchar lo que escucho.
Morelos: ¿Me vio temeroso?
Lector: El libro dice que estuvo sereno, impávido, valiente, inalterable.
Morelos: Pero qué dice usted. Usted que se hallaba aquí. Usted que me vio, que me escuchó hablar.
Lector: Yo no sé más de lo que se encuentra escrito en el libro.

Entra el defensor 1. Lleva un legajo de papeles.

Defensor 1: No, señor Morelos. No hay razón para perder la esperanza.

Morelos mira extrañado al defensor 1. Éste se aproxima.

Defensor 1: La Jurisdicción Unida tuvo a bien nombrarme su defensor. En un principio me atemorizó el compromiso, sobre todo por el poco tiempo disponible para presentar mi alegato, pero luego de leer el expediente, de escuchar sus respuestas, llego a la conclusión de que su razonamiento es muy lógico, señor Morelos, y da pie para presentar una respuesta brillante.
Morelos: Que permitirá su lucimiento.
Defensor 1: No, no hablo de lucimiento personal, entiéndame bien. Por encima de la retórica que me sea posible desplegar ante los señores jueces, encuentro bases sólidas para conseguir, en estricto apego al derecho vigente, una sentencia absolutoria.
Morelos: ¿Absolutoria?
Defensor 1: Al menos muy atenuada. Pienso que puedo salvarle la vida, señor Morelos... Para eso, necesita usted ayudarme.
Morelos: No veo en qué forma.

Defensor 1: Acentuando sus muestras de arrepentimiento, pidiendo clemencia, haciendo algún ofrecimiento que logre conmover a los señores jueces y a su excelencia el virrey... Lo tengo todo planeado. Mi alegato será breve, pero contundente; sin florituras, sin escamoteos, sin preámbulos. Iré directamente al asunto, excelentísimos señores representantes de la Jurisdicción Real y la Jurisdicción Eclesiástica. Yo, el abogado defensor del presbítero don José María Morelos, en cumplimiento de mi deber ante vuestras señorías, digo:

El defensor 1 ha comenzado a proferir su exposición. Mientras lo hace entran los miembros de la Jurisdicción Unida encabezados por sus representantes: el auditor y el eclesiástico. Se instalan mientras el defensor 1 habla, sin interrumpirse.

Defensor 1: Que los crímenes de este reo deben considerarse en dos diferentes épocas para juzgar de su gravedad. La primera época es aquélla en que nuestro soberano se hallaba en poder del alevoso Napoleón y su reino gobernado por las llamadas Cortes Extraordinarias. En ésta, los crímenes del reo merecen alguna excusa, porque según se tiene contestado consideraba a la nación sin cabeza que la rigiese y a las dichas Cortes sin legítima autoridad para gobernar ambos mundos. A la verdad, señores, es lícito pensar que esta situación podía fácilmente alucinarlo en aquellas fatales circunstancias y disminuir en gran parte la criminalidad de sus procedimientos. No se puede por tanto calificar de alta traición lo ejecutado por él antes de la restitución de nuestro amado Fernando, porque aquel crimen se comete propiamente contra el legítimo soberano o contra la persona o corporación que legítimamente lo representa. Nuestro Fernando estaba prisionero, y así no podía gobernar su reino. El cuerpo que quiso arrogarse su representación se había coligado en forma ilegítima... Llórese enhorabuena los funestos estragos que causó el reo en ese tiempo, pero confiésese que su ánimo no fue ofender a la verdadera majestad. *(Pausa.)* Pasemos a la segunda época, cuando dichosamente restituido nuestro soberano al trono de sus padres continuó Morelos en su insurrección hasta el momento de su prendimiento. En los cargos que se le han hecho sobre este tiempo, Morelos ha contestado que no creyó en la restitución de nuestro Fernando, o que en caso de que fuese cierta había regresado napoleonizado. En ambas circunstancias estaba resuelto a continuar su empresa y sólo desistiría si verdaderamente hubiese vuelto sin abrigar en su corazón las máximas napoleónicas... Si los mismos españoles, si los que estaban al frente del gobierno habían perdido toda esperanza de restitución, ¿sería extraño que Morelos estuviese en igual disposición viviendo en un rincón de América y alucinado por diversas ideas? Se le dice justamente que las gacetas de gobierno debían haberlo desengañado y él responde que, o no las creyó, o que si Fernando había vuelto sería napoleonizado y en tal caso estaba dispuesto a no obedecerlo. En cuanto a lo primero, es necesario confesar que aunque el gobierno sea veracísimo, Morelos lo veía como a su enemigo y era natural entonces que recibiese las noticias de sus papeles con desconfianza; más si pensaba que el gobierno esparcía aquella noticia con el loable fin de aquietar a los rebeldes... ¿Reo de alta traición? Repruébense, detéstense los atroces medios de que se ha servido Morelos, pero disminúyase su enormidad en atención al impulso que los produjo, que no fue otro que el de no obedecer a Napoleón en la persona de Fernando napoleonizado. *(Pausa.)* Los crímenes del reo son incalculables, señores, así por su número como por su enormidad, pero séame lícito decir que todos han tenido por madre a la ignorancia: a una ignorancia que según sus descargos y las pocas luces que manifiesta parece excusable. ¿No habrá en tal caso alguna piedad para este desgraciado? ¿No se perdonará la sangre de un sacerdote guiado por el error y no por una verdadera maldad? *(Pausa larga.)* Atendiendo a otro aspecto, me ha comunicado el reo que por medio del señor coronel Concha ha propuesto al excelentísimo señor virrey que, como se le perdone la vida, descubrirá planes con los que en poco tiempo se pacifique la América...

Murmullos entre los miembros de la Jurisdicción Unida. El auditor y el eclesiástico se miran entre sí.

DEFENSOR 1: Me pide que repita a vuestras señorías la misma propuesta... Ésta no me parece digna de despreciarse porque según asientan los criminalistas éste es el caso en que se debe usar de clemencia perdonando a un delincuente por salvar a una comunidad o a un reino, o porque de su perdón resulte mayor bien a una sociedad. Reflexiónese sobre cuántos pueblos de América se salvarán volviendo toda ella, por ese medio, a su antigua quietud. Qué bien es mayor: ¿el que se seguirá con la muerte de este infeliz o el que resulte de la pacificación de toda la América? Póngase el caso en justa balanza y creo que vuestras señorías se decidirán por el segundo. *(Pausa.)* Por todo lo expuesto, no puedo menos de suplicar a vuestras señorías que usando de toda piedad impongan la pena que consideren justa al reo, siempre y cuando no sea la pena capital.

4. PROCESO DEL SANTO OFICIO

Los insurgentes de la escena 2 aparecen en el proscenio y, en actitud clandestina, se ponen a fijar carteles en las paredes del foro y del teatro mientras el lector lee en las páginas del libro.

LECTOR: Durante el tiempo en que Morelos permaneció prisionero en las cárceles del Santo Oficio aparecieron frecuentemente en la ciudad, en los muros de Catedral o en los edificios cercanos a la Inquisición, carteles pegados por los partidarios de los insurgentes en los que se reproducían las imprecaciones del profeta Jeremías contra los tiranos opresores de Israel. *(Expresa curiosidad. Abandona el atril y se dirige a uno de los carteles. Lo lee en voz alta mientras los insurgentes prosiguen su acción.)*

Un martillo eres tú para mí, Yahveh,
un arma de guerra:
contigo machaqué naciones,
contigo destruí reinos,
contigo machaqué caballo y caballero,
contigo machaqué a gobernadores y magistrados.

Heme aquí en contra tuya,
montaña destructora,
destructora de toda la tierra.
Voy a echarte mano
y a hacerte rodar entre las peñas,
y a convertirte en montaña quemada.

El lector suspende su lectura cuando los insurgentes gritan.

Insurgente 1: ¡Mueran los tiranos! ¡Guerra!
Insurgente 2: ¡Guerra y odio a los asesinos del gran Morelos!

Han entrado algunos soldados realistas. Persiguen a los insurgentes, los atrapan, los golpean y terminan llevándolos fuera, prisioneros. En el escenario se ha instalado el tribunal del Santo Oficio. El alcalde ha llegado ante los inquisidores y da lectura a un documento. Mientras lo hace, aparece Morelos y va a situarse frente a sus jueces.

Alcalde: El reo que me fue presentado, y que se halla preso en las cárceles de este Santo Oficio, dijo llamarse José María Morelos, natural de la ciudad de Valladolid, de edad de cincuenta y un años, de estado eclesiástico. Estatura de poco menos de cinco pies. Grueso de cuerpo y cara. Barba negra poco poblada. Nariz regular. Ceja negra poblada. Un lunar entre la oreja y extremo izquierdo. Dos verrugas inmediatas al cerebro por el lado izquierdo. Una cicatriz en la pantorrilla izquierda. Trae en su persona camisa de bretaña, chaleco de paño negro, pantalón de pana azul, medias de algodón blancas, zapatos abotinados, chaqueta de indianilla, fondo blanco, pintada de azul, mascada de seda toledana y montera negra de seda.

A una señal del inquisidor 1, sale el alcalde.

Inquisidor 1: Aproxímese, señor cura, para que se le tome juramento y responda a las preguntas preliminares.

Morelos se adelanta.

Inquisidor 2: ¿Jura ante Dios, padre todopoderoso, creador del cielo y de la tierra, decir verdad y responder en cuanto supiere y fuere preguntado, así en esta audiencia como en todas las que hubiere hasta la conclusión de su causa?
Morelos: Lo juro.
Inquisidor 2: Los miembros del tribunal están en conocimiento de sus generales, pero se hace indispensable ampliar algunos datos. ¿Se halla dispuesto?
Morelos: Sí.

INQUISIDOR 2: ¿Nombre de su padre?

MORELOS: Manuel Morelos.

INQUISIDOR 2: ¿Nombre de su madre?

MORELOS: Juana María Pavón.

INQUISIDOR 2: ¿Abuelos paternos?

MORELOS: Mi abuelo se llamaba José Morelos y mi abuela... No recuerdo en este momento el nombre de mi abuela.

INQUISIDOR 2: ¿Abuelos maternos?

MORELOS: Mi abuelo: José Antonio Pavón, y mi abuela... creo que se llamaba Guadalupe Cárdenas, pero no recuerdo muy bien.

INQUISIDOR 2: ¿Hermanos?

MORELOS: Tengo dos: don Nicolás Morelos y María Antonia Morelos.

INQUISIDOR 2: ¿Tiene usted hijos, señor cura?

MORELOS: Sí.

INQUISIDOR 2: ¿Cuántos hijos?

MORELOS: Dos. Juan Nepomuceno y José.

INQUISIDOR 2: ¿De qué casta y generación son sus padres, abuelos y demás parientes?

MORELOS: Españoles todos.

INQUISIDOR 2: ¿Por ambas líneas?

MORELOS: Por ambas líneas.

INQUISIDOR 2: ¿Se profesa usted cristiano?

MORELOS: Confesado y bautizado.

INQUISIDOR 2: ¿Cumple usted con los preceptos de nuestra santa madre Iglesia?

MORELOS: Sí. Trato.

INQUISIDOR 2: ¿Oye misa, confiesa, comulga?

MORELOS: Oigo misa, y decía misa cuando era cura. Después he confesado y comulgado y cumplido con los demás preceptos.

INQUISIDOR 2: ¿Puede hacer el favor de persignarse?

MORELOS (*persignándose*): Por la señal de la santa cruz / de nuestros enemigos / líbranos señor Dios nuestro.

INQUISIDOR 2: Santígüese usted.

MORELOS (*santiguándose*): En el nombre del Padre y del Hijo y del Espíritu Santo / Amén.

INQUISIDOR 2: ¿Sabe leer y escribir?

MORELOS: Sí, señor.

Inquisidor 2: ¿Ha estudiado alguna facultad?
Morelos: Estudié gramática, filosofía, moral ...
Inquisidor 2: ¿Qué más?
Morelos: Nada más. Fue todo.
Inquisidor 2: ¿Puede relatar sucintamente los primeros años de su vida antes de lanzarse a la rebelión?
Morelos: Nací en Valladolid y allí viví hasta los catorce años de edad. Luego me fui a Apatzingán donde estuve once años en los oficios de labrador. Volví a Valladolid y estudié lo que dije. Allí me ordené de todas las órdenes hasta llegar a la de presbítero. Luego obtuve por oposición un curato y fui nombrado cura interino de Churumuco durante un año aproximadamente. Después me dieron en propiedad a Carácuaro y de allí salí comisionado por don Miguel Hidalgo para levantar tropas en Tierra Caliente: el veinticinco de octubre de 1810.
Inquisidor 2 (al tribunal): Por lo pronto no tengo más preguntas que hacer respecto a los generales del compareciente.
Inquisidor 1 (a Morelos, solemne): Querido padre: debe usted saber que en el Santo Oficio no se acostumbra prender persona alguna sin bastante información de haber hecho, dicho, cometido, visto hacer, decir o cometer a otras personas alguna cosa que sea o parezca ser contra nuestra santa fe católica, contra la ley evangélica que tiene y predica y enseña la santa madre Iglesia, católica, apostólica y romana, o contra el recto proceder y libre ejercicio del Santo Oficio. Debe creer usted, por ello, que fue traído aquí con esta clase de información. Por tanto, por reverencia a Dios nuestro señor y a su gloriosa y bendita madre, la Virgen María, lo instamos a que recorra su memoria y diga la verdad de lo que se siente culpado o de lo que supiere de otras personas que lo sean, sin encubrir de sí ni de ellas cosa alguna ni levantar a sí falso testimonio. Haciéndolo, de ese modo hará lo que debe como católico cristiano, salvará su alma y su causa será despachada con toda brevedad y misericordia. En caso contrario, se le advierte que se hará justicia. (Pausa larga.) ¿Desea presentar libre y espontáneamente su declaración?
Morelos (dudando): En realidad no sabría qué decir. No tengo presentes las acusaciones que me hace el Santo Oficio... De ser posible preferiría escuchar cargos en particular, para responder.

Inquisidor 1: Muy bien. Que el señor promotor fiscal proceda entonces.

Inquisidor 3 *(interrumpiendo):* Con la venia de su ilustrísima. Desearía hacer unas preguntas al compareciente de carácter general.

Inquisidor 1: Hágalo, padre. Se le concede la palabra.

Inquisidor 3 *(a Morelos):* Usted confesó hace un momento que tiene dos hijos, ¿no es así?

Morelos: Sí, señor.

Inquisidor 3: ¿De qué edad?

Morelos: Juan Nepomuceno tiene trece años y José tiene uno.

Inquisidor 3: ¿Los tuvo en matrimonio o fuera de él?

Morelos: Nunca fui casado, soy sacerdote.

Inquisidor 3: Responda a mi pregunta: ¿los tuvo en matrimonio o fuera de él?

Morelos: Fuera de matrimonio.

Inquisidor 3: ¿Con qué personas?

Morelos: A Juan Nepomuceno lo tuve con Brígida Almonte, que era soltera y vivía en Carácuaro. Ya murió... A José lo tuve con Francisca Ortiz, que aún vive en Oaxaca y es soltera.

Inquisidor 3: ¿Dónde se encuentran sus hijos actualmente?

Morelos: El menor está con su madre. A Juan Nepomuceno lo mandé a estudiar, en junio de este año, a Estados Unidos.

Inquisidor 3: A Estados Unidos.

Morelos: Sí, señor.

Inquisidor 3: ¿Podría decirnos, querido padre, los títulos de algunos libros que haya leído últimamente?

Morelos: Últimamente sólo he leído gacetas, concisos folletos.

Inquisidor 3: Pero recuerda algunos libros de su predilección.

Morelos: Antes leí a Grocio, Echarri, Benjumea, Montenegro y algunos otros autores que no recuerdo en este momento.

Inquisidor 3: ¿Nada más?

Morelos: No recuerdo más, señor.

Inquisidor 3: Por mi parte es suficiente.

Inquisidor 2: También por la mía.

Inquisidor 1: Proceda entonces, el señor promotor fiscal, a presentar formalmente su acusación.

El fiscal inquisidor pasa a ocupar un lugar sobresaliente. En todas sus exposiciones hablará casi siempre dirigiéndose al tribunal, sin mirar a Morelos y sin prestar atención —salvo de modo excepcional— a las respuestas del reo.

FISCAL INQUISIDOR: Con la venia del tribunal de la Inquisición, yo, promotor fiscal de este Santo Oficio, ante vuestra señoría ilustrísima y en la mejor forma que haya lugar en derecho, me querello y acuso grave y criminalmente a don José María Morelos porque siendo cristiano, bautizado, confirmado y educado por sus padres en la verdadera y santa doctrina y pudiendo gozar como tal de los privilegios y gracias concedidas a los buenos católicos, abandonó enteramente sus estrechas obligaciones de cristiano y sacerdote y, pospuesto el santo temor de Dios y de su divina justicia, y con positivo desprecio de la siempre recta y respetada del Santo Oficio, con grave ruina de su alma y lamentable escándalo de innumerables miembros del pueblo cristiano, ha hecho, dicho, creído y cometido, y ha visto a otros hacer, decir y cometer actos contra lo que predica y enseña nuestra santa madre Iglesia, católica, apostólica y romana, pasándose de su purísimo y santo gremio al feo, impuro y abominable de los herejes Hobbes, Helvecio, Voltaire, Lutero y otros autores pestilenciales, deístas, materialistas y ateístas que seguramente ha leído e intentado imitar en sus errores revolucionando todo el reino y siendo causa principalísima de las grandes herejías y pecados que se han cometido y aún cometen. Todo lo cual, y demás que expondré, lo constituyen hereje formal, apóstata de nuestra sagrada religión, ateísta, materialista, deísta, libertino, delicioso, reo de lesa majestad divina y humana, enemigo implacable del cristianismo y del Estado, seductor, protervo, hipócrita, astuto, traidor al rey y a la patria, lascivo, pertinaz, contumaz y rebelde al Santo Oficio. De eso lo acuso en lo general. En lo particular hago al reo los siguientes cargos, a los que deberá responder con detalle y con verdad. *(Pausa.)* Primer cargo. En lugar de reconocer y mantenerse fiel a tantos beneficios que recibió de Dios, el reo abusó de todos ellos separándose del santo ejercicio de pastor de almas para convertirse en lobo carnicero.
INQUISIDOR 1: Responda, señor Morelos. ¿Por qué lo hizo?
MORELOS: Me sentí más obligado a seguir el partido de la independencia que a continuar en el curato.
INQUISIDOR 1: ¿Llegó a esa decisión libremente, por su propio raciocinio?

Morelos: El cura don Miguel Hidalgo, que fue mi rector, me dijo que la causa era justa. Luego, cuando fui a ver al señor Escandón, gobernador de la Mitra, a pedirle licencia para llevar un altar portátil en mis campañas, le comuniqué mi decisión.

Inquisidor 1: ¿Qué le dijo el señor canónigo?

Morelos: Sólo me dijo que procurara evitar, en cuanto fuera posible, la efusión de sangre.

Fiscal inquisidor: Pese a las diversas excomuniones fulminadas por algunos señores obispos, y en especial por este Santo Oficio, el reo las desoyó y se convirtió por tanto en un secuaz del rebelde Hidalgo, incurso en las penas de fautoría, y a lo menos, sospechoso de herejía.

Morelos: Nunca me tuve por excomulgado. Los insurgentes pensamos siempre que el Santo Oficio y los obispos estaban oprimidos por el gobierno y el gobierno dirigido por Napoleón.

Fiscal inquisidor: En las primeras declaraciones que hemos escuchado aquí el reo ocultó misteriosamente haber celebrado, no una sino muchas veces, el tremendo sacrificio de la misa en el tiempo mismo en que estaba de corifeo de la insurrección y con las manos manchadas de sangre. Eso es público y notorio. Y el haberlo hecho despreciando las normas canónicas es razón bastante para constituirlo no sólo en sospechoso de herejía sino en verdadero hereje.

Morelos: Nunca oculté "misteriosamente", como dice el señor fiscal, haber celebrado misa después de entrar en el partido de la rebelión. Celebré misas hasta enero de 1811 en que me reconocí como un sacerdote irregular. Después celebré una misa para enterrar al cura de Tecpan y no volví a hacerlo. Además no hacía falta porque ya teníamos capellanes en nuestro ejército.

Fiscal inquisidor: Con absoluta desvergüenza el reo ha reconocido, desde el abismo de sus iniquidades, que confesaba, comulgaba y cumplía con los preceptos anuales. Esto significa: que el reo cometía continuos sacrilegios con conciencia cierta de que lo eran, o que el reo había decidido fundar una nueva secta herética que autoriza los crímenes y los alterna lícitamente con los sacramentos.

Morelos: Confesaba, comulgaba y oía misa porque no me consideraba excomulgado, ya lo dije… Teníamos los homicidios por justos, lo mismo que la guerra. Hacíamos lo mismo que hacen las tropas del gobierno.

Fiscal inquisidor: Para demostrar el desprecio que el reo tiene para las cosas sagradas basta con subrayar el hecho de que no reza el oficio divino al que está obligado por su carácter sacerdotal... Seguramente responderá que eso se debe a su cortedad de vista, o alegará en su favor que apenas comenzaron las audiencias solicitó un breviario. Todo esto nos convence de que es un hipócrita, un astuto, y que si pidió el breviario no fue para rezar sino para alucinar a vuestra señoría ilustrísima.

Morelos: Es cierto que no he rezado el oficio divino desde que ingresé en la insurrección... porque no tenía tiempo y porque me creía exonerado por estar luchando en una causa justa. Tampoco ahora que me dieron el breviario he podido leerlo porque no tengo luz en mi celda.

Fiscal inquisidor: Con objeto de llevar a cabo su proyecto de insurrección, el reo se valió de su carácter sacerdotal para seducir a un pueblo noble, sencillo, candoroso y muy respetuoso del estado eclesiástico. Por medio de la superstición y del fanatismo trató de descatolizarlo e hizo creer a su gente que su causa era una causa de religión.

Morelos: Admito que la adhesión del pueblo se debió en mucho a mi sacerdocio.

Inquisidor 1: ¿Lo admite?

Morelos: Sí. Traté de persuadirlos, porque yo lo estaba, de que la guerra tenía que ver con la defensa de nuestra religión. Los europeos querían que gobernaran aquí los franceses, y los franceses estaban contaminados por la herejía. Eso pensábamos.

Inquisidor 1: ¿Se da usted cuenta, señor Morelos, de lo que significa haberse valido de la autoridad moral de su sacerdocio para infundir tales ideas en el pueblo?

Morelos: Aunque yo no hubiera sido sacerdote la causa habría convencido al pueblo porque considerábamos que era una causa de justicia.

Fiscal inquisidor: Con tales aberraciones, qué de extraño tiene, sus ilustrísimas, que el reo y sus secuaces hayan levantado calumnias contra el rey y sus ministros...

Morelos: No levantamos calumnias. Del rey, únicamente especulábamos sobre si viene o no viene con órdenes de Napoleón.

Inquisidor 1: ¿Piensa en verdad que nuestro soberano regresó al trono con órdenes de Napoleón?

Morelos: Antes lo pensaba. Ahora, después de lo que me dijeron en otro juicio, sé que no regresó con órdenes de Napoleón.

Fiscal inquisidor: También calumnió a los europeos, a los señores obispos y a la parte sana del clero regular.

Morelos: No. De los europeos sólo hablábamos mal de los que eran malos en su modo de obrar. Y de los obispos, me limité a no reconocer al de Valladolid porque no había sido nombrado por el santo padre sino por la Regencia.

Fiscal inquisidor: De todas las innumerables pruebas en su contra, la prueba mayor de que este reo llegó al último extremo del ateísmo y del materialismo es la de su conducta sanguinaria y cruel, no sólo en el acto de las batallas, sino aun a sangre fría, y no sólo con los europeos sino incluso con sus miserables paisanos que se oponían a sus ideas. Baste citar que en el atrio de la iglesia de Acapulco degolló a más de doscientas personas.

Inquisidor 1: ¿Puede responder detalladamente a este cargo, señor cura?

Morelos: Cuando el gobierno se negó al canje que le propusimos de doscientos europeos a cambio del cura don Mariano Matamoros, que cayó prisionero en la batalla de Puruarán, la Junta determinó pasarlos por las armas. No fueron degollados en el atrio de la iglesia sino en La Quebrada. Y los muertos fueron ciento y pico. Y a ninguno se le quitó la vida sin sacramentos... Es todo lo que puedo responder.

Fiscal inquisidor: Como confirmación de su desprecio a las censuras de la Iglesia, el reo estampó en una carta del veinticuatro de noviembre de 1811 dirigida al obispo de Puebla esta proposición escandalosa. (*Lee un breve escrito:*) "Por lo que a mí toca, me será más fácil ocurrir por dispensa después de la guerra, que sobrevivir a la guillotina". Proposición que demuestra que a Morelos le es preferible la vida del cuerpo a la del alma, y que más bien que desistir de su temeraria empresa prefiere vivir en estado irregular, de excomulgado y miembro podrido de la Iglesia, con la esperanza remota de una dispensa que no pensaba pedir sino hasta después de la guerra.

Morelos: Pienso que no se entendió bien mi frase. Quise decir que prefería sacar dispensa después de la guerra que morir sin sacramentos en la guillotina.

Fiscal inquisidor: Existe un dato escandaloso en la conducta de este reo que merece ser analizado con detenimiento. Él mismo nos informó que en junio de este año envió a su hijo de trece años a estudiar a los Estados Unidos. Por los sentimientos de nuestro reo se deja inferir que desea que su propio hijo estudie en los libros corrompidos que con tanta libertad corren en dichos estados y se forme como un libertino hereje capaz de llevar un día adelante las máximas de su sacrílego padre.

MORELOS: No, no fue por eso. Mandé a mi hijo al extranjero porque en el campo insurgente no había colegios... Aproveché entonces que la Junta iba a enviar al licenciado Herrera y al licenciado Zárate a buscar auxilios en Estados Unidos y mandé con ellos a mi hijo.

INQUISIDOR: Sin importarle lo que pudiera aprender.

MORELOS: Les encargué mucho a Herrera y a Zárate que no lo dejaran extraviar.

FISCAL INQUISIDOR: Como capitán general y vocal de la Junta Revolucionaria, el reo concurrió a la elaboración del decreto constitucional del veintidós de octubre de 1814, lleno de errores, que iré desglosando en un momento. Antes quiero señalar que habiendo vuestra señoría ilustrísima condenado ese papel con las notas de heréticas, ese mismo cargo de herejía recae necesariamente contra el reo.

INQUISIDOR 1: Resulta lógico. (*A Morelos, ante su silencio:*) ¿Tiene algo que decir en defensa de ese decreto?

MORELOS: No, señor.

INQUISIDOR 1: ¿Admite que participó en su elaboración y lo firmó?

MORELOS: Sí, pero no por eso lo defiendo.

FISCAL INQUISIDOR: ¿Cómo dice ahora que no lo defiende, si como miembro del supremo gobierno el reo hizo ejecutar cuantas herejías y blasfemias contiene su abominable código?

MORELOS : Juré y mandé jurar la Constitución de Apatzingán, pero lo hice sin reflexionar.

FISCAL INQUISIDOR: Con eso violentó a los pueblos, no sólo con la fuerza corporal de las armas sino con la espiritual de los juramentos. Y por ello es deudor de los delitos de todos sus secuaces y de las más horrendas y heréticas blasfemias cometidas contra Dios.

INQUISIDOR 1: Firmó sin reflexionar, dice usted...

MORELOS: No reflexioné en los daños que acarreaba.

INQUISIDOR 1: Pensó que estaba bien.

MORELOS: Pensé que sus capítulos estaban orientados al bien común porque habían sido tomados de la Constitución española de las Cortes y de la Constitución de los Estados Unidos. Así me lo aseguraron sus principales autores: el licenciado Quintana, el licenciado don José Sotero y Castañeda, el licenciado Herrera.

INQUISIDOR 1: Pero ahora se da cuenta de los errores que contiene.

MORELOS: Ahora reconozco los errores que se me indican.

FISCAL INQUISIDOR: Errores como los de hacer compatible la observancia de la religión católica con las corrompidas máximas de la inicua rebelión. Es tanto como admitir que pesa tanto la autoridad de Jesucristo como la autoridad de Belial, su enemigo. Por lo tanto, el reo es sospechoso de tolerantismo y cree ser tan obligatorio el juramento que se hace por guardar la fe de Jesucristo como hacerlo por los pecados que reprueba.

MORELOS: No, yo no creo en eso.

INQUISIDOR 1: ¿Entonces por qué firmó una constitución que contiene esas aberraciones?

MORELOS: La Constitución se leyó en un solo día, ya lo dije, precipitadamente. No tuve tiempo de reflexionar.

FISCAL INQUISIDOR: Ese decreto, y por lo tanto el reo, está imbuido del herético pacto social de Rousseau y de las demás pestilencias doctrinales de Helvecio, Hobbes, Spinoza, Voltaire y otros filósofos reprobados por anticatólicos. *(Pausa.)* La Constitución llega al extremo de decir que la ley es la expresión de la voluntad, que la sociedad de los hombres es de mera voluntad y no de necesidad. De ahí proviene el absurdo de considerar al hombre independiente de Dios y de su eterna justicia. Por si esto fuera poco, el abominable decreto llega a afirmar que los seres racionales no tienen otras obligaciones que aquellas a que se comprometen por el pacto social o por la expresión de la voluntad general.

INQUISIDOR 1: Errores inadmisibles. ¿Se da cuenta ahora de los errores de su constitución?

MORELOS: Desde que se leyó en Apatzingán la Constitución me pareció mal por impracticable, no por otra cosa.

INQUISIDOR 1: ¿Sólo por impracticable?

MORELOS: Ahora ya no. Ahora conozco sus errores y los confieso.

FISCAL INQUISIDOR *(después de pausa):* Como este hombre se ha abandonado a sí mismo y despecha su racionalidad para no vivir conforme a virtud, que es el fin de los racionales y de toda sociedad, se ha abismado también en lo profundo de los males negando el primer principio práctico: que lo bueno se ha de hacer y que lo malo se ha de evitar. Vean, si no, cuáles son los hechos de este reo: la rebelión, el derramamiento de sangre humana y todo crimen de lesa majestad divina y humana.

INQUISIDOR 1: ¿Admite que ésos han sido sus actos? La rebelión, la guerra, el derramamiento de sangre.

MORELOS: Creía que eran actos lícitos.

INQUISIDOR 1: ¿Le parecen lícitos los crímenes?

MORELOS: También nuestros contrarios peleaban y mataban, y ni mis compañeros ni yo nos juzgábamos de menor condición.

FISCAL INQUISIDOR: A imitación de asquerosos animales que se alimentan de inmundicias propias de su lujuria, ambición y dominante soberbia, este reo ha comido y bebido también en las cenagosas fuentes de Lutero y otros herejes para destruir la autoridad legislativa de la Iglesia. Pero no fue éste su único fin. En su maligna constitución trató además de aniquilar el trono sancionando como lícito el levantamiento contra el legítimo príncipe, declarando la guerra contra nuestro soberano bajo el pretexto de tiranía y despotismo.

INQUISIDOR 1: ¿Tiene algo que responder a estos cargos?

MORELOS: Ya respondí. Son los mismos que me hicieron en el otro juicio.

INQUISIDOR 1: Ahora se los formula la santa Inquisición. Conteste.

MORELOS: Entré en la insurrección sin reflexionar en todo esto que me hace ver el señor fiscal... Me dejé llevar por la opinión de mi maestro Hidalgo. Pensé que los americanos estábamos respecto de España igual que estaban los españoles respecto del gobierno de Francia, al que no querían admitir.

INQUISIDOR 1: No era el mismo caso, obviamente.

MORELOS: También oí decir a los abogados de la existencia de una ley en virtud de la cual, faltando el rey de España, el reino debería volver a los naturales. Siempre pensé que ése era el caso... Además, ya lo dije, nunca creía en la vuelta del rey de España.

INQUISIDOR 1: Pero ya se convenció de que es un hecho irrefutable.

MORELOS: Sí, aunque a ratos se me dificulta admitir que haya regresado tan católico como se fue, porque finalmente lo condujeron las tropas francesas.

INQUISIDOR 1: Tenga por seguro que regresó tan católico como se fue.

MORELOS: Eso en el caso de que realmente haya regresado.

Murmullos en el tribunal. Los miembros comentan entre sí.

INQUISIDOR 2: Lo sigue poniendo en duda.

INQUISIDOR 3: Es un necio.

INQUISIDOR 1 *(llamando la atención a los inquisidores)*: Silencio, señores, la audiencia está por concluir. Guarden silencio. *(Hace un ademán al fiscal inquisidor para que prosiga.)*

FISCAL INQUISIDOR: Como se ve, el reo no se contenta con manchar las virtudes de nuestro amado monarca; también ha denigrado la conducta y fidelidad de sus buenos vasallos, americanos y españoles, propagando contra ellos proclamas sediciosas, incendiarias, falsas, ofensivas, firmadas de su puño y letra para compeler a los pueblos a la desobediencia del rey. *(Agita unos papeles, mostrándolos.)*

INQUISIDOR 1: ¿Quiere que se lean las proclamas para que certifique su autenticidad?

MORELOS: No hace falta... Yo firmé esas proclamas, pero fueron redactadas por don José María Cos, como miembro del Congreso.

FISCAL INQUISIDOR: Papeles aberrantes en los que se invita a prestar obediencia a este monstruo que quiso erigirse en árbitro y señor de la América en contradicción de Dios y de los hombres, de la Iglesia, del rey y de la patria.

MORELOS: Nunca aspiré a erigirme árbitro de América. Ni siquiera admití el tratamiento de alteza serenísma que me daban. Supliqué más bien que me dijeran siervo de la nación.

INQUISIDOR 2 *(irónico)*: Siervo de la nación...

FISCAL INQUISIDOR: Si antes de la rebelión este reo hubiera llevado una vida sacerdotal virtuosa y su cuna hubiera sido de aquellas cunas ilustres en que naturalmente se heredan los buenos sentimientos, podríamos dudar acaso de algunos cargos. Pero pensemos un momento en su baja extracción, de la que no hay duda porque no dice quiénes fueron Manuel Morelos y Juana María Pavón, sus padres, ni acierta a dar el nombre de su abuela paterna ni el de su abuela materna.

MORELOS: Sólo dije lo que sé. Mi padre era un hombre honrado, carpintero de oficio, y mi abuelo, por parte de mi madre, tenía una escuela en Valladolid.

FISCAL INQUISIDOR *(casi interrumpiendo)*: Pensemos además en sus costumbres.

Admitió tener dos hijos, pero no ha querido explayarse en este punto. Lo que prueba, de manera irrebatible, su falta de arrepentimiento.
MORELOS: No he tenido intención de ocultar la verdad. Respondí a todos los cargos... Mis costumbres no han sido edificantes, pero tampoco escandalosas.
FISCAL INQUISIDOR: ¿No le parece escandaloso tener dos hijos sacrílegos?

Largo silencio.

INQUISIDOR 1: ¿Ha terminado el señor promotor fiscal la exposición de sus cargos?
FISCAL INQUISIDOR: He terminado... Podría abundar en algunas cuestiones secundarias pero la premura del tiempo me obliga a no abusar de la paciencia de vuestras señorías.
INQUISIDOR 1: ¿Lo considera suficiente?
FISCAL INQUISIDOR: Suficiente, ilustrísima.
INQUISIDOR 1: ¿El reo tiene algo más que declarar?
MORELOS: Nada.
INQUISIDOR 1: Señores: la audiencia se declara en receso para dar tiempo a que el abogado defensor nombrado por este tribunal presente su alegato.

Los miembros del tribunal empiezan a retirarse. Un ademán de Morelos detiene al inquisidor 1.

MORELOS: Perdón, su señoría... Juré decir la verdad y tengo un escrúpulo de conciencia.
INQUISIDOR 1: Diga.
MORELOS: Declaré que tenía dos hijos y en realidad tengo tres. Una niña de seis años que se encuentra en Querétaro.
INQUISIDOR 1: ¿Es todo?
MORELOS: Es todo.

Murmurando y formando corrillos, los miembros del tribunal se retiran al fondo del foro, pero sin salir del escenario. El único en salir del escenario es el lector: abandona el atril. Morelos queda solo, en el centro. Después de un lapso se dirige al atril. Se sorprende de no encontrar al lector. Vuelve la cabeza hacia varios puntos, como buscándolo. Al cerciorarse de su ausencia adopta un aire de abandono. Reacciona. Se aproxima al libro y se pone a hojearlo y a leer con cierta febrilidad. Entre tanto, el defensor 2 se ha desprendido del grupo que forman los miembros del tribunal y se dirige directamente a Morelos. Cuando le habla, Morelos se encuentra atento a las páginas del libro.

DEFENSOR 2: ¿Busca usted algo?

Al escuchar la pregunta, Morelos reacciona vivamente: piensa que el lector ha regresado y levanta con rapidez la cabeza. Se desengaña al descubrir al defensor 2.

MORELOS: Se fue. Hace un momento estaba aquí... Me dejó solo.
DEFENSOR 2: ¿Quién?
MORELOS: Él... Él iba a leerme.
DEFENSOR 2 *(interrumpiendo):* Para fundamentar mi defensa necesito que usted me haga una promesa, señor Morelos.
MORELOS: ¿Otra defensa? Nadie puede defenderme ya.
DEFENSOR 2: Yo voy a hacerlo, y pienso apoyar mi alegato en las muestras de arrepentimiento que dio durante el interrogatorio.
MORELOS: ¿Le parecí un hombre arrepentido?
DEFENSOR 2: Ahora sólo necesito su promesa de que está dispuesto a abjurar. Abjurar sus errores, abjurar sus herejías, arrepentirse de sus crímenes. Desdecirse en público.
MORELOS: ¿Qué gano con eso?
DEFENSOR 2: La misericordia de su juez.
MORELOS: La Inquisición ya tenía dictada su sentencia desde antes de interrogarme.
DEFENSOR 2: No hablo de ese juez. La misericordia de la Inquisición es importante, pero debe importarle más la misericordia divina. El juicio definitivo será el juicio de su alma ante Dios. Él decidirá su salvación o su condenación eterna.
MORELOS: De ese juicio no habla el libro, ¿verdad?... ¿O sí? *(Busca en las páginas, febrilmente.)* ¿Dónde encontrarlo? ¿Cómo?
DEFENSOR 2: Me urge su respuesta. No disponemos de tiempo.
MORELOS *(murmurando mientras busca):* La misericordia de Dios, la misericordia de Dios... *(Reacciona repentinamente. Cierra el libro de golpe.)* Sí... Estoy dispuesto a abjurar. Abjurar mis errores. Abjurar mis herejías. Estoy dispuesto a desdecirme y a arrepentirme de todo.

El defensor 2 se retira y un ademán tardío de Morelos se queda en suspenso. El defensor 2 se dirige a los miembros del tribunal, que han regresado a sus lugares, y comienza a hablar. Morelos permanece unos instantes en el atril frente al libro cerrado.

DEFENSOR 2: No puedo dejar de ver con dolor y confesar cómo el propio José María Morelos sincera y penitentemente ha confesado sus muchos yerros y los gravísimos daños que su conducta ha causado. Pero encuentro motivos y circunstancias que han de inclinar hacia él la misericordia de este tribunal santo e integérrimo. *(Pausa.)* Dos aspectos comprende mi obligación: el uno es defenderlo por cuantos medios halle y el otro es desengañarlo en lo que no puede tener defensa.

Morelos abandona el atril y se dirige hacia el tribunal. A él apunta el defensor 2 usando en ocasiones un tono francamente recriminatorio.

DEFENSOR 2: Empiezo por el desengaño de mi cliente y no puedo dejar de rogarle, por las entrañas amorosas de nuestro redentor Jesucristo, que reconozca el golpe que su mano misericordiosa le ha dado, como a otro Pablo en esta vida, para evitarle el golpe de su eterna justicia que excesivamente ha provocado. La insurrección monstruosa en su principio, impía en su prolongación y desgraciada en sus fines, no ha traído sino todo género de desgracias a la preciosa América y lleva manifiestamente el sello de la reprobación de Dios cuyos efectos estamos cada día palpando. Los sentimientos de nuestro amable soberano Fernando Séptimo para con nuestra América no son dignos de esta ingrata correspondencia, ni ella puede dejar de ser reprobada y castigada por el Dios justo que cela constantemente la honra de los reyes como ministros suyos —en expresión de san Pablo—, a quienes confía en la tierra la autoridad que nos rige. Si por esto es manifiesto el grado de iniquidad a que ha llegado la insurrección, lo es más aún el enorme crimen de un sacerdote y pastor de las almas que abandona su alto y sagrado ministerio y utiliza sus manos consagradas para tomar con ellas los instrumentos de la muerte de sus semejantes. Ni en la causa más justa, ni en defender a la Santa Sede ni en sostener a la religión, concede santo Tomás dispensa a los sacerdotes para que tomen las armas. Y san Pablo les niega expresamente licencia cuando dice que no les es lícito de ningún modo implicarse en negocios seculares. Así ha errado este infeliz sacerdote que no tuvo oportunidad de estudiar bien lo que tanto le hubiera importado saber sobre los gravísimos puntos morales y políticos que versan sobre el proyecto que abrazó por ignorancia. Hallo en la ignorancia de este reo, si no una disculpa, porque no puede haberla absolutamente, sí a lo menos un motivo para implorar la piedad de este tribunal santo... Así como en España nuestro soberano ha perdonado después de la restitución a los muchos seducidos por las malvadas Cortes, así también el Santo Oficio ha sabido perdonar a los que en tales circunstancias, impía y escandalosamente, lo injuriaron, lo cual es muy propio de la benignidad característica de este tribunal. En él comparece hoy un reo, penitente en su corazón. Así lo ha demostrado en sus sinceras confesiones, y así espero yo su absolución que él implora arrepentido de sus extravíos y dispuesto a abjurar cualquier sospecha. Él es católico cristiano y jamás ha pensado ni incurrido en nada contra la fe.

El defensor 2 hace una reverencia a los miembros del tribunal y sale del escenario. Se produce una larga pausa. Los inquisidores deliberan.

INQUISIDOR 2: El tribunal del Santo Oficio de la Inquisición de México, a veintiséis días del mes de noviembre de 1815, pronuncia su veredicto.

INQUISIDOR 1: El tribunal determina que se proceda, en la persona de José María Morelos, cura que fue de Carácuaro, a la celebración de un acto público de fe que tendrá lugar en la sala de este tribunal el día de mañana a las ocho; acto al que asistirán los ministros y cien personas de las principales. Se degradará al citado presbítero José María Morelos, confidente diminuto, malicioso y pertinaz. Se le declarará hereje formal negativo, despreciador, perturbador y perseguidor de la jerarquía eclesiástica, atentador y profanador de los santos sacramentos y reo de lesa majestad, divina y humana, pontificia y real. Como a enemigo cruel del Santo Oficio se le confiscan sus bienes, y aunque merecedor de la degradación y relajación por los delitos cometidos del fuero y conocimiento del Santo Oficio, por estar a punto de abjurar sus crasos e inveterados errores se le condena a destierro perpetuo de ambas Américas, cortes de Madrid y sitios reales y a reclusión en cárcel perpetua en uno de los presidios de África. Se le depone además de todo oficio y beneficio eclesiástico, con inhabilidad e irregularidad perpetua. A sus tres hijos sacrílegos se les declara incursos en las penas de infamia y demás que imponen los cánones y leyes a los descendientes de herejes con arreglo a las instrucciones de este Santo Oficio. Se ordena que haga una confesión general y, sin omitir el oficio divino, rece los siete salmos penitenciales los viernes y una parte del rosario los sábados, durante toda su vida. Su nombre, patria, religión y delitos serán fijados en la santa iglesia catedral de esta corte.

Salen del escenario los miembros del tribunal. Morelos queda solo. Durante la lectura del veredicto el lector ha regresado y se ha situado frente al atril. Morelos lo descubre al volver la cabeza y va rápidamente hacia él.

Morelos: Regresó usted. *(Pausa.)* El libro debe decir seguramente...

Morelos se interrumpe cuando le salen al paso, y lo atajan, el auditor y el eclesiástico. Llegan acompañados de un secretario de la Jurisdicción Unida.

Auditor: Un momento, señor Morelos.
Eclesiástico: La Jurisdicción Unida no ha concluido sus diligencias.
Morelos: Pensé que habían quedado satisfechos.
Eclesiástico: Pensó mal.
Morelos: Respondí a todo lo que me preguntaron.
Auditor: Pero hizo un ofrecimiento a cambio de ser librado de la pena capital. ¿Ya no lo recuerda?
Eclesiástico: ¿Ya no le interesa salvar su vida?
Auditor *(leyendo un papel):* El reo ha propuesto al excelentísimo señor virrey que, como se le perdone la vida, descubrirá planes con los que en poco tiempo se pacifique la América. *(Pausa.)* La frase consta en el alegato de su defensor.
Morelos: Si hablo, ¿no seré fusilado?
Auditor: La sentencia definitiva corresponde únicamente al virrey.
Eclesiástico: Pero tanto el virrey como nosotros podemos condolernos si usted da muestras evidentes de su sincero arrepentimiento. Una muestra palpable será que usted cumpla con lo ofrecido.
Auditor: ¿Está dispuesto?
Morelos: ¿Tiene que ser ahora mismo? Me siento muy cansado.

AUDITOR: Tenemos poco tiempo, señor Morelos. La Jurisdicción Unida necesita presentar su veredicto tan pronto concluya el auto de fe.
MORELOS: Como ustedes dispongan.

El auditor y el eclesiástico se instalan. El secretario se apresta a tomar notas sentado ante una mesa.

AUDITOR: ¿Está listo, señor secretario?

El secretario asiente.

MORELOS: ¿Llevará mucho tiempo?
AUDITOR: Eso depende de usted, señor Morelos.
ECLESIÁSTICO: Nada más lo necesario.
MORELOS *(mira de soslayo, como lo hará varias veces durante el interrogatorio, al lector que se encuentra frente al atril):* ¿Qué necesitan saber?
AUDITOR: El estado actual de las fuerzas rebeldes. Podemos comenzar con el arsenal... ¿A qué número asciende el total de armas de fuego de las diferentes divisiones?
MORELOS *(tarda en hablar):* Deben ser como siete u ocho mil fusiles y como mil pares de pistolas. La mayor parte está en uso; una tercera parte está descompuesta.
AUDITOR: ¿El total?
MORELOS: Eso es nada más en las divisiones que conozco. Si se agrega el armamento en las divisiones de Osorno y de Rayón el número puede ascender al triple.
ECLESIÁSTICO: Veinticuatro mil fusiles y tres mil pares de pistolas.
AUDITOR: ¿Quiénes son los comandantes más destacados?
MORELOS: Son doce.
AUDITOR: ¿Quiénes son?... Vamos viéndolos detenidamente, uno por uno, con sus posiciones.
MORELOS: El primero es Manuel Terán, coronel. Él se quedó con la división que mandaba Rosains.
AUDITOR: ¿Es el más importante?
MORELOS: A mi juicio es el que tiene mayor disposición por su talento y porque sabe matemáticas.

Auditor: ¿Cuántos hombres?

Morelos: En su división debe haber como dos mil hombres.

Eclesiástico: Dos.

Morelos: Guadalupe Victoria. No es su verdadero nombre pero se hace llamar así desde que tomaron preso a Hidalgo... No me acuerdo cómo se llamaba antes.

Auditor: ¿Cuál es su posición?

Morelos: Anda en la costa norte y su división tendrá una fuerza como la de Terán; aunque los dos logran juntar más gente cuando tratan de atacar algún convoy.

Eclesiástico: Tres.

Morelos: El padre Carvajal, que está por Valladolid en la división que antes tenía Muñiz.

Auditor: ¿Cuántos hombres?

Morelos: Quinientos.

Eclesiástico: Cuatro.

Morelos: El mariscal Remigio Llarza. Está en el fuerte de Zacapu con ochocientos hombres armados y otros tantos sin armas.

Eclesiástico: Cinco.

Morelos: Nicolás Bravo, hijo de don Leonardo Bravo. Es valiente. Tenía a su cargo el departamento de la Costa del Sur y de Tierra Caliente. Él iba con las corporaciones que se dirigían a Tehuacán protegiendo al Congreso y probablemente se encuentra ahora allí. La División del Sur debe haber quedado al mando de Pablo Galeana, que tendrá como doscientos hombres armados luego que el teniente Concha nos derrotó. Una de ellas, la más respetable, es la de Monterroca, que anda por el camino de Acapulco.

Eclesiástico: Seis.

Morelos: Sesma, el manco. Quinientos hombres armados.

Auditor: ¿Es peligroso?

Morelos: Tiene capacidad y buena disposición.

Eclesiástico: Siete.

Morelos: Osorno. No es hombre de talento y todos lo dominan, según se dice, pero cuenta con mil hombres armados con fusiles.

Eclesiástico: Ocho.

Morelos: José María Vargas, que manda en Chapala. Alrededor de setecientos fusiles: doscientos dentro del fuerte y quinientos afuera.

ECLESIÁSTICO: Nueve.

MORELOS: El padre Correa.

AUDITOR: ¿Ése dónde anda?

MORELOS: Él manda ahora la división que era de Rosas. Está en el pueblo de Dolores con cuatrocientos fusiles.

ECLESIÁSTICO: Diez.

MORELOS: El padre Torres. Anda por el Bajío en partidas dispersas.

AUDITOR: ¿Cuántas armas?

MORELOS: Le calculo ochocientos fusiles.

ECLESIÁSTICO: Once.

MORELOS: Rosales. Su división anda por Zacatecas con trescientos hombres armados.

ECLESIÁSTICO: Y doce.

MORELOS: El mariscal Ávila, que anda por Zacatula con cien hombres armados con fusiles y retacos.

AUDITOR: ¿Peligroso?

MORELOS: Es muy valiente.

AUDITOR: ¿No hay más comandantes ni divisiones?

MORELOS: Hay algunos de menor importancia... Bueno, desde luego está Rayón, el segundo en importancia después de Terán. Su división se encuentra en Cóporo y aunque no sé exactamente su fuerza calculo que tendrá seiscientos fusiles.

AUDITOR: ¿Pelea solo?

MORELOS: Cuenta también con la partida de Vargas, que está en el Ajusco, y con la de Atilano García.

AUDITOR: ¿Es todo?

MORELOS: Es todo lo que yo sé.

AUDITOR: Doce, trece grupos en total... ¿Cómo acabar con ellos?

MORELOS: Si me dan avíos para escribir puedo formar un plan con las medidas que debe tomar el gobierno para pacificarlo todo, en especial la Costa del Sur y Tierra Caliente.

ECLESIÁSTICO *(al auditor)*: Tal vez de eso debe tomar conocimiento la Jurisdicción Militar. Ellos están más enterados de estas cuestiones.

AUDITOR: Por lo pronto háblenos de las relaciones de los rebeldes con las potencias extranjeras, señor Morelos. En qué punto se hallan las diligencias.

Morelos: Es complicado.

Auditor: Sucintamente.

Morelos: Luego que se interrumpieron las negociaciones de Hidalgo para establecer una alianza con los Estados Unidos traté yo de reanudarlas. Mandé a un par de enviados, pero en el camino se encontraron con Rayón y éste los hizo regresar a Zitácuaro. Luego, por agosto del año pasado, el mariscal Anaya fue a los Estados Unidos con el mismo fin, pero no llegó a Nueva Orleans. Regresó con un general llamado Robinson que venía a observar cómo estaba esto. No vino con credenciales del gobierno angloamericano sino como un particular y con un simple pasaporte. Y ahí quedó todo... En mayo de este año el Congreso recibió una carta de Álvarez de Toledo que se limitaba a decir que debíamos tener esperanzas de que nos auxiliaran los Estados Unidos. El Congreso decidió enviar al licenciado Herrera para que viese lo que podía negociar con los Estados Unidos, pero hasta ahora no se tienen noticias.

Auditor: ¿Han sido todas las gestiones?

Morelos: Hubo otras, pero de menor importancia. En todo el tiempo de la insurrección no se recibió auxilio alguno de armas o municiones por ninguna de las costas, del norte y del sur. Todo se ha reducido a dar esperanzas que hasta ahora no han tenido efecto.

Auditor: ¿Y los recursos económicos de la insurrección? ¿Con qué recursos cuentan?

Morelos: Para el mantenimiento de la tropa y demás gastos el sistema de economía se reduce al producto de las haciendas de los insurgentes y criollos que están de parte de los insurgentes. Deben de ser un millón de pesos anuales, pero no alcanza.

Auditor: No me diga que ésas son las únicas fuentes de ingresos, señor Morelos.

Morelos: También se cuenta con los impuestos sobre carnicerías, que producen muy poco; con la alcabala, que rendirá un cuatro o un seis por ciento, y con algunos otros donativos.

Auditor: ¿Y los saqueos?

Morelos: Sí. Cuando salimos victoriosos en alguna batalla se obtiene algo de los botines... No hay más.

Eclesiástico (*en voz baja, al auditor*): Es tarde.

Auditor: ¿Usted no quiere hacer alguna pregunta en especial, doctor?
Eclesiástico: Ninguna.
Auditor: Bien. A reserva de ese plan que usted ofrece para acabar con los focos de insurrección nos atenemos a estas declaraciones. *(Toma del secretario la pluma que ha utilizado éste y se la entrega a Morelos.)* ¿Quiere hacer el favor de firmar su declaración?

Morelos toma la pluma y permanece con ella unos instantes. Parece dudar.

Auditor: ¿Sucede algo, señor Morelos?
Morelos: Nada.

Morelos firma donde le indica el secretario y le devuelve la pluma. Salen del escenario el auditor, el eclesiástico y el secretario. Morelos permanece inmóvil mirando fijamente la mano con la que ha firmado.

Lector *(desde el atril)*: Carlos Pellicer.

Al oír la voz del lector, Morelos vuelve rápidamente la cabeza hacia el atril.

Lector *(leyendo pausadamente)*:
 Imaginad:
 una espada en medio de un jardín.
 Eso es Morelos.

 Tú fuiste una espada de Cristo
 que alguna vez, tal vez, tocó el demonio.

 Gloria a ti por la tierra repartida.
 Piedad a tu crueldad de mármol negro.
 Gloria a ti porque hablaste tu voz diciendo América.
 Piedad a tu flaqueza en el martirio.

SEGUNDA PARTE

5. AUTO DE FE

En el proscenio: el virrey y el arzobispo. El lector frente al atril.

VIRREY: ¿Dispuesto ya para la ceremonia, ilustrísima?
ARZOBISPO: Antes me urge hablar con su excelencia, para una súplica.
VIRREY: ¿En relación con Morelos?
ARZOBISPO *(asiente)*: Y a nombre de algunos hermanos, obispos, del mío propio y del clero regular y secular de esta diócesis.
VIRREY: No me diga que se arrepienten del auto de fe. Eso cae fuera de mis facultades.
ARZOBISPO: De ninguna manera, excelencia. Yo mismo, con harto dolor, firmé la sentencia de la degradación.
VIRREY: ¿Con harto dolor?
ARZOBISPO: Para la Iglesia siempre es doloroso reducir a la comunión de los legos a cualquiera de sus ministros que alguna vez haya tenido el honor de ejercer las funciones del venerable sacerdocio.
VIRREY: Sin retórica, ilustrísima. ¿Cuál es la súplica?
ARZOBISPO: Imploramos a vuestra excelencia que el castigo que determine no prive a Morelos de su vida ni lo aflija con efusión de sangre.
VIRREY: ¿Salvarlo de la pena capital? ¿No le parece contradictoria su súplica? La Iglesia ha sido la primera en clamar contra Morelos.
ARZOBISPO: Reprobamos su conducta pero nos compadecemos de él.
VIRREY: Muy conmovedor de su parte, ilustrísima. Recuerde, sin embargo, que mientras la Iglesia no entregue a su ministro al brazo secular, nosotros, los hijos del mundo, debemos permanecer cruzados de brazos. No tenemos autoridad sobre un sacerdote de Dios.
ARZOBISPO: Dentro de unas horas Morelos se hallará en sus manos.
VIRREY: Ignoro aún cuál será la sentencia... La Inquisición sugiere el simple destierro y la Jurisdicción Real no puede presentar todavía su dictamen. Falta, además, el juicio de los militares... Es muy temprano para pedir clemencia.
ARZOBISPO: Quisimos adelantarnos para que se tome en cuenta, desde ahora, nuestro punto de vista.

Virrey: Y lo tomaremos en cuenta, no le quepa la menor duda. *(Lo palmea.)* Tranquilícese, Morelos va a quedar en buenas manos. *(Va a salir. Se detiene en el límite del escenario. Se vuelve.)* Me asalta una curiosidad, señor arzobispo. ¿Es sólo un sentimiento de misericordia lo que inspira su súplica?

Arzobispo: Los ministros de la Iglesia sabemos que si Dios nos deja de su poderosa mano somos capaces de exceder en maldades al que hoy juzgamos por las suyas.

Sale el virrey. El arzobispo se dirige lentamente hacia el fondo del escenario donde se ha instalado el sitial episcopal. En el centro se reúnen los miembros del tribunal del Santo Oficio, muchos de ellos encapuchados. Los rodean numerosos civiles y militares que van entrando al escenario mientras el lector lee, desde el atril.

Lector: A las ocho de la mañana del veintisiete de noviembre de 1815, el generalísimo don José María Morelos y Pavón, siervo de la nación, héroe de la patria, fue llevado al salón principal del tribunal del Santo Oficio para sufrir la ceremonia de su degradación sacerdotal.

Entra Morelos y va a situarse ante el tribunal. Viste una sotana negra que le llega hasta la rodilla.

Inquisidor 1: A todos los cristianos católicos de la Nueva España y del reino que venturosamente gobierna su majestad Fernando Séptimo, se hace saber que el tribunal del Santo Oficio de la Inquisición de México ha declarado al presbítero José María Morelos y Pavón, cura que fue de Carácuaro:

Inquisidor 2: Hereje formal negativo.

Inquisidor 3: Despreciador, perturbador y perseguidor de la jerarquía eclesiástica.

Inquisidor 2: Atentador y profanador de los santos sacramentos.

Inquisidor 3: Y reo de lesa majestad divina y humana, pontificia y real.

Inquisidor 1: Convencido de sus culpas, el reo ha hecho confesión sacramental de sus graves pecados y en espera de la sagrada absolución, como prueba y signo de profundo arrepentimiento, está dispuesto a abjurar públicamente sus muchos yerros y sus muchas faltas.

Morelos se adelanta unos pasos. Un miembro encapuchado de la Inquisición le va dictando en voz baja los frases que Morelos repite en voz alta. Sólo se escucha la voz de Morelos.

MORELOS: Abjuro todas las herejías contenidas en el decreto constitucional de veintidós de octubre de 1814 que yo juré y mandé jurar.
    Abjuro todas las herejías contenidas en cartas, comunicados, proclamas y cualesquiera otros documentos que yo firmé y mandé cumplir.
    Abjuro mi insordencia a las repetidas excomuniones dictadas contra mí por los señores obispos y la santa Inquisición.
    Me desligo y arrepiento de haber abandonado mis obligaciones sacerdotales para tomar el partido de la insurrección contra el legítimo soberano del reino.
    Me desdigo y me arrepiento de todos los crímenes que por mi mano o por la mano de mis subordinados se cometieron o se hayan cometido durante mi inicua rebelión.
    Pido perdón a Dios nuestro Señor, a la santa madre Iglesia católica, apostólica y romana, a nuestro soberano el rey, al excelentísimo señor virrey de la Nueva España y a todos los obispos, sacerdotes y fieles a los que ofendí o escandalicé con mi réproba conducta.
    Dios tenga misericordia de mi alma.

Morelos se arrodilla mientras el inquisidor 1 profiere la absolución.

INQUISIDOR 1: Ego te absolvo a pecatis tuis / In nomine Patris / et Filii / Et Spiritu Sancti / Amén.
INQUISIDORES: Dios tenga misericordia de su alma.

Morelos continúa de rodillas. Se empieza a escuchar, proferido por los inquisidores y algunos otros eclesiásticos, el salmo bíblico. Durante el rezo, el inquisidor 1 toma un atado de varas y se dirige hasta Morelos. Con el atado de varas golpea simbólica, suavemente, en repetidas ocasiones, la espalda de Morelos.

    Tenme piedad, oh Dios, según tu amor,
    porque tu inmensa ternura borra mi delito,
    lávame a fondo de mi culpa,
    y de mi pecado purifícame.

Pues mi delito yo lo reconozco,
mi pecado sin cesar está ante mí;
contra ti, contra ti sólo he pecado,
lo malo a tus ojos cometí.

Porque aparezca tu justicia cuando hablas
y tu victoria cuando juzgas.
Mira que en culpa yo nací,
pecador me concibió mi madre.

Mas tú amas la verdad en lo íntimo del ser,
y en lo secreto me enseñas la sabiduría.
Rocíame con el hisopo, y seré limpio,
lávame, y quedaré más blanco que la nieve.

Devuélveme el son del gozo y la alegría,
exulten los huesos que machacaste tú.
Retira tu faz de mis pecados,
borra todas mis culpas.

Crea en mí, oh Dios, un puro corazón,
un espíritu firme dentro de mí renueva;
no me rechaces lejos de tu rostro,
no retires de mí tu santo espíritu.

Vuélveme la alegría de tu salvación,
y en espíritu generoso afiánzame;
enseñaré a los rebeldes tus caminos,
y los pecadores volverán a ti.

Líbrame de la sangre, Dios, Dios de mi salvación,
y aclamará mi lengua tu justicia;
abre, Señor, mis labios,
y publicará mi boca tu alabanza.

Pues no te agrada el sacrificio,
si ofrezco un holocausto no lo aceptas.

El sacrificio a Dios es un espíritu contrito;
un corazón contrito y humillado, oh Dios, no lo desprecies.

El rezo del salmo ha proseguido y se prolonga. Luego que el inquisidor 1 regresa a su sitio, Morelos se pone en pie. Un par de encapuchados le coloca, encima de la sotana, el alba, la casulla y la estola. Le entregan una gruesa vela, de color verde, que Morelos sostiene en la mano derecha. Con ella se dirige lentamente hasta el sitial donde se encuentra el arzobispo. Morelos entrega la vela al arzobispo y éste se la da a un encapuchado. El arzobispo procede a raspar simbólicamente las palmas de las manos que Morelos le tiende, de rodillas. Cesa el rezo del salmo.

ARZOBISPO: Te arrancamos la potestad de sacrificar, consagrar y bendecir que recibiste con la unción de las manos y los dedos.

Morelos y el arzobispo se ponen de pie. Lenta, ceremoniosamente, el arzobispo desprende a Morelos de la estola y lo desviste de la casulla, del alba y de la sotana mientras pronuncia las frases rituales.

ARZOBISPO: Por la autoridad de Dios omnipotente, Padre, Hijo y Espíritu Santo, te quitamos el hábito clerical y te desnudamos del adorno de la religión, y te despojamos, te desnudamos de todo orden, beneficio y privilegio clerical. Y por ser indigno de la profesión eclesiástica te devolvemos con ignominia al estado y hábito seglar.

El arzobispo toma unas tijeras que le tiende un ayudante y con ellas corta un mechón del cabello de Morelos.

ARZOBISPO: Te arrojamos de la suerte del Señor como hijo ingrato y borramos de tu cabeza la corona, signo real del sacerdote, a causa de la maldad de tu conducta.

Concluye la ceremonia. Con la cabeza gacha, Morelos regresa al proscenio.

INQUISIDORES: Dios tenga misericordia de su alma.

6. PROCESO DE LA JURISDICCIÓN MILITAR

En el proscenio, al lado opuesto de donde se encuentra el lector frente al atril, un pintor de la corte virreinal ha instalado su caballete y trabaja en el retrato del virrey. Éste posa para él, rígido mientras escucha atento la lectura del lector. Iniciada la escena se hace visible el militar. Se mantiene inmóvil a la entrada del escenario para no interrumpir.

LECTOR: Don Félix María Calleja del Rey era natural de Medina del Campo, Castilla la Vieja, y de distinguida familia. Pasó a México con el virrey conde de Revillagigedo con el empleo de capitán agregado al regimiento de infantería que llamaban Los Morados y desempeñó con acierto varias comisiones que se le encargaron. Era un hombre de buen semblante, modales corteses y cultos, aire majestuoso y a veces severo, conversación amena y agradable, pues además de la instrucción propia de su profesión era hombre de mucha lectura. Al iniciarse el movimiento de Hidalgo en 1810, Calleja creó el Ejército del Centro con el que combatió durante largo tiempo a Hidalgo y a Morelos. En pocos días supo transformar en jefes, oficiales y soldados a unos hombres campesinos enteramente extraños al oficio de la guerra; inspiróles espíritu marcial e hízolos a los hábitos de la obediencia y la disciplina. Conociendo perfectamente el país y sus habitantes, sabiendo no sólo las distancias de unos puntos a otros sino también todas las dificultades y ventajas del terreno, sus combinaciones militares eran ciertas y seguras, sus planes profundamente calculados. Conocía igualmente bien al enemigo con quien había de vérselas y sabía hasta qué punto podía contar con las tropas que mandaba.

VIRREY *(interrumpiendo; al militar)*: Adelante, coronel, adelante.

El militar avanza.

VIRREY: ¿Qué le parece?

El militar se desconcierta: no sabe si el virrey le pregunta por la lectura o por el cuadro. Mira el lienzo del pintor.

MILITAR *(dudando):* Un buen retrato.

VIRREY: Exacto.

LECTOR *(reanudando la lectura a una señal del virrey):* La manifiesta rivalidad entre el virrey Venegas y Calleja se resolvió finalmente a favor de éste, porque los informes que llegaban hasta la Regencia de Cádiz pintaban a Venegas como hombre que procedía sin plan alguno y a Calleja como el único capaz de contener y terminar la revolución.

VIRREY: Exacto.

LECTOR: La orden de la Regencia relevando a Venegas y nombrando virrey a don Félix María Calleja llegó a México el veintiocho de febrero de 1813.

VIRREY *(simultáneamente al lector):* El veintiocho de febrero de 1813.

LECTOR: Calleja ha sido tachado de crueldad y también se le ha censurado su codicia, pero si se comparan con imparcialidad sus grandes cualidades con los defectos que las oscurecieron se habrá de reconocer que aquéllas sobrepujan en gran manera a éstos y será preciso confesar que Calleja ha sido uno de los hombres más notables que España ha producido en los últimos tiempos, aunque en España no ha sido conocido ni apreciado como se debiera porque nunca en España se estiman en su justo valor los servicios que en América se le hacen. Sea como sea, si Calleja logra dominar la revolución deberá ser reconocido como el reconquistador de la Nueva España, como el segundo Hernán Cortés.

VIRREY: ¿Oyó eso, coronel? El segundo Hernán Cortés. *(Observa detenidamente al militar.)* Lo veo preocupado.

MILITAR: Intranquilo nada más, excelencia. Han llegado a mis oídos informes fidedignos de que Morelos está pensando en atentar contra su vida.

VIRREY: ¡Eso es absurdo, coronel! Todo lo que hace parece justamente encaminado a salvar el pellejo.

MILITAR: Pero uno nunca sabe, excelencia. Tal vez padezca sentimientos encontrados de desesperación, culpabilidad, desánimo…

VIRREY: De cualquier modo, carece de medios.

MILITAR: Alguien podría hacerle llegar un veneno.

VIRREY: ¿En las cárceles de la Inquisición?

MILITAR: No son tan seguras como se dice. Pese a la obligación de mantener al prisionero totalmente incomunicado, mis informes revelan que Morelos es visitado de continuo en su celda. Señores principales, eclesiásticos, políticos…

Virrey: Curiosidad.

Militar: No faltará quien pueda ser algo más que un simple curioso.

Virrey: Tranquilícese, teniente, eso ya terminó. La Iglesia ha concluido al fin sus procesos y sus ceremonias y nos devuelve a Morelos convertido en un hombre cualquiera, sin fueros ni privilegios.

Militar: Pero la Jurisdicción Unida...

Virrey: También la Jurisdicción Unida despachó sus diligencias. ¿Quiere oír el dictamen del señor auditor? *(Levanta una mano como para dar una orden.)*

En el fondo del escenario aparece de inmediato el auditor, con un expediente.

Virrey: ¿Puede leerme de nuevo el dictamen de la Jurisdicción Real, señor auditor?

Auditor: Enseguida, excelencia. *(Empieza a leer el documento.)* Excelentísimo señor. El asesino José María Morelos está llanamente...

Virrey *(interrumpiendo)*: No, no, no. Lo medular nada más, señor auditor. La sustancia.

Auditor *(leyendo)*: Declarado hereje formal y penitenciado por el Santo Tribunal de la Fe, depuesto y degradado por la Iglesia como indigno de las órdenes que recibió, y entregado al brazo seglar, sólo resta que vuestra excelencia le haga sufrir la pena de muerte y confiscación de todos sus bienes mandando que sea fusilado por la espalda como traidor al rey, y que separada su cabeza y puesta en una jaula de hierro se coloque en la plaza mayor de esta capital, y su mano derecha se remita a Oaxaca para que asimismo se coloque en la plaza mayor. Que estas muestras sirvan a todos de recuerdo del fin que tendrán tarde o temprano los que despreciando el perdón con que se les convida se obstinan todavía en consumar la ruina de su patria.

Virrey *(al militar)*: Un dictamen severo, ¿no le parece?

Auditor *(prosigue)*: Esto es lo que en concepto del auditor de la Jurisdicción Real exigen la justicia y el público reconocimiento, salvas siempre las altas facultades de vuestra excelencia para resolver sobre la súplica en que concluye el reo y las proposiciones que hace en su instrucción de antes de ayer.

Virrey *(al militar)*: Ofrece trazarnos un plan para que acabemos con la rebelión, usted lo sabe.

Militar: ¿Se le indultaría con eso?
Virrey (*rehuyendo la respuesta; al auditor*): Suficiente, señor auditor. Muchas gracias.

El auditor hace una reverencia y sale del escenario.

Virrey (*después de pausa*): Como se ve, el reo está en sus manos, coronel. Hoy mismo puede trasladarlo a la cárcel de la Ciudadela e iniciar el proceso militar propiamente dicho. Usted presidirá el tribunal de la jurisdicción y se hará cargo del interrogatorio.
Militar: Será un honor, excelencia.

El virrey deja de posar y obliga al pintor a suspender su tarea. Se pasea por el proscenio.

Virrey: Deberá ser un interrogatorio exhaustivo, coronel. Necesitamos de Morelos una relación pormenorizada de todas sus campañas militares, desde que se lanzó a la rebelión. Intímelo además para que exponga con mayor amplitud las negociaciones y los intentos de alianza de los rebeldes con las distintas potencias extranjeras, en especial con los angloamericanos. (*Pausa.*) Pero lo más importante, coronel, lo más importante es que explique todo lo relacionado con la formación de ese Congreso de Chilpancingo: si recibían instrucciones de esta capital o de otras capitales del reino, qué individuos particulares los apoyaban, qué se proponía el gobierno que deseaban crear, cuáles fueron el origen y las razones de sus desaveniencias con los miembros de ese congreso. Muy detallado todo, coronel: a fondo... Desde luego necesitamos más datos sobre el estado actual de las fuerzas rebeldes y que exponga su mentado plan sobre cómo desarticular las distintas divisiones rebeldes y acabar con la revolución. (*Pausa.*) Agregue a esto las preguntas que considere necesarias, no necesito decírselo.
Militar: Se hará como lo ordena su excelencia.
Virrey: Buena suerte, coronel. Manténgame informado. (*Va a retirarse pero se detiene para observar complacido el lienzo del pintor. Comenta en relación con el retrato:*) Un segundo Hernán Cortés.

El virrey sale del escenario seguido por el pintor que se lleva consigo su caballete y enseres. Mientras el militar se pasea meditabundo entre Morelos acompañado de varios oficiales que se ubican de inmediato para constituir el tribunal de la Jurisdicción Militar. El militar se incorpora a ellos durante la intervención del lector.

LECTOR *(leyendo)*: Entregado al brazo secular, prisionero en la cárcel de la Ciudadela, José María Morelos fue sometido durante cuatro días, del veintiocho de noviembre al primero de diciembre de 1815, a un prolongado interrogatorio militar.

Apenas el lector termina, Morelos se encuentra ya profiriendo su declaración ante el tribunal.

MORELOS: A principios de octubre de 1810 tuve las primeras noticias de la revolución de don Miguel Hidalgo. Supe que había tomado Valladolid, que andaba cerca de la zona, y decidí ir a buscarlo. Salí de Carácuaro y lo alcancé en la población de Charo. Como no hubo tiempo de que habláramos allí me pidió que lo acompañara a Indaparapeo. Entonces me contó los motivos que tenía para aquella revolución. Me dijo que el rey estaba en Francia y eso proporcionaba una coyuntura para conseguir la independencia de todos los americanos. A consecuencia de nuestra plática, Hidalgo me dio la comisión de ir a pelear por el rumbo de la Costa del Sur y me encargó la toma de Acapulco. Me nombró su lugarteniente y brigadier. También me dijo que la excomunión lanzada por el obispo Abad y Queipo contra él y sus seguidores no me comprendía porque España estaba ya por los franceses.

MILITAR: ¿Cómo hacía compatibles esos designios de Hidalgo y sus planes bélicos con las obligaciones de su ministerio sacerdotal?

MORELOS: Ya lo he dicho muchas veces. Me sentí más obligado a defender la América hasta lograr su independencia que a cumplir las obligaciones de mi curato.

MILITAR: No lo puso en duda.

MORELOS: Sentí indispensable obedecer al señor Hidalgo.

MILITAR: ¿Y en ningún momento pensó que el señor Hidalgo podría estar equivocado?

MORELOS: Su doctitud no me daba el más mínimo recelo de que sus proyectos anduvieran errados... Además, me ayudaron a convencerme algunas vulgaridades que se decían por ahí.

MILITAR: ¿Qué clase de vulgaridades?

MORELOS: Que los europeos, como ya estaban en conexión con los franceses, iban a echarse sobre los eclesiásticos y sus bienes y a tratar con mayor rigor a los americanos; a degollar gente.

MILITAR: ¿Y usted lo creyó?

MORELOS: Eran vulgaridades pero me ayudaron a convencerme.

MILITAR: Descríbanos ahora, señor Morelos, sus acciones militares. Las campañas que libró desde que empezó en la insurrección.

MORELOS: ¿Necesitan una descripción detallada o a grandes rasgos?

MILITAR: Detallada, señor Morelos; lo más detallada que le sea posible.

Morelos habla ante el tribunal pero su voz resulta ahora inaudible. Sustituye a su relato, lo abrevia, el parlamento del lector.

LECTOR *(leyendo)*: Amplia, prolijamente, Morelos describió ante la Jurisdicción Militar sus campañas guerreras. Cómo salió de Carácuaro con sólo veinticinco hombres y llegó al Aguacatillo, antes de iniciar la primera batalla, con tres mil insurgentes armados de fusil, lanza, espada y flecha. Cómo libró su primera acción militar en el Veladero el trece de noviembre de 1810. Cómo llegó a Cuautla quince meses después y resistió allí, durante sesenta y dos días, el asedio del Ejército del Centro al mando del general Félix María Calleja. Refirió el rompimiento del sitio y las sucesivas batallas que lo llevaron a la toma de Oaxaca en octubre de 1812, a la toma de Acapulco en febrero de 1813, a la formación del Congreso de Chilpancingo.

MILITAR: ¿Qué factores lo movieron a la formación del Congreso de Chilpancingo?

MORELOS: Había diferencias y divisiones entre los vocales de lo que llamábamos la Junta Suprema de América; entre Rayón, Liceaga y Verduzco, principalmente.

MILITAR: ¿Diferencias? ¿En qué consistían las diferencias?

MORELOS: Ellos pedían armas y gentes para perseguirse entre sí.

MILITAR: ¿Ése fue el factor principal?

MORELOS: Yo advertí que esa división iba a tener malas consecuencias para la causa y entonces les propuse formar una junta general donde hubiera pluralidad de votos para acordar las cuestiones convenientes.

MILITAR: Ellos aceptaron de inmediato.

Morelos: Sí. Los dejé que eligieran el lugar donde deberíamos reunirnos y convinieron en la población de Chilpancingo. Tratamos de nombrar un número suficiente de vocales para que la pluralidad compensara las desavenencias. Se nombraron vocales por Michoacán, Yucatán, Tecpan, Guadalajara, Oaxaca, México, Guanajuato y Nuevo León. Luego propuse que eligiéramos un individuo para el supremo poder ejecutivo, que tuviera este poder en depósito mientras se formaba una corporación.

Militar: Y lo eligieron a usted.

Morelos: Yo resulté electo por el total de votos, pero renuncié al cargo. Los vocales insistieron. Entonces acepté.

Militar: Fue cuando se hizo llamar siervo de la nación.

Morelos: El Congreso quería llamarme alteza, que era el título que según ellos correspondía, pero yo lo rechacé y pedí a los vocales que me titularan siervo de la nación.

Militar: ¿Por qué ese nombre?

Morelos: Me pareció más a propósito, menos retumbante.

Militar: ¿Lo escogió nada más por eso? ¿Por menos retumbante?

Morelos: También contribuyó en algo mi humildad.

Militar: ¿Qué planes tenía ese congreso para el gobierno que deseaban formar?

Morelos: El principal punto que se trató en Chilpancingo fue la elaboración de una Constitución Provisional de Independencia. Para eso se comisionó a Quintana, a Bustamante y a Herrera. Trabajaron en el asunto y fue la que finalmente promulgaron en Apatzingán, en octubre del año pasado.

Militar: Pero antes de que llegara octubre de 1814 usted emprendió nuevas batallas y sufrió serios reveses en Valladolid, en Puruarán...

Morelos: Sí. Sufrimos derrotas importantes.

Militar: A consecuencia de lo cual el Congreso le quitó el poder ejecutivo en Tlacotepec, en febrero de 1814, ¿no fue así?

Morelos: En Tlacotepec el Congreso reasumió el poder ejecutivo. Yo quedé como vocal y capitán general de las armas.

Militar: Con gran decepción de su parte.

Morelos: Tuve desavenencias con el Congreso.

Militar: ¿En qué puntos principalmente?

Morelos: A mi juicio, el Congreso determinaba muy mal el uso de las tropas. De los dos mil hombres que yo había reunido en mis últimas campañas y de las demás tropas y armas que habían estado hasta entonces bajo mi mando, el Congreso sólo me dejó mi escolta compuesta de ciento cincuenta hombres... Ésas fueron mis desavenencias con el Congreso.

MILITAR: Sin embargo, usted juró el decreto constitucional en Apatzingán...

MORELOS: Sólo como vocal de la Junta.

MILITAR: Y un año después, hace apenas unas semanas, se esforzó en poner a salvo a los miembros del Congreso y trasladarlos... ¿A dónde pensaban trasladar el Congreso, señor Morelos?

MORELOS: Ya me preguntaron eso mismo en los otros procesos.

MILITAR: ¿Le molestaría responder de nuevo?

MORELOS: Yo estaba comisionado para poner a salvo el Congreso y situarlo en Tehuacán, Zongolica, Zacatlán o Naulingo.

MILITAR: ¿Por qué en esos lugares?

MORELOS: Queríamos situarlo en algún punto cercano a la costa para saber el resultado de la comisión del cura Herrera.

MILITAR: ¿Qué clase de comisión?

MORELOS: El cura Herrera había sido enviado a los Estados Unidos con veintiocho mil pesos para negociar con aquel gobierno el envío de armas y de gente para conseguir la independencia.

MILITAR: Tenían esperanzas de conseguirlo...

MORELOS: Si no se obtenía nada en los Estados Unidos se pensaba hacer intentos en Caracas, en Londres o en otros países.

MILITAR: Cuando usted escoltaba al Congreso fue cuando lo aprehendimos.

MORELOS: Sí. No llegaron a tiempo las divisiones a las que se había ordenado salir a recibirnos y a sostenernos por aquellos parajes.

MILITAR: ¿Cuáles eran esas divisiones?

MORELOS: La de Sesma, que estaba en Chilacayapa; la de Vicente Guerrero, que estaba en las inmediaciones de Tlapa, y la de Terán, que se hallaba por el rumbo de Tehuacán.

MILITAR: ¿Qué fuerza armada tienen?

MORELOS: Sesma tiene quinientos fusiles con poco más de mil hombres. Guerrero tiene trescientos costeños y mucha indiada. Terán debe tener como setecientos fusiles y mil quinientos hombres.

MILITAR: ¿Y Osorno? ¿Y Guadalupe Victoria?

MORELOS: Osorno tiene mil fusiles y como dos mil hombres. Guadalupe Victoria, dos mil hombres y mil fusiles.

Militar (*consultando papeles*): Las cifras no corresponden exactamente a las que usted dio a la Jurisdicción Unida.

Morelos: Son cifras que yo calculo. No he visto sus estados últimamente, no tengo datos exactos.

Militar: A Rayón le calculó seiscientos fusiles. ¿No le parece poco?

Morelos: Sí. Puede ser que tenga mucho más tomando en cuenta las partidas que se le unen. Tal vez llegue a reunir unos mil doscientos fusiles y como dos mil quinientos hombres.

Militar: El doble de lo que declaró a la Jurisdicción Unida.

Morelos: No tengo datos exactos.

Militar: Pero todos lo obedecen a usted.

Morelos: Obedecen a la Junta del Supremo Gobierno. Yo soy solamente un vocal.

Militar: Señor Morelos: hace un momento habló usted de los tratados que han firmado con los angloamericanos...

Morelos: Ni yo ni el Congreso mexicano llegamos jamás a firmar ningún tratado. Hicimos intentos pero no se llegó a nada.

Militar: ¿Cuáles han sido esos intentos desde que empezó la insurrección?

Morelos: El primero que trató de establecer contacto con los angloamericanos fue Hidalgo, según oí decir. Más tarde Anaya fue a Nueva Orleans por su propia cuenta y se regresó sin haber conseguido nada. También Rayón, por medio de su enviado Peredo, intentó algunas gestiones, pero su enviado ni siquiera pudo pasar. Últimamente, como ya dije, el Congreso envió a Herrera, y según infiero tampoco conseguirá nada.

Militar: ¿Daban mucha importancia a estas gestiones?

Morelos: Estábamos convencidos que sin el auxilio de alguna potencia extranjera no lograríamos nunca el fin de la independencia.

Militar: Al considerar estos auxilios, ¿no pensaban que se verían obligados a someterse a una potencia extranjera?

Morelos: Pensábamos en la protección de una potencia sólo como una ayuda auxiliar. Además, como las propuestas con que fue enviado Herrera se hacían con arreglo a una constitución jurada, la ayuda extranjera no podría pasar de los límites de su carácter auxiliar.

Militar: ¿Ni siquiera pensaban en que les impondrían la religión arbitraria que ellos quisieran?

Morelos: También esperábamos que en ese aspecto se cumpliera con la Constitución, donde se establece que la única religión será la católica.

Militar (*después de pausa*): En su petición de clemencia al virrey y a la Jurisdicción Unida usted ofreció, para tranquilizar su conciencia y satisfacer a Dios y al rey, dar sinceramente su opinión sobre qué medios podrían emplearse para debilitar la insurrección y restablecer el orden. Ahora es el momento de hacerlo, señor Morelos.

Morelos: Entiendo.

Militar: Podríamos empezar por... ¿Qué zona le parece a usted la más importante para la pacificación del país, señor Morelos?

Morelos: ¿Qué zona?

Militar: Qué zona, qué provincia.

Morelos: Valladolid.

Militar: ¿Y qué tan difícil es pacificar Valladolid?

Morelos: Por los rumbos de Tlalchopa, Cutzamala y Huetamo es relativamente fácil. Todo consiste en mandar una división y situarla en un paraje donde no se ha visto un soldado desde el principio de la insurrección.

Militar: ¿Qué paraje?

Morelos: La división debe recorrer y situarse en Ario y Puruarán, al mismo tiempo que la tropa de Tecpan avanza sobre Zacatula y Coahuayutla, apoyada por el destacamento que está en Tlacotepec y que deberá situarse por la izquierda del río, hasta el paso del Balsas.

Militar: ¿Le parece una operación importante?

Morelos: La más importante de todas las que puedan hacerse para la pacificación del país.

Militar: ¿Por qué razón?

Morelos: Con este movimiento se corta en gran parte la entrada de pertrechos y auxilios que llegan a Cóporo de Huetamo y Atijo. También se estorba así la retirada que comúnmente hacen los rebeldes de la provincia de Valladolid y se rehabilitan los comercios de la costa con esta provincia y con el Bajío y demás lugares.

Militar: Además de la operación militar...

Morelos: Desde luego habría que ofrecer indulto a los cabecillas y perseguir a los que no lo acepten. Yo calculo que serán pocos los que rechacen el indulto por la situación que se está viviendo por ahí.

Militar: ¿Qué situación?

Morelos: Los pueblos carecen de lo necesario para su subsistencia y tienen un gran anhelo del restablecimiento del comercio y de su organización total.
Militar: Según usted, entonces ésta es la operación más importante.
Morelos: Desde luego. Pero debe hacerse ahora mismo, sin pérdida de tiempo, aprovechando que mi aprehensión ha hecho decaer seguramente el orgullo y la confianza que yo les infundía.
Militar: Respecto al sur, señor Morelos, ¿cómo podría pacificarse?
Morelos: En el sur hay que pensar en Sesma y en Vicente Guerrero. Están situados en la Sierra Mixteca y frecuentemente en Chilacayapa y Tlapa. Como amenazan invadir Oaxaca con las fuerzas que tienen y las que están reuniendo diariamente, se necesita situar en Huajuapan una división de dos mil hombres.
Militar: Para cercarlos.
Morelos: Para privarlos de los alimentos que les llegan de aquellas inmediaciones, cortar su avanzada y asegurar las ciudades de Oaxaca y Puebla.
Militar: También una operación urgente.
Morelos: En todo lo que se haga, yo recomendaría que se trate con dulzura a los pueblos y se ofrezca un indulto a todos sus habitantes.
Militar: ¿Y qué recomendaría para contener a Terán, al que usted tanto encomia por su talento y disposición?
Morelos: Él debe hallarse ahora en las inmediaciones de Tehuacán. A mi parecer, se le debe cortar el paso para que no se reúna ni pueda estar en comunicación con Guadalupe Victoria.
Militar: ¿Cómo se le corta el paso?
Morelos: Colocando una división armada en Zongolica y otra en el mismo Tehuacán.
Militar: ¿Y en la costa de Veracruz propiamente dicha?
Morelos: No conozco la situación en la costa de Veracruz. Como tampoco sé nada de los Llanos de Apan, de Nueva Galicia y de Nuevo Santander. No podría hacer un plan. Ignoro con qué medios se podría conseguir la pacificación en esos terrenos.
Militar: Pasemos entonces a su gente, señor Morelos. Entre sus subalternos, ¿quiénes han sido sus hombres de confianza? Secretarios, ayudantes, escribientes.
Morelos: Tuve cuatro secretarios distintos, pero desde que pasé a ser vocal de la Junta sólo he tenido escribientes.

MILITAR: ¿Quiénes han sido?

MORELOS: Samaniego, que ahora está con Serrano; Juan Nepomuceno Manríquez, que se quedó con la junta subalterna de Valladolid, y Felipe Montero, que fue pasado por las armas luego que me aprehendieron en Tezmalaca.

MILITAR: ¿Ayudantes?

MORELOS: Samaniego García, de las milicias de Acapulco, que ahora anda con Galeana; Manuel Anzures, que está en Chimilpas de ayudante de la fortaleza, y José María Aguayo, que también está ahí. También José Martín Andrade, que anda con Rosains, y últimamente los dos ayudantes de mi escolta: Pedro Pérez, sargento mayor, y Miguel López.

MILITAR: ¿Ha tenido confesor fijo?

MORELOS: Nunca tuve confesor de asiento. Durante la revolución me he confesado con el padre Terán del curato de Tecpan; con el padre Miguel Gómez de Valladolid; con el padre Gutiérrez, cura de Guayacotla del obispado de México; con el padre fray Mariano Cervantes de la orden de San Francisco, y con el padre fray Agustín Candeaga de la orden de San Agustín, que actualmente me acompañaba como capellán de la caballería. Ellos eran los que decían misa en las campañas.

MILITAR: De los generales insurrectos, ¿con quiénes llegó usted a tener más confianza por sus ideas sobre la revolución, por su adhesión al partido rebelde?

MORELOS: Los Bravo, desde luego: don Leonardo y Nicolás. También Ayala, Galeana, don Mariano Matamoros, que fusilaron en Valladolid, Rosains, Terán y Sesma.

MILITAR: ¿Ellos lo ayudaban en sus planes de batalla?

MORELOS: Nunca necesité de planes para combatir.

MILITAR: Pero lo ayudaban en la formulación de una estrategia, en la redacción de las intimaciones.

MORELOS: Me fueron útiles los conocimientos prácticos de los Bravo, de Matamoros, de Galeana... Las intimaciones para las tomas de Orizaba y Oaxaca las hizo Zambrano, que ahora está con Rayón; las de Acapulco y Valladolid, el licenciado Rosains.

MILITAR: ¿Quiénes más los ayudaron a tener éxito en sus batallas?

MORELOS: Nadie más. La tropa, la gente.

MILITAR: Hablo de personas que residen en esta capital o en otras ciudades del reino.

Morelos: No entiendo la pregunta.

Militar: Sí la entiende, señor Morelos. Sabemos de fijo que desde esta capital y de otras ciudades se enviaban al campo rebelde planes y estados de fuerza militar que ayudaban a fomentar la rebelión. Necesitamos saber los nombres de las personas que mantenían con ustedes esa comunicación.

Morelos: No sé el nombre de ninguna persona en particular que haya enviado planes, o secretos, o estados de fuerza militar para ayudar al fomento de la revolución.

Militar: Pero admite que usted recibió esa clase de documentos. Que cuando atacó Cuautla, por ejemplo, recibió noticias animándolo a que marchara sobre México porque la plebe de la capital estaba en buena disposición para recibirlo.

Morelos: Fueron noticias vagas y sin ningún fundamento. Pensé que la plebe podía tener buena disposición, pero no la tropa que guarnecía la ciudad de México. No hice caso de esas noticias.

Militar: Pero las recibió. Como siguió recibiendo luego comunicados y planes secretos del ejército del reino.

Morelos: Los comunicados que recibíamos eran enviados por un grupo que se titulaba vagamente Los Guadalupes.

Militar: ¿Qué personas integraban a ese grupo de Los Guadalupes?

Morelos: Lo ignoro. Juro que lo ignoro por completo.

Militar: Sabrá al menos de qué medios se valían para sustraer esos planes del gobierno y hacérselos llegar.

Morelos: También lo ignoro.

Militar: ¿Está diciendo la verdad, señor Morelos?

Morelos: Es la verdad. Juré decirla.

Militar: Háblenos entonces de los recursos financieros con que usted contaba para sostener al Congreso y a la tropa.

Morelos: No era yo, era el Congreso mismo el que se encargaba de obtener los recursos para su subsistencia.

Militar: Pero usted conocía los planes financieros.

Morelos: Había proyectos para organizar el ramo de hacienda y las intendencias en las provincias de Puebla, Veracruz y parte de Oaxaca, las zonas que estaban bajo nuestro control. También se quería establecer una contribución general sobre todos los individuos y abrir el comercio interceptado hasta ahora para recibir las contribuciones de este ramo.

MILITAR: ¿Nada más?

MORELOS: Si todo esto no era bastante para sostener a la gente necesaria, se pensaba batir moneda provisional de cobre, o de otro metal equivalente, a falta de plata y oro. Ésos eran los planes financieros.

MILITAR: En lo particular, ¿cuáles son sus bienes patrimoniales, señor Morelos?

MORELOS: Bienes patrimoniales no tengo ninguno. Lo que tengo lo adquirí por mi trabajo antes de la revolución: una casa que mandé construir en Valladolid. Y es todo.

MILITAR: ¿Y lo que tenía en Carácuaro?

MORELOS: Todo lo que obtuve en mi beneficio por mi curato se gastó en mantener a la gente que me acompañó en las primeras expediciones. Después, lo obtenido en las ciudades y poblaciones que ocupamos se ha gastado también, todo, todo, en la revolución. Lo único propio que me quedaba fue lo que traía cuando me aprehendieron.

MILITAR: ¿Cómo explica entonces el paradero de los muchos millones que reunió, en sus campañas, principalmente en Orizaba, en Chilapa, en Acapulco? Las fortunas que existían en esos lugares, no sólo del gobierno sino de tantos infelices particulares que se quedaron en la indigencia, eran cuantiosísimas.

MORELOS: Digo la verdad. Todo lo que tomamos en esas ciudades y en las demás poblaciones que ocupamos no fue siquiera bastante para pagar a la gente. Hubo muchos meses en que los soldados no recibieron su paga.

MILITAR: Pero usted usaba uniformes lujosos, señor Morelos. Recuerde aquel uniforme lleno de costosos bordados que llevó cuando se hizo nombrar generalísimo de la América. Seguramente no fue confeccionado en ninguna de las ciudades que ustedes ocuparon. Seguramente provenía de esta capital o de alguna otra ciudad importante del reino. ¿Quién se lo mandó hacer? ¿Qué personas se lo enviaron?

MORELOS: De las ciudades que estaban fuera de nuestro dominio nunca recibí nada, nada. Los dos uniformes bordados que tuve me los regaló Matamoros. Los mandó hacer a Izúcar y a Oaxaca en el tiempo en que ocupamos esos lugares.

MILITAR: ¿Y el bastón de puño de oro que se le conoció?

MORELOS: Ese bastón lo tomé en Oaxaca.

MILITAR: ¿Y el famoso pectoral?

Morelos: El pectoral me lo regaló el padre Sánchez en Huajuapan, pero lo perdí en Tlacotepec.
Militar: Usted traía barras de plata cuando lo aprehendimos.
Morelos: Seis barras nada más. Me las entregaron en Puruarán, en Uruapan y en Ario a cuenta de los seis mil pesos de sueldo anual que me asignó el Congreso.

Se produce un largo silencio. El militar revisa y ordena sus papeles y en voz baja consulta con los miembros de la Jurisdicción Militar. Se vuelve hacia Morelos.

Militar: Suficiente, señor Morelos. No lo interrogaremos más.

El militar y todos los miembros de la Jurisdicción Unida salen del escenario. Morelos permanece unos instantes inmóvil y luego avanza hacia el lector, que se mantiene ocupado revisando algunas páginas del libro.

Morelos: El libro emplea, seguramente, la palabra delator.
Lector: No, no la emplea... Pero yo podría pronunciarla.
Morelos *(interrumpiendo súbitamente al lector)*: Shhh, espere. Escuche... Escuche eso.

Al fondo del escenario se advierte a un grupo de soldados insurgentes descansando de una jornada. Se hallan reunidos en torno a una fogata. Entonan, al son de una guitarra, la canción que ha empezado a escucharse desde antes de la aparición del grupo.

Coro de insurgentes:
>Ínclito gran Morelos,
>tras de cuya bandera
>los genios de la guerra
>apresurados van.
>
>Tú solo has conseguido
>con valerosa mano
>al gachupín tirano
>su orgullo dominar.

Tú a Calleja eclipsaste
su fantástica gloria
que en continua victoria
se creyó perpetuar.

Entonces me parece
que la guerrera Palas
te saca entre las balas
sobre un carro triunfal.

Y que en él te conduce
con paso presuroso
al templo majestuoso
de la inmortalidad.

Al verte exclama Marte:
"Ven, héroe americano,
y mi sangrienta mano
con la tuya estrechad.

"Mi hijo eres predilecto,
mi influjo hoy te predice
que tú serás felice,
tu patria salvarás".

Si Morelos invicto
¿quién podrá ya estorbarte,
plantar el estandarte
de nuestra libertad?

Cuando cesa la canción, desaparece el grupo de insurgentes. Morelos se vuelve hacia el lector.

MORELOS: Eran las canciones que cantaban mis hombres, hace dos años, al terminar la jornada.

LECTOR *(recriminatorio)*: Por supuesto. Esto es lo único que ahora le interesa recordar.

Un sacerdote ha entrado en el escenario e interrumpe al lector poniéndole una mano en el brazo. El sacerdote lleva dos pequeños breviarios.

SACERDOTE: Perdone usted pero nadie tiene autorización para hablar con el prisionero. Debe permanecer incomunicado… Ésas son las órdenes.

El lector regresa malhumorado al atril. El sacerdote se aproxima a Morelos.

SACERDOTE: A instancias del señor arzobispo, el virrey dio su venia para que usted realice, aquí en su celda, una serie de ejercicios espirituales.
MORELOS: ¿Ejercicios espirituales?
SACERDOTE: Yo me encargaré de dirigirlo.
MORELOS: Ejercicios espirituales para prepararme a la muerte. Van a fusilarme.
SACERDOTE: La sentencia del Santo Oficio sólo habla de un destierro a las prisiones de África.
MORELOS: Pero el auditor pidió la pena de muerte.
SACERDOTE: Y el señor arzobispo imploró clemencia a nombre de toda la Iglesia… Hay probabilidades todavía, no desespere. También se dice que el virrey confía en que los jefes rebeldes se presenten a indulto para salvarle a usted la vida.
MORELOS: No lo harán nunca.
SACERDOTE: Lo importante es dejar todo en manos de la infinita misericordia de Dios y elevar a él nuestras plegarias. *(Entrega a Morelos uno de los breviarios:)* Oremos de rodillas… En el nombre del Padre, del Hijo y del Espíritu Santo.

Morelos y el sacerdote se ponen de rodillas y trazan la señal de la cruz.

7. LA PENA DE MUERTE

El lector ante el atril. Morelos y el sacerdote continúan de rodillas con los ojos fijos en sus breviarios y rezando en voz baja. Acompañado del secretario que carga un cartapacio, entra el militar. El sacerdote se pone en pie de inmediato. Va a hacerlo también Morelos pero el militar lo detiene con un ademán.

MILITAR: No se levante, señor Morelos. Los reos deben escuchar de rodillas las sentencias del virrey. *(Pausa.)* ¿Está dispuesto?

Morelos cierra su breviario. Tarda en responder.

MORELOS: Escucho.

El militar toma el documento que le tiende el secretario.

MILITAR *(leyendo)*: De conformidad con el dictamen del señor auditor de guerra condeno a la pena capital, en los términos que expresa, al reo Morelos. *(Pausa.)* Pero en consideración a cuanto me ha expuesto el venerable clero de esta capital por medio de los ilustrísimos señores arzobispos, y en prueba de mi deferencia y respeto al carácter sacerdotal cuando es compatible con la justicia, mando que dicho reo sea ejecutado fuera de garita en el paraje y a la hora que señalaré, y que inmediatamente se dé sepultura eclesiástica a su cadáver sin sufrir mutilación alguna de sus miembros ni ponerlos a la expectación pública. *(Pausa.)* En cuanto a que las vagas e indeterminadas ofertas que ha hecho Morelos de escribir en lo general y en lo particular a los rebeldes para retraerlos de su errado sistema, sólo parecen inspiradas por el deseo que lo anima en estos momentos de libertar de cualquier modo su vida sin ofrecer seguridad alguna de que aquéllos se presten a sus insinuaciones.

LECTOR *(interrumpiendo; baja del atril)*: De eso nunca se habló aquí. Es mentira. Morelos nunca ofreció…

El lector se interrumpe bruscamente como si lo asaltara una sospecha. Se vuelve hacia Morelos. Éste se encuentra con la cabeza gacha y no muestra intenciones de levantarla. El lector regresa al atril.

MILITAR *(leyendo)*: Ya en anteriores oportunidades los rebeldes han despreciado semejantes explicaciones hechas por otros reos, como Hidalgo, Aldama, Matamoros, en el terrible trance de trasladarse a la vista de su creador. Téngase presente el ejemplo de Leonardo Bravo, a quien habiéndole permitido mi inmediato antecesor que escribiese como lo hizo a sus hijos y hermanos para que se presentasen a indulto mientras se suspendía la ejecución de la sentencia, no sólo no se presentaron a indulto sino continuaron con más empeño sus hostilidades y atentados contra su soberano, su patria y sus conciudadanos. Así están obrando después de la prisión de Morelos las diferentes gavillas esparcidas por el reino, sin que una sola ni ninguno de sus caudillos se haya presentado ni ofrecido dejar las armas de la mano para libertarle. Fue precisamente por ese motivo, para tener esta última prueba, por lo que suspendí hasta hoy la pena condigna. *(Pausa.)* Pese a todo, sin embargo, adviertan los rebeldes y el mundo todo que ni las victorias de las armas del rey, ni la justa venganza que exigen las atrocidades cometidas por estos hombres, ni la indiferencia con que han oído la voz del más justo y piadoso de los soberanos explicada en las reales órdenes que desde su gloriosa restitución al trono se han publicado por bando y circulado hasta las partes más remotas del reino, son capaces de apartar al gobierno de sus sentimientos paternales y de la eficacia con que ha procurado siempre ahorrar la efusión de sangre por el único medio que corresponde respecto a unos vasallos alzados contra su legítimo soberano, ordeno y mando, en uso de las amplias facultades que me están concedidas por su majestad, que en su real nombre se publique ahora un nuevo indulto a favor de todos los extraviados en los términos y con las ampliaciones que tengo acordadas. *(Pausa.)* Firma: su excelencia el virrey de la Nueva España, don Félix María Calleja del Rey. *(Pausa. A Morelos:)* Puede levantarse, señor Morelos.

El sacerdote ayuda a Morelos a ponerse en pie.

MILITAR: Regreso en un momento.

El militar sale del escenario. Después de un largo silencio, y mientras Morelos rehuye la mirada del lector, el sacerdote abre su breviario y lee en voz alta los versos del salmo.

SACERDOTE: Tenme piedad, oh Dios, según tu amor,
porque tu inmensa ternura borra mi delito,
lávame a fondo de mi culpa,
y de mi pecado purifícame.

Pues mi delito yo lo reconozco,
mi pecado sin cesar está ante mí;
contra ti, contra ti sólo he pecado,
lo malo a tus ojos cometí.

Porque aparezca tu justicia cuando hablas
y tu victoria cuando juzgas.
Mira que en culpa yo nací,
pecador me concibió mi madre.

Mas tú amas la verdad en lo íntimo del ser,
y en lo secreto me enseñas la sabiduría.
Rocíame con el hisopo, y seré limpio,
lávame, y quedaré blanco como la nieve.

El militar regresa con una escolta de diez soldados armados con fusiles y un soldado con tambor.

MORELOS: Al fin vamos a morir.

El sacerdote se dirige a un punto del escenario. Recoge una capa negra y un crucifijo. Vuelve con Morelos. Le entrega la capa y le ayuda a ponérsela.

MORELOS: Ésta será mi mortaja. (*Al militar:*) Cuando usted diga.

El militar hace un ademán para que lo siga y todos se dirigen a otro punto del escenario. Los soldados se forman en dos filas.

MORELOS: Es un lugar muy árido.
MILITAR: Ecatepec.
MORELOS: La ciudad donde yo nací era un jardín. El jardín de Valladolid.
MILITAR: Tómese el tiempo que necesite, señor Morelos.
MORELOS: ¿Podría fumar?
MILITAR: Desde luego.

El militar busca cigarrillos en su chaqueta, inútilmente. Luego se dirige a los soldados, pero ninguno parece tener cigarrillos. El lector abandona el atril y avanza en dirección de Morelos. Extrae de un bolsillo un paquete de habanos y le ofrece. Morelos toma un habano.

MORELOS (*mientras el lector le enciende el puro*): ¿Esto también está escrito en el libro?
LECTOR: También.

Durante el tiempo en que Morelos da un par de fumadas se escucha, lejana, la canción de los insurgentes. La canción deja de oírse cuando Morelos arroja al suelo el habano y lo degüella con la punta del pie. El lector regresa al atril.

MORELOS: Ya.

El militar se aproxima y venda los ojos de Morelos.

MORELOS: No hace falta.

El sacerdote llega con Morelos y lo conduce hasta el sitio que el militar le señala con un ademán. Le entrega el crucifijo y lo sitúa de espaldas al pelotón de fusilamiento.

SACERDOTE: Debe ponerse de rodillas.
MORELOS: ¿Aquí?
SACERDOTE: Haga de cuenta que aquí fue nuestra redención.

Morelos queda de rodillas. El sacerdote se retira y se pone a rezar el salmo en voz baja. Redobla el tambor.

MORELOS (*mientras sujeta el crucifijo en ambas manos, haciendo oír su voz por sobre el ruido del tambor*): Señor, si he hecho bien tú lo sabes; si he hecho mal, me acojo a tu infinita misericordia.

Mientras el tambor continúa redoblando se arrodillan los soldados de la primera hilera. Sólo éstos se aprestan a disparar.

MILITAR: Preparen. Apunten. ¡Fuego!

Los soldados disparan. Cesa el redoble del tambor. Morelos cae herido y grita fuertemente durante un largo lapso. Se contorsiona en el suelo, quejándose. El militar hace una señal a los soldados de la segunda hilera y éstos se aprestan. Vuelve a redoblar el tambor.

MILITAR: Preparen. Apunten. ¡Fuego!

La segunda descarga silencia definitivamente a Morelos. Queda tendido de bruces. Salen del escenario el militar, el sacerdote y los soldados.

LECTOR *(leyendo):* En San Cristóbal Ecatepec, a las tres de la tarde del veintidós de diciembre de 1815, José María Morelos y Pavón fue pasado por las armas. *(Pausa.)* Pero Morelos no murió tras la última descarga del pelotón de fusilamiento. Como héroe, como estadista, como caudillo, como ejemplo, continúa vivo en las sagradas páginas de la historia que su grandiosa epopeya...

Súbitamente entra en el escenario el virrey. Interrumpe al lector. Clama contra él.

VIRREY: ¡Alto! ¡Está faltando a la verdad! ¡Está mintiendo! *(Llega hasta el lector, que lo mira con desconcierto.)* Mañosamente ha escamoteado usted un documento histórico fundamental.

LECTOR: No he escamoteado nada, señor virrey. Consigné todos los documentos importantes.

VIRREY: Falta la retractación... El diez de diciembre de 1815, doce días antes de su fusilamiento, Morelos emitió por escrito su retractación. ¿No la registra su libro?

LECTOR *(revisando el libro):* Hay una nota a pie de página, muy de pasada. No se concede importancia al documento.

VIRREY: Entonces su libro miente.

LECTOR: Lo considera espurio.

VIRREY: ¿Quién se atreve a considerar espuria la retractación de Morelos?

LECTOR: Un historiador al que no puede acusarse de parcialidad a favor de los insurgentes: Lucas Alamán.

VIRREY: ¡Qué sabe ese imbécil!

LECTOR: En 1851, Lucas Alamán escribió *(leyendo):* "Una retractación que con la firma de Morelos se publicó por el gobierno después de la ejecución, y que llevaba la fecha diez de diciembre, no hay apariencia alguna de que fuese suya pues es enteramente ajena a su estilo..."

VIRREY: Estúpido.

LECTOR *(leyendo):* "Habiendo sido redactada por otro, tampoco es probable que la firmase Morelos pues no se hace mención alguna de ella en la causa".

VIRREY: Se alude en la sentencia... Diga lo que diga ese escribano, usted está obligado a leerla.

LECTOR: ¿Aunque se trate de un documento amañado?

VIRREY: A usted no le toca juzgarlo.

LECTOR: Pero esto ya terminó. (*Señala a Morelos.*) Morelos está muerto.
VIRREY: Precisamente porque lo está. Su obligación es leerla.
LECTOR (*leyendo*): Excelentísimo señor virrey: para descargo de mi conciencia y para reparar en lo poco que puedo —ojalá pudiera hacerlo en un todo— los innumerables gravísimos daños que he ocasionado al rey, a mi patria y al Estado, como también para precaver o desvanecer el escándalo que pueda haberse tomado de la exterior tranquilidad con que comparecí en el autillo a que me condenó el santo tribunal de la Inquisición, suplico a vuestra excelencia que por medio de los papeles públicos se comunique el siguiente sencillo manifiesto. (*Larga pausa.*)
VIRREY: Adelante, no se detenga.
LECTOR (*leyendo*): Sin otro motivo que la autoridad de Hidalgo, de cuyo talento e instrucción tenía yo hecho un gran concepto, abracé el partido de la insurrección, insistí después en él y lo promoví con los infelices progresos que todos saben y que yo quisiera llorar con lágrimas de sangre. Arrastrado de un deseo tan excesivo como furioso por el bien de mi patria no me detuve a reflexionar y consideré que era justo. Por esta misma disposición de ánimo reputé falsa la venida a España de nuestro amado monarca Fernando Séptimo y me dejé persuadir de que, si acaso había venido, habría sido por disposición de Napoleón, a sus órdenes e imbuido en sus máximas injustas e irreligiosas. Así continué aspirando a la independencia y maquinando para conseguirla. Pero de algunos meses a esta parte, disgustado por las divisiones entre mis compañeros o cómplices, y por falta de recursos para lograr el designio, viendo que inútilmente se derramaba la sangre y se estaban causando tantos males, pensaba yo abandonar la causa y aprovechar la primera ocasión para retirarme a Nueva Orleans o a los Estados Unidos. Algunas veces incluso me ocurrió el pensamiento de ir a España a cerciorarme de la venida del soberano y a implorar el indulto de mis atentados a su real clemencia. Éstas eran mis ideas y pensamientos cuando fui preso por las tropas del rey y conducido a esta ciudad, en lo que reconozco un singularísimo beneficio de la infinita misericordia. Porque confinado aquí en la cárcel, a la luz de las reflexiones que me han hecho, he conocido lo injusto del partido que abracé y lo ajeno y repugnante que era a mi carácter y estado. Conozco y confieso que por la ignorancia del sagrado Evangelio, culpable ciertamente en un eclesiástico, me he apartado de

sus máximas conducentes no sólo al bien espiritual de las almas sino al temporal de las sociedades. He dejado de dar al César lo que es del César y a Dios lo que es de Dios. Quiero decir que negué, y con la seducción, con la fuerza y con mi ejemplo fui causa de que otros muchos negaran al señor Fernando Séptimo la obediencia y reconocimiento debidos a un monarca jurado que estaba en quieta y pacífica posesión de gobernar a la América cual legítimo y verdadero soberano. Para abrazar el partido de la insurrección dejé de dar a Dios lo que debía como eclesiástico, como sacerdote y como cura. Sí, omitiendo el rezo del oficio divino por las ocupaciones militares le negué a Dios el tributo de alabanzas que diariamente debía rendirle. Con tanta sangre como se ha derramado de mi orden y por mi causa me inhabilité para ofrecerle el sacrificio santo de la misa. Abandoné las ovejas que había puesto a mi cuidado. He sido causa de que otros muchos hayan contravenido a tan sagrados deberes. He traído con mi conducta y con la de otros que han seguido mi mal ejemplo sobre el venerable clero secular y regular de la América tal vilipendio y desprecio que al contemplarlo se me parte el corazón de dolor. Pero se me parte mucho más al considerar la pérdida de tantas almas redimidas con la sangre preciosísima de Jesucristo que por mi causa habrán perecido y perecerán eternamente... Penetrado de estos sentimientos, ¿cómo era dable que conservara en lo interior de mi espíritu la tranquilidad que manifestaba en lo exterior de mis sentidos y cuerpo? Atribúyase esto a mi complexión y temperamento o a cierta especie de aturdimiento causado por la sorpresa. Cuando comparecí al autillo y a la sensible ceremonia de ser degradado, mi alma estaba inundada de dolor y sentimientos de amargura, cuales no he sentido en toda mi vida, sin dejar por eso de sujetarme con resignación y con humildad a tan justas penas merecidas por mis enormes delitos. Bien persuadido de ellos, y arrepentido de haberlos hecho así fuera a proporción y medida de su gravedad y número, pido perdón a Jesucristo mi redentor, amantísimo Dios de la paz, de la caridad y la mansedumbre, por el detestable abuso que hice del carácter de ministro suyo y del respeto que por éste se me tenía, para desterrar la paz, destruir la caridad y la unión y extender una guerra tan sangrienta. Se lo pido a la Iglesia santa por no haber hecho caso de sus leyes y censuras por ignorancia e inadvertencia culpables. Se lo pido al amado monarca Fernando Séptimo por haberme rebelado y por haber sublevado contra él a tantos fieles y leales vasallos suyos. Se lo pido al clero secular y regular por haberlo difamado y exautorizado con mi mala conducta y la de otros que me han seguido. Se lo pido a los superiores eclesiásticos y civiles por el desprecio que hice de su autoridad. Se lo pido a todos los pueblos que he escandalizado con mi mal ejemplo. Se lo pido, en fin, a tantos europeos y americanos por lo mucho que les he dañado en sus intereses y en sus haberes y en la vida de aquéllos de quienes dependía su subsistencia. Ruego a todos que, satisfechos con la pérdida de mi vida temporal, interpongan los méritos infinitos de Jesucristo y la intercesión de la Virgen para que se salve mi pobrecita alma y vaya a pedirle a Dios incesantemente el remedio de tantos males como he causado... Por último, en este momento en que por la infinita misericordia de Dios las verdades han disipado mis antiguas ilusiones, quiero pagar un tributo de reconocimiento a la amistad que a tantos infelices he debido. A ellos exhorto y ruego encarecidamente, por utilidad suya y mejor servicio de Dios y por el mismo amor que han tenido a nuestra desolada patria, que cesen ya de destruirla, que reflexionen que no es conforme sino repugnantísimo a la razón sacrificar el bien temporal y espiritual de la presente e inmediatas generaciones por la mayor comodidad y abundancia incierta y muy contingente de las remotas. Les pido que dejando las armas que han tomado a mis preceptos, a instancias mías o a mi ejemplo, vuelvan al reposo y seno de sus familias. Así nuestra patria volverá más pronto a la prosperidad y sosiego de que carece y de que disfrutaba ciertamente bajo la quieta subordinación y obediencia a nuestros católicos monarcas, y la Iglesia americana recobrará el crédito, consuelo y gloria que con la insurrección le hemos quitado. (Pausa.) Éstos son, señor excelentísimo, mis sentimientos que deseo lleguen a noticia de todos para que se aprovechen de ellos los extraviados, representándose en el trance en que me veo. Ponderándolos con la elocuencia a que no alcanzo en las circunstancias en que me hallo, suplico a vuestra excelencia se sirva mandar que se divulguen en el modo y tiempo que tuviere por conveniente.

OSCURO FINAL

¡PELEARÁN DIEZ ROUNDS!

(1985)

La acción ocurre en una arena de box de la ciudad de México, en un ring.

ACTO ÚNICO

Lentamente se ilumina el ring. Bobby está tendido sobre la lona, bocabajo, con los brazos en cruz, como un boxeador que ha sido noqueado de manera definitiva. Viste el atuendo de un pugilista: calzoncillo negro, botines, medias, guantes. En forma simultánea a la luz que asciende se escuchan, por el sistema de sonido, los ruidos del público durante el final de una pelea: gritos excitados que animan a uno u otro peleador. La algarabía no es clara; se reproduce el ambiente ensordecedor y confuso de una arena de box en el momento crucial de un combate. Poco a poco, el ruido cede en intensidad hasta apagarse por completo. Bobby parece recobrar el sentido. Menea de un lado a otro la cabeza y trata de girar el cuerpo para quedar tendido bocarriba o al menos de perfil. No lo consigue. Las fuerzas le faltan. Vuelve a aflojar el cuerpo y a clavar la cabeza sobre la lona. En su rostro se alcanzan a distinguir las señales de algunos golpes; es notoria una herida en la ceja izquierda que sangra apenas.

Por uno de los corredores que conducen hasta el cuadrilátero aparece el mánager Hernández, un hombre de más de cincuenta años. Lleva un maletín de lona que al llegar deja en una de las esquinas. Sube al ring. Se dirige hasta donde se encuentra el peleador tendido, y de pie lo contempla durante unos segundos. Sólo se inclina brevemente para levantar el protector bucal de Bobby que había quedado por ahí. Sigue observando al peleador.

MÁNAGER HERNÁNDEZ: Cabeza de piedra. *(Silencio.)* Levántate, órale. Vámonos.

Bobby no reacciona.

MÁNAGER HERNÁNDEZ: No te vas a quedar aquí toda la vida, ¿verdad?

Bobby sacude la cabeza y trata nuevamente de incorporarse.

MÁNAGER HERNÁNDEZ: Güevón.

Bobby gira sobre un costado y queda tendido de espaldas. Parece solicitar, con el gesto, una ayuda para levantarse que el mánager Hernández no le proporciona. Transcurre un largo silencio.

BOBBY: ¿Qué pasó?
MÁNAGER HERNÁNDEZ: Todavía lo preguntas.
BOBBY: No me acuerdo de nada, ¿qué pasó?
MÁNAGER HERNÁNDEZ: Pinche cabeza de piedra.
BOBBY: ¿Por qué estoy aquí? *(Por su propio esfuerzo logra sentarse en la lona. Abre y cierra los ojos con dificultad.)* ¿Me tumbaron? ¿Fue un nocaut?... ¿Dónde está la gente?

El mánager Hernández sonríe con burla. Bobby gira a uno y otro lado la cabeza para mirar su contorno pero siente dolor al hacerlo.

BOBBY *(quejándose)*: Cómo duele, qué bruto, cómo zumba. *(Transición.)* ¿Fue un nocaut?
MÁNAGER HERNÁNDEZ: Apúrate.
BOBBY: De veras no me acuerdo de nada.
MÁNAGER HERNÁNDEZ: Apúrate, te digo, no tengo tu tiempo.
BOBBY: ¿Dónde estoy?
MÁNAGER HERNÁNDEZ: En el ring.
BOBBY *(volviendo a mirar a su alrededor)*: ¿Por qué?
MÁNAGER HERNÁNDEZ: ¡Órale, con un carajo!
BOBBY: Debía estar en los vestidores. *(Silencio. Se mira los guantes.)* No entiendo.

Con las manos enguantadas sobre la cabeza, dolorido y pensativo, Bobby permanece sentado sobre la lona. El mánager Hernández se dirige al encordado. Levanta el banquillo que se encontraba fuera del ring y lo sitúa en la esquina. Del maletín extrae una toalla, que se echa al hombro. Regresa a donde se encuentra Bobby y ahora sí lo ayuda a levantarse, por un brazo.

MÁNAGER HERNÁNDEZ: Yo sabía. Lo sabía.

BOBBY: ¿Qué sabía?

MÁNAGER HERNÁNDEZ: Te lo dije.

BOBBY: Pero qué sabía. *(Impaciente.)* Por su madre, qué fue lo que me dijo. *(Se interrumpe por el dolor de cabeza. Se queja.)*

El mánager Hernández lleva a Bobby hasta el banquillo y lo hace tomar asiento.

MÁNAGER HERNÁNDEZ: Nada más falta que te empieces a quejar, con una chingada. Primero están ahí muy valentones queriéndose comer el mundo, dizque muy gallos de pelea, dizque la madre, y al primer rasguñito se ponen chille y chille como maricas. Siempre es lo mismo. Pues de qué están hechos, carajo, ¿de plastilina, de cristal cortado, de mírame y no me toques? Ya no hay fibra, eso es lo que ya no hay. Ustedes hubieran visto lo que era pelear en nuestros tiempos. Nos subíamos a rifarnos el pellejo por unos pinches centavos que necesitábamos de urgencia: para alquilar el cuartucho del hotel, para pagar la bata que nos acababan de fiar. Y no teníamos ni mánager, ni séconds, no chingaderas. Apenas si entrenábamos en cualquier gimnasio de tercera, y ahí íbamos luego de pueblo en pueblo a ver qué pelea agarraba cada quien. Nos subíamos al ring a rompernos la madre, porque no había de otra. Hambreados, jodidos, hechos una lástima, pero le entrábamos a todas con valor. Puro valor... ¿Tú oíste hablar del Zurdito Jiménez? ¡No, qué vas a haber oído hablar del Zurdito Jiménez!, ése ya pasó a la historia. Bueno, pues ese pinche Zurdito Jiménez era capaz de pelear un miércoles aquí y el sábado en Toluca y el otro en Morelia o en Pachuca, donde fuera. Hasta dos peleas a la semana se soplaba el Zurdito Jiménez, fajador de los buenos, duro como la chingada. Dos peleas a la semana, tres al mes. ¿Sabes lo que es eso: tres pelas al mes? Pues se las echaba el maldito. Perdiendo, ganando, lo que fuera, pero le alcanzaba el aire y la fibra todavía para darles lo suyo a todas las güilas de la Guerrero, acabando la función. Las traía de nalgas el Zurdito Jiménez. Salía del ring y nos íbamos derechito con las güilas, a festejar. Nada de andarse quejando de los trancazos o de los nocauts. Ni quien se acordara de los moretones. ¡A darles duro a las güilas de la Guerrero, hijos de María Morales, y que viva México, cabrones!

Bobby: Perdí.

Mánager Hernández: Ésos eran ídolos de a deveras, no de pacotilla.

Bobby: Perdí...

Mánager Hernández *(en transición):* Vamos a lavarte esa cara.

Bobby: Por nocaut, ¿verdad?

El mánager Hernández no responde. Baja del ring y regresa con una cubeta que se hallaba al pie de la esquina. Arroja un cubetazo de agua sobre el rostro de Bobby.

Mánager Hernández: A ver si despiertas, cabeza de piedra.

Bobby reacciona con el cubetazo mientras el mánager Hernández empieza a frotarlo y a secarlo con la toalla. Bobby se duele de la herida en la ceja.

Bobby: Au... Me abrieron la ceja.

Mánager Hernández: Te partieron la madre

Bobby: Eso. Me partieron la madre... Fue eso, ¿no?

Ajeno a la preocupación de Bobby, el mánager Hernández continúa secándolo y frotándolo. Parece malhumorado.

Mánager Hernández: Ustedes son los que me han partido la madre a mí, no hay otra verdad que ésa, palabra de honor... Y por mi culpa, claro, sólo por mi culpa. En lugar de agarrar aquel changarrito, ahí estoy de caliente con el box. Me lo dijo mil veces la Chata, pero yo no le hice caso. Ahora tendría una cadena de tintorerías, como mi cuñado, y andaría forrado de billetes, sin ninguno de estos pinches problemas con ustedes que nada más le acaban la vida a uno... Me estaría rascando los güevos esperando tranquilo la vejez. Qué tenía yo que estar sacando chamacos de la basura para convertirlos en boxeadores, hazme el chingado favor. Es la peor pendejada del mundo. Imposible. Por más que uno se mate o se exprima el alma, nadie hace milagros. Qué va. Al contrario. Te metes una vez en el negocio y ya no sales nunca: no te dejan, te atrapan como mosca; empiezas a comprar, a vender, a hacer arreglos, y ya cuando menos lo piensas no eres dueño ni de los calzones que traes puestos, cabrón. Todo por ustedes, por esperar que alguno de ustedes, de pura chiripada como quien dice, dé la sorpresa del siglo y resulte una maravilla. La mina de oro que todos esperamos descubrir este año y el otro y el otro. Y nunca llega. No es cierto. Nunca llega. Qué va a llegar. Nunca. Lo que llega es el cansancio, la decepción y ahora sí que la pura amargura, Bobby, ésa es la realidad. Yo he trabajado con más de doscientos cabrones como tú en lo que llevo de romperme el alma en este negocio. Con más. Con trescientos, digamos, con trescientos o trescientos cincuenta prospectos de todo tipo. Y mira, Bobby, te lo digo muy en serio, de pura ley: ninguno de esos trescientos o trescientos cincuenta ha valido la pena de lo que es una sola de mis canas, de mi esfuerzo, de mi profesión... No, ésta no es profesión. Éste es un pinche trabajo de padrote encargado de colocar chamacos que estén dispuestos a partirse el hocico para que otros se hinchen de billetes. Es como preparar payasos. Enseñarles los trucos, pintarrajearles la cara y lanzarlos al circo para que den la pala de púgiles. Eso es lo que son: púgiles, güilas en calzoncillos, pirujas de a centavo, monigotes.

BOBBY: No entiendo.
MÁNAGER HERNÁNDEZ: Qué vas a entender
BOBBY: No entiendo nada.
MÁNAGER HERNÁNDEZ: ¿Para eso querías regresar? Mejor le hubieras hecho caso a María.
BOBBY (*reaccionando vivamente*): ¿Dónde está María? (*Se levanta del banquillo.*) María...

De un empellón, el mánager Hernández obliga a Bobby a sentarse.

MÁNAGER HERNÁNDEZ: Estáte. Vamos a acabar.

El mánager Hernández ha terminado con la toalla, que arroja fuera del ring, y extrae de su pantalón unas tijeras. Con ella corta las cuerdas de los guantes.

MÁNAGER HERNÁNDEZ: Trae acá.

El mánager Hernández empieza a desprender a Bobby los guantes de box.

BOBBY (*como recordando*): Hablé otra vez con María...
MÁNAGER HERNÁNDEZ: Ya cállate.

Bobby: Hablamos... peleamos.

Mánager Hernández: A cualquier cosa le llaman ahora pelear.

Bobby: Ella venía llegando...

Mánager Hernández *(interrumpe):* Dime una cosa, Bobby. Con la mano en el corazón, dime una cosa. ¿Qué sabías de box cuando llegaste conmigo?

Bobby: ¿Qué sabía de box?

Mánager Hernández: Sí, que sabías, cabeza de piedra.

Bobby: Un poco...

Mánager Hernández *(interrumpe):* ¿Un poco?... ¡Nada! No sabías nada. Eres un costal de papas. Sin punch, sin piernas, sin una pinche gota de estilo... Ríete, pendejo, pero ésa es la pura verdad.

Bobby: Aguantaba mucho. Sabía asimilar golpes.

Mánager Hernández: ¿Asimilar golpes? Me limpio en tu asimilada de golpes. Con eso nadie se hace boxeador. Los burros aguantan más, sin tanto pedo.

Bobby: Tenía muchas ganas, además.

Mánager Hernández: Yo te enseñé todo desde el principio, Bobby. Todo lo que sabes me lo debes a mí. Batallé contigo como no he batallado con nadie, cabrón. Ni a un hijo le hubiera puesto tantas ganas y tanto cerebro. Me arranqué el alma para llevarte a las estelares... Cómo trabajé contigo, cabeza de piedra, cómo trabajé.

El mánager Hernández ha terminado de quitar los guantes a Bobby y ahora le desprende las vendas.

Bobby: Y yo le respondí.

Mánager Hernández *(con sarcasmo):* Tú me respondiste...

Bobby: Le respondí, señor.

Largo silencio. El mánager Hernández gesticula. Sonríe. Ríe.

Mánager Hernández: Hasta eso, sí... Tienes razón. Me respondiste. Me agarraste el modo... Por eso pude trabajar contigo, carajo, porque no eras lumpen. Entre tanto hijo de puta salido del puro cascajo ya era tiempo que encontrara siquiera una excepción. Con muertos de hambre no se puede, digan lo que digan. No se puede. Aunque tengan los güevos de este tamaño. No basta. Uno como manejador necesita a veces otra chingadera. La cosa esa. La chispa, la magia, lo que dan las proteínas, ni modo, es la verdad. Por eso pude trabajar contigo.

En silencio, el mánager Hernández termina de desprender las vendas que envuelven las manos de Bobby.

MÁNAGER HERNÁNDEZ: A ver las patas.

El mánager Hernández descalza a Bobby de los botines. Habla durante la acción.

MÁNAGER HERNÁNDEZ: Ése fue mi error.
BOBBY: ¿Cuál?
MÁNAGER HERNÁNDEZ: Jugamos limpio. Y en este ambiente de mierda no se puede jugar limpio, Bobby, te lo he dicho siempre… Jugamos limpio y estuvimos a punto. Esa pinche pelea la ganamos a ley; nunca dejaré de gritarlo a todo mundo, la ganamos, era nuestra, ellos lo sabían… Ahí es donde todo se fue al carajo, definitivamente. Por tu culpa, además. Nadie cuelga los guantes en ese momento. Se necesita ser pendejo o estar idiota, como tú.

El mánager Hernández termina de descalzar a Bobby. Luego extrae, del maletín de lona, un juego de pants: sudadera y pantalones de fieltro. Lo arroja a Bobby.

MÁNAGER HERNÁNDEZ: Vístete, cabeza de piedra.

Bobby toma la ropa, se incorpora y comienza a vestirse con el juego de pants después de quitarse los calzoncillos.
A medida que Bobby se pone la ropa de entrenamiento, su actitud va cambiando. Él y el mánager Hernández parecen entrar, imperceptiblemente, en otra situación, en otro tiempo perteneciente al pasado. Durante este transcurso, el mánager Hernández no deja de hablar. El cambio temporal y psicológico se va dando a lo largo de su parlamento.

MÁNAGER HERNÁNDEZ: Pero lo importante, al fin de cuentas, como decía mi cuñado Genaro, es meterle al negocio y regresar por la del desquite, no faltaba más. Ya nos chingaron, ya para qué chillar… Ya perdiste dos años pelando naranjas y haciéndote viejo, ni modo, qué se le va a hacer. Lo que ahora importa es lo que hagas de aquí pa'l real. Lo que trabajes en el gimnasio, lo que te chingues, lo que estés dispuesto a dar de ti mismo para que esos cabrones no terminen saliéndose con la suya... Que no te querían ver en la estratosfera, en la mera cúspide del triunfo, pues ahí te van a ver, dónde si no. Ahí merito, cabrones: donde te dejaron, en la mera antesala del campeonato, en la lista de los ídolos, en la pinche historia de la inmortalidad. Yo me encargo de ponerte donde estabas, cabeza de piedra, te lo juro por mi madre. Verán lo que es el regreso de un peleador que tiene todo para estar por encima de esa bola de figurines de a mentiras que han inventado... Vamos a volver, pero vamos a volver en grande, pinche Bobby. Y con inteligencia. Mucho seso, ante todo. No vamos a arriesgar una sola pelea hasta que te enraches. Si para eso hay que jugar sucio, meter dinero, comprar pleitos y entrar en la mierda, pues le entramos, no queda de otra. Lo primero es lo primero. Y lo primero es el regreso de Bobby Terán a los cuadriláteros, hijos de María Morales, eso sí que es noticia... A temblar, payasos. A esconderse, farsantes. Van a ver lo que es la reaparición de un fajador de primera, como ya no existen. Cuando se tiene fibra, y corazón, y lo que se dice agallas, siempre se puede volver a pisar un ring, aunque te digan que estás acabado. Van a ver qué tan acabado está Bobby Terán, bola de pendejos. Van a ver qué condición física, qué punch, qué cerebro... Yo te voy a poner donde mero estabas, cabeza de piedra. Yo te voy a hacer campeón del mundo.

Bobby ha terminado de vestirse con su ropa de entrenamiento y ahora empieza a soltar los brazos, las piernas, como si se calentara. Es evidente ya que él y el mánager Hernández viven una situación distinta a la inicial.

MÁNAGER HERNÁNDEZ (*después de un silencio*): ¿No me crees?
BOBBY: No le creo qué.
MÁNAGER HERNÁNDEZ: Que te voy a hacer campeón del mundo.
BOBBY: Vamos a ver.
MÁNAGER HERNÁNDEZ: Para eso lo único que se necesita es que te pongas en mis manos; pero completamente, no como la otra vez. Total y completamente en mis manos. Y se acabó.

BOBBY: Como ahora.

MÁNAGER HERNÁNDEZ: Sí, así como ahora, desde el principio.

Bobby se mueve y acciona ligeramente por el ring, en actitud de calentamiento.

BOBBY: ¿Y qué tal este Martínez?

MÁNAGER HERNÁNDEZ: ¿Cuál Martínez?

BOBBY: ¿No se llama Joel Martínez el muchacho este?

MÁNAGER HERNÁNDEZ: Joel Sánchez. Joel Caballo Sánchez le dicen.

BOBBY: ¿Y qué tal?

MÁNAGER HERNÁNDEZ: Bien, de tu categoría. Es de los que vienen sonando fuerte.

BOBBY: ¿Qué tan fuerte?

MÁNAGER HERNÁNDEZ: Lleva ocho victorias al hilo. Siete por nocaut.

BOBBY: ¿De veras? No sabía eso.

MÁNAGER HERNÁNDEZ: Es de los que vienen sonando fuerte, te digo.

BOBBY: Y cómo un muchacho así puede aceptar una pelea como ésta.

MÁNAGER HERNÁNDEZ: La aceptó.

BOBBY: Pero por qué.

MÁNAGER HERNÁNDEZ: Porque así es. Porque le conviene, porque después le ofrecen otras oportunidades, por la lana.

BOBBY: Con ese récord le convendría más salir a ganar.

MÁNAGER HERNÁNDEZ: Quién sabe. Depende. Eso es cosa suya… y de su mánager. El caso es que aceptó.

BOBBY: ¿En qué round?

MÁNAGER HERNÁNDEZ: Va a resultar una bonita pelea.

BOBBY: ¿En qué round va a ser?

MÁNAGER HERNÁNDEZ: Ya te dije, en el quinto.

BOBBY: ¿No hay cambios?

MÁNAGER HERNÁNDEZ: No, pero tiene que ser exactamente en el quinto. Si te adelantas o se te va la mano nos chingamos los dos, acuérdate… ¿Me oíste?

BOBBY: Claro.

MÁNAGER HERNÁNDEZ: Es muy importante, Bobby.

BOBBY: Ya lo sé.

MÁNAGER HERNÁNDEZ: Mis instrucciones al pie de la letra, ahora más que nun-

ca. Vamos a hacer de tu regreso el acontecimiento más importante del año... La gran pelea.
Bobby: Eso díganselo también a él.
Mánager Hernández: ¿Al Caballo Sánchez?
Bobby: Que lo sepa para que no se arrugue.
Mánager Hernández: Ten la seguridad de que lo sabe y no se va a arrugar nadita. Al contrario. Te va a dar el pleito que...

El mánager Hernández se interrumpe al advertir que Bobby se ha paralizado. El boxeador tiene la vista dirigida al fondo de uno de los corredores que llevan al ring. Por el corredor avanza lentamente María, una mujer no mayor de treinta años. Viste falda y blusa y lleva una bolsa grande colgada al hombro. El mánager Hernández mira a Bobby y luego a María. Los dos varones parecen sorprendidos por la presencia de la mujer.

Mánager Hernández *(a Bobby)*: ¿Qué está haciendo aquí?
Bobby: No sé.
Mánager Hernández: Dijiste que estaba en Los Ángeles.

María llega al pie del ring y sube. El mánager Hernández le tiende una mano para ayudarla, pero ella lo rechaza y cruza las cuerdas.

Mánager Hernández *(a María)*: No sabíamos que estaba en México.
María *(cortante)*: Vine a hablar con Roberto, no con usted.

El mánager Hernández se turba ante el rechazo de María. Permanece unos instantes desconcertado y luego entiende que debe retirarse. Antes de hacerlo palmea el hombro de Bobby.

Mánager Hernández: Te espero en la oficina, cabeza de piedra.
Bobby: Ahorita voy.
Mánager Hernández: No te tardes.

El mánager Hernández sale del ring y se aleja por el fondo del corredor hasta desaparecer. María lo mira alejarse mientras Bobby realiza algunos movimientos tratando de simular tranquilidad.

MARÍA: ¿Te sigue llamando cabeza de piedra ese imbécil?
BOBBY *(asiente)*: De cariño.

María hace un gesto de desagrado. Transcurre un silencio.

MARÍA: Llegué anoche. *(Pausa.)* Hoy en la mañana fui a buscarte al gimnasio y me dijeron que estabas aquí. De allá vengo.
BOBBY: ¿Por qué no me hablaste por teléfono desde el aeropuerto?
MARÍA: ¿A dónde?
BOBBY: A la casa, a dónde iba a ser.
MARÍA: No sabía que estuvieras en la casa.
BOBBY: ¿Y en qué otra parte?
MARÍA: No sé.
BOBBY: En la casa, con los niños.
MARÍA: ¿Los niños están contigo?
BOBBY: Claro.
MARÍA: Desde cuándo.
BOBBY: Todo el tiempo, desde el principio. Te lo dije.
MARÍA: ¿Y Julia? Me dijiste que los ibas a llevar con Julia.
BOBBY: Nunca te dije que los iba a llevar con Julia. Han estado conmigo todo el tiempo.
MARÍA: Bueno, menos mal.
BOBBY *(enérgico)*: Menos mal, no. Muy bien. Hemos estado muy bien.
MARÍA: Me alegro.

Silencio.

BOBBY: ¿Tú cómo has estado?
MARÍA: ¿Cómo te parece que estoy? ¿He cambiado mucho?
BOBBY: Te ves bien.
MARÍA: Me dieron de alta… Me dijeron igualito que en la iglesia: puede irse en paz y no vuelva a hacerlo, señora. *(Sonríe.)* Igualito que en la iglesia.
BOBBY: ¿Por qué no me avisaste que ibas a salir?
MARÍA: ¿Te importaba?
BOBBY: Claro que me importaba. Habíamos quedado…
MARÍA *(interrumpiendo)*: Pensé que no.

BOBBY: Quedamos en que me avisarías.

MARÍA: Pensé que no... Como te fuiste corriendo de Los Ángeles.

BOBBY: No me fui corriendo. Me fui de Los Ángeles por los niños, María, estuvimos de acuerdo.

MARÍA: Estuvimos de acuerdo en muchas otras cosas y tú no cumpliste tu palabra.

BOBBY: Eso no es cierto.

MARÍA: Me traicionaste

BOBBY: No es verdad.

MARÍA: ¿Cómo debo entender entonces esto? *(En referencia al ring:)* Todo esto.

BOBBY: Pensé explicártelo.

MARÍA: Explicarme qué.

BOBBY: Por qué lo decidí. Por qué después de pensarlo mucho, de meditarlo, de hablar con la gente... decidí...

MARÍA: Dicidiste traicionarme.

BOBBY: Pensé explicártelo.

MARÍA: ¿Cuándo?

BOBBY: Después... Cuando salieras, cuando estuviéramos juntos otra vez. Ahora.

MARÍA: Podías hablarme por teléfono o escribirme una carta y nunca lo hiciste.

BOBBY: No era cosa de escribir una carta, María.

MARÍA: En todo ese tiempo jamás recibí una sola carta tuya, ni siquiera una postal, ni una tarjeta, nada. Me dejaste sola como a un perro. Te olvidaste de mí.

BOBBY: Nunca me olvidé de ti.

MARÍA: Ni siquiera una postal, Roberto.

BOBBY: Pero no me olvidé de ti... Todas las semanas, sin faltar una sola, ¡una sola!, llamé para saber de tu salud... Pregúntales si no es cierto.

MARÍA: Nunca me lo dijeron.

BOBBY: Ésa ya no es mi culpa.

MARÍA: También es que no pedías comunicarte conmigo; no me hablabas personalmente a mí.

BOBBY: No, no te hablaba a ti, en eso tienes razón... Hablaba solamente para saber de tu salud. Y para pagar las facturas.

María se turba. Transcurre un largo silencio.

MARÍA: Estabas esperando que me muriera... tal vez.
BOBBY: Estaba esperando encontrar una forma de decírtelo de la mejor manera. No quería lastimarte pero tampoco podía sostener más tiempo mi palabra... Aguanté dos años, tú lo viste. Puse todo mi esfuerzo y no pude. Tenía que hacerlo, María. Tenía que hacerlo, tenía que hacerlo. *(Gritando:)* ¡Tenía que hacerlo, con un carajo!

Suena la campana del ring.
Largo silencio. Bobby recobra la serenidad.

MARÍA *(completando)*: Y lo hiciste.
BOBBY: Voy a hacerlo... Mañana.
MARÍA: Sin tomarme en cuenta.
BOBBY: Ahora que estás de vuelta lo haré contigo, como siempre. Con tu apoyo.
MARÍA: ¿Piensas que te lo voy a dar?

Bobby mira largamente a María. Va hacia ella y la toma del brazo para tratar de conducirla fuera del ring.

BOBBY: Vamos a otra parte.

María se suelta de la mano de Bobby.

MARÍA: Contéstame.
BOBBY: Vamos a la casa. Les dará gusto a los niños.
MARÍA: Primero contéstame.
BOBBY: Aquí no se puede hablar.
MARÍA: Esto es más importante.
BOBBY: Allá abajo.
MARÍA: Aquí arriba. *(Irónica:)* En tu ring... Contéstame.
BOBBY *(cediendo)*: Cuál es la pregunta.
MARÍA: Si crees... si piensas que voy a estar de acuerdo con que regreses.
BOBBY: Cuando lo hablemos tranquilamente, sí... creo que sí.
MARÍA: ¿Eso piensas?
BOBBY: Ahora no, claro, es lógico que no. Estás furiosa.
MARÍA: No estoy furiosa, estoy triste.

BOBBY: Es igual. Triste o furiosa piensas que soy un miserable...
MARÍA: ¡Porque eso no se le hace a nadie, Roberto! Ni a tus hijos ni a ti mismo, ¡a nadie! No se puede echar todo a la basura de un soplido. Los proyectos, la casa, el negocio con Swanson, tus palomas, el libro... Eso se llama traición, no tiene otro nombre. Y traición porque lo hiciste a mis espaldas cuando yo tenía cruzados los brazos... ¿Qué pensaste? A esta vieja loca le doy tres vueltas y me la mareo. Ahora que tiene los ojos cerrados mando todo al demonio y le doy una puñalada por la espalda. Ya cuando los abra no se podrá hacer nada, y lo siento, mi vida, ésta es la situación... ¡Pero qué pensabas, por Dios santísimo!, ¿que allá no llegan los periódicos ni las noticias, ni hay nadie que un día vaya y me suelte: mira, mira, ¿ya viste?, tu marido ya firmó una pelea... ¿Qué pensabas, Roberto, qué creíste? ¿O es que ya ni siquiera te importó lo que yo pudiera sentir?
BOBBY: María, por favor, no te pongas así.
MARÍA: Eso fue, claro, lo de siempre. A ti nunca nunca te importó nadie que no fueras tú. Lo tuyo: tus peleas, tu carrera, tus récords, tus entrenamientos, tus delirios de grandeza. Lo único importante: llegar muy lejos. Ser campeón del mundo aunque te maten a medio camino o te quedes idiota para el resto de tus días. Qué importa. Ahí que se las arregle después la pobre viuda estúpida y los pobres hijos huérfanos... ¡Imbécil!
BOBBY: Estás diciendo tonterías, ya cállate.
MARÍA: Estoy diciendo que eres un imbécil.

Bobby parece encabritarse. Prende a María de las muñecas.

BOBBY: Pues ahora me vas a oír a mí.
MARÍA: Suéltame.
BOBBY: ¡Me vas a oír aunque no quieras!
MARÍA: ¡Suéltame!

Suena la campana del ring.

María forcejea y logra desprenderse de las manos de Bobby. Éste parece desistir de su intento de hablar con María y, en actitud más taciturna que enojada, se dirige hacia las cuerdas. Va a salir del ring.

MARÍA: ¿Dónde vas?
BOBBY: No tiene caso.
MARÍA *(antes de que Bobby cruce):* Roberto…

Bobby se detiene.

BOBBY: Tengo que ver a don Pepe. Le urge hablar conmigo. Me está esperando.
MARÍA: Roberto…
BOBBY: Nunca nos entenderemos.
MARÍA: Espérate.
BOBBY: Qué.
MARÍA: Ibas a decirme algo.
BOBBY: Ya no.
MARÍA: Querías hablar.
BOBBY: Ya no… Empezamos hablando y terminamos con puros gritos.
MARÍA: A veces son mejor los gritos que nada.
BOBBY *(en transición):* Me está esperando don Pepe.
MARÍA: No te está esperando nadie.

Bobby desiste de abandonar el ring. María camina alrededor del cuadrilátero, junto a las cuerdas. Adopta una actitud extrañamente jovial, sonriente. Tararea durante segundos una canción. Bobby no la pierde de vista.

BOBBY: Vamos a la casa, mejor.
MARÍA: ¿Qué dices?
BOBBY: Vamos a la casa.
MARÍA: No. Aquí está bien.

María toma asiento en el banquillo situado en la esquina del ring. Suspira sonoramente.

MARÍA: Estoy muy cansada.

Largo silencio. María parece relajarse en el banquillo. Bobby la mira desde la esquina contraria. María le sonríe.

MARÍA: Parece mentira. Tanto tiempo y nos ponemos a pelear. Es absurdo, ¿no crees?

Bobby: Es absurdo.
María: ¿Cuánto tiempo fue, Roberto?
Bobby: ¿Ahora?
María: ¿Cuántos meses?
Bobby: Siglos.
María: Siglos, sí. (*Pausa.*) ¿Me extrañabas?

Bobby asiente.

María: ¿Me extrañabas de veras?
Bobby: Sí.
María: ¿De veras?
Bobby: Mucho.
María: ¿Cómo?… ¿Qué pensabas?, ¿qué sentías? ¿Qué pensabas de mí?

Bobby se aproxima hasta el banquillo donde María continúa sentada. Queda frente a ella, de pie. Se miran durante un largo lapso. Bobby comienza a acariciarle el cabello.

Bobby: Pensaba en tu pelo, en tus ojos. Me acordaba de tu piel y de tu cuerpo.

Bobby se inclina, acuclillándose, hasta quedar a la altura de María, a quien no deja de acariciar. Se besan. María responde a las caricias y del banquillo ambos resbalan hasta quedar tendidos sobre la lona del ring. Se inicia ahí una larga escena pasional durante la que Bobby desprende y hasta rasga porciones de la ropa de la mujer. La pareja rueda por la lona acariciándose. Sorpresivamente, en un instante en que la mano de Bobby explora bajo la falda y entre las piernas de María, ésta reacciona con súbito disgusto y trata de zafarse de Bobby.

María: Quítate.

Bobby no se interrumpe con la reacción de María. Insiste en sus caricias. María se violenta.

María: Quítate. Lárgate. Suéltame.
Bobby: No.
María: Hazte a un lado… Quítate, quítate, quítate.
Bobby: No.

Forcejean sobre la lona. María se libra de Bobby y se pone en pie.

María: Bruto.
Bobby: Estás loca.
María: Animal.
Bobby: ¡De mí no te burlas, desgraciada!

Bobby se lanza enfurecido contra María, tratando de abrazarla. Ella responde a golpes. Ambos gritan y se insultan, ad libitum. *María lanza un rodillazo que alcanza los testículos de Bobby.*

María: ¡Te odio!

Bobby se dobla de dolor por el golpe. Cae de rodillas sobre la lona y allí permanece profiriendo exclamaciones inaudibles hasta que el dolor transcurre. Por fin se levanta y mira iracundo a María.

Bobby: Vas a saber, puta.

Bobby acomete contra María en una esquina del ring. Allí le golpea el rostro, con la mano abierta, varias veces. María cae de rodillas, llorando. Le sangra ligeramente la boca por una de las comisuras de los labios.
 Suena la campana del ring.
 Bobby se ha retirado a un extremo del ring dando la espaldas a María. Transcurre un largo lapso en silencio. Ambos se reponen. María toma la bolsa de mano que había dejado colgada en el poste de la esquina y extrae un pañuelo: se limpia la comisura de la boca.

Bobby *(de espaldas, sombrío)*: Perdóname.
María: Es igual.
Bobby: De veras perdóname.
María: No pasó nada.
Bobby: Se me encendió la sangre.
María: Olvídalo… Si no, yo también tendría que pedirte perdón.

Largo silencio. María vuelve a sonreír extrañamente. Parece divertida consigo misma.

BOBBY: Será mejor que…

MARÍA *(interrumpiendo y con jovialidad):* Te traje una cosa de Los Ángeles. Te compré un regalo.

BOBBY *(extrañado):* ¿Qué?

MARÍA: Un regalo. *(Señala la bolsa.)* Aquí está… Es tuyo, con una condición. Para merecerlo necesitas hacer otra vez el juramento.

BOBBY: María…

MARÍA: No, no me mires con esa cara de asustado. Estoy perfectamente bien.

Bobby se aproxima con la intención de limpiarle la herida de la boca.

BOBBY: Tienes sangre.

María manotea el ademán de Bobby.

MARÍA: Déjame. *(Pausa. Transición.)* Ora. Estoy esperando que me contestes.

BOBBY: Qué quieres que te conteste.

MARÍA: Si te interesa recibir el regalo.

BOBBY: No es tiempo de regalos. Vámonos.

MARÍA: ¿Te interesa?, sí o no.

BOBBY: Para qué. No tengo la menor idea.

MARÍA: ¿Quieres verlo?

BOBBY *(después de suspirar):* Bueno, en fin… A ver.

MARÍA: Primero el juramento. *(Transición. Adopta una actitud solemne.)* Sólo por eso estoy aquí, Roberto. No me vine a la carrera de Los Ángeles ni te he andado buscando toda la mañana nada más por puro capricho. Quería llegar a tiempo. Justo a tiempo para impedir que mañana vengas a pelear… Me propuse lograrlo y lo voy a lograr, se lo dije a Milena. Yo voy a conseguir que Roberto cancele esa pelea y se retire del box definitivamente, como estaba, como me lo prometió. Se lo dije a Milena.

BOBBY: De eso tenemos que hablar tú y yo, largo.

MARÍA: Primero cancela la pelea.

BOBBY: Aunque quisiera hacerlo no podría. Firmé. Todo está listo.

MARÍA: Ve y díselo a don Pepe. Y punto.

BOBBY: No puedo.

MARÍA: Sí, puedes.

BOBBY: No.

MARÍA: Claro que puedes. No es la primera vez que un boxeador se arrepiente antes de salir a un ring. Acuérdate de Saldívar, y del Negro Esquerra, y de Max Silver. Y de tantísimos más.

Silencio.

BOBBY: Sí, podía ser... Total. La cosa no pasaría de un escándalo y de una demanda, cuando mucho. Yo qué sé... Lo curioso del caso, lo importante para mí es que no quiero hacerlo, María... En este momento lo único que me interesa, más que todo en la vida, es volver a pelear.

MARÍA: Te interesa el box más que yo.

BOBBY: Ya traté de darte gusto, ya hice el intento de retirarme y no pude... Sólo me queda volver, hasta donde me den las fuerzas, hasta donde llegue. No sé hacer otra cosa, María, ¡no sé hacer otra cosa!

María trata de disimular su malestar. Pasea de nuevo por el ring con aire en apariencia jovial. Sonríe y ríe falsamente.

MARÍA (*burlesca*): No sé hacer otra cosa. La misma cantaleta de siempre. Se oye heroico, pobrecito... No sé hacer otra cosa.

Suena la campana del ring. Largo silencio.

MARÍA (*reanudando*): Lo siento por ti, Roberto. Te vas a quedar sin tu regalo.

BOBBY: Necesitamos hablar, María.

MARÍA (*en lo suyo*): Lástima. Me pasé una mañana, toda una mañana en Los Ángeles buscándolo. Fue lo último que hice antes de tomar el avión... No es que fuera muy fácil; tampoco excesivamente difícil, la verdad. Yo me imaginaba que se tenía que tener una especie de licencia y resultó que no, nada. Así, tal cual, llegas y lo pides... De veras es asombrosa la facilidad con que se pueden comprar armas en Estados Unidos. Increíble. Te juro que es más difícil conseguir un valium o una inyección de penicilina que una pistola. Y las hay de todos tamaños, para todos los gustos. Desde un revólver de vaquero, tamaño pistolón de este porte, hasta un máuser o una ametralladora casera. Y si te apuras un poco, en cualquier supermarket puedes conseguir un lanzallamas de napalm.

Bobby (*desconcertado*): Qué compraste.
María: Tu regalo.
Bobby: Qué es.
María: Lo adivinaste.

De su bolsa, María extrae, teatralmente, un pequeño revólver que le muestra a Bobby. Éste continúa desconcertado, mientras María sonríe fingidamente.

María: Un modelo de bolsillo, exquisito. Lo último. Con seis balas para cada vez... Y ya está cargado, ¿eh? Listo para usarse, Roberto.
Bobby: No juegues con esas cosas.
María: No estoy jugando. Lo compré absolutamente en serio.
Bobby: Trae acá.
María: Es para ti, sólo si dejas el box, mi vida. En caso contrario me quedaré con él para usarlo. (*Pausa.*) Esta vez no habrá errores. Será directo y rápido. Al grano... Así.

María se introduce el cañón del revólver en su boca.

Bobby: ¡María!
María (*fingiendo oprimir el gatillo, teatral*): ¡Y bang! (*Sonríe.*)

María extrae el revólver de su boca.

María: Tú eliges.
Bobby: No empecemos de nuevo con esas cosas.
María: Tú eliges, Roberto... Como en las películas de amor: o el box o yo. Escoge.
Bobby: Déjate de chistes, por favor.
María: Ya verás mañana si se trata de veras de un chiste... A estas alturas deberías conocerme mejor. (*Pausa.*) Qué te parece mañana, antes de que subas al ring. O no, mejor a la mitad de la pelea, en el quinto round. ¿Qué te parece?
Bobby (*ansioso*): Esto no tiene ningún sentido, tú lo sabes. Necesitamos hablar... Antes que nada quiero decirte que esta pelea es un simple trámite. Llegamos...

María (*interrumpe gritando*): ¡No quiero saber nada de tus malditas peleas! ¡Me importan un comino!
Bobby: Tranquilos, María... Necesitamos hablar tranquilamente.
María: Yo ya dije todo... Prefiero morirme. (*Compungida:*) De veras, Roberto, prefiero matarme a vivir con un torturado que se deja asesinar poco a poco.
Bobby: ¡Eso no es verdad!
María: Sí es.
Bobby: No. (*Transición.*) Dame esa pistola.
María: No.
Bobby: Dámela.

Bobby se aproxima a María con claras intenciones de desarmarla. Ella está llorando, y tiembla. Apunta a Bobby con el revólver.

María: No, Roberto... Está cargada. Te lo advertí.

Bobby acomete a María de improviso y consigue sujetarle la mano con la que empuña la pistola. Forcejean por la posesión del arma.

Bobby: Suéltala.
María: No.
Bobby: Suéltala.

Durante el forcejeo se escapa un disparo que va al aire. Bobby empella a María en el momento de quitarle por fin el arma. María cae al suelo y allí permanece durante un largo lapso en silencio, conteniendo el llanto. Se yergue al fin. Bobby mantiene consigo la pistola, en la mano, y luego de observarla unos segundos la guarda en un bolsillo de sus pants.

María: Te arrepentirás. No te lo podrás sacar nunca de la cabeza.

María cruza por entre las cuerdas y desciende del cuadrilátero. Corriendo por el pasillo abandona la arena: desaparece por el mismo sitio por el que llegó. Bobby permanece en el ring, cabizbajo, pensativo.
    Se escucha la campana del ring.
    Casi en seguida del ruido de la campana truena lejos, afuera de la arena, el disparo de un arma de fuego. Bobby sacude la cabeza, reaccionando. Extrae del bolsillo de sus pants

la pistola, como para confirmar que él tiene en su poder el arma de María. No obstante, se sobrecoge y se lanza hacia las cuerdas.

Bobby: ¡María!

Antes de que Bobby cruce entre las cuerdas del ring, para bajar, lo detiene una exclamación. Es la voz del mánager Hernández que se encuentra al fondo de uno de los corredores, el opuesto al que utilizó María para abandonar la arena.

Mánager Hernández: ¡Dónde vas!

Bobby se vuelve y mira al mánager Hernández, que se aproxima lentamente hasta el ring.

Mánager Hernández: Dónde vas, cabeza de piedra.

El mánager Hernández llega hasta el ring. Sube.

Bobby: ¿No oyó un disparo?
Mánager Hernández: ¿Qué?
Bobby: Allá afuera, en la entrada. Un balazo.
Mánager Hernández: ¿Un balazo?

Bobby observa largamente la pistola de María, que tiene entre las manos. Menea negativamente la cabeza.

Mánager Hernández: Será que están descargando los camiones, en la bodega. (Al advertir la pistola de Bobby:) ¿Y eso?
Bobby: La traía ella.
Mánager Hernández: ¿Para qué?
Bobby: Para matarse.
Mánager Hernández: ¿Tu mujer?
Bobby: Para pegarse un tiro en la cabeza, delante de mí.
Mánager Hernández: ¡Otra vez con el mismo chantaje!... Es el colmo, carajo.
Bobby: Ahora no son pastillas... Y una pistola es una pistola.
Mánager Hernández: A ver.

El mánager Hernández tiende la mano y Bobby le entrega la pistola, que su manejador revisa. Observa por todos lados y confirma que está cargada.

Bobby: Está cargada.
Mánager Hernández: Sí.
Bobby: ¿Lo ve?
Mánager Hernández: No lo hará nunca, Bobby, nunca... La gente que anda por ahí diciéndole a todo mundo que se va a matar, no se mata jamás. Los verdaderos suicidas lo hacen a solas, y en silencio. Los otros nunca... Yo conozco a esa gente.
Bobby: María no es como cualquier gente. Está enferma.
Mánager Hernández: Está enferma y ha acabado enfermándote la vida, que es lo peor.

Silencio. Pensativo, Bobby se apoya en el poste de una esquina del ring. El mánager Hernández se guarda en el bolsillo la pistola.

Mánager Hernández: Cómo fue que la dejaron salir.
Bobby: La dieron de alta, me dijo.
Mánager Hernández: Mentira.
Bobby: Está aquí.
Mánager Hernández: De los manicomios no dejan salir nunca a nadie. Ni los dan de alta.
Bobby: Ése no era un manicomio.
Mánager Hernández: Claro que era un manicomio. Los pinches nombres que les ponen ahora nada tienen que ver... Les ponen muy bonito para poder cobrar más. Pero son manicomios. Y de los manicomios, como del infierno, nadie sale nunca.
Bobby: Se escapó entonces. Se fugó... No sé.
Mánager Hernández: O compró a los médicos... con tu dinero, claro. *(Pausa.)* El dineral que has tenido que pagar por ese caso perdido, Bobby... Y eso es lo que me hincha los tompiates. Que no te des cuenta que esa pobre loca...
Bobby *(interrumpiendo):* Es la madre de mis hijos.
Mánager Hernández: Es la madre de tus hijos, pero es una pobre loca. Entiéndelo. No hay otro nombre. Una pobre loca... Y te lo tienes que decir

a ti mismo, con todas tus fuerzas, si de veras quieres llegar a donde quieres que lleguemos: al mero campeonato del mundo.

Bobby: No me venga con mamadas, don Pepe... Ya no.

Mánager Hernández: El cinturón de los welters no son mamadas, cabeza de piedra.

Bobby: Pero no es para mí y no es lo que me importa. Usted lo sabe.

Mánager Hernández: Yo sé más de ti de lo que imaginas.

Bobby: Lo que me importa es seguir aquí... aquí dentro, peleando.

Mánager Hernández: Pues ésta es tu última oportunidad, acuérdate. No va a haber otro chance.

Bobby: Tampoco para usted.

El mánager Hernández se sorprende por la expresión de Bobby. Lo mira con desconcierto.

Mánager Hernández: ¿Qué dijiste?

Bobby: Nada.

Mánager Hernández: ¿Qué dijiste?

Bobby: Que también es el último chance para usted.

Mánager Hernández *(entre ofendido y sarcástico):* Oyeme, óyeme, de cuándo acá tú te atreves a hablarme así.

Bobby: No lo digo yo. Lo dice usted... Lo dice siempre. Ya no puede seguir sacando muchachos de la basura para volverlos boxeadores. ¿No dice eso?

Mánager Hernández: Pero no es cierto. Puede no ser cierto... Nadie sabe si a lo mejor mañana voy al gimnasio y descubro a un muchacho... a uno de esos muchachos pelones, tirapiedras, con un secreto en los puños, en el pinche brillo de los ojos. Ese brillo que se enciende de vez en cuando, allá adentro... Nadie puede saber si me va a caer la lotería, el premio gordo, una vez. Para ser mánager no importa la edad. Cualquier edad es buena. Entre más grande mejor, a lo mejor. Más experiencia, más colmillo, más ojo pa' chingar al enemigo, o al que se deje. *(Ríe.)*

Bobby: Si es que se deja.

Mánager Hernández: Si es que se deja, sí. O si no, a güevo hacemos que se deje. *(Ríe. Transición.)* Para ti, en cambio, cabeza de piedra, la edad se te echa encima como un carambazo... Ahora o nunca. La edad y la salud.

Bobby: Sí, ya sé. La salud de aquí. *(Se golpea la cabeza con el índice.)* Yo también estoy tocado, como María.

Mánager Hernández: Ésas son pendejadas.

Bobby: No, ella lo sabe muy bien y por eso se viene de Los Ángeles y me chantajea y me arma todo este escándalo… Pobrecita… Ella sabe muy bien lo que es estar mal de aquí arriba y no hace más que protegerme. Eso es lo que busca: protegerme.

Mánager: No me vengas con maricondas, Bobby. Nada de maricondas… Punto… Esta pelea está muy bien calculada, va a ser muy facilita y lo único que tú tienes que hacer ahora, con una chingada, es estar tranquilo, muy tranquilito de aquí a mañana. No vas a pensar en nada, ni en tu mujer, ni en tus hijos, ni en la puta vida que nos ha tocado vivir… Todo tu pensamiento va a estar nomás concentrado en que le vas a partir la madre a ese Caballo Sánchez. Una partida de madre tal y como la dijimos… round por round. ¿Me entiendes, Bobby?

Bobby: Sí. Está bien.

Del fondo de la arena, por donde se vio aparecer antes al mánager Hernández, se aproxima Cuco, el sécond de Bobby Terán. Llega hasta el ring.

Mánager Hernández: ¿De veras me entiendes?

Bobby: Sí.

El sécond sube al ring. Saluda con la cabeza al mánager Hernández. Mira hacia Bobby.

Sécond: ¿Todo bien, campeón?

Bobby: Todo bien.

Sécond: ¿Cómo estuvo en la báscula?

Bobby: Bien.

Sécond: ¿No se pasó de peso?

Mánager Hernández: Ni un gramo.

Sécond: Felicidades. *(Al mánager Hernández:)* Necesito hablar con usted, don Pepe.

Mánager Hernández: Orita. *(Transición.)* ¿Y Quirino y el Cejas?

Sécond: Ahí están.

Mánager Hernández: ¿Ya llegaron?

Sécond: Están en la oficina.

Mánager Hernández: ¿Traen el carro?

Sécond: Sí.

Mánager Hernández *(a Bobby)*: Mira, Bobby, Quirino y el Cejas te van a llevar ahora mismo al hotel. Ahí vas a estar de aquí a mañana descansando, con mucho rélax... Hasta hoy en la noche puedes comer lo que quieras, pero...

Bobby *(interrumpiendo)*: Don Pepe...

El mánager Hernández se calla. Bobby lo toma del brazo y trata de hablarle sin que el sécond los escuche.

Bobby: Necesito decirle algo, pedirle algo.

Mánager Hernández: ¿Qué?

Bobby: Quiero ir a mi casa.

Mánager Hernández: ¿A tu casa? ¿A ver a tus hijos?

Bobby: Sí.

Mánager Hernández: Pero ya quedamos en que Cuco se va a encargar de tus hijos. Eso está arreglado. *(Al sécond:)* ¿No es cierto, Cuco?

Sécond se aproxima.

Sécond: ¿Sí, señor?

Mánager Hernández: Tú vas a ir a la casa de Bobby, ¿no? A cuidar a sus hijos.

Sécond: Sí, hoy en la noche, con Elena... Y mañana, Elena se va a quedar ahí todo el día. *(A Bobby:)* De eso no te preocupes, campeón.

Mánager Hernández: Ya oíste.

Bobby: Necesito ir a la casa para ver a María.

Mánager Hernández: ¡Con un carajo, Bobby!

Bobby: Necesito hablar con ella.

Mánager Hernández: ¿Iba para allá?

Bobby: Sólo cinco minutos... Cinco minutos nada más.

Mánager Hernández: Ya hablaste con ella más de la cuenta. Y eso no te hace bien.

Bobby: Pero no le dije lo que necesitaba decirle.

Mánager Hernández: ¿Qué cosa?

Bobby: Lo de veras importante.

MÁNAGER HERNÁNDEZ: ¿Qué?
BOBBY: Todo. Que esta pelea va a ser facilita. Que no corro ningún peligro. Que no me puede pasar nada. Todo… Para tranquilizarla. Necesito verla, don Pepe. Tengo miedo que vaya a hacer una tontería.
MÁNAGER HERNÁNDEZ: ¿Que se pegue un tiro en la cabeza?
BOBBY: Delante de los niños.
MÁNAGER HERNÁNDEZ: Eso no lo va a hacer nunca, ya te lo dije. Te viene con eso nada más para asustarte. (*Pausa.*) Además, ya no tiene con qué.

El mánager Hernández extrae de su bolsillo el revólver. Bobby lo observa y luego el mánager Hernádez vuelve a guardárselo.

BOBBY: Sí.

Silencio

MÁNAGER HERNÁNDEZ: Vamos a hacer una cosa, para que te tranquilices de una vez por todas… Yo mismo, hoy en la noche, voy a ir a tu casa para hablar con ella.
BOBBY: ¿Con María?
MÁNAGER HERNÁNDEZ: Le explicaré todo hasta que quede satisfecha, serena, en paz… Ya después de la pelea tú te encargas y veremos qué pasa… ¿De acuerdo? ¿Te parece un buen plan?
BOBBY: Ella no lo quiere a usted.
MÁNAGER HERNÁNDEZ: Hay mucha gente que no me quiere, pero que me escucha cuando tengo la razón… Y yo tengo muy buenas razones para convencerla, al menos para apaciguarla.
BOBBY: No va a resultar.
MÁNAGER HERNÁNDEZ: Confía en mí.
BOBBY: ¿Qué le va a decir?
MÁNAGER HERNÁNDEZ: Confía en mí, cabeza de piedra. Y tranquilízate. Y ya… olvídate de eso y no pienses más que en la pelea.

El mánager Hernández, con el gesto, invita a Bobby a descender por fin del ring. Lo hace bajando él también. Lo acompaña por uno de los corredores que conducen al fondo de la arena. Le va hablando con frases que resultan inaudibles. En el ring sólo queda el sécond.

Sentado en el banquillo de la esquina, el sécond abre el portafolio que llevaba desde el principio y mueve papeles, y hace anotaciones, y cuenta billetes que guarda allí. El mánager Hernández regresa al ring. Sube. El sécond cierra el portafolio y se pone en pie.

Mánager Hernández: Pinche vieja.
Sécond: ¿Está cabrón, don Pepe?
Mánager Hernández: Nomás vino a remover las aguas y a fregarnos la paciencia.
Sécond: Los que también se están poniendo difíciles son nuestros cuates.
Mánager Hernández: Cuáles cuates.
Sécond: Nuestros cuates, don Pepe.
Mánager Hernández: Con un carajo, habla bien. No te entiendo. ¿Cuáles cuates?
Sécond: El Güero Lozano, don Pepe.
Mánager Hernández: ¿Hablaste con él?
Sécond: Media hora.
Mánager Hernández: ¿Y qué te dijo?
Sécond: Que quiere tener otra entrevista con usted... Que dizque para afinar las cosas. Para aclarar algunos detalles.
Mánager Hernández: Ya todo quedó clarísimo.
Sécond: Él dice que no... Porque parece que el Caballo Sánchez se está arrepintiendo.
Mánager Hernández: ¿Se está arrepintiendo de qué?
Sécond: Arrepintiendo nomás.
Mánager Hernández: Pero de qué, ¡con un carajo!
Sécond: De eso... de tirarse en el quinto.
Mánager Hernández: ¿Quiere otro round más adelante?
Sécond: No... que ya no quiere tirarse. Que le están lavando la cabeza de que es muy buen peleador. Que ahorita le puede convenir más una victoria. Que nadie se va a creer que un peleador tan acabado como el Bobby Terán le parta la madre así, tan fácilmente.
Mánager Hernández: ¿Eso dice el Güero Lozano?
Sécond: No. Eso dice el Güero Lozano que le anda diciendo la gente.
Mánager Hernández: Que le anda diciendo la gente a quién.
Sécond: Al Caballo Sánchez.
Mánager Hernández: ¿Y el Güero Lozano qué piensa?

Sécond: Que por eso quiere hablar con usted... De mánager a mánager, dice.

Mánager Hernández: ¿Y tú?

Sécond: Yo qué, don Pepe.

Mánager Hernández: Tú qué piensas.

Sécond: Que le están haciendo al cuento nomás... Para mí, lo único que quieren es más dinero, o más porcentaje.

Mánager Hernández: Cuánto.

Sécond: No sé, don Pepe.

Mánager Hernández: Entonces cómo dices que quieren más porcentaje si no sabes.

Sécond: Lo que no sé es cuánto, don Pepe. Cuánto más

Mánager Hernández: ¿No querrán de veras que el Caballo Sánchez salga a ganar?

Sécond: Uy no, eso no, ni de chiste.

Mánager Hernández: Y cómo lo sabes.

Sécond: Se echa de ver luego luego. Es pura presión del Güero Lozano y su gente, para sacar más ventaja... Además, el Caballo Sánchez es puro blof.

Mánager Hernández: ¿Siete nocauts seguidos te parece puro blof?

Sécond *(sonríe)*: Ay, don Pepe, ni que usted se chupara el dedo. Puro blof... para esto, para lo que estamos viendo. *(Pausa.)* El muchacho tiene buena pinta, pero sabe qué: le falta aguante, piernas.

Mánager Hernández: Tiene más aguante que Bobby, te lo garantizo.

Sécond: Eso está por verse... Si a mí me los echaran en un ring a los dos solitos, sin mano negra, yo sí le apostaba todo mi resto a Bobby Terán.

Mánager Hernández: ¿De veras?

Sécond: Sin pensarlo dos veces, don Pepe.

Mánager Hernández: Pues ibas a perder.

Un silencio. El mánager Hernández se pasea por el ring, pensativo.

Mánager Hernández: Bueno, está bien. Échale un telefonazo al Güero Lozano y dile que voy a verlo al rato.

Sécond: ¿Como a qué horas le digo, don Pepe?

Mánager Hernández: Al rato, en la nochecita.

Sécond: Muy bien, don Pepe.

El sécond toma su portafolio, lo cierra y se dispone a bajar del ring.

MÁNAGER HERNÁNDEZ: Oye, espérate.

El sécond se detiene. No sale del ring.

MÁNAGER HERNÁNDEZ: ¿Las apuestas?
SÉCOND (*desconcertado*): Las apuestas qué, don Pepe...
MÁNAGER HERNÁNDEZ: Cómo van.
SÉCOND: Ah, sí... El Caballo Sánchez arriba. Muy arriba.
MÁNAGER HERNÁNDEZ: Cuánto.
SÉCOND: Tres a uno.
MÁNAGER HERNÁNDEZ: ¿Tres a uno?... Tiene que cerrar hoy en la noche cuatro a uno... y mañana, antecito de la pelea, metemos todo el dinero de don Mario.
SÉCOND: Muy bien, don Pepe.
MÁNAGER HERNÁNDEZ: ¿Cobraste el cheque?
SÉCOND: Claro que sí. Está listísimo, en la caja fuerte.
MÁNAGER HERNÁNDEZ: Entonces pon esto hoy en la noche, para subir al Caballo Sánchez.

El mánager Hernández extrae de su bolsillo un grueso fajo de billetes sujetos por una liga. Se lo entrega al sécond.

SÉCOND: ¿Y si hay cambios?
MÁNAGER HERNÁNDEZ: Yo te aviso a tiempo, pero no va a haber... Háblale mientras al Güero Lozano.

El sécond guarda automáticamente el fajo de billetes en su portafolio y se dispone a bajar del ring.

SÉCOND: Sí, don Pepe.
MÁNAGER HERNÁNDEZ: ¿No vas a contar ese dinero?
SÉCOND: Ay, sí, don Pepe, perdón.

El sécond se mantiene en el ring. Abre el portafolio, saca el fajo de billetes y se pone a contarlo cuidadosamente, observado siempre por el mánager Hernández. Mientras el sécond cuenta el dinero y el mánager Hernández lo observa, María avanza hacia el ring por el mismo corredor por el que desapareció en escena anterior. Llega al pie del ring cuando el sécond termina su contabilidad y se dispone a guardar los billetes en el portafolio.

Sécond: Está bien, don Pepe.

María sube al ring, de improviso, de espaldas al mánager Hernández. Éste la descubre hasta que la oye hablar.

María *(irónica)*: ¿Arreglando el teatrito de mañana?

El mánager Hernández ha girado y mira a María, largamente. Tarda en hablar.

Mánager Hernández: Pensé que ya se había ido, señora.
María: Regresé por Roberto.
Mánager Hernández: ¿De veras?

El sécond ha terminado de guardar el fajo de billetes en el portafolio y se dispone a salir del ring. Se ve forzado, aunque un poco ridículo, a saludar a María.

Sécond: Con permiso. *(A María:)* Me da mucho gusto conocerla, señora.

María deja en el aire la mano que el sécond le tiende. Éste cruza definitivamente y baja del ring.

Sécond: Con permiso.

El sécond se aleja por el corredor, hacia el fondo de la arena, hasta desaparecer.

María: ¿Dónde está Roberto?
Mánager Hernández: Se fue… Me dijo que había terminado su… su conversación con usted, y se fue. Que se verían mañana en la noche, después de la pelea.
María: ¿Dónde está?

Mánager Hernández: Va a ser una hermosa pelea, señora, se lo garantizo.
María: Contésteme.
Mánager Hernández: Se fue al hotel, a descansar.
María: No es cierto.
Mánager Hernández: No tengo por qué engañarla.
María: He estado afuera, esperándolo, y no lo vi salir.
Mánager Hernández: Salió por la puerta de los vestidores, con Quirino y el Cejas... No le miento, señora, es la verdad. Si quiere puede pasar a buscarlo y preguntar a los encargados.
María: ¡Tramposo!

María se dirige al encordado disponiéndose a bajar del ring. El mánager Hernández separa las cuerdas, abriéndolas, para facilitar el paso a María. Habla mientras lo hace.

Mánager Hernández: Le prometí a Bobby que yo platicaría con usted hoy en la noche.

María interrumpe su salida. Regresa al ring. Parece un poco desconcertada.

Mánager Hernández: Pensaba ir a buscarla a su casa. Explicarle cómo está la situación, profesionalmente hablando. Tranquilizarla.
María *(reaccionando)*: ¿En qué hotel está Roberto?
Mánager Hernández: ¿Por qué no deja en paz a su marido, señora? Aunque sea por una vez. Por una sola vez, hoy, en vísperas de una pelea de la que depende todo su futuro.
María: ¡Qué sabe usted del futuro de Roberto!
Mánager Hernández: Mucho, señora. Más que usted. Muchísimo. Lo sé todo. Lo supe todo desde el principio, como si lo hubiera visto en una bola de cristal... Ahí estaba el chamaco, en el gimnasio, tirando golpes como un endemoniado, sin clase, sin estilo, sin nada... pero con un algo misterioso que me hizo saber que ese muchacho desbordado tenía la magia para llegar... Tuve que trabajar mucho con él, echarle toda mi paciencia, todo mi coraje, pero sabía que valía la pena porque era un boxeador nato. Fuera de serie, señora. Se lo digo con toda la verdad de mi vida... Era un fajador único. Con un instinto para saber llevar cada pelea que no he encontrado jamás en otro peleador mío... ni de nadie. No se lo dije nunca

para no echarlo a perder, pero se lo digo a usted... Bobby fue el mejor. Fue el mejor y pudo llegar, ¡ay señora!, pudo llegar a donde usted no se imagina.

MARÍA: Pudo llegar si usted no lo hubiera exprimido hasta la última gota.

MÁNAGER HERNÁNDEZ: Yo no lo exprimí; al contrario. Lo cuidé como si fuera mi hijo.

MARÍA: Lo dejó que lo golpearan hasta romperlo por dentro... ¿Sabe usted lo qué es eso? ¿Las heridas por dentro?... Por dentro, en la cabeza, donde ya no hay remedio... ¿Lo sabe usted?

MÁNAGER HERNÁNDEZ: Lo supo él. Lo supo siempre.

MARÍA: No. Roberto no sabe cómo va a terminar.

MÁNAGER HERNÁNDEZ: Bobby no es un niño, señora... Él sabía lo que era el box, con todos sus peligros, y escogió el box.

MARÍA: Porque usted lo obligó.

MÁNAGER HERNÁNDEZ: No diga tonterías, por favor. ¡No sea ridícula! Yo no he obligado a nadie a ponerse los guantes ni a subir a un ring... Son ellos, ellos los que me obligan a enseñarlos, y a empujarlos, y a volverlos famosos, como su marido.

MARÍA: Y heridos de la cabeza.

MÁNAGER HERNÁNDEZ: Tarde o temprano todos tenemos que terminar esta vida de algún modo... Y para los que vivimos en el box, las heridas del box no son un mal modo, señora, se lo aseguro. Son una enfermedad cualquiera. Como un cáncer, como un pulmón roto...

MARÍA: La locura no es una enfermedad cualquiera.

MÁNAGER HERNÁNDEZ: Bobby no acabará loco nunca.

MARÍA: El doctor Ortiz se lo dijo.

MÁNAGER HERNÁNDEZ: Ni el doctor Ortiz ni ningún médico se lo dijo jamás.

MARÍA: Yo vi las radiografías.

MÁNAGER HERNÁNDEZ: Ése es un cuento que usted ha inventado por miedo. Por el puro pinche miedo que siente, y perdóneme que se lo diga, a su propia enfermedad... Es usted la que está enferma, señora, no Bobby. Es usted la que tiene que retirarse del mundo, no Bobby del ring.

Largo silencio. María se detiene frente al poste de una esquina. Permanece inmóvil. El mánager Hernández pasea, nervioso.

MÁNAGER HERNÁNDEZ (*arrepentido*): Perdóneme... perdóneme, no quise lastimarla. Lo que pasa es que soy muy bruto, pero me gusta hablar por lo derecho.
MARÍA: ¿Por lo derecho? ¿Hablar por lo derecho, usted?... Y me lo dice en vísperas de una pelea arreglada. (*Pausa.*) ¿O no es una pelea arreglada la de mañana, señor Hernández?

Silencio.

MARÍA: Roberto me lo dijo. Él mismo lo reconoció.
MÁNAGER HERNÁNDEZ: ¿Y eso no la tranquiliza?
MARÍA: Me asquea.
MÁNAGER HERNÁNDEZ: ¿La asquea?, ¿por qué?
MARÍA: ¿Y todavía me lo pregunta? (*Pausa.*) No le parece asqueroso vivir en este ambiente donde se compran y se venden peleas como si fuera la cosa más natural del mundo. Donde se roba, y se miente, y se estafa, y se trata a los boxeadores como si trabajaran en un prostíbulo.
MÁNAGER HERNÁNDEZ: Yo no inventé el box, señora.
MARÍA: No estoy hablando del box. Estoy hablando de este ambiente de porquería en que ustedes se revuelcan.
MÁNAGER HERNÁNDEZ: Tampoco inventé el ambiente, ni soy responsable por él, qué chingados... Es la realidad. Así es, y la admito porque vivo en ella... Qué voy a hacer. Juego según las reglas del juego que me tocó jugar, y ésas tampoco las inventé yo.
MARÍA: Va a terminar diciéndome que es una víctima.
MÁNAGER HERNÁNDEZ: Como usted... de sus alucinaciones, de sus delirios.

Largo silencio.

MÁNAGER HERNÁNDEZ: Deje de sufrir, señora... La pelea de mañana está arreglada, muy bien, es una mentira horrible, una asquerosidad, pero piénselo despacio... piénselo un poquito: la pelea está arreglada para favorecer a su marido... El Caballo Sánchez no le va a tocar un pelo de su sagrada cabecita. Lo único que va a hacer el Caballo Sánchez es dejarse caer, cataplum, y abrirle el camino del triunfo a su marido, al gran Bobby Terán.

MARÍA: Me da usted asco.
MÁNAGER HERNÁNDEZ: El asco le va a durar sólo dos o tres años, máximo. En tres años, luego de que Bobby se gane su cinturón de los welters, se va a retirar y va a regresar a la paz de su hogar: con sus hijos y con usted, que lo quiere tanto. Final feliz.

Silencio.

MARÍA: ¿En qué hotel está Roberto?
MÁNAGER HERNÁNDEZ: De nada sirve que se lo diga. No la dejarán entrar.

María contiene un acceso de rabia y se dirige al encordado con intenciones de salir.

MÁNAGER HERNÁNDEZ: ¿No olvida algo, señora?

María se vuelve. El mánager Hernández extrae de su bolsa el revólver y se lo muestra.

MÁNAGER HERNÁNDEZ: Es suyo, me parece.
MARÍA: Roberto se lo dio.
MÁNAGER HERNÁNDEZ: Me contó cómo trató de chantajearlo con el viejo cuento del suicidio. *(Pausa.)* ¿Eso no le parece también una asquerosidad?
MARÍA: No era un chantaje. Se lo decía muy en serio.
MÁNAGER HERNÁNDEZ: Por lo visto, terminó arrepintiéndose.
MARÍA: Él me arrebató la pistola.
MÁNAGER HERNÁNDEZ: Ah, sí...

El mánager Hernández se aproxima a María y le tiende el revólver.

MÁNAGER HERNÁNDEZ: Es suya.

María toma la pistola.

MARÍA: ¿Qué me quiere decir?
MÁNAGER HERNÁNDEZ: Absolutamente nada, señora.

Silencio. María guarda el revólver en su bolsa.

MARÍA: Le estorbo mucho, ¿verdad?
MÁNAGER HERNÁNDEZ: A mí no. A Bobby.

María cruza el encordado y baja del ring. Camina por el corredor rápidamente. Desde el ring, el mánager Hernández observa a María hasta que desaparece. Cuando María desaparece, el mánager Hernández abandona el cuadrilátero y camina por el corredor opuesto, hacia el fondo de la arena, hasta desaparecer también.

El ring queda solo durante un largo lapso. Cambia ligeramente la iluminación: el tiempo. Por el magnavoz se escucha en forma ascendente la algarabía del público, característica de una arena de box en los momentos en que se va a iniciar una pelea. Se escucha luego la voz del locutor de TV.

VOZ DEL LOCUTOR: Buenas noches, amigos. Muy buenas noches. Aquí estamos, como siempre, con ustedes, como todos los sábados, para llevar hasta la paz de sus hogares la transmisión de la pelea que ocupa el lugar de honor de la función de esta noche. Pelea de primera magnitud, pelea estelarísima programada a diez asaltos, que pondrá frente a frente a dos grandes figuras de la afición. A Joel Caballo Sánchez, un muchacho que viene haciendo una campaña brillantísima por los encordados de todas las plazas del país, y al mexicocaliforniano que hoy regresa a los cuadriláteros después de un inesperado y muy discutido retiro que duró poco más de dos años: Bobby Terán, el fajador de talla internacional, el hombre que ha escrito toda una historia de emociones y alaridos en las arenas de México y del extranjero. Hasta Tokio llegó, en el setenta y siete, este peleador macizo, este pundonoroso gladiador dueño de una derecha tremebunda que estuvo a punto de conquistarle el título de su división cuando… (*Se interrumpe.*) Aquí sube Joel Caballo Sánchez y oigan ustedes cómo lo recibe el público. Oigan ustedes, amigos.

Acompañado por su mánager y su sécond, Joel Sánchez sube al ring. Saluda con los brazos en alto, sin dejar de brincotear y volviéndose, en su saludo, a los cuatro puntos cardinales del cuadrilátero. Se escuchan nutridos aplausos. Escasos silbidos.

VOZ DEL LOCUTOR: Se ha ganado a la afición en poco tiempo este muchacho de Moroleón, Guanajuato, al que maneja el experimentado Güero Lozano. Es el favorito de la pelea, según dicen los expertos y los apostadores.

Lleva ocho victorias al hilo, siete de ellas por la vía del cloroformo. Dinamita tiene en los puños Joel Caballo Sánchez, el de Moroleón, Guanajuato. (*Transición.*) Aquí sube al ring Bobby Terán, la incógnita de esta noche.

Sube al ring Bobby acompañado del mánager Hernández y el sécond. Se escuchan silbidos y abucheos que predominan sobre algunos aplausos. También Bobby brincotea y saluda al público, aunque más discretamente, quizá por el hostil recibimiento. Sin dejar de brincotear, los dos boxeadores se concentran en sus respectivas esquinas. Allí, sobre las pequeñas artesas llenas de brea, frotan las suelas de sus botines. Mánagers y séconds de Bobby y de Sánchez proceden a calzar los guantes a sus pupilos.

Voz del locutor (*tan pronto sube Bobby*): Exigente el público con Bobby Terán, amigos, óiganlo ustedes. La afición que lo ha acompañado siempre, que se le entregó hasta el paroxismo cuando era el ídolo único en la división de los ligeros, lo recibe hoy, esta noche de su regreso, como ustedes lo están viendo, amigos: con recelo, con desconfianza, con un poquito de rencor seguramente. Regresa en welter a los cuadriláteros Bobby Terán. Más corpulento, más vigoroso a simple vista... Ha quedado muy atrás, lo recordarán ustedes, el muchachito aquel peso gallo que causó sensación desde su primera pelea contra el Gato Gutiérrez, en el setenta y tres, si la memoria no nos falla. Después pasó a peso pluma, y como pluma inició su carrera de fajador, sumando victoria tras victoria. Algunas importantísimas, como aquélla contra el panameño Tony Pedroza, que retiró para siempre a Pedroza de los encordados. Lo hizo puré en tres asaltos, contra todos los pronósticos. En la división de los ligeros brilló con luz propia Bobby Terán. Por lo menos en cuatro ocasiones estuvo a un pasito de lograr el título y siempre se quedó en la antesala de la gloria. (*Pausa.*) Un peleador finísimo es Bobby Terán. Muy limpio, muy claro, muy contundente. Con mucho aguante, además. Ustedes lo tienen presente, amigos. Derrotó al Pantera Torres en el setenta y ocho, a Freddy Wilson, en el setenta y nueve; a Nicandro Serrano, el de Jalisco, en el ochenta. Era terrible en aquella temporada Bobby Terán. Implacable con la derecha de fuego, la flecha roja... Pero todo eso es historia, amigos, y ahora lo que importa es ver cómo regresa a los cuadriláteros el mexicocaliforniano. Aquí lo tenemos en la estelar de esta noche, con los momios en contra y una afición que no le perdona su retiro. La afición es así. No guarda consideraciones para el ídolo que se va. No lo perdona... Los espectadores de México y de las plazas fronterizas donde gozaba de una fama enorme nunca aceptaron que de la noche a la mañana Bobby Terán colgara los guantes y dijera que ya no quería saber nada del box. Absolutamente nada, dijo. Se iba a dedicar a su mujer, a sus hijos, a la vida tranquila... Y aquí lo tienen ahora, dos años después, de regreso al deporte de las trompadas, decidido a recuperar el sitio y la afición que dejó. Vamos a ver. (*Pausa. Transición.*) Está entrando en estos momentos, elegante como siempre, el anunciador oficial. El simpático Pelón Domínguez Cuevas.

Durante la narración del locutor, los boxeadores no han dejado de calentar músculos en sus respectivas esquinas y de recibir masajes en la espalda, por encima de la bata, de sus mánagers y seconds. El anunciador oficial llega al centro del cuadrilátero empuñando un micrófono. Trata de que el público preste atención.

Anunciador oficial: Respetable público... respetable público... (*Gritando:*) Pelearáaaaaaaaaan dieeez rooouuuuuunds. En esta esquinaaaaa, de sesenta y cuatro kilos cuatrocientos gramos, Robertooooo, Bobbyyyy Teraaaaaaaán.

Silbidos y abucheos del público mientras Bobby, discreto, serio, levanta un brazo a manera de saludo. Aplausos aislados.

Anunciador oficial: Y en esta otra. De sesenta y tres kilos novecientos gramoooos... Joooeeeeel Caballoooooo ¡Sáaaaaaaaaancheeeeez!

Aplausos y gritos nutridos. Silbidos aislados. Sánchez saluda al público levantando ambos brazos y mirando a los cuatro puntos cardinales del cuadrilátero. Regresa a su esquina para concentrarse. El anunciador oficial sale del ring casi al mismo tiempo en que sube el réferi.

Voz del locutor: Aquí está subiendo al enlonado el réferi don Ramón Rodríguez Caballero, para citar a los contendientes al centro del cuadrilátero y darles las instrucciones de rigor. Rodríguez Caballero sancionará esta pelea programada a diez asaltos dentro de la división welter... Un gran réferi es Rodríguez Caballero. Gran experiencia y máxima autoridad. Como ustedes saben ha estado sumamente enfermo de un padecimiento del riñón, y como Bobby Terán, hoy también regresa a los cuadriláteros nuestro queridísimo amigo y compadre don Ramón Rodríguez Caballero. Bienvenido y mucha suerte...

El réferi reúne a Bobby y a Sánchez en el centro del cuadrilátero. Su voz es apenas audible por causa de la algarabía del público que se escucha por los magnavoces.

RÉFERI *(a los boxeadores)*: Ya conocen el reglamento de la Honorable Comisión de Box. No están autorizados los golpes por debajo del cinturón ni los cabezazos. Tengan cuidado con la cabeza porque puede ser motivo de una fuerte sanción... Cuando un peleador caiga a la lona, el otro se debe ir inmediatamente a la esquina más cercana. No golpear al caído... Cuando estén en clinch y yo diga: fuera, o les toque la espalda, salgan rápidamente sin tirar golpes, ¿entendido?... Es todo, muchachos. Den una buena pelea para complacer al público, y que gane el mejor. Mucha suerte.

Bobby y Sánchez regresan a sus esquinas. Sus respectivos seconds les quitan las batas. Managers y seconds bajan del ring y se ubican al pie de la esquina. Desde ahí observarán el desarrollo de la pelea y darán instrucciones a sus pupilos con frases y comportamientos ad libitum. Los boxeadores realizan sus últimos calentamientos mientras se escucha la voz del locutor. Sánchez se santigua, en cuclillas.

VOZ DEL LOCUTOR: Breve, claro y conciso en su homilía a los peleadores, don Ramón Rodríguez Caballero... Todo está a punto para que se despeje al fin la incógnita del regreso, del esperado regreso de Bobby Terán... ¡Y vámonos! ¡Aquí arranca la pelea!

Se escucha la campana del ring. Los peleadores se encuentran en el centro del cuadrilátero después de salir bailoteando. Chocan los guantes a manera de saludo.

PRIMER ROUND

(Casi no habrá golpes. Los peleadores se limitarán a medirse con jabs, baiToteando por todo el ring.)

Voz del locutor *(mientras ocurre el round)*: Mucho se habló y mucho se ha especulado sobre el retiro de Bobby Terán de los cuadriláteros hace ya más de dos años, amigos. Se dijo que el mexicocaliforniano colgaba los guantes como protesta contra los jueces y contra la Comisión de Box después de aquella cerradísima pelea con el Negro Morales en Ciudad Juárez, en noviembre del ochenta y uno... Los jueces le dieron la decisión al Negro Morales y se armó el escándalo, ustedes se acordarán. Protestas en los periódicos, protestas ante el comisionado y las máximas autoridades, pero nada. No hubo poder humano capaz de cambiar aquel fallo terrible contra un Bobby Terán en la cúspide de su carrera... ¡Y colgó los guantes! Se fue irremediablemente de los cuadriláteros en noviembre del ochenta y uno. Le dio vuelta a la página de su vida... También se dijo, por aquellos días, que Bobby se retiraba porque en realidad se sentía acabado, en declive, y hasta se habló incluso de un grave padecimiento neurológico... Antes de esta pelea don Pepe Hernández desmintió categóricamente todos los viejos y nuevos rumores. Dijo que su pupilo estaba en las mejores condiciones físicas y pugilísticas y que se cuidaran los jóvenes porque el mexicocaliforniano regresaba con los puños cargados de dinamita, directo hacia el campeonato de la división de los welters... Gran expectación, en una palabra, por el regreso de Bobby Terán, amigos... Aquí lo tenemos midiéndose en el amanecer de esta pelea con el Caballo Sánchez, de pantaloncillo blanco... Apenas si se tocan los dos rivales sabedores de que el combate va a ser durísimo y muy largo, muy pesado. Hay que guardar fuerzas. Los dos son terribles con la derecha, una derecha que en cualquier momento puede hacer explosión... Guardia izquierda los dos peleadores, baiToteando por el cuadrilátero... Es la pelea estelar de esta función que ha resultado brillantísima, en verdad espectacular. Dos de las preliminares fueron resueltas por la vía contundente del nocaut, y en la de seis rounds entre Canica Jiménez y el Zurdo Fernández, el combate fue una guerra sin cuartel bañada en sangre, terrible. Ganó Canica Jiménez en decisión apretadísima, pero el Zurdo Fernández se llevó del respetable una ovación que todavía resuena en las graderías… Ahora vamos a ver si la estelar de esta noche cierra con broche de oro esta brillante función de box. Todo lo hay para que así sea, amigos. Estamos ante dos peleadores de un terrible punch y de un enorme estilo. Aquí los tienen… Aquí los ven haciendo gala del buen lenguaje del boxeo, indispensable para recitar la lección profesional y aprobar el examen. Madurez contra juventud… Experiencia indiscutible en el mexicocaliforniano Bobby Terán, de pantaloncillo negro. Un peleador que viene a recobrar el tiempo perdido, los dos años de ausencia, y a demostrarle a la afición que todavía puede ser su ídolo… Véanlo cómo domina el espacio, cómo maneja su bending. Véanlo… El Caballo Sánchez es la juventud. Todo juventud, todo esperanza, todo fuerza y todo coraje el Caballo Sánchez cuando trata de alcanzar con un jab a Bobby Terán… Le llegó apenitas, un rozón… Dinamita en ambas partes. La están ahorrando todavía… Es muy temprano para saber lo que va a ocurrir en diez episodios que seguramente, por las características de los rivales, van a ser terroríficos, amigos, de verdadero alarido. Vamos a ver… *(Pausa.)* Va a terminar el round. Un round sin consecuencias… Diez segundos. Aquí está la campana.

Suena la campana y los boxeadores se retiran a sus respectivas esquinas. El muchacho de los cartones sube al ring y muestra, a los cuatro puntos cardinales, el cartón que tiene inscrito un gran número dos. Sentados en sus banquillos, los boxeadores son atendidos por sus mánagers y séconds. No hay gran trabajo que hacer. El sécond de Bobby Terán lo masajea ligeramente en el pecho mientras Bobby se desprende del protector y bebe agua, que luego escupe en el embudo desaguador. Los mánagers hablan en voz baja a sus pupilos. Es audible, quizá, la breve conversación entre el mánager Hernández y Bobby.

MÁNAGER HERNÁNDEZ: Sigue soltándote, soltándote por todo el ring. Pero tira jabs. Mantén siempre la distancia. *(Transición.)* ¿Estás bien?
BOBBY: Perfecto.
MÁNAGER HERNÁNDEZ: Ahora empieza a apretar un poco para que luzcas tu condición. Lo que dijimos.
BOBBY: ¿Qué sabe de María?

El mánager Hernández no responde y adopta un aire distraído. El sécond continúa masajeando a Bobby hasta los últimos segundos del minuto de descanso. Suena el silbato. En ambas esquinas, mánagers y séconds retiran los banquillos y salen del ring. Suena la campana.

SEGUNDO ROUND

(Como el anterior, un round tranquilo aunque se verá más acción; algunos cambios de golpes y dos o tres buenas acometidas por parte de Bobby.)

Al sonar la campana, los peleadores salen hacia el centro del ring. Bobby sorprende a su enemigo atacándolo de inmediato: logra conectar algunos golpes.

Voz del locutor: ¡Aquí tienen a Bobby Terán, amigos! Saliendo, saliendo, como en sus buenos tiempos, sacude al de Moroleón en el centro del cuadrilátero... ¡Vaya susto el que se ha llevado el de Moroleón! Y vaya golpes los que ha conseguido Bobby Terán... El recto perforó la guardia de Joel Caballo Sánchez y luego la izquierda, sobre el mentón, acariciando el maxilar. ¡Es el auténtico estilo del mexicocaliforniano! Para quienes no recordaban sus típicas salidas de catapulta, directas, intempestivas hacia el rival, aquí las tienen de nuevo. Así llegó a ser ídolo de las multitudes Bobby Terán. Con entusiasmo, con fibra, con arrojo... En esta misma arena, en una salida como la que acabamos de ver, Bobby noqueó precisamente al Taquito Rubio en el prólogo de un cuarto round. Lo alcanzó con un gancho en el mero botón, ¡y a la lona, amigos, a contemplar las estrellas! Ya no se levantó jamás el Taquito Rubio... Ésa era la garra del mexicocaliforniano, y ésa debe seguir siendo, por lo que acabamos de ver. Garra de fajador nato, verdugo de los encordados cuando se necesita serlo. *(Pausa.)* Nuevamente a los jabs, a las fintas... El público abuchea. Ya probó algo del sabor que puede tener este combate y quiere de una vez el bocado completo... Pero no. Para los contendientes todavía no es tiempo... Vuelven a circular por el cuadrilátero, midiéndose, midiéndose. *(Transición.)* ¡No, por ahí no! Si el Caballo Sánchez piensa que por ahí puede alcanzar la quijada de Bobby Terán, se va a pasar la noche abanicando el aire... La guardia de Bobby es muy cerrada, cerradísima. Y él tiene un colmillo del tamaño del mundo, además. Por algo abarrotó las arenas de la República y del sur de los Estados Unidos, de California, y llegó hasta donde llegó... Difícil boxeador este Bobby Terán. Muy difícil para peleadores como este joven que recorre apenas el pimer round de su carrera. Le falta mucho que aprender al de Moroleón, Guanajuato: malicia, mañas, habilidad. La fuerza en los puños no lo es todo, muchacho. Al pupilo del Güero Lozano le falta todavía un buen surtido de estrategias. Pero al tiempo, amigos. La experiencia sólo se adquiere con experiencia, pelea tras pelea, round tras round. La única escuela del box es el box mismo, como decía nuestro querido Agustín Valdés. (*Transición.*) ¡Eso está mejor! El público reacciona a favor de Joel. Sí, las partes blandas de Bobby Terán son su punto vulnerable. Por ahí debe trabajar el Caballo Sánchez y seguramente por ahí debe haber fijado su plan de pelea el Güero Lozano... ¡Vuelve sobre las partes blandas Joel Caballo Sánchez! (*Transición.*) ¡Cuidado! Cuidado, muchacho, porque ante un boxeador de la talla del mexicocaliforniano no se pueden dejar abiertas esas oportunidades... Un poco más y el zurdazo de Terán le hubiera hecho pagar contra la lona su atrevimiento. (*Pausa.*) Buscan distancia... Otra vez buscan distancia los peleadores. Se impacienta el respetable... El público quiere ya la guerra y ellos no, todavía no... Van con mucho cuidado. Para ambos la pelea es importantísima. Para Bobby Terán significa su resurgimiento, el regreso triunfal, y para Joel Caballo Sánchez el despegue definitivo... Continúan midiéndose, conociéndose. (*Pausa.*) Abuchea el público en el ocaso de este segundo round que ya no tiene sorpresas que ofrecer... Ya no hubo más, amigos. Se acabó.

Suena la campana y los boxeadores regresan a sus respectivas esquinas. El muchacho de los cartones muestra el cartón con el número tres para anunciar el tercer round. En las esquinas se repite el ritual de mánagers y séconds atendiendo a los boxeadores, masajeándolos, dándoles de beber agua, frotándolos con un trozo de hielo... Se alcanzan a escuchar algunas frases entre mánager y pupilo en la esquina de Bobby.

MÁNAGER HERNÁNDEZ: Ahora sí aprieta todo lo que puedas.
BOBBY: No le tengo ni tantita confianza a ese tipo.
MÁNAGER HERNÁNDEZ: Olvídalo. Tú aprieta.

Bobby: Más agua.

El sécond da más agua de beber a Bobby. Suena el silbato: mánagers y séconds se retiran de las esquinas. Suena la campana. Salen los boxeadores.

TERCER ROUND

(Un round combativo. Ambos boxeadores dan y reciben golpes.)

El round se inicia con lentitud, con tranquilidad. El locutor empieza a hablar segundos después de que se inició el asalto.

Voz del locutor: Ahora no salió Bobby Terán como catapulta. Es el público el que salió bravo, amigos: abucheando a los boxeadores para obligarlos a pelear duro... El público ha visto muchos golpes esta noche y no quiere que el combate estelar se vaya inédito... Estamos en el tercer round de la pelea de gala concertada a diez asaltos. Bobby Terán, de pantaloncillo negro, contra Joel Caballo Sánchez, de pantaloncillo blanco. Confrontación generacional. Madurez contra juventud, experiencia contra entusiasmo. *(Transición. Entusiasta.)* Aquí los tienen ahora cambiando golpes en el centro del cuadrilátero. ¡Fuerza contra fuerza que convierte en gritos de entusiasmo los silbidos de la multitud!... ¡La derecha de Bobby Terán! ¡La repite: la derecha otra vez!... Tiene que echarse para atrás el de Moroleón, y sobre él va el mexicocaliforniano. Contra las cuerdas. Le reparte dinamita contra las cuerdas... Asimilando el Caballo Sánchez, dirigiendo esa andanada de pólvora que por primera vez en la pelea ha levantado de sus asientos al respetable. ¡Buen momento, amigos! Caen en clinch. Por el momento, el Caballo Sánchez no tiene otra salida que abrazarse con desesperación para interrumpir la andanada de Bobby Terán. Los separa don Ramón Rodríguez Caballero y parece que está amonestando al de Moroleón por uso peligroso de la cabeza. Protesta el público la amonestación del réferi, pero don Ramón Rodríguez Caballero debe tener razones de sobra para su señalamiento. No es un juez que hable por hablar. Justo, medido siempre, atinadísimo, don Ramón

Rodríguez Caballero es modelo y ejemplo entre los réferis mexicanos y extranjeros del día de hoy... *(Transición.)* ¡Se creció de pronto el Caballo Sánchez! Véanlo cómo suelta los brazos, cómo pone en verdaderos aprietos a Bobby Terán. Bobby Terán contrataca. Aquí lo tienen. Hacia adelante, hacia adelante. El recto. Otra vez el recto... Caballo Sánchez, de salida, lanza... *(Entusiasta:)* ¡Qué gran golpe ha conseguido Joel con esa derecha a la cabeza del veterano! Está peleando al tú por tú. Fajándose muy en serio. El favorito de las nuevas generaciones contra el campeón sin corona. También un campeón sin corona fue durante años Bobby Terán. Siempre en la antesala del campeonato, siempre esperando y esperando. Casi campeón; ya mero campeón, por un pelito siempre... Ahora viene por el desquite de toda su carrera y no puede permitirse un solo tropiezo. Sería fatal. Está obligado a vencer... Él lo sabe y véanlo. Véanlo sacudiendo de nuevo al Caballo Sánchez con uno, dos, tres... ¡y el óper! Se entusiasma la multitud. No alcanzaron a hacer suficiente daño esos morteros pero le sirven para abrir camino... Responde el de Moroleón. Con garra. ¡Responde! Trabajando abajo. *(Pausa.)* Parece que sangra un poco la ceja izquierda de Bobby Terán. Sí, está sangrando, amigos... Los dos peleadores han recibido una buena dosis de cuero y éstas son las primeras consecuencias... Es peligrosa para Terán una herida en la ceja. Por ahí se abre muchas veces el camino al nocaut técnico... Tendrán que trabajar bien y pronto la herida en la esquina de Terán para evitar problemas futuros... Duro se ha visto el Caballo Sánchez en este tercer round de la pelea estelar, pero duro también ha estado el veterano. *(Pausa.)* Agoniza el episodio. Diez segundos... Se va a escuchar la campana.

Suena la campana y los peleadores van a sus esquinas. Bobby parece molesto y no responde a un intento de saludo con el guante que le hace Joel Sánchez. El muchacho de los cartones presenta el cartón del cuarto round. En las esquinas se repite el rito de asistencia a los boxeadores, aunque ahora con mayor dedicación. El sécond de Bobby le cura la herida en la ceja: le detiene la hemorragia, le unta grasa. El intercambio de palabras entre Bobby y el mánager Hernández ocurre tan pronto Bobby se sienta en el banquillo.

BOBBY: ¿Qué le pasa a ese tipo?
MÁNAGER HERNÁNDEZ: Fue un buen round.

Bobby: ¿No lo vio?

Mánager Hernández: El público se está calentando. Eso es lo que importa.

Bobby: Donde me joda la ceja.

Mánager Hernández: No es nada.

Silencio. El sécond unta de grasa los brazos de Bobby.

Bobby *(hacia el mánager Hernández)*: ¿Qué hay de María?

El mánager Hernández se encoge de hombros, vagamente. Suena el silbato y se retiran mánagers y séconds. Suena la campana.

CUARTO ROUND

(Los peleadores boxearán bravamente, pero sólo durante un par de minutos.)

Cuando Bobby se lanza directo hacia su rival, apenas suena la campana, el réferi se interpone y, con una toalla, limpia del cuerpo y de los brazos de Bobby el exceso de grasa que le había untado el sécond. Pronto termina el réferi su diligencia. Con una señal reinicia el episodio.

Voz del locutor: Ya venía Bobby Terán, en una de sus clásicas salidas, a sorprender a su enemigo, pero don Ramón Rodríguez Caballero lo ha detenido a medio viaje para quitarle el exceso de grasa. *(Pausa.)* Jabea el Caballo Sánchez. No quiere una lucha cuerpo a cuerpo antes de medir bien al veterano… Va sobre los bajos. A esa zona lo han mandado trabajar desde la esquina para minar primero la fortaleza de Bobby… *(Transición.)* ¡Empieza a hacer explosión la dinamita, amigos, vean ustedes!… Qué bien se ha visto ahí Bobby Terán con el óper, y qué bien responde el Caballo Sánchez. Fiero está el de Moroleón, Guanajuato, ni duda cabe, respondiendo a su público, a sus partidarios, que lo han sacado a la pelea estelar de esta noche como gran favorito… Aprieta Bobby Terán. El uno dos. Ahora el gancho, pero abanica, qué barbaridad. Y el abucheo del público… Un poco desesperado el mexicocaliforniano que está tratando de cazar a su enemigo. Caballo Sánchez por piernas, trabaja por piernas. *(Pausa.)* Muy parejos hasta ahora los contendientes. *(Pausa.)* Busca el Caballo Sánchez la ceja de Bobby. Abajo y a la ceja, los dos blancos del enemigo... ¡Cuidado! *(Transición.)* Miren ustedes qué valentía le pone el de Moroleón... Salen del clinch, tras la indicación oportuna y enérgica de don Ramón Rodríguez Caballero que está teniendo, como siempre, una actuación impecable. *(Transición.)* A la carga, Bobby Terán. Y responde el Caballo Sánchez... ¡El público se entusiasma! ¡Aquí los tienen!... Pelean en corto, contra las cuerdas. Un gancho cruzado y Bobby Terán metiéndose, como un novato. La ceja vuelve a sangrar... Miren ustedes al Caballo Sánchez.

Trenzados en corto, en un fiero intercambio de golpes cuerpo a cuerpo, los boxeadores ofrecen el momento más álgido de la pelea. Una extraña música se empalma a la algarabía del público cuyo sonido asciende hasta apagar la voz del locutor y convertirse en un ruido ensordecedor. También las luces que caen sobre el ring varían de intensidad produciendo extraños efectos. Se diría que tanto los efectos lumínicos como los sonoros (música y ruidos) expresan sensaciones experimentadas de algún modo por Bobby.

De un asiento de las graderías se levanta (o Bobby ve, o cree ver levantarse) la figura de María. Sujeta entre las dos manos la pistola, que apunta hacia el ring.

Bobby *(gritando):* ¡Nooo, María!

Se escuchan dos disparos en el momento en que Bobby es golpeado en la quijada por Joel Sánchez. Bobby se desploma, pero no se sabe si a consecuencia de los disparos o por el golpe de Joel Sánchez (o por ambas causas).

Se oscurece el ring. Entre la algarabía se escuchan voces de espectadores, confusas, revueltas con el conteo del réferi.

Voces de espectadores:
—¡Ahí va!
—¡Es ésa!, ¡es ésa!
—Agárrenla.
—¡Que no se escape!
—¡Agárrenla!

Voz del réferi: Uno... Dos... Tres... Cuatro... Cinco... Seis... Siete... Ocho... Nueve... ¡Fuera!

Algarabía. Silencio total.

Transcurren varios segundos en completa oscuridad y en completo silencio.

Lentamente se ilumina de nuevo el ring. Bobby está tendido sobre la lona, bocabajo, con los brazos en cruz: como al principio de la obra. Después de un lapso, parece recobrar el sentido. Menea de un lado a otro la cabeza y trata de girar el cuerpo para tenderse bocarriba. No lo consigue, las fuerzas le faltan. Vuelve a aflojar el cuerpo y a clavar la cabeza sobre la lona. En su rostro se alcanzan a distinguir las señales de los golpes recibidos; sangra un poco la herida de la ceja izquierda.

Por uno de los corredores que conducen hasta el cuadrilátero aparece el mánager Hernández. Lleva un maletín de lona que al llegar deja en una de las esquinas. Sube al ring. Se dirige hasta donde se encuentra Bobby y lo observa durante segundos luego de levantar de la lona el protector bucal.

Mánager Hernández: Cabeza de piedra. (*Silencio.*) Levántate, órale. Vámonos.

Bobby no reacciona.

Mánager Hernández: No te vas a quedar ahí toda la vida, ¿verdad?

Bobby sacude la cabeza y nuevamente trata de incorporarse.

Mánager Hernández: Güevón.

Bobby gira sobre un costado y queda tendido de espaldas. Parece solicitar, con el gesto, una ayuda para levantarse que el mánager Hernández no le proporciona. Transcurre un largo silencio.

Bobby: ¿Qué pasó?
Mánager Hernández: Todavía lo preguntas.
Bobby: No me acuerdo de nada, ¿qué pasó?
Mánager Hernández: Pinche cabeza de piedra.

Bobby hace un esfuerzo por levantarse. Parece lograrlo, pero cuando ya tiene una rodilla en apoyo, vuelven a faltarle las fuerzas y cae definitivamente, exánime. El mánager Hernández lo observa con un gesto de desdén, meneando la cabeza.

OSCURO FINAL

Teatro completo I, de Vicente Leñero,
se terminó de imprimir y encuadernar
en el mes de enero de 2008 en Impresora
y Encuadernadora Progreso, S. A. de C. V. (IEPSA),
Calz. San Lorenzo, 244; 09830 México, D. F.
En su composición, elaborada en el Departamento
de Integración Digital del FCE, se usaron tipos Berkeley Book
de 11:14 y 10:14 puntos. La edición, al cuidado
de *Julio Gallardo Sánchez,* consta de 800 ejemplares
en rústica y 200 empastados.